제2개정판

세계문화사

제2개정판

세계문화사

민석홍 · 나종일 · 윤세철

서울대학교출판문화원

A History of World Civilization

Suk-Hong Min
Jong-Yil Lah
Sei-Chul Yun

Seoul National University Press

제2개정판 머리말

지난해 개정판을 내면서 시간에 쫓겨 서두르는 바람에, 초판에서 빠뜨렸던 부분이나 최근 사항들을 보완하는 데 한계가 있었다. 이번 제2개정판에서는 부족한 부분과 사항들을 보충하고 그림 자료들도 곁들였으며, 표기도 다시 한번 점검하였다. 나름대로는 최선을 다했지만, 여전히 부족하고 잘못된 점이 적지 않으리라 염려된다. 독자 여러분의 많은 비판과 질정을 통해 좀 더 충실한 책이 되었으면 한다.

2006년 8월

저자 씀

개정판 머리말

책이 나온 지 15년이 지나고 보니 몇 가지 고쳤으면 하는 점들이 눈에 띄게 되었다. 우선 한자 표기가 많은 것이 눈에 거슬렸으며, 특히 동양사 부분에서는 읽기 어려운 글자가 많아 한글 표기가 필요하다고 생각되었다. 게다가 최근 20여 년 동안의 일들이 빠져 있는 것도 마음에 걸렸다. 그러던 차에 마침 출판부에서 새로 냈으면 하는 말이 있어 다시 손질하여 내기로 했다. 그 사이에 눈에 띄게 된 착오나 오류를 바로잡고, 동·서양사 쪽에 중복된 부분, 표기의 차이들도 가능한 데까지 수정했지만, 아직도 미처 발견하지 못한 잘못들이 없지 않을 것이다. 다시 한번 독자 여러분들의 질정을 바란다.

2005년 7월

저자 씀

머리말

본서는 대학에서의 문화사 교재용으로 집필되었으나, 일반 교양인이 세계사를 이해하는 데도 도움이 될 것이다.

역사란 이미 사라져 버린 과거에 관한 지식을 습득하고 사건과 연대를 서술하는 학문이거나 흥미본위의 이야기를 엮은 것이 아니다. 오히려 하루하루가 새로운 미래의 창조와 건설을 뜻하는 현재의 입장에 서서 과거를 새롭게 보고 죽어버린 과거에 생명을 불어넣고, 그것을 현재 속에 다시 소생시키는 것이 역사의 사명이요, 임무이다. 과거가 현재 속에 살고 그럼으로써 새로이 창조되는 미래의 바탕이 될 때 비로소 참다운 역사의 이해가 가능해지는 것이다.

우리는 오늘날 고립해서 홀로 살 수 없다. 그것은 우리만이 아니라 지구상의 모든 민족, 모든 지역이 그러하다. 그것은 우리가 세계의 모든 민족, 모든 지역과 밀접한 관련과 유대를 맺고 있기 때문이다. 멀리 유럽이나 아프리카 또는 중동 지방에서 일어나는 일들이 직접, 간접으로 우리와 관련을 맺고 우리에게 영향을 미친다. 말하자면 우리는 오늘날 밀접한 세계사적 연관 속에 살고 있는 것이다. 따라서 아시아와 유럽, 그리고 중동 지방과 아프리카 등지의 과거와 그 문화적 전통, 그리고 사회구조가 어떠했으며 그것이 어떻게 서로 연관을 맺으면서 오늘의 세계와 문화를 형성하게 되었는가를 살피는 일은 바로 오늘의 우리가 처해 있는 역사적 상황과 세계사적인 연관을 올바르게 이해하는 길이다.

이와 같이 현재의 입장에서 세계사를 이해한다는 것은 오랜 인류의 역사를 통하여 여러 문명권이 발전시킨 위대한 문화유산을 이해하고 섭취한다는 것을 뜻하기도 한다. 그것은 우리 자신을 풍요롭게 해 줄 것이며, 나아가서 인간과 사회에 대한 올바른 인식과 새로운 미래와 문화창조의 귀중한 토대가 될 것이다.

이 책은 이상과 같은 생각에서 인류의 기원과 석기시대로부터 현대에 이르기까지의 인류문화의 형성과 발전을 세계사적인 관점에서 서술하였다. 시대적으로는 크게 고대, 중세, 근대 및 현대로 구분하고, 지역적으로는 아시아와 유럽의 주요 지역과 민족들을 망라하였다. 그리고 특히 이슬람 세계의 역사와 문화전통과 아프리카와 제3세계에 관해서도 우리의 현재적인 관심과 관련을 고려하여 좀 더 많은 배려를 했다. 문화사라고 하지만 문화를 단독으로 취급하기보다 그 문화가 형성되고 발전한 지역이나 국가의 정치와 사회구조와의 연관하에서 그 성격과 특성을 밝히려고 했다.

끝으로 이 책을 이용하는 분들의 많은 비판과 충고가 있기를 바란다.

1988년 8월

저 자

일러두기

1. 외래어 표기는 기본적으로 현행 외래어 표기법의 원칙에 따랐다. 인명이나 지명 중 그동안 이 원칙에서 벗어나 관행적으로 잘못 표기된 것들은 바로잡는 데 힘썼다(보기: Arthur는 '아더'가 아니라 '아서'로, Thatcher는 '대처'가 아니라 '새처'로 표기함).

2. 인명과 지명 등 고유명사는 해당 나라의 발음과 표기에 따르는 것을 원칙으로 했다[보기: '스페인(Spain)' 대신 '에스파냐(España)', '플로렌스(Florence)' 대신 '피렌체(Firenze)', '이노센트(Innocent) 3세' 대신 '인노켄티우스(Innocentius) 3세'로 표기함]. 다만 영어식 표기로 굳어져 있는 나라 이름은 거기에 따랐다(보기: 그리스, 노르웨이, 폴란드 등)

3. 역사 술어 가운데 종래 잘못되었거나 부적절한 번역을 시정하는 데 주력했으며, 적절한 번역어를 찾기 어려운 경우에는 원어를 그대로 사용했다(보기: cathedral은 '사원'이 아니라 '(대)성당', Stamp Act는 '인지조례'가 아니라 '인지법', indulgence는 '면죄부'가 아니라 '인덜전스'로 표시함).

차 례

제3장 아시아 고대 사회 / 윤세철

제4장 서양의 고대 문화 / 나종일

그림 차례

제1장 선사시대의 인류생활

인류의 역사는 언제부터 시작되었을까? 그것은 물론 인류가 이 지구상에 나타나면서부터다. 인류의 역사란 바로 지난날의 인류의 생활이며, 따라서 그것은 지구상에서의 인류생활의 시작과 더불어 시작된 것이다. 그러나 이제까지 역사가들은 흔히 인류역사의 시작을 인류생활 자체의 시작보다는 오히려 인류생활에 관한 서술, 즉 기록이 나타나면서부터라고 생각해 왔다. 그리고 이때부터를 역사시대라 하고 그 이전의 시대를 역사가 있기 이전, 즉 유사(有史) 이전 혹은 역사에 앞선 시대, 즉 선사시대(先史時代)라 불러 왔다. 이것은 인류의 역사를 인류의 생활 자체라 보기보다는 인류의 생활에 관한 이야기, 즉 서술이라 보는 데서 연유한 것이다.

기록이 나타난 것은 물론 문자가 나타나면서부터이며, 그것은 지금부터 5천 년 내지 6천 년 전의 일에 불과하다. 인류가 이 지구상에 나타난 이후의 길고 긴 시대에 비하면 그것은 아주 짧은 시간에 지나지 않는다. 오늘날 인류는 인류문화의 엄청난 발전에 스스로도 놀라고 있을 정도지만, 이러한 발전도 실은 그 길고 긴 선사시대 사람들이 이루어 놓은 놀라운 업적을 바탕으로 해서만 가능했던 것이다. 선사시대에 사람들은 불을 사용할 줄 알게 되고, 도구를 만들어 내고, 언어를 발달시키고, 마침내는 동물을 길들이고 곡식을 가꾸는 방법을 알아낸 것이다. 언뜻 보기에는 보잘것없는 것 같지만, 이 하나하나는 실상 오늘날 사람들이 원자력을 개발하고, 컴퓨터를 만들어 내고, 달에 도달한 것 못지않은 대발명, 대발전이었던 것이다.

제1절 인류의 기원

인류의 역사가 인류의 출현과 더불어 시작되었다면, 인류가 지구상에 나타난 것은 언제부터일까. 이 물음에 대한 답으로 이제까지 제시된 것들은 크게 두 가지 부류로 나누어진다. 하나는 사람이 어느 땐가 갑자기 이 지구상에 나타났는데, 그때 그 사람은 오늘날의 사람과 대체로 같은 모습이었다는 것이다. 가령 하느님이 어느 날 흙을 빚어 사람을 만들어 냈다든가, 어느 날 어떤 별에서 사람이 이 지구상에 내려앉았다든가 하는 식의 이야기다. 다른 하나는 이른바 진화론적 해석으로, 사람도 다른 동물과 마찬가지로 덜 발달된 어떤 공통의 조상에서 분화하여 점차 사람으로 발전했다는 것이다. 오늘날 인류학자, 고고학자, 역사학자들이 받아들이고 있는 것은 물론 이 진화론적 해석이다.

그러나 진화론적 해석에도 문제가 없는 것은 아니다. 우선 사람이 언제 나타났느냐 할 때, 그 사람이란 무엇을 말하는 것인가? 진화론적 해석에 의

하면 사람 자체가 오랜 진화과정을 거쳐 나타났다고 주장되는데, 그 과정 중 어느 때까지는 동물이고 어느 때부터는 사람인가를 확연히 가르기란 쉬운 일이 아니다. 더욱이 우리가 인류의 기원을 추정하는 것은 오직 사람 뼈의 화석을 통해서인데, 그 사이에 세계 여러 곳에서 많은 인골의 화석이 발견되어 많은 것을 알게 되었다고는 하지만, 아직도 오늘날의 인류와 인류의 조상을 연결하는 모든 고리가 밝혀진 것은 아니다. 지금까지 발견된 화석들은 그중 몇 개의 단편에 지나지 않는다.

이러한 형편이고 보면 사람이 언제 이 지구상에 나타났느냐 하는 물음에 대한 정확한 대답은 아직도 불가능한 일이라 할 수밖에 없다. 다만 이제까지 발견된 인골 화석을 통해서 대강 이 정도까지 그 기원을 거슬러 올라갈 수 있을 것이라고 추정할 뿐이다.

이제까지의 연구에 의하면 인류가 지구상에 처음 나타난 것은 지금부터 약 400만 년 전의 일로 짐작된다. 인류학자들에 의해 최초의 인류로 지목된 이른바 오스트랄로피테쿠스(Australopithecus)의 생존연대가 대략 그렇게 추정되기 때문이다. 오스트랄로피테쿠스의 화석은 아프리카의 남부 지방에서 처음 발견되었다. 그 이름은 남쪽의(australo) 원숭이(pithecus)라는 뜻이지만,[1] 인류학자들은 이것을 사람과(Hominidae)에 속하는 것으로 분류하고 있다. 왜냐하면 오스트랄로피테쿠스는 키가 아주 작고 두뇌의 용적도 현생인류[2]의 어린아이 정도밖에 되지 않으며 얼굴 모습 또한 유인원(類

1) 1924년 오스트레일리아의 레이먼드 다트가 남아프리카 타웅(Taung)에서 어린 아이의 인골 화석을 발견했는데, 이를 사람과(Hominidae)에 속하는 오스트랄로피테쿠스 아프리카누스(Australopithecus africanus)라고 명명하고 그 생존연대를 300만 년에서 200만 년 사이로 추정했다. 그러나 1974년 도널드 요한슨이 에티오피아의 하다르(Hadar)에서 여성 인골 화석을 발견했는데, 그 생존 연대를 370만 년 내지 350만 년 전으로 추정하고 이를 오스트랄로피테쿠스 아파렌시스(afarensis)라고 명명했다. 그 후 다시 1995년에 미브 리키를 주로 하는 미국의 인류학자들이 케냐의 투르카나(Turkana) 호수 근처에서 발견된 인골 화석의 생존 연대를 420만 년 전으로 측정하고 이를 오스트랄로피테쿠스 아나멘시스(anamensis)라고 명명했다.

2) 현생인류는 생물 분류학상 동물계(界), 척추동물문(門), 포유동물강(綱), 영장목(目),

人猿)과 비슷한 데가 많지만, 두 발로 서서 걸었다는 것이 분명하고 또 그 치열(齒列)이 현생인류의 그것과 비슷한 데다가 어쩌면 도구를 사용했을지도 모른다고 짐작되기 때문이다.

20세기 중엽까지만 해도 최초의 인류라 하면 으레 베이징원인(北京原人, Sinanthropus pekinensis)이나 자바원인(猿人)(Pithecanthropus erectus) 등이 거론되었으며, 이들은 대개 지금부터 5, 60만 년 전에 생존했던 것으로 추정되어 왔다. 이들은 직립한 것은 물론 불과 도구를 사용했음이 분명하고 오스트랄로피테쿠스보다는 훨씬 키도 크고 두뇌의 용적도 컸다. 이들 역시 종전에는 호모(Homo, 사람)라는 속명(屬名)으로 불리지 않고 시난트

사람과(科), 호모속(屬), 사피엔스종(種)으로 분류된다. 학명(속명과 종명을 합친 2명법에 의한)으로는 호모 사피엔스(Home sapiens)이다. 그러나 사피엔스종은 다시 네안데르탈렌시스와 사피엔스의 두 아종(亞種)으로 나뉘고 현생인류는 바로 이 사피엔스 아종에 속한다. 따라서 현생인류는 호모 사피엔스 사피엔스(Homo sapiens sapiens)이다. 고생인류인 화석인류에는 현생인류와 종을 달리하는 것으로 분류되는 것이 있으며(Homo erectus, Homo habilis), 다시 속을 달리하는 것으로 분류되는 것이 있는데(오스트랄로피테쿠스가 그 하나임), 이들은 모두 사람과(Hominidae)에 총괄된다. 그 분류표는 다음과 같다.

목 — 과 — 속 — 종 — (아종)

- 영장류
  - 사람
    - 호모
      - 사피엔스
        - 사피엔스(호모 사피엔스 사피엔스): 현생인류
        - 네안데르탈렌시스(호모 사피엔스 네안데르탈렌시스)
      - 에렉투스
        - 자바넨시스(호모 에렉투스 자바넨시스)
        - 페키넨시스(호모 에렉투스 페키넨시스)
        - 하이델베르겐시스(호모 에렉투스 하이델베르겐시스)
        - ....
      - 하빌리스(호모 하빌리스)
      - ....
    - 오스트랄로피테쿠스
      - 아프리카누스
      - 아파렌시스
      - 아나멘시스
      - ....
    - ......
  - 유인원
  - 원숭이
  - ....

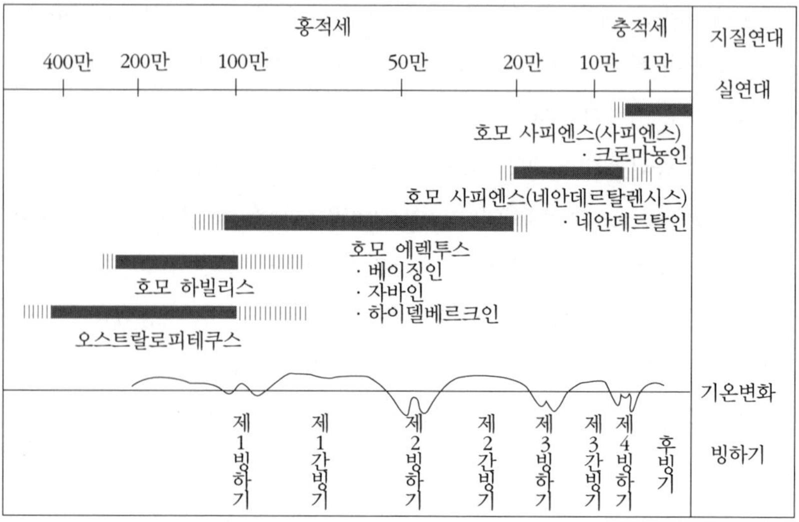

그림 1-1. 화석인류의 시대

로푸스(Sinanthropus; 베이징인) 또는 피테칸트로푸스(Pithecanthropus, 자바인)라는 속명으로 불려 왔는데, 지금은 대체로 이들을 하이델베르크(Heidelberg)인을 비롯한 유럽과 아프리카의 여러 유사한 인종들과 함께 모두 호모 에렉투스(Homo erectus, 직립인)라 부르고 있으며, 생존연대도 대략 150만 년 전까지 올려 잡고 있다.

그런데 영국의 인류학자 루이스 리키(Louis Leakey) 박사가 이끄는 팀은 케냐의 올두바이(Olduvai) 계곡에서 역시 인골 화석을 발굴했는데, 그들은 이것이 오스트랄로피테쿠스보다는 좀 더 발달하고 호모 에렉투스보다는 좀 덜 발달한 중간적인 존재라는 것을 밝히면서 이것을 호모 하빌리스(Homo habilis, 솜씨 좋은 사람)라고 명명했다. 그리고 그 생존연대를 적어도 200만 년 전으로 추정했다. 이리하여 호모 에렉투스 이외에도 호모속에 속하는 인류가 대략 200만 년 전에 지구상에 살고 있었다는 이야기를 할 수 있게 된 것이다.

그러나 이들 오스트랄로피테쿠스나 호모 하빌리스 또는 호모 에렉투스가 현생인류의 직계조상으로 생각되지는 않으며, 이들은 모두 현생인류가 나타나기 전에 멸종한 것으로 보인다. 현생인류가 속해 있는 호모 사피엔스(Homo sapiens, 지혜인)는 호모 에렉투스가 사라질 무렵인 20만 년 전에 나타났는데, 그 화석이 독일의 네안데르탈(Neanderthal)에서 처음 발견되었기 때문에 이를 네안데르탈인이라고도 부른다. 이들의 두뇌 용적은 오늘날의 인류의 그것과 비슷하지만 얼굴 모습은 아직도 유인원과 닮은 데가 있었다.[3)]

정작 현생인류인 호모 사피엔스가 나타난 것은 이 네안데르탈인이 사라진 뒤인 지금으로부터 약 4만 년 전으로 추정되고 있다. 프랑스의 크로마뇽(Cro-Magnon)에서 발견된 인골 화석이 현생 유럽인의 뼈와 아주 흡사한데, 이 크로마뇽인의 생존 연대가 대략 4만 년 전으로 측정되기 때문이다. 그 후 이와 비슷한 시대에 살았던 것으로 보이는 인골 화석이 유럽, 아시아, 아프리카 등 여러 곳에서 발견되었으며, 이들이 모두 현생인류의 여러 인종의 직계조상으로 추정되고 있다. 인류학자들은 이들 현생인류인 호모 사피엔스와 네안데르탈인인 호모 사피엔스를 구분하기 위해 종명 다음에 아종(亞種)명을 붙여 전자를 호모 사피엔스 사피엔스, 후자를 호모 사피엔스 네안데르탈렌시스라 부르기도 한다.

---

3) 인류의 두뇌 용적 비교
오스트랄로피테쿠스: 500cc
호모 하빌리스: 800cc
호모 에렉투스: 775~1,200cc
호모 사피엔스 네안데르탈렌시스: 1,200~1,600cc
호모 사피엔스 사피엔스: 1,500~1,600cc

제2절 구석기시대인의 생활

인류가 동물과 구별되는 가장 중요한 특징 중의 하나는 도구를 만들어 사용할 줄 안다는 점이다. 그래서 고고학자들은 흔히 인류문화의 발전단계를 인류가 만들어 사용한 도구의 종류에 따라 석기시대, 청동기시대, 철기시대로 나누고 있다. 인류가 역사시대에 들어서게 된 것은 청동기시대가 시작되면서부터이고, 기나긴 선사시대는 온통 석기시대에 해당된다. 석기시대는 다시 타제석기를 사용한 구석기시대와 마제석기를 사용한 신석기시대로 구분하는 것이 보통이다. 그러나 선사시대인 석기시대의 거의 대부분은 구석기시대이고 신석기시대는 그 마지막 3, 4천 년 동안의 짧은 기간에 불과하다.

최초의 인류는 도구를 스스로 만들어 사용했다기보다는 주변에 있는 나무토막이나 동물의 뼈, 자연의 돌들을 사용했으리라고 짐작되지만 지금 그 흔적들을 가려낼 길이 없다. 오스트랄로피테쿠스의 화석과 함께 발견된 조잡한 석기(조약돌 석기) 등이 과연 그들 자신에 의해서 만들어졌는지는 분명치 않다. 한편 호모 하빌리스와 함께 발견된 석기들은 대체로 그들이 만들어 사용한 것으로 추정되고 있다. 분명하게 이야기할 수 있는 것은 역시 호모 에렉투스가 나타나면서부터다. 약 50만 년 전의 홍적세(洪積世) 후반의 초기에 생존하고 있었던 베이징인은 석기를 만들어 썼음이 분명하다. 그들의 석기 역시 조약돌의 한쪽을 떼어내어 만든 이른바 찍개(chopper)나 떼어낸 날카로운 박편(flake) 등 아직은 거칠고 유치한 것들이었지만, 그들이 이것을 만들어 썼음에는 틀림이 없다.

초기의 모든 인류가 그랬으리라고 짐작되듯이 베이징인들 또한 식물의 열매를 따먹거나 그 뿌리를 캐먹는 등, 소위 채집생활을 했으리라고 짐작된다. 그러나 그들의 주업은 오히려 사냥이었으며, 그것도 야생의 말이나 큰 사슴 또는 코끼리 등 비교적 큰 짐승들이 그들의 사냥대상이었던 것으로 보인다. 그것은 그들의 뼈가 발견된 곳 주변에서 이러한 동물들의 뼈가 수없이 발견된 것으로 보아 알 수 있는 일이다.

베이징인들은 아프리카 등지에 살고 있었던 그들 이전의 초기인류들과는 달리 동굴 안에서 살았다. 한 가지 특기할 만한 것은 그들이 벌써 불을 사용하고 있었다는 점이다. 또한 그들은 언어를 사용하고 있었으며 서로 협동하는 방법도 알고 있었을 것이다. 그들이 자기 자신보다 힘세고 몸집이 큰 짐승들을 사냥할 수 있었던 것은 이처럼 도구를 만들어 쓰고 불을 이용하고 언어를 사용하여 서로 협동할 줄 알았을 것이기 때문이다.

호모 사피엔스인 네안데르탈인이 나타나면서 사람들의 생활방식은 한층 더 진전되고 다양해졌다. 흔히 손도끼(hand axe)라 불리는 돌망치의 제작 방법이 훨씬 더 정교해졌으며, 박편석기의 종류도 한층 다양해졌다. 그러나 그들은 여전히 수렵인이며 채집인이었다. 그들 역시 주로 동굴 속에 살았는데, 한 가지 특기할 만한 일은 그들에 이르러서 처음으로 시체를 매장하는 습관이 시작된 것이다. 그들은 시신을 동굴 안의 노변(爐邊)에 묻고, 그 옆에 도구나 음식도 함께 묻었다. 불의 온기로 시신이 되살아나기를 바랐는지도 모르며, 사후에도 삶은 계속되어 음식이나 도구를 필요로 한다고 생각했던 것으로 보인다. 이런 것들은 인류가 처음으로 종교적 감정을 나타낸 것이라 볼 수 있다.

홍적세의 마지막 빙하기에서 후빙기에 걸치는 무렵에 현생인류가 나타나면서 인류의 생활은 더욱 발전했다. 빙하가 물러나기 시작했다고는 하지만 아직도 추위는 계속되어 대륙의 북부 지방에서는 여전히 동굴생활이 계속되었으나 한편으로는 간단한 움막집도 나타나기 시작했다. 석기를 만드는 기술 또한 크게 발달하여 화살촉, 창끝 등 예리한 석기들이 만들어졌다. 그들은 이러한 날카로운 석기를 사용하여 매머드, 순록, 코뿔소 등 큰 짐승을 사냥했다. 이 무렵에는 창끝, 작살, 낚시 등 예리한 골각기도 만들어졌는데, 이것은 그들이 채집이나 수렵 이외에 어로생활도 했음을 보여 주는 것이다. 그들이 깊숙한 동굴의 벽에 그려 놓은 들소, 말, 순록, 멧돼지 등의 그림은 사냥감이 많이 잡히기를 바라는 주술행위(呪術行爲)의 흔적이라 할 수 있는데, 생생하게 그려진 뛰어난 솜씨는 그들이 이미 어떤 예술적 감각을 지니고 있었음을 나타낸다.

그들은 또 풍만한 여인의 나체상을 조각하거나 양각했는데, 이것도 다산을 바라는 주술행위로 짐작된다. 한편 그들은 죽은 사람을 부장품과 함께 매장하면서도 시체를 구부려 묶어 굴장(屈葬)했다. 이것은 그들이 사후생활의 계속과 부활을 바라면서도 한편으로는 죽은 자에 대한 공포심을 가지고 있었음을 보여 주는 것이다.

후빙기가 경과함에 따라서 지구상의 기후가 점점 따뜻해지고 빙하가 녹으면서 바닷물이 불어나게 되었다. 그래서 유럽 대륙과 영국 또 한반도와 일본 등 이제까지 연결되어 있던 지역이 서로 갈라지게 되는 등 바다와 육지의 분포가 오늘날과 비슷하게 되고, 이와 함께 지상의 생물도 한대 계통의 큰 짐승들이 사라지고 온대 계통의 작은 짐승들이나 조류 그리고 어패류가 번성하게 되었다. 이처럼 자연환경이 바뀌자 인류의 생활도 여기에 새롭게 적응하기 시작했다. 사람들은 사슴, 토끼, 새 등 날쌔고 작은 동물들을 사냥하기에 적합한 더욱 정교한 화살촉, 창끝, 작살 등 세석기를 만들어 썼으며, 낚시와 그물을 사용하여 더 용이하게 물고기를 잡았다. 한편 오늘날의 것과 거의 같은 형태의 돌도끼를 만들어, 나무를 베어 통나무배를 만드는 데 이용했다. 들개를 길들여 사냥에 이용하기 시작한 것도 이 무렵의 일이다.

제3절 신석기혁명

이와 같은 구석기시대가 오래 계속되는 동안 인류의 지혜는 점점 발달하여 생활방식 또한 서서히 발전했다. 그러나 구석기시대의 생활은 여전히 채집과 수렵을 주로 하는 것이었다. 그러던 것이 지금부터 약 1만 년 전에 인류의 생활에는 혁명적인 일대 변혁이 일어났다. 그것은 인류가 이 무렵에야 처음으로 농경과 목축을 시작했다는 것으로, 사람들이 이제까지처럼 자연 속에 있는 식물이나 동물을 찾아 먹는 데 그치지 않고, 자연을 이용하여 스스로 식량을 만들어 내게 되었음을 의미한다. 인류는 이제 수렵 · 채집이라는 획득경제에서 농경 · 목축이라는 생산경제에 들어서게 된 것이다. 이러한 혁명적인 변화는 인류가 사용하는 도구에서의 큰 발전, 즉 마제석기와 토기의 출현이 있었던 신석기시대의 시작과 거의 때를 같이해서 일어나 흔히 '신석기혁명'이라고 불린다. 이때 재배된 곡물은 밀, 보리 등 맥류였으며 사육된 가축은 염소, 양, 소, 돼지 등이었다.

농경과 목축은 사람들의 생활을 방랑생활에서 정착생활로 바꾸어 놓았다. 이와 함께 사람들은 동굴에서 나와 평지에 움집을 짓고 촌락을 이루어 살게 되었다. 그러나 그들의 농업은 천수에 의존하며 비료를 전혀 사용하지 않은 약탈농업이어서 자주 경지를 바꿀 필요가 있었고, 촌락 또한 가끔 이전해야만 했기 때문에 큰 취락(聚落)으로 발전하지는 못했다. 촌락은 대체로 씨족단위의 비교적 평등한 공동체를 이루었으며 마을사람들은 농경을 위해 공동작업을 하거나 외적을 막기 위해 서로 협력했다. 그들이 남긴 거대한 돌멘(dolmen)과 같은 건조물은 그들의 협동이 상당히 조직적이었음을 보여 준다.

비너스 약 2만년 전 무렵의 비너스상(오스트리아의 빌렌도르프)

한편 농경과 목축으로 식량이 넉넉해지자 인구도 늘고 생활도 여러모로 향상되었다. 농경과 관련된 도구로는 도끼, 괭이, 가래, 낫, 칼 등 더욱 예리하고 매끈한 마제석기가 사용되었다. 그중에서도 나무를 베는 데 많이 쓰인 마제의 돌도끼는 신석기시대인의 도구를 대표할 만한 것이었다.

거둬들인 곡물을 저장하거나 음식물을 끓이는 데 쓰이는 토기가 만들어진 것은 신석기시대를 상징하는 또 하나의 특징이다. 특히 주목할 만한 것은 채색토기의 출현인데 고고학자들은 이 채색토기의 분포상황을 통해서 신석기문화의 전파경로를 추정하고 있다. 이 시기에는 또 북과 베틀이 발명되어 아마나 양모를 원료로 옷감을 짜서 옷을 만들어 입었으며, 후에는 면사나 생사를 만드는 법도 알아내어 옷감의 종류가 더욱 다양해졌다.

이와 같은 신석기문화, 그중에서도 특히 농경문화가 언제, 어디에서 발생하여 어떻게 전 세계에 전파되었는가는 아직도 분명하게 이야기하기 어렵다. 그러나 그동안의 여러 조사연구로 그것은 대략 기원전 7000년경 서남아시아의 오리엔트 지역에서 맨 먼저 발생하여, 그 후 기원전 5000년경부터 동서로 전파하기 시작해 기원전 3000년경까지에는 4대륙의 대부분의 지역에 퍼져 간 것으로 짐작된다. 구석기시대 말에 나타난 다산을 상징한 나체여인상이 신석기시대에는 토지의 생산력을 나타내는 지모신(地母神)으로 되었는데, 속칭 비너스로 불리는 이 여신상의 분포상황은 채색토기의 분포상황과 함께 농경문화의 전파경로를 짐작할 수 있는 자료가 되어 있다.

그러나 신석기시대에는 농경문화 이외에 중앙아시아로부터 이란과 시리아를 거쳐 아프리카에 이르는 건조한 초원지대에는 가죽을 벗기는 가느다란 석기를 특징으로 하는 유목민의 세석기문화가 전파되었는가 하면 다른 한편으로는 발트해에서 시베리아에 이르는 추운 삼림지대에는 골각기나 빗살무늬 토기를 가진 수렵·어로민의 신석기문화가 발달하는 등 지역과 시기에 따라 제각기 다른 특징을 지닌 문화가 나타나기도 했다.

제2장 문명의 발상

제1절 오리엔트 문명

제2절 황하 및 인더스 문명

'빛은 동방(오리엔트)에서'라는 말이 가리키듯이 인류가 지구상에서 가장 먼저 원시생활을 벗어나 문명의 단계로 들어선 것은 오리엔트 지역에서였다. 오리엔트란 오늘날의 중동 지방을 말하는 것으로 그것은 메소포타미아의 티그리스 · 유프라테스강 유역과 이집트의 나일강 유역을 가리킨다. '기름진 초승달(fertile crescent)'이라 불려 온 이 지역은 인류역사상 맨 처음 대대적인 농경이 시작된 곳인데, 이 지역은 중국의 황하 유역, 인도의 인더스강 유역과 더불어 관개에 의한 대규모 농업에 알맞은 곳이었다.

이곳에서는 농경의 발전과 더불어 최초의 도시가 나타났고 도시의 발달과 함께 처음으로 국가생활이 시작되었다. 그러나 농업의 성패가 관개치수에 좌우된 이 지역에서는 이것을 다스리는 국왕의 권력이 강화되게 마련이었으며, 그래서 국왕은 마침내 '신의 아들 또는 대리자'로서 절대적인 권력을 갖게 되었다. 이른바 '오리엔트적 전제정치'의 모델이 형성되기에 이른 것이다.

이와 같은 오리엔트 문명이 싹튼 것은 기원전 3000년경이었으니, 이것은 최초의 서양문명인 그리스의 고전문화보다 약 2천 년 이상 앞선 것으로, 서양문명은 이 오리엔트 문명에서 많은 것을 이어받아 그들의 문명을 발전시켰다. 고대 로마인들이 문명의 '빛은 오리엔트에서' 비추기 시작했다고 말한 것도 당연한 일이다.

제1절 오리엔트 문명

1. 오리엔트 문명의 탄생

문화(culture)라는 말이 경작(culture)에서 유래하듯이 문명(civilization)이라는 말은 도시(city, civitas)에서 유래한다. 즉, 인류 최초의 문명은 원시 농촌이 도시로 발달한 데서부터 시작된 것이다. 이렇게 농촌이 도시로 발달한 것은 큰 강 유역에 관개농업이 발달한 결과 농업생산이 늘어나고 많은 인구가 한곳에 모여 살 수 있게 되면서부터다.

관개농업이 맨 먼저 일어난 곳은 바로 티그리스와 유프라테스의 두 강(potamos) 사이(mesos)의 땅인 메소포타미아(Mesopotamia) 지방이었다. 특히 두 강의 하류지역에서는 기원전 3500년경부터 여러 곳에 큰 촌락들이 형성되기 시작했으며, 이와 아울러 동기나 청동기가 제작되기 시작하고 수레바퀴, 쟁기, 돛단배 그리고 특히 문자 등이 발명되어 생산이 늘어나고 교역도 활발해졌다.

두 강 사이의 땅에 처음 정착한 주민은 수메르인들(Sumerians)이었다. 그들이 강 하류 지방에서 처음 본 것은 해마다 되풀이되는 홍수 때문에 생긴 초목이 우거진 늪지였을 것이다. 그들은 나일강 하류 지역에 정착한 이집트인들이 그랬던 것처럼 이 늪지를 간척해서 경지를 만들었다. 홍수에 밀려온 흙이 쌓인 땅은 기름지고 물과 태양빛도 풍부하여, 천수에 의존하던 종전의 원시농업에 비해 생산이 크게 늘어났으며, 생산이 늘자 인구의 집중이 가능하게 되어 도시가 성장하고, 도시가 성장함에 따라 문명생활이 시작되었다.

그러나 홍수에 대비하고 홍수를 이용한 이러한 관개농업은 '기름진 초승달' 또는 '이집트는 나일강의 선물'이라는 말이 암시하듯이 그렇게 유리한 조건만을 갖춘 것은 아니었다. 제방을 쌓고 수로를 파는 일, 특히 홍수가 휩쓸고 간 뒤에 경지를 다시 정비하는 일은 결코 용이한 일이 아니었다. 그 밖의 자연조건도 결코 호적한 것이라고만은 할 수 없었다. 낮과 밤 사이의 격심한 기온차, 집중적 폭우 전에 계속되는 오랜 가뭄, 황량한 언덕과 사막 그리고 습한 늪지대 등이 그들이 극복해야만 했던 자연조건들이었다. 그들은 강 유역의 황량한 늪지를 기름진 농토로 변모시키기 위해 여러 세기 동안 무던히 노력해야만 했다. 그것은 많은 사람들의 노력, 특히 지속적인 협동작업을 필요로 하는 일이었다. 그러한 협동작업은 그 범위가 넓을수록 더욱 효과적이어서 한 지역의 여러 촌락들이 서로 연합하게 되었고, 그 중심으로서 도시가 일어나게 된 것이다.

홍수는 수메르인들의 농경의 원천인 동시에 가장 큰 두려움의 대상으로, 가장 큰 관심사였다. 창세기의 '노아의 홍수' 이야기는 실은 수메르인들이 남긴 길가메시(Gilgamesh)의 서사시에 나오는 홍수 이야기에서 나온 것이라 생각된다. 여섯 낮과 여섯 밤 동안 바람과 홍수가 밀어닥친 뒤 모든 사람은 진흙으로 변해 있었다는 이야기나 비가 그친 뒤에도 산꼭대기에 매달린 배가 6일 동안 그대로 머물러 있었다는 이야기 등은 이 지역 주민들이 겪은 유프라테스강의 대홍수의 참상을 말해 주는 전승이었던 것이다. 원래 초기에는 그리스의 도시국가에서처럼 원로들의 회의와 주민들의 총회를 통해서 자치적으로 통치된 도시들이 그러한 자치제를 계속 지탱하지 못하고 1인의 통치하에 들어가게 된 것도 홍수에 대해 더욱 효율적으로 대처하

지구라트 3000년 전에 알람이 건설한 지구라트(이란 테헤란 남서쪽 초가잔빌)

기 위한 하나의 방편이었다고 생각할 수 있다. 그것은 큰 강의 치수사업에는 더욱 광범하고 강력한 통제력이 요청되었기 때문이다. 통치자는 그 도시의 수호신의 지상에서의 대리자로 생각되었으며 그러한 자격으로 그는 신전을 세워 신을 달래려 했다. 그것은 특히 그 무서운 홍수로부터 도시를 지켜 주기를 바라는 마음에서였다.

수메르인들이 세운 나라들은 도시국가로, 도시와 그 주변 일대의 지역을 포함했다. 도시는 성곽으로 둘러싸여 있었으며 그 중심에는 지구라트(Ziggurat)라 불리는 여러 층으로 쌓아올린 탑 모양의 신전이 있었다. 창세기에 나오는 바벨 탑 이야기는 바로 이러한 지구라트에 관한 것인데, 그 규모가 얼마나 거창했는지를 말해 준다. 신전이 사실상 토지의 대부분을 차지하고 있었으므로 많은 주민들이 신전에 소속된 농민들이었다. 그러나 점차 생활모습이 다양해져 농민 이외에 대장장이, 목수, 상인들도 나타나 직업의 분화가 일어나게 되었다.

한편 도시의 형성과 더불어 시작된 청동기의 사용은 농업생산을 한층 증대시킴과 동시에 더욱 강력한 무기를 발달시켜 주민 사이에 사회적 분업이 이루어지고 계층분화가 일어나 지배층과 피지배층으로 갈라지게 되었다. 특히 지모신이나 그 밖에 농경의 성패를 좌우한 자연의 힘이 여러 신으로 숭배되어 그 신전이 도시의 중추가 됨으로써 신관의 권위가 증대하여 각 도시는 사실상 이들 신관 계층에 의해서 지배되는 국가의 모습을 갖추

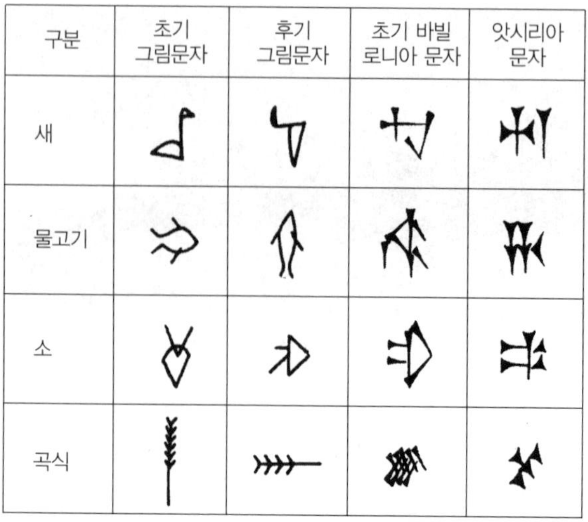

설형문자 그림문자에서 설형문자로 발달한 수메르 문자의 변화과정

게 되었다. 여러 도시들 사이에서는 교역이나 관개를 둘러싸고 대립이 나타나 도시마다 성벽을 둘러싸고 전사를 길러 외적에 대한 방비를 굳건히 하는 한편 안으로는 신관계층에서 나온 왕의 권한이 점점 강화되어 신정의 형태를 취하게 되었다. 이러한 도시국가가 기원전 3000년경에 메소포타미아의 남부 지방에 많이 건설되었는데, 인류의 문명은 수메르인들이 세운 이러한 도시국가들 안에서 맨 처음 발달하게 된 것이다.

그중에서도 특히 주목할 만한 사실은 수메르인들은 적어도 기원전 3000년경에 벌써 문자를 사용하고 있었다는 점이다. 이들이 처음에 사용한 문자는 나일강 유역이나 황하 유역에서와 마찬가지로 그림문자였다. 이 문자는 오리엔트 지방에서 가장 오래된 문자로서, 어쩌면 이집트의 그림문자도 이 문자에서 배운 것이 아닌가 여겨지고 있다. 그들은 이 문자를 진흙판에 그려 넣었다. 그 후 그들은 기원전 3000년에서 기원전 2000년 사이에 일종의 표음문자를 만들어 냈다. 그것은 말랑말랑한 진흙판에 갈대 펜으로 쐐기 모양의 표식을 찍은 후 이를 말려서 보존한 것이다. 이것이 곧 유명한 설형문자(楔形文字, cuneiform letter)이다. 후에 페니키아인들(Phoenicians)이 이것에서 더욱 간편한 표음문자인 알파벳을 만들어 내고,

그 후 다시 그리스인들이 이 페니키아 문자를 본떠 그들의 알파벳을 만들어 낸 것은 널리 알려진 사실이다.

법률은 수메르인들이 남긴 또 하나의 귀중한 유산이다. 근년에 발견된 『우르남무(Urnammu) 법전』은 수메르인들에 의해서 기록된 인류 최고(最古)의 법전이다. 이 법전에는 부패한 관리를 단속하고, 공정한 도량형제도를 제정하고, 고아나 과부를 보호할 것 등을 규정하고 있다. 형벌은 그 이후에 제정된 『리피트 이시타르(Lipit Ishtar) 법전』, 『에시누나(Eshinunna) 법전』 그리고 그 유명한 『함무라비(Hammurabi) 법전』의 그것들보다 오히려 온화한 편이었다. 수메르인들에게서는 형벌이 대부분 벌금으로 치러졌던 것이다.

수메르인들이 남긴 유산으로 그 후 특히 서양문화에 큰 영향을 미친 전통은 길가메시의 서사시에 담겨 있다. 인간의 피할 수 없는 운명인 죽음이 이 서사시의 주제였다. 3분의 2는 신이며 나머지 3분의 1은 인간인 영웅 길가메시는 또 한 사람의 초인(超人) 엔키두(Enkidu)와 힘을 합쳐 지상의 괴물들을 퇴치한다. 그러나 엔키두의 죽음을 보고 상심한 길가메시는 불사(不死)를 찾아 헤매지만 끝내 이를 얻지 못한다. 그가 만난 어느 주막 여주인은 그에게 "부질없이 불사를 찾아 헤매는 일을 그만두고 먹고 마시고, 즐겁게 지내라"고 권한다. 이 이야기는 아마 기원전 2000년경에 만들어진 것으로 보이는데, 그 후 이것은 메소포타미아 이외의 오리엔트 지방 일대에 널리 퍼졌다. 현세주의 혹은 세속주의라고 불리는 인생관을 담은 이 이야기는 그 후 히타이트인(Hittites)과 헤브라이인들(Hebrews)을 통해서 서양에 전달되어 서양문화의 중요한 전통의 하나가 되었다.

2. 오리엔트 사회와 문화

수메르인들이 메소포타미아 남부 지방에 전제적이며 신정적인 도시국가들을 세우고 있던 기원전 3000년경에는 이집트의 나일강 유역에도 이와 비슷한 도시국가들이 발달하고 있었다. 이 도시국가의 주민들 또한 강 하류의 델타 지방을 중심으로 관개농업을 영위하고 있었다. 그러나 아무리 효율적인 국가라 하더라도 강변의 어느 한 도시국가의 개별적인 힘만으로는 티그리스·유프라테스강이나 나일강 같은 큰 강의 대홍수를 효과적으로 다스리기는 어려웠다. 그러한 치수사업은 강 유역 전체에 걸친 더욱 광범한 계획을 수립하고 여러 도시 주민들의 공동작업을 강제하고 또 도시 상호 간의 이해대립을 조정할 수 있는 강력한 통제력을 필요로 했다. 이래서 메소포타미아나 이집트에서는 강력한 통일국가가 형성되고 또 형성되어야만 했던 것이다.

이 두 지역이 다 큰 강의 치수사업에 의존한 관개농업사회였다는 사실은 이 지역에 성립된 통일국가가 다 신권적인 주권에 입각한 강력한 전제국가의 형태를 취했던 까닭을 설명해 준다. 홍수와 같은 거대한 자연력에 좌우된 농경사회의 통치자는 자연을 지배하는 신을 대변하는 자로서 절대적인 권력을 가지게 되었다. 국왕은 지상에서의 신의 대리자이거나 신의 아들, 심지어는 신의 현신으로서 군림했다. 전 국토는 신의 것이거나 신의 현신으로서의 국왕의 소유였다. 신을 섬기는 신관들은 국왕의 관리들과 더불어 소수의 귀족층을 형성했고, 주민의 대부분은 공납과 무상노동을 강요당하는 농민 그리고 노예들이었다.

오리엔트의 두 지역에 형성된 통일국가가 다 이처럼 신정적인 전제의 형태를 취하기는 했지만 두 지역의 전제의 성격에는 상당한 차이점이 있었다. 이러한 차이점은 두 지역의 자연조건과 경제여건의 차이에서 연유된 것이라 할 수 있다. 즉, 나일강 유역의 동서 양쪽은 바로 사막과 접하고 북쪽과 남쪽은 바다와 산으로 막혀 폐쇄적인 지역을 이루고 있어 거의 강 유역에서의 농경만을 위주로 한 데 비해, 티그리스·유프라테스강 유역은 동북부 고원지대나 서남부 아라비아 사막과의 사이에 초원이 펼쳐 있고, 서쪽으로는 시리아와 팔레스타인을 지나는 골짜기와 연결되어 더욱 개방적인 지역을 이루고 있어 이곳에서는 강 유역에서의 농경과 더불어 주변 초원에서의 목축과 상업까지도 발달했다.

이리하여 나일강 유역은 외부로부터의 침범과 위협이 적어 일찍부터 정착적인 농경을 바탕으로 하는 통일국가가 형성되고 또 그것이 비교적 오랫동안 유지될 수 있었다. 국왕의 권력도 그만큼 강화되어 국왕 자신이 곧 신의 현신이라 생각되고 국왕의 명령은 곧 신의 명령이요, 국왕에 대한 반대는 곧 신에 대한 반대로 치부되었다. 이에 비해 티그리스 · 유프라테스강 하류의 곡창지대는 고원이나 초원 등 주변지역 주민들의 끊임없는 침범의 대상이 되었고, 외부인의 정복에 의해서 통일국가가 형성되었다. 그나마 형성된 통일국가도 내부의 반란과 외부로부터의 새로운 침입에 의해 이내 붕괴되고 분열되는 등 여러 종족과 여러 나라의 흥망성쇠가 이어졌다. 국왕 또한 신의 현신이라기보다는 신의 대리자라 생각되었다. 따라서 국왕의 명령이 신의 명령이 되는 것은 국왕이 신의 명령에 따른다는 조건하에서였으며, 만일 그것이 신의 명령에 어긋난다고 생각될 때는 이를 따르지 않아도 된다고 생각했다. 농경 이외에 목축이나 교역이 영위된 더욱 유동적인 사회였던 메소포타미아에서는 여러 종족들에 의한 지배의 교체가 심해 그만큼 국왕의 절대권에 대한 반항이나 제한이 가능하기도 하고 또 어느 정도 인정되기도 했던 것이다.

이래서 나일강 유역에서는 기원전 3000년대 초에 상이집트와 하이집트가 연합하여 통일왕국이 성립된 이후, 페르시아에 의해 정복된 기원전 525년까지의 약 2,500년 동안 고왕국, 중왕국, 신왕국 등으로 구분되는 모두 26왕조가 교체되고, 한때 힉소스인(Hyksos)들의 지배(B.C. 1800년경부터 약 200년 동안)나 앗시리아인들(Assyrians)의 정복(B.C. 670)을 겪기도 했지만, 외부로부터의 침략은 비교적 덜 받아 단일종족에 의한 통일국가의 체제가 오래도록 유지되었다.

한편 메소포타미아 지방에서는 기원전 2350년경 셈어족(Semites) 계통인 아카드인들(Akkads)이 수메르인들의 도시국가들을 정복하여 처음으로 통일왕국을 세웠으나 오래 계속되지 못하고, 그 후 다시 같은 셈어족 계통인 아모르인들(Amorites)이 이 지역을 통일했다. 이들이 세운 바빌로니아(Babylonia) 왕국은 『함무라비 법전』을 편찬하여 유명한 함무라비 왕 시대(기원전 18세기경)에 전성기를 이루었으나, 이 또한 기원전 16세기 후엽에 히타이트인들과 카시트인들(Kassites)에게 멸망했다. 그 후 기원전 1300년경부터 두 강 중류지방에 세력을 팽창하고 있던 앗시리아인들은 기원전 8세기와 7세기에 오리엔트 세계 전 지역을 정복하여 강력한 군사적 통일제국을 건설했다. 그러나 압제와 잔인성으로 악명을 떨쳤던 이 제국 또한 곧 인도-유럽어계인 메디아인들(Medians)에게 멸망되었다(B.C. 612). 앗시리아 제국이 멸망한 후 그 영토는 메디아(Media), 리디아(Lydia), 신바빌로니아, 이집트 등 네 왕국으로 갈라져 메소포타미아는 한때 신바빌로니아의 지배하에 들어갔으나 기원전 538년에 페르시아의 키루스(Cyrus) 왕이 바빌론(Babylon)을 점령함으로써 이 지역은 다시 인도-유럽어계인들의 수중에 들어가게 되었다. 그 후 페르시아는 급속히 세력을 팽창하여 기원전 525년에는 이집트까지 정복함으로써 오리엔트 전역을 통합하는 대제국을 건설하기에 이르렀다.

오리엔트가 관개농경사회였다는 사실은 이 지역의 정치형태나 사회구조만이 아니라 종교, 학문, 문학, 예술 등 오리엔트 문명 전반에 걸쳐 커다란 영향을 미쳤다. 그중에서도 종교는 농경사회 주민들의 생활에서 가장 중요한 역할을 했다. 농경은 물과 비, 바람과 태양빛 등 거대한 자연의 힘에 크게 좌우되었다. 그들은 이러한 자연의 힘을 모두 신이라 믿었다.

그중에서도 태양신과 강의 신은 가장 중요한 신으로 존숭되었다. 이집트에서 특히 존숭된 라(Ra)나 아몬(Amon), 바빌로니아에서 주신으로 섬겨진 마르두크(Marduk)나 앗시리아의 수호신 아슈르(Assur) 등이 모두 태양신이며, 이집트에서 널리 섬겨진 부활의 신 오시리스(Osiris)는 원래 나일강의 신이었다. 그러나 좀 더 폐쇄적인 이집트 사회와 좀 더 개방적인 메소포타미아 사회 사이의 차이는 종교 면에서도 반영되었다. 한마디로 이집트의 종교가 좀 더 낙관적이면서도 내세적인 데 반해 메소포타미아는 좀 더 비관적이면서도 현세적이었다.

더욱 폐쇄적인 사회 안에서 비교적 안정된 생활을 누릴 수 있었던 이집트인들은 사후의 세계를 평온한 현세의 연속으로 생각하고 육신과 영혼의 불멸을 믿었다. 처음에는 신의 현신인 국왕 파라오(Pharaoh)만이 불사신이라고 생각하여 그의 시체를 미라로 만들어 거대한 피라미드 혹은 비밀 암굴무덤 속에 생존시의 모습대로 영구히 보존했다. 그러나 이러한 영혼불멸의 사상은 차츰 귀족이나 농민들에게도 전파되어 그들도 제각기 그 지체에 따라 시체를 보존하는 방법을 강구했다.

영혼불멸에 대한 믿음과 밀접하게 관련된 것이 부활에 대한 믿음이었다. 이집트인들의 부활사상은 오시리스 신화에 잘 나타나 있다. 본시 나일강 하류지방의 신이었던 오시리스는 인류에게 농업을 가르쳐 주었다. 이시스(Isis)는 그의 누이이자 아내였으며, 세트(Set)는 그의 아우이자 적대자였다. 세트는 오시리스를 죽여 바다에 던졌다. 이시스는 간신히 이것을 찾아 미라로 만들었으나, 세트는 다시 이것을 빼앗아 여러 토막으로 잘라 땅 위에 뿌렸다. 이시스는 천신만고 끝에 그 토막들을 찾아 맞췄다. 이래서 오시리스는 부활하여 불사신이 되고, 그 후 명계(冥界)의 지배자가 되었다. 이것은 말할 것도 없이 겨울에 줄어든 나일강의 물이 여름에 다시 불어나고, 겨울에 말라죽은 식물이 봄에 소생한다는 믿음을 나타낸 것이다. 오시리스는 생명을 부여하여 땅을 기름지게 하는 나일강이며, 이시스는 씨를 받아들이는 이집트의 대지였다. 그리스의 디오니소스(Dyonisos) 신앙과 그리스도교에서 나타나는 부활의 신앙의 근원이 바로 이집트에 있었다.

한편 더욱 개방적인 사회에서 불안하고 유동적인 운명에 좌우된 메소포타미아인들에게 현실세계는 비관적이며 숙명적인 것이었다. 그들은 죽음을 두려워했으며, 내세를 음산하고 어두운 땅 속의 세계로 생각하여 희미한 내세보다는 현세의 삶과 운명에 더욱 골몰하고 집착했다.

메소포타미아인들의 이와 같은 현세주의적 종교관과 밀접하게 관련된 것이 그들의 디몬(Demon)에 관한 믿음이었다. 디몬이란 모든 동식물 안에 자리잡고 그들의 행동이나 운명을 지배하는 힘이나 영(靈)을 말하였는데, 그것들은 대개 신에 맞서 싸우는 악한 것들이었다. 이것은 투쟁과 대립이 심했던 메소포타미아의 역사를 반영한 것이라 할 수 있다. 한편 디몬에 관한 믿음은 이러한 디몬의 힘을 물리칠 마력에 대한 믿음을 동반했다. 신관들은 이러한 마력을 가진 자로 생각되었다. 이래서 메소포타미아에서는 마법이 성행하게 되었고 이와 아울러 마법적인 점술이 퍼지게 되었다. 점복가들은 동물의 간을 보고 앞날을 예언하는가 하면, 모든 외부적인 징조들, 가령 길에서 어떤 동물을 만난다든가, 팔을 삔다든가, 별의 자리나 빛깔이 달라진다든가 하는 현상들을 개인의 운명이나 국가의 앞날과 연관시켰다. 이러한 개인이나 국가의 운명, 특히 농업생산의 풍흉(豊凶)을 예견하고 이에 대비하려는 이러한 마법적인 목적에서 시작된 점성술에서 역법이나 천문학, 수학 등의 지식이 발달했다.

메소포타미아인들의 종교관이 후세에 미친 영향 또한 컸다. 그들의 종교적 현세주의는 헤브라이인들의 유대교에 계승되었고, 디몬에 대한 믿음은 선신 아후라 마즈다(Ahura Mazda)에 맞서 싸우는 악신 아리만(Ahriman)이라는 사상으로 페르시아의 조로아스터교(Zoroastrianism)에 전승되었다. 그리고 이러한 이원론적 사상은 장차 그리스도교 신학의 발달에도 중요한 영향을 미치게 되었다.

천문학이나 수학 등 오리엔트의 학문 또한 역법이나 측량술 등 관개농업에 필요한 실용적인 지식을 중심으로 발달했다. 1년을 365일로 한 이집트인들의 태양력은 새벽 동녘 하늘에 소티스별〔천낭성(天狼星)〕이 나타나는 날(6월 20일경)을 1년의 첫날로 잡았는데, 이것은 해마다 이 무렵부터 나일강의 물이 불어나기 시작했기 때문이다. 한편 메소포타미아인들은 달의 운행을 기준으로 1년을 12월로 하는 태음력을 만들고 다시 하루를 24시간, 한 시간을 60분, 1분을 60초로 하는 등 60진법에 의한 시간의 측정법을 창안했으며, 또 점성에 의해 농업의 풍흉을 점쳤다. 이렇듯 이집트나 메소포

그림 2-1. 고대의 오리엔트

타미아에서의 천문학적 지식은 역법이나 점성술을 통해서 발달했다. 한편 이집트인들은 제방, 수로 등 토목공사나 홍수 뒤의 경지정비의 필요에서 삼각법에 의한 토지측량의 방법, 사면이나 지렛대를 이용하여 큰 물체를 운반하는 방법 등도 알아냈는데, 피라미드나 신전 건축에 이용된 그들의 기하학이나 역학의 지식 등이 여기에서 나왔다.

오리엔트인들이 인류에게 남긴 가장 중요한 유산의 하나인 문자의 발명과 발달 또한 관개농업의 발달과 병행했다. 문자는 종교적 의식에 사용되는 기도문과 주문을 기록하거나 가축이나 교역품목의 수량들을 기록해 둘 필요에서 사용되기 시작했을 뿐만 아니라, 토지의 소유자나 경작자, 치수사

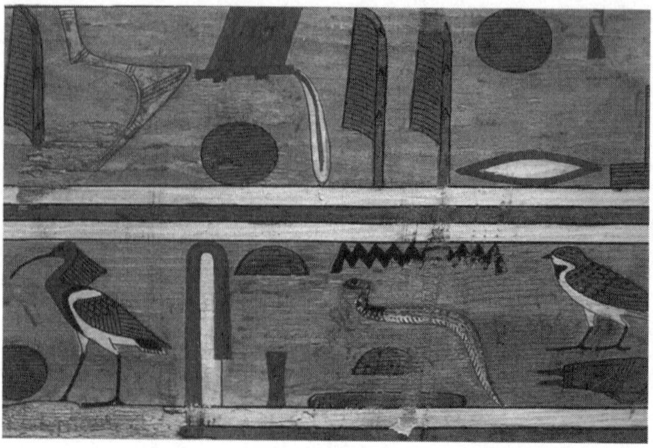

신성문자
죽은 자의 관 안에 그려진 신성문자(기원전 2000년경, 이집트 중왕국 시대)

업의 부역자나 곡물공납자의 명단, 경지면적이나 공납품의 수량 등을 기록하는 데에도 사용되었을 것이다. 수메르인들이 만들어 낸 설형문자는 그 뒤 페르시아인에 이르기까지 메소포타미아의 여러 주민들에 의해 계속 사용되었다. 오늘날까지 이 지역 여러 곳에서 수없이 출토되어 온 진흙판 문서는 모두 이 문자로 기록되어 있다. 이집트인의 문자는 처음 신성문자(Hieroglyph)라는 그림문자였는데, 그 후 차츰 발달하여 표음문자로서도 사용되었고, 나중에는 약자체로 만들어져 파피루스(papyrus)라는 풀의 줄기를 갈라 펴서 만든 종이에 갈대 펜과 유연(油煙)으로 만든 잉크를 사용하여 기록되었다.

3. 동부지중해 연안 국가

소아시아, 시리아, 팔레스타인 등 동부지중해 연안 일대의 문화는 메소포타미아와 이집트 양대 문명의 영향 아래 발전했다. 특히 '기름진 초승달'의 서쪽 반을 이룬 시리아와 팔레스타인 지방은 사방을 잇는 교통상, 군사상의 요지로 강대국들 세력의 각축장이 되어 여러 나라가 흥망했다. 이들 동부지중해 연안의 여러 나라들 중에서 특히 문화적으로 크게 이바지한 것이 히타이트와 페니키아(Phoenicia)와 헤브라이였다.

20세기 초에 소아시아의 아나톨리아(Anatolia) 고원지대의 보가즈쾨이(Bogazköy) 마을 근처에서 발견된 하투사스(Hattusas)라는 도시의 유적을 통해서 그 역사가 밝혀진 히타이트인들은 기원전 2000년대 초에 동부지중해 연안 일대에 쳐들어온 인도-유럽어계인들의 일파였던 것으로 짐작된다. 그들은 기원전 1800년경에 아나톨리아 지방에 강력한 왕국을 세웠는데, 그 후 시리아 북부의 여러 도시를 정복하고, 기원전 1500년경에는 바빌론에까지 그 세력이 미치는 대제국을 수립하여 시리아를 두고 이집트의 신왕국과 서로 다투기도 했다.

히타이트인들의 정복전쟁에서 큰 구실을 한 것은 말〔馬〕과 전차를 가진 귀족들의 군사력과 아울러 그들이 다른 사람들에 앞서 가지고 있던 철제 무기의 힘이었다. 그들은 일찍부터 구리와 청동자원을 풍부하게 가지고 있어 야금술에 익숙했기 때문에 철을 제련하는 방법 또한 가장 먼저 발전시켰다. 철기는 무기로서만이 아니라 농기구로서도 청동기보다 훨씬 우수하여 이러한 철제품에 대한 수요는 당시 오리엔트 여러 나라에서 매우 컸다. 히타이트인들은 군사뿐만 아니라 교역 면에서도 커다란 이점을 가지고 있었다. 그들은 이런 철의 제련법을 비밀로 하여 그 이점을 독점하려고 노력했으나, 결국 이웃사람들에게 알려지게 되어 인류는 철기시대에 들어서게 되었다.

페니키아인들은 기원전 1400년부터 기원전 1270년 사이에 레반트(Levant)의 북부 해안지대에 번성했던 가나안인들(Canaanites)의 후예였다. 1929년 이래 고고학자들에 의해 거대한 왕궁과 문서관이 발굴된 우가리트(Ugarit)는 이들 가나안인들이 세운 도시국가였다. 기원전 1300년 이후 이 우가리트의 남쪽 해안선을 따라 시돈(Sidon), 티루스(Tyrus) 등 도시국가를 건설한 페니키아인들은 지중해 연안 각지와의 해상무역으로 번영했다. 그들은 지중해 각지에 식민도시를 세웠다. 그중에서도 기원전 800년 무렵에 건설된 카르타고(Carthago)는 가장 유명하여, 페니키아인들의 세력이 쇠퇴한 이후에도 오랫동안 지중해무역의 중심지로서 번성했다. 페니키아인들은 항해술에 뛰어나 지중해 연안 일대는 물론 대서양까지 진출했으며 심지어는 아프리카 대륙을 돌아 항해했던 것으로 짐작된다. 그러나 그들의 문화사적 공적은 역시 발달된 표음문자인 알파벳을 만들어 내어 이것을 유럽에 전파했다는 점에 있다.

헤브라이인들은 원래 셈어계에 속하는 유목민이었다. 그들의 조상들이 메소포타미아를 떠나 가나안의 땅에 이주해 온 것은 대략 기원전 18세기경의 일로 추정된다. 그 후 그들 중 일부가 이집트에 옮겨가 파라오의 지배하에서 고된 생활을 영위해 왔는데, 마침내 모세(Moses)의 인도로 이집트의 땅을 벗어나(Exodus) 가나안의 땅으로 되돌아오게 되었다(B.C. 1300년경). 그러나 그곳에는 이미 필리시테인들(Philistines)이 거주하고 있었으며 헤브라이인들은 그들과의 피나는 싸움에 휘말리게 되었다. 원래 종교적인 부족연합체에 불과했던 헤브라이인들이 예언자 사무엘(Samuel)의 지시에 따라 사울(Saul)을 국왕으로 추대한 것(B.C. 1020년경)도 이들과의 싸움을 더욱 효율적으로 이끌어 나갈 강력한 지휘자를 필요로 했기 때문이다. 사울의 뒤를 이어 왕위에 오른 다비드(David)는 그러한 지휘자로서 성공했다. 그는 필리시테인들을 격파했을 뿐 아니라 주변의 여러 종족들을 정복하여 왕국의 통일을 성취하고 예루살렘에 수도를 건설했다. 유부녀를 데려다 아내로 삼고 그 남편을 전선에 보내 죽게 하는 등 다비드는 결코 유덕한 군주라고는 할 수 없었음에도 불구하고 후손들에게 그가 이상적인 군주로 추앙된 것은 그의 그러한 군사적 · 정치적 공적 때문이었다.

다비드의 아들 솔로몬(Solomon) 왕의 시대에 헤브라이는 그 부와 힘의 절정기에 달했다. 이른바 '솔로몬의 영화'는 그러한 부와 권력을 바탕으로 한 것이었다. 그러나 그의 죽음을 계기로 반항과 내란이 일어나 나라는 양분되어 북에는 이스라엘 왕국, 남에는 유대 왕국이 서게 되었다(B.C. 922). 그러다가 기원전 722년에는 마침내 이스라엘 왕국이 앗시리아인에게 정복되고, 다시 기원전 586년에는 유대 왕국마저 신바빌로니아의 네부카드네자르(Nebuchadnezzar) 왕에게 정복되어, 주민들이 바빌론에 끌려가 억류생활을 하지 않으면 안 되었다. 기원전 538년 페르시아의 키루스 대제가 바빌로니아를 정복함에 따라 그들은 다시 풀려나 팔레스타인으로의 귀환이 허락되었으나 이후 그들은 독립된 나라를 갖지 못한 채 페르시아 제국과 알렉산드로스 제국에 예속되고, 다시 이집트의 지배 아래 들어갔다가 기원전 63년에는 로마 제국의 보호하에 들어가게 되었다. 그 후 100여 년에 걸친 끈질긴 반항에도 불구하고 그들은 끝내 독립을 이루지 못하고 기원후 70년 예루살렘은 로마인에 의해 파괴되고 나라는 로마의 속주가 되고 말았다. 이때부터 그 유명한 유대인들의 이산(Diaspora)이 시작되었고, 이는 오리엔트 문명을 유럽에 전파시키는 데 큰 역할을 했다.

헤브라이인들은 종교를 통해 세계문명에 크게 공헌했다. 그들의 종교의 기본적 개념들은 그들이 유목민 생활을 하고 있던 시대에 기원을 가지고 있다. 모세가 시나이산에서 얻은 신의 계명 중에는 유대교가 지닌 세 가지 기본 개념이 있었는데, 그것은 첫째, '너는 나 외에는 다른 신들을 네게 있게 하지 말라', 둘째, '너를 위해 우상을 만들지 말고', 셋째, '너는 너의 하느님 여호와의 이름을 망령되이 일컫지 말라'는 것이었다. 그들은 오리엔트의 다른 여러 종족들과는 달리 유일신 야훼를 믿었다.

십계명은 신과 신의 선민인 헤브라이인들 사이에 맺은 신성한 계약이었다. 그들은 이 계약의 석판을 상자에 담고 이를 특별한 장막 안에 모셨는데, 이 상자는 언제나 헤브라이인들과 함께 옮겨 다녔다. 또 그들에게는 처음부터 예언자들이 있었는데, 나라가 양분되면서 그들의 수도 늘어났다. 그들은 유대인들에게 원래의 순수한 신앙에 돌아갈 것과 이교의 신앙을 버릴 것을 호소했다. 유대인들의 고난이 더욱 심해짐에 따라 그들은 이스라엘이 다시 일어날 것이며 다비드의 후계자가 구세주(Messiah)로서 새로운 번영의 시대를 가져올 것이라고 역설했다. 그러나 이스라엘의 현실적인 부흥과 번영에 대한 그들의 소망은 쉽사리 성취되지 않았다. 구세주는 현실생활의 구원자로서보다 영혼의 구원자로서 나타나게 되었다. 이리하여 헤브라이인들의 종교 사상에서 그리스도교의 원리가 성장하게 된 것이다. 종교 면을 제외한 헤브라이인들의 문화는 별로 보잘것없었다. 그러나 그들의 종교가 서양문화, 더 나아가서는 세계문화에 미친 영향은 오리엔트 문화가 서양문화에 미친 그 어떤 영향보다도 중대하다. 중대한 영향을 미쳤다기보다는 오히려 그 자체가 서양문화의 가장 중요한 하나의 요소가 되었다.

제2절 황하 및 인더스 문명

1. 황하(黃河) 문명

인류가 처음 지구상에 나타난 것은 약 400만 년 전이라고 하는데, 중국에도 오래전부터 사람이 살아왔다는 흔적이 있다. 중국 최초의 인류로 알려진 운남성의 원모인(元謀人)은 약 170만 년 전에 살면서 돌과 나무로 된 도구를 사용했던 것으로 추정된다. 다음 호모 에렉투스에 해당하는 인류의 조상으로는 약 60만 년에서 50만 년 전에 살았던 람전인(藍田人)과 베이징인(北京人) 등이 있다. 이들은 모두 전기 구석기인들로 타제석기를 만들고 불을 사용할 줄 알았다. 그 후 첨상기(尖狀器)와 다변형(多邊形) 석기를 사용하였던 네안데르탈인에 해당하는 정촌인(丁村人), 장양인(長陽人), 동재인(棟梓人) 등을 거쳐, 중국 현생인류의 직접조상으로 보이는 호모 사피엔스에 해당하는 산정동인(山頂洞人), 기린산인(麒麟山人), 유강인(柳江人) 등이 살았던 것은 구석기 후기의 일이다. 이들은 골격상 몽골인의 특징을 가졌고 죽은 뒤 매장하는 습관을 갖고 있었고 원시적인 신앙생활의 흔적도 엿보인다.

신석기시대에 들어오면서 중국에 살던 인류의 생활모습도 달라져 농경과 목축을 영위하는 본격적인 생산경제의 단계에 접어든다. 이때 황하 유역에는 조와 피 등을 재배하고 양쯔강 유역과 동남연안 지방에서는 벼농사를 짓는 원시농경문화가 일어났다.

신석기 중국 문화를 대표하는 것으로 앙소문화(仰韶文化)와 용산문화(龍山文化)를 꼽을 수 있는데 황하 유역에 있었던 앙소인들은 마제석기를 사용하고 수혈식(竪穴式) 움집에서 집단으로 거주하면서 농경에 종사했다. 그들은 베옷을 입고 돌이나 뼈로 된 장신구를 사용했으며 개, 돼지 등의 가축을 길렀다. 이들 유적에서는 씨족 공동의 묘지도 발견되는데, 매장법의 흔적으로 보아 모계중심사회였을 것이라는 추정을 가능하게 한다. 특히 이들은 동물 또는 기하학적 문양을 새긴 양질의 채도(彩陶)를 많이 남겨 이 문화를 채도문화라고도 한다.

용산문화는 앙소문화를 이은 신석기 후기 중국 문화를 대표한다. 그 특징인 흑도(黑陶)의 분포지역은 황하의 중·하류에서 양쯔강 유역까지 광범한데, 이를 흑도문화라고도 한다. 그러나 많은 지역에서 흑도는 채도와 함께 발견되고 양자의 중간 형태로 보이는 회도(灰陶)가 나와 그들 두 문화의 연계성을 짐작하게 한다. 소규모의 가옥구조, 남녀를 합장한 유적이 많은 것으로 보아 일부일처제에 사유재산제가 있었던 것으로 추정된다.

2. 인더스 문명과 아리안의 이동

현재 인도 대륙은 대체로 인더스강 유역의 서북 지방, 갠지스강 유역의 동북 지방, 남쪽의 데칸 고원 등 세 지역으로 대분할 수 있다. 이 가운데서 인도의 고대 문명을 꽃피웠던 지방은 인더스강 유역으로, 땅이 기름질 뿐만 아니라 육상 또는 해상으로 고대 오리엔트, 중앙아시아, 중동 지방과의 교통이 편리하다는 조건을 갖추고 있었기 때문에 일찍부터 문명이 발생할 수 있었다.

인더스 문명이 처음 알려진 것은 1920년경으로, 모헨조다로(Mohen-

모헨조다로의 유적

jodaro), 하라파(Harappa) 등지에서 기원전 3000~2500년경에 고도의 문명이 있었음을 증명하는 유적이 발굴되면서부터였다. 이 두 도시의 유적은 그 구조가 흡사한데, 도시가 성벽으로 둘러싸여 있고 규칙적인 도로망과 하수도망도 갖추었을 뿐만 아니라 대규모의 공중목욕탕, 행정관청, 집회소, 시장, 일반주택가 등이 있었음도 보여 준다. 유물은 당시 사람들의 문명생활을 잘 보여 주고 있는바, 그들은 면제품과 모직류를 입었고, 남녀 모두 금, 은, 상아, 구리, 옥 등으로 만들어진 장신구를 사용했다. 또 토기와 동제 및 청동제 기구는 사용했지만 아직 철기를 사용했다는 증거는 없다.

농산물로는 밀, 보리, 면화 등이 있었는데, 제법 큰 규모의 농장이 있었던 것으로 추정되며, 물소, 코끼리, 양, 돼지, 개 등의 가축을 사육했던 것으로 보인다. 당시인의 주식은 밀이었고 그 밖에 보리나 가축의 고기를 먹었던 것으로 짐작된다.

이들 유적은 수공업과 상업도 상당한 수준이었음을 말해 주고 있다. 도기와 벽돌을 굽던 도공, 제련술과 합금술이 뛰어난 금 · 은장(匠)은 물론 직공, 석공, 대장장이들의 높은 기술의 숙련도를 엿볼 수 있게 한다. 이 도시 지역에 살던 사람은 주변의 농촌에서 생활필수품을 구하고 주석, 구리, 기타 희귀금속을 인도 밖에서 수입했던 것으로 보아 외부와의 교역도 활발했던 것 같이 보인다. 이들 도시의 출토품에서 수메르 유적과 유사점이 많은 것으로 보아, 적어도 초기 단계의 인더스 문명은 오리엔트 문명의 영향을 많이 받았던 것 같다.

인더스인의 종교생활은 확연치는 않다. 그러나 출토된 남신과 여신의 조각상으로 보아 시바(Siva) 신앙의 원시적 형태가 있었고, 자연의 모든 사물에 신성을 인정하는 정령(精靈) 숭배도 병행되었던 것 같다.

이와 같이 상당한 수준에 이르렀던 인더스 문명은 기원전 2000년에서 1500년 사이에 사라지고 말았다. 그 원인은 아리아족의 침입 때문이라는 것이 일반적이지만 대홍수설을 주장하는 이도 있다. 어쨌든 이러한 문명의 전후를 정확히 연결시킬 수 없음은 역사의 커다란 수수께끼다. 문자가 없었다는 것도 하나의 주요 이유라고 하겠다.

제3장 아시아 고대 사회

제1절 중국 고대 국가의 형성과 발전

제2절 진·한 제국의 사회와 문화

제3절 인도의 고대 사회

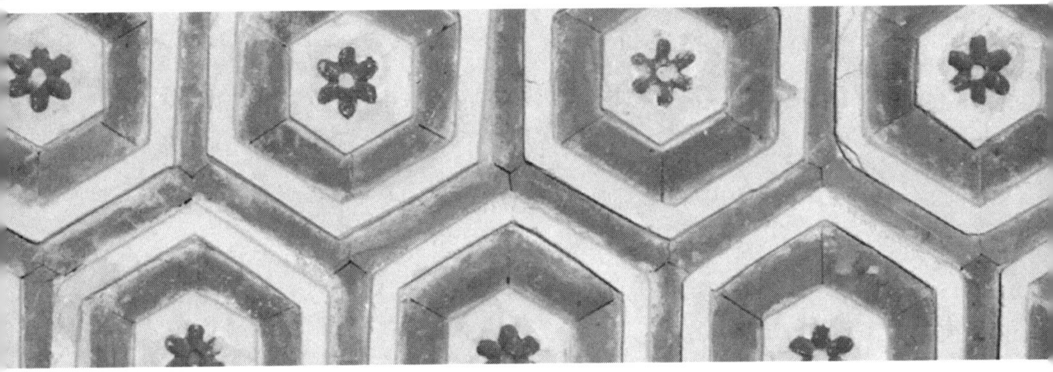

오리엔트 지역을 제외하고 고대 아시아를 대표하는 두 문명이 유교문화와 힌두 · 불교문화의 단초를 열었다. 이 두 문화의 근원은 중국 문명과 인도 문명인바, 본 장에서는 이 두 문명이 어디서 어떤 모습으로 시작되어 어떻게 발전했는지를 살펴보기로 한다.

중국 문명은 처음 황하 유역에서 일어나 은(殷) · 주(周) 시대를 거치면서 읍제국가(邑制國家)에서 점차 영토국가(領土國家)로 발전했다. 특히, 춘추전국(春秋戰國)시대는 영토의 확대와 토지 사유화의 시작, 유가(儒家)를 포함한 제자백가(諸子百家)의 출현으로 중국 사회의 발전적 전환기를 마련했다. 그 후 진(秦) · 한(漢)은 최초의 통일제국을 형성하여 영토, 제도, 문화 등 여러 면에서 이후 중국 역대 왕조의 기초를 마련하였다.

인도 문명은 기원전 3000년경 인더스강 유역에서 시작되었다. 그 후 이 지역에 들어온 아리아족은 인더스 문명을 파괴하고 갠지스강 방면으로 영토를 넓혀 갔다. 아리아 사회는 힌두교를 믿고 브라만을 정점으로 하는 엄격한 계급제도(Caste)가 특징이었다. 그러나 기원전 6세기에 브라만교에 반대하여 평등을 주장하는 불교가 일어나 널리 보급되었다.

아리아인은 마가다, 마우리아 왕조로 이어지는 고대 국가의 성립과정에서 적극적인 불교 포교정책을 펴, 이것이 동북아시아 및 동남아시아로 전파되고 그곳 문화발전에 큰 영향을 끼쳤다. 한편 동남아시아에 힌두교를 전파하여 일부에 인도문화권이 성립했다. 그 결과 동남아시아는 불교와 힌두교가 공존하는 문화의 혼합지대가 되었다.

제1절 중국 고대 국가의 형성과 발전

1. 중국사의 요람

중국의 역사시대는 약 기원전 15세기에 있었던 은(殷 또는 商) 왕조에서 시작된다. 은 왕조는 아직도 전설로 남아 있는 하(夏)에 이은 2대 왕조인데, 금세기에 들어와 하남성 안양현의 은허(殷墟, 은의 도읍지)를 발굴함으로써 실재했던 왕조로 확인되었다.

은대의 모습은 갑골문자(甲骨文字)와 청동기 등 출토물을 통해 알 수 있는데, 특히 갑골문자는 이 시대를 이해하는 열쇠가 된다. 갑골문자란 제사, 정벌, 흉풍, 재해, 화복을 점치기 위해 거북의 배 껍질이나 짐승의 뼈에 표시한 점괘(卜辭)로, 이는 당시 사회를 이해하는 기본사료일 뿐만 아니라 한자의 기원이 되기도 한다.

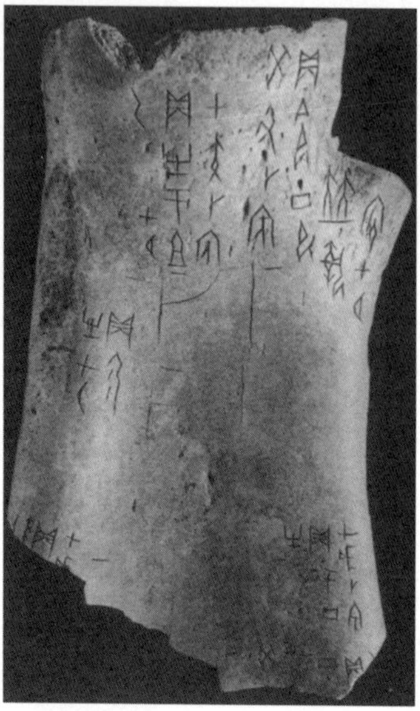

갑골문자(은대)

은의 국가구성은 왕이 직접 지배하는 지역과 간접 지배하는 지역이 있었던 것으로 보인다. 왕은 제사와 군사를 동시에 담당하는 위치에 있었고, 그 계승에 있어 초기에는 형제상속이었으나 뒤에 부자상속제로 바뀌어 왕권이 강화되었다. 발굴 결과로 유추하면, 은대 말기에는 이미 원시씨족제가 약화되고 계급문화가 이루어져, 지배계급으로는 왕족과 귀족이 있었으며 그 밑에 서민과 노예가 있었던 것으로 보인다. 또 이때부터 중국 특유의 조상숭배가 시작되었다. 12진법을 고안하여 10간(干) 12지(支)로 60진법을 완성했다.

은 왕조는 농경사회로, 돌과 나무로 된 농구를 사용하여 수수, 조, 보리, 벼 등을 재배하고 수렵은 의례적인 행사로만 남게 되었다. 목축은 주로 제례에 사용할 소, 양, 돼지 등 희생물을 사육하는 정도였다.

은 왕조는 기원전 11세기경 서쪽에서 침입한, 주(周)를 세운 민족에게 망했다. 원래 주는 황하 중류의 위수(渭水) 분지에 위치했던 은의 속국으로 농경조건이 좋았고 군사적으로도 요새였을 뿐만 아니라 교통의 요지라는 이점을 가지고 일찍부터 힘을 기르고 있었다.

주는 은에 대신하여 왕조를 세운 뒤, 그 왕족과 공신 및 은의 투항자들에게 일정한 지역을 주어 통치하도록 하는 봉건제도(封建制度)를 실시했다. 봉건제후(封建諸侯)는 그 신분을 세습하고 봉토의 통치권을 왕으로부터 위임받는 대신 왕조에 대한 군사, 세금 등의 의무가 있었다. 주의 봉건제도는 서양의 그것과 달리 혈연관계를 지배력 확보와 종족의 단결을 강화하기 위한 방편으로 활용하는 종법(宗法)에 기초하고 있었다. 주 왕실과 제후 간에는 주가(主家)와 분가(分家)의 위계가 있었고, 제후 아래에는 경(卿), 대부(大夫), 사(士) 등이 있어 땅을 받거나 관직에 있으면서 주군에게 봉사하도록 되어 있었다. 특히 사 계층은 교양과 전문지식을 갖춘 신흥집단으로, 이후 정치 및 사회의 큰 역할을 담당하게 되었다.

주는 중국 역사의 이상시대로서 가장 중국적인 제도와 사회가 이때 성립했다는 생각이 역대 왕조를 통해 변치 않고 계속되어 왔다. 천자(天子)는 하늘의 뜻을 받아 백성을 다스려야 한다는 덕치 중심의 천명사상(天命思想)이 이때에 나타났고, 중국이 세계의 문화적 · 지리적 중심이라는 중화사상(中華思想) 역시 이때에 자리잡기 시작했다.

주의 발전은 5대인 목왕(穆王) 때까지(B.C. 9C) 비교적 순조로웠다. 그러나 그 후부터 안으로는 왕실과 제후 간의 혈연관계가 멀어져 감에 따라 각자 자신들의 이익만을 추구했고 밖으로는 서북의 유목민족이었던 적(狄), 견융(犬戎)이 계속하여 주를 침입했다. 그 결과 주는 쇠약해졌고 마침내 수도를 호경(鎬京, 西安)에서 뤄양(洛陽)으로 옮겨 이른바 춘추전국시대(B.C. 770~221)가 열리게 되었다.

춘추시대에 접어들면서 주 왕실의 통제력은 크게 약화된 반면, 제후 간의 세력쟁탈전이 심화되었다. 이때 변방의 제후들은 주변을 개간하는 등 자기발전을 꾀하는 패자(覇者)가 되어 형식적으로 주 왕실을 받들면서 사실상 각자의 힘으로 질서를 유지하는 시대를 열었다. 그러나 조만간 제후 간의 경쟁은 더욱 심화되어 주 왕실을 무시하고 약육강식하는 전국시대에 이르렀다. 이에 세습귀족이 몰락하고 사 계층이 득세하는 실력시대를 맞아 주의 봉건제도는 사실상 무너지고 말았다.

그러나 이러한 상호경쟁 속에 중국은 큰 역사적 변화를 경험한다. 진(晋), 제(齊), 오(吳), 월(越) 등 제후국의 발전으로 중국의 역사 무대가 넓혀져 종래 읍제국가가 영토국가로 발전하는 단계에 접어들었다. 또 실력자를 중심으로 한 국가(제후)연합이 이루어져 일정 지역을 중심으로 동질화 현상도 뚜렷해졌다.

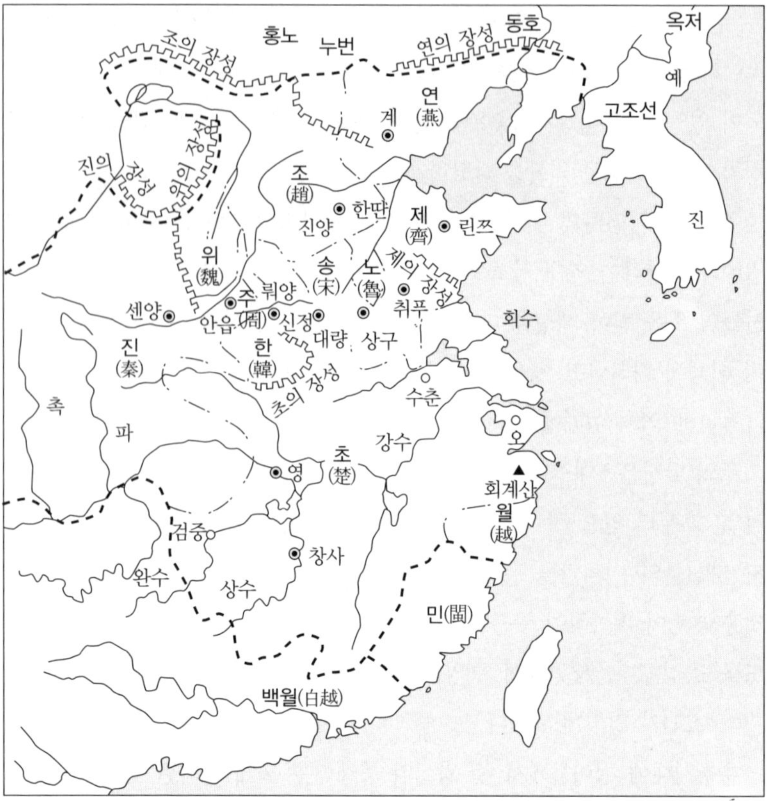

그림 3-1. 전국시대(B.C. 402~221)

이 시대에는 사회 · 정치 면에서도 많은 변화가 있었다. 춘추전국시대를 통해 각 제후는 부국강병책의 일환으로 경지면적을 늘리고 철제 농구를 보급하여 농업생산력이 크게 늘어났다. 특히 철제 농구의 보급은 우경(牛耕)과 심경(深耕)을 가능하게 하여 농업에 큰 혁신을 일으켰고 작물도 다양화되었다.

토지소유 측면에서는 자작농이 출현해 사유지를 확대해 가면서 점차 호족(豪族)적 성격을 띠게 되었다. 농업생산의 증가와 자작농의 발생은 잉여 농산물의 축적을 가능하게 하고, 이를 철, 소금 등과 함께 상품화함으로써 상업발달을 촉진했다. 그 결과 화폐가 주조되어 유통되고 각 지방에 시장이 섰으며, 교통 요지에는 도시가 발생했다. 특히 전국시대에는 도시발달이 현저하여 몇천, 몇만의 인구를 가진 도시가 있을 정도였다.

2. 중국 사상의 기원

춘추전국시대는 여러 제후국이 서로 경쟁적인 위치에서 우위를 확보하기 위해 투쟁하던 실력주의 시대였다. 봉건적 세습신분제가 무너진 상황에서 누구나 실력이 있으면 중용될 수 있는 능력주의가 존중되었기 때문이었다. 이러한 시대적 분위기에 따라 과거의 사(士)계층은 특별한 역량을 발휘하여 때로는 제후에게 발탁되어 각 분야에서 중요한 역할을 하게 되었다. 여러 중국 사상의 원류를 이루는 제자백가(諸子百家)도 이러한 특수한 시대적 분위기 속에서 성장한 사 계층에서 나왔다.

공자상

제자백가 중에서도 중국 역사에 가장 큰 영향을 끼친 것은 공자(孔子)에서 비롯한 유가사상(儒家思想)이다. 공자는 기원전 6세기 중엽, 주 왕실에서 가장 가까운 노(魯)에서 태어났다. 거의 평생을 교육에 바친 그는 그의 중심 사상으로 인(仁)을 내세웠는데, 이 인의 가장 순수한 상태는 효제(孝悌)라 하여 인륜의 으뜸가는 덕목으로 삼았다. 그는 이러한 가족의 덕목을 국가에까지 연장하여 임금은 예와 덕으로써 사람을 인도하고 다스려야 한다고 설득했다. 그는 제 몸과 집을 먼저 다스린 다음

국가를 다스려야 한다는 절차윤리를 제시하여 효와 충을 연속적인 규범으로 보았다. 그의 사상은 『논어(論語)』 속에 담겨 있거니와, 중국의 대표적 고전인 경서(經書)가 모두 그에게서 비롯했다고 할 만큼 중국 사상에서 공자가 차지하는 비중은 크다. 물론 그의 사상은 위계질서를 명확히 하려는 등 봉건제도를 옹호하려는 면이 있음도 부인할 수는 없다.

기원전 4세기에 맹자(孟子)가 나와 공자의 사상을 계승했다. 맹자는 공자보다 현실문제에 관심을 보여 성선설(性善說)을 기초로 한 민본(民本)정치를 주장했다. 그는 통치의 정통성은 백성과 하늘이 선택하도록 하는 왕도정치(王道政治)의 구현을 주장하면서, 만약 이에 어긋날 경우 혁명의 정당성이 인정된다는 정치성이 강한 사상을 피력하기도 했다.

맹자의 만년에 순자(荀子)가 나와, 맹자와는 반대로 성악설(性惡說)을 내세워 인간에게 적절한 외적 강제를 가해 사회질서를 유지해야 한다는 현실론을 폈다. 이것이 법가사상(法家思想)의 기초가 되는데, 이는 공자의 지나친 예교주의(禮敎主義)적 입장과 맹자의 성선설을 수정하려는 그의 발상에서 비롯했다.

공자보다 약간 늦게 태어난 묵자(墨子)는 유가의 인(仁)을 별애(別愛)라 하여 배척하고, 겸애설(兼愛說)을 내세웠다. 그는 번잡하고 형식적인 유교의 예 대신 소박주의, 노동과 근검의 존중, 평화주의, 인재등용 등을 주장하여, 묵가사상(墨家思想)은 유가의 상대개념으로 한때 큰 호응을 받았다.

양주(楊朱)는 묵자의 겸애설에 반대해 자애설(自愛說, 또는 快樂說)을 주장, 인간의 위선적인 측면을 꼬집었다. 이 양주의 사상은 도가사상(道家思想)과 접목되는데, 도가를 대표하는 것은 노자(老子)와 장자(莊子)다. 이들 사상의 출발점은 이 세상의 혼란은 인간의 지식과 욕망 때문이라고 보아 무위자연(無爲自然)의 상태로 돌아갈 것을 주장했다. 우주 최고의 원리인 도(道)는 곧 무(無)에 통하는 것으로 인간의 감각을 초월한 존재로 인식했다. 이 도가사상은 이후 도교 및 민간신앙으로 발전하여 유교와 더불어 중국인의 생활에 큰 영향을 끼치게 되었다.

법가사상은 춘추 말기 이후 유교주의의 이상이 현실적으로 무력함을 보이자, 부국강병이란 현실문제를 해결하기 위해서는 엄격한 통제에 의존해야 한다고 생각한 사람들에 의해 주장되었다. 이 법가사상을 체계화시킨 이는 한비자(韓非子)로, 그는 유가의 예(禮)에 대신하여 엄격한 형벌에 기초한 통치를 주장했다. 이 사상의 효력은 상앙(商鞅)과 이사(李斯) 같은 사람을 등용하여 전국을 통일한 진(秦)의 여러 정책에서 진가를 보였다.

이 밖에도 이후 중국 사상에 큰 영향을 미쳤던 명가(名家), 음양가(陰陽家), 병가(兵家), 농가(農家), 종횡가(縱橫家), 소설가(小說家) 등 여러 사상적 계보가 있다. 이와 같이 서로 다른 사상적 계파가 나와 소위 백가쟁명(百家爭鳴)하는 속에, 비록 서로 주장하는 바는 다르다고 할지라도 인간의 본성과 그 사회적 의미, 현실문제의 해결 등 여러 방면에 각자 불후의 탁견을 내놓았던 것이다.

제2절 진 · 한 제국의 사회와 문화

1. 진(秦)의 중국 통일

전국시대의 정치적 혼란을 극복하고 중국 최초의 통일제국을 세운 것은 진시황(秦始皇)이었다(B.C. 221). 원래 진은 전국시대 중국의 맨 서쪽에 위치하였던 후진지역이었으나, 효공(孝公) 이래 상앙 등 법가를 등용하여 여러 개혁을 단행했다. 유목민의 전술을 익히고 소금의 상권을 지배하는 등 일련의 부국강병책을 펴 점차 주위 여러 나라를 압도했다. 이와 같은 정책으로 힘의 우위를 확보한 진은 마침내 할거하고 있던 6국을 아울러 통일제국을 이룩할 수 있었다. 이 진에 의한 통일제국의 성취는 중국 역사에 큰 의미를 갖는다. 은 · 주 시대 씨족공동체를 기반으로 하는 읍제국가는 전국

시황제 병마용

시대에 영토국가로의 발전적 해체과정을 거쳐 마침내 고대 제국으로 발전했던 것이다.

통일 후 진시황은 우선 황제지배체제를 확립하여 분권적 봉건제도의 지배형태에 대신하여 제왕의 권위는 항상 권력의 정상에서 통치권을 행사할 수 있게 되었다. 진은 비록 통일 15년 만에 망했으나 진의 황제지배체제는 이후 약 2천 년간 중국 통치제도의 골격으로 존속되었다. 그 후 황제는 역대 왕조에서 최고 권력자로 군림하고 비록 분열의 시대라고 할지라도 천자의 유일절대성의 이념에는 변함이 없었다.

진시황은 중앙관제를 정비하여 행정 · 군사 · 감찰의 기능을 분담하도록 했다. 그는 도량형(度量衡)의 통일, 교통 · 운수로의 확장, 문자통일 등 일련의 통일적 집권체제를 위한 정책을 펴, 춘추전국시대의 분열적 요소를 제거하는 획기적 계기를 마련했다. 황제지배체제 구축의 일면은 전국을 중앙직속으로 하는 군현제(郡縣制)의 실시에도 나타났다. 진시황은 전국을 36군으로 나누고 그 밑에 현을 두어 중앙정부에서 임명한 관료가 이들 지방행정의 책임을 맡도록 했다. 이 군현제도는 과거 봉건제도와 대조적인 것으로, 전국시대에 독립적인 제후들이 영토의 직접지배과정에서 이미 나타났던 것을 전국적인 체제로 바꿔놓은 것이었다. 이때부터 중국에서 봉건제도는 관념적인 이상으로 남고 군현제도는 역대 왕조 지방제도의 현실적인 근간으로 정착했다.

진시황은 영토확장과 대외정책에 적극적이었다. 영토확장 과정에서 외부 민족과의 접촉은 불가피했다. 먼저 춘추시대 이래 북방으로부터 끊임없이 위협하던 흉노(匈奴)를 막기 위해 만리장성을 수축했다. 이 만리장성으로 흉노를 일단 장성 이북에 묶어 두는 데 성공했음은 물론, 이후에 장성은 중국 자체의 단결과 정체 유지의 실질적 · 상징적 존재가 되었다. 또한 지금의 베트남 북부의 월국(越國)을 정벌하여 속국으로 삼아 역사적으로 오래 계속되는 이들 양국 간의 종속관계의 문을 열었다. 이때 진이 확보한 영토는 역대 중국 영토의 원형으로 남아 역사상 통일과 분열이 엇갈리는 속에서도 영토 원형의 상징으로 유지되어 왔다.

진의 황제지배체제의 강력한 추진에는 무리도 따랐다. 법가 위주의 획일적 강경노선은 봉건제도를 옹호하는 유가집단의 저항에 부딪치게 되고, 진시황은 이를 분서갱유(焚書坑儒)라는 지식인 탄압정책으로 대처하는 과오를 범했다. 또한 반란을 두려워한 나머지 봉건 유력자를 셴양(咸陽)으로 이주시켜 통제하고 민간인의 자유도 크게 제한했다. 통일제국의 유지를 위해 과중한 노역과 세금부담도 필수적이었다.

이 같은 엄격한 법가주의의 강행은 봉건시대의 사회적 다양성을 힘으로 밀어붙이려는 무리를 수반하여 농민, 구귀족, 신흥 지주, 상인 등 각층의 강한 반발을 샀다. 이러한 불만과 반발은 결국 항우(項羽)와 유방(劉邦)이 이끄는 반란으로 이어져 진은 불과 통일 15년 만에 망하게 된다(B.C. 206).

2. 한(漢) 제국의 성립과 발전

중국 역사의 일대 서사시였던 7년간의 초한전쟁(楚漢戰爭)은 결국 천민

출신의 유방의 승리로 끝나, 그는 한 제국을 세우고 고조(高祖)가 되었다.

고조는 즉위 후, 봉건 보수세력의 무마와 측근들의 정치적 특권을 보증하는 조치로 봉건제도와 군현제도를 절충한 군국제도(郡國制度)를 택해 정치적 안정을 꾀했다. 그로부터 봉건제도와 군현제도는 중국 역대 왕조 지방제도의 2대 원리가 되었다. 지방분권적인 봉건론은 유가정치의 이상이고 중앙집권적인 군현론은 법가의 현실론에서 나왔다. 주는 봉건제도를 실시한 결과 그 분권적 속성 때문에 망했고 진은 군현제도의 강권적 속성 때문에 망했다고 보아 군국제도를 실시했다고 하겠다. 그 후 한은 결국 진과 같이 군현제도를 택했고 이것이 이후 역대 왕조 지방행정제도의 원칙이 되었다. 한의 초기 황제들은 유교를 정치이념으로 삼아 역대 왕조의 전범이 되었다. 이는 육고(陸賈)의 말대로 "마상에서 천하를 얻을 수는 있어도 결코 마상에서 천하를 다스릴 수는 없다"는 현실 때문이었다. 이후 중국 역대 왕조의 창업과 질서유지의 실현에는 법가적인 패도(覇道)를 택하는 반면, 그 질서유지 이념은 유교적인 윤리성을 강조하는 왕도(王道)에서 찾았다.

고조는 천하를 통일한 뒤 경제부흥에 힘써 상업을 장려하고 백성들의 세금을 감면했으나 흉노와의 싸움에서 실패하여 대외적으로는 크게 떨치지 못했다.

한 건국 이후 약 70년간의 정치적 답보에 활력을 불어넣고 한의 최성기를 이룬 것은 무제(武帝, B.C. 141~87)였다. 그는 지방 제후의 난인 오초7국(吳楚七國)의 난을 평정하고 강력한 군현제도를 실시했다. 이어서 대대적인 대외원정을 단행하여 국가의 기초를 튼튼히 했다. 그는 우선 건국 이래 강력한 세력으로 위협하던 흉노를 성공적으로 견제했다. 장건(張騫)을 서역으로 보내어 동서 교통로를 연 것은 대흉노관계의 부산물이었다. 그 밖에 동남쪽으로는 푸젠, 광둥 지방을 영토화하고 북부베트남을 정복하고, 남으로는 쓰촨과 구이저우 지방을 경략했으며, 동북으로는 랴오둥과 한반도에 손을 뻗쳤다. 이러한 한의 통일과 대외적인 정벌은 주변의 여러 민족에게 자극을 주어 이들 지역에서의 고대 국가 형성에 크게 기여했다.

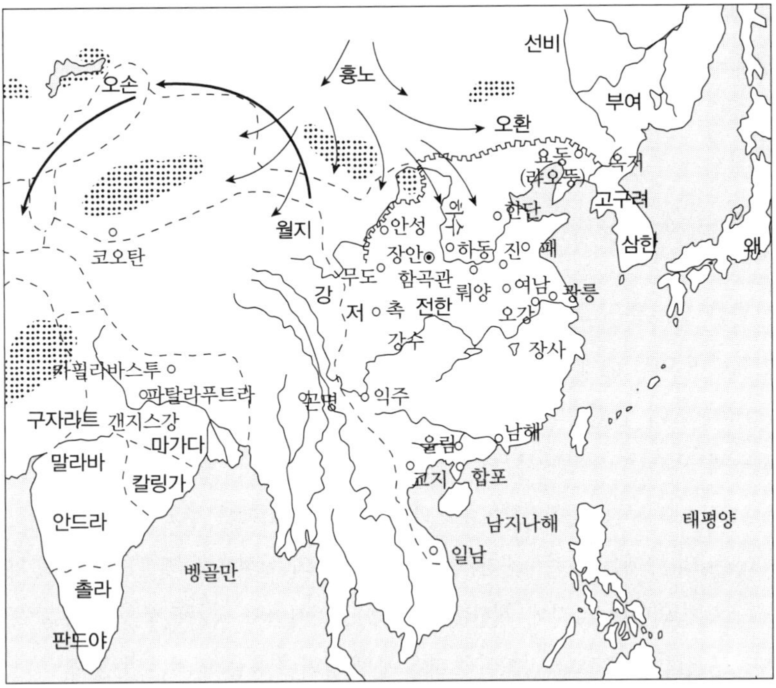

그림 3-2. 2세기 전후의 아시아

전국시대에 활발했던 상업활동은 진의 억상정책으로 일시 침체되었으나 한에 와서는 상업활동을 다시 장려하여 경제부흥을 꾀했다. 그 결과 상인의 사회적 지위가 크게 향상되어 관료로 진출하는 등 그 역할이 확대되었다. 특히 전국 이래로 발전해 온 상업은 더욱 발달해 농업기반의 지배계층을 위협할 정도였다. 그러나 한은 곧 농본억상정책으로 전환했고 상업활동을 제한하여 엄격한 통제경제체제에 편입시켰다. 물가안정을 위해 평준법(平準法)을 실시하고 물자의 원활한 유통을 기하기 위해 균수법(均輸法)을 시행했다. 또 국고의 충실을 위해 소금, 철, 술 등의 전매제도를 도입하여 점증하는 국가재정수요에 충당했다.

그 밖에 무제는 유가사상을 유교(儒教)로 발전시켜 이를 국교로 삼았다. 이로써 유교는 한의 국가와 사회의 지도이념이 되었을 뿐만 아니라 그 후

2천여 년 중국 사회, 문화와 사상의 중심축 역할을 했다. 당시 한 무제는 당대의 명유였던 유학자 동중서(董仲舒)의 건의에 따라 유가의 가족윤리에 기초한 예교를 국가이념으로 승화시켰던 것이다.

무제가 죽은 뒤 중국의 정치는 그의 측근에 의해 좌우되는 혼란기를 맞았다. 선제(宣帝) 이후 권력은 환관과 외척의 손으로 넘어갔다. 외척세력이 강해지자 황제는 처음에는 이를 견제할 목적으로 환관을 이용했다. 그러나 환관이 관료층을 좌지우지하게 되자 관신층(官紳層)은 환관의 정치개입에 반대하여 이들 간에는 피비린내 나는 당쟁이 계속되었다.

이와 같이 집권층의 갈등이 계속되는 속에 외척인 왕망(王莽)이 왕위를 찬탈해 신(新, 8~23)을 세움으로써 한은 일단 망했다. 왕망은 집권 후 유교를 신봉하고 주대 사회의 부활을 꾀하여 제도와 화폐를 주의 것으로 환원하고 노비의 매매를 금지시켰다. 또한 토지국유의 실현을 위해 이미 사유화가 크게 진행되었던 토지에 제한을 가하고 상업이익의 국가독점을 꾀하는 등 새로운 정책을 폈으나 비현실성 때문에 백성의 호응을 얻지는 못했다.

왕망의 이러한 정책에 민감한 반응을 보인 것은 호족(豪族)이었다. 호족이란 토지를 많이 가진 지방의 세력가를 가리키는 말로, 전국시대에 토지 사유화가 진행되면서 형성되어 전한대부터 이미 한전론(限田論)이 나올 정도로 지방에 토지와 세력을 가지고 있었다. 후한(後漢 또는 東漢)을 세운 광무제(光武帝)는 이 호족의 후원으로 신을 멸하고 한 왕실을 부흥시켰다.

광무제는 즉위 후 왕망이 신설한 모든 제도를 폐지하고 전한의 제도로 복귀했다. 그는 숭유정책을 강력하게 펴, 유교의 생활화가 전한에 비해 보다 구체화되었다. 그는 전한 말기에 침체되었던 중앙아시아 교통로의 통제권을 회복하여 동서문화교류에 크게 기여하는 등 전한의 위세를 거의 회복시켰다.

그러나 미구에 외척과 환관들의 정치참여가 다시 시작되고, 이들에 대항하는 사인(士人)층 간에 충돌이 일어나 소위 '당고의 화(黨錮의 禍)'가 계속되었다. 한편 지방에서는 호족들이 정치적 우대 속에 관료 또는 지주로서의 지위를 굳혔다. 그 결과 권력의 남용은 물론 토지겸병이 심화되면서 후한의 기본질서가 흔들리기 시작했다. 많은 유민이 집단화하여 반정부세력으로 성장하게 되었는데, 황건적(黃巾賊)은 그 대표적 예였다.

3. 진 · 한대의 사회와 문화

한대는 춘추전국시대에서 시작한 모든 변화를 궁극적으로 매듭지은 시기라고 할 수 있다. 이러한 변화는 봉건귀족에 대신한 호족세력의 등장이 그 특징이었다. 이 호족은 교육을 받아 향거이선(鄕擧里選)을 통한 관료에로의 진출은 물론, 토지를 근거로 지방세력이 되기도 했다. 이들의 생활윤리는 유교에 근거한 것으로 지역민의 교화에 큰 영향을 끼쳤음은 물론이다.

영토의 확장과 더불어 생활권의 중심이 서서히 황하 중류에서 양쯔강 유역으로 옮겨져, 벼농사가 새롭게 농업생산의 주요 부분으로 등장했다. 농업생산에 결정적으로 공헌한 것은 이 시대에 거의 전국적으로 보급된 철제 농구였다. 지역에 따라 적합한 농법의 발달도 일어났는데, 화북 지방에서는 한지농법(旱地農法)이 실시되고 화중 지방에서는 처음으로 벼의 이앙법(移秧法)이 직파법(直播法)과 병행되는 영농을 했다. 비료의 사용과 관개시설의 확충도 매우 활발하여 농업생산력 증가에 기여했다.

상업은 유교 본래의 농본정책에 밀려 점차 쇠퇴했다. 따라서 전한 초의 상업에 대한 유화정책에 따른 화폐의 유통, 정기시의 발생 등 활발한 상업활동은 무제 때의 재정충당을 위한 통제경제로 침체되었고, 이러한 억상정책은 후한에서도 계속되었다.

수공업품으로는 비단, 칠기, 동경 등의 제작과 생산이 활발하여 주변국과의 무역품목의 주종을 이루었고 비단길을 통한 동서무역에도 이들 품목을 주로 수출했다.

전술한 바와 같이, 한대는 유교의 국교화로 중국 문화의 유교적 전통이 확립되었다. 이 과정에서 유가사상은 도가, 묵가, 법가 등 여러 사상을 수용하여 시대의 변화에 적합한 교리를 발전시켰던 것이다. 무제는 오경박사(五經博士)를 두어 유교 교리를 체계화하고, 관리의 채용에 유교적 교양을 갖춘 사람을 요구하는 향거이선제를 실시했다. 그 결과 학자가 곧 관료라는 중국 특유의 제도가 나왔다. 이로 말미암아 유능한 인재를 뽑을 수 있는 반면, 정치가 학문을 통제하는 현상도 나타났다. 이러한 현상은 결과적으로 중국 사상의 통일과 고정화를 뜻하는 것이기도 했다.

유교의 국교화는 유교 경전의 정리와도 연관되었다. 진제국의 지식탄압으로 흩어졌던 유교의 경전을 다시 모아 정리하는 사업이 진행되었는데, 이 과정에서 학풍은 금문(今文)과 고문(古文)의 두 계통으로 나뉘어 왕망 이후 고문학파가 정통으로 인정되었다. 후한대에는 경전의 정확한 고증에 힘쓴 결과 훈고학(訓詁學)이 발달했는데, 이 학풍은 대체로 당대까지 계속되었다.

유교적 사관에 입각한 역사서의 편찬은 한대의 또 하나의 큰 문화적 업적이었다. 사마천(司馬遷)의 『사기(史記)』는 통사(通史) 형식의 기전체(紀傳體)로서 서술 형식에 있어 이후 중국 정사(正史)의 모범이 되었고 반고(班固)의 『한서(漢書)』 역시 훌륭한 사서로 꼽히고 있다.

한대의 문학은 운문(韻文)으로는 부(賦)가 유행했고 산문(散文)으로는 사실과 도리를 기술하는 논책(論策)이 특징적인 것이었다.

한자의 서체도 발달하여 진대에 쓰던 전서(篆書)가 예서(隸書)로 바뀌고 다시 해서(楷書)로 발달하여 현재 쓰는 한자체가 확정되었다. 문자는 갑골에 대신하여 죽간(竹簡), 목간(木簡), 비단 등에 썼고, 진대 이후에는 종이의 발명으로 지식보급에 크게 기여했다.

유교는 왕조체제에 참여하는 사상으로 발전한 반면 도가는 현실도피의 비판사상으로 발전했다. 한초의 도가는 불로장생을 꾀하는 방술(方術)로 발전하여 궁정을 비롯하여 민간에 상당한 영향력을 미치고 있었다. 도가사상은 유교의 발전에도 불구하고 한말에는 불교사상 및 참위설(讖緯說)과 결합하여 교단(教團)으로까지 발전했다. 황건적 난의 구심이 된 태평도(太平道)는 도가 발전의 한 결과물이였으며 후대에 도교(道教) 성립의 기초가 되었다. 전한시대에는 불교와 그리스도교의 일파인 경교(景教)가 들어왔으나 크게 세력을 떨치지는 못했다.

제3절 인도의 고대 사회

1. 브라만 사회와 불교

인더스 문명의 주인공은 드라비다인(Dravidian)이라고 하지만 확실치는 않다. 그러나 인더스 문명 이후 인더스 유역을 점령한 것은 인도의 서북쪽에서 이동한 인도-아리아족(Indo-Aryans)이었다. 이들은 기원전 2000년경에 이동을 시작하여, 이동을 시작한 지 500년 후에는 인더스 문명을 파괴하고 기원전 1200년경에는 이동이 끝난 것으로 보인다.

아리아족은 수메르 계통의 유목민으로 보이는데, 그들은 우수한 무기와 전술로 인더스 유역을 점령하여 그 결과 이 지역은 상당 기간 문화적 암흑 상태가 계속되었다. 그 후 아리아인은 인더스 계곡을 넘어서 점차 인도의 동부와 남부로 뻗어가 아리아어를 전파시킴으로써 이 지역에 문화적 동질화를 이룩한 것으로 보인다. 그들의 역사서인 『베다(*Veda*)』에 의하면 가정은 그들 사회의 기본단위로 일부다처의 가부장사회였다. 사회는 족장이 통치하고 족장 위에는 왕이 있었는데, 왕은 제사를 주관하고 부족을 보호하는 일을 맡았으나 그 권력은 강하지 못했다. 아리아 사회는 계급분화도 이루어져 노예, 자유민, 전차귀족 등이 있었다.

당시 주곡은 보리였고 경작에는 소의 힘을 이용했으며 소는 자산의 기본이기도 했다. 식품으로 우유와 버터 제조기술이 발달했다. 수공업으로는 도예, 직물, 보석가공, 목공예 등이 있었고 놀이로는 전차경기, 씨름, 춤, 음악이 있었다. 도박도 성행음인지 이를 한탄하는 글이 베다에 실려 있다.

본래 아리아인은 자연현상을 신격화해 이를 찬미하고 숭배하는 습관이 있었다. 이와 같은 그들의 자연숭배 성향은 인도 침입 이후 더욱 심화되어 하늘, 땅, 물, 불, 바람, 해, 번개 등 다양한 자연현상이 숭배의 대상이었다.

기원전 900년경 인도에 철기문화가 전래되면서 인도 사회는 크게 변했다. 아리아인은 인도의 중앙 삼림지대를 개척한 다음 갠지스강 유역으로 뻗어갈 수 있었기 때문이었다. 이들에 의한 갠지스강 유역의 확보는 영토적 의미 외에도 쌀농사를 주로 하는 집약적 인도 농업의 원형이 이때에 잡혔다는 데 큰 의미가 있다. 그리하여 기원전 800년경에는 갠지스강 유역이 인더스 유역을 능가하는 발전을 하게 되었다. 철기보급이 준 정치적인 변화는 인더스 시대 사회의 다원적인 독립세력을 통합하여 직업적인 관료와 군인이 통치하는 고대 국가의 성장을 촉진했던 일이다.

갠지스강 유역에 정착한 아리아인의 사회는 점차 그 구조가 복잡해져 갔다. 그 결과 매우 종교적이었던 그들의 요구에 따라 전문적 사제인 브라만(Brahman, 승려) 계층이 나타났다. 이들은 브라만 교리를 체계화하고 의식을 제정하여 세속적 왕권에 앞서는 브라만 제일주의를 확립했다.

브라만 사회의 특징은 브라만을 정점으로 제2계급인 정치 · 군사 담당의 크샤트리아(Kshatrya), 제3계급인 평민 바이샤(Vaisyar), 제4계급인 노예 수드라(Shudra)로 구성된 카스트 제도(Caste, 四種姓)에 있다. 세습적인 사회계급은 전근대 사회에 흔히 존재하는 것이지만 인도의 카스트 제도와 같이 엄격한 것은 그 유례를 찾을 수 없다. 브라만교의 환생설(還生說)은 이 네 계급이 영원히 분리되어 탄생한다는 신학의 원리로 귀착되어 불변의 교리로 굳었기 때문이었다. 이는 원래 직업에 의한 구별에서 시작되었으나 현실적으로 정복지에 있어서 아리아인의 우월성을 제도적으로 보장하는 것이기도 했다.

브라만 계급은 인도 문화의 발전에 크게 기여했다. 그들은 브라만 경전인 『베다』를 깊이 연구하여 신학, 철학, 윤리학, 논리학 등의 발달을 촉진했다. 그뿐 아니라 『베다』의 정확성을 기하는 과정에서 음성학, 문자학, 문법 등이 발달하였고 신에 대한 제사와 농경생활의 필요가 결합하여 천문학, 역학, 수학 등의 학문도 자리를 잡게 되었다. 또 브라만 계층이 사용하는 산스크리트(Sanskrit, 梵語)는 공식 언어로 굳어 갔고, 후에 이를 사용하여 법률서인 『마누법전(*Manu-Smriti*)』과 종교백과사전 격인 『브라흐마나(*Brahmana*)』 세계 최장 서사시인 『마하바라타(*Mahabharata*)』와 『라마야나(*Ramayana*)』 등 브라만 사회를 대표하는 작품을 쓸 수 있었다. 이들 서사시에서는 과거 『베다』에 없던 새로운 신이 나타나고, 우주를 창조와 파괴의 끊임없는 과정으로 이해하기 시작했다. 이들 작품에 담긴 종교의 분파주의 경향에 대한 경고와 인간의 도덕성에 대한 강조는 브라만 종교사회의 큰 변화를 예고하는 것이었다.

기원전 9세기 말부터 브라만교는 그 엄격한 카스트 제도와 승려의 권위주의적 성향 때문에 점차 대중의 지지를 잃어 갔다. 전사계급은 물론 일반 인도 브라만교에 반대하고 새로운 사상 · 종교운동을 일으켰다. 그 결과로 나온 것이 우파니샤드(Upanishad) 철학이다. 우파니샤드 철학은 브라만교에 그 기초를 두고 있지만, 우주의 본체인 브라만(Brahman, 梵)과 인간생명의 근원인 아트만(Atman, 我)은 동일하다고 보고, 범아일여(梵我一如)를 철저히 실천함으로써 윤회의 속박에서 해탈할 수 있다고 가르쳐, 신의 존재를 부정하고 인간수양이 궁극적인 종교의 목표라 하여 과거 브라만교와 그 주장을 달리했다.

기원전 6세기경에는 브라만교는 물론 우파니샤드도 부정하는 새로운 종교운동이 일어났다. 불교와 자이나교의 출현이 바로 그것이다. 두 종교는 모두 브라만의 카스트 제도를 거부할 뿐만 아니라 우파니샤드의 아트만을 부정하고 윤회를 피할 수 있다고 주장했다.

기원전 6세기에 가비라국의 왕자로 태어난 석가무니(Sakamuni, 釋迦牟尼)는 인간의 생로병사에 깊은 회의를 느끼고 출가하여 구도하던 중 크게

「마하바라타」

고행중인 석가무니

깨달아 부처가 되었다. 그는 무상무아(無常無我)를 이상으로 하여 8정도(八正道)를 행하고 4정체(四正諦)를 바르게 이해하면 열반(涅槃)의 세계에 도달하여 생사윤회의 고뇌에서 해탈할 수 있다고 주장했다. 이러한 해탈을 위해서는 철저한 금욕과 고행을 요구했다. 사회적으로도 카스트의 계급적 차별 대신 일체평등을 주장하여 많은 호응을 얻었다.

한편, 마하비라(Mahavira)는 자이나교(Jainism)를 창시했는데 그 종교관은 불교와 대략 같았으나 극단적인 금욕주의와 절대 불살생을 주장한 것이 다른 점이었다. 이러한 철저한 금욕주의는 자이나교도가 인도의 상인과 기업인으로 성장하는 계기를 마련했음은 이해할 수 있는 일이다.

2. 통일왕조의 성립과 불교 전파

인도에 확실한 역사시대가 시작된 것은 기원전 6세기부터였다. 기원전

5세기경 북인도는 여러 나라로 분립된 상태에 있다가 갠지스강 하류에 있던 마가다(Magadha) 왕국이 중류지방의 코사라를 병합하여 북부인도를 지배하는 최초의 통일왕조로 발전했다. 불교와 자이나교의 출현은 일종의 브라만교의 횡포에 대한 종교개혁으로, 당시 마가다의 왕은 이러한 개혁을 정치에 수렴함으로써 통일왕국의 형성을 가능하게 했던 것이다.

마가다 왕국은 난다(Nanda) 왕국으로 이어지지만 알렉산드로스 대왕의 동정으로 간다라 지방의 수도를 점령당했다(B.C. 326). 그리스군은 곧 서쪽으로 물러갔지만 인도의 서북부는 한동안 그리스의 속주로 남아 동서문화교류에 크게 기여했다.

난다 왕국과 희랍 세력을 인도 밖으로 몰아내고 기원전 4세기 말 보다 넓은 통일왕국인 마우리아(Maurya) 왕국을 세운 이는 찬드라 굽타(Chandra Gupta)이다. 찬드라 굽타 이후 인도 통일의 완성과 번영을 가져온 사람은 아소카(Asoka) 왕이었다. 그는 남부 일부를 제외한 전 인도대륙을 통일한 다음, 중앙집권제로 행정조직을 개편하고 저수지, 수로 등을 건설하여 농업생산을 늘렸으며, 수송과 군사적 목적으로 도로망을 넓혔다.

아소카 왕의 업적은 문화사업에서도 현저했다. 그는 정복사업을 참회하는 뜻에서 불교를 믿고 국내는 물론 주변의 실론, 버마, 간다라, 카시미르, 이집트까지도 포교승을 파견하여 불교를 그들 지역에 전파했다. 그는 불교의 교리정리에도 힘써 세 차례의 불경 모으기를 주선하여 소승불교(小乘佛敎)의 기초를 닦았다. 이와 같은 아소카 왕의 흥불정책은 불교미술의 발달에 촉진제가 되어 사원의 건축과 탑의 건조가 활발했는데, 산치(Sanchi) 대탑은 당시

아소카 왕의 기념비

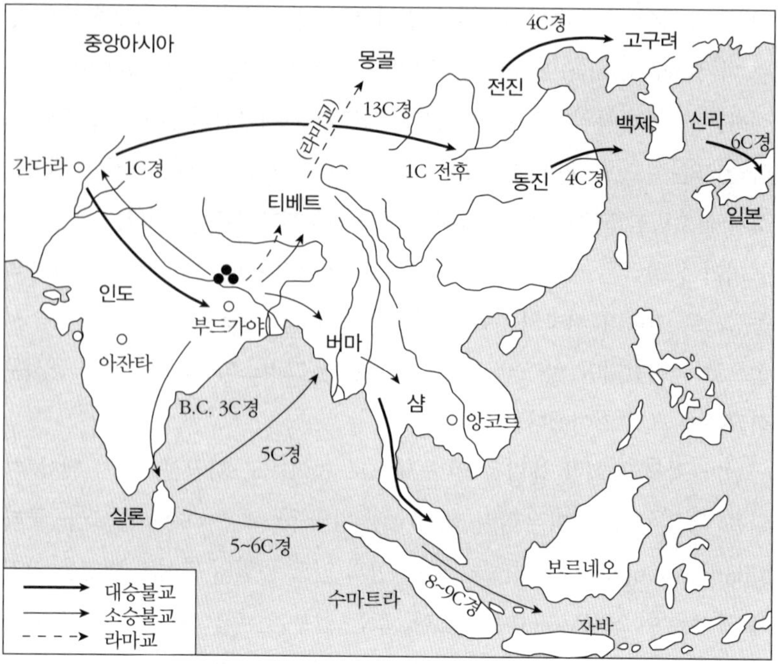

그림 3-3. 불교의 전파

불교미술의 웅장미를 보여 주는 걸작품이다.

아소카 왕이 죽은 다음 마우리아 왕조가 쇠약하기 시작해 기원전 2세기 초 멸망하자 인도는 다시 분열의 시대로 접어들게 된다. 박트리아 왕국, 숭가 왕국, 대월씨가 주로 인더스 유역을 놓고 혼전을 계속하다가 대월씨 계통의 쿠샨족(Kushans)이 간다라에서 시작하여 중부인도까지 점령했다. 쿠샨조의 3대 왕인 카니슈카(Kanishka) 왕은 북인도와 중앙아시아에 이르는 대왕국을 건설하고 한(漢) 및 로마와 활발한 무역활동을 벌였다. 이러한 문화적인 접촉은 그리스풍이 가미된 간다라(Gandhara) 미술의 발달을 가져왔고, 이는 후에 중국, 한국, 일본 등의 불교미술에까지 큰 영향을 끼쳤다.

석가의 입멸 후 인도에는 다양한 왕조가 교차되는 속에 불교는 교리의 분파가 불가피했고, 또 각자 이에 상응하는 불경결집은 교리의 차이를 확인하는 셈이 되었다. 석가가 죽은 뒤 불교는 계율을 엄격히 존중하는 교조적 성격이 강해지고 개인의 해탈만을 강조하는 보수적 · 형식적 경향 또한 매우 강했다. 이러한 경향에 비판적인 파도 있었으나 제3차 불경결집은 보수적 교리를 고수하는 방향으로 소승불교(小乘佛敎)를 정통으로 삼았다. 그러나 진보적인 불교도 측에서는 형식과 계율을 떠나 불교 정전을 자유롭게 해석할 수 있어야 하고 개인보다는 중생의 제도에 역점을 두자는 파가 있었다. 이것이 대승불교(大乘佛敎)로, 카니슈카 왕 때 제4차 불경결집으로 그 자리가 잡혔다. 그 후 소승불교는 주로 실론, 버마, 타이 등 동남아시아로 전파되었고 대승불교는 중앙아시아, 중국, 한국, 일본 등 동북아시아로 퍼져 이들 지역 종교생활의 주축을 이루었다.

인도 자체에서 불교세력은 쿠샨 왕조의 말기인 3세기 초부터 이미 그 세력을 잃고, 힌두교가 이에 대신하여 오늘에 이르고 있다. 힌두교는 『베다』에 기초를 두고 잡다한 민간신앙의 대상에 신성을 인정하는 다신교적인 종교다. 이와 같은 교리상의 특징 때문에 힌두교는 아리안과 다른 잡다한 민족을 다 같이 만족시킬 수 있는 종교로 환영을 받았다. 특히 굽타조의 복고적 브라만 보호정책은 힌두교 발전에 고무적인 것이었다.

제4장 서양의 고대 문화

제1절 그리스의 폴리스 문화

제2절 로마의 지중해세계 통일

최초의 서양문화는 그리스에서 일어났다. 에게(Aegean) 문명의 뒤를 이은 그리스 문화는 오리엔트 문명의 영향과 자극 아래 개화했으나 오리엔트의 전제국가와는 다른 폴리스(polis)를 터전으로 하여 성장했다. 폴리스에서는 전제적 국왕의 지배하에 있던 신민과는 다른 자유시민이 정치를 주도해 나가고, 그 속에서 인간의 창조력을 발휘할 수가 있었다. 그리스의 문화는 이러한 시민들이 이룩한 폴리스 문화라 할 수 있다.

특히 페르시아 전쟁 후 그 절정에 도달한 그리스 문화는 알렉산드로스 대왕에 의해 오리엔트 세계에 전파되어 이른바 헬레니즘 문화를 낳았고, 로마는 이것을 바탕으로 하여 고대의 여러 문명을 종합하여 지중해세계의 문명을 이룩하고 다시 이것을 유럽 여러 나라에 전파시켰다. 한편 로마 제국의 한 속주에서 발생한 그리스도교도 로마 세계를 통해 유럽 전역에 퍼지게 되었는데, 그리스도교(헤브라이즘)는 그리스 정신(광의의 헬레니즘)과 더불어 서양문화의 밑바닥을 흐르는 2대 조류로서 이후 유럽 역사를 관통하게 되었다.

제1절 그리스의 폴리스 문화

1. 에게 문명

메소포타미아와 이집트에 고대 문명이 발달하고 있었던 기원전 3000년기와 2000년기 동안에 지중해의 크레타(Creta)섬에는 다른 또 하나의 문명이 성장하여 점차 에게해의 여러 섬과 그리스 본토, 그리고 소아시아의 서부지역에 전파되고 있었다. 그러나 약 150여 년 전까지만 해도 이 문명에 관해서는 알려진 것이 별로 없었다. 크레타의 미노스(Minos) 왕에 관한 전승이나 트로야(Troia) 전쟁의 영웅들에 관한 이야기는 대체로 신화나 서사시인들의 공상으로만 여겨져 왔다. 그러던 것이 19세기 후엽부터 그러한 신화나 서사시에 이끌린 몇몇 학자들의 발굴과 연구를 통해서 그것들이 한낱 허구만은 아니고 역사적 사실과 관련된 이야기들이라는 점이 밝혀지게 되었다.

에게 문명 중에서도 가장 먼저 발달한 크레타 문명은 영국의 고고학자 써 아서 에번즈(Sir Arthur Evans)의 발굴과 연구의 결과 그 모습이 드러나게 되었다. 미노스 왕의 이름을 따라 미노아 문명이라고도 불리는 크레타 문명은 기원전 3000년기 중엽에 청동기시대에 들어선 것으로 보이는데, 그 전성기는 기원전 2000년부터 1500년경까지였다. 소아시아 지방에서 이 섬으로 이주해 온 것으로 짐작되는 크레타인들은 그리스 본토보다는 오리엔트 지역과 더 밀접한 관련을 가지고 있었다. 따라서 그들의 문화도 오리엔트의 문화와 비슷한 점이 많았으나, 그러면서도 독자적인 특징을 또한 지니고 있었다. 가령 그들의 국왕 미노스는 이집트의 파라오와 마찬가지로 강력한 지배자로 군림했으나 군사적 정복자는 아니었다. 국왕은 오히려 국내 최대의 자본가요 사업가로서 그의 권력은 공업생산과 교역을 통해서 획득한 부를 바탕으로 하고 있었다. 크노소스(Knossos)의 궁전은 그의 부가 얼마나 강대했으며 그들의 생활수준이 얼마나 높았는가를 잘 보여 주고 있다. 거창하고 복잡하며 화려하고 편리한 이 궁전은 전설에 나오는 미노스의 미궁(labyrinth)이 단순한 허구만은 아니었음을 보여 주고 있다.

일반 주민들의 생활 또한 고대 오리엔트의 어느 주민들보다 자유롭고 유복했던 것으로 보인다. 노예제도가 존재한 것은 사실이지만 사회계층 간의 차별이 심하지는 않았으며 여자도 남자와 거의 평등했다. 크레타에는 여자 투우사나 여자 권투사가 있을 정도였다.

크레타인들의 활달한 기풍과 섬세한 감각, 정교한 솜씨는 그들이 만들어 낸 도기와 조상과 벽화에 잘 나타나 있다. 그들은 포도주와 올리브유를 저장하기 위해 커다란 항아리를 만들었는가 하면, 달걀껍질 두께의 얇은 도기를 만들고 그 표면에 동식물의 생동적인 모습을 그려 넣었다. 그들은 상아나 도기로 날씬한 여신상을 만들고 금은 세공 등 정교한 공예품을 만들었다. 그중에서도 그림은 크레타 제일의 예술이었다. 주로 벽화로 남아 있는 그림들은 그들의 자유롭고 활달한 율동감을 잘 표현하고 있다.

그러나 이렇게 문명이 발달했던 크레타섬의 여러 도시는 기원전 18세기 말 이래로 지진이나 해일, 외부의 침입 등 몇 차례의 참화를 겪었다. 그중에서도 기원전 15세기 중에 있었던 대참화는 그리스 본토에 거주한 미케네인들(Myceneans)의 침입에 의한 것으로 짐작되는데, 이러한 사실은 1952년 영국의 건축기술자 벤트리스(Michael Ventris)가 크레타의 선문자

B를 해독함으로써 한층 더 분명해졌다.

크레타섬에 침입하여 그 문화를 파괴한 미케네인들은 기원전 2000년 무렵 그리스 본토에 침입해 온 인도-유럽어계의 주민들이었다. 이때 이곳 원주민들은 이미 청동기문화를 가지고 있었는데, 새로운 침입자들은 처음에는 이 원주민의 문화를 파괴했으나 점차 이들과 섞여 그 문화를 받아들이게 되었다. 그 후 다시 전성기의 크레타 문명에 접하게 되자 이로부터 많은 것을 받아들이면서도 자신들의 전사적 성격을 유지함으로써 최초의 그리스 문화라고도 부를 수 있는 그들 특유의 문화를 발전시켰다.

기원전 1600년경부터 세력이 강성해진 이들은 중부그리스와 펠로폰네소스(Peloponnesos) 반도의 각지에 여러 왕국을 세웠다. 그중에서도 미케네(Mycenae)가 가장 부강하여 이들 여러 왕국의 맹주 격이었다. 호메로스(Homeros)가 그의 서사시 『일리아스(*Ilias*)』에서 '황금의 미케네'라 불렀던 미케네의 부강이 실제로 밝혀진 것은 트로야 유적의 발굴에 성공한 독일의 실업가 하인리히 슐리만(Schliemann)이 웅대한 미케네의 성곽과 황금보물 등으로 가득 찬 원형묘를 발견하면서부터이다. 그의 발굴은 기원전 16세기 이래 융성했던 미케네 문화의 독특한 성격, 즉 크레타의 강한 영향 아래 있으면서도 그들이 상무적 요소를 뚜렷이 간직하고 있었음을 보여 준다.

미케네인들은 해안에서 약간 떨어진 언덕 위에 견고하고 웅장한 성채를 구축했다. 성채는 거석을 쌓아 올린 이른바 '키클로프스(Kyklops)의 성벽'으로 둘러싸여 있었는데, 그 돌이 어찌나 큰지 전설상의 거인 키클로프스가 쌓아 올린 것이라 해서 그렇게 불린 것이다. 미케네의 지배자들이 이처럼 거창한 성곽을 세울 수 있었다는 사실은 그만큼 그들의 부나 권력이 강력했음을 보여 준다. 국왕은 대토지 소유자로 많은 가축과 노예를 소유했다. 그들은 관리와 서기를 거느리고 여러 촌락공동체로부터 각종 공납품을 징수했다. 이처럼 미케네의 왕권은 본질적으로 오리엔트 전제국가의 그것과 비슷한 데가 있었다. 그러나 대규모적인 관개농업의 필요에서 발달한 오리엔트의 전제군주권에 비해 포도와 올리브 생산 등 집약농업과 목양이나 양돈 등 목축에 기반을 둔 미케네의 왕권은 그 힘이나 규모가 훨씬 작은 것이었다.

미케네의 부의 또 하나의 원천은 교역활동에 있었다. 특히 크레타의 여러 도시를 파괴한 이후 미케네인들은 크레타인 대신 동부지중해 무역을 장악하고 소아시아 서부해안에 진출하는 등 에게해의 새로운 지배자가 되었다. 트로야 전쟁은 이러한 미케네인들의 세력팽창 역사의 두드러진 보기인데, 학자들은 이 전쟁이 기원전 13세기 중엽에 실제로 일어났다는 데 대체로 합의하고 있다.

트로야성에 대한 공략이 있은 지 얼마 후부터 동부지중해 세계에는 일리리아인들(Illyrians)과 트라키아인들(Thracians)의 동방진출, 그리고 소위 '바다 사람들(Sea people)'의 침입 등으로 말미암아 일대 동란기를 맞았는데, 미케네 또한 이 커다란 물결에 휩쓸리게 되었다. 특히 북쪽에서 새로운 그리스인의 일파인 도리아인들(Dorians)이 남하해 옴에 따라 미케네의 여러 왕국들이 이들에게 정복당했다(B.C. 1100년경). 이후 그리스 세계는 약 300년 동안 이른바 암흑시대를 겪었다.

2. 폴리스의 성립과 발전

고대 그리스의 역사는 폴리스(polis)의 성립과 더불어 시작했다. 그리스 철학의 종합자 또는 완성자라 할 수 있는 아리스토텔레스(Aristoteles)는 자신의 저서인 『정치학』에서 인간을 '폴리스적 동물'이라 규정한 바 있을 만큼 고대 그리스인들에게는 폴리스가 그들의 생활에서 중요한 존재였다. 그들의 생활은 그 중요한 부분이 폴리스의 성원으로서의 생활이었다. 따라서 고대 그리스의 역사는 곧 폴리스의 역사이며, 그리스의 문화는 곧 폴리스의 문화라 할 수 있다. 그리스의 역사가 폴리스의 성립과 더불어 시작한다는 것도 이러한 견지에서 한 말이다.

그러나 폴리스의 성립이 갖는 더 큰 역사적 의의는 그것이 한걸음 더 나아가서 전체 서양역사와 전체 서양문화의 참다운 시작으로 인식되고 있다는 점이다. 서양인들은 대체로 참다운 서양역사와 참다운 서양문화는 그리스에서 비롯된다고 생각한다. 빛이 오리엔트로부터 왔다는 사실, 특히 서양문화의 중요한 기반의 하나인 그리스도교적 전통이 오리엔트에서 비롯되었다는 사실을 그들도 인정한다. 그러나 그러면서도 그들은 서양문화의 더 근원적인 전통은 역시 그리스에 그 기원을 둔다고 생각하는 것이다. 자신들을 오리엔트인들과는 본질적으로 다른 존재로 인식하는 생각 자체가 바로 고대 그리스인들에게서 비롯된 것이다. 그러한 인식의 바탕에는 전제군주제하에 얽매어 있던 오리엔트인들과는 달리 그들이 자유스러운 시민으로 구성된 공동체국가, 즉 폴리스를 형성하고 유지했다는 의식이 있었다. 그러한 폴리스를 만들어 냄으로써 고대 그리스인들은 서양세계가 장차 가지게 되는 국가형태의 원형을 마련했다고 서양인들은 생각하고 있다. 따라서 그들에게는 폴리스의 성립이라는 사실이야말로 서양사와 오리엔트 역사, 더 나아가서는 서양역사와 동양역사가 갈라서는 분기점이라 생각되고 있는 것이다.

그러나 막상 그러한 폴리스가 언제, 누구에 의해서, 어떻게 세워졌는지에 대해서는 아직도 정확하게 이야기하기가 어렵다. 다만 기원전 800년경에 이르면 에게해 주변 각지에 많은 소국가들이 분립하는 것을 보게 된다. 이들 소국가들은 대개 산이나 바다와 같은 자연방벽에 의해 서로 분리되어 있었으며, 그 주민들은 흔히 언덕 위에 구축된 성채(城砦)를 중심으로 모여 살고 있었다. 이들은 미케네 시대의 왕국들보다는 도리아인들의 침입 때 분열된 지방공동체, 즉 촌락보다는 컸다. 이러한 소국가들이 곧 폴리스였다.

폴리스가 가장 먼저 성립된 곳은 아마도 도리아인들에게 밀려난 원주 그리스인들이 이주해 간 소아시아 서부해안, 즉 이오니아(Ionia)와 에올리아(Eolia) 등지였던 것으로 짐작된다. 이들 그리스 이주민들은 소아시아 원주민들의 공격을 막아내기 쉬운 반도나 그 밖의 적당한 곳에 그들의 새로운 거주지를 마련했다. 이민족에게 둘러싸인 새로운 거주지에서 그들은 스스로를 지키기 위해 서로 협력하고 한데 뭉쳐야만 했다. 그러나 그들은 이 조그마한 새 거주지에 알맞은 기존의 정치제도나 관례를 가지고 있지 않았다. 그들은 이것을 그들 스스로 만들어 내야만 했다. 이렇게 해서 만들어진 것이 곧 폴리스였던 것이다.

그리스 본토에서도 사정은 대체로 이와 비슷했다. 다행히 도리아인들의 침략을 모면한 원주 그리스인들 또한 일단 유사시에 적을 막아내기 위해서는 인접 마을에 살고 있는 몇몇 부족들이 한 요새나 한 시장지를 중심으로 뭉쳐 살아야만 했다. 영웅 테세우스(Theseus)가 여러 마을을 한데 뭉쳐 아테네를 세웠다는 전승은 아마도 이러한 집주(集住, synoikismos)를 전한 대표적 예라 하겠다. 정복민인 도리아인들도 원주민들에 대한 그들의 지배력을 강화하기 위해서는 일정한 지점에 집주한 정복민 부족들이 군사공동체로서의 결속을 강화하는 통합된 정치체제를 마련해야만 했다. 라코니아(Laconia)에 자리 잡은 스파르타(Sparta)가 바로 그러한 경우였다.

이렇듯 폴리스는 대체로 그 성원들이 스스로를 지키려는 군사적 목적에서 결속한 하나의 전사공동체로서 시작되었다. 원래 폴리스의 성원은 그것을 구성한 부족(phyle)의 구성원으로서, 처음에는 추첨으로 배정된 클레로스(kleros) 소유농민에서 유래한 독립적인 토지소유자들이었다. 그들의 생활기반이었던 그리스의 농업은 포도·올리브 재배를 위주로 한 집약농업이었다. 그들은 대규모 관개농업에 으레 따르기 마련인 각종 부역이나 공납의 의무를 부담하지 않았으며, 강력한 전제군주의 통제와 지배하에 예속되지도 않았다. 그들은 자신의 힘으로 생활을 영위해 나갈 수 있고 자기 운명을 스스로 결정할 수 있는 독립된 자유민이었다. 그중에서 특히 유력한 자들이 바로 귀족들이었는데, 이들은 청동제의 투구와 갑옷, 방패와 철제 창검, 거기에다 군마(軍馬)까지도 자비로 갖출 수 있었던 소위 기마의 중장보병(hoplites)으로서 폴리스를 형성하고 이를 방위하는 데 주도적 역할을 담당한 전사들이었다.

성립 초기의 폴리스가 대체로 왕정의 형태를 취하고 있었음에도 불구하고 실제적으로는 귀족정과 다름없었던 것도 이 때문이었다. 초기 폴리스의 왕은 오리엔트의 전제군주와는 판이한 존재였다. 왕은 전쟁에서 전사들을 지휘하고 종교의식을 주재하는 등 폴리스의 중요 사항을 관장했지만, 그러면서도 항상 전사들, 특히 전사귀족들의 모임에서 그들과 협의하고 그들의 동의를 얻어야만 했다. 이리하여 전사귀족들의 발언권은 처음부터 강력할 수밖에 없었고, 왕권은 이들 귀족들에 의해서 크게 제약받게 되어 정치의 실권은 사실상 이들 귀족층의 수중에 있었다. 그 후 기원전 7세기까지에는 그나마 왕정의 형태마저도 거의 사라지게 되었고 왕가는 귀족층에 흡수되어 자취를 감추게 되었다.

에게해 주변 일대에 성립된 이런 폴리스의 체제는 기원전 8세기 후반부터 시작된 그리스인들의 일대 식민운동에 의해 지중해 각지에 확산되었다. 인구가 증가함에 따라 생계가 어려워진 일부 주민들은 새로운 천지에 모국과 비슷한 나라들을 세워 나갔다. 이런 식민도시들은 흑해 연안, 아프리카 해안, 시칠리아섬과 남부이탈리아 해안, 그리고 멀리 프랑스와 에스파냐의 해안에까지 퍼져 나갔다. 그러나 이들 식민도시와 모도시 사이에는 종교적 · 경제적 · 문화적 유대관계는 긴밀했지만 정치적으로는 동등한 관계여서 식민도시는 완전히 독립된 국가였다.

그리스인들의 식민활동은 지중해세계의 교역을 촉진했다. 그것은 새로 건설된 식민도시들이 주변의 이민족들과 그리스 모도시 사이의 교역중개자가 되었기 때문이다. 그리스에서 생산되는 포도주와 올리브유는 이민족들이 바라는 귀중한 상품이었으며, 그 대신 그리스인들은 이들에게서 곡물, 목재 등 원료를 사들였다. 이런 교역형태는 이후의 그리스 역사의 발전에 커다란 영향을 미쳤다. 그것은 포도와 올리브를 생산하는 농민들을 도시생활에 적극적으로 참여하게 했기 때문이다. 농민들이 잉여농산물의 대부분을 공납이나 세금 형태로 도시에 바쳐야 했던 오리엔트 사회와는 달리 그리스에서는 포도주와 올리브유를 가진 농민들이 자유로운 판매자 혹은 구매자로서 도시의 시장을 드나들었으며, 농사의 여가에는 공공사를 담당하여 시민으로서의 권리와 책임을 다하는 가장 이상적인 형태의 시민으로 인정되었다.

한편 기원전 7세기 중엽 소아시아의 리디아(Lydia) 왕국에서 처음 사용된 화폐제도가 그리스의 여러 폴리스에서도 채택됨에 따라 지중해 세계의 교역은 더욱 활발해지고 이것은 다시 수공업생산을 자극했다. 이래서 폴리스 안에서는 부유한 농민층과 더불어 부유한 상공업자층이 생겨나게 되었다.

같은 무렵에 일어난 군사상의 변화가 또한 이런 부유한 상공업자나 농민들에게 폴리스의 정치에 적극적으로 참여할 수 있는 바탕을 제공했다. 그것은 팔랑크스(phalanx)의 도입이었다. 팔랑크스란 중장보병으로 구성된 방진밀집대(方陣密集隊)를 말한다. 가로세로 8열 내지 10열로 사각형 밀집대형을 이룬 보병들은 방패와 장창으로 무장된 인간탱크와도 같았다. 이런 팔랑크스의 공격 앞에서는 종전의 기병이나 궁병은 힘을 발휘할 수 없었다. 폴리스들은 팔랑크스를 주축으로 하는 군대의 규모를 늘리기 위해 귀족 외에도 필요한 무장을 스스로 갖출 수 있는 상공업자들이나 부유한 농민들에게도 군대복무를 요청했다. 이리하여 폴리스의 정치에서 이들의 발언권과 책임이 점차 늘어나게 되었다.

한편 팔랑크스의 병사들에게는 개인적 용맹이나 힘보다는 차라리 전열을 흐트러뜨리지 않고 진퇴할 수 있는 긴밀한 협동정신과 공고한 단결력이 더욱 간절히 요구되었다. 각자의 안전은 이웃 병사가 전열에서 자기 자리를 지킬 수 있는가 없는가에 달려 있었다. 왜냐하면 각 병사의 방패는 자기의 좌반신과 함께 이웃 병사의 우반신을 지키고 있었기 때문이다. 이런 상황에서는 개인적으로 뛰어난 무용보다는 오히려 북소리에 발맞추어 진퇴하면서 끝까지 자기 위치를 고수할 수 있는 인내심과 책임감이 더욱 중시되었다. 뛰어난 영웅의 개별적 능력보다는 무명의 평범한 병사들의 집단적 단결이 더욱 큰 역할을 했다. 이로써 호메로스가 노래한 영웅들(귀족들)

그림 4-1. 5세기의 그리스 세계

의 시대 대신에 스스로 자기 자신과 자기 가족의 생명과 자유를 지킬 줄 아는 평범한 시민의 시대가 도래하게 된 것이다.

팔랑크스의 병사로서의 오랜 집단훈련, 고난과 위험으로 가득 찬 실제 전투, 그리고 그런 어려움을 이겨내고 얻은 승리의 기쁨들을 나누어 가진 그리스 전사들은 전우에 대한 깊은 유대감을 가졌다. 이러한 유대감이야말로 자신들의 영광스러운 폴리스에 대한 공통적인 자랑의 바탕이었다. 그들은 모두 폴리스의 평등한 구성원이었으며 폴리스에 대한 봉사 속에 각자의 자기완성을 추구했다. 폴리스는 남과 보조를 맞추고 엄격한 집단규율에 따르는 가운데 개인적 자유의 실현을 인식한 시민들을 만들어 낸 것이다. 이것은 그리스의 여러 폴리스가 귀족정에서 민주정으로 발전하게 된 기반이었다. 개인의 자유와 공공에 대한 봉사라는 서로 엇갈리는 듯이 보이는 두 개의 원리는 이렇게 해서 하나로 결합될 수 있었다. 그리스의 민주정치, 나아가서는 서유럽 민주정치의 가장 중요한 특징이 바로 이 점에 있는 것이다.

3. 스파르타와 아테네

그리스의 모든 폴리스들이 한결같이 귀족정에서 민주정으로 발전한 것은 아니었다. 더욱 철저한 민주정으로 나아간 폴리스가 있었는가 하면 초기 귀족정 형태에서 크게 벗어나지 못한 폴리스도 있어, 제각기 그들이 처한 상황에 따라 자기에게 알맞은 제도를 받아들였다. 아테네(Athenae)는 전자의 대표적 경우이고 스파르타(Sparta)는 후자의 대표적 보기였다.

도리아인들이 선주 그리스인들을 정복하여 세운 폴리스였던 스파르타에서는 시민들(스파르타인들)이 선주민의 대부분을 헤일로타이(heilotai)라는 노예로 삼아 시민들의 토지를 경작하게 하고 그 수확물을 공납으로 바치게 했는데, 이들의 신분은 중세의 농노와 비슷했다. 스파르타에서는 이들 헤일로타이 이외에 페리오이코이(perioikoi, 변두리 주민)라 불리는 또 하나의 종속민이 있었다. 이들은 주로 상공업에 종사했으며 자유민으로서 군역의무가 있었으나 참정권은 없었다. 스파르타인은 이처럼 압도적 다수의 종속민(스파르타인의 수는 전 주민의 5% 내지 10%에 불과했다는 것이다) 위에 군림한 지배계층이었다. 이처럼 소수의 스파르타인이 다수의 종속민을 지배하기 위해서는 무엇보다도 강력한 군사력이 필요했으며, 이 같은 필요에서 군국주의적인 그 유명한 스파르타의 국제와 생활방식이 탄생한 것이다.

스파르타에는 두 사람의 왕이 있었으나 행정의 실권은 1년 임기로 선출된 행정관인 5명의 에포로이(ephoroi)에게 있었다. 시민들의 회의로서는 민회(apella)와 원로원(gerousia)이 있었는데, 원로원은 법안의 제안권과 재판권을 가지고 있었으며 민회는 법안의 표결권과 공직자의 선출권을 가지고 있었다. 이렇듯 스파르타에서는 행정의 실권은 에포로이에게, 입법의 실권은 원로원에게 있었으나 최종적인 결정권은 역시 전 시민의 모임인 민회에 있었다. 바로 이와 같은 귀족정과 민주정의 혼합체제야말로 스파르타 국제의 가장 두드러진 특징이었으며, 당대의 많은 그리스인들에게 아테네 국제보다는 오히려 스파르타 국제가 이상적인 것으로 생각된 까닭 또한 여기에 있었다.

스파르타의 군국주의적 특성은 그들의 생활방식 속에 더욱 뚜렷하게 나타났다. 전체 시민들을 전사화하려고 했던 스파르타에서는 모든 시민생활을 병영생활화했다 해도 과언이 아니다. 허약한 아이를 산에 버리고, 어렸을 때부터 집단생활을 하게 하고, 소박한 생활에 익숙하게 하고, 용감성과 기민성, 인내심과 책임감 등 전사로서의 덕목을 기르기 위해 심지어 도둑질이나 암살까지도 명령하는 이른바 스파르타식 교육, 20세부터 60세까지의 군복무 의무, 전 시민의 공동식사(syssitia) 등 이 모든 것들이 스파르타가 전체 시민들을 훌륭한 전사단으로 조직하기 위한 것이었으며, 그럼으로써 그들은 그들의 공동체를 지키고 종속민에 대한 그들의 지배권을 확보하려고 했다. 아테네와는 달리 스파르타에는 성벽이 없었는데, 스파르타의 국제를 만들어 냈다는 전설상의 입법자 뤼쿠르고스(Lykourgos)는 "벽돌이 아니라 남자들로 성벽을 쌓은 도시는 훌륭한 성벽을 가진 것이나 마찬가지"라고 말했다 한다. "성벽은 바로 사람이다"라는 이런 생각이야말로 전사들의 공동체국가로서의 스파르타의 진면목을 여실히 나타내는 것이었다. 스파르타가 그리스의 여러 도시들 중에서 가장 강력한 중장보병의 팔랑크스를 가지고 있었으며, 또 스파르타가 그들의 더욱 보수적인 국제와 군국적인 사회체제를 비교적 오랫동안 유지했던 것도 이런 점에서 이해될 수 있다.

이보다 더 민주적인 국제와 더 자유로운 사회체제를 발전시켜 나갔던 아테네에서도 폴리스의 성립 초기의 정치체제는 귀족정이었다. 스파르타에서와 마찬가지로 행정을 맡은 아르콘(archon)과 원로원인 평의회(boule)

와 민회(ekklesia)가 있었으나 정치의 실권은 역시 귀족의 수중에 있었다. 그러나 도리아인의 원주민 정복에 의해 성립된 농업 위주의 폐쇄사회였던 스파르타와는 달리 아티카(Attica) 지방 부족들이 자주적으로 통합한 폴리스로서 농업 이외에 일찍부터 상공업이 발전한 개방사회였던 아테네에서는 식민활동에 따른 무역의 발전과 화폐경제의 발달로 부유한 상공업자층과 부유한 농민층이 탄생했는데, 이러한 부에 의한 그들의 무장 자판능력은 그들의 군사적 역할을 증대시켰다. 그리고 이러한 경제적 · 군사적 역할의 증대는 당연히 그들의 정치적 발언권을 강화시키게 되었다. 한편 이런 발전의 그늘 아래서 농민 중에는 흉작이나 부채 때문에 노예의 신분으로 떨어지는 자들이 늘어나게 되었고, 이에 따라 귀족과 평민 간의 대립이 점차 심화되어 갔다. 아테네에 조정자와 참주(tyrannos)가 나타난 것은 바로 이런 상황에서였다.

조정자 솔론(Solon, B.C. 638?~558)은 부채를 말소하고(seisachtheia) 이후 신체를 저당으로 하는 대금을 금지했으나 기존의 국제나 사회질서를 근본적으로 변혁하려는 생각은 가지고 있지 않았다. 그의 유명한 개혁인 재산평가정치(timokratia)는 그것으로 계층구조를 변혁하려는 것이 아니라, 기존의 네 시민계층의 재산정도에 따라 그들의 참정권과 군사의무를 규정하는 것이었다. 문자 그대로 조정자였던 솔론은 귀족과 평민 중 어느 편에도 가담하지 않았고 그 때문에 도리어 양쪽의 불만을 사게 되었다. 솔론이 물러나자 아테네에서는 또다시 시민 사이에 격렬한 싸움이 벌어졌는데, 이 틈을 타서 무력으로 정권을 장악한 자가 나타났다. 이것이 곧 참주였다. 기원전 6세기 중엽 '곤봉잡이'라는 친위대를 이용하여 참주로 등장한 페이시스트라토스(Peisistratos, B.C. 612?~528)는 빈민구제에 힘쓰고, 대토목공사를 일으키고, 공공건물을 세우고, 대규모의 국가적 제전(祭典)을 마련하고 상공업을 장려하는 등 민중에 영합하는 정책을 실시하여 그의 시대는 오히려 선정의 시대로 지목되기도 한다. 그러나 그의 정치의 근본목적은 자신의 독재권의 유지 · 강화에 있었고, 특히 그의 사후 그의 아들 히피아스

(Hippias)가 잔학한 폭군이 되자 민중이 일어나 참주정을 무너뜨렸다.

그 후 아테네에는 또다시 귀족과 평민 사이의 대립이 표면화되었으나 결국 평민 측의 클레이스테네스(Kleistenes)가 정권을 잡게 됨에 따라(B.C. 508) 아테네의 민주화개혁이 크게 진전했다. 그의 개혁 중 가장 중요한 것은 부족제의 개편이었다. 그는 귀족적인 씨족에 바탕을 둔 종래의 4개의 혈연부족 대신에 데모스(demos, 구)를 근간으로 하는 10개의 지연(地緣) 부족을 만들어 냄으로써 귀족정의 기반을 무너뜨리고 민주정의 기틀을 마련했다.[1)]

이러한 부족개편에 따라 종래의 네 부족에 기반을 둔 400인회 대신에 각 부족에서 파견되는 50명씩의 평의원으로 구성된 500인회가 새로운 평의회로 탄생하여 중요 정무를 처리했다.[2)] 그러나 무엇보다도 중요한 것은 이러한 부족제의 기반이 최하의 행정단위였던 데모스에 있었다는 점이다. 즉, 각 부족을 대표하는 50명의 평의원은 이들 각 데모스에서 선출된 대표 중에서 추첨으로 뽑힌 자들이었다. 데모스에는 구민명부가 비치되어 있었는데, 데모스의 제반사는 이 구민명부에 등록된 구민(demos, 민중)들의 자치에 맡겨져 있었다. 뿐만 아니라 이 구민명부가 곧 아테네의 민회출석자 격자명부, 즉 아테네 시민명부이기도 했다. 부족제의 개편으로 아테네 정치의 실권이 종래의 씨족제 귀족의 손에서 이러한 구민의 손으로 옮겨 간 것이다. 이리하여 아테네 시민은 이제 '아무개의 아들 아무개'라는 가문을 내세우는 종래의 호칭 대신에 '어느 구의 아무개'라는 구를 내세우는 호칭으로 불리게 되었다. 아테네의 민주정치(democratia)란 바로 이러한 데모

1) 당시 아테네의 전체 영역인 아티카에는 백수십여 개의 데모스가 있었는데 클레이스테네스는 이들을 30개의 트리튀스(trittys, 3분의 1의 뜻)로 통합하되, 그중 10을 중심시에, 10을 해안지대에, 10을 내륙지대에 설정하고, 이 세 지대에서 추첨으로 각각 하나의 트리튀스를 뽑아 이들 세 트리튀스를 하나로 묶어 하나의 부족으로 만들었다. 이리하여 아테네에는 모두 10개의 부족이 인위적으로 만들어졌다.

2) 500명의 평의원이 상임하기는 어려웠기 때문에 1년을 10개 기간으로 균등분하여 매기 50병의 평의원이 교대로 근무하도록 했고, 그 의장 역시 추첨에 의해 날마다 다른 사람이 선출되었다.

스(구)를 기반으로 하는 데모스(민중)의 정치였다.

그러나 아테네에서의 이와 같은 민주정의 발전은 어디까지나 아테네 시민들 사이에서의 일이었다. 스파르타의 페리오이코이나 헤일로타이에게 참정권이 부여되지 않았던 것과 마찬가지로 아테네에서도 재류 외국인이나 노예에게는 시민권이 부여되지 않았다. 다만 아테네의 노예는 경작노예였던 스파르타의 헤일로타이와는 달리 돈으로 사들인 가내노예와 광산노예였다. 후에는 수공업에서의 노동력이나 공공사업에도 노예가 사용되었는데, 해외무역의 발전과 상공업의 발달에 따라 노예의 수가 늘어났다.

4. 페르시아 전쟁과 그리스 문화

그리스 세계에서 아테네의 귀족정이 참주정을 거쳐 민주정으로 발전하고 있을 무렵 오리엔트 세계에서는 급속도로 페르시아 제국이 형성되고 있었다. 기원전 6세기 중엽에 페르시아는 소아시아, 시리아, 팔레스타인 등을 병합하고 이집트를 정복하여, 서쪽으로는 에게해에서 동쪽으로는 인더스강에 이르는 대제국을 건설했다. 이러한 상황 아래 소아시아 서부의 이오니아의 여러 도시도 페르시아의 지배하에 들어가게 되었고, 이를 계기로 오리엔트 세계와 유럽 세계 사이에는 세기적인 첫 대결인 페르시아 전쟁이 일어나게 되었다.

기원전 5세기 초 이오니아의 그리스인 도시들이 반란을 일으켰을 때 그리스 본토의 아테네가 원군을 보내 이들을 도운 것을 구실삼아 페르시아는 그리스 정복을 위한 대원정군을 기원전 492, 490, 480년 세 차례에 걸쳐서 파견했다. 그러나 이 원정은 결국 실패로 끝나고 말았다. 기원전 490년 마라톤(Marathon)에 상륙한 페르시아의 대군은 아테네의 팔랑크스에 의해서 격퇴되었고, 그 10년 뒤 해륙으로 침입한 페르시아의 대원정군 또한 아테네와 스파르타를 중심으로 궐기한 그리스 동맹군에 의해서 격파당하고 말았다. 테미스토클레스(B.C. 527~460)가 거느린 아테네의 해군은 살라미스(Salamis)만에서 페르시아의 해군을 물리쳤고, 스파르타의 팔랑크스를 중심으로 뭉친 그리스의 육군은 플라타이애(Plataiae)에서 페르시아의 육군을 무찔렀다.

전쟁은 흔히 이야기되는 것처럼 그리스인들의 일방적인 승리로 끝난 것은 아니었다. 전쟁의 주도권은 시종일관 페르시아 측에 있었고, 아테네를 비롯한 그리스 여러 도시들이 페르시아군에게 유린당했다. 다만 그리스인들은 끝까지 항전을 계속해 마침내 페르시아군을 격퇴하는 데 성공했을 뿐이다. 그러나 그리스인들에게는 이것만으로도 거의 기적이나 다름없는 큰 성과였다. 특히 그리스인들은 이 전쟁의 승리를 전제적인 오리엔트 체제에 대한 자유로운 그리스 체제의 승리로 생각하고 이를 그들의 체제의 우월성의 소치라 생각했다. 그들의 사기, 특히 전쟁을 주도한 아테네인들의 기세는 하늘을 찌를 듯했다. 전쟁 후의 50년 동안이 그리스의 전성시대이며, 그리스의 전성시대가 곧 아테네의 전성시대였던 것도 당연한 일이다.

전후에 페르시아의 재침에 대비하여 아테네의 주도하에 결성된 델로스 동맹은 사실상 아테네 제국과 다를 바가 없었다. 에게해의 조그마한 섬 델로스에 설치된 동맹의 금고는 어느새 아테네로 옮겨져(B.C. 454), 그 돈은 아테네의 아크로폴리스를 미화하고 공공건물을 건축하는 등 아테네를 위해서 쓰였다. 한편 전쟁 때 크게 공을 세운 아테네 해군의 수병들, 주로 조수(漕手)로 복무한 노동자 계층에게도 참정권이 부여되고, 장군직을 제외한 모든 공직은 추첨으로 뽑히고, 공무집행자에 대한 수당이 지급되는 등 페르시아 전쟁 때에 그 유효성이 실증된 아테네의 민주정치는 더욱 급진적으로 발전해 갔다. 이래서 아테네는 그 전성기, 즉 유명한 페리클레스(B.C. 495?~429) 시대를 맞이하게 되었는데 이 시기, 즉 기원전 5세기 중엽이 문화적으로도 아테네의 황금시대를 이루었다.

아테네의 아크로폴리스 위에 서 있는 아름다운 열주의 웅장한 신전, 조

아테나 여신

파르테논의 세부 신전 엔태블러처(기둥 위 지붕 아래 부분)의 한쪽 끝부분

화와 균제의 극치를 이룬 그 유명한 파르테논 신전이 건립된 것이 바로 이 때였고, 그리스의 대표적 조각가 피디아스(Phidias)가 그 신전 안에 모신 아테나 여신상을 만든 것도 이때였는데, 이 여신상은 완전미를 추구하는 이상화된 인간의 육체미를 나타낸 그리스 조각의 걸작품이었다.

이 밖에도 그리스의 유명한 3대 비극작가 아이스킬로스(B.C. 525~456), 소포클레스(B.C. 496~406), 에우리피데스(B.C. ca. 485~406) 등이 이 시기에 수많은 작품을 써냈다. 가령 아이스킬로스는 『페르시아인(Persai)』과 『묶인 프로메테우스(Prometheus desmotes)』에서 신에 도전한 인간의 교만과 이러한 교만한 인간에 대한 신의 보복이 얼마나 무서운 것인가를 그려냈으며, 또 그의 3부작 『오레스테이아(Oresteia)』에서는 트로야 원정에서 돌아온 날 자기 아내와 그 정부에게 살해된 아가멤논(Agamemnon) 왕의 비극적 최후와 아버지의 원수를 갚기 위해 어머니와 그 정부를 죽인 아가멤논의 아들 오레스테스(Orestes)가 겪는 모진 고난의 이야기를 극적으로 표현했다.

한편 소포클레스는 『오이디푸스(Oidipus Tyrannos)』에서 자기도 모르는 사이에 아버지를 살해하고 어머니를 아내로 삼았던 오이디푸스 왕의 비극을 통해 운명에 시달리는 인간의 모습과 함께 이를 이겨내는 인간의 용기를 감동 깊게 그려 냈으며, 에우리피데스는 『메데아(Medea)』에서 헌신적인 사랑을 바쳤던 남편에게서 버림받은 메데아의 복수 이야기를 통해서 인간적인 격정이 빚어내는 비극을 썼다.

이 시기는 특히 철학의 분야에서 커다란 발전이 있었던 시기이기도 하다. 그리스의 철학은 원래 만물의 근원인 아르케(arche)를 탐구하는 데서 비롯되었는데, 처음 탈레스(B.C. ca. 624~546)가 그것을 물이라 대답한 이래, 혹은 공기라, 혹은 불이라는 등 여러 가지 주장이 나왔다. 한편 헤라클레이토스(B.C. ca. 544~ca. 484)는 만물의 본질을 오히려 끊임없는 변화로 보고 "만물은 유전(流轉)한다"고 말했다는 것이다. 이런 자연철학은 데모크리토스(B.C. ca. 460~ca. 370)에 이르러 그 정점에 달했는데, 그에 의하면 모든 물질의 근원은 그 이상 분할할 수 없는 극한적인 것, 즉 아토몬(Atomon, 원자)이며 만물은 무한히 많은 아토몬의 집합으로 이루어져 있다는 것이다.

그리스 철학자들의 관심을 자연에서 인간으로 돌린 것은 이른바 소피스트(Sophist)들이었다. 그 대표자 프로타고라스(B.C. ca. 480~ca. 411)는 "인간이야말로 만물의 척도"라 갈파했다. 소피스트들은 보편적이며 절대적인 진리를 인정하지 않고 수사학과 변론술에 의해 자기들의 주장을 관철하려 했다. 이런 소피스트들의 회의주의와 상대주의, 그리고 그들의 지나친 자만을 나무라면서 보편적이며 절대적 진리의 존재를 믿고 이를 추구하는 겸허한 철학자의 자세를 일깨운 것이 소크라테스(B.C. ca. 470~399)였다. 그는 아테네의 길거리에 나아가 사람들과의 문답을 통해 사물의 본질에 도달하려 했으며, 그러는 가운데 "너 자신을 알라"는 격언으로 진리에 대해서 겸허할 것을 가르쳤다.

참된 의미의 역사 서술이 시작된 것도 이 시기의 일이다. '역사의 아버지'로 불리는 헤로도토스(B.C. ca. 484~420)는 그의 『역사(Historiai)』에서 페르시아의 흥기와 그들의 그리스 침입의 이야기를 서술했는데, 그는 페르시아 전쟁을 성격을 달리하는 두 문명의 투쟁으로 보고 그 배경이 되는 두 세계의 특징을 전제와 자유로 파악했다.

페르시아의 재침에 대비한다는 구실로 아테네가 그리스 세계의 패권을 장악하고 동맹의 수입으로 이렇듯 황금시대를 누리게 되자 이에 불만을 품은 폴리스가 나타났다. 그중에서도 강대한 군사력을 가진 스파르타는 아테네의 독주를 좌시할 수가 없었다. 이래서 그리스의 여러 도시들은 아테네와 스파르타의 양대 세력을 중심으로 대립·항쟁하게 되었는데, 이것이 그 유명한 펠로폰네소스 전쟁(Peloponnesian War)이다. 근 30년에 걸친 이 긴 내전(B.C. 431~404)은 결국 스파르타의 승리로 끝났지만, 스파르타의 패권 역시 오래 지탱하지 못한 채 그리스 세계는 끊임없는 내분과 전쟁상태로 빠져들었다. 그러더니 기원전 338년에는 마침내 북방에서 일어난 마케도니아(Macedonia)의 필립포스(Philipos) 왕의 지배하에 들어가고 말았다.

이러한 정치적 혼란이 계속되는 동안에도 그리스의 고전문화는 황금시대에 이어 더욱 완숙해졌다. 폴리스 시민의 윤리를 확립하려 했던 소크라테스가 시민들의 오해를 받고 처형되자 현실정치에 깊이 실망한 그의 제자 플라톤(B.C. 427~347)은 초월적인 이데아(Idea)의 세계를 상정하고, 그것에 입각한 이상국가의 상을 『공화국(Politeia)』 안에 담았다. 다시 그의 뒤를 이은 아리스토텔레스(B.C. ca. 384~322)는 사물의 본질인 형상(form)이 독자적으로 이데아로서 존재하는 것이 아니라 질량(matter) 속에 내재한다고 보았다. 그의 이런 실재론은 플라톤의 이데아론과 함께 서양철학의 두 조류의 근원이 되었다. 그뿐만 아니라 그는 당시의 모든 학문성과를 집대성하여 인문, 사회, 자연 등 전 분야에 걸친 학문적 체계를 세움으로써 그리스 철학을 완성했다.

연극에서는 황금시대의 3대 비극작가에 이어 희극작가 아리스토파네스(B.C. ca. 450~ca. 385)가 『구름(Nubes)』, 『개구리(Batrakhoi)』 등을 통해 당대의 정치적, 사회적 문제들을 풍자하면서 사람들을 웃겼다. 역사학에서도 펠로폰네소스 전쟁의 역사를 쓴 투키디데스(B.C. ca. 460~ca. 400)는 더욱 정확하고 비판적인 서술로 후세 사가에게 모범을 보여 주었다.

이와 같은 그리스 고전문화의 특징은 인간적이고 합리적이며 이상주의적인 문화라는 데 있었다. 그리스 문화는 인간의 능력, 특히 인간의 이성을 중시한 문화였다. 그리스인들 역시 신을 존중하고 두려워했으나 고대 헤브라이인들이나 중세 그리스도교도들이 신에 대한 인간의 완전한 복종을 통해 구원을 바랐던 것과는 달리 그리스인들은 인간 스스로의 능력과 노력에 의해서 신에 가까워질 수 있다고, 즉 완전해질 수 있다고 생각했다. 그리고 그것은 인간의 이성의 힘에 의해서 가능하며, 그렇게 완전해진 인간의 모습을 이상적인 인간상으로 추구했던 것이다.

그러나 그리스 문화의 더욱 중요한 특징은 그것이 그리스인들의 폴리스

생활을 통해서 태어났다는 점이다. 종교, 학문, 문학, 예술 등 고대 그리스의 빛나는 문화는 그리스인들 개개인의 천부적 재질이 그들의 개인생활을 통해서 표현되었다기보다는 자유시민들의 자발적인 공동생활, 즉 폴리스 생활을 통해서 발현된 것이었다. 그리스인들의 가장 중요한 관심사는 폴리스의 독립과 자유를 지키고 폴리스의 번영과 영광을 추구함으로써 그들 자신의 자유와 행복을 추구한다는 것이었다. 그리스 문화는 이러한 그리스인들의 노력의 소산이었다. 그리스 문화는 한마디로 폴리스의 문화였다.

5. 알렉산드로스의 제국과 헬레니즘 문화

마케도니아 왕 필립포스의 뒤를 이은 알렉산드로스(Alexandros, B.C. 356~323)는 기원전 334년에 마케도니아와 그리스의 병사들을 이끌고 페르시아 원정길에 올랐다. 그는 순식간에 소아시아, 시리아, 이집트를 정복하고 이어 다리우스 3세(Darius III, 재위 B.C. 336~330)의 군대를 격파하여 페르시아 제국을 멸망시켰다(B.C. 330). 그 후에도 그는 계속 동진하여 멀리 중앙아시아와 인도의 서북부까지 진출하여 세계사상 처음으로 유럽과 아시아와 아프리카의 3대륙에 걸친 대제국을 세웠다. 그는 정복지의 여기저기에 알렉산드리아라는 도시를 세워 그리스의 상인, 학자, 문인, 예술가 등 여러 계층 사람들을 이주시켜 그리스의 문화를 보급시키는 한편, 그리스인과 오리엔트인과의 결혼을 장려하는 등 동서를 융합하여 세계적인 대제국을 실현하고자 했다.

그러나 기원전 323년 알렉산드로스가 32세의 나이로 요절하자, 아직 기틀이 잡히지 않았던 그의 제국은 그의 부하들에 의해서 마케도니아, 시리아, 이집트의 세 왕국으로 분열되고 말았다. 그 중에서 가장 부강한 왕국은 프톨레마이오스(Ptolemaios) 왕조하의 이집트였으며, 나일강 하류의 지중해 연안에 세워진 알렉산드리아는 당대 세계 최대의 상업도시로 발전하여 지중해무역을 지배했다. 이들 세 나라는 제각기 알렉산드로스의 정책을 계승하여 각지에 그리스식의 도시를 세워 그리스인들을 이주시키고 그리스어와 그리스인들의 생활방식을 전파시켰다. 이리하여 비록 통일제국은 이루지 못했지만 인도에서 지중해에 이르는 넓은 지역에 많은 도시가 번성하고 교역이 크게 발달했으며, 그리스 문명이 널리 오리엔트 세계에 전파되어 이른바 헬레니즘(Hellenism) 문명이 발달했다. 그러나 기원전 2세기 이래 서쪽 로마의 세력이 동부지중해에 미쳐 먼저 마케도니아가 그 지배하에 들게 되더니(B.C. 146), 기원전 1세기 후엽까지는 시리아와 이집트까지도 모두 로마에 의해서 멸망당했다.

역사가들은 알렉산드로스의 동방원정에서 로마에 의한 3국의 멸망까지의 약 300년간을 헬레니즘 시대로 구분하고 있다. 그것은 알렉산드로스의 동서융합정책과 많은 그리스인들의 이주로 말미암아 그리스 문화가 널리 오리엔트 지방에 보급되어 새로운 형태의 문화가 탄생했다고 생각되기 때문이다. 그리고 이러한 새로운 문화를 헬레니즘 문화라 하여 이제까지의 고전 그리스 문화와 구별하고 있다. 그것은 후자가 폴리스 중심의 문화였던데 대해서 전자는 폴리스를 초월한, 말하자면 세계적 문화였기 때문이다.

고전기 그리스인들의 생활의 중심이며 지주였던 폴리스가 무너지고 오리엔트적 전제군주제가 출현하자 그리스인들은 의지할 곳을 잃어버린 셈이다. 그들은 이제 개개인으로 흩어져 이 세상에 내던져진 한편, 폴리스를 초월한 세계시민(cosmopolitan)이 된 것이다. 폴리스를 잃어버린 사람들의 관심은 애국심이나 공공정신보다 개인의 행복과 개인의 구원에 있었고, 이러한 개인의 행복추구나 개인적 구원의 소망에서 민족적 구별은 있을 수 없었다. 모든 사람들은 다 같은 처지에 있다고 생각되었다. 여기에서 헬레니즘 문화의 두 가지 특징, 즉 개인주의와 세계시민주의가 부각되었다.

이렇게 볼 때, 이 시대에 왜 개인의 행복과 마음의 안정을 찾는 에피쿠로스(Epikuros) 학파나 스토아(Stoa) 학파의 철학, 현실을 외면하거나 도피하려는 회의주의 학파나 신비주의자들의 철학이 일어나고, 사람들이 미트

〈라오콘상〉

라교(Mithraism)와 같은 오리엔트의 신비적 종교에 구원을 찾고, 이 시대의 미술, 특히 조각에서 인간적 고뇌[〈라오콘(Laocoon)상〉]나 인체의 관능미(〈비너스상〉) 등이 눈에 띄게 나타나게 되는지, 그리고 이 시대에 초폴리스적인 학문인 자연과학이 크게 발전하게 되는지 그 이유를 짐작할 수 있다.

그중에서도 자연과학의 발달은 이 시대의 가장 두드러진 현상이었다. 고전 그리스 시대의 자연과학이 주로 철학적 사색의 결과였던 데 대해 이 시대에는 더욱 실제적 과학지식이 발달했다. 특히 천문학 분야에서의 발전이 눈에 띄게 나타났는데, 아리스타르코스(Aristarchos, B.C. 310~230?)는 이때 이미 지동설을 내놓았고, 에라토스테네스(Eratosthenes, B.C. 275~194)는 지구의 둘레를 거의 정확하게 측정했다. 이 밖에도 평면기하학을 완성한 에우클레이데스(Eukleides), 기하학의 원리를 다른 과학의 분야에 적용하고 비중의 원리를 알아낸 아르키메데스(Archimedes, B.C. 287?~212), 의학의 아버지라고 불리는 히포크라테스(Hippokrates, B.C. 450~430)의 뒤를 이어 인체해부학을 발전시킨 헤로필로스(Herophilos, B.C.

344~280) 등이 모두 이 시대에 나와서 고대 과학 발전의 절정을 이루었다.

이러한 헬레니즘 문화는 흔히 알렉산드로스에 의해 그리스 문화와 오리엔트 문화가 융합된 문화라 일컬어져 왔다. 그러나 알렉산드로스의 동서융합정책에도 불구하고 두 문화는 그리 쉽게 융합되지는 않았다. 헬레니즘 문화란 실상 알렉산드로스와 그를 따른 그리스인들에 의해서 오리엔트 세계에 전파된 그리스풍(Hellenistic) 문화였다. 그것은 어디까지나 오리엔트 사회를 지배한 그리스인들의 문화였으며, 그것은 오리엔트 사회의 밑바닥에까지 미치지는 못했다. 많은 그리스 도시 역시 넓은 들판에 산재한 몇몇 점들에 불과했다. 로마 제국이 쇠퇴하자 오리엔트가 다시 그 자신의 세계로 돌아간 것도 이렇듯 헬레니즘 문화가 오리엔트 사회의 근원을 변경시키지 못했기 때문이라고 생각된다.

제2절 로마의 지중해세계 통일

1. 로마의 건국과 발전

서양 고대를 달린 첫 주자가 그리스인들이었다면, 이들에게서 바통을 이어받은 제2의 주자는 로마인들이었다. 릴레이 경주에서 선 주자와 후 주자는 한동안 트랙을 함께 달리면서 바통을 건네주고 건네받듯이 그리스인들과 로마인들도 한동안 함께 달리면서 서양 고전문명의 전통을 넘겨주고 넘겨받았다. 서양 고대사에서 로마인들이 활동하기 시작한 것은, 그리스의 도시국가들이 마케도니아의 지배하에 들어간 기원전 4세기 말엽부터가 아니라, 아테네가 민주개혁을 이룩하고 그 전성기에 접어들기 시작하던 기원전 6세기 말엽부터의 일이다.

늑대의 젖을 먹고 자란 로물루스(Romulus)가 나라를 세웠다는 로마의 건국설화에 의하면 로마의 건국은 기원전 753년의 일로 되어 있다. 이것이 역사적 사실로서 어느 정도로 정확한 것인지는 분명하게 이야기할 수 없다. 다만 기원전 8세기경에 인도-유럽어계에 속하는 이탈리아인의 일파인 라틴족들(Latins)이 티베르(Tiber)강 하류지역에 정착하여 작은 도시를 이루고 있었던 것만은 사실인 듯하다. 이 당시 이탈리아 반도의 북쪽에는 에트루리아인들(Etrurians)이 살고 있었으며, 남쪽에는 그리스인들의 여러 식민도시들이 있었는데, 이들은 모두 로마보다 앞선 문화를 가지고 있었다. 그 중 에트루리아인들은 아마도 소아시아에서 건너온 외래침입자들이었던 것으로 추측되고 있다. 이들은 기원전 7세기 동안에 반도를 남하했으며, 기원전 6세기 초에는 로마도 이들에게 정복당하여 한때 그들의 왕의 지배하에 있었다. 그러나 로마의 라틴족들은 이 외래인의 지배에 반항하고 다른 라틴족들과 합세하여 반란을 일으켜, 기원전 6세기 말에는 에트루리아계의 왕을 내쫓고, 그들 자신의 독립된 공화국을 세웠다. 장차 지중해세계를 통일하여 제국을 형성하고 고전 그리스 문화를 이어받아 서양 고대 문화를 완성한 고대 로마인들의 역사적 활동은 이때부터 시작되었다.

일개 조그마한 폴리스에 불과했던 로마가 그렇게 광대한 지역을 통일할 수 있었던 것은 로마가 무엇보다도 강력한 군대를 가지고 있었기 때문이다. 로마에서는 16세에서 65세까지의 모든 시민에게 군복무의 의무가 부과되었으며, 그들은 제각기 재산능력에 따라 종류가 다른 백인대(Century)에 편성되어 시민군을 형성하고 있었다. 이러한 로마인들은 자신들보다 문화적으로 우월한 종족이었던 에트루리아인들과의 싸움을 통해서 그들 자신의 폴리스를 세웠다. 폴리스가 형성된 뒤에도 이들과의 싸움은 계속되었다. 그뿐만 아니라 그들은 북쪽에 침입한 켈트인(Celts)과의 싸움, 남쪽 라티움(Latium) 여러 도시나 삼니움인들(Samnites)과의 싸움, 그리고 반도 남쪽의 마그나 그레키아(Magna Grecia)의 그리스 식민들과의 싸움을 통해서 이탈리아 반도에서의 그들의 지배권을 확대해 나갔다. 이처럼 로마의 팽창은 시민군을 바탕으로 하는 강력한 군사력에 의해서 성취되었고 또 그것에 의해서만 가능했던 것이다.

그리스의 여러 폴리스에서와 마찬가지로 로마에서도 처음에는 군대의 주축을 이룬 것은 기마를 갖출 수 있었던 귀족들(patrici)이었으며, 따라서 폴리스 정치의 실권 또한 처음에는 이들 귀족들이 장악하고 있었다. 왕정이 폐지되고 공화정치가 실시되자 왕 대신에 임기 1년의 집정관(consul) 2명이 선출되어 이들이 공동으로 국정을 담당했다[국가비상시에는 한 사람의 독재관(dictator)에게 국정이 맡겨졌는데, 그 임기는 6개월 이내로 제한되어 있었다]. 집정관은 전체 시민들, 즉 전체 병사들의 모임인 병원회(comitia centuriata)에서 선출되었으나 실제적으로는 귀족만이 이에 선출될 수 있었다. 게다가 로마 공화국에서의 사실상의 최고의결기관은 귀족들로 구성된 원로원이었다. 원래 씨족장들로 구성되었으며 후에는 전직 고위 관직자들이 그 의원으로 지명된 원로원은 공화국에서 가장 강력한 권한을 가진 기구였다. 집정관이나 그 밖의 관직자들이 법적으로 원로원의 의견에 구속받지는 않았지만, 로마의 정치적 경험과 지혜의 결정체였던 원로원의 의견에 감히 거역하려는 자는 거의 없었기 때문이다.

그러나 로마의 군대에서는 처음부터 귀족들 이외에 평민들(plebs)의 역할도 중요했다. 그중에서도 소위 중장보병으로 복무한 부유한 평민들의 역할은 컸으며, 이들은 공화국 성립 초부터 이미 귀족들과 더불어 군대의 주력을 이루고 있었던 것으로 보인다. 이래서 로마에서는 공화정 초기인 기원전 5세기 초부터 벌써 평민들이 귀족의 정권독점에 반대하여 투쟁하게 되었다.

평민들이 사용한 최초의 투쟁방법은 일종의 스트라이크였다. 기원전 494년 전쟁을 위해 소집된 평민의 군대는 이른바 성산(聖山)에 집결하여 그들의 요구조건을 제시하고, 이것이 받아들여지지 않을 경우 로마에서 분리하여 따로 자신들의 폴리스를 세울 것이라고 위협했다. 이에 귀족들은 양보하여 평민들만의 집회인 평민회(concilium plebis)의 조직과 평민들의 권익을 옹호하는 호민관(tribunes)의 선출을 인정했다. 이어 기원전 5세기 중엽에는 이제까지 귀족층에게 유리하게 적용되어 오던 법률의 성문화가 실현되었는데, 이것이 유명한 12표법이다(B.C. 449). 4년 후에는 귀족과 평민 간의 통혼이 인정되었고, 다시 기원전 4세기 중엽에는 리키니우스-섹스티우스법(Licinian-Sextian Laws)에 의해 집정관 가운데 한 사람은 평민 중에서 나오도록 정해졌다(B.C. 367). 그 후 3세기 초까지에는 다른 여러 관직도 평민들에게 개방되었고 이에 따라서 원로원에도 평민이 참여하게 되었다. 기원전 287년의 호르텐시우스법(Hortensian Laws)은 이러한 평민권리 신장의 절정을 이루었다. 이 법에 의해 평민회의 결의는 병원회나 원로원의 인준 없이도 법률로서 발효하게 되었다. 이리하여 로마에서는 기원전 3세기 초엽까지에 평민들이 형식상 귀족들과 평등한 권리를 획득하게 되었는데, 이렇듯 귀족과 평민 간의 투쟁이 타협으로 해결되어 평민의 정치 참여권이 늘어난 것도 이탈리아 반도 정복전에서의 그들의 군사적 공헌이 그만큼 요청되었고, 또 그만큼 컸기 때문이라 하겠다. 이렇게 볼 때 북쪽의 삼니움인들과 에트루리아인들, 그리고 남쪽의 마그나 그레키아의 그리스 식민도시들을 완전 정복함으로써 로마가 이탈리아 반도의 통일을 완성한 것이(B.C. 275) 호르텐시우스법이 제정된 10년 남짓 후의 일이었던 까닭도 쉽게 이해된다.

그러나 로마 군대 내에서의 평민들의 공헌이 아무리 크고 로마 병사들의 사기와 전투력이 아무리 뛰어났다 하더라도 일개 폴리스의 군사력만으로는 이탈리아 반도의 정복은 가능했을지라도 이것을 넘어서서 서부지중해 세계를 지배하고 있던 카르타고와 맞서 싸우고, 동부지중해의 마케도니아, 소아시아 그리고 시리아까지를 정복하여 지중해세계를 하나의 판도 안에 넣기는 어려운 일이었다. 그럼에도 불구하고 로마가 그 정도의 강대한 군사력을 갖출 수 있었던 것은 이탈리아의 모든 주민들을 로마의 지배하에 결속시킬 수 있었기 때문이다. 로마는 정복한 이탈리아 주민들을 자신의 지배하에 예속시키는 것보다는 오히려 동맹자로서 받아들이는 길을 택했다. 어떤 지역에는 로마 시민들을 이주시켜 그들 자신의 식민시를 세우기

그림 4-2. 로마 제국의 판도

도 했으나, 마그나 그레키아의 여러 도시에 대해서는 그들의 자치를 허용했다. 어떤 도시에서는 상층민들에게 완전한 로마 시민권을 부여하는가 하면 참정권 없는 반(半)시민권을 부여하기도 했다. 이렇게 함으로써 로마는 이탈리아 반도 내의 모든 도시들을 로마를 중심으로 하는 폴리스 연합체로 편성했다.

이리하여 그들 사이에는 일종의 동족의식이 싹트게 되고 로마에 대한 충성심을 바탕으로 서로 결속하게 되었다. 그리스의 폴리스들이 외부인에 대한 시민권 부여를 거부함으로써 상호 배타적이며 폐쇄적으로 되어 내내 대립과 분쟁을 면치 못한 것과는 달리, 로마는 주변 이탈리아인들에 대한 로마 시민권 확대나 동맹정책을 통해 이탈리아 전체를 로마화하고 이것을 바탕으로 하여 지중해세계 전체를 로마적 체제 안에 통합했던 것이다.

2. 지중해세계 통일

로마의 이탈리아 반도 통일은 북아프리카의 카르타고와의 충돌을 가져왔다. 충돌은 시칠리아에서 비롯되었는데, 로마가 남부 이탈리아의 그리스 식민시를 지배하게 되면서 오랫동안 시칠리아에서 그리스인들과 맞서 온 카르타고인들과 충돌하게 된 것이다. 기원전 264년부터 146년까지 100여 년 동안에 전후 3차에 걸쳐 일어난 포에니 전쟁(Punic War)은 이렇게 해서 일어났으며, 이 전쟁의 결과 로마는 서부지중해에 대한 지배권을 확보하게 되었다. 카르타고는 본시 페니키아의 식민시로 시작되었으나, 모도시가 망한 후에도 존속하여 지중해무역을 장악하고 시칠리아의 일부와 코르시카, 사르디니아 등을 영유하는 해상상업국가로 번영하고 있었다. 이에 대해 로마는 본래 농업국가로서 토지소유농민의 중장보병을 근간으로 하는 육군국이었다. 시칠리아에 대한 지배권을 둘러싼 양국의 싸움(제1차 전쟁, B.C. 264~241)은 오랫동안 끌었으나, 카르타고인들은 결국 시칠리아에서 쫓겨나고 말았다. 이래서 시칠리아는 로마 최초의 속주(province)가 되어 로마 총독에 의해서 통치되고 로마에 세금을 바치게 되었다.

제2차 전쟁(B.C. 218~201)은 로마에게 더욱 큰 시련이었다. 카르타고의 명장 한니발(Hannibal, B.C. 246?~183)은 에스파냐에서 이탈리아로 침공하여 도처에서 로마군을 격파했다. 특히 칸네(Cannae)에서의 대패(B.C. 216) 이후 로마군은 카르타고군과의 정면대결을 피하게 되었다. 카르타고인들은 반도 내의 로마 지배하의 도시나 동맹도시들이 로마에 대항하여 봉기하리라 기대했다. 그러나 대부분의 도시들은 카르타고인들의 지배보다는 로마인들의 지배를 택하여 로마에 대한 충성을 버리지 않았다. 그동안 로마의 장군 스키피오(Scipio, B.C. 237~183)는 카르타고 본토를 급습했으며, 급보를 받고 귀국한 한니발을 자마(Zama)에서 패배시켰다(B.C. 202). 로마인들은 카르타고인들에게 굴욕적인 평화조약을 강요했다. 카르타고는 에스파냐령을 로마에게 양도하고, 막대한 배상금을 지불하고 철저하게 군비를 축소당했다. 이리하여 이제 서부지중해 세계에서 로마에 맞설 세력은 없게 되었다. 그 후 반세기 만에 일어난 제3차 전쟁(B.C. 149~146)은 카르타고의 급속한 부흥을 염려한 로마가 스스로 조작해 낸 구실을 내세워 억지로 일으킨 전쟁이었다. 카르타고는 2년 동안 필사적인 방어전을 폈으나, 마침내 성은 함락되어 도시 전체는 파괴되고 주민은 학살되거나 노예로 팔리게 되었다. 이후 카르타고의 영토는 로마에 귀속되어 아프리카 속주로 불리게 되었다.

로마는 카르타고와 싸우는 한편 동부지중해에도 진출했다. 기원전 215년부터 146년까지 전후 4차에 걸친 마케도니아 전쟁을 통해서 로마는 카르타고 편에 가담한 마케도니아를 정복하여 속주로 만들고, 또 그리스인들의 반로마 동맹을 분쇄하여 그리스 역시 속주로 만들었으며, 기원전 133년에는 소아시아까지 지배했다. 이리하여 기원전 2세기 말경까지에 로마는 동서지중해에 거대한 해외영토를 가지게 되었다.

그러나 이러한 거대한 영토지배는 로마에 행복한 결과만을 가져다준 것은 아니었다. 해외령에서 들어온 공납으로 로마가 부유해진 것은 사실이지만, 그것으로 이득을 얻은 것은 속주를 지배한 총독, 속주의 공납업무를 맡은 징세청부업자, 군납업자 그리고 정복지를 사점(occupatio)한 유력자 등 로마 시민 중의 부유층이었다. 이들 중에는 기원전 3세기까지의 평민권의 신장으로 정계에 진출한 부유한 평민들도 있었으며, 이들은 종전의 귀족과 합류하여 새로운 귀족, 즉 노빌레스(nobiles) 계층을 형성했다. 이와 반대로 해외에서의 오랜 군복무로 말미암아 중소농민 중에는 농지경영을 계속할 수 없어 토지를 팔고 무산자(proletaria)가 되어 로마시로 흘러들어오는 자의 수가 늘어났다. 유력자들은 이들의 토지를 매점하기도 하고 공유지를 선취하기도 하여 대토지를 사유화하고, 여기에 또한 전쟁의 결과 얻은 많은 노예를 투입하여 노예제에 입각한 대농장, 즉 라티푼디움(latifundium)을 경영했다.

이처럼 소수 유력자들의 부가 증대한 반면 많은 농민이 몰락하여 빈부의 차가 심해지는 것은 사회문제일 뿐만 아니라 군대의 주력을 중장보병의 시민, 즉 토지소유 농민층에 의존하고 있던 로마로서는 이러한 농민층의 몰락은 중대한 군사력 약화를 의미하는 것이었다. 기원전 133년과 123년의 티베리우스(Tiberius, B.C. 162~131)와 가이우스(Gaius, B.C. 153~121)라는 두 그라쿠스(Gracchus) 형제의 개혁시도는 부호들의 공유지 점유면적을 제한하여 여기에서 얻은 토지를 빈민에게 분배함으로써 토지소유 농민을 재생시키려 한 것이었다. 그러나 그들은 귀족층의 반대로 뜻을 이루지 못한 채 형 티베리우스는 학살당하고 동생 가이우스는 스스로 목숨을 끊고 말았다.

그라쿠스 형제의 횡사는 그 후 100년에 걸친 내란의 시작을 알리는 경종이었다. 내란의 씨는 마리우스(Marius, B.C. 155?~86)의 병제개혁에 담겨 있었다. 기원전 113년 로마군은 게르만인들과의 싸움에서 계속 참패했는데, 이것은 중장보병 농민의 몰락의 결과로 나타난 것이라 할 수 있다. 이에 대해 평민 출신의 마리우스는 빈민들에게서 지원병을 모집해 이들에게 무장을 갖추어 군단을 편성하고 이것으로 겨우 게르만인들을 물리칠 수 가 있었다. 그러나 지원병, 즉 직업군인으로 군대를 구성하는 새로운 병제는 이들 병사와 이들에게 무장을 지급한 장군과의 개인적 결합을 낳게 하여 군대는 점차 이들 장군들의 사병(私兵)이 되어 갔다. 그리고 이러한 사병화한 군대를 배경으로 군인정치가들이 등장하게 되었는데, 이들의 정권 싸움은 곧 군사적 대결, 즉 내란으로 나타나게 되었다.

내란은 소아시아, 시리아, 갈리아, 이집트 등을 정복한 장군들의 외정과 서로 얽혀 일어났지만, 다른 한편으로 로마의 내부적 혼란과도 관련되어 있었다. 즉, 이탈리아의 로마 동맹시들이 로마 시민권을 요구하여 일어난 동맹시전쟁(B.C. 90~88)이나 유명한 스파르타쿠스(Spartacus)의 반란(B.C. 73~71) 등 여러 노예반란 등은 군인정치가의 등장을 촉진했다. 대외전쟁에서 혁혁한 전과를 올리거나 동맹시의 반항과 노예의 반란을 진압한 장군들은 사병화한 군대의 힘을 배경으로 정치에 관여하게 되었다. 처음 그들은 벌족파(optimates)와 평민파(populares)로 갈라져 서로 싸우고 있던 지배층의 싸움에 끼어들었는데, 그들의 군사력 앞에 원로원이나 평민회가 무력해져서 차츰 그들 자신이 직접 정권을 잡게 되었다. 즉, 기원전 80년대에 평민파의 마리우스와 벌족파의 술라(Sulla, B.C. 138~78)는 각기 사병화한 군대를 이끌고 서로 싸웠다. 기원전 60년에는 평민파인 카이사르(Caesar, B.C. 100~44)와 대부호인 크라수스(Crassus, B.C. 112~53), 그리고 동부지중해의 해적 토벌과 서아시아 원정으로 공을 세웠으나 원로원과 사이가 나빠진 폼페이우스(Pompeius, B.C. 106~48)의 세 실력자가 서로 제휴하여 이른바 삼두정치(triumviratus)를 실시했다. 이때 갈리아 총독으로 지명된 카이사르는 그 후 8년간의 정복전쟁을 통해서 이 지역의 켈트족을 평정했는데, 이를 질시한 폼페이우스가 원로원과 결탁하여 그의 세력을 누르고자 함에 양자가 대립하게 되었다. 기원전 49년 카이사르는 마침내 그의 군단을 이끌고 로마에 진군하여, 폼페이우스를 넘어뜨리고 독재권을 확립하여 빈민문제의 처리, 속주통치의 개선, 세제의 개혁 등 여러 치적을 올렸다. 그러나 그는 원로원의 권한을 경시하는 등 전제군주제를 꾀한다 하여 브루투스(Brutus, B.C. 85~42) 등 공화정 수호자들에게 살해되고 말았다(B.C. 44). 이리하여 로마는 또다시 내란 상태에 빠져들게 되었다. 카이사르의 후계자 옥타비아누스(Octavianus, B.C. 63~A.D. 14)는 카이사르의 부하였던 안토니우스(Antonius, B.C. 82?~30), 레피두스(Lepidus) 등과 손을 잡고 제2차 삼두정치를 시작했으나(B.C. 43) 곧 이들 사이에 대립이 생겼다. 그러는 가운데 레피두스가 먼저 물러나고 옥타비아누스와 안토니우스가 대결하게 되었는데, 이집트의 여왕 클레오파트라(Cleopartra, B.C. 69~30)와 결탁한 안토니우스는 기원전 31년 악티움(Actium)의 해전에서 옥타비아누스에게 대패하여 로마의 패권은 옥타비아누스의 수중에 들어가게 되었다. 이리하여 근 1세기 동안에 걸친 내란이 끝나고 오랜만에 야누스(Janus)의 문이 닫히게 되었다.[3)]

정권을 잡은 옥타비아누스는 카이사르의 전철을 밟지 않기 위해 세심한 주의를 기울였다. 공화정의 회복을 구호로 내세웠던 그는 기원전 27년 전시에 지녔던 모든 권한을 원로원에 반환했다. 그러자 원로원은 그것들을 그에게 돌려줌과 동시에 아우구스투스(augustus, 존엄자)라는 칭호까지 붙여 주었다. 그러나 그는 스스로를 다만 로마 제일의 시민(princeps, 원수)으로 자처했다〔여기에서 그의 통치체제를 원수정(principatus)이라 부르게 된 것이다〕. 이렇듯 그는 공화정의 외형을 그대로 살려두려고 했으나, 그러면서도 군사권과 재정권을 비롯한 통치의 실권은 자기 수중에 확보했다. 그는 군대가 그에게 바친 임페라토르(imperator)란 칭호를 끝까지 지니고 있었다. 그가 시작한 원수정은 실상 이러한 군사력에 입각한 독재적 군주정이었다. 역사가들이 이 시기부터를 제정시대라 하는 것도 이 때문이다.

---

3) 야누스는 문(門), 시작과 끝을 나타내는 신으로, 얼굴이 앞뒤 양면에 있다. 전쟁 중에는 그의 신전 문이 열려 있었으며 전쟁이 끝나면 그 문이 닫혔다.

3. 로마의 평화와 문화

옥타비아누스가 통치한 40여 년 간(B.C. 31~A.D. 14)은 이른바 아우구스투스 시대로서 로마가 오랜 전란에서 벗어나 태평성대를 누리고 로마 문화가 크게 발전한 시기였다. 그는 외정에서 수비로 방향을 돌려 국경방비를 튼튼히 하는 한편 세제개혁, 속주통치체제의 정비, 공공사업의 추진 등 내치에 힘써 "벽돌의 도시 로마를 대리석의 도시로" 만들었다고 스스로 자랑했다. 이후 약 200년 동안은 처음 한때 칼리굴라(Caligula, 재위 37~41)나 네로(Nero, 재위 54~68)와 같은 폭군이 나오기도 했으나 1세기 말엽부터는 네르바(Nerva, 재위 96~98), 트라야누스(Trajanus, 재위 98~117), 하드리아누스(Hadrianus, 재위 117~138), 안토니누스 피우스(Antoninus Pius, 재위 138~161), 마르쿠스 아우렐리우스(Marcus Aurelius, 재위 161~180) 등 5현제(賢帝)가 잇달아 제위를 이어 로마 제국 전역에 평화와 번영이 계속되어 이른바 '로마의 평화(Pax Romana)'를 이루었다. 그리고 이 무렵에는 로마인들의 경제활동도 활발해져서 멀리 인도의 향료나 중국의 비단 등이 들어오게 되고 제국령 각지에 많은 도시들이 건설되어 번성했다. 이 시기에 로마 문화가 크게 발달하여 그 황금기를 맞은 것도 이러한 정치적 안정과 경제적 번영의 바탕 위에서 이루어진 것이다.

그러나 이러한 로마의 평화와 번영은 격심한 빈부의 격차, 중소농민층의 몰락, 빈민의 로마시로의 집중, 노예제도의 위기 등 공화정 말기 이래 로마 사회가 안고 있던 여러 모순들이 해결된 바탕 위에 이룩된 진정한 평화나 번영이라기보다는 그러한 모순들의 표출이 로마의 강력한 군사력과 교묘한 행정력에 의해 억제됨으로써 유지된 통제된 평화요 번영이었다.

그라쿠스 형제의 개혁이 실패한 이래 사회적 모순을 해결하려는 근본적 대책은 별로 마련되지 않았다. 통치자들은 오히려 시민들의 눈을 사회적 모순에서 딴 곳으로 돌리게 하는 데 주력한 것으로 보인다. 그들은 속주에서 거두어들이는 막대한 부를 가지고 '빵과 서커스(panem et circum)'를 달라고 외치는 로마의 빈민들의 요구를 달래는 데 힘썼다. 로마는 빈민들에게 곡물을 무상으로 분배해 주고 콜로세움(Colosseum) 같은 거대한 원형경기장에서 검투사들끼리, 또는 이들과 사나운 짐승들이 생사를 걸고 싸우는 것을 보여 주고, 대욕장에서 목욕과 놀이와 연회를 즐기게 해 주었다. 먼 곳에서 수도를 끌어대어 시민들의 생활을 편리하게 만들어 준 한편, 판테온(Pantheon)과 같은 신전, 개선문, 전승기념주 등 거창하고 아름다운 공공건물을 세워 시민들의 눈을 즐겁게 해 주고, 그들이 그러한 위대한 로마 시민들의 한 사람임을 자랑스럽게 느끼도록 했다. 이러한 것들은 일찍이 그리스의 참주들이 그 선례를 보여 준 바 있는 민중에 대한 인기정책이었는데, 로마의 문화유산 중 많은 것들이 통치자의 이와 같은 인기정책의 소산이었던 것이다.

그러나 제국의 통치와 유지가 이러한 인기정책만으로 이루어졌던 것은 물론 아니다. 그것은 통치자가 군에 대한 통솔권과 속주에 대한 지배권을 확보함으로써 비로소 가능했는데, 그런 통치수단으로 로마가 크게 발전시킨 것 중의 하나가 도로였다. 로마는 제국령의 각 요지에 군단을 설치하고 이들을 연결하는 도로망을 정비하여 이것을 로마에 집중시켰다. "세계의 길은 로마로 통한다"는 말은 여기에서 나왔으며, 로마는 이 길을 통해서 군사력의 동원을 신속화하고 공납의 운송을 원활히 했다.

법은 군대와 더불어 로마인들이 제국을 통치하는 또 하나의 중요한 수단이었으며, 로마 제국을 지탱하는 두 기둥 가운데 하나였다. 12표법으로 종전의 관습법이 성문화된 이후 재판관의 판례나 법률가들이 내린 해석 등이 법으로서의 권위를 가지게 되어 점차 시민법(jus civile)이 발전해 갔으나, 제정기에 들어서는 이러한 시민법에서 차츰 세계적인 성격을 띤 만민법(jus gentium)이 형성되어 갔다.

기원전 212년 황제 카라칼라(Caracalla, 재위 198~217)가 로마 제국 내의 모든 자유민에게 로마 시민권을 부여했는데, 이것으로 만민법이 제국

로마의 수도교(세고비아)

내의 모든 주민에게 공통으로 적용되기에 이르렀다. 이러한 로마의 법은 후에 동로마 제국의 유스티니아누스(Justinianus, 재위 526~565) 황제의 명에 의해 『로마법대전』으로 편찬되었으며(6세기 전반), 이것은 후에 유럽은 물론 세계 여러 나라 법체계의 근간을 이루게 되었다.

이렇듯 광대한 제국령의 통치라는 엄청난 현실적 과업에 몰두해야만 했던 로마인에게는 문학, 예술, 학문 등 심미적이며 사색적인 분야에 탐닉할 여유가 없었다. 그들에게는 고매한 이상의 추구보다는 냉엄한 현실을 어떻게 이겨 내느냐가 문제였다. 문학, 예술, 학문 분야에서 로마인들이 그리스 문화와 헬레니즘 문화를 모방하고 계승하는 데서 크게 벗어나지 못했던 것도 무리가 아니다. 시인으로서는 민족적 서사시 『아에네이스(*Aeneis*)』를 쓴 베르길리우스(Vergilius, B.C. 70~19)와 아름다운 서정시를 쓴 호라티우스

(Horatius, B.C. 65~8) 등이 나왔으나 다 그리스인들의 시를 모방한 점이 많았다. 역사가로서는 로마가 융성하게 된 원인을 추구한 폴리비우스(Polybius, B.C. 205~123?), 『로마사』를 서술한 리비우스(Livius, B.C. 59~A.D. 17), 『게르마니아(*Germania*)』를 써서 퇴폐한 로마 사회에 경종을 울린 타키투스(Tacitus, 55~117) 등이 그리스 시대 역사서술 전통을 계승했으며, 카이사르도 자기의 공적을 기록하여 『갈리아 전기(戰記)(*Commentarii de Bello Gallico*)』를 남겼다.

한편 그리스의 사상을 로마인에게 보급하는 데 크게 이바지한 것은 키케로(Cicero, B.C. 106~43)의 산문과 웅변이었다. 철학 또한 헬레니즘 철학이 유행했는데, 그중에서도 스토아 학파의 철학이 의지적이며 진지한 로마인의 성미에 맞아 지식인층에 널리 퍼져 세네카(Seneca, B.C. 4?~ A.D. 65?), 에픽테투스(Epictetus, 50~138?), 마르쿠스 아우렐리우스 황제 등 대표적인 사상가들이 나왔다. 과학의 분야에서도 헬레니즘의 전통을 이어받아 플리니우스(Plinius, 23~79)는 『박물지(*Historia naturalis*)』를 써서 고대 과학의 성과를 집대성하고, 프톨레마이오스(Ptolemaios, 2세기경)는 천동설을 중심으로 천문학을 체계화했다.

4. 그리스도교의 발전과 로마의 몰락

황제 아우구스투스와 그 후계자들이 군사력에 입각한 세계적 제국의 기틀을 마련하고 있을 무렵, 로마의 지배하에 있던 유대에서 태어난 그리스도와 그의 제자들은 인류애에 바탕을 둔 세계적 교회의 터전을 닦고 있었다. 당시 수백 년간이나 이민족의 지배하에 독립을 잃은 유대인들은 민족의 해방과 독립을 가져다줄 구세주의 출현을 애타게 기다리고 있었다. 이때 나타난 것이 예수였다. 가난한 목수의 아들로 태어난 그는 30세가 되었을 때 구세주로서의 자각을 얻게 되어, 각지를 돌아다니면서 사람들을 가르치기 시작했다. 그는 유대교의 율법과 예언에 따르면서도, 유대교의 배타적인 선민사상과 형식적인 율법주의를 배격하고, 신의 절대적인 사랑을 믿고 따라 자기 자신을 사랑하듯이 이웃을 사랑하라고 가르쳤으며, 신의 나라는 믿는 자의 마음속에 있으며, 또 그것은 최후의 심판에 의해서 완성된다고 약속했다. 그는 훌륭한 설교자요 교사여서 가난한 자들과 연약한 자들 속에 그를 따르는 무리가 많았다. 그러나 배타적 민족주의자들인 유대교의 사제나 율법학자들은 그가 민중을 그릇 가르치는 자라 하여 미워하게 되고, 민중들 또한 그의 가르침이 모든 사람들의 영혼의 구원을 약속할 뿐 유대인들의 현실적 해방과 번영을 가져오는 것이 아닌 점에 실망하여, 그를 오히려 로마 관헌에 고발하여 십자가에 못 박혀 죽게 했다(30년경).

마지막 기적의 나타남을 기다리던 한 가닥 기대를 저버리고 예수가 끝내 십자가 위에서 죽자 그를 따르던 무리들은 뿔뿔이 흩어지고 말았으며, 그의 가르침 역시 그것으로 끝나는가 싶었다. 그러나 그가 죽고 난 후 3일 만에 부활했음을 확신한 그의 제자들은 예루살렘에 그들의 교단을 조직하여 그의 복음을 전하기 시작했다. 예수가 죽기 전에 두려움 때문에 그를 외면했던 제자들이 이제는 죽음을 무릅쓰고 그의 부활과 그의 가르침의 진실임을 증언했다. 그중에서도 베드로와 바울의 전도와 순교는 그리스도교를 세계적 종교로 발전시키는 데 크게 공헌했다. 예수의 수제자 베드로는 로마시를 중심으로 전도하다 순교함으로써 장차 이곳이 그리스도교의 중심지가 되게 하는 데 크게 기여했다. 원래 유대교의 율법학자이며 헬레니즘의 학자로서 그리스도교를 박해했던 바울은 예수의 사후에 계시를 받아 그리스도교로 개종한 후 소아시아, 시리아, 그리스, 로마 등지의 이방인(gentiles)에 대한 전도에 전념하는 한편, 그 교리를 확립하는 데 크게 기여했으며, 그 또한 네로의 박해 때 순교했다(67).

본시 외래의 종교에 대해서 관용적이었던 로마는 이러한 그리스도교의 전파에 대해서도 처음에는 별다른 제약을 가하지 않았다. 로마가 그리스도교를 박해하게 된 것은 정치적인 이유에서였다. 로마는 오리엔트의 영향을 받아 황제에 대한 숭배를 시작하고 있었는데, 그것은 제국에 대한 충성의 표현이라는 정치적 의미를 가진 것이었다. 그런데 그리스도교도들은 이를 우상숭배라 하여 거절했다. 뿐만 아니라 그리스도교도들은 은밀하게 자기네들끼리만 모여 그들의 신에게 기도하여 로마인들은 이들이 내밀히 음모를 꾸미고 있는 것이 아닌가 하고 의심했다. 이리하여 네로 황제 이래 그들은 거듭 박해를 받게 되었으며, 3세기부터는 그것이 본격화되어 많은 순교자를 내게 되었다.

그러나 이러한 박해에도 불구하고, 오히려 박해를 통해서 그리스도교는 하층시민이나 노예들 사이에 더욱 널리 퍼지게 되었을 뿐만 아니라, 점차 상류층에도 신자들이 나타나게 되었다. 각지에 교회가 세워지고 그리스도의 언행을 기록한 「복음서」와 초대 사도들의 행적을 서술한 「사도행전」이나 사도의 「서한」들이 수집되어 신약성경으로 편찬되었다. 이리하여 4세기에 이르러서는 그것은 국가권력으로서도 어찌할 수 없는 세력으로 성장하여 콘스탄티누스(Constantinus, 재위 306~337) 황제는 313년 밀라노 칙령으로 그리스도교를 공인하기에 이르렀다. 이어 325년 니케아 공의회에서는 아타나시우스(Athanasius, 295?~373)의 삼위일체설을 그리스도교의 정통교리로 삼고, 그리스도의 인간성을 강조하는 아리우스(Arius)파를 이단으로 규정했는데, 4세기 말 테오도시우스(Theodosius, 재위 379~395) 황제는 마침내 그리스도교를 국교로 삼아 다른 종교를 금하기에 이르렀다. 순교자들이 뿌린 씨가 마침내 열매를 맺은 것이다.

로마 제국의 박해에도 불구하고 그리스도교가 이렇듯 그 세력을 팽창하고 있던 시기에, 이를 박해한 로마 제국 자체의 힘은 오히려 약화되어 가고 있었다. 180년 마르쿠스 아우렐리우스 황제가 사망하여 5현제시대가 끝나면서 용렬한 황제들이 뒤를 이어 군에 대한 통솔권이 약화되자 군대가 머리를 들기 시작했다. 3세기에 들어와서는 드디어 속주의 군단들이 제각기 그 사령관을 황제로 옹립하여 로마로 진격하여 서로 싸우는 사태가 벌어졌다. 235년부터 285년까지의 50년간의 이른바 병영황제(barrack emperor)

시대에는 무려 26명의 황제가 재위했는데, 그 대부분이 군대에 의해서 황제로 추대되었다가 다시 폐위되거나 살해되었다. 한편 군대가 이처럼 그 본분인 군무를 제쳐 놓고 정치에 간여하게 됨에 따라 자연히 변경의 방비가 소홀해지고, 그 틈을 타서 북쪽의 게르만족과 동쪽의 사산(Sasan)조 페르시아 등 이민족의 침범이 잦아져서 로마는 외환의 어려움까지 겪게 되었다. 뿐만 아니라 계속되는 전란과 약탈, 흉작, 질병 등으로 도시와 농촌이 피폐한 데다가 전비의 증가로 재정이 궁핍해지자 징세액이 늘어나고 악화가 남발되어 시민들의 경제생활은 더욱 어려워졌다. 그중에서도 무거운 세금 부담을 지고 있던 도시의 중산층이 가장 큰 타격을 받았으며, 이러한 중산층의 몰락으로 로마 사회의 기반을 이루고 있던 도시가 쇠퇴하게 되었다. 경제적 변화는 농촌에서도 일어나고 있었다. 정복전쟁이 끝나자 새로운 노예의 공급의 길이 막힌 데다가 노예노동의 생산성도 떨어지게 되어, 노예노동에 의존하던 라티푼디움의 경영이 어렵게 되었다. 이래서 토지를 분할 · 대여하여 경작케 하는 소작제가 나타나게 되었고, 종전의 노예나 몰락한 농민들이 소작인으로 되었다. 3세기 말경부터는 이들이 토지에 얽매이게 되어 부자유소작인(colonus), 즉 중세 농노와 비슷한 농민이 되었다.

3세기 말엽에 황제 디오클레티아누스(Diocletianus, 재위 284~305)와 그 뒤를 이은 콘스탄티누스 황제는 군에 대한 통솔권을 되찾고 전제군주체제를 확립함으로써 잠시 이러한 혼란과 위기를 극복하는 듯이 보였다. 디오클레티아누스는 황제숭배를 강요하고, 지방행정제도를 개편하여 중앙집권체제를 강화하는 한편, 제국을 4분하여 2명의 정제(正帝, Augustus)와 2명의 부제(副帝, Caesar)가 나누어 통치하도록 했다. 그의 뒤를 이은 콘스탄티누스 황제는 관료제를 더욱 정비하고, 수도를 비잔티움(Byzantium)에 옮겨 콘스탄티노플이라 개칭하고, 또 세수를 늘리기 위해 사람들의 직업과 신분을 고정시키는 등 오리엔트적 전제군주체제를 일층 강화했다. 313년 유명한 밀라노 칙령으로 그가 이제까지 박해를 받아 오던 그리스도교를 공인한 것도 이미 커다란 사회세력으로 성장해 있던 그리스도교를 통해서 제국의 통일을 굳히려는 생각에서였다.

그러나 두 황제의 이러한 노력은 제국의 몰락을 일시 멈추는 데 성공했을 뿐 그것을 막을 수는 없었다. 콘스탄티누스 황제가 죽은 후 약 반세기 동안 제국은 사실상 동서로 분할 통치되어 왔는데, 395년 테오도시우스 황제가 제국을 양분하여 그의 두 아들에게 나누어 줌으로써 제국의 양분은 영구적인 사실로 고정화하고 말았다. 그 후로도 비잔티움을 수도로 한 동로마 제국은 1천여 년 동안 존속했으나, 서로마 제국은 게르만족의 침입으로 혼란이 계속된 끝에 476년에는 드디어 게르만족 출신의 용병대장 오도아케르(Odoacer, 434?~473)에 의해 멸망당하고 말았다.

19세기의 대표적 역사가 레오폴드 폰 랑케(Leopold von Ranke)는 로마 역사의 의의를 다음과 같이 요약한 바 있다. 즉 "모든 고대의 역사는 마치 한 호수에 흘러들어가는 강물과 마찬가지로 로마의 역사 속으로 흘러들어가며, 또 모든 근대의 역사는 로마의 역사로부터 다시 흘러나온다." 랑케의 이 말에는 물론 19세기 유럽 역사가의 편견과 과장이 담겨 있다. 그것은 그 역시 유럽사를 세계사와 동일시하고 있다는 점이다. 고대 중국의 역사나 인도의 역사가 로마사에 흘러들어가지는 않았으며, 근대 동양의 역사가 바로 로마사로부터 흘러나온 것도 아니다. 그러나 시야를 유럽 역사에 국한하는 경우 랑케의 지적은 확실히 정곡을 찌른 말이라 할 것이다. 그리스인들이 서양 고대 문화를 일으킨 사람들이었다면, 로마인들은 그것을 완성하고 그것을 다음 시대에 넘겨준 사람들이었다. 그리스인들이 고대 오리엔트의 문화를 받아들이면서도 본질적으로는 폴리스의 자유시민으로서의 생활 속에 그들 특유의 문화를 만들어 낸 창조적인 사람들이었다면, 로마인들은 오리엔트 문화와 그리스 문화, 거기에 로마인들 자신의 문화를 융합하여 하나의 세계적 문화를 만들어 낸, 마찬가지로 창조적인 사람들이었다. 그리스인들이 그처럼 창조적이면서도 끝내 폴리스라는 좁은 한계를 벗어나지 못한 채 폴리스 상호 간의 대립과 분쟁을 극복하지 못한 것과는 달리, 로마인들은 한낱 폴리스에서 출발했음에도 이탈리아를 통일하고 마침내는 지중해세계를 통일하여 하나의 세계제국을 이룩함으로써 앞으로 올 유럽 세계를 준비했다. 그리스의 역사가 폴리스의 역사요, 그리스의 문화가 그러한 폴리스 생활의 소산이었다면, 로마의 역사는 바로 지중해세계 통일의 역사요, 로마의 문화는 그러한 통일을 완수하고 그것을 유지하려는 그들의 노력의 소산이라 할 수 있을 것이다.

제5장 아시아 문화의 발전과 성숙

3세기 초 통일제국이었던 한 제국이 무너진 다음, 중국에는 흉노, 선비(鮮卑) 등 북방민족이 대거 남하해 여러 나라를 세워 위진남북조(魏晉南北朝)시대를 맞았다. 이 시대는 정치적 혼란에도 불구하고 불교의 전파, 구품중정제(九品中正制)의 실시, 강남개발의 촉진 등 문화 · 경제적으로 큰 발전을 이룩했다. 이 분열의 시대는 수(隋) · 당(唐)으로 재통일되었다. 당은 세계제국으로 율령제도(律令制度)의 정비, 과거제도 실시 등으로 주변 여러 나라의 정치와 문화에 큰 영향을 끼쳤다. 특히 한국, 일본, 베트남 등에는 그 문화적 영향이 매우 커서 이들 지역의 고대 국가 성립에 크게 작용했다.

한편 인도 사회는 굽타(Gupta)조에 이르러 인도 문화의 부흥기를 맞았다. 산스크리트 문학이 일어나고, 불교에 대신하여 힌두교가 인도의 종교로 자리를 굳혔다. 굽타조의 자연과학과 예술은 상당한 수준에 달해 이후 이슬람 문화에 영향을 끼쳤다.

그 밖의 중국 주변 여러 민족에도 활발한 국가활동이 있었다. 일본은 7세기 다이카 개신(大化改新)으로 고대 국가가 성립되었고, 동남아시아에서 참파(占婆, 占城), 진랍(眞臘) 등의 국가활동이 시작되었다. 또한 중국의 북방에서도 중국 문화의 자극을 받아 흉노, 선비, 돌궐(突厥), 유연(柔然) 등 여러 민족이 국가의 형태를 갖추어 갔다.

당 중기 이후 약 200년간 중국은 여러 방면에 변화가 현저했던 동란과 분열의 시대였다. 960년 송(宋)이 중국을 통일했을 즈음에는 이미 동란기간에 몰락한 귀족세력 대신에 과거를 통한 능력 위주의 사대부(士大夫) 계층이 사회의 주축이 되었고, 황제는 이를 기초로 하여 황제독재권을 확립했다. 성리학(性理學)이 성립되어 우주와 인간을 설명하는 중심 철학으로 자리잡고 서민문학이 발달하는 문화적인 특징도 보였다.

그러나 송대에는 거란(契丹), 서하(西夏), 여진(女眞), 몽골(蒙古) 등 북방에서 연달아 강한 이민족국가가 일어나 이른바 정복왕조(征服王朝)시대를 맞았다. 이들은 중국의 일부 또는 전부를 영토화하여 그들 고유방식과 중국의 방식을 함께 활용하여 통치하는 이중체제(二重體制)를 성립시켰다. 이 과정에서 중국과 이민족간의 문화적 역동성도 병행된다.

제1절 분열의 시대

1. 3국의 정립(鼎立)과 진(晋)의 통일

약 400년에 걸쳐 동아시아에 군림하던 한 제국은 2세기 후반부터 흔들리기 시작하더니 내부 분열과 북방민족의 침입이 겹쳐, 중국은 이후 약

350여 년 간 분열의 시대를 맞게 되었다.

한말 국정이 문란해진 틈을 타 일어난 황건(黃巾)의 난은 한을 곤경에 빠뜨렸다. 이 황건의 난은 조조(曹操) 등에 의해 겨우 평정되지만, 환관과 호족이 자체무장하여 서로 싸우고, 관료들은 청류(淸流) · 탁류(濁流)로 나뉘어 당쟁을 계속했다. 이를 기화로 중앙에서는 군벌들의 정권 찬탈이 빈발하는 가운데 원소(袁紹), 동탁(董卓) 등이 세력을 잡았다가 마침내 천하는 조조의 위(魏), 손권(孫權)의 오(吳), 유비(劉備)의 촉(蜀)으로 3분된다(3세기 初).

3국을 세운 사람들은 모두 신흥세력으로서 조조는 호족집단의 지지를 받아 화북 지방에 세력을 굳히고 가장 유리한 위치에서 오 · 촉과 싸웠다. 그는 천하통일의 문턱에서 죽지만, 아들인 조비(曹丕)가 선양(禪讓)의 형식으로 한의 제위를 물려받아 위(魏)를 세웠다(220). 위는 한말의 피폐한 농촌을 부흥하고 국가재정을 충실히 할 목적으로 둔전제(屯田制)를 실시하고 한대의 관료에 대신할 새 관료집단의 충원을 위해 지방호족의 중앙정부 관료화를 촉진시킨 구품중정제를 실시했다. 이로부터 지방호족 연합정권이 수립되어 소위 문벌귀족(門閥貴族)정치시대가 열린다.

지방호족의 뒷받침이 있었다는 점에서는 촉과 오의 경우도 마찬가지였다. 촉은 청뚜(成都) 지방을 중심으로 일어나 한(漢)을 이었다고 주장했고, 오는 전국 이래 새로 개발된 강남의 경제력을 업고 일어나 북의 조조에 대항했다. 그러나 오 · 촉 양국은 그 세에 있어 위에 미칠 수 없었으므로 연합하여 위에 대응했다. 그리하여 제갈량(諸葛亮)의 천하3분지계(天下三分之計)는 3국시대를 일관한 대세였다.

3국시대는 오래 계속된 전란으로 인구가 감소되는 가운데 많은 유민이 나오고, 이 유민은 호족의 장원에 들어가 소작인이 되거나 사병집단인 부곡(部曲)을 형성하여 살았다. 그 결과 자작농의 몰락은 가속화된 반면 호족세력은 더욱 커져 갔다. 이러한 부정적 측면과는 달리, 3국은 경쟁적으로 영토를 개척 · 확대하여 대외적으로 한민족의 위세를 크게 떨쳤다. 위는 동북방면에 진출하여 그 세력이 요동과 한반도 서북에까지 미쳤다. 『위지동

이전(魏志東夷傳)』은 이러한 상황에서 나온 우리나라에 관한 역사서다. 오는 후난·장시·푸젠 지방을 개척했을 뿐만 아니라 타이완, 난하이, 베트남 등에까지 사신을 보내어 남해 진출의 기반을 닦았다. 촉도 윈난·쓰촨·산시 방면으로 영토를 넓혀 이 지역을 중국의 역사무대에 편입시켰다.

위는 봉건제의 강화문제로 종실과 귀족 간의 내분이 일어나자 귀족세력의 두목인 사마씨(司馬氏)가 세력을 잡았다. 사마염(司馬炎)은 강압으로 위의 제위를 선양받아 진(晋)을 세우고, 촉과 오를 차례로 병합하여 3국을 통일했다(280). 그러나 진은 왕실안전의 방편으로 봉건제도를 쓴 결과 8왕의 난 등 지배층 간의 다툼으로 세력을 크게 떨칠 수가 없었다.

2. 북방민족의 침입과 남북조(南北朝)

3국시대는 한민족이 주변으로 크게 뻗어 나간 시기인 동시에 북방 중국 영토 안에서의 이민족 활동이 활발했던 때이기도 했다. 위와 촉이 서쪽과 북쪽으로 세력을 확장하여 그들의 사민(徙民)이 흉노 등 여러 이민족과 혼거하는 속에 이민족의 중국화가 이루어졌다. 그들은 점차 중원의 정치세력으로 성장해 중국 역사의 한 축을 이루었다. 8왕의 난 중, 흉노의 우두머리인 유연(劉淵)이 한왕(漢王)을 칭하고 서진(西晋)을 멸망시킨 것을 계기로 흉노를 비롯한 선비(鮮卑), 저(氐), 갈(羯), 강(羌) 등 5호(五胡)가 계속적으로 북중국에 진출하여 16국을 세우고 한인을 압박하면서 저희들끼리 싸우는 혼란이 계속되었다.

흉노는 처음 전국시대부터 중국에 진출하기 시작하여 조조는 산시성에 5부를 두어 이들을 통치한 바 있다. 흉노와 같은 계통인 갈은 산시 방면으로, 선비는 몽골 고원에서 남방으로, 강은 칭하이 방면에서, 저는 남에서 쓰촨·깐수·칭하이 방면으로 각각 진출을 꾀했다. 이들은 4세기 초 화북에 침입하여 서진의 정치적 혼란을 기화로 세력을 크게 확장할 수 있었다.

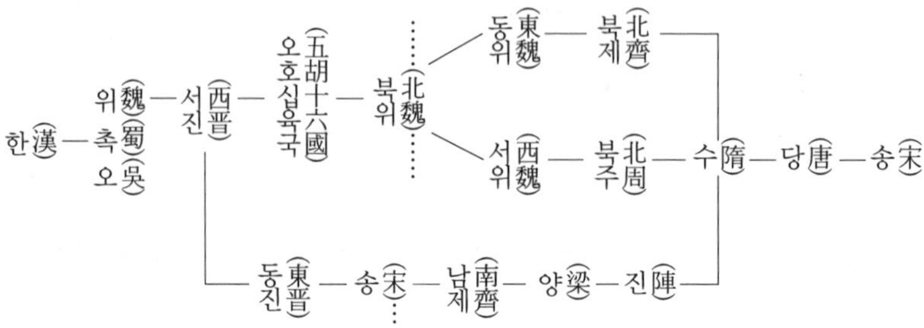

그림 5-1. 위진남북조 왕조 계통

서진이 흉노에 망하자(311), 강남 지방의 진군을 통솔하던 사마예(司馬睿)는 북쪽에서 피난 온 문벌귀족과 토착호족세력의 후원으로 진을 부활, 건강(建康, 난징)에 동진(東晋)을 세웠다. 이와 같이 강남으로 밀려난 한민족은 동진에 이어 송(宋), 남제(南齊), 양(梁), 진(陳) 등을 계속하여 세우니, 앞의 오를 포함하여 6조(六朝)라 칭한다. 한편, 화북에 진출한 5호는 약 130년간 16국을 세워 다투던 중, 선비족이 세운 북위(北魏)가 이를 통일했다(439). 그 결과 북쪽의 이민족 왕조와 남쪽의 한족 왕조가 대립하는 남북조(南北朝)시대가 열리게 되었다.

남북의 대결은 민족과 문화의 대립과 갈등 양상을 보였지만, 5호는 적극적으로 한화정책을 썼고, 한민족 역시 이민족 문화에 자극되어 중국 문화 전반에 새로운 역동성을 불어넣는 계기를 맞았다. 물론 남북 간에는 현저한 차이도 있었다. 북조의 경우, 일단 그들 고유의 부족조직을 유지하면서 우월한 무력을 배경으로 지배체제의 핵심을 유지하고 필요에 따라 중국인과 중국 제도를 선택적으로 수용했다. 하지만 인구의 수적 열세와 문화적 후진성으로 정체 유지에 한계를 느끼자, 그들은 적극적인 한화정책을 써 중국에 동화하려 했다. 북위의 효문제(孝文帝) 같은 이는 대표적인 경우였다. 한편 남조에서는 유력한 토착 문벌귀족과 북에서 내려온 이주 귀족 간의 협력지배체제가 형성되었다. 그러나 이 연합체제의 지배는 토착 호족과 지위는 낮으나 재능 있는 귀족의 불만을 사 그들에 의한 정변이 빈번히 일어나 잦은 왕조교체를 가져왔다.

3. 남북조의 사회와 문화

남북조시대는 문벌귀족(門閥貴族)의 시대였다. 후한 이래 존속해 온 호족 세력은 남북조시대의 혼란을 틈타 대토지소유자가 되어 소작인, 부곡민(部曲民), 노예 등을 투입하여 그들의 토지를 경작했다. 부곡은 원래 사병집단이었으나 점차 자유민과 노예의 중간형태인 일종의 사유예속인 집단으로 바뀌어 평시에는 농사에 종사하고 전시에는 주인을 도와 군인으로 싸워야 했다. 이때 호족의 귀족화에 비례해 많은 평민이 부곡민으로 전락하여 특수한 사회계층을 형성했다.

이러한 귀족제도의 유지에 크게 작용한 것은 구품중정제의 실시였다. 이 제도는 일종의 관리채용제도로서, 정부는 지방에 중정관(中正官)을 파견하여 관인을 천거하도록 했는데, 이들은 대부분 호족출신으로 그들끼리 호천(互薦)함으로써 배타적 특권을 누릴 수 있었다. 관인으로 추천되면 명성과 부를 동시에 얻어 귀족화함으로써 문벌귀족사회를 형성하게 되었다. 이는 남북에 공통적인 현상이었지만 남조가 더 심했다.

위 · 진은 토지문제에 적극적인 정부의 규제를 가하기 시작했다. 위의 둔전제에 이어 진에서는 일반 농민의 소유지를 제한하는 점전법(占田法)을 마련했고 과거의 둔전을 경작자에 주어 대토지사유화를 억제하려 했다(課田法). 이러한 토지문제에 구체적 제도화를 시도한 것은 북위였다. 북위의 효문제는 대토지사유를 억제하고 농민에게 토지를 고르게 나누어 주기 위해 균전제(均田制)를 실시했다. 균전제란 토지국유를 원칙으로 하고 정남(丁男)에게 일정 면적의 토지를 경작하게 하여 조세를 부담하도록 하는 제도였다. 반면 남조에서는 토지에 아무런 국가적 제재를 가하지 않음으로써 대토지를 사유화하는 토지의 장원화(莊園化)가 이루어졌다.

5호 16국에서 남북조에 이르는 기간에 중국의 경제와 문화의 중심이 화북에서 양쯔강 유역의 강남 지방으로 옮겨 가는 변화가 일어났다. 이는 강남 지방의 생산력과 문화 환경이 이때에 현저하게 향상되었음을 뜻하는 것이었다. 특히 농업기술의 획기적인 발달이 보이는데, 강남 지역의 벼농사에 이모작을 처음 시작할 정도였다. 한편 우량이 적은 화북 지방에서는 한지농법(旱地農法)이 발달하여 밀, 보리, 고량 등을 생산했다. 최초의 중국 농업서인 『제민요술(齊民要術)』도 이때 나왔다.

남북조의 문화는 전체적으로 귀족문화였다. 이 시대의 문화는 대체적으로 호족들의 교양이 시대적 요구에 부응하여 발전한 귀족문화의 특징을 공유했다. 그러나 차이도 있어, 남조의 문화는 우아하고 자유분방한 특징이 있는가 하면 북조의 문화는 이민족의 문화가 한문화와 혼합되어 새롭고 소박한 면을 보여 주었다.

종교 및 사상계의 변화도 현저하여 불교를 적극 수용했고 도교(道教)와 청담사상(清談思想)도 유행했다. 불교는 원래 한초에 중국에 들어왔으나 당시는 별로 관심을 끌지 못하다가, 5호 여러 나라에서 불교는 초자연적인 힘을 가지고 있어 이를 이용한 민생안정이 가능하다고 보아 우선 왕실에서 신봉하기 시작했다. 이때 불도등(佛圖澄), 구마라습(鳩摩羅什) 등 서역승이 중국에 들어와 왕실의 후원을 받으며 포교에 힘썼다. 민간에까지 보급되어 호국불교(護國佛教)로서의 위치를 굳힌 불교는 교리 연구에 몰두하는 많은 고승을 배출하고 여러 불교의 종파도 형성되었다. 구마라습의 삼론종(三論宗), 혜원(慧遠)의 정토종(淨土宗), 지이(智顗)의 천태종(天台宗) 등이 이때에 나왔다. 달마대사(達磨大師)는 인도에서 중국에 들어와 선종(禪宗)을 소개하고 중국측의 볍현(法顯), 혜생(慧生), 송운(宋雲) 등 여러 구법승(求法僧)이 인도에 다녀왔다. 많은 숭불(崇佛)의 왕이 석굴사를 만들었는데 운강(雲岡), 룽먼(龍門), 툰황(燉煌)의 석굴사는 대표적인 것이다. 한반도의 고구려와 백제에 불교를 전한 것도 이때의 일이었다.

유학은 위진 이래 노장사상에 대한 새로운 해석에 밀리기 시작하면서

운강석굴

남조에서는 떨치지 못하고 오히려 북조에서 훈고를 주로 하는 유학이 존중되었다.

도가(노장)사상은 한대에 이미 미신과 결합하여 태평도(太平道), 오두미도(五斗米道), 천사도(天師道) 등을 낳았고 민간에 널리 유행했다. 그러나 아직 그 교리가 매우 산만함을 면치 못하던 중 도교가 불교사상에 자극되어 교리를 체계화하고 교단(敎團)을 형성했다. 북위의 구겸지(寇謙之)가 도교의 교리를 체계화하고 교단을 확대하여 도교는 비로소 종교로서의 위치를 확보하기에 이르렀다.

위진시대의 청담사상의 유행은 당시 시대상을 반영한 특이한 현상이었다. 유교의 엄격성과 훈고학의 무미건조에 대한 염증과 계속적인 사회불안으로 인한 불투명한 사회전망은 당시 지식인들로 하여금 현실도피적이고 고답적이며 허무주의적인 세계관을 갖도록 했다. 그리하여 당시 식자층은

죽림7현

불교나 유교보다는 도교적 취향으로 기울게 되었다. 물론 청담사상은 지식인의 방종한 생활을 조장하기도 했지만 중국의 사상을 다양화하고 심화시키는 데 공헌한 바도 적지 않다.

남북조시대의 학문과 예술은 귀족의 보호와 불교문화의 영향으로 다양해졌다. 또 이 시대의 특징인 정치적 통제력의 약화는 학문과 예술의 발달에 자유를 보장한 면도 있었다.

양(梁)의 소명태자(昭明太子)는 『문선(文選)』이라는 당대의 명문만을 모은 사화집(詞華集)을 냈다. 심약(沈約)은 음운학을 연구하여 중국어의 사성법(四聲法)을 창안했다. 역사학도 발달하여 진수(陳壽)의 『삼국지(三國志)』, 범엽(范曄)의 『후한서(後漢書)』를 비롯하여 『송서(宋書)』, 『남제서(南齊書)』, 『위서(魏書)』 등이 모두 이 시기에 편찬되었다. 그 밖에 인문지리서인 『수경주(水經注)』, 지도서인 『우공지역도(禹貢地域圖)』도 이때의 작품이다.

문학은 한대의 산문 대신 노장사상의 영향을 받아 자연을 예찬하는 귀족풍의 시문(詩文)이 크게 발달했다. 도연명(陶淵明)과 사령운(謝靈運)은 당시를 대표하는 유명한 시인이었다. 문장형식은 4자 6자를 대구로 하는 화려한 46병려체(四六騈儷體)가 유행했다.

그림에는 여사잠도(女史箴圖)를 그린 고개지(顧愷之)가 유명하였고 글씨에는 왕희지(王羲之) 부자가 뛰어났다. 당시 서체로는 한대의 예서(隷書)에 대신하여 해(楷) · 행(行) · 초(草)의 3체가 유행했다.

제2절 수 · 당 제국

1. 수(隋)의 통일

한말에서 위진남북조까지 약 4세기에 걸친 분열상태에 종지부를 찍은 사람은 북주(北周)의 외척인 양견(楊堅)이었다(589). 이 사람이 수의 문제(文帝)로서 비록 수는 30년의 단명한 왕조였지만 중국을 재통일했을 뿐만 아니라 여러 제도를 새로 만들었다는 점에서도 중요한 의미를 가진다.

통일의 새 기운은 북쪽에서 시작되었다. 당시 북쪽을 지배하던 세력은 원래 덜 개화되었던 북방민족이었다. 이들은 우세한 무력을 유지하면서 한화 과정을 거쳐 점차 새로운 세력으로 성장했던 것이다. 이 신흥세력은 깐수 · 산시 지방을 기반으로 북위 · 북주 · 수 · 당으로 이어지는 왕조지배층의 중심을 이루어 통일을 주도했다. 이러한 통일을 배경으로 위진남북조시대에 일어났던 북방민족과 남방한인 간의 사회 · 문화의 교류에 의한 동질화 현상이 촉진되었다는 보다 일반적인 역사적 배경도 무시할 수는 없다. 북쪽에서 5호 16국의 소란이 끝나고 남북관계가 상대적인 안정기에 접어들자, 남북 간에 경제 · 문화적 교류가 활발했고 이것이 곧 정치적인 통일로 연결되었던 것이다.

수 문제는 통일 후 정치의 대권을 황제에 귀속시키는 중앙집권적 정치체제를 재확립했다. 중앙관제로는 3성6부(三省六部)의 기본 틀을 마련했고, 종래 주 · 군 · 현으로 조직되었던 지방제도에서 군을 폐지하고 각 주 자사(刺史)의 병권을 빼앗아 중앙에 귀속시켰다. 또 중앙집권을 강화하기 위해 종래의 특권적 구품중정제를 폐지하고 능력 있는 인재에 보다 평등한 기회를 주는 선거제도(選擧制度, 과거제도)를 실시했다. 병제를 고쳐 서위의 병농일치에 기초한 부병제도(府兵制度)를 확대실시하고 세제도 개혁했는데, 이 모두가 당 제도의 기반이 되었다.

문제에 이어 즉위한 양제(煬帝)는 화북과 화중을 연결하는 대운하(大運河)

를 건설하여 물자의 유통과 군사이동에 이용함으로써 중국의 통일을 촉진시켰다. 수는 대외적으로도 현저한 발전을 보였다. 당시 북방을 소란케 하던 투르크계의 돌궐(突厥)이 동서로 분열된 틈을 타, 내몽골 지방을 차지하고 있던 동돌궐을 복속시키고 신장 지방의 서돌궐을 회유하는 데도 성공했다. 서쪽으로는 선비계의 토곡혼(吐谷渾)을 정복해 서역의 교통로를 확보하는 한편, 남으로 임읍(林邑)과 유구(琉求)를 정복하고 수마트라의 조공을 받아냈다. 양제는 동북에서 고구려를 상대로 3차에 걸친 전쟁을 폈으나 결국 실패로 끝난다.

양제의 대규모 토목공사와 외정에서의 실패는 결국 수를 쇠망의 길로 이끌었다. 고구려 원정의 실패는 수의 위신과 경제적 압박을 가속화하고, 돌궐 세력의 회복 또한 큰 짐이 되었다. 수가 불과 30년 만에 망한 것은 양제의 실정과 외부의 압력도 있었지만 중앙집권화 과정에서 실시한 급진적인 정책이 과거부터 특권을 누리던 귀족의 이해관계에 반했다는 측면도 있다. 이것은 진 · 한의 교체과정과 흡사하다.

2. 당(唐) 제국의 발전

양제가 암살당한 후 중국은 잠시 군소국가로 분열되었다. 이 분열과정에서 통일세력집단으로 성장한 것은 타이위안(太原) 지방에 근거를 둔 북주의 군벌 이연(李淵)이었다. 그는 차남인 이세민(李世民, 太宗)의 협력을 받아 정적을 제거하고 당조를 열었다(618).

고조에 이은 태종은 유능한 군주로서 위징(魏徵), 방현령(房玄齡) 같은 문관 재상과 이정(李靖), 이적(李勣) 같은 무장을 등용해 내정과 외정에 남다른 솜씨를 보였다. 그는 우선 귀족세력과 타협하면서 선거제도를 강화해 유능한 인재를 관료체제에 흡수하고, 율령체제(律令體制)를 확립하여 여러 제도를 정착시켰으며, 대외 발전에도 힘써 대제국의 위모를 과시했다. 태종이 통치한 23년간은 '정관(貞觀)의 치(治)'라 하여 중국 전제군주정치의 모범으로 꼽히고 있다.

당은 수의 여러 제도를 계승하고 진 이후의 여러 율령을 참작하여 제도와 법제 측면에서 획기적인 정비를 단행했다. 율령격식(律令格式)으로 지칭되는 법제적 특성 때문에 당을 율령국가라고 부르기도 한다. 이 율령체제는 이후 중국 역대 왕조는 물론 주변국가의 제도에도 큰 영향을 미쳤다.

당 중앙제도의 근간은 3성6부였다. 왕의 소칙을 기초하는 중서성(中書省), 이를 심의하는 문하성(門下省), 집행하는 상서성(尙書省)을 두고, 상서성 밑에 이(吏)·호(戶)·예(禮)·병(兵)·형(刑)·공(工)의 6부(六部)를 두었다. 그 밖에 특수 목적으로 9시(九寺), 5감(五監), 어사대(御史臺)가 있었다. 이러한 당대 중앙관제의 특성은 황제의 사적 기관의 성격이 강하던 진·한대의 중앙정치기구를 공적인 성격이 강한 기구로 바꾸어 놓은 점에 있다. 지방은 10도(十道)로 나누어 도 밑에 주·현을 설치하고 특별 지역에 부(府)를 두었다.

군제로는 수의 부병제를 계승했다. 전국에 절충부(折衝府)를 설치하고 용감한 농민을 선발해 부병으로 하고 이들에게는 각종 세금면제의 혜택을 주었다. 부병은 농번기에는 생업에 종사하고 농한기에는 위사(衛士)로 수도 방위에 임하도록 했다. 그러나 전시에는 모두 동원되는 체제였다.

수에서 시작한 선거제도 역시 더 구체화했다. 수험자격은 학교출신과 지방예비시험에 합격한 향공(鄕貢)들에게 주어졌고, 시험내용은 책론(策論)을 시험하는 수재(秀才), 경서를 시험하는 명경(明經), 시문 중심의 진사(進士) 등 3과(三科)가 있었다. 이러한 과거제도의 실시를 위해 중앙과 지방에 각종 교육기관이 설치되고, 교육은 과거 시험과목과 연관되어 학문의 발달을 촉진했다.

당의 토지 및 조세제도는 대체로 북위에서 시작되어 수를 거쳐 전승된 것들이었다. 당은 조세의 정확한 부과와 부병제도의 충실을 기하기 위해 호적을 정리하고, 그 위에 일정한 나이가 된 사람에게 일정 면적의 토지를

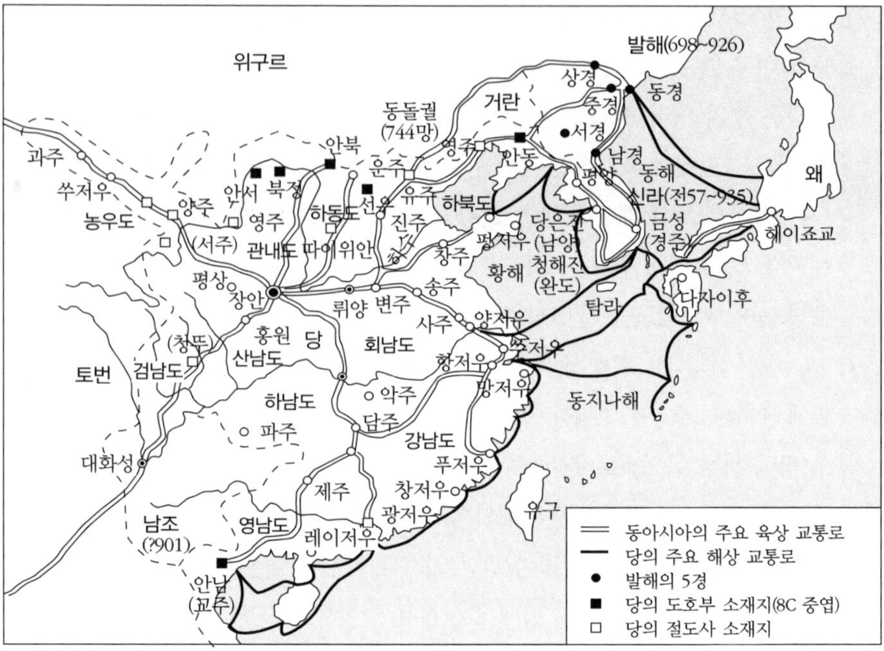

그림 5-2. 당대 동아시아의 발전

나눠 주는 균전제(均田制)를 실시했다. 당 정부는 정남(丁男, 18~59세)에게 100무(畝)의 토지를 주어, 대부분은 1대(一代)에만 경작하게 하고 일부분의 상속만을 허락했다. 그러나 왕족과 귀족, 관료는 예외였다. 관료의 경우 관품과 직위에 따라 영업전(永業田)과 직분전(職分田)을 받았고 왕족 · 귀족과 더불어 세금을 면제받았다.

국가는 백성에게 토지를 나눠 주는 대가로 병역의 의무(부병제)를 부과하고 세금을 거둬들였다. 토지에 대한 세금, 일정한 기간 동안 의무노동, 지방 특산물을 바치는 이른바 조용조(租庸調)가 그 기본이었다.

수 · 당대의 농업은 대체로 전대의 농법을 계승 · 발전시키는 선이었다. 곡물 중 밀과 보리의 생산이 증가해 각지에 제분소가 설치되었다. 7세기경부터는 차를 재배하는 지역이 강남에서 쓰촨, 후베이, 저장(浙江) 등지로 확산되어 과세품목이 되었고 차를 마시는 습관이 널리 퍼졌다. 옷감으로는 견직업이 발달했고, 푸젠 지방에서는 처음 목화재배가 시작되어 새로운 옷감으로 사용되기 시작했다.

이와 같은 산업의 발달은 상업의 발달을 촉진했다. 풍부한 강남 물자가 운하망을 통해 화북으로 운송되고, 양쯔강 유역에는 많은 상업도시가 일어났다. 시안과 뤄양(洛陽) 같은 대도시에는 상설시가 서고, 지방 도시에도 정기시가 섰다. 이에 따라 행(行)과 같은 상인조합이 결성되고 원거리 상거래의 필요에 의해 일종의 어음인 비전(飛錢)도 나왔다.

당의 국제무역도 국내산업의 발달과 대외발전에 힘입어 크게 활기를 띠었다. 서역정벌에 의한 비단길의 확보는 서양과의 각종 교류를 가능하게 했고 광저우, 자오저우(膠州) 등의 무역항을 열어 해상무역을 했는데, 사라센 상인이 주 대상이었다. 특히 당시 수도인 장안(長安, 西安)은 인구 100여만의 국제도시로 많은 외국인 유학생, 상인, 승려, 여행자 등이 모여들었다 한다. 이는 위진남북조시대의 남북융합에 이은 동서세계의 교류를 뜻하는 것이었다.

당대의 대외발전은 가위 세계제국이라 칭하기에 족한 영토 및 세력권의 확장을 보여 주었다. 당은 수말에 한때 세력을 회복했던 돌궐을 다시 복속시키고 위구르 역시 그 지배하에 두었다. 당은 칭하이 · 깐수 · 신장 방면에 적극책을 펴서 투르크족과 탕구트족을 복속한 다음 토번(吐蕃)을 손에 넣었다. 또 당은 더 서쪽으로 나아가 비단길 무역으로 번영을 누리던 고창국(高昌國)을 멸하고 이리 지방의 강한 세력이었던 서돌궐을 파하여 동서무역로를 확보함으로써 동서 간의 문화교류를 촉진할 수 있었다. 남쪽으로는 참파와 진랍의 조공을 받고 인도네시아 지방의 슈리비자야(Srivijaya, 實利佛逝) 왕조와 교통을 열어 불교, 미술 등 인도 계통의 학문과 지식에 접할 수 있었다. 한편 동쪽으로는 한반도의 3국 간의 전쟁에서 신라를 원조하여 백제와 고구려를 차례로 멸망시키고 이 지역에 그들의 영향력을 강화했다. 일본은 당과 교류하여 당의 문물 수입하고 그 기초 위에 다이카 개신을 단행함으로써 고대 국가로 발돋움했다. 당은 속지의 지배를 위해 변방 요소에 6도호부(六都護府)를 설치했고, 속지에 대해서는 기미정책(羈縻政策)을 폄으로써 간접적인 지배형태를 취했다.

3. 당 후반의 사회변화

세계제국으로 발돋음하던 당 제국도 건국 후 60년을 고비로 사양길에 접어든다. 평범한 임금이었던 고종(高宗)은 태종의 후광을 입어 제국발전에 큰 공적을 남겼으나, 그가 죽자 야심만만한 황후 칙천무후(則天武后)가 정권을 잡았다. 칙천무후는 정권을 잡은 다음 제위에 올라 국호를 주(周)로 개칭하고, 태종 이래 공신을 차례로 제거하면서 중소지주와 상인계층에서 능력 있는 자를 뽑아 관직에 중용함으로써 그의 제위 기반을 굳혔다. 무후는 중국 유일의 여제(女帝)로, 전통 관념에 따른 폄하에도 불구하고 혁신적인 치적을 쌓았다는 평도 듣는다. 특히 그의 신흥세력의 중용으로 구래의 귀족이 몰락하기 시작한 것은 유의할 점이다. 무후 집권 15년이 끝나고 중종(中宗)이 복위하자 위후(韋后)가 그를 죽이고 제위에 오른다. 그러나 위후는 이렇다 할 치적이 없는 속에 사회 혼란이 가중되었다.

이러한 혼란을 수습하고 당의 중흥을 이룩한 사람이 현종(玄宗)이었다(711). 그는 민심수습, 국방력 강화, 재정의 건실화 등 여러 분야에 개선정책을 펴서 당은 다시 한번 번영의 시기를 맞게 된다(開元의 治). 그러나 현종의 이러한 노력은 당을 원상회복하기에는 역부족이었다. 이미 고종 때부터 시작된 왕조의 모순이 다시 드러나기 시작한 것이었다. 중앙에서는 귀족출신 관료와 선거출신 관료 간의 대립이 격화되고 왕공, 귀족, 관료, 상인, 사관(寺觀) 등은 제도를 무시하고 토지를 겸병하여 장원형태의 대농경영에 부곡민, 노예, 다수의 소작인을 사역하는 대토지사유제가 다시 나타났다. 그 여파로 일반 민호(民戶)가 각종 부세를 피해 도망하자 토지와 일반 민호의 재파악을 위한 검괄(檢括)을 시행하지만 큰 효과가 없었다. 또 율령체제의 해이는 변방통치체제의 약화를 가져와, 정규 행정관 외에 사직(使職)을 신설해 변방에 10절도사(十節度使)를 두었지만 그 후 절도사는 그 후 설치목적에 반해 정치 · 경제 · 군사적으로 독립적인 세력으로 성장해, 중앙정부와 대항관계로 발전하게 되었다.

현종은 말년에 제도보다는 자신의 측근을 중심으로 한 정치를 펴자 환관이 세력을 잡아 정치를 마음대로 했다. 이때 동북 3절도사를 겸하고 있던 안록산(安祿山)이 난을 일으켜(755), 뤄양과 장안을 점령한 뒤 국호를 대연(大燕)이라 했다. 이 난은 사사명(史思明)에 이어져 9년간 계속되는데, 이를 안사(安史)의 난이라 한다. 안사의 난은 평정되었지만 그 후유증은 매우 심각한 것이었다. 이 난을 평정하는 과정에서 끌어들인 위구르인과 토번인은 당의 서역 경영로를 차단하고 당의 내정에 간섭했다. 또 번진(藩鎭) 세력은 군벌화하여 중앙에 항거하고 서로 싸우는가 하면, 중앙에서는 환관의 횡포로 제위가 자주 바뀌고 관료는 당쟁에 휩쓸리게 되었다. 이러한 혼란 속에 다시 정리된 모습을 보였던 율령체제가 완전히 붕괴했다. 안사의 난 이후, 황제의 사설 자문기관인 한림학사원(翰林學士院)이 소칙을 담당하여 공식기관인 중서성에 대신했고, 황제의 특별명령 수행을 위해 만든 임시직인 사직(使職)이 신설되어 절도사를 비롯한 염철사(鹽鐵使), 출납사(出納使), 전운사(轉運使) 등 전사제도(專使制度)가 나왔다. 이 사직은 당 중기 이후 지방분권적 현상을 막기 위해 설치되었지만 점차 상서성과 9시(九寺)의 기능에 깊숙이 관여하는 등 기존 통치체제를 흔들어 놓았다.

또한 안사의 난은 균전제와 이를 기반으로 하는 부병제, 조세제도(조용조)의 붕괴를 가져왔다. 개인이 소유할 수 있는 한계를 규정했던 토지는 겸병현상이 다시 일어나 많은 소작인(佃戶)이 나오게 되었다 함을 이미 지적했거니와 부병제 역시 흔들려 모병제(募兵制)로 바뀐다. 특히 모병과정에서 이민족의 충원은 큰 문젯거리였다. 조용조제의 시행이 불가능해지자 양염(楊炎)은 양세법(兩稅法)의 시행을 건의했다. 양세법이란 종래의 모든 세금을 일괄적으로 정리해 토지와 기타 재산의 많고 적음에 따라 봄 · 가을 두 차례에 걸쳐 납부하도록 한 것인데, 금납화를 규정하고 있었다. 또 상인에게도 매상고의 비율에 따라 과세하였다.

안사의 난 이후 이러한 일련의 변화, 즉 대토지 사유화, 문벌귀족의 몰락, 양세법의 실시 등을 중대한 사회변동으로 보아, 이를 시대구분의 한 분기점으로 삼는 경우가 있을 만큼 중요한 의미를 가진다.

사양길의 당에 결정타를 가한 것은 9세기 말 산동에서 시작된 황소(黃巢)의 난이었다. 황소는 원래 염상이었으나 난세를 이용해 유민을 규합, 대란을 일으켰다. 이 난은 884년 일단 끝나지만 천하는 그의 부장이던 주전충(朱全忠)의 손으로 넘어가고, 그는 마침내 당을 멸하고(907) 양(梁)을 세운다.

4. 수 · 당의 사회와 문화

앞서 언급한 대로 한대 호족의 중앙관료로의 진출을 계기로 귀족화한 이들은 남북조시대를 맞아 문벌귀족화하게 되었다. 그 결과, 동진에서 왕(王)씨, 사(謝)씨 등 몇 개의 유수한 문벌귀족이 당시 사회를 이끌어 갈 정도였다. 북방의 선비족이 세운 국가에서도 문벌귀족의 출현은 마찬가지였다. 북위의 효문제는 성족분정(姓族分定)정책을 펴, 한족의 귀족제를 모방한 제도를 정책적으로 도입함으로써 선비족 지배체제를 확립하게 된다. 문벌귀족제는 당 초까지 남아 있었으나 정치적 간섭으로 지위가 흔들리기 시작했고, 선거제도의 확대실시로 능력주의가 자리잡자 귀족의 문벌적인 성격은 약화되었다. 특히 무위(武韋)의 난을 통해 구 귀족의 세력이 약화되는데, 이는 무후의 옹호자가 구 귀족에게 적대적인 신흥지주, 하급관리층이었기 때문이었다. 그 후 당의 귀족은 번진의 절도사 세력이 등장하면서 무장과 하층 신흥지주의 등장으로 설 자리를 잃게 되어 당말, 5대 10국에 이르러 귀족세력이 거의 몰락하기에 이른다. 그러나 수 · 당에 걸쳐 벽소제(辟召制) 등 귀족에 유리한 관료선발제도가 선거제도와 병행되었고 문하성 등 귀족세력을 대표하는 기관이 공식적으로 남아 있는 등 귀족에 유리한 면이 있었으므로, 일반적으로 수 · 당을 귀족사회라고 칭한다.

당은 세계제국에 걸맞게 많은 외래문화의 자극과 귀족층의 문화 담당에 힘입어 찬란한 문화를 이룩했다. 유교는 한대 이후의 고문학 계통의 훈고학을 존중해 거의 새로운 교리의 발전은 없었다. 그런 가운데 당 태종은 공영달(孔穎達)로 하여금 『오경정의(五經正義)』를 짓게 하여 경전해석의 표준으로 삼았다. 이러한 유교 교리의 표준화는 과거시험에 이용하는 데는 편리했지만 새로운 학문발달에는 오히려 제약조건이 되었다. 다만 한유(韓愈), 유종원(柳宗元) 같은 사람이 나와 불교 등 각종 외래 종교의 침투를 막고 유학의 침체를 벗어나기 위해 원시유교로 돌아갈 것을 주장하고 고문체의 부활을 촉구함으로써, 다음에 올 성리학 발전의 기틀을 잡았다.

유학이 침체했던 반면, 불교와 도교는 신앙과 교리 면에서 크게 떨쳤고, 조로아스터교(Zoroastrianism, 祆教), 네스토리안(Nestorianism, 景教), 마니교(Manichaeanism, 摩尼教), 이슬람교 등 외래종교도 들어왔다. 그러나 외래종교 중 이슬람교를 제외하고는 민중생활의 내부에까지 침투하지는 못했다.

당의 불교는 북조의 호국불교적인 전통을 이어받아 매우 융성했다. 남북조시대에 성립을 본 많은 불교 교파는 당대에 와서 그 교리가 더욱 심화되었다. 현장(玄奘), 의정(義淨) 같은 유명한 구법승(求法僧)은 인도에 가서 교리를 연구하고 불경을 가져와 교리 발전에 크게 기여했다. 현장의 『대당서역기(大唐西域記)』와 의정의 『남해기귀내법전(南海寄歸內法傳)』 등 여행기를 써, 당시 서역과 인도, 남해 등 여러 나라의 사정을 아는 데 귀중한 자료를 남겼다. 그러나 불교는 유교적 군부존중사상, 권위주의적 위계질서의 강조 등과 상반되는 교리 때문에 곧잘 지탄의 대상이 되어, 수시로 폐불론(廢佛論)이 나왔다. 특히 당말 무종(武宗) 때에는 불교가 탄압을 받아 선종을 제외한 각 종파가 쇠퇴하기 시작했다.

도교는 당 왕실의 특별한 보호 속에 발전했다. 현종 때에는 도사(道士)를

이백

두보

현장

관리로 채용하기 위한 도거(道擧)를 실시하고 각 지방에 도교 사원인 도관(道觀)을 지어 재산을 주고 포교에 힘쓰도록 했다. 무종 때의 불교탄압은 이 도교세력의 확장을 위한 조치의 하나였다. 당대의 이러한 불교와 도교의 융성은 유교의 교리를 심화시키는 계기를 마련했는데, 송대의 성리학은 바로 이런 배경에서 일어난 학풍이었다.

역사학의 발달로, 남북조시대 대표적인 왕조의 역사가 정사(正史)로 쓰여졌다. 또 최초의 역사이론서인 『사통(史通)』이 유지기(劉知幾)에 의해 찬술되었고, 두우(杜佑)는 역대 제도사를 묶어 『통전(通典)』을 지어 역사적 관심의 다양화를 보여주었다. 당대에는 국사관(國史館)을 두어, 현 왕조가 전 왕조의 역사를 편찬하도록 함으로써 이후 국가에 의한 각 왕조의 정사(正史) 편찬의 전통이 시작되었다.

당삼채

시는 당조 예술의 백미였다. 과거시험은 시문의 중요성을 제고시켰고, 불교의 영향에 따른 인간정신의 내적 탐구는 시심을 풍요하게 만들었다. 그리하여 성당 50년간 이백(李白), 두보(杜甫), 왕유(王維), 백거이(白居易) 같은 대시인이 쏟아져 나왔다. 특히, 백거이는 시의 소재를 일상생활에서 찾아 쉽게 써서 서민들에게 인기가 높았다. 한편, 산문에서는 소설과 변문(變文)이 발달하여 서민층의 환영을 받았다. 특히, 소설은 괴이한 내용에 공상적인 것을 가미한 전기소설(傳奇小說)이 발달했는데 이는 송, 원, 명으로 이어지는 서민 중심의 문학과 연결되는 것으로, 탈귀족적 성격이 특징이다.

그림에는 오도현(吳道玄), 이사훈(李思訓), 왕유 등이 유명했는데, 이들의 주제는 인물, 산수, 화조였다. 그중에서 왕유와 이사훈은 산수화에서 각자 독특한 기법을 사용했는데, 전자는 북종화(北宗畵)의 시조가 되고 후자는 남종화(南宗畵, 文人畵)의 창시자가 되었다. 글씨는 해서체가 유행했는데 구양순(歐陽詢)과 저수량(褚遂良)은 당대의 대표적 명필이었다.

귀족생활의 취향에 따라 칠기와 당삼채(唐三彩)와 같은 도자기가 유명했다. 또 음악과 무용이 매우 성하였는데, 이들은 주로 페르시아의 영향을 받아 발달한 것들이었다.

5. 동아시아문화권의 성립

수·당대에는 전에 없던 대영토를 확보하고 세력권을 형성하여 문화적으로 낮은 주변의 여러 민족과 직접 접촉할 수 있게 되었다. 이들 왕조의 왕이나 그 측근 관료들은 대부분 북중국 출신의 신흥세력으로 문화적인 편견을 갖고 있지 않았다. 당의 지도층은 외국인이라도 일정한 자격을 갖추면 관직을 줄 정도였다. 신라의 최치원(崔致遠)은 그 좋은 예였다. 당은 주요 도시를 외국인의 여행과 상업 활동에 개방해 당 문화의 국제성을 실증했다.

이와 같은 당의 국제성은 주변국의 정치 및 문화발전에 큰 영향을 끼쳤다. 그중에도 동아시아 여러 나라에 끼친 영향은 지대한 것이었다. 일본은 수의 건국과 더불어 견수사(遣隋使)를 보낸 이래, 당과의 교류도 계속하여 중국 문화를 적극 수용했다. 7세기의 다이카 개신은 당의 율령체제의 수용이 그 기본이었다. 신라, 발해, 베트남 등도 유학생 교류와 무역활동을 통해 당과 접촉이 빈번했던바, 율령체제를 받아들여 정치제도를 비롯한 각종 국가통치구조 형성에 이를 적극적으로 수용했다.

동아시아문화권의 공통된 요소는 한자, 유교, 불교, 율령체제의 네 가지로 요약할 수 있다. 한자는 원래 중국의 문자로, 일찍부터 주변 여러 나라에 전파되어 사용되었다. 한국과 일본은 중국과 어계가 달랐음에도 불구하고 뜻글이 가지는 특성 때문에 쉽게 사용할 수가 있었다. 유교는 한대의 국교화 과정을 통해 중국 사회의 정통이념화한 이래로, 한자와 더불어 주변 여러 나라에 확산되어 중국의 경우와 마찬가지로 정치이념이자 사회규범의 기본으로 존중되었다. 불교의 경우, 중국에서 자생한 종교는 아니었지만 그 의식과 교리가 중국화했고 이러한 불교가 다시 주변에 전파되어 교리나 의식 면에서 중국과 공감대를 형성하게 만들었다. 또한 율령체제는 황제를 정점으로 하는 관료체제는 물론 토지, 군사, 조세 등 여러 제도의 전범으로 한국, 일본, 베트남 등의 통치체제 형성에 크게 기여했다.

이와 같이 동아시아 여러 나라는 중국 문화의 확산에 의한 공통성의 형성이란 특수 관계가 성립되지만, 그들의 개별성도 강했다. 주변 여러 나라는 중국 문화를 수용하는 과정에서 선택을 통한 각자 독자적인 민족문화의 창조도 병행했기 때문이었다. 따라서 중국 중심의 동아시아문화권의 존재에 회의적인 견해도 있다.

제3절 중세 인도 사회

1. 굽타(Gupta)조의 힌두 사회

16세기 무굴 제국이 들어설 때까지 인도 대륙을 하나의 통일적인 역사적 정체로 파악하려는 것은 무리였다. 아리아인은 일찍부터 갠지스강 유역을 중심으로 마가다 왕국, 마우리아 왕국, 굽타 왕국 등 통일왕국을 세워 인도 역사의 주축을 이룬 것이 사실이지만, 인도 서북부 지방에서는 항상 서아시아 및 중앙아시아 지방을 지배한 민족이 파상적으로 쳐들어와 여러 왕조를 열었고, 남부 데칸 고원은 오랫동안 아리아인의 인도 역사에 편입되지 않았기 때문이다. 비(非)아리아인계가 인도 사회에 쳐들어와 왕조를 세운 대표적인 경우는 중앙아시아의 투르크계의 유목민족이었다. 사카(Sakas), 박트리아(Bactria, 대월지), 에프탈(Epthals) 등은 자주 인더스강 유역의 펀잡(Panjab) 지방을 손에 넣고 아리안 사회를 괴롭혀 왔다. 쿠샨(Kushan) 왕조는 대표적인 비아리아인 왕조였다.

통일왕조를 세웠던 쿠샨 왕조가 망한 후 약 4세기 동안의 인도 역사는 잘 알려져 있지 않다. 이는 인도가 여러 왕조로 분열된 혼란상태였음을 반증하는 것이다. 이러한 분열을 끝내고 다시 아리아인의 통일왕조를 세운 이는 찬드라 굽타(Chandra Gupta, '보호자'라는 뜻)였다. 굽타 왕조는 320

년 마가다 지방에 건국하여 점차 북서인도로 영토를 확장했다. 그리하여 5세기경에는 일부 데칸 고원을 제외한 인도 전 지역을 통일하기에 이르렀다.

굽타 왕조는 우선 마우리아 왕조 이후 약 500년의 혼란스러웠던 정치체제를 재편성했다. 왕권을 강화하고 국가기구를 브라만교와 그 사회원리에 결착시켜, 힌두교 지배하의 인도 사회를 만들었다. 또한 관료제도를 정비하여 촌락을 기초로 하는 계층적 행정단위를 설치하고 수장을 중앙에서 파견하여 징세 업무까지 담당하도록 했다. 그러나 촌락의 지배는 브라만에게 토지를 주어 그 지역의 종교 및 문화 사업을 주관하도록 함으로써, 그들은 힌두 사원을 짓고 토지를 소유하여 인도 봉건제도의 형성에 주된 역할을 했다.

굽타 왕조는 5세기 후반 쿠마라 굽타(Kumara Gupta) 1세 때부터 기울기 시작하는데, 여기에는 인도 서북 지방으로부터 에프탈인의 침입이 결정적 원인이었다. 굽타조는 과거의 영광을 되찾기 위해 노력하지만 결국 6세기 중엽 멸망하고 인도에는 다시 혼란의 시대가 온다.

굽타조의 멸망과 더불어 갠지스강 유역의 번영이 퇴락하고 통일왕조가 없는 상태에서 지역단위로 자급자족적인 사회체제가 나타나, 각 지방에는 고립된 정치단위와 사회 · 문화가 형성되었다.

굽타조의 역사적인 의의는 인도 고전문화의 난숙기였다는 점이다. 분열에서 통일을 이룩한 굽타조의 역대 왕은 인도 문화의 부흥에 힘써 종교, 철학, 문학, 미술, 과학 등 각 방면에 괄목할 만한 발전을 이룩했다. 굽타조의 여러 왕은 힌두교의 후원자였다. 한때 불교의 부흥을 꾀하는 정책도 썼으나 곧 중지하고, 다시 카스트 제도를 사회의 기본질서로 삼아 힌두교를 보호했다. 원래 힌두교는 경전 『베다』와 『브라흐마나(*Brahmana*)』를 기본교과서로 삼았으나 시간의 경과에 따라 승려나 왕의 개인적 가르침에 따르는 교리의 다양화 현상이 일어나, 새로운 힌두교를 담은 『다르마 샤스트라(*Dharma Shastras*)』가 나왔다. 이 교리서는 당시의 여러 종교의 교리, 신비주의, 미신, 사회규범, 정치이념까지 혼유되어 있어 각 계층에 호소력을 가질 수 있었고 이로써 힌두교의 광범한 전파와 다양한 신앙이 가능했다.

굽타 왕조의 문예부흥은 궁정의 학자와 예술인에 대한 지원과 힌두교의 의식상 필요에 의해 맺어진 결과였다. 특히 구전 산스크리트 문학의 결집에 대한 정책적 지원은 인도가 통일문자를 가질 수 있게 했음은 물론, 이를 사용한 인도 국민문학의 탄생도 가능하게 했다. 산스크리트는 원래 브라만 승려의 언어로 기원전 5세기부터 쇠퇴해 오다가 굽타 왕조에 이르러 언어 통일의 필요성, 과학연구 등의 시대적 요구에 따라 다시 널리 사용하기에 이른 것이다. 인도의 2대 서사시인 『마하바라타(*Mahabharata*)』와 『라마야나(*Ramayana*)』는 산스크리트로 쓰인 문학작품으로, 굽타 이전부터 있던 것을 정리한 것이다. 그 밖에 산스크리트로 쓰인 시와 희곡작품도 많은데, 칼리다사(Kalidasa)는 전인적 산스크리트 문학가로 꼽히는 우수한 작가였다.

굽타인의 천재성은 미술과 조각에도 잘 나타나 있다. 그들은 인도의 전통적 기법에다가 간다라 풍을 곁들여 복고적인 인도의 미를 나타내는 굽타 양식을 창출했다. 이 굽타 양식은 주로 불상제작에서 볼 수 있는데, 밀착된 옷 밑으로 손발의 뚜렷한 현시가 특징이다. 그림에도 인도 특유의 음영법을 사용했는데, 아잔타(Ajanta) 석굴의 벽화는 굽타 양식의 대표작이다.

굽타 왕조는 과학의 시대이기도 했다. 일찍이 바빌로니아 그리스의 천문학 지식을 받아들여 해와 달, 혹성의 운행을 파악했고, 원주율 계산법을 사용해 지구 둘레의 근사치를 계산해 냈다. 또 지구인력의 법칙을 최초로 설명하는가 하면 수학에서 영(零)의 개념이 나왔고, 대수학(代數學)이 발달했으며 의학도 상당한 수준에 있었다. 이러한 일련의 과학지식은 뒤에 아라비아로 전파되어 이슬람 과학문화 발달에 크게 기여했다.

2. 인도 문화의 전파

아시아의 역사를 문화권적 방법으로 분류하면 중국을 중심으로 한 동아시아문화권, 인도를 중심으로 한 인도문화권, 서아시아에서 비롯된 이슬람문화권 등 3개로 대별할 수 있다. 그런데 인도는 이 3대 문화권의 중간에 위치할 뿐만 아니라 바다 교역로인 인도양에 연하여 있어 일찍부터 그 문화가 사방으로 전파되었다.

일찍이 인도 문화의 직접적인 영향을 받은 것은 동남아시아 지역이었다. 1세기에서 6세기에 이르는 기간 동안 인도의 여러 왕조가 갠지스강 유역 중심으로 발전했던 관계로 인도의 문물은 벵골만을 건너 동남아시아와 남양제도로 전파될 수 있었다. 인도가 이 지역으로 진출하게 된 이유는 불교, 힌두교의 포교와 상업활동 때문이었다. 말레이 반도의 해안에는 일찍부터 인도인이 이주하였고 이어 그들은 자바, 싱가포르 해협, 수마트라 등 여러 지역에 진출해 활약했다. 특히 8세기경 팔렘방(Palembang)을 수도로 하였던 슈리비자야 왕국은 인도 세력이 압도하는 가운데 중계무역은 물론, 불교 신앙과 산스크리트 연구의 중심을 이룬 적도 있었다. 또 그들은 인도차이나 남부에 살던 참족을 도와 참파(Champa)국을 세우고, 이 지역에 불교를 전파했다. 메콩강 중류에 살던 크메르인(Khmers)도 참파의 건국에 자극을 받아 7세기경에 나라를 세우고 불교와 힌두교를 적극 수용했다. 앙코르와트(Angkor Wat)는 이때 인도 불교의 영향을 받아 이룩된 대표적인 불교유적지이다.

동남아시아의 인도 문화 수용은 그들의 낮은 문화수준 때문에 직접적인 것이었으나 중국, 페르시아, 그리스, 로마의 경우는 달랐다. 그들은 자신들이 이룩한 높은 문화수준 때문에 인도 문화를 선택적으로 받아들였다. 서양 여러 나라에서는 인도 사상에서 금욕주의에만 관심이 컸고, 중국에서도 힌두교를 제외한 불교만을 수용해 토착화한 후에 한국과 일본 등지로 전파시켰다. 그러나 불교가 중국에 들어옴으로써 중국인은 처음으로 내세관이 있는 종교를 갖게 되었고 성리학 성립에서 볼 수 있듯이 유교의 교리탐구에도 큰 영향을 끼쳤다. 물론 구법승의 인도 방문과 인도승의 중국 왕래는 불교라는 종교 차원을 넘어선 문화교류에도 직접적인 공헌을 했다.

이러한 인도인의 동남아시아에 대한 진출은 포교, 상업, 이민 등 비정복성이라는 특징을 갖는다. 그러나 인도인의 문화적 진출은 문화적 황무지에 무혈 입성하는 식이 아니라 전파대상지역에 이미 발달된 토착문화와의 경쟁 속에서 이루어졌다. 이는 중국의 경우와 매우 대조적이다.

제4절 그 밖의 아시아 여러 나라의 발전

1. 일본의 고대 국가

얼마전 일본은 구석기시대의 유적이 많이 발굴되었다면서도 이를 체계화시키기지 못하더니 최근 거짓임이 밝혀졌다. 일본 신석기 문화는 약 기원전 5000~300년까지 계속되었다고 생각되는데, 토착의 조몬(繩文) 문화가 대륙에서 건너간 야요이(彌生) 문화로 이어진 것으로 생각된다. 야요이 시대에 와서 일본은 금속기를 사용하고 가족생활이 시작되었으며, 농사를 처음 지었던 것으로 보인다. 그러나 일본의 민족구성의 기원은 확실치 않아, 남쪽에서 왔다는 남방계설과 북방에서 왔다는 북방계설로 나뉘어 있다.

중국 측 사료에 일본에 관한 기사가 1세기 초부터 나오고 있지만, 실제 일본이 고대 국가의 형태를 갖추기 시작한 것은 6세기 말경에 세워진 야마토(大和) 정권 때부터였다. 일본은 4~6세기부터 중국은 물론, 백제와도 긴밀한 접촉을 통해 문화와 사회에 큰 변화를 맞게 되었다. 이러한 상황 속에 야마토 지방의 유력한 호족들이 호족연합을 통해 직할지를 갖고 백성을 동원할 수 있는 정치력을 기르기에 이르렀다. 야마토 정권의 기본 사회구조는 우지(氏) 제도였다. 신분이 높은 우지(氏)의 우두머리가 제사와 정치를 담당하고 그 지위는 세습되었다. 우지 밑에는 베(部)가 있어 우지에 예속되어 물산의 공납과 노역에 종사했다. 야마토 정권에 통합된 지방세력의 우두머리는 점차 지방의 장으로 중앙의 통제를 받는 중앙집권하의 관료적 성격으로 변모해 갔다.

일본의 국가형성에는 한반도의 백제, 신라와 중국 수·당의 영향이 매우 컸다. 5세기경 백제의 왕인(王仁)이 건너가 한자를 교육함으로써 일본인은 처음으로 문자를 사용할 수 있었고, 6세기 초에는 역시 백제의 오경박사가 일본에 건너가 유교는 물론, 의학과 달력에 관한 지식을 보급했다. 불교의 전수는 일본 문화에 특기할 또 하나의 일이었다. 한때 일본은 불교의 공인 문제로 지도층 간에 다툰 일이 있었지만 불교옹호론자의 승리로 끝나, 불교는 일본인의 신앙생활과 문화발달에 크게 기여할 수 있었다. 6세기 후반 불교옹호자인 쇼토쿠 태자(聖德太子)는 정권을 잡은 후 수와 신라로부터 적극적으로 선진문화를 받아들였다. 그때부터 일본은 수에 정기적으로 사신을 보내고 그 사행(使行)에는 유학생과 승려 등을 수행하게 하여 중국 문물제도를 수용했다. 그는 중국의 정치제도에서 전제군주의 원리, 관료제, 체계적인 법령 등을 모방하여 관위(冠位)를 12계(階)로 나누어 당대에 한하도록 하고 17조헌법을 제정하여 정치와 윤리의 지표로 삼았다. 이 같은 변화는 통치체제 측면에서 과거 호족연합의 성격을 띠었던 우지제도가 끝나고 천황(天皇) 중심의 집권국가로 바뀌어 가는 것을 뜻하는 것이었다.

쇼토쿠 태자가 죽은 다음 유학생과 유학승의 지원을 받은 친중국세력이 정변을 일으켜 다이카 개신(大化改新, 646)을 단행했다. 이는 천황제 국가를 건설하려는 조치로, 과거 천황이나 호족이 차지했던 미야케(屯倉)와 베(部)를 해체하여 이들을 일률적으로 공지(公地)와 공민(公民)으로 편입하고 국가가 직접 농민에게 토지를 분배하는 반전수수법(班田收授法)을 실시했다. 조세제도는 당의 조세제도인 조용조(租庸調)제도를 모방했다. 관제는 중앙집권적 집권체제의 구상하에 중앙에는 2관(二官)·8성(八省)·백관(百

동대사(8C)

官)을 두고, 지방은 국(國)·군(郡)·이(里)로 나누어 통치했다. 이러한 일련의 당제를 모방한 개혁은 당의 율령체제에 기초를 둔 것으로, 일본인들은 다이카 개신을 율령국가(律令國家)의 시작이라고 본다.

다이카 개신 이후 천황은 국가권력의 정점이 되어 통치권을 장악하고 수도 헤이조쿄〔平城京, 지금의 나라(奈良)〕를 당의 장안을 모방하여 건설하니 이로부터 이른바 나라(奈良) 시대(時代, 710~794)가 시작되었다. 이 시대에 있었던 특기할 일은 아스카(飛鳥) 문화로 지칭되는 불교문화의 난숙이다. 이때 불교는 호국불교의 성격을 띠고 정치적 지원을 받음으로써 크게 뻗어 갔다. 지방에는 많은 국분사(國分寺)가 설립되고 중앙에는 도다이지(東大寺) 같은 절을 지어 불교전파에 힘썼다. 그 결과 호류지(法隆寺) 같은 대사찰 건축과 불상, 회화 등 여러 불교미술의 걸작품을 남겼다.

다이카 개신 기간에 국력신장 역시 괄목할 정도였다. 영토는 7세기에 이미 남쪽으로는 대마도에 이르렀고, 북으로는 아키타(秋田)에 미쳤다. 경제적으로 관개·수리시설의 확충과 철제 농구의 보급으로 농업생산량이 크게 늘었을 뿐만 아니라 동·금을 캐는 광업도 발달하고, 상업의 발달과 더불어 화폐도 유통되었다. 또 당·발해와 적극적인 외교활동을 벌여 문물교류를 활발히 했다.

그러나 8세기에 접어들면서 나라시대의 번영은 막을 내리기 시작했다. 귀족 간의 싸움 끝에 후지와라씨(藤原氏)가 권력을 잡아 천황권을 위협하고 인구증가에 못 미치는 개간지, 귀족과 사찰에 대한 토지 급여상의 특혜 등으로 반전수수법이 흔들리기 시작했던 것이다. 또 농민의 과중한 세금부담은 그들의 유민화를 촉진시켜 율령체제가 그 기능을 잃고 있었다.

일본 왕실은 이러한 율령체제의 해이를 회복할 목적으로 수도를 헤이안〔平安, 교토(京都)〕으로 옮겨 소위 헤이안 시대(794~1185)가 열린다. 헤이안 시대 약 150년간은 비교적 평온한 시기였지만 율령정치는 공문화되고 있었다. 후지와라씨가 천황을 마음대로 하는 섭관정치(攝關政治)가 행해지고 토지는 유력자가 겸병하여 장원화가 진행되었다. 이와 같이 모든 기강이 해이해지자 호족들은 외부간섭의 배제와 신변보호의 목적에서 무사단(武士團)을 구성하여 마치 중세 서양의 기사와 비슷한 역할을 담당하도록 했다. 12세기 중엽부터는 왕실에 내분이 일어나고 각지에 무사단의 세력이 강해 이 세력이 중앙정부에까지 진출하게 되었다. 간토(關東) 지방의 무사 우두머리인 미나모토노 요리토모(源賴朝)가 마침내 중앙에 진출하여 정권을 잡음으로써 일본의 고대는 막은 내리고 일본 특유의 무가정치(武家政治)의 시대가 열리게 되었다.

전술한 바와 같이 일본의 고대 문화의 발달은 중국과 한반도의 영향하에서 가능했다. 그 가운데에서도 불교와 유교는 일본 고대 문화의 핵심 요소였다. 일본은 다이카 개신으로 동아시아문화권에 편입되어, 이후에도 중국문화권에 남아 있게 되었다. 그러나 일본인들은 선진문화의 수용을 바탕으로 그들 고유의 학문과 문학발달의 업적도 남겼다. 8세기 초에 나온 『고지키(古事記)』, 『니혼쇼키(日本書紀)』는 내용에 문제점이 없지 않으나 일본 고대사와 우리나라 역사 연구에도 큰 도움이 된다. 그 밖에 지리책인 『후도키(風土記)』, 문학서인 『만요슈(萬葉集)』는 모두 이때에 나온 책들이다.

894년 견당사(遣唐使)가 끊기면서 일본은 점차 중국문화권에서 벗어나 일본 고유의 제도와 문화가 형성되기 시작했다. 이른바 일본 고유의 국풍

문화(國風文化)가 형성된 것이다. 문화의 독립성을 추구한 나머지 고유문자인 '가나'가 제정되었고, 이를 사용한 문학작품도 나왔다. 또 이때부터 주거, 정원, 화풍, 가족제도 등 여러 생활문화도 그들 나름대로의 특징을 가지고 발전하기 시작했다.

2. 동남아시아 여러 나라

동남아시아의 역사는 중국 문화와 인도 문화가 교차하는 속에 시작되었고, 뒤에는 이슬람 문화의 영향까지 받아 매우 복잡한 양상을 띠었다. 거기에 지리, 인종의 구성요소마저 다양하여, 인류학자의 천국이요 역사학자의 지옥으로 표현될 만큼 복잡한 모습을 가지고 있다. 처음으로 중국 문화와 인도 문화가 교차한 지역은 현재의 베트남 지역이었다. 베트남의 북부 지방은 진대부터 중국화가 촉진되었던 반면, 그 남부와 캄보디아 지방은 인도의 영향을 받아 불교와 힌두교의 요소가 매우 강했다.

남해 지방으로 총칭되는 동남아시아가 중국에 처음 알려진 것은 은대로 추정된다. 그러나 북부베트남을 처음 지배한 것은 진이 광둥 지방에 3군(三郡)을 설치하면서부터다. 그 후 이 지방은 남월(南越)이라 하여 일시 독립했으나, 한 무제의 정복으로 다시 3군이 설치되어 중국과 종속관계가 성립되었다. 후한 초에 토착세력이 반란을 일으켜 잠시 독립적인 지위를 회복하지만, 3국의 오에 다시 정복당했다. 오는 적극적인 남해 여러 나라와의 교섭정책을 펴서 북부베트남은 물론 메콩강 하류의 인도문화권에 있던 부남(扶南)에까지 왕래했다.

이때 베트남의 남부에는 참족(Chams)이 세운 임읍(林邑)이 있어 인도 문화를 수용하여 크게 발전했다. 한때 임읍은 한의 영토인 중부베트남의 일남군(日南郡)에 침입하여 구련국(區連國)을 세워(192) 한과 대치했다. 구련국이 망한 다음 이 지역은 복잡한 역사를 갖는데, 7세기 이후 중국은 이 지역을 참파(占城 또는 占婆)라 불렀다. 한편 메콩강 하류에는 크메르인이 세운 중국명의 진랍(眞臘)이 있었는데, 처음에는 부남에 속해 있다가 7세기경에 부남을 멸한 것으로 보인다. 이 진랍도 임읍과 마찬가지로 인도 문화의 영향을 받은 국가였다.

동남아시아의 섬 지방에도 일찍부터 인도의 영향하에 국가활동이 시작되었다. 5세기경에는 자바를 중심으로 인도계의 카링가(Kalinga, 訶陵國)가 있어 남조의 송과 교통이 있었다. 7세기경에는 수마트라 동부 팔렘방을 중심으로 역시 인도 문화 계통의 슈리비자야 왕국이 설립되어 이후 약 4세기 동안 말라카 해협을 장악해 중개무역으로 번영을 누렸다. 슈리비자야는 당과의 교역이 활발하였고 산스크리트 문학 등 문화양상이 인도를 방불케 했다. 8세기 후반에는 이 수마트라 지역에 사일렌드라(Sailendra) 왕조가 일어나 대승불교로 번영했는데, 보로부두르(Borobudur) 불교유적은 그 대표적인 걸작이다.

수 · 당대의 중국은 동남아시아에 압력을 가해 이들 지역의 여러 국가와 조공관계를 맺고 교역도 활발히 했다. 특히 당은 북부베트남에 안남 도호부를 두어 이 지역을 직접 통치한 바도 있으나, 당의 쇠망과 더불어 베트남에는 독립의 기운이 높아 갔다.

3. 중국 주변의 여러 유목민족

중국 문명은 맨 처음 화북에서 일어나 농경생활을 시작하게 된 이래, 그 주된 발전 방향은 남쪽이었다. 이에 반해 중국의 서쪽과 북쪽에는 여러 갈래의 유목민족이 살면서 파상적으로 중국을 위협했다. 따라서 아시아 내륙의 역사는 농경민족인 중국과 그를 둘러싼 유목민족 간의 역동작용이 그 중심을 이루었다고 할 수 있다. 그러나 대부분의 초기 유목민의 역사는 사료의 부족으로 계통적으로 이해하기가 매우 어려운 형편이다.

만리장성

기원전 7세기부터 1세기를 전후한 기간에 내륙 아시아에서 크게 활동하였던 것은 스키타이(Scythai)와 흉노(匈奴)로 보인다. 스키타이는 우수한 청동기문화를 가졌던 민족으로, 기원전 8세기경부터 흑해 연안에서 초원(草原)의 길을 따라 동쪽으로 이동했다. 내몽골, 오르도스, 수원(綏遠) 분지 등에서 스키타이 청동기 유물이 발견되는 것으로 보아, 당시 중국 북부 지방에 광범하게 살고 있던 흉노도 이 스키타이의 영향을 받았던 것으로 짐작된다.

중국 북방의 유목민족으로 맨 처음 통일세력을 형성한 것은 흉노였다. 흉노를 포함한 여러 유목민족은 기원전 4세기부터 철기를 사용하고 기마전술을 익혀 그 활동영역을 넓혀 갔다. 결국 이들은 전국시대 중국의 북방에 있던 여러 제후국들과 대립관계에 들어간다. 기원전 3세기 말에 이 유목민족은 월씨(月氏) · 흉노 · 동호(東胡)로 3분되었다가, 흉노는 내몽골 · 영하 · 깐수 지방에 세력을 확장하고 서쪽으로 월씨, 동으로 동호를 제압하여 마침내, 북아시아의 패자가 되었다. 그 후 흉노의 묵특선우(冒頓單于)가 왕위에 올라 지배력을 강화하더니 기원전 206년에는 전 몽골을 지배하는 흉노 국가를 세웠다.

이러한 흉노의 세력 확장에 자극된 전국시대의 진(秦)·조(趙)·연(燕)은 북변에 장성을 쌓아 이를 방어했고, 진의 통일에 즈음하여 만리장성을 수축함으로써 이들을 장성 이북에 묶어놓는 데 일단 성공했다. 그 후 한 고조는 흉노와의 싸움에서 일시 고전했지만 한말까지는 소강상태를 유지할 수 있었다.

기원전 60년경 흉노는 왕위계승문제로 동서로 분리되었는데, 동흉노가 지배권을 잡았다. 신(新)의 왕망 때, 동흉노는 다시 남북으로 분열되는데, 후한과 북흉노의 세력하에 있던 오환(烏桓)과 선비(鮮卑)가 북흉노에게 등을 돌림으로써 북흉노는 서쪽으로 이동하여 4세기 중엽 유럽에 침입하여 게르만 민족의 대이동의 계기를 만든다. 유럽에서는 이들을 훈족(Huns)이라 부른다. 이를 계기로 과거 흉노가 차지했던 지방에는 선비족이 대신 세력을 잡아 몽골 지방은 그들의 주 무대가 되고, 흉노족은 후한 이래 중국에 들어와 중국의 기미정책(羈縻政策)에 의해 한화하여 흉노 국가는 사실상 소멸하게 되었다. 5호 16국 시대는 이렇게 한화된 흉노의 남하로 시작되었다.

흉노의 정치제도는 맨 위에 선우(禪于, 몽골어로 '대천자'의 뜻)가 있어 통치했는데 묵특(冒屯)이라는 지배 씨족에서 많이 나왔다. 그러나 선우는 세습되지 않고 선왕과 씨족회의가 협의하여 결정했다. 흉노 사회는 일종의 부족연합으로, 선우가 나오는 몇 개의 유력한 씨족과 선우의 비(妃)를 배출하는 씨족이 있었는데, 후자는 정복지의 통치권과 군사권을 갖는 몽골의 귀족이 되었다.

흉노가 쇠퇴하면서 중국 북방을 지배한 것은 오환(烏桓)과 선비족이다. 오환은 북흉노를 공격한 공으로 후한으로부터 왕의 호를 받아 북변 요지를 다스렸다. 그 뒤 오환은 위·진의 적극적인 동화정책으로 중국 역사에서 그 이름이 사라진다. 한편, 선비는 원래 잡다한 부족구성이었으나 2세기 중엽 지도자인 단석괴(檀石槐)에 의해 통일이 실현되었다. 위대에 이르러 그중 일부가 장성 부근에 내려와 한인과 같이 살면서 한문을 익히고 용병술을 배우는 등 한화과정을 밟았다. 이때부터 선비의 여러 부족들은 중국 북부에서 활동하는데, 그 가운데서 가장 야만성이 강하던 탁발(拓跋)부는 5호 16국을 통일하고 북위를 세워 균전제, 부병제 등의 창출로 중국 역사에 널리 알려졌다.

선비족이 화북 지방으로 옮겨 한화한 뒤 몽골 지방을 차지한 것은 유연(柔然)이었다. 유연은 엄격한 병영사회로, 5세기경에는 동투르크스탄, 내몽골, 한반도 일부에 이르는 광대한 지역을 지배하고 북위와도 자주 싸웠다. 그러나 유연은 그 지배하에 있던 투르크계의 고차(高車)의 도전으로 내전에 들어가게 되었다.

이 유연과 고차의 싸움을 계기로 세력을 잡은 것이 투르크계의 돌궐(突厥)이다. 돌궐은 5세기 중엽에 유연을 도와 고차를 멸하고 이어 북방에서의 유연의 세력을 대신했다. 돌궐의 지도자인 이리카칸(Ili Khagan, 土門)은 내몽골 지방을 지배하고 그 동생인 실점밀(室占密)은 준가리아, 다라스하 지역의 소그드인(Sogdians)을 지배하여 사산조 페르시아와 더불어 당시 동서무역을 관장했다. 전자를 동돌궐, 후자를 서돌궐이라 하는데, 수는 제국의 통일과정에서 돌궐의 힘을 빌린 바 있고, 당은 한때 동돌궐을 신속(臣屬)시켰으나(630), 그들이 점차 이반하여 자주 당을 괴롭혔다. 돌궐이 왕위를 놓고 내란상태에 들어가자 위구르족이 이를 멸한다(741). 돌궐은 그 문화정도가 높아 최초로 문자를 남긴 유목민족이 되었다.

위구르족(Uighurs)은 오르혼하 부근에서 일어난 부족 중심의 유목부족이었다. 그들은 당에 우호적이어서 안사의 난 때에는 당을 도와 싸웠다. 이러한 당과의 친분은 그들로 하여금 당의 제도를 모방할 기회를 주어, 문화적으로 상당한 수준에 이를 수 있었다. 위구르인은 라마교를 당에 전하여 당 문화에 영향을 끼쳤다.

제5절 송대 사대부 사회

1. 황제 중심의 문치주의(文治主義)

후량의 주전충이 당을 멸망시킨 후, 송이 통일할 때까지 화북 지방에는 5개 왕조가 교차되고, 그 밖의 지역에서도 10개 왕조가 흥망을 거듭하여 소위 5대10국(五代十國) 시대를 맞았다. 이는 당말 안사의 난에 연속되는 정치적 혼란기로, 이 시기에 문벌귀족에 대신하여 하층민 출신인 군벌들이 정치세력을 잡았다. 동시에 그들은 균전제 붕괴 후 새로운 지주층을 이루어 장원을 경영함으로써 당시 중국에는 정치, 경제 분야에서 지도층의 교체가 뚜렷하게 나타났다.

960년 이러한 5대 10국의 혼란을 통일한 것은 후주 출신인 조광윤(趙匡胤)이었다. 송 태조 조광윤은 건국 후 문치주의 원칙에 입각한 중앙집권적 전제정치를 실시했다. 그는 당말 5대의 군벌정치의 폐단을 감안하여 중앙요직과 지방관에 문관을 임명했고 정치제도를 황제 중심으로 대폭 개편했다. 우선 귀족의 이익을 대표해 왔던 문하성과 상서성을 중서성에 흡수하여 황제 직속하에 행정기능을 담당하도록 하고, 군사를 담당하는 추밀원(樞密院)과 재정을 담당하는 삼사(三司)를 설치해 황제 직속하에 두었다. 중앙의 장관은 복수로 임명하여 상호견제 기능을 갖도록 하고, 내각을 황제에 직속시켜 통제력을 강화했으며, 각 주요 기관마다 감찰기관을 두어 황제와 직결시킴으로써 모든 정치통로를 황제에게 집중시켰다. 그러나 이와 같은 송의 관제는 당의 기존관제를 폐지하고 설치한 것이 아니라 기능적으로 역할을 조정한 것이었으므로 쓸데없는 관직이 많아 비능률적인 면도 있었다.

송의 건국 후 중요한 과제의 하나는 지방의 군사 · 행정권을 쥐고 있던 절도사직을 폐지하는 일이었다. 977년 태조는 절도사의 땅을 회수하고 각지에 로(路)를 설치하여 지방행정의 최고단위로 삼았다. 각 로에는 지방장관을 파견하고 군사, 세금, 사법, 민정을 담당하는 4사(四使)를 두어 그 관내를 다스리도록 했다. 노 아래에는 부(府)·주(州)·감(監)·군(軍)을 설치했고, 이들 행정단위에 통판(通判)을 파견해 지방관을 감시하도록 했다. 또 관리임명에 회피제(廻避制)를 도입하여 관리가 연고지에서 지방세력과 결탁하여 세력화하는 것을 미연에 방지했다. 그 밖에도 군과 민간에 정보기관을 두어 철저한 정보정치를 통한 황제권 강화를 시도했다.

문치주의 원칙의 채택과 황제 중심 전제정치의 시행은 선거제도의 변화에도 반영되었다. 송은 중앙 및 지방의 모든 관료임명권을 중앙이 관장하고, 각종 관직은 과거에 합격한 자를 임명하는 것을 원칙으로 삼았다. 그 결과, 관료들은 황제가 시험관이 되는 전시(殿試)를 거쳐야 했으므로 황제와 관료 사이에는 주종이 불가피한 좌주문생(座主門生) 관계가 성립되었다. 이러한 관계하에서 황제의 관료통제는 훨씬 용이했다.

송대의 과거제도는 능력주의의 원칙이 보다 확고해졌다는 데 그 중요성이 있다. 한대의 향거이선제나 위진남북조의 구품중정제는 모두 추천제로, 관료가 되기 위해서는 유력한 지위나 문벌의 배경이 있어야 했다. 수와 당의 과거제도 역시 임명을 위한 이부(吏部)의 시험에 신언서판(身言書判)의 과정을 둠으로써 귀족에게 유리했다. 그러나 송대에는 가문을 중시하는 경향이 줄어들고, 합격자는 곧 관직에 임명될 수 있었다. 과거에는 시문을 시험하는 진사과(進士科), 경전을 시험하는 명경과(明經科), 기타 기술과가 있었는데, 진사과가 가장 어려웠다. 진사과 합격은 관료가 되는 첩경이었고 이는 곧 개인·가족·문중의 영예였으며 부(富)와도 직결되었다.

그러나 송 역시 완전한 능력 위주의 사회는 아니었다. 아직도 명문이나 고위관료 자녀에게는 과거시험 없이 관직을 주는 음보제도(陰補制度)가 있어, 많은 관료 자리가 이들로 충원되었다. 또 과거시험 자체의 단점도 이때부터 뚜렷하게 나타나기 시작했다. 치열한 경쟁으로 많은 낙제생이 나왔는데, 이들은 불평분자가 되어 반체제세력과 연합해 사회혼란을 부추기는 일까지 있었다. 그뿐 아니라 시험만을 위한 공부는 학문상의 새로운 발전을 저해하는 결과를 가져오기도 했다.

2. 정복왕조(征服王朝)와 송의 대응

10세기는 동아시아에 있어 커다란 변화의 시기였다. 중국에서 세계제국인 당이 망하고 송이 건국한 것을 필두로 주변 여러 민족이 속속 통일국가를 형성해 직접 송에 압력을 가하기 시작했던 것이다.

거란의 지도자인 야율아보기(耶律阿保機)가 부족을 통일하고 거란을 세운 다음(916), 발해를 멸하고 5대시대에 이르러 화북 지방의 연운16주(燕雲十六州)를 차지하여 중국 진출에 성공했다. 송은 실지회복을 위해 거란을 정벌했으나 패하여 오히려 세폐(歲幣)를 거란에 보내야 하는 치욕을 감수해야 했다. 또 중국의 서북부의 오르도스 지방에서 일어난 탕구트의 서하(西夏)도 강성해져 송의 국경을 자주 침입하고 요와 마찬가지로 막대한 세폐를 요구했다. 이에 송은 원정군을 일으켜 서하를 치지만 역시 대패했다(1081).

만주에서 일어난 여진(女眞) 역시 거란 세력을 압박하면서 송에 접근했다. 송은 한 때 여진의 금(金)과 동맹하여 요를 치는 데 행동을 같이했으나 곧 배신하여 금의 보복을 받았다. 금이 송의 수도인 카이펑(開封)을 점령하자(1126), 송 왕실과 관료는 남쪽으로 내려가 남송(南宋)을 세워 항쟁을 계속하지만 결국 금과 신례(臣禮)를 맺고 겨우 소강상태를 유지할 수 있었다.

이와 같이 송은 북방에 일어났던 세 이민족 왕조와 군사대결에서 번번이 패하여 중국 영토 내에 이민족 통치를 받아들임으로써 종래 중국 중심의 국제관계의 역전현상을 보였다. 그러나 동쪽의 고려와 남쪽의 베트남과의 관계는 달랐다. 고려는 요·금의 압박을 계속 받으면서 송과의 친교관계를 지속하여 문화와 통상으로 우호관계를 유지했다. 또 송은 태조 이래 대남방 적극책을 펴, 양쯔강 유역을 적극 개발함으로써 중국 경제의 중

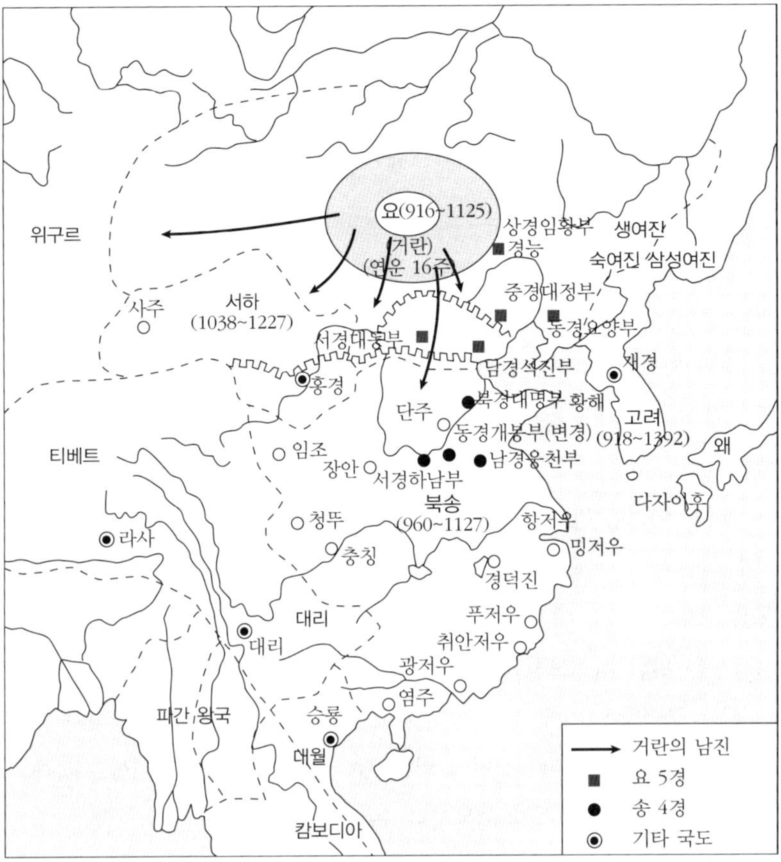

그림 5-3. 송과 요

심으로 만들고 광둥 지방을 개발한 후 베트남에 침략하여 종속관계를 재확인했다.

이러한 일련의 이민족 침략은 송에 대한 심각한 정치적 · 재정적 압력이었다. 송의 건국 후 50~60년간은 강남 쌀 생산지를 중심으로 농업생산이 현저히 증가하고 상품경제의 발달이 촉진되어 국고가 매우 풍부한 편이었다. 그러나 인종(仁宗) 때 서하와의 싸움과 병력 및 관료군의 유지에 필요한 재원의 지출 때문에 이미 영종(英宗) 때에는 국가 재정이 심각하게 악화되어있었다. 특히 100만이 넘는 직업군인의 유지와 전쟁비용은 심각한 문제였다. 이러한 심각한 당면문제를 해결하기 위해서는 획기적인 정책변화가 필요한 터였다.

신종(神宗)은 1069년에 왕안석(王安石)을 중용하여 부국강병의 개혁정치를 단행하도록 했다. 왕안석은 부국책으로 춘궁기의 농민보호를 위한 청묘법(青苗法), 도시 중소상인 보호를 위한 시역법(市易法), 대상인의 횡포를 막고 물자를 통제하는 균수법(均輸法), 어려운 사람을 돕고 부역의 고용화를 위한 모역법(募役法), 공평한 징세를 위한 방전균세법(方田均稅法)을 마련하고, 강병책으로는 다시 병농일치를 겨냥한 보갑법(保甲法)과 군마 공급의 원활을 위한 보마법(保馬法)을 제시하여 국가경제 재건과 국방력 강화를 시도했다.

그러나 이러한 왕안석의 신법(新法)은 반대세력인 구법당의 반격을 받아 이후 상당 기간 신·구 양당 간의 당쟁을 유발했다. 당시 왕안석의 개혁내용은 모두가 관료, 대지주, 대상인의 이익에 위배되고 농민층이나 가난한 사람들을 위한 사회보장적인 측면이 강했으므로, 사마광(司馬光)을 중심으로 하는 구법당은 이에 적극 반대했다. 결과적으로 신·구 양당파가 교대로 정권을 담당함으로써 신법에 의한 개혁정책의 효과는 미미했고 송대의 경제기반을 다시 튼튼하게 회복시킬 수는 없었다.

1101년 즉위한 휘종(徽宗)은 정치적 불안 속에서 북쪽에 새로 일어난 금과 연합하여 요를 멸했다. 그러나 송이 금과의 약속을 위반하고 금에 대항하려 하자, 금은 카이펑을 함락하고 회수 이북 지방을 차지했다. 그리하여 송의 고종은 수도를 항저우(杭州)로 옮기니, 남송(南宋)이 이에서 비롯했다(1127). 고종은 주전파인 악비(岳飛), 문천상(文天祥)을 제거하고 금과 화의를 맺은 다음 강남개발에 주력했다. 이때부터 동진 이후 번영을 누리던 강남이 산업, 문화 등 모든 면에서 북중국을 앞지르게 되었다.

그 후 남송은 북에서 새로 일어난 원 제국이 금을 멸하자 화북 지방을 회복하려는 계획을 세우다가 멸망의 화를 자초했다(1279).

3. 송대의 사회와 문화

송대를 흔히 사대부(士大夫) 사회라고 한다. 이는 사대부가 새로운 사회 중심계층으로 등장하여 지배적인 역할을 담당했다는 것을 뜻한다. 그리고 수·당의 귀족시대와는 달리, 출세의 조건을 출신 신분보다는 능력에 두는 과거제도의 발달로 사회변동의 폭이 넓어졌다는 것을 뜻한다. 사대부 계층은 시문에 능하고 유교적 교양을 갖춘 독서인으로서, 과거에 합격한 후 관료가 되고 관호(官戶)의 특권을 이용해 지주가 되는 것이 상례였다. 이런 점에서 보면 송대의 사대부는 지식인이자 관료요 지주라는 삼위일체의 성격을 띤 계층이었다. 송 사회는 귀족제도의 유제인 음보제도의 존속, 노예계층의 상존, 상인 계층에 대한 차별대우 등 계급적인 요소가 아직도 강했지만, 이 사대부의 특권은 원칙적으로 일대에만 가능했으므로 평등 지향적이었다고 할 수 있었다.

송대는 국가가 사회복지 측면에 많은 관심을 가졌던 시기였다. 신법시행은 복지문제가 정책에 반영되었던 대표적인 경우다. 농촌에는 물가안정을 위한 상평창(常平倉)과 구휼(救恤)을 목적으로 한 사창(社倉)도 세웠다. 빈민의 장례비는 국가가 부담하고, 노후 퇴직관리에게는 연금 형식의 급여가 있었으며, 죄수의 휴가제도도 실시했다. 또 의사와 장인(匠人)은 사회의 필요에 따라 의무노동을 하도록 규정하기도 했다.

당 중기 이후 균전제가 붕괴되고 대토지의 사유화가 진행되어 이미 송 이전에 발생했던 토지의 장원식 경영은 송에 와서 더욱 심화되었다. 이 장원형태의 농지 경영은 지주가 직접 경작하기보다는 관리인이 소작인(佃戶)을 시켜 경작하는 형태를 취했다. 당시의 대토지소유자를 형세호(形勢戶)라 불렀는데, 이들은 토지의 대부분을 소작인인 전호로 하여금 경작하게 했다. 형세호는 면역의 특권을 받는 반면, 전호는 종자와 농구를 빌려 쓰고 경작의 대가로 소작료를 부담해야 하는 어려움이 있었다.

송의 재정은 토지에 부과하는 양세(兩稅)와 각종 상품에 붙이는 과리(課

利)로 충당했다. 과리는 소금, 차, 술 등에 붙이는 특별세였는데, 상업의 발달과 더불어 상업세가 점차 중요한 비중을 차지했다.

송대 산업발달은 그 정치적 부진에 비하면 월등한 상태였다. 농업은 여전히 송대의 중심산업으로, 강남 지방의 개발과 더불어 생산력이 증가하고 작물의 다양화도 이루어졌다. 참파 벼를 수입하여 2모작이 확산되었고 지역의 특성에 맞는 농산물을 개발하여 상품화했다. 예컨대 강남의 쌀, 삼, 면화, 스촨과 강남의 차는 대량생산되어 다른 곳에 팔 수 있었고, 직물, 제지, 제염, 도자기, 칠기 등이 상품화되어 널리 유통되었다. 농촌에서는 소규모의 공장공업이 가내공업과 분리되어 상당한 규모를 갖추고 있었다. 이들 제사(製絲)와 직포는 항저우, 쑤저우(蘇州) 등 도시에서 제법 큰 규모로 특산물화했다. 도자기는 허난성을 중심으로 동남해안지대까지 그 생산지가 확대되어 우수한 청자를 생산했다. 또 인쇄술, 화약, 나침반의 발명은 중국뿐만 아니라 서양에까지 큰 영향을 미쳐, 세계의 역사를 바꾸는 단초를 열었다. 광업 역시 발달하여 금, 은, 구리, 철, 납, 주석 등의 생산과 활용이 당(唐)대의 그것을 훨씬 능가했다.

상업은 제도적으로 아직도 푸대접을 받는 위치에 있었음에도 불구하고 국내산업의 발달과 국제무역에 힘입어 크게 발달했다. 객상(客商)들의 원거리 상행위가 발달해 전국시장망이 형성되었고, 상인과 수공업자는 각각 행(行)과 작(作)이라는 동업조합을 결성하여 자신들의 권익을 도모했다. 상업의 발달은 자연히 도시의 발달과 화폐경제를 촉진했다. 과거의 상업구역제한을 폐지함으로써 상인의 자유활동이 보장된 데다가, 부재지주의 유입으로 많은 상업도시 및 소비도시가 성장했다. 화폐의 수요가 늘어 동을 기본통화로 제정하여 유통했다. 당시에 교자(交子), 회자(會子), 전인(錢引) 등으로 호칭되는 어음도 나와 상업발달에 따르는 금융업의 발달이란 일면도 볼 수 있었다. 해외무역이 발달하여 광저우, 취안저우(泉州), 밍저우(明州)가 특히 번영을 누렸고 이를 관리하기 위해 시박사(市舶司)를 두었다.

송은 문치주의의 이행과 사대부 계층의 등장, 산업의 발달 등 객관적인 상황 변화에 힘입어 훌륭한 문화적 업적을 이룩했다. 각 지방에는 지식인들이 사학(私學)을 세워 학파를 형성하고 경쟁적으로 학문연구에 힘썼다. 물론 이 학파는 당쟁과 연결되어 부정적으로 작용한 면도 있지만 새로운 학문발달을 촉진한 것도 사실이다. 송대에 특기할 것은 성리학(性理學)의 발달이다. 11세기부터 유교의 새로운 경향은 한·당의 훈고학에 우주의 본질과 인간을 다루는 철학이 없다는 점에 매우 강한 불만을 나타내기 시작하면서, 일부 학자들은 불교와 도교의 영향을 받아 인간의 본성과 우주의 본질에 관하여 연구를 시작했다. 북송의 주돈이(周敦頤)에서 시작되어 남송의 주희(朱熹)에 와서 완성된 성리학은 이기이원론(理氣二元論), 격물치지(格物致知), 성즉리(性卽理) 등 심오한 이론을 통해 인간의 생태적인 심성을 우주성립요인과 연결해 설명했다. 그런데 이 성리학에서는 기본적으로 인간의 불평등을 인정하고, 관혼상제에서의 엄격한 규범, 남녀차별 등을 규정했다. 이로부터 동양 전통사회의 윤리규범은 대개 이 성리학의 원칙에 따랐다. 성리학은 주변의 한국, 베트남, 일본 등지에 전파되어 유교문화권의 공통적 요소로 작용했다. 이러한 성리학은 인간의 감성적인 면에 소홀하고 형식윤리를 지나치게 강조하는 등 문제점도 있었다. 특히, 이 학문의 체계가 북방민족과의 대결 상태에서 이루어졌기 때문에 국수적이고 복고적인 경향이 강해, 양이론(攘夷論)에 입각한 배타적 중화사상을 대의명분으로 삼았다는 점에 유념할 필요가 있다.

송대 불교는 정토종(淨土宗)과 선종(禪宗)을 주류로 하는 중국 불교의 완성을 보았다. 특히 선종은 송대 사대부의 내성(內省) 지향적인 사상적 경향에 힘입어 교리 연구가 활발했다.

성리학의 발달은 그에 부수되는 학술사업의 진척으로 나타났다. 주자는 4서(四書)에 새로운 주석을 가해 『사서집주(四書集註)』를 편찬하고 5경(五經)에도 주석(注釋)을 가했다. 역사서의 편찬도 활발하여 사마광의 『자치통감(資治通鑑)』, 주희의 『자치통감강목(資治通鑑綱目)』, 정초(鄭樵)의 『통지(通志)』 등이 나왔다. 사서의 내용에는 역사를 치자(治者)의 거울로 보는 관점이 강조되고 화이사상(華夷思想)에 입각한 명분론을 중요시한 것이 특징이었다.

문학 면에서는 당의 한유, 유종원 등에 의해 시작된 고전부흥운동을 계승하여, 문장에 허식을 없애고 자유로운 의사개진과 이론을 중요시하는 구양수(歐陽修), 소순(蘇洵), 소식(蘇軾), 소철(蘇轍) 같은 대 문장가를 배출했다. 송대 문학의 발달에 특기할 것은 지식의 확대와 도시화 등의 여파로 일어난 서민문학(庶民文學)의 발달이다. 음악을 곁들인 가곡형태의 사(詞), 오페레타 형식의 희곡(戲曲), 평이한 이야깃거리로서의 소설 등은 서민문학을 대표하는 부류였다.

송대의 그림은 당 이전의 벽화 중심에서 두루마리나 소품 중심으로 바뀌었다. 그 대상으로 인물보다는 산수와 화조를 더 즐겨 주제로 택했고 화풍으로는 작가의 주관이 깃든 사실주의가 보편화되었다. 궁중의 화원(畫院)을 중심으로 색채를 사용한 그림을 그리는 일파가 있는가 하면, 사대부 계층에서는 수묵을 중심으로 한 문인화(文人畵)를 즐겨 그렸다. 동원(董源), 양해(梁楷), 휘종(徽宗) 같은 이들은 송대의 대표적인 화가였다.

송대에는 과학과 기술 발달에도 큰 업적을 남겼다. 중국의 4대 발명 중 인쇄술, 나침반, 화약 등 세 가지가 송대에 실용화되고 서양으로 전파되어 세계사를 바꾸는 계기를 마련했다 함은 이미 말한 바 있다. 그 밖에 동양의학이 발달하여 하늘 · 사람 · 자연의 조화로 연결되는 의학이론이 나왔고, 약초학과 인체해부 이론도 상당한 수준에 와 있었다.

제6절 요 · 금 · 원: 정복왕조

1. 요(遼)의 건국과 발전

앞서 언급한 바와 같이 송은 북방에서 일어난 거란, 서하, 여진, 몽골 등 여러 민족의 잇단 침략을 받아 그 정치 및 군사적 위세는 매우 위축된 상태에 있었다. 이들 북방 민족이 세운 요(遼) · 금(金) · 원(元)은 전형적인 정복왕조로 그들이 일단 중국에 침략했을 경우, 통치방법으로 원래 그들이 살았던 지역에는 부족 중심의 고유체제를 유지했고 정복한 지역에서는 중국 전래의 통치체제를 본받아 다스리는 이른바 이중체제(二重體制)로 통치했다. 이것은 북방민족이 각기 그들의 정체성 유지하면서 중국을 효과적으로 다스리려는 의도에서 나왔다. 중국과 정복왕조의 관계를 설명하는 데 있어 종래에는 정복왕조는 무력으로는 중국을 지배하지만, 결국 우수한 중국 문화의 수용으로 그들은 곧 중국화하고 만다는 것이 일반적인 인식이었다. 그러나 최근에 와서는 중국과 정복왕조의 문화를 상대적로 보아, 문화적 변화의 여러 과정이 일방적이라기보다는 부분적이고 상호적인 것이라 하여, 이민족의 중국 문화 수용을 선택적인 것으로 이해하려는 주장이 나오게 되었다. 따라서 중국 문화가 우수한 세계적 문화의 하나이기는 하지만 그 문화는 이민족의 정복에 의해 문화이행이 촉진될 수도 있고 좌절될 수도 있었다는 것이다. 또한 정복으로 야기된 문화발달의 혜택을 정복왕조만이 입는 것이 아니라 중국 문화 자체도 북방적 문화요소의 자극으로 새로운 역동성을 기대할 수 있었다고 보았다.

거란족이 세운 요는 전형적인 정복왕조였다. 거란족은 원래 랴오하(遼河) 상류에 살던 몽골 계통의 유목민족으로, 그들이 중국 역사에 기록된 것은 4세기경부터였다. 그들은 수 · 당 시대에 몽골 동북 지방의 지배세력으로 성장하여 당 말에는 그 세력을 몽골과 만주, 한반도에까지 확장함으로써 중국 북방의 지배세력으로 성장하게 되었다. 생업으로 농업과 목축의 혼합체제를 유지하고 문화 면에서는 중국적인 것을 수용하면서 성장했다. 거란은 원래 부족사회로 그 자체가 준군사적인 조직이었다. 따라서 이들이 통일왕조로 성장하는 과정에서 유력한 부족을 중심으로 하는 부족연맹의 형식을 취했다. 이와 같은 현상은 여진과 몽골, 후에 청을 세운 만주족의 경우도 마찬가지였다.

거란족은 9세기 말, 야율씨(耶律氏) 중심의 부족통합을 계기로 야율아보기가 거란족의 통합을 이룩하고 나라를 세우기에 이른다(919). 야율아보기는 왕위를 세습화한 다음 내몽골을 병합하고 발해를 쳐 멸망시킨 뒤(927) 고려에 침입했다. 그의 아들인 태종은 국호를 대요(大遼)로 정하고 중국 5대의 혼란을 틈타 화북 지방에 진출한 다음, 연운16주를 확보하여 마침내 몽골 · 화북 · 만주에 걸친 대제국을 건설했다. 요의 전성기는 6대 성종(聖宗) 시대였다. 그는 송과 싸워 승리하여 막대한 세폐를 송으로부터 받는 조건으로 송과 상대적인 안정관계를 유지했다. 그러나 송과의 평화스러운 관계의 계속은 거란족의 소박하고 강건한 기질을 약화시켰다. 또한 그 주변에는 탕구트, 여진과 같은 새로운 세력이 성장하여 거란을 압박하면서 중원에 진출할 기회를 노리고 있었다. 여진족이 요의 배후 적대세력으로 성장하자 송은 이를 호기로 잡아 여진과 동맹하여 요를 공략하니 마침내 요가 망하게 된다(1125).

요가 망하자 왕실의 후손인 야율대석(耶律大石)이 서쪽으로 이동하여 서요(西遼, 1124~1211)를 세웠다. 서요는 거란인 추종자들과 서쪽의 여러 부족을 규합하여 신장성을 중심으로 오아시스 무역을 장악하여 한 때 크게 번영했다. 그러나 서요는 거란족 중심이 아닌 투르크 계통 여러 부족이 핵심을 이루었으므로 원래 거란과는 다른 성격의 왕조였다.

약 200여 년 동안 유목 · 농경지대에 걸쳐 세력을 떨쳤던 요 제국은 그 민족구성에서 다수의 한인과 발해인, 위구르인 등을 포함하고 있었다. 역대 거란의 왕은 제도와 문화면에서 중국적인 것을 폭넓게 수용했다. 그러나 그들은 지나친 한화를 경계하여, 그들 동족에게는 고유한 습속과 우수한 군사력을 유지하도록 하는 한편, 만주와 화북 지방에는 농경지대를 효과적으로 다스리기 위해 중국 제도를 채택하는 이중체제를 마련했다. 요는 초기에 중국의 과거제도를 그대로 모방하는 등 적극적인 한화정책도 폈으나 곧 그들 특유의 관습과 제도를 보존할 필요성을 인식하게 되었다. 한자를 모방한 거란 문자의 제정은 이러한 인식에서 나온 문화업적이었다. 그러나 그들은 그 문자를 이용한 이렇다 할 문화유산을 남기지 못했다. 다만, 불교의 보호자임을 자임하여 대장경을 각판하고 많은 불교사찰을 세워 후대까지도 영향을 끼쳤다.

2. 서하(西夏)와 금(金)

550년 북위가 망한 후, 그 부족의 일부가 중국과 티베트의 접경지대로 옮겨 그 지역에 살던 티베트인과 탕구트인을 지배했다. 탕구트는 당이 건국할 무렵부터 당과의 종속관계를 맺어 양자 간의 평화가 계속되는 속에 10세기경부터 독자적인 힘을 기르기 시작했다. 이 무렵 북의 거란, 남의 티베트로부터 압력을 받고 있던 탕구트인은 거란의 세력을 견제하고자 동맹자를 찾고 있던 송과 우호관계를 맺은 다음, 그 지도자인 이원호(李元昊)가 친송적인 서하를 세웠다(1038). 서하는 곧 깐수, 오르도스, 티베트 방면으로 판도를 넓히고 이어 중국의 산시 지방을 공격했다. 이 산시 지방은 송과 요 모두에 중요한 지역이었으므로, 서하의 힘이 이 지역에 미치자 송·요·서하 3국이 대립상태에 들어갔다. 이윽고 서하는 송의 인종 때 송에 침입해 막대한 세폐를 약속받고 철수했다. 요가 금에게 망하자 서하 역시 금의 세력에 밀려 산시 지방을 잃고 마침내 몽골에 의해 멸망한다(1227).

원래 서하의 통치계급은 선비족의 일부인 탁발씨였다. 그러나 그들은 언어와 풍속에서 점차 탕구트화했다. 이들은 한자를 응용해 서하 문자를 만들고 요와 마찬가지로 많은 불교 유산을 남겼다. 그들의 문화는 아직도 신비에 쌓여 있으나 문자제작 같은 예로 보아 한문화의 접촉과정에서 상당한 문화수준에 도달했음을 짐작하게 한다.

거란이 전성기에 있을 무렵, 만주에는 또 다른 세력인 여진족이 세력을 키우고 있었다. 원래 여진족은 퉁구스어계의 종족으로 목축, 수렵, 어로, 농경에 종사하고 있던 반농반목 상태로 만주 일대에 흩어져 살고 있었다. 그들은 발해의 지배하에 있다가 요가 발해를 멸하자 요의 지배하에 들어갔다. 여진 중에도 쑹화강 이동에 살고 있던 생여진(生女眞)은 문화적으로 가장 뒤떨어져 있었으나 11세기 말부터 그 세력이 매우 강해졌다. 이때 하얼빈 부근에 있던 완안부(完顔部)의 아구타(阿骨打)는 주변 여러 부족을 통합하고 요에 대항해 독립했다(1115). 아구타는 고향의 이름을 따 국호를 금(金)이라 하고 그 태조가 되었다. 금은 요에 대항하여 화북 지방을 찾으려 하던 송과 연합하여 요를 멸망시켰다. 요를 멸한 금은 화북 지방을 차지하고 마침내 송의 수도인 카이펑을 함락함으로써 회수 이북의 중국땅을 모두 차지했다. 금은 영토확장사업을 계속하여 남으로 고려에 침입하고 서로 서하에 미치는 대제국을 건설했다.

금은 북위 이래 가장 넓은 북중국을 차지했던 이민족 국가로서 서로 다른 사회구조를 가진 두 민족을 다스리기 위해 요와 같이 이중적인 통치기구와 혼합문화정책을 폈다. 회수 이북을 차지한 금은 수도를 연경(燕京)으로 옮긴 다음 당제를 모방하여 중국식 중앙집권적 관료국가의 형식을 갖추었다. 지방제도에서도 처음에는 요의 제도를 본받아 전국에 5경을 두고 19개의 지방행정단위로 나누었다가 결국 송과 같은 주현제도로 개편했다. 반면 그들의 본거지와 기타 북방민족의 주거지에는 그들 고유의 맹안모극(猛安謀克)제를 그대로 두어 다스렸다. 맹안모극제는 여진 고유의 사회조직이자 군사조직으로, 그 조직의 장은 행정과 군사적 책임을 지는 세습적인 지도자였다. 그러나 금의 말기에 와서는 중국화의 추세에 따라 이 맹안모극제는 점차 그 기능을 상실하고 말았다. 이러한 한화과정에서 여진인은 문약해지고 경제권을 중국인에게 빼앗기게 되었다. 또 남송과의 오랜 소모전은 경제적인 압박을 불러, 북방에 새로운 세력으로 등장한 몽골 제국(蒙古帝國)에게 망하게 되었다(1234).

여진족은 중국땅을 점령한 후 인구와 문화수준에서 월등한 한민족에 동화되지 않기 위해 의식적으로 노력을 기울였다. 그들은 처음 한자 대신 거란 문자를 사용하다가 두 가지 형태의 여진 문자를 만들어 사용했다. 또

여진의 직업군인은 의식적으로 여진의 복장과 여진어를 사용했다. 그러나 시간이 경과함에 따라 중국인과 통혼하고 그 문화적 영향을 깊숙히 받아, 거란이나 서하보다 한화의 정도가 깊었다. 여진인은 거란인과 달리 한자를 사용했고 이를 사용한 시문에 능한 사람도 많이 나왔다. 또 그들은 유교를 그들의 생활규범으로 하고 불교를 깊이 신봉하여 요에 이어 대장경 간행이 활발했으며, 도교의 한 계파인 전진교(全眞敎)도 널리 믿었다. 송의 화폐제도를 본받아 지폐인 교초(交鈔)를 발행하여 유통시키기도 했다.

3. 몽골 제국 · 원(元)의 성립과 발전

송대에 일어났던 마지막 정복왕조는 칭기즈칸(成吉思汗)이 세운 몽골 제국이었다. 몽골인은 당대에 헤이룽강 상류의 실카천(川) 남쪽에서 수렵과 어업으로 생활하던 종족이었다. 이들은 9세기 후반에 실카천으로부터 오르혼, 도라, 세렌게의 3대하가 합류하는 지역으로 옮기면서 유목생활을 시작했다.

요가 망하고 외몽골 지방에 대한 통제세력이 사라지자 몽골족은 그들의 부족통합활동을 활발히 했다. 12세기 초 금의 반란세력의 몽골 귀화를 계기로 몽골은 금과 협상해 막대한 경제적 이익을 얻어냈을 뿐만 아니라 높은 관직도 받아 그 세력을 크게 키우더니 마침내, 그 지도자가 몽골 제국의 칸(汗)을 칭하기에 이르렀다(1147). 뻗어 가던 몽골 세력은 한때 타타르의 침략을 받아 곤경에 처하기도 했지만 테무진(鐵木眞)이 나와 몽골족을 통일하고 숙적인 타타르를 쳐부수어 몽골 지방의 패자가 되었다. 1206년 테무진은 부족회의(Kuriltai)에서 대칸(大汗)으로 뽑혀 칭기즈칸(成吉思汗)이 되었다.

테무진은 칸의 위에 오른 후 몽골 전래의 부족집단을 해체하고 호(戶)를 단위로 집단을 편성해 무장에게 통솔권을 줌으로써 사회의 병영화를 추진하고 곧 정복사업에 착수했다. 그는 우선 우수한 몽골 기병을 써서 서하를

칭기즈칸

멸하고 위구르를 귀속시켜 텐산(天山)에서 이리(Ili) 지역에 이르는 영토를 손에 넣었다. 계속하여 그는 장성을 넘어 북중국을 정복한 다음 공격목표를 다시 서아시아로 돌렸다. 칭기즈칸은 동투르크스탄의 서요를 평정하고 서투르크스탄 지방 정복에 이어 이슬람 지배하의 아프가니스탄, 호라즘, 아바스조를 차례로 손에 넣었다. 이어서 남러시아를 공격해 유럽 세계에 큰 충격을 주었다. 그는 군사를 돌려 서하와 금을 멸할 생각이었으나 도중에서 병사했다(1225).

칭기즈칸이 죽은 뒤 그의 아들인 오고타이(Ogotai, 太宗)는 부왕의 정복 사업을 계속했다. 그는 남송과 동맹하여 금을 멸망시킨 다음 남송 자체를 압박했다. 태종은 다시 전선을 서쪽으로 돌려, 생질인 바투(Batu)를 총사령관으로 하는 유럽 원정군을 편성하여(1236) 약 5년에 걸친 유럽 원정을 단행했다. 원정군은 러시아를 점령한 뒤 1군과 본군으로 나누어, 1군은 폴란드에 들어가 독일·폴란드의 연합군을 무찌르고, 몰다비아를 거쳐 본군과 합류했다. 한편 본군은 헝가리와 오스트리아를 점령하고, 이탈리아로 진공할 계획이었으나 태종의 사망으로 회군했다. 회군 도중 바투는 볼가강 유역에 킵차크한국(Kipchak Khanate)을 세웠다(1243).

태종을 이은 헌종(憲宗) 역시 정복사업을 계속했다. 동생인 훌라구(Hulegu)를 시켜 페르시아 지방을 원정하도록 하여, 그 지방에 일한국(Il Khanate)을 세웠다. 헌종의 다른 동생인 쿠빌라이(Kubilai, 世祖)는 티베트 지방에 있던 토번과 윈난 지방의 대리국을 병합한 다음, 베트남을 속국화하여 남송을 완전히 포위했다. 그는 남송과의 전쟁을 지휘하고 있던 중 헌종의 사망으로 제위에 오른다.

쿠빌라이칸은 제위에 오른 다음, 수도를 상도(上都)에서 대도(大都, 北京)로 옮기고 국호를 원(元)이라 하니 또 하나의 정복국가가 탄생했다. 세조는 남송 공격을 재개하여 수도인 임안을 점령함으로써 중국 정복을 끝마쳤다. 그는 다시 대외원정차 남해로 출병하여 참파, 진랍, 버마, 자바를 정벌하여 속국으로 만들었다. 또 고려를 정복하여 쌍성총관부와 동령부를 두어 100여 년 지배의 기초를 닦고, 일본 원정도 시도했지만 실패로 끝난다.

이와 같이 몽골 제국은 건국 후 약 70년 만에 유라시아 대륙에 걸친 공전의 대제국을 건설했다. 그러나 이렇게 광대한 영토에 잡다한 민족을 하나의 정부가 통치한다는 것은 사실상 불가능했다. 이에 원은 중국 본토와 만주, 몽골을 직할 통치하고 고려와 티베트, 베트남을 그 직접 지배하에 두었다. 기타 점령지역에는 앞서 세운 두 개의 한국에 더하여 아프가니스탄과 인도 서북부를 통치하는 차가타이한국(Chaghatai Khanate)과 외몽골 남부를 통치하는 오고타이한국(Ogotai Khanate) 등 모두 4한국을 두었다.

그런데 이 4한국은 세조 때부터 사실상 원 제국의 직접지배에서 벗어나 독립상태에 들어간 뒤, 그 지역을 대표하는 독립국가로 발전했다. 오고타

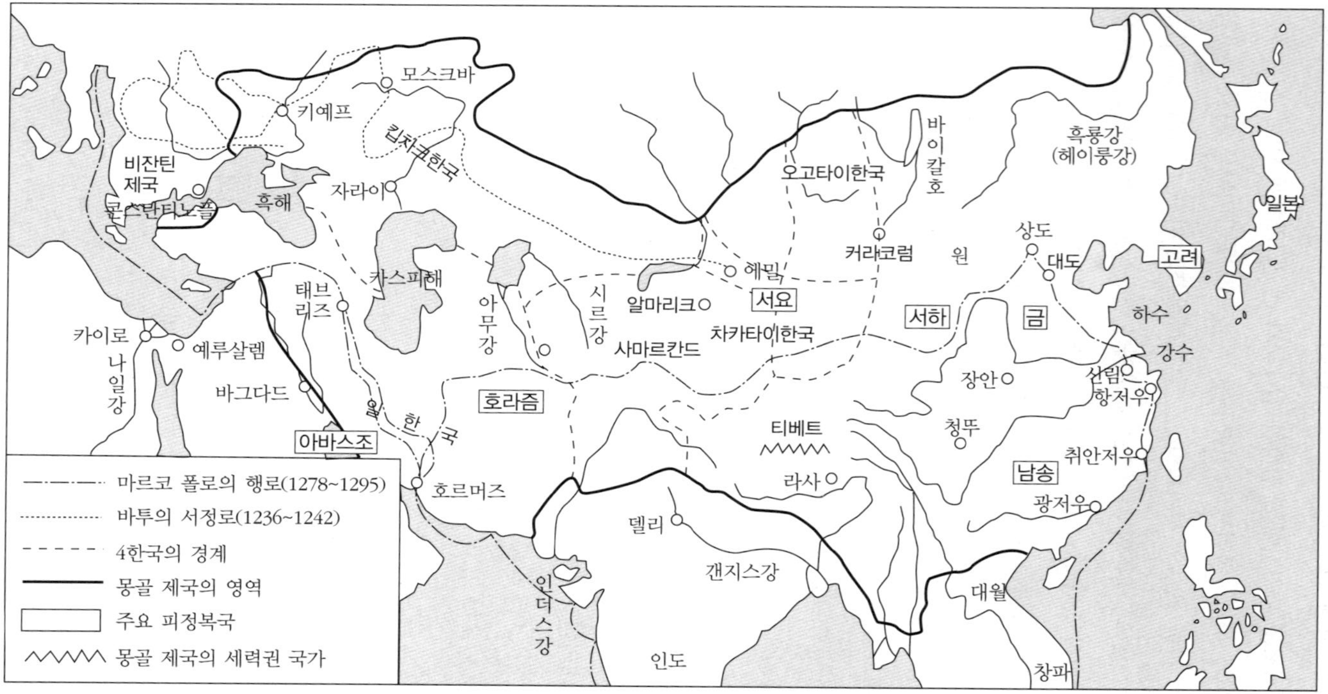
모스크바
키예프
킵차크한국
비잔틴 제국
콘스탄티노플
흑해
자라이
카스피해
카이로
예루살렘
나일강
태브리즈
바그다드
아바스조
일한국
호르머즈
아무강
시르강
알마리크
사마르칸드
호라즘
헤밀
서요
차카타이한국
오고타이한국
커라코럼
바이칼호
원
흑룡강
(헤이룽강)
상도
대도
고려
일본
서하
금
하수
강수
장안
청뚜
티베트
라사
델리
갠지스강
인더스강
인도
선림
항저우
취안저우
남송
광저우
대월
창파
마르코 폴로의 행로(1278~1295)
바투의 서정로(1236~1242)
4한국의 경계
몽골 제국의 영역
주요 피정복국
몽골 제국의 세력권 국가

그림 5-4. 몽골 제국

이한국을 제외하고는 소수의 몽골인이 그들보다 수적으로나 문화적으로 우세한 이민족을 지배해야 했기 때문에 곧 그 지역을 대표하는 독립적인 국가의 위치로 변질할 수밖에 없었다.

오고타이한국은 세조와 싸우다가 차가타이한국에 병합되고, 차가타이는 다시 14세기경 티무르(Timur) 제국의 지배하에 들어갔다. 이슬람문화권을 지배한 일한국은 이슬람 문화의 옹호자로 이들 문화 발전에 크게 공헌했다. 킵차크한국은 지리적으로 유라시아의 동서남북을 잇는 요충에 위치했기 때문에 경제적 번영을 누림은 물론, 일한국과 같이 이슬람 문화 발달에 크게 기여했다. 그러나 곧 티무르와의 전쟁으로 약해져 결국 16세기 초 러시아 공국에 망했다.

몽골 제국은 이때까지 중국 전체를 완전 지배한 최초의 정복왕조였다. 그러나 여러 지역의 잡다한 민족을 포함하고 있었기 때문에 과거 요·금이 시행했던 이중체제를 통한 지배는 불가능한 상황이었다. 특히 한족의 인구·문화 양면에서의 우월성은 몽골에 잠재적인 큰 위협이었다. 이러한 문제점을 감안하여 몽골의 통치자들은 몽골제일주의(蒙古第一主義)에 입각한 엄격한 민족차별정책을 썼다. 이 정책은 몽골인과 유목민족으로 지배층을 구성하고, 중국인을 하위 피지배 계층에 놓아 차별을 제도화함으로써 한민족을 엄격히 통제하는 데 목적이 있었다.

그러나 엄격한 차별정책으로만 중국을 다스릴 수는 없었다. 즉, 중국 제도와 문화의 적절한 수용은 불가피한 것이었다. 태종은 일찍이 거란 출신의 야율초재(耶律楚材)를 중용하여 점령한 중국땅을 다스리는 데 있어 중국식의 과거제도 및 행정체제를 채택하도록 했다. 그 후 세조는 중국제도의 수용에 더 적극적이었다. 그는 중국식 국호와 연호를 사용하고 유교를 지도이념으로 택해 중국 정통왕조의 하나임을 과시했다. 그는 몽골 문자의 사용, 몽골 병제의 적용 및 몽골지상주의 정책과 병행하여 중국식의 중서성을 두고 여기에 6부를 귀속시켰으며, 군정을 맡는 추밀원(樞密院), 감찰을 맡는 어사대(御史臺)를 두어 중국 관제를 계승했다. 원은 지방행정제도를 마련하여 내몽골, 산시, 허베이, 산둥을 제외한 각 지방에 중서성 관할의 11개 행성(行省)을 설치하여 다스리도록 했다. 성의 장은 민정, 군사, 사법을 맡고, 행성 밑에는 로(路)·부(府)·주(州)·현(縣)을 두어, 로 이하에는 다루가치(達魯花赤)를 파견하여 감독하도록 했다. 오늘날 중국 지방행정단위인 성(省)은 이때에 비롯했다. 또 중국의 화폐제도를 모방해 지폐인 교초(交鈔)를 발행하고 광대한 영토를 효율적으로 다스리기 위해 역참(驛站)제도를 실시한 것 등은 특기할 만하다.

세조 쿠빌라이가 죽은 후, 몽골은 왕위계승싸움에 휘말리고 몽골인 귀족끼리의 분열과 암투가 심각해졌다. 또 궁정과 귀족은 라마교를 신봉하여 막대한 경비를 낭비한 결과, 재정이 악화되자 교초를 남발하여 심각한 경제문제를 야기했다. 더구나 문화와 경제적인 면에서 우월한 중국인이 몽골인이나 서역인(西域人, 色目人)의 차별대우를 받는다는 것은 큰 사회불안 요인이었다. 14세기 경제·사회 불안에 자연재해까지 겹쳐 각지에서 반란이 일어났다. 그 가운데서 유민을 중심으로 한 강남 지방의 홍건(紅巾)의 난은 한민족국가의 부흥을 기치로 각계의 호응을 얻어, 몽골인을 다시 몽골 지방으로 축출하는 데 성공했다(1368).

4. 원의 사회와 문화

몽골인들은 자신들을 정점으로 하여 제2계급은 색목인, 제3계급은 금의 지배를 받던 화북의 한인·만주인·고려인, 제4계급은 최후까지 저항했던 남송인으로 계급구별한 다음 통치에 이용했다. 몽골인은 국족(國族)으로 정치·군사적 요직을 독차지하도록 했고, 제2계급인 색목인은 위구르인, 탕구트인, 투르크인, 페르시아인 등으로 상업과 언어에 재질이 있어 주로 정부의 재정을 담당하도록 했다. 제4계급인 남송인은 지식이나 문화 면에서 가장 앞서 있으면서도 정치·사회적으로는 아무런 권한이 없는 계층으로 철저히 소외되었다. 이러한 모순 때문에 원은 곧 한인들의 반감을 사 사회불안이 가중되었다. 몽골인은 그들의 전통 보존에 힘쓰는 한편, 한인에게도 몽골화를 강요하여 한때 이름과 의복 등에 몽골풍이 유행하기도 했다.

몽골인은 한인차별정책에도 불구하고 정복왕조 가운데 중국 본토를 가장 중요시했다. 그들은 화북 지방을 정치의 중심으로 삼고 강남 지방을 경제의 중심으로 삼아 중국 본토 통치에 큰 무게를 두었다. 대제국을 건설한 그들은 경제적, 군사적 필요에 의해 제국 전체로 뻗는 교통망을 시설했는데, 이것이 역참제도로, 곳곳에 설치된 역에는 보관창고, 수송수단 및 기타 교통에 필요한 부대시설을 갖추어 대제국의 동맥역할을 하도록 했다.

토지는 대토지소유를 인정하여 송대의 지주 · 전호관계가 대체로 그대로 유지되었다. 조세제도는 강남과 강북이 서로 달랐다. 강남에서는 전래의 양세법을 그대로 썼고, 강북에서는 세량(稅糧)이라 하여 정남(丁男)에게는 정세(丁稅)를, 토지에는 토지세를 물도록 했다. 소금, 술, 차 등에 대해서는 전매제도를 실시하고 해외무역이 활발해지면서 시박과(市舶課), 상세(商稅) 등을 징수하여 국고에 충당했다. 원은 송 · 금의 예에 따라 화폐로 지폐인 교초를 발행해 널리 유통시켰다. 원래 교초는 금 · 은으로의 태환이 가능한 것이었으나 원말 이의 남발로 경제적인 파탄을 맞게 된다.

원의 유학은 중국 지식인들에 대한 조직적인 탄압의 결과 큰 발전을 보지 못하지만 성리학의 맥은 이었다. 종교로는 민간에서는 대체로 불교신앙이 일반화되었던 데 반해 지배층에서는 라마교를 숭배했다. 라마교는 불교와 티베트의 토착신앙이 혼합된 것으로, 원은 이를 국교화하여 궁정에서 널리 믿었다.

원대 문학에서 가장 특징적인 것은 서민문학이었다. 구어체로 쓴 소설과 희곡은 도시 서민층의 증가와 좌절한 한인 지식인의 감정적 출구로서 큰 인기를 얻게 되었다. 『서상기(西廂記)』, 『비파기(琵琶記)』, 『수호전(水滸傳)』, 『삼국지연의(三國志演義)』 등은 당대의 대표적인 작품들이다.

건축미술에는 라마교의 영향을 받은 티베트 양식이 두드러진 특징이었다. 그림에는 송대 원체화풍이 사라지고 문인화가 크게 유행했다. 황공망(黃公望) 등 당대 문인화가들은 자연과 시정을 일치시키는 화법을 이용하여 중국 산수화의 절정을 이루었다.

과학과 기술은 서양인의 왕래와 아라비아 상인의 활동에 힘입어 지리, 천문, 역산, 의학 등 자연과학이 크게 발달했다.

5. 동서 문화의 교류

동서 문화교류는 선사시대부터 있어 왔다. 그러나 이러한 동서교류는 점진적인 것이었고 시대와 지역적인 조건 때문에 몇 개의 주요 교역로가 이었다. 초원길, 비단길, 바닷길 등이 그것이다.

초원길은 기원전 9세기부터 2세기까지 흑해 동북부에서 몽골에 이르는 북위 50도를 가로지르는 무역로였다. 이 길을 통해 오리엔트의 영향을 받은 스키타이 금속문화가 몽골를 거쳐 북중국에 전파되었다. 특히 몽골 지방에 금속문화를 전달함으로써 기마전술에 큰 변화를 가져올 수 있게 했다. 동시에 이 길은 민족이동의 길이기도 했다. 흉노 이전의 산융(山戎), 견융(犬戎), 험윤(玁狁) 등 제 민족은 이 길을 따라 이동했던 것으로 보인다. 이 길은 비단길이 열림과 동시에 상대적으로 그 중요성이 줄어 갔다.

비단길은 기원전 139~126년간 한 무제가 파견한 장건(張騫)이 확인한 길이다. 북위 40도를 따라 시안에서 천산로를 거쳐 중앙아시아의 오아시스 지대를 지나 바그다드를 통하여 지중해에 이르는 대상들의 활동로였다. 한 · 당 간을 일관하여 중국은 서역으로부터 아라비아 말, 각종 보석, 호도, 포도, 모피 등을 수입하는 데 이 길을 이용했고 서양음악, 불교, 경교 등은 이 길을 통해 중국에 전래되었다. 반면 중국의 비단, 차, 도자기, 지남차, 제지술이 이 길을 통해 서양에 전달되었다. 많은 도래승(渡來僧)과 구법승이 이 길을 이용하였고 원대에는 군사도로로도 사용되었다. 중국의 혼란기에

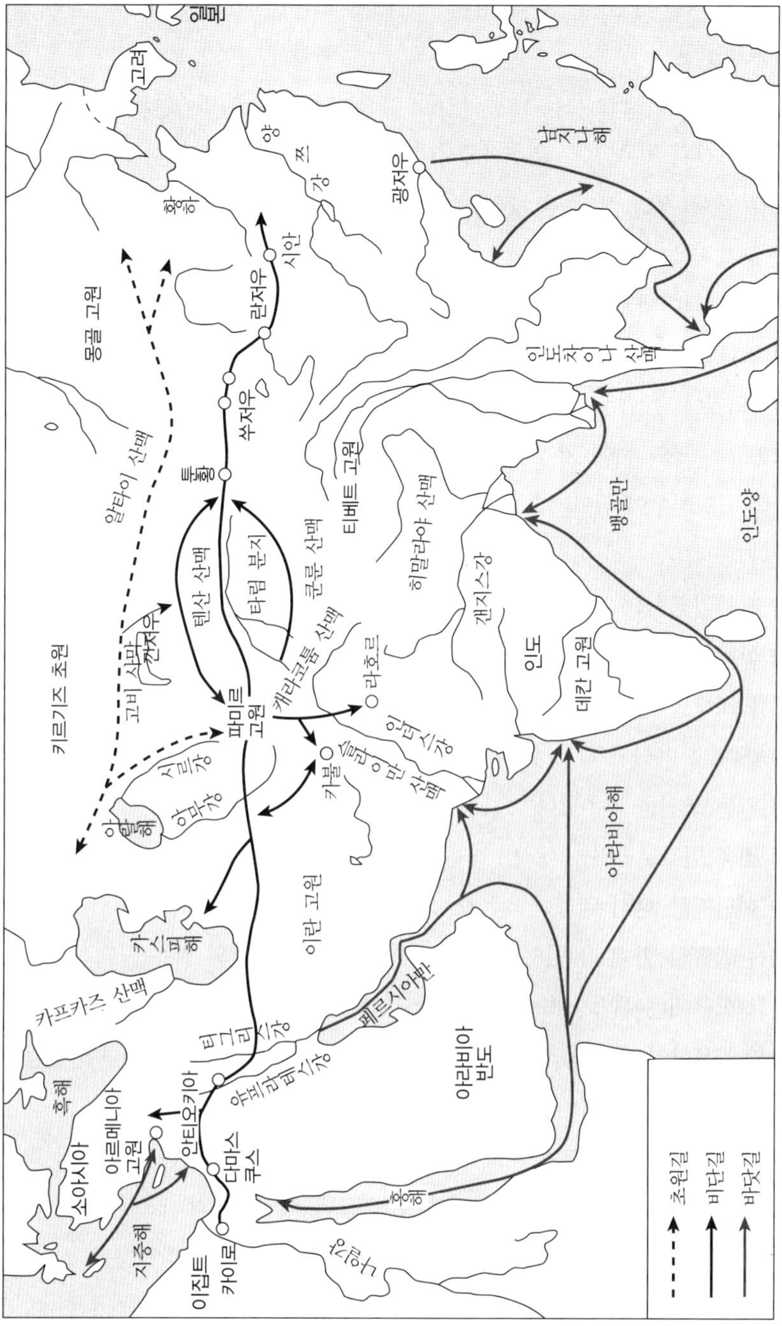
일본
고려
황하
양쯔강
광저우
남지나해
시안
란저우
몽골 고원
쑤저우
둔황
알타이 산맥
티베트 고원
인도차이나 산맥
벵골만
인도양
히말라야 산맥
쿤룬 산맥
타림 분지
톈산 산맥
고비 사막
간저우
키르기즈 초원
파미르 고원
카라코룸 산맥
라호르
갠지스강
인도
데칸 고원
인더스강
술라이만 산맥
카불
시르강
아무강
아랄해
이란 고원
아라비아해
카스피해
카프카즈 산맥
티그리스강
페르시아만
유프라테스강
아라비아 반도
흑해
안티오키아
아르메니아 고원
소아시아
다마스쿠스
홍해
지중해
이집트
카이로
나일강
초원길
비단길
바닷길

그림 5-5. 동서 교통로

는 이 지역을 통한 동서간의 왕래가 침체되기도 했지만 항상 부분적으로는 이용되었다.

중국인의 바닷길 사용은 중국인들 자신보다는 다른 민족들의 능동성에 의해 촉진된 경우였다. 춘추전국시대에 양쯔강 유역의 월인(越人)이 남방의 진주, 상아, 물소 뿔 등을 중국에 들여왔다. 중국은 진 · 한 시대에 처음 남방에 세력을 미치지만 해상활동은 저조한 편이었다. 그러나 이 해상로는 당 · 송 · 원대에 이슬람교도의 활동으로 페르시아만에서 인도양을 거쳐 중국의 동남해안에 이르는 본격적인 해상무역시대가 열리자 이 길의 이용이 활성화되었다. 이슬람교도들은 그들의 이슬람교, 과학기술, 향료 등은 중국에 전하고 중국의 비단, 차, 자기, 인쇄술 등을 가져갔다. 당시 많은 무슬림 상인들이 광저우와 취안저우 등에 번방(藩坊)이란 특별 거주지를 형성할 정도였다. 신항로 개척 이후, 이 해상로는 포르투갈과 에스파냐를 필두로 여러 서양 해양국들의 무역로로 활용되었다. 18세기 말부터는 문화교류보다는 제국주의 침략로로 쓰여, 중국도 결국 이 길을 통해 들어온 영국에 처음 문호를 개방했다.

원은 그 나라가 차지하였던 판도만으로도 동서 문화교류에 크게 공헌할 수 있는 조건을 갖추었다. 그들은 각 한국(汗國)의 수도와 대도를 연결시키는 것을 필두로 군사 · 행정 · 경제적 필요에 의해 일시 침체했던 초원의 길과 비단길을 다시 열었다. 각 요지를 잇는 역참제도의 실시는 동서교통을 더욱 원활히 할 수가 있었다. 해상으로는 이슬람 상인의 활동을 허락하여, 주요 항구에는 시박사(市舶司)를 두어 무역을 허락하고, 이들 무역항에서 수로를 이용하여 대도와 직접 연결시켰다. 특히 색목인의 중용은 이들이 전문적인 무역중개자로서의 역할을 할 수 있는 문을 열어 준 조치였다.

동서의 교류는 무역에만 국한된 것이 아니었다. 이는 많은 서양의 선교사와 상인, 모험가가 중국을 찾아올 수 있도록 했다. 원의 세조 때 중국에 왔다가 17년 만에 귀국한 마르코 폴로(Marco Polo)는 『동방견문록(東方見聞錄)』을 지어 중국을 유럽에 자세히 소개할 수 있었다. 또 아랍인 이븐 바

마르코 폴로

투타(Ibn Battuta)도 원에 왔다 돌아가 유명한 여행기를 남겼다. 한편 교황청도 여러 선교사를 원에 보내어 가톨릭을 중국에 포교하도록 했다. 이때 원에 온 선교사는 프레노 카르피니(Preno Carpini), 윌리엄 루브뤼크(William Rubruck), 몬테 코르비노(Monte Corvino) 등인데, 코르비노는 세조 때 대도(大都)에 들어와 교회를 짓고 30년간 포교생활을 했다. 이때 원에서 기독교를 십자교(十字教), 교회를 십자사(十字寺)라 불렀다. 이슬람 상인의 활동과 더불어 육로를 통해 중국의 서북부, 바다를 통해 중국 동남 무역항 일대에 이슬람교도 전파되었다.

이슬람인의 중국에 대한 공헌에서 뺄 수 없는 것은 과학기술의 전달이다. 그들은 과학으로 대표될 수 있는 그들의 문화를 중국에 전파함으로써 중국에서의 천문, 역학, 의학 등 자연과학 분야의 발달을 촉진했다. 곽수경(郭守敬)의 수시력(授時曆), 이치(李治)의 수학서인 『측원해경(測圓海鏡)』이 나왔고, 주은본(朱思本)은 지도제작에 재능을 보였으며, 주진형(朱震亨), 이고(李杲) 등은 의학에 깊은 조예가 있었다. 이들은 모두 이슬람과의 교류의 산물이었다.

제6장 유럽 중세 사회의 성립

제1절 서유럽 세계의 형성

제2절 서유럽의 봉건사회

제3절 중세 교회세력의 신장

제4절 비잔틴 제국

제5절 이슬람 세계의 성장

로마 제국이 몰락의 길을 치닫고 있던 4세기 후반에 훈족이 동유럽에 침입했다. 이를 계기로 게르만족의 이동이 시작되어 그 후 약 200년간 유럽은 민족이동의 물결에 휩쓸리게 되었다. 그 사이에 게르만족의 여러 왕국이 흥망했으나, 그중 꾸준히 발전해 서유럽 세계를 재통합한 것이 프랑크족이었다. 프랑크족은 일찍부터 로마 가톨릭 교회와 제휴하여 서유럽 일대에 새로운 문화를 형성했다. 이것이 로마 문화와 게르만 문화를 융합한 로마 가톨릭 문화로서 동유럽의 비잔틴 문화와 더불어 이슬람 문화에 맞섰다.

게르만 사회는 원래 원시적 씨족사회였으나 게르만인들이 로마 영내에 정주하면서부터 로마의 농업제도를 이어받아 장원제가 발전하게 되고, 게르만의 종사제(從士制)와 로마의 은대지(恩貸地)제도가 결합하여 봉건제가 성립하여 신분제에 입각한 봉건사회가 형성되었다. 한편 로마 가톨릭 교회는 프랑크 왕국의 지지를 받아 그 권위가 높아졌으며, 그 후 점차 세력이 확대되어 봉건제도와 더불어 유럽 중세 사회를 지탱하는 양대 지주가 되었다.

한편 7세기 초 아라비아에서 이슬람교를 창시한 무함마드(Muhammad)는 정교(政教) 양권을 장악하여 아라비아 반도를 통일했으며, 뒤이어 그의 후계자들은 중앙아시아에서 아프리카를 거쳐 이베리아 반도에 이르는 광대한 이슬람 제국을 세웠다. 이후 이 제국은 곧 분열되고 제국의 지배권도 아랍인으로부터 페르시아인, 투르크인 등에게로 넘어갔다. 그러나 이들이 모두 이슬람교를 받아들임으로써 이슬람 제국의 정신적 통일은 그대로 유지되었으며, 이슬람교를 바탕으로 하여 페르시아, 그리스, 로마, 인도 등 여러 문화를 이어받아 이들을 융합한 하나의 종합적 문화가 형성되었다.

제1절 서유럽 세계의 형성

1. 게르만족의 이동

로마 제국이 한창 그 평화를 자랑하고 있을 무렵 라인강과 도나우강 너머 유럽의 동북부 일대에는 인도-유럽어계인들의 중요한 한 갈래인 게르만족들(Germans)이 널리 흩어져 살고 있었다. 원래 스칸디나비아 반도의 남부와 발트해 연안의 북부독일 지방에 살고 있었던 이들은 그 후 남하하여 기원 원년 전후에는 라인강과 도나우강 주변까지 진출하여 로마 제국과 접촉하게 되었다.

그들은 여러 부족으로 나뉘어 촌락생활을 하며 수렵과 목축 그리고 농경에 종사했다. 부족마다 왕이 있었으며 사회계층으로는 귀족, 자유민 그리고 노예가 있었다. 왕이라고는 하지만 실상 수장이라고 부를 만한 존재였고, 부족의 중요 사항은 전사들인 자유민의 모임에서 토의되고 결정되었다. 그들 사이에서는 종사제(Gefolgschaft, comitatus)라는 전사조직이 있었는데, 그것은 한 무리의 전사들이 유력한 군사적 우두머리를 따르며 그에게 충성을 바치고, 우두머리는 그들을 보호하고 부양해 주는 제도였다. 그들은 천신 워단(Wodan), 군신 티우(Tiu), 뇌신(雷神) 토르(Thor) 등 여러 신을 믿었으며, 사납고 거친 면도 있었으나 대체로 소박하고 용감하여 『게르마니아』를 쓴 타키투스는 그들의 미덕을 오히려 찬양할 정도였다.

기원후 3세기경 로마 제국의 내정이 문란해지고 국경방비가 소홀해지자 게르만인들 중에는 국경을 넘어 로마 영내로 흘러들어오는 자의 수가 늘어났다. 이렇게 스며든 자들은 로마의 하급관리나 로마군의 용병이 되기도 하고 콜로누스로서 농사를 짓기도 했다. 그러던 것이 4세기 후엽에 카스피해 서북쪽에 있던 훈족(Huns, 흉노의 일파로 짐작되고 있다)이 서쪽으로 이동하여 흑해 북쪽에 자리 잡고 있던 동고트족(Ostro-goths)을 치고 이어 서고트족(Visi-goths)에 압박을 가하자 이에 밀린 서고트족들이 로마 황제로부터 도나우강을 건너 로마 영내에 이주할 허락을 받아 대거 이동해 왔다. 이것이 발단이 되어 이후 약 200여 년에 걸친 게르만족들의 대대적인 로마 영내 이주가 시작되었다.

그러나 평화적인 이주는 곧 무력에 의한 침입으로 바뀌었다. 378년 로마 지방관리와의 분쟁을 계기로 서고트족은 로마 황제에 반항하고 일어나 아드리아노플에서 로마군을 패배시켰다. 테오도시우스 황제 때 로마는 한때 이들에 대한 통제력을 되찾았으나 396년 서고트족은 알라리크(Alaric, 370?~410)의 지휘하에 다시 봉기하여 그리스를 약탈하고 이어 이탈리아를 공격했다. 이 침입을 막은 로마군의 장군이 유명한 스틸리코(Stilicho)였는데, 그 역시 실은 게르만족의 하나인 반달족(Vandals) 출신이었다. 게르만족의 침입에 대한 방비를 게르만족 출신의 장군에 의존하고 있었다는 사실 자체가 당시 로마 제국이 처해 있던 상황을 여실히 나타낸 것이라 할 수 있다.

5세기 초에 민족이동의 물결은 라인강변에도 밀어닥쳤다. 이탈리아에 침입한 서고트족을 막기 위해 406년 스틸리코가 라인 국경 수비군을 철수하자 반달족을 위시하여 이 지역 게르만족들이 대거 제국령에 침입해 온 것이다.

반달족은 갈리아를 거쳐 에스파냐에 들어가 그곳에 반달 왕국을 세웠다. 그러나 그 사이에 이탈리아에 침입하여 로마를 약탈한(410) 서고트족이 이어 남부 갈리아를 거쳐 에스파냐에 쳐들어오자 반달족은 이에 밀려 아프리카로 건너가 다시 그곳에 반달 왕국을 세웠고(429), 서고트족은 에스파냐와 갈리아에 걸쳐 서고트 왕국을 세웠다. 로마군단의 철수는 브리튼섬에서도 불가피하여, 5세기 초 그들이 떠나자 북부독일과 덴마크 지방에 거주한 게르만족인 앵글족(Angles)과 색슨족(Saxons)들이 브리튼섬의 동남부 지역에 쳐들어와 켈트계 브리튼 원주민들을 서북쪽으로 밀어내면서 이른바 7왕국을 세워 나갔다.

그러는 동안 서로마 제국에서는 여전히 군대를 장악한 장군들이 실권을 잡아 황제는 유명무실해졌다. 장군 중에는 아에티우스(Aetius)처럼 훈족의 왕 아틸라(Attila, ca. 406~453)를 무찔러(453) 한때 로마의 위세를 빛낸 자도 있었으나, 그가 암살된 이후 다시 혼란은 계속되어 실제 지배자는 게르만족 출신의 용병대장들이었고 황제는 그들의 꼭두각시에 불과했다. 그러다가 476년 게르만의 용병대장 오도아케르(Odoacer)는 그나마 꼭두각시 황제의 지명조차 그만두고 스스로 이탈리아 왕이라 칭하게 되어, 서로마 제국은 형식적으로도 완전히 멸망하게 되었다.

그 후 5세기 말엽에 다른 두 게르만족이 또다시 로마 영내에 침입해 왔다. 그것은 갈리아에 침입한 프랑크족(Franks)과 이탈리아에 쳐들어온 동고트족이었다. 서로마 제국이 멸망한 후에도 센강과 루아르강 사이의 갈리아 지방에는 로마의 장군 시아그리우스(Syagrius)가 게르만인의 침략을 막고 있었으나 486년 프랑크족의 왕 클로비스(Clovis, 재위 481~511)는 이 땅을 점령하여 프랑크 왕국의 기반을 세웠다. 한편 로마 제국 황제로부터 로마의 보호자(Patricius)라는 칭호를 받은 동고트의 왕 테오도릭(Theodoric, 재위 489~526)은 489년 알프스를 넘어 이탈리아에 침입해, 찬탈자 오도아케르를 죽인 뒤 동고트 왕국을 세웠다.

이리하여 기원후 500년까지 서로마 제국 영토의 모든 지역에 게르만족들의 여러 왕국이 세워졌다. 그러나 이러한 나라들은 대체로 오래 지탱하지 못했다. 그들은 그들의 본고장을 멀리 떠나 로마 영내에 새로 나라를 세운 소수집단으로서 뒤따르는 인적 증원 없이 수적으로 우세하고 문화적으로도 앞선 로마계 주민을 지배하기는 힘겨운 일이었다. 더욱이 그들은 이동을 시작하기 이전에 이미 대체로 로마 교회에서 이단으로 몰린 아리우스(Arius, 260?~336)파 종교를 받아들이고 있었기 때문에 정통파인 가톨릭교를 받아들이고 있던 로마계 주민들과 융합하기 어려웠으며 따라서 그들의 지지를 얻기도 힘들었다.

2. 프랑크 왕국과 로마 가톨릭 교회

그중 프랑크족만은 여느 게르만족과 달랐다. 그들은 그들의 원주지인 라인강 하류지방을 버리지 않고 그곳을 근거지로 삼아 세력을 서남쪽으로 확대해 갔던 것이다. 그러나 더욱 중요한 사실은 그들이 일찍부터 로마 가톨릭교의 정통파를 받아들임으로써 로마계 주민들과의 융합을 꾀할 수 있었으며, 이를 바탕으로 그 세력을 더욱 확대하여 마침내는 서로마 제국의 부흥까지도 성취할 수 있었다는 점이다. 이러한 프랑크족의 팽창의 역사는 사실 그리스도교 역사가들이 전하는 것처럼 그렇게 정의로운 것은 아니었으며, 중세 음유시인들이 동경한 것처럼 그렇게 낭만적인 것도 아니었다.

그것은 야만과 잔인, 음모와 배반으로 가득 찬 피로 얼룩진 역사였다. 그럼에도 불구하고 프랑크 왕국의 역사가 유럽의 역사상 중요한 자리를 차지하는 것은 그들이 로마 가톨릭 교회와 제휴하여 서로마 제국을 부흥시킴으로써 서유럽 사회에 새로운 질서를 마련해 주고, 게르만 문화와 로마 문화를 그리스도교 신앙으로 묶음으로써 새로운 유럽 문화를 이룩할 바탕을 마련했기 때문이다.

프랑크 왕국의 이 같은 역사적 사명은 클로비스의 뒤를 이은 메로빙(Merovingian) 왕가의 용렬한 왕들에 의해서보다는 왕국의 사실상의 지배자였던 궁재(宮宰, Mayor of the Palace)들에 의해서 수행되었다. 클로비스의 사후 그의 영토는 네 아들에 의해 분할 상속되었다가(511) 다시 그중 하나에 의해 재통일되었는데(558), 이러한 분열과 통일이 그 후에도 계속 되풀이되는 가운데 왕은 유명무실하게 되어 정치의 실권은 궁재의 수중에 들어가게 된 것이다. 특히 궁재 카롤루스 마르텔(Carolus Martel, 688?~741)이 에스파냐에서 쳐들어온 이슬람교도들을 투르(Tours)와 프와티에(Poitiers) 사이에서 격퇴하여(732) 왕국과 그리스도교를 함께 구원하자, 로마 가톨릭 교회는 그에게 제휴의 손을 내밀게 되었으며, 이후 프랑크 왕국과 로마 가톨릭 교회와의 제휴는 급속도로 진전을 보게 되었다. 이러한 제휴를 바라는 마음은 오히려 로마 가톨릭 교회 측이 더욱 절실했다. 그것은 이 무렵 로마 교회가 종교적으로나 정치적으로 중대한 위협에 직면하고 있었기 때문이다.

본시 로마 교회는 사도 베드로에 의해서 세워졌고 베드로와 바울을 위시한 수많은 순교자를 낸 교회로서, 그리스도교의 5대 총주교구(patriarchate)의 여러 교회 중에서 콘스탄티노플의 교회와 더불어 가장 유력한 교회였다. 4세기 말 로마 제국이 동서로 갈라지고 다시 서로마 제국이 멸망하자 로마 교회도 동로마 제국의 지배하에 들어갔으나 그 후 차차 콘스탄티노플의 교회와 분리하여 독립적인 지위를 얻게 되었다. 게르만족의 침입과 로마의 멸망으로 의지할 곳을 잃은 사람들은 그들의 정신적 지주를 로마의 주교에게서 찾게 되어 그는 차츰 교황(Papa)으로서 추앙받게 된 것이다. 특히 6세기 말 대교황이라 불리는 그레고리우스 1세(Gregorius I, 재위 590~604)가 앵글로-색슨족을 위주로 해서 게르만족에 대한 전도를 활발히 전개하여 이들이 가톨릭교로 개종하게 됨에 따라, 로마의 교황은 동로마 황제에 대해 차츰 독립적인 지위를 얻게 되었다. 6세기 중엽에 옛 로마 제국 영토의 회복을 계획한 동로마의 유스티니아누스 황제(재위 527~565)가 동고트 왕국을 멸망시켜 한때 이탈리아 반도를 수복하자 로마 교회와 동로마 황제의 유대는 다시 강화되는 듯했다. 그러나 도나우강 북쪽에서 침입해 온 다른 게르만족인 롬바르드족(Lombards)에 의해서 동로마의 이탈리아 지배가 다시 전복되자(568) 로마 교회는 더욱 동로마 황제의 보호와 통제에서 벗어나게 되었다.

우상숭배와 관련된 교리상의 이견은 동로마 제국과 로마 교황이 결별하는 또 하나의 이유가 되었다. 이 무렵 그리스도교도들, 특히 로마 교회의 그들 사이에서는 그리스도상이나 십자가상들이 존숭되고 그 밖의 화상이나 조상들도 널리 퍼져 있었다. 그리스도교는 원래 우상을 금지한 종교인데다, 특히 이 무렵에 신흥한 이슬람교도들이 그리스도교도들의 이러한 우상숭배를 비난하는 바람에 726년 동로마 황제 레오 3세(Leo III, 재위 717~741)는 우상금지령을 내렸다. 그러나 로마 교회에서는 미개한 게르만족을 개종시키는 데 이러한 우상이 효과적이었기 때문에 이 금지령에 반대하고 나섰다. 한편 새로 이탈리아의 지배자가 된 롬바르드족은 7세기에 그리스도교로 개종했으나 로마 교황과는 여전히 적대관계에 있어 로마는 그들의 침략의 위협하에 있었다. 이런 판국에 카롤루스 마르텔이 프랑크에 침입한 이슬람교도를 격퇴하여 그리스도교 세계를 지키자 교황은 프랑크 왕국에 손을 내밀어 이를 동로마 제국에 대신할 새로운 보호자로 삼게 된 것이다.

프랑크 왕국과 로마 가톨릭 교회와의 제휴는 카롤루스 마르텔의 아들 피핀 3세(Pippin III, 재위 751~768) 때에 이르러 급진전을 보였다. 739년 롬바르드가 로마를 공격했을 때 교황의 원조 요청에 대해 공손하기는 하나 냉담한 반응을 보였던 카롤루스 마르텔과는 달리 피핀은 자기 편에서 먼저 교황에게 접근했다.

751년 그는 로마 교황에게 서신을 보내 "실권을 쥔 자가 왕위에 오르는 것과 무능한 왕위 계승자가 왕위를 차지하고 있는 것 중 어느 것이 바람직한가"를 물었다. 교황은 곧 전자의 정당성을 회답했고 피핀은 이것을 근거로 왕위에 올라 '게르만의 사도'라 불린 대주교 보니파키우스(Bonifacius, 680?~755)의 축성을 받았다. 이로써 카롤링 왕조가 시작된 것이다. 다음해에 롬바르드의 왕 아이스툴프(Aistulf)가 로마를 위협하자 교황 스테파누스 2세(Stephanus II, 재위 752~757)는 몸소 프랑크 왕국에 나아가 피핀의 원조를 요청하면서 그와 그의 두 아들을 축성했다. 이에 피핀은 이탈리아에 진군하여 아이스툴프를 굴복시키고 이탈리아 중부의 땅을 빼앗아 이를 교황에게 기증했는데(754), 이것이 로마 교황령의 기원인 것이다.

피핀의 아들 카롤루스(Carolus, 재위 768~814)가 800년에 로마 교황 레오 3세(Leo III, 재위 795~816)에 의해 서로마 제국의 황제관을 받게 된 것은 양측의 제휴의 절정을 상징하는 사건이었다. 카롤루스는 남쪽으로는 이탈리아에 침공해 롬바르드 왕국을 멸하였으며 동쪽으로는 바이에른과 오스트리아를 정복하고 색슨족을 공략하여 엘베강 이서지방을 프랑크 왕국의 판도 안에 넣는 한편, 서쪽으로는 에스파냐 땅에 진격하여 피레네 산맥 너머에 에스파냐 변경령을 설치하는 등 8세기 말까지 중부유럽 일대에 거대한 왕국을 이룩했다. 이리하여 교황 레오 3세는 800년 겨울 카롤루스에게 로마 황제의 관을 씌워 주었다. 그것은 당시 반대자들의 반항으로 궁지에 몰렸던 교황이 카롤루스의 환심을 사서 그의 지지를 얻으려는 속셈에서 한 행동으로 볼 수 있지만, 한편으로는 그리스도교 국가의 제왕으로서 국가와 교회에 대한 그의 지배권을 공고히 하려는 카롤루스의 속셈도 없지 않았을 것으로 짐작된다. 그들의 의도야 어떻든 카롤루스의 대관은 유럽 역사상 매우 중대한 의미를 갖는 사건이었다. 그것은 게르만족의 이동으로

야기된 사회적 혼란과 문명의 쇠퇴에 종지부를 찍고, 유럽 세계의 새로운 사회질서와 새로운 문명형성의 제1단계를 완성하는 것이었다. 그리고 그것을 통해서 로마 교회는 동로마 황제의 지배에서 벗어나게 되어 그리스도교권은 동쪽의 그리스 정교(Greek Orthodox)권과 서쪽의 로마 가톨릭교(Roman Catholic)권으로 갈라서서 이후 오랫동안 서로 다른 길을 걷게 된 것이다.

카롤루스는 전국을 여러 주로 나누어 그 장으로서 백(伯, comes, count)을 두고 변경이나 전략적 요지에는 군대의 지휘관을 변경백 또는 공(公, dux, duke)으로 임명하여 다스리게 했으며, 그 외에 따로 감찰관(missi dominici)을 파견하여 이들을 감독하게 하는 등 왕의 지배권을 강화했다. 그러나 그러한 관리들은 어디까지나 왕의 사적 종자일 뿐 중앙집권적 관료들은 아니었다. 그는 교회를 보호하면서도 이에 대한 지배권 확보를 소홀히 하지 않았다. 그는 성직자의 임명 · 감독은 물론 그리스도교의 교리문제에까지 간여했다. 한편 그는 게르만족들의 여러 법률을 편찬 · 정비하고, 궁정학교나 교회학교를 세워 교육에 힘쓰고, 앨퀸(Alquin) 등 이름난 학자들을 초빙하여 학문을 일으키며 흩어진 라틴어 문헌들을 수집하는 등 게르만족의 침입으로 희미해져 가고 있던 문화의 빛을 다시 빛나게 하여, 이른바 카롤링 르네상스를 가져왔다. 그는 그야말로 대제(magnus)란 칭호로 불려 마땅한 국왕이었다.

제2절 서유럽의 봉건사회

1. 프랑크 왕국의 분열과 노르만의 침입

카롤루스 대제가 죽고(814) 난 후 얼마 안 가서 그의 제국은 다시 분열되고 말았다. 그것은 프랑크족 고유의 분할상속제에 의해 카롤루스의 손자들에 의해 제국의 영토가 분할상속되었기 때문이기도 했지만, 카롤루스 대제가 남긴 통치조직이 내우외환에 빠져 있던 제국의 혼란을 극복하고 제국의 전 영토를 통치할 만한 강력한 집권체제를 갖추고 있지 못했기 때문이기도 했다. 카롤루스 대제가 죽자 그의 아들 루이(루트비히) 1세[Louis (Ludwig) I, 재위 814~840]가 뒤를 이었으나, 그의 주요 관심사는 자신의 세 아들에게 제국의 영토를 나누어 주면서도 어떻게 제국의 통일을 유지하느냐 하는 것이었다. 그는 제국령을 셋으로 나누어 거기에서 나오는 수입을 세 아들에게 할당하면서도 두 아우 대머리 샤를(Charles le Chauve)과 루이(루트비히)가 제위를 이을 장형 로타르(Lothar, 재위 840~855)의 권위에 복종하도록 했다. 그러나 그들 사이에는 곧 분쟁이 일어나 부자간과 형제간에 골육상쟁이 거듭되다가, 843년 베르됭(Verdun) 조약으로 국토는 3분되어, 로타르는 이탈리아와 중부프랑크를 차지해 제위를 이어받고, 샤를은 서프랑크를, 루트비히(2세)는 동프랑크를 차지해 각각 왕이라 칭했다. 그 후 다시 870년 메르센(Mersen) 조약으로 중부프랑크는 동·서 프랑크에 분할되었는데, 이렇게 해서 오늘날의 독일, 프랑스, 이탈리아 3국의 기틀이 마련된 것이다.

그러나 이렇게 제국이 분열되어 서로 싸우는 동안에 이득을 본 것은 지방의 유력자들이었다. 공이나 백 등 지방의 관리들은 제각기 자기 관할지역에 눌러앉아 정치의 실권을 장악하게 되었으며, 이에 따라 왕권은 약화되고 황제의 지위도 유명무실하게 되어 갔다. 그중에서도 이탈리아는 카롤링 왕조의 혈통이 가장 먼저 단절되어(875) 제후가 도시 각지에서 세력을

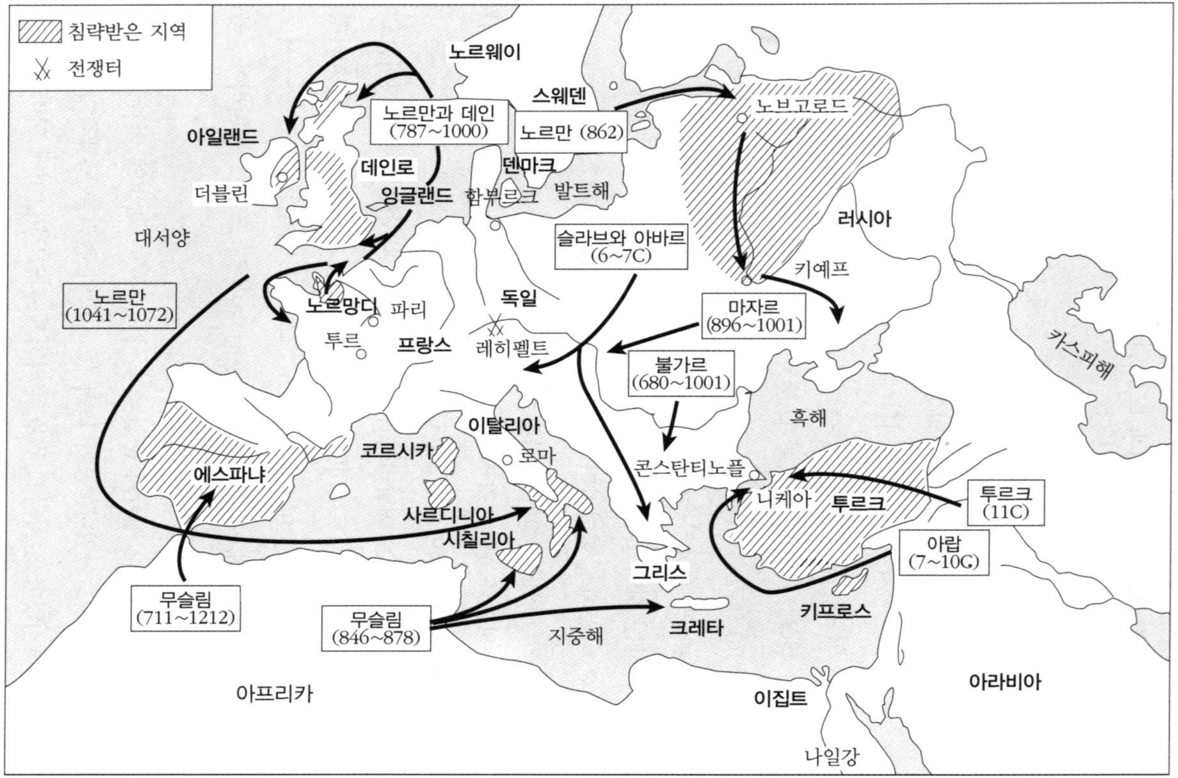

그림 6-1. 유럽에 대한 침입(7~11C)

편 데다가 동프랑크의 황제들이 이탈리아의 정치에 간여하여 혼란이 계속되었다. 뒤이어 동프랑크 왕조에서도 카롤링 왕가의 왕통이 끊어지고(911), 그 뒤에는 제후들의 선거에 의해 프랑켄 공 콘라트(Konrad, 재위 911~918), 그리고 그를 이어 작센 공 하인리히(Heinrich, 재위 919~936)가 왕위에 올랐다. 하인리히의 아들 오토 1세(Otto I, 재위 936~973)는 제후들의 반란을 진압해 왕권을 강화하는 한편 헝가리에 침입한 마자르인들(Magyars)을 격퇴하고 이어 이탈리아에 진군하여 교황으로부터 제관을 받았다(962). 이것이 신성로마 제국(Holy Roman Empire)의 시초인데, 이후 독일의 왕이 황제의 칭호를 이어받게 되었다. 그러나 그 후 독일에서도 제후의 세력은 점점 강대해지는 반면 황제의 지위는 날로 약화되어 나라는 분열의 극에 달했다. 서프랑크에서도 상황은 비슷하여 왕권은 약화되고 제후들의 세력이 강화되었다. 특히 9세기 이래 거듭된 노르만(Norman)의 침범을 막아내지 못한 국왕들의 권위는 더욱 떨어지게 마련이어서, 987년에는 마침내 카롤링 왕조의 왕통이 끊어지고 미약한 파리 백 위그 카페(Hugh Capet, 재위 987~996)가 제후들에 의해 국왕으로 선출되었다. 그 후 14세기 초까지 프랑스 국왕은 이 카페 왕가에서 나오게 되었는데, 그 동안 프랑스 정치의 실권은 제후들의 수중에 들어가 있었다.

프랑크 왕국을 이은 유럽 3국이 이렇듯 내부적 혼란을 겪고 있는 동안에 유럽은 새로운 이민족의 침입으로 시달림을 받았다. 9세기 말엽부터 10세기 말엽까지 유럽 세계는 남으로부터는 이슬람교도들 즉 무슬림들, 동으로부터는 마자르인들, 그리고 북으로부터는 노르만인들에 의해 침범당하고 약탈당했다.

그중 맨 처음 침입한 것이 무슬림들이었다. 그들은 8세기 초엽 프랑스에 침입했다가 카롤루스 마르텔에 의해 격퇴당한 후에도 계속 프랑스 남쪽과 이탈리아 해안지대를 침범했다. 그리하여 10세기 말까지 지중해는 사실상 그들의 지배하에 있었다. 그러나 그들의 침범은 이처럼 오랫동안 계속되기는 했지만 그 피해는 그다지 큰 편이 아니었다. 이와는 달리 가장

노르만의 배

뒤늦게 나타나 비교적 단기간에 그쳤지만 유럽인들에게 가장 큰 두려움을 준 것은 마자르인들의 침입이었다. 아시아계의 기마족이었던 마자르인들은 9세기 말 헝가리 지방에 침입해 온 후 독일과 이탈리아 북부, 심지어 프랑스 남부 지방까지도 침범했는데, 955년 레히펠트(Lechfeld)에서 오토 1세에게 격퇴당한 후로는 헝가리에 머물러 살았다.

한편 오랫동안 계속되어 유럽에 가장 큰 타격을 준 것은 노르만의 침입이었다. 스칸디나비아 반도 연안에 거주하여 노스맨(Northmen) 또는 바이킹(Vikings)이라고도 불린 노르만인들은 조선과 항해의 능력이 뛰어나 9세기 말엽부터 11세기 중엽에 이르기까지 유럽의 거의 모든 해안지방, 심지어 지중해 연안까지도 침범했다. 그들은 말하자면 서양의 왜구라고나 할 자들로서 야밤에 허술한 곳을 골라 치고(해안이나 섬에 있는 수도원은 그들의 가장 좋은 약탈대상이었다) 새벽같이 달아나는 이른바 '치고 달리기' 전법을 사용했다. 그러다가 후에는 아예 해안의 일각을 점거하고 그곳을 거점으로 하여 주변 일대를 닥치는 대로 노략질했으며 점차 강을 따라 내륙 깊숙이까지도 침범했다.

특히 피해가 심했던 지역이 잉글랜드의 동북부와 프랑스의 서북부 해안지방이었다. 이때 잉글랜드를 침범한 노르만인들은 데인인(Danes)이라 불렸는데, 그들은 9세기 이래 잉글랜드의 동쪽 해안지대를 자주 침공해 약탈과 살육을 자행했다. 9세기 말에 웨식스(Wessex)의 앨프리드(Alfred, 재위 871~901) 대왕이 한때 이들의 침공을 막았으나 완전히 격퇴하지는 못하고 이스트 앵글리아 지방을 그들에게 내어 줄 수밖에 없었는데, 이때부터 이

지방을 데인로(Danelaw)라 부르게 되었다. 그 후로도 데인인의 침범은 계속되어 오다가 10세기 말부터는 다시 대대적인 침공이 거의 해마다 되풀이되어 잉글랜드 왕은 막대한 돈을 지불함으로써 그들을 매수하지 않으면 안 되었다.

11세기에 들어와서는 한때 데인의 왕 크누트(Knut)가 잉글랜드와 스웨덴의 왕을 겸하여, 유럽 북쪽에 데인인에 의한 해상제국이 성립되기까지 했다. 그 후 앵글로-색슨의 왕가가 한때 회복되었으나 1066년 노르망디 공 윌리엄(William, 재위 1066~1087)이 침입하여 왕위에 오르고 노르만 왕조를 시작했다. 이것이 유명한 윌리엄의 잉글랜드 정복으로서 이를 계기로 이제까지 비교적 고립된 잉글랜드가 유럽 대륙의 여러 나라들과 더불어 유럽 역사의 주무대에 등장하게 되었다.

잉글랜드를 정복한 윌리엄의 본거지 노르망디 공국 자체가 노르만의 서프랑크 침범의 소산이었다. 9세기 중엽 이래 노르만들은 낭트, 보르도, 루앙 등 프랑스 서북부해안은 물론 툴루즈, 오를레앙 등 내륙지방까지도 끊임없이 침범했다. 9세기 말경부터 그들의 침공이 더욱 심해지더니, 10세기 초에는 롤로(Rollo, 860?~933)가 이끄는 노르만들이 센강 하류지방에 영구적인 거점을 확보하기에 이르렀고, 이들을 막아내지 못한 서프랑크의 왕 샤를 3세는 그를 노르망디 공에 봉하고 로베르(Robert)라는 이름으로 영세를 주었다. 이리하여 이 지역이 노르망디라 불리게 되었으며, 그 뒤 이곳 노르만들은 프랑스어와 프랑스의 관습과 제도들을 받아들여 급속도로 프랑스 문화에 동화되었다. 따라서 잉글랜드를 정복한 노르만인들은 스칸디나비아에서 온 난폭한 노르만이 아니라 이미 프랑스화한 개명된 노르만들이었던 것이다.

이 밖에도 노르만의 일부는 지중해에까지 진출하여 시칠리아와 남부 이탈리아를 침범하는가 하면(11세기), 북부 유럽에서는 루릭(Rurik, ?~879)이 이끄는 노르만들이 러시아에 침입하여 노브고로드(Novgorod) 왕국을 세우고(862), 이어 키예프(Kiev) 공국을 건설하여(882) 러시아의 기원이 되었다. 이 밖에도 노르만의 일부는 아이슬란드에 진출했고, 심지어는 그린란드를 거쳐 북아메리카에까지 이르렀던 것으로 보인다.

2. 유럽의 봉건제도

이와 같이 유럽은 4세기 말엽부터 10세기 말에 이르기까지 약 600여 년 동안 내부의 분열과 외부의 침입으로 말미암아 혼란과 무질서상태가 계속되었다. 이러한 상황 속에서 무엇보다도 먼저 요청된 것은 안전의 보장과 질서의 유지였다. 그것은 외적의 침입에 대한 방어만이 아니라 바로 자기 이웃에 대한 방어의 문제이기도 했다. 사람들은 자기 생명과 재산을 지키기 위해 스스로 무력을 갖춰야만 했으며, 그렇지 못한 자는 힘센 자에게 의존할 수밖에 없었다. 이리하여 각지에 무력을 가진 자들이 대두하여 이들이 그 지역의 치안을 유지하고 외적의 침입을 막아 사실상의 지배자가 되었다. 강자가 약자를 힘으로 지배하고 법과 질서가 유지될 수 없는 폭력적인 불안정한 상황 속에서 이들 무사들의 지배체제로 서서히 자라난 것이 바로 중세 유럽의 봉건제도였다.

봉건제도는 이처럼 각 지방에서 거의 자생적으로 성장한 것이기 때문에 그 지방의 상황에 따라 조금씩 다른 모습으로 나타날 수밖에 없었다. 따라서 그 말의 정의는 물론 그 기원이나 특징에 대해서도 학자들 사이에 이견이 많아 이를 요약하기가 어려운 형편이다. 그러면서도 프랑스를 중심으로 서부독일과 잉글랜드 등지에 형성된 유럽 봉건제도에는 여러 가지 면에서 공통점도 많아서 그 특징을 몇 가지 측면에서 간추릴 수 있다. 유럽 봉건제도의 중요한 특징은 그것이 하나의 군사제도에 바탕을 두고 있었다는 점이다. 나라의 법이나 질서가 유지되지 못한 혼란상태에서 무력을 가진 자들은 일종의 사적인 도당(companion)을 형성하여 그들의 세력을 폈다. 그 도당의 우두머리를 주군(lord)이라 하고 그의 종자를 봉신(vassal)이라 했다. 이러한 주군과 봉신 사이의 종속관계를 주종제(vassalage)라 했는데, 주종제라는 이 군사제도야말로 봉건제도의 핵심을 이루는 관계였다. 주종제는 게르만의 종사제 혹은 로마의 피보호제(clientela, 사회적인 약자들이 유력한 패트론의 보호하에 들어가는 것)에서 연유한 것으로 보이는데, 그 기원이야 어떻든 카롤링 시대에 이르면 '자유민(freeman)'들 중에 자신의 안전과 생계를 위해 유력자에게 몸을 의탁하고(commending, 탁신), 그 대신 그에게 일정한 정치적 혹은 군사적 봉사를 하는 자가 나타났다. 이렇게 유력자에게 탁신한 자가 곧 봉신이요, 그 유력자가 바로 주군이었다. 이때 봉신은 그 봉사의 대가로 주군에게서 으레 토지를 받게 마련이었다. 카롤링 시대에 국왕에게 봉사한 봉신은 봉사의 보수로서 국왕의 토지를 대여받아 그 토지에서 얻은 수입으로 생계를 유지했다. 이러한 토지를 은대지(beneficium)라 했는데, 이 말은 차츰 봉(封, feudum, fief)이란 말로 대체되어 갔다. 이리하여 봉이란 일정한 봉사, 특히 군사적 봉사의 대가로 봉신에게 주어지는 토지대여를 말하는 것이었으며, 주종제란 게르만의 종사제가 이러한 은대지제와 결합하여 형성된 하나의 군사제도였다. 군사제도로서의 이 주종제야말로 유럽 봉건제도의 가장 두드러진 특징이라 할 수 있다.

주종제에 입각한 봉건적 군신관계는 봉신이 신서(臣誓, homage)와 충성(fealty)의 예식을 주군에게 드린 후 주군이 그에게 수봉(授封, investiture)의 절차를 베풂으로써 성립되었다. 이렇게 맺어진 군신관계는 쌍무적인 계약관계였다. 봉신은 주군에게 봉사와 조언 그리고 부조의 의무를 지고 있었다. 봉사는 주로 주군과 함께 싸움에 나가는 일이었고, 조언은 주군의 궁정(court), 즉 법정에 참석하는 일이었으며, 부조는 주군의 장자의 기사서임이나 장녀의 결혼 때의 부조, 주군이 포로로 잡혔을 때의 몸값의 부담 등 재정적 원조였다. 이에 대해 주군에게는 봉신을 보호하고 부양할 책임이 있었다. 봉신에 대한 신체적 가해로부터 그를 보호하는 것은 물론, 봉신이 재판을 받게 될 경우 그를 비호해 주어야 했다. 봉신에 대한 부양의 방법

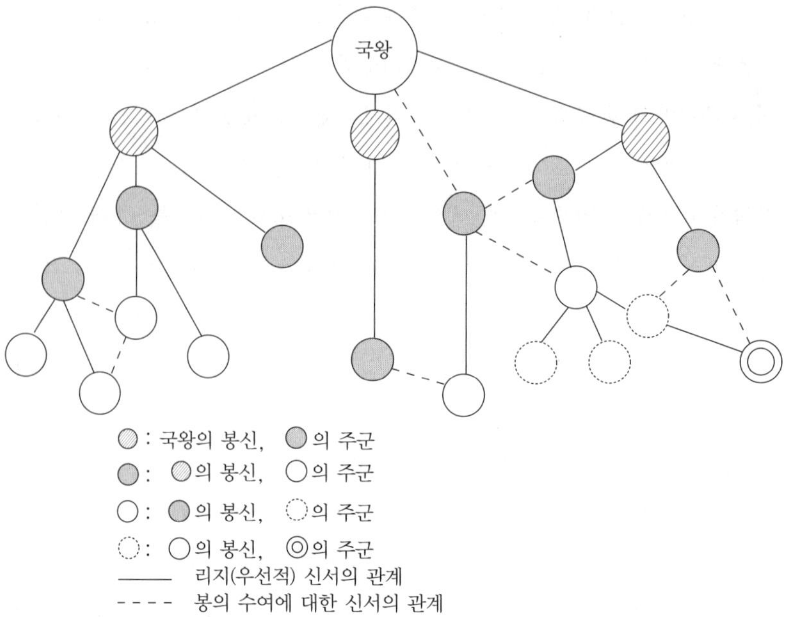

그림 6-2. 봉건적 주종제

으로는 주군의 집안에서의 직접 부양도 있었으나 대개는 봉신에게 봉을 주었다. 그것은 보통 토지대여였으며 이것이 곧 봉토였다.

그런데 주종제에서 한 가지 주목할 사실은 이들 주군과 봉신이 모두 무사로서 원래 같은 신분에 속한 사람들이었으며, 그들 사이에 맺어진 주종제는 평등한 사람들 사이에 체결된 계약관계였다는 점이다. 따라서 어느 한편이 당초의 계약사항을 어기는 경우 원칙적으로 그러한 관계는 파기될 수 있는 것이었다. 봉신이 봉사의 의무를 소홀히 할 때 주군이 그 봉토를 몰수할 수 있었음은 물론, 거꾸로 주군이 보호의 의무를 다하지 않을 때는 봉신이 주군에 대한 충성을 거부할 수 있었다. 이러한 주종제가 위는 국왕에서부터 시작하여 맨 아래 한낱 기사에 이르기까지 몇 겹으로 중첩되어 이른바 봉건제의 피라미드를 형성하고 있었다.[1)]

1) 그러나 봉건제의 피라미드는 국왕 밑에 대영주, 대영주 밑에 소영주, 그리고 그 밑에 기사, 이렇게 질서정연한 계층제를 이루고 있던 것이 아니라, 그림 6-2에서 보

유럽 봉건제도의 또 하나의 중요한 특징은 원래 무사들의 사적인 도당으로 출발한 이 같은 주종제적 군사조직이 점차 국가의 공적인 통치기구로 발전해 갔다는 점이다. 나라와 사회가 혼란에 빠져 있을 때 그러한 사적 군사조직이 나라 대신 사람들의 생명과 재산을 보호하고 질서를 유지하고 심지어는 정의를 실현하는 일, 즉 국가가 하는 일을 맡아서 하게 된 것이다. 그러한 사적인 군사조직이었던 주종관계는 비록 국왕을 정점으로 하는 피라미드 형태로 전국적인 편제를 이루고 있었다고는 하지만, 그것은 강력한 왕권 아래 통제되지 않은 지방적 조직이었으며, 따라서 그것에 입각한 통치체제는 지방분권제였다.

국왕이 없었던 것은 아니지만 그 권력은 강력하지 못했으며, 국왕 자신이 하나의 봉건영주였다. 모든 봉신, 그러니까 모든 기사에게는 주군으로부터 받은 봉토가 있었으며, 그는 자기 봉토 안에서는 자신이 하나의 영주로서의 배타적인 권한을 행사했다. 즉, 그들은 자기 영지 안에서 징세, 치안유지, 재판 등 종래 국왕이 행사해 오던 권한과 임무를 맡게 된 것이다. 그리고 그러한 사항에서는 그들의 주군, 궁극적으로 국왕이라 하더라도 이에 개입할 수가 없었다. 그들은 소위 불입권(immunity), 즉 국왕권이 그 영내에 들어오지 못하게 할 권리를 가지고 있었던 것이다. 이리하여 정치적인 측면에서 본 유럽 봉건제도의 특징은 그것이 기사계층에 의한 지방분권적인 통치제도였다는 점에 있었다.

한편 이러한 기사계층이 전쟁과 통치에 전념하기 위해서는 이들의 의식주는 물론 그들의 무장과 전비를 마련해 줄 사람들이 있어야만 했다. 이 일을 맡은 것이 바로 농민들이었다. 봉신들이 그들의 생계를 위해서 주군으로부터 받은 봉토는 대체로 한 개 또는 여러 개의 장원(manor)으로 구성되어 있었는데, 장원에는 그 경작을 위한 농민들이 딸려 있었다. 농민들은 그 땅의 주인인 영주를 위해 땅을 경작해 주었으며, 그 대신 그 영주의 보

는 바와 같이 그 계층구조는 매우 불규칙적이었다.

호하에 생명을 유지하고, 또 그 영주의 땅의 일부를 빌어 이를 경작함으로써 생계를 유지해 나갔다. 말하자면 농민들은 영주의 땅을 빌려 살아가는 대신 그 지대를 일, 즉 노역으로(일주일에 3~4일 정도) 바쳐 영주의 땅을 경작해 준 것이다.

농민들은 이러한 지대부담(주로 노역) 이외에 여러 가지 무거운 부담을 별도로 지고 있었다. 그것은 오직 농민이 영주의 지배하에 있는 영민, 즉 예속민이기 때문에 지는 부담이었다. 가령 중세 농민은 토지에 매여 있어 마음대로 떠날 수가 없다든가, 영민으로서 인두세를 바쳐야 한다든가, 아버지가 경작하던 토지를 아들이 계속 경작하기 위해서는 일정액의 상속세를 내야 한다든가, 딸을 결혼시킬 때는 혼인세를 내야 한다든가, 방앗간 · 제빵소 · 양조장 등 영주가 설치한 여러 시설을 억지로 사용해야 한다든가, 또는 영주의 법정에서 재판을 받아야 한다든가, 그 밖에도 온갖 자질구레한 부담을 지고 있었다. 이처럼 중세 농민들은 지대부담 이외에 영주의 예속민으로서 여러 가지 부담을 지고 있었는데, 이러한 농민이 곧 농노(serf)였으며, 이러한 농노에 의한 농장경영제도가 바로 농노제 혹은 장원제였다.

장원은 그 크기나 구조가 일정하지 않았으나 그 전형적인 모습은 대개 다음과 같았다. 장원의 중심부에는 영주나 그 대리자(bailiff)가 사는 영주관(manor house)이 있고, 교회와 농민들이 거주하는 집들이 한곳에 따로 모여 있었다. 토지는 경작지와 목장지, 임야, 황무지 등으로 나뉘어 있었다. 그중 경작지는 두 개 또는 세 개의 들(field)로 나누어 해마다 번갈아 그중 하나씩을 휴경하는 2포제(two-fields-system)나 3포제(three-fields-system)에 의해 경작되었다. 들은 각각 여러 개의 소경구(小耕區, furlong)로 구성되었고, 각 소경구는 다시 여러 개의 지조(地條, strip)로 구성되었는데, 영주직영지와 농민보유지는 장방형의 이 지조의 형태로 각 소경구에 혼재하고 있었다. 이들 지조는 좁은 도랑으로 구획되어 있었고, 소경구와 소경구 사이 또한 경작되지 않는 밭두둑으로 구분되어 있었을 뿐 들 전체가 확 트여 있어서 이른바 개방경지(open-field)를 이루고 있었다. 이것은

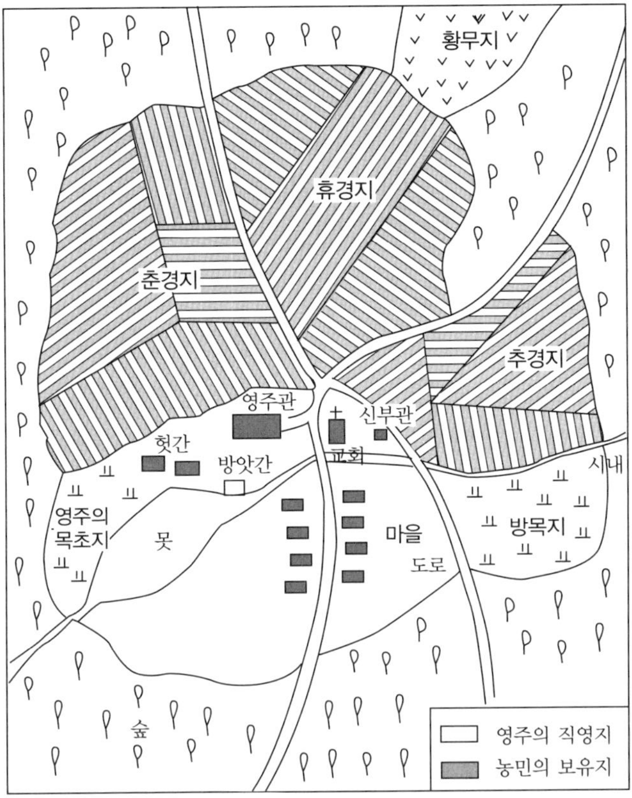

그림 6-3. 중세 장원의 모습

보유지를 공평하게 배분하려는 데서 마련된 것이라 보이는데, 이러한 경지 제도하에서는 농민들의 공동경작이 불가피했으며, 파종에서 수확에 이르기까지의 작업은 물론 수확 후의 토지의 방목지로서의 이용, 그 밖의 공유지(임야, 목초지, 황무지)의 이용 등이 모두 농민들끼리의 합의, 그리고 농민들과 영주와의 합의에 의해서 이루어졌다. 그러한 합의는 대개 그 장원의 오랜 관습에 따르는 것을 원칙으로 했다.

중세 장원의 농노는 로마 말기의 콜로누스의 후손들이거나 몰락한 게르만의 자유민들이었다. 이들은 오랜 혼란기에 토지를 팔거나 빼앗기든지 또는 스스로 토지를 유력자에게 바치고 그 예속하에 들어간 사람들이었고 그들은 노역지대 이외에 각종의 무거운 부담을 지고 있어, 생활이 어렵고 힘겨웠던 것은 사실이다. 그러나 그들은 주인이 마음대로 처분할 수 있었던 고대의 노예와는 달리 결혼해서 독립된 일가를 이룰 수 있었고 자기의 경작지의 수입으로 생계를 꾸려나갈 수 있었을 뿐만 아니라, 무엇보다도 장원의 오랜 관습의 보호를 받고 있었다. 이러한 관습은 장원의 영주라 할지라도 함부로 깨뜨릴 수 없었으며 깨뜨리려 하지도 않았다. 이리하여 그 어려운 조건하에서도 농민 중에는 생산을 늘려 경제적 여유를 가지게 된 자도 나타나게 되었다. 그러나 이러한 농민계층과 영주인 기사계층 사이에는 엄격한 신분적인 차별이 있어 이들은 서로 뒤섞이지 않아 하나는 지배 계층으로, 다른 하나는 예속 계층으로 남아 있었다. 이와 같은 농노제 혹은 장원제에 입각한 기사계층과 농민계층 사이의 지배예속관계가 사회 · 경제적 측면에서 본 유럽 봉건제도의 특징이었다.

요컨대 중세 유럽 봉건제도의 특징은 군사적으로는 주종제, 정치적으로는 지방분권제, 사회 · 경제적으로는 농노제(혹은 장원제)라 할 수 있을 것이다. 그리고 우리가 중세 유럽 사회를 봉건사회라 부르고 그 시대를 봉건시대라 부르는 것은 이처럼 주종제와 농노제에 입각한 기사 계층이 한 사회 전반에 걸쳐서, 또 한 시대 전체를 통해 지배 계층으로 군림하고 있었기 때문이라 할 것이다.

제3절 중세 교회세력의 신장

중세 사회는 봉건적인 기사계층에 의해서만 지배된 것이 아니라, 또 하나의 특권신분인 교회 성직자계층에 의해서도 지배되고 있었다. 기사들이 정치적 · 현세적 지배층이었다면 성직자, 즉 신부들은 종교적 · 정신적 지배층을 이루고 있었다. 서양 중세 사회는 말하자면 이들 봉건기사와 교회 신부들의 이중 지배하에 있었으며, 이 두 지배 계층은 상호 제휴하여 함께 성장하고 함께 지배하다가 함께 쇠퇴해 갔다.

기사들의 지배체제인 봉건제가 중세 초기의 혼란과 무질서 속에서 성장했듯이 신부들의 사제조직인 교회도 같은 시기의 혼돈과 불안상태 속에서 자라났다. 즉, 프랑크 왕국을 중심으로 하는 서유럽에 봉건제가 자리를 굳혀 가고 있을 무렵에 프랑크 왕국과 제휴한 로마 가톨릭 교회는 서유럽 일대를 그리스도교화하여 그 정신적 권위를 확립해 갔다. 7세기 말엽 잉글랜드의 교회가 위트비(Whitby)의 종교회의(synod)를 통해 로마 교회의 권위를 받아들이게 된 이후 잉글랜드의 교회는 게르만 이교도들을 개종시키는 데 크게 공헌했다. 8세기 중엽 잉글랜드 출신의 수도사 보니파키우스는 라인강 너머 게르만의 땅 각지에 수도원을 세워 이 지역 게르만족들을 그리스도교로 개종시켰다. 이어 9세기에는 프랑크의 루이 1세(경건왕) 역시 수도사 안스가르(Ansgar)를 스칸디나비아에 파견하여 덴마크, 노르웨이, 스웨덴 3국을 그리스도교화했으며, 다시 10세기에는 오토 대제의 적극적인 후원 아래 폴란드, 뵈멘(보헤미아), 헝가리 등 동부유럽에 대한 전도사업도 활발히 수행되어 이들 주민들이 로마 가톨릭교를 받아들이게 되었다.

로마 교회의 권위는 이러한 이교도들의 개종을 통해 정신적 · 종교적 면에서만 높아진 것이 아니었다. 각지의 유력한 교회는 국왕이나 제후 또는 그 밖의 신앙심 두터운 사람들로부터 많은 토지를 기증받아 대토지소유자가 되었으며, 이러한 교회는 정치적 · 세속적으로도 제후와 마찬가지로 토지와 주민들을 지배했다. 특히 그중에서도 피핀으로부터 중부이탈리아의 넓은 땅을 기증받은 로마 교회의 세력은 막강하여 그 주교는 교황으로서 서유럽의 모든 교회와 수도원을 통괄하는 최고 우두머리의 지위를 차지하고, 그 아래 대주교, 주교, 수도원장 등 성직자의 계서제(hierarchy)가 성립했다.

그러나 이렇게 교회의 세력이 외면적으로 확대되고 그 세속권력이 증대함과 동시에 서유럽 중심지의 교회들은 타락의 양상을 보이기 시작했다.

10세기에 그러한 타락상은 극에 달해 여러 가지 폐단들이 나타났는데, 그 중 가장 심한 것이 성직자의 대처와 성직매매(simony)였다.

중세 교회의 성직자는 크게 두 종류로 대별되어 그중 세속성직자(secular clergy)는 교회에서의 7성사(聖事, sacraments)를 통해 신도들의 구원의 임무를 맡았으며, 수도성직자(regular clergy)는 수도원의 규칙에 따른 생활을 통해 신에 헌신했는데, 이들 성직자들은 모두 독신을 지켜야만 했다. 그럼에도 불구하고 성직자 중에는 실제적으로 결혼한 자가 많아 이들은 종무보다는 오히려 처자식을 위한 치재에 더욱 관심이 많았다. 특히 대주교, 주교, 수도원장 등 고위 성직에는 십일조(tithe) 이외에도 헌납금, 수수료, 소유영지로부터 나오는 수입 등 많은 재산이 딸려 있어 성직자들의 세속사에 대한 관심은 그만큼 더 컸다. 이처럼 성직이 수입의 원천으로 생각됨에 따라 성직은 차츰 매매의 대상으로 되어 갔으며 나중에는 매매가 오히려 성직임명의 통상적 방법이 되었다.

이렇게 교회가 세속화하고 타락하게 되자 성직자 중에는 교회의 정화를 주장하는 이들이 나타났다. 10세기 초에 이러한 사람들의 일단이 수도원의 개혁운동을 시작했다. 910년 그들은 프랑스의 리용 북쪽에 클뤼니(Cluny) 수도원을 세워 이를 중심으로 개혁운동을 추진했다. 그들은 교회의 타락의 근원이 교회의 세속화에 있으며, 교회의 세속화의 근본원인은 성직서임권이 국왕이나 제후 등 세속지배자에게 장악되어 있기 때문이라고 생각했다. 그래서 클뤼니 수도원은 봉토로서의 토지를 갖지 않았고 수도사 스스로 수도원장을 선출했으며, 국왕이나 제후들의 통제에서 벗어나 수도원을 로마 교황에게 직속시켰다.

11세기 말엽에 클뤼니 출신의 수도사 힐데브란트(Hildebrand)가 교황 그레고리우스 7세(Gregorius VII, 재위 1073~1085)로 등위하자 교회의 개혁운동은 한층 더 적극적으로 추진되었다. 그는 단호하게 성직자의 결혼과 성직매매를 금지하고, 성직의 서임권을 세속지배자들의 손에서 빼앗아 교황의 수중에 넣으려고 했다. 그러나 이것은 독일 안의 많은 교회에 대해서 실제 지배권을 가지고 있던 신성로마 제국 황제의 이해관계와 정면으로 충돌하는 처사였다. 이래서 황제 하인리히 4세(Heinrich IV, 재위 1056~1105)와 교황 그레고리우스 7세 사이에 싸움이 시작되었다. 이것이 바로 성속의 두 지배자가 성직의 서임권을 둘러싸고 싸운 이른바 서임권투쟁(Investiturstreit)의 시작이었다.

싸움은 교황의 황제에 대한 파문선고와 황제의 교황에 대한 폐위선언으로 시작되었으나, 결국은 독일 제후의 지지를 얻지 못한 황제가 이탈리아의 카노사(Canossa)에서 교황에게 사죄함으로써 일단락되었다(1077). 이것은 이 무렵 교황의 권위가 그만큼 강대해졌음을 표현한 것이기는 하지만 그렇다고 이를 계기로 교회의 권위가 세속지배자의 권위를 압도하게 된 것은 아니었다. 카노사의 굴욕 후 황제 하인리히는 독일 내의 반대세력을 물리치고 곧 로마에 쳐들어와 교황 그레고리우스를 내몰 수 있었기 때문이다(1084).

성속의 싸움은 그 후로도 계속되었으나 어느 편도 결정적인 승리를 거두지는 못한 채 1122년에 마침내 황제 하인리히 5세와 교황 칼릭스투스 2세(Calixtus II, 재위 1119~1124) 사이에 타협이 이루어졌다. 이것이 곧 보름스 협약(Concordat of Worms)으로서, 이 협약에 의해 국왕은 주교를 임명하는 권리를 포기하지만 주교는 국왕의 봉신이 되어야만 했다. 황제가 성직자의 서임권을 포기한 것은 프랑크 왕국 이래의 속권 우월의 전통이 사라진 것을 의미했으며, 그 후 한때는 교권이 속권보다 우위에 올라선 것처럼 보인 적도 있었다. 특히 교황 인노켄티우스 3세(Innocentius III, 재위 1198~1216) 시대에 교황권은 전성기에 달해 황제 프리드리히 2세(Friedrich II, 재위 1215~1250)나 영국의 존 왕이 그에 맞섰다가 모두 굴복해야만 했다. 그러나 이와 같은 교권 우월은 일시적인 현상에 불과했고, 11세기 이후 중세 사회는 대체로 성속의 양권이 병립하여 상호제휴도 하고 상호견제도 하면서 함께 지배한 사회였다.

제4절 비잔틴 제국

서로마 제국이 멸망한 뒤 서유럽에서는 봉건제도가 성장하여 지방분권적인 체제가 퍼져 가고, 로마 교회의 세력이 신장하여 세속권과 맞서게 되었으나, 콘스탄티노플을 수도로 한 비잔틴 제국(동로마 제국)[2]에서는 황제의 권력이 그대로 유지되어 로마 제국 말기와 같은 황제교황주의(Caesaropapism)적인 전제정치가 오랫동안 계속되었다. 수도 콘스탄티노플은 삼면이 바다로 둘러싸인 요새로서 게르만족의 침입에 의해서도 침범당하지 않았을 뿐 아니라, 소아시아와 발칸 반도, 흑해와 에게해를 연결하는 교통의 요지이며, 이른바 '비단길'의 서쪽 끝에 자리 잡은 상공업의 중심지로서 중세 최대의 도시였다. 이리하여 서로마 제국이 멸망한 이후 거듭되는 이민족들의 침입에도 불구하고 이 도시를 근거지로 삼은 비잔틴 제국은 그 후 천 년 가까이 존립할 수 있었다.

비잔틴 제국의 세력이 크게 팽창하여 옛 로마 제국의 위세를 되찾은 것은, 라틴어를 일상용어로 사용한 마지막 로마 황제인 유스티니아누스 황제의 재위시대인 6세기 중엽의 약 반세기(527~565) 동안이었다. 그는 아프리카의 반달 왕국과 이탈리아의 동고트 왕국을 멸하고, 에스파냐 남쪽 해안과 시칠리아섬들을 되찾아 갈리아와 브리튼을 제외한 로마 제국령을 대부분 수복했다. 한편 신구 로마법을 집대성하고, 성 소피아 성당(Hagia Sophia)을 건립하고, 양잠법을 들여와 견직공업을 일으키는 등 내치에도 힘써 그의 치세 동안은 옛 로마 제국의 영광이 되살아난 듯했다. 그러나 그가 죽은 뒤 제국은 롬바르드족과 프랑크족에 의해 다시 이탈리아의 대부분을 빼앗기고, 동쪽에서는 사산(Sasan)조 페르시아와 그 뒤를 이은 이슬람교도에 의해 시리아와 이집트 등 오리엔트의 영토를 빼앗기더니, 마침내는 아랍인들에게 콘스탄티노플이 공략당하는 지경에까지 이르렀다.

---

2) 동로마 제국의 수도 콘스탄티노플은 원래 그리스의 도시 비잔티온(Byzantion)이었기 때문에 동로마 제국은 일명 비잔틴 제국이라고도 불렸다.

718년 황제 레오 3세(Leo III)는 수도에 육박한 이슬람교도를 격퇴하고 이어 이들을 다시 소아시아에서 몰아냈다. 이것은 카롤루스 마르텔이 프랑스에 침입한 이슬람교도를 격퇴한 것과 마찬가지로 유럽 그리스도교 세계를 이슬람교도들의 침공에서 막아낸 중대한 사건이었다. 그러나 그 후에도 이슬람교도들은 크레타섬과 시칠리아섬을 점령하고, 이를 거점으로 하여 그리스와 남부 이탈리아에 대한 침범을 계속했다. 한편 발칸 반도 북쪽에서도 아바르인(Avars)과 불가르인(Bulgars)의 침략에 이어 슬라브족(Slavs)의 제국령내 식민운동이 일어났다. 이리하여 8세기 말엽 이후 제국은 겨우 발칸 반도의 남단과 소아시아만을 가진 소국으로 전락하고 말았다.

유스티니아누스 황제 모자이크화의 한 부분

그러나 그러면서도 수도 콘스탄티노플은 여전히 고수되었으며, 영토는 줄어들었지만 제국의 통일성이나 동질성은 오히려 더욱 공고해졌다. 비잔틴 제국은 이제 잡다한 여러 민족들로 구성된 복합국가가 아니라 발칸 반도 남부와 소아시아의 그리스계 주민들을 중심으로 하는 더욱 집약적이며 균질적인 통일국가가 되었다. 그것은 로마적 제국에서 그리스적 · 헬레니즘적 제국으로 되어 가고 있었다. 이러한 경향은 비잔틴 제국의 정치제도, 경제조직, 종교, 예술 등 모든 분야에서 나타났는데, 그 단적인 표현은 이 무렵부터 라틴어 대신 그리스어가 제국의 공용어로 사용되었다는 사실에 잘 나타나 있다.

군사제도를 비롯한 통치조직은 7세기 때부터 한층 더 효율적으로 정비되어 갔다. 즉, 동쪽으로부터의 공격에 대비하여 군관구제(thema)와 둔전병(屯田兵)제도가 실시되었다. 그것은 군관구의 사령관에게 군정과 민정의 양권을 겸하게 하고 병사에 대한 보수로 소토지를 급여하여 병·농의 임무를 겸하게 하는 것이었다. 이를 통해 군정과 민정에 대한 황제의 통솔권을 강화하고 소토지소유의 자유농민층을 육성하려 했던 것이다. 726년 황제 레오 3세가 발포한 우상금지령을 계기로 치열하게 전개된 우상숭배논쟁 또한 그 신학적 논의의 이면에는 우상숭배를 주장하는 교회, 특히 수도원을 억제함으로써 교회에 대한 황제의 지배권을 강화하려는 현실적인 동기가 담겨 있었다. 황제가 교회의 우두머리를 겸한다는 이러한 비잔틴 제국의 황제교황주의는 로마 교황과의 대립을 격화시켜 11세기 중엽에는 마침내 동서교회가 완전히 분리되기에 이르렀으며, 이후 비잔틴 제국에서는 황제교황주의를 받아들인 그리스 정교의 전통이 비잔틴 문화의 중요한 특질을 이루게 되었다.

그 후 이슬람 세계가 분열하여 그 팽창력이 약화된 틈을 타서 비잔틴 제국은 9세기 말엽에 시리아의 북부와 크레타섬을 회복하여 다시 한번 전성기를 맞았다. 중앙집권적인 관료체제가 정비되고 군관구제가 확대 실시되었다. 콘스탄티노플의 길드 제도가 완성된 것도 이 무렵이었으며, 이것으로 수도의 모든 경제활동에 대한 국가의 통제력이 강화되었다. 이리하여 9세기 말엽에서 10세기 말엽까지는 제국의 세력이 다시 한번 융성해져 동쪽과 북쪽에서 밀어닥치는 외침을 막아내고 제국을 지켜 나갈 수 있었다. 그러나 그러는 사이에 유력한 군인이나 관리가 대토지를 사유화함으로써 군관구제가 무너지기 시작하고, 11세기부터는 이들 대토지소유자들이 봉건영주화하여 황제권에 대한 반항운동이 일어나게 되었다. 이러한 상황 아래 동쪽에서 셀주크투르크족(Seljuk Turks)이 일어나자 비잔틴 제국은 다시 소아시아의 땅을 이들에게 빼앗겼다. 13세기 초에는 같은 그리스교도인 십자군 병사들이 콘스탄티노플을 점령하여 한때 라틴 제국을 세우는 등 제국의 힘은 점점 약화되기만 하더니, 마침내 1453년에는 오스만투르크(Osman Turks)에게 멸망당하기에 이르렀다.

로마 가톨릭 문화권에 속한 서유럽 사람들은 종래 이러한 비잔틴 제국의 역사적 의의와 비잔틴 문화의 가치를 별로 높이 인정하지 않아 왔다. 가령 프랑스인들은 비잔틴 제국을 일명 저제국(le Bas-Empire)이라 불러 왔다. 그러나 이것은 자기들과 오랫동안 대립관계에 있었던 그리스 정교 문화권에 대한 로마 가톨릭 문화권 사람들의 편견에서 나온 것이다. 비잔틴 제국의 역사적 의의는 흔히 지적되듯이 그것이 이슬람교도들의 침입으로부터 그리스도교 세계를 오랫동안 지켜 왔으며, 그것을 통해서 고대 문화의 유산이 보존되고 계승되었다는 점에만 있는 것이 아니다. 비잔틴 제국은 중세를 통해 하나의 독특한 문화권을 형성하고 있었다. 그 문화의 기반을 이루고 있던 것은 고전 그리스 문화와 헬레니즘 문화였으며, 거기에 그리스 정교가 결합되어 라틴적 · 게르만적이며 로마 가톨릭적인 서유럽과는 다른 독자적인 문화를 형성하고 있었던 것이다.

이러한 비잔틴 문화의 특색을 가장 잘 나타내고 있는 것이 비잔틴 미술인데, 특히 아름다운 모자이크와 세밀화(細密畵)는 비잔틴의 대표적 미술양식이었다.[3] 그것은 그리스의 고전미술의 전통 위에 오리엔트 각지의 미술이 흡수되어 그리스 정교 미술로 통일된 것으로서, 그 속에는 그리스의 현세적 아름다움과 즐거움이 오리엔트의 신비적 위엄과 융합되어 있었다. 비잔틴 미술의 대표적 건축인 성 소피아 성당은 페르시아의 돔(dome)과 로마의 바실리카(basilica) 양식이 결합되어 외형도 웅장하지만 그 내부를 장식한 모자이크 벽화의 화려함이 더욱 두드러진다. 그것은 필사본의 첫머리 글자를 장식화한 세밀화와 마찬가지로 화려하고 다채로운 색채로 비사실적인 문양이나 상징들을 다양하게 그려 넣은 것인데, 그 속에 또한 장엄하고 환상적인 미의 세계가 창조되어 있음을 볼 수 있다.

이렇듯 비잔틴 제국은 서로마 제국이 멸망한 이후 여러 세기 동안 하나의 빛나는 문화권으로서 존속하여 서유럽 문화와는 다른 독자적인 문화를

---

3) 모자이크(mosaics)는 채색된 유리조각이나 작은 돌조각을 무수히 붙여서 그림장식을 한 것이며, 세밀화(miniature)는 대개 필사본의 첫 장의 첫 글자를 세밀한 문양이나 그림으로 장식화한 것이다.

발전시켜 왔다. 서유럽 세계가 극심한 혼란상태에 빠져 있던 중세 초기에 비잔틴 세계는 서유럽보다 훨씬 더 높은 수준의 문화를 유지해 왔으며, 따라서 그것은 새로운 서유럽 문화의 성장에 큰 영향을 미쳤다. 서유럽에 새로운 문화가 성립된 뒤에도 이들 동서의 그리스도교 문화는 서로 대립한 가운데 지속적으로 서로 영향을 미쳐 왔던 것이다.

비잔틴 문화에 의해 특히 강력한 영향을 받은 것은 슬라브족의 여러 나라들이었다. 유럽 동북부의 넓은 초원과 삼림지대에 살고 있던 슬라브족들이 도나우강을 건너 비잔틴 제국의 영내에 침투해 들어온 것은 6세기경부터의 일이다. 그 후 그들은 계속 제국 영내에 이주해 오더니 점차 여기에 정착하게 되고, 그리스도교로 개종하여 비잔틴 문화에 동화되어 갔다. 한편 9세기에 북쪽에서 내려온 노르만족에 의해서 세워진 키예프 공국은 블라디미르 1세(Vladimir I) 때 전성기를 맞이했다. 그는 비잔틴의 공주와 결혼하고, 그리스 정교로 개종하여 국민에게도 이를 강제하는 한편, 문자나 미술양식 등 비잔틴 문화를 받아들였다. 이리하여 비잔틴 문화권이 동북부 유럽 지역으로 확대되고, 장차 러시아가 동로마 제국의 전통을 이어받아 서유럽과 맞서기 위한 기틀이 마련되었다.

제5절 이슬람 세계의 성장

1. 이슬람교의 성립

비잔틴 제국이 사산조 페르시아에게 시리아와 팔레스타인을 빼앗겼다가 되찾은 7세기 초엽에 아라비아 반도 서부에서는 그리스도교, 불교와 더불어 장차 세계 3대 종교의 하나로 발전할 이슬람교가 놀라운 속도로 급성장하고 있었다. 이 무렵 아라비아의 사막지대에는 베두인(Bedouins)이라 불린 원시적인 종족들이 유목생활이나 오아시스 농업에 종사하면서 살아가고 있었다. 그러나 반도의 북쪽 팔레스타인이나 메소포타미아와의 접경지대, 그리고 서쪽의 홍해 연안의 여러 대상(隊商)도시에는 이들보다 높은 문명생활을 영위하는 아랍인들이 거주하고 있었다. 특히 사산조 페르시아와 비잔틴 제국 사이의 오랜 전쟁으로 페르시아에서 시리아에 이르는 교역로가 막히게 되자 홍해 연안의 대상로를 통한 동서교역이 활발해져 대상도시가 번창하게 되었으며, 이에 따라 도시에는 부유한 지배계층이 나타나게 되고 빈부의 차가 점차 심화되어 갔다. 이러한 도시 중에서 가장 중요한 위치를 차지한 것이 메카(Mecca)였다. 교역의 중심지로 성장한 메카에는 또한 이교적인 여러 신묘(神廟)들이 있어 많은 순례자들이 모여들었다. 그중에서도 특히 유명한 것은 '검은 돌'을 모신 카바(Kaaba) 신묘였다.

이슬람교를 창시한 무함마드(Muhammad, 570?~632)는 570년경 메카의 한 가난한 집안에서 태어났다. 어려서 고아가 된 그는 친척들에 의해 양육되었으며, 청년이 되자 연상의 부유한 과부에게 고용되어 대상활동을 하면서 각지를 돌아다녔다. 이러한 여행을 통해서 그는 팔레스타인이나 시리아 등지의 그리스도교도나 유대교도들과 접촉했다. 이것이 그의 종교 사상을 발전시키는 데 큰 영향을 주었으리라고 짐작된다. 그 후 부유한 그의 여주인과 결혼함에 따라 그는 사업보다는 명상에 더 많은 시간을 보내게 되었다. 40세가 되었을 무렵부터 그는 가끔 황홀상태에 빠지게 되어 대천사 가브리엘이 나타나 그에게 "알라(Allah)의 뜻에 따르라"고 지시하는 소리를 들었다는 것이다. 이때부터 그는 알라의 뜻에 따를 것, 즉 이슬람(Islam)을 외치기 시작했다. 무함마드는 신이 이전에 아브라함과 모세 그리고 그리스도에게 몸소 나타났다고 믿었고, 이제 마지막으로 자기 앞에 나타난 것이라 믿었다. 그는 그리스도를 과거의 예언자들 중 가장 위대한 자로 인정했으며, 그의 가르침을 자기 자신의 가르침 다음의 자리에 놓았다. 그러나 그는 그리스도는 물론 그 자신의 신성(神性)도 결단코 인정하지 않았다. 그의 가르침의 핵심은 철두철미한 일신교사상에 있었다. 그는 그의 추종자들이

무함마드

메카의 모스크 중앙에 카바의 신묘가 있다.

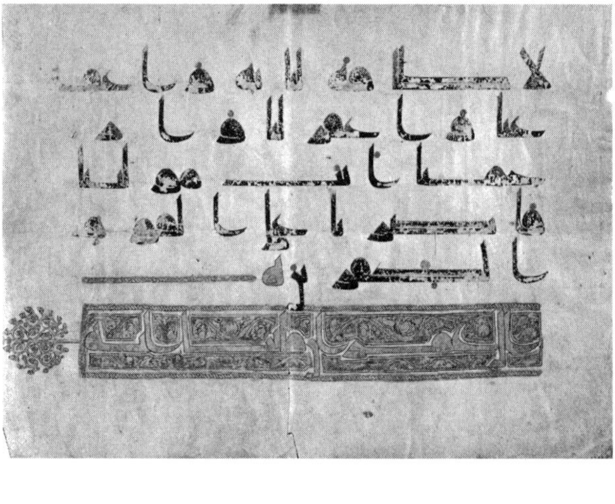

코란 8, 9세기경의 고대 아라비아 문자로 씌어진 코란의 한쪽.

자기를 신격화하려는 어떠한 시도도 금지하면서 이렇게 말했다. “알라 이외에 신은 없다. 무함마드는 그의 예언자이다.” 그리스도교와는 달리 이슬람교에는 삼위일체란 존재하지 않았다. 그는 유일신 알라 앞에 모든 사람은 평등하며 신과 예언자의 가르침대로 행하면 누구나 사후에 육신으로 재생하여 천국에서 영원한 삶을 누리게 되고, 그렇지 못한 자는 지옥에 떨어진다고 가르쳤다.

무함마드는 그의 새로운 종교를 메카에서 처음 펴기 시작했다. 그의 주변에는 그의 가족을 비롯하여 일단의 개종자들이 모여들었다. 그러나 이교적인 여러 신앙에 대한 그의 공격의 소리가 높아짐에 따라 메카의 유력자들은 이슬람의 추종자들을 박해하기 시작했다. 이리하여 그는 622년 메카 북쪽의 도시 메디나(Medina)로 피신하게 되었는데, 그 무렵 내부적 파쟁에 휘말려 있던 이 도시가 그들의 싸움의 조정자로 무함마드를 초청했던 것이다. 이때부터 무함마드는 종교지도자일 뿐만 아니라 정치지도자이며 입법자가 되었으며, 이를 계기로 이슬람교는 급속도로 성장하게 되었다. 무함마드의 메디나로의 피신을 ‘헤지라(Hegira)’라 하여 후에 이 해를 이슬람의 기원 원년으로 삼게 된 까닭이 여기에 있다.

메디나에서 무함마드는 신의 예언자이며 지상에서의 신의 뜻의 집행자로서 하나의 신정국가를 세웠다. 메디나를 중심으로 교세를 키운 그는 다시 메카에 쳐들어가 카바의 검은 돌 이외의 모든 우상들을 파괴한 후 카바의 신묘를 알라의 신전으로 삼았다(630). 그는 계속하여 아라비아 반도의 통합에 진력했는데, 632년 시리아 원정을 꾀하다가 죽었다.

무함마드는 이슬람교도, 즉 무슬림(Muslim)이 지켜야 할 다섯 가지 의무를 규정했다. 그것은 하루에 다섯 차례 메카를 향해 예배하고, 신의 단일성을 믿고, 궁핍한 자에게 자선을 베풀고, 라마단(Ramadan, 이슬람교 달력의 9월)의 한 달 동안 해돋이로부터 해지기까지 단식하고, 일생에 한 번은 메카를 순례해야 한다는 것이었다. 그 밖에 무슬림에게는 몇 가지 금기사항이 있었다. 즉, 도박을 해서는 안 되며, 돼지고기를 먹거나 알코올 음료를 마시는 일도 금지되었다. 그의 가르침은 이슬람의 성경 『코란(*Koran*)』에 기록되어 있었다. 이것은 신이 무함마드에게 계시한 모든 것을 그의 사후에 집대성한 것이며, 그 모든 어구는 절대 신성한 것으로 생각되었다. 그리하여 신의 뜻을 표현한 코란의 가르침은 비단 종교뿐만 아니라 세속 측면에서의 무슬림의 생활을 규제하는 모든 윤리규범이나 법률의 기반을 형성하게 되었다.

2. 이슬람 제국의 성쇠

무함마드가 죽은 뒤 그의 후계자로 선출된 칼리프(calif, '후계자'라는 뜻)들은 무함마드와 마찬가지로 정교(政敎) 양면에서 무슬림의 지도자가 되었다. 칼리프의 지도 아래 이슬람교의 신앙으로 뭉친 아랍인들은 전 세계를 알라신의 지배하에 넣기 위해, 그리고 한편으로는 늘어나는 무슬림들을 위한 생활권을 획득하기 위해 팔레스타인과 시리아를 정복했으며, 이어 분열 상태에 있던 사산조 페르시아를 멸망시켜 중앙아시아까지 나아가고, 또 이집트를 정복하여 북아프리카로 진출했다.

그러나 그러는 동안에 이슬람교도들 사이에 이견이 나타났다. 원래의 코란의 순수성을 유지할 것과 무함마드의 혈통을 이어받은 자가 칼리프가 되어야 한다고 주장한 시아파(Shiites)와 『코란』에 구전(口傳)의 전승을 부가하는 것과 무함마드 혈통이 아닌 자의 칼리프 선출을 인정하는 수니파(Sunnites)로 나뉘게 된 것이다. 7세기 말엽에는 메카의 상인출신으로 시리아 총독인 우마이야가(Umayyads)의 무아위야(Muawiyah, 재위 661~680)가 무함마드의 사위로서 제4대 칼리프였던 알리(Ali)를 몰아내고 스스로 칼리프가 되었다(661). 그는 수도를 메디나에서 다마스커스(Damascus)로 옮겨 우마이야조를 열었는데, 이후 약 107년 동안 칼리프의 지위는 이 우마이야가에게 세습되었다.

우마이야조 시대에 영토는 더욱 넓어져 동쪽으로는 파미르 고원 가까이에서 당나라와 접경하게 되고, 8세기 초에는 인도에까지 그 세력이 미쳤으며, 서쪽으로는 북아프리카를 거쳐 지브롤터 해협을 넘어 이베리아 반도에 침입하여 서고트 왕국을 멸망시켰다(711). 피레네 산맥을 넘어 프랑크 왕국에 침입한 그들이 카롤루스 마르텔에 의해 격퇴당한 것이나(732), 콘스탄티노플을 공략하다가 레오 3세에 의해 격퇴당한 것이(718) 모두 이 우마이야조 시대 후기의 일이었다. 유럽의 그리스도교도들이 이렇게 단시일 내에 급팽창한 이슬람교도들을 보고 사라센(Saracen, 사막의 사람)이라 하여 두려워한 것도 이해할 만하다. 그들은 흔히 이슬람교도들이 한 손에 코란, 다른 손에 칼을 들고 "코란을 받아라, 그렇지 않으면 칼을 받으라"고 하면서 다른 민족들을 정복했다고 말해 왔다. 그러나 실상 이슬람교도들은 정복한 이교도들에 대해서 오히려 관용적인 편이었다. 그들이 정복전을 지하드(jihad, 성전)라 믿고 용감히 싸운 것은 사실이지만, 정복민에 대해서는 흔히 이슬람교로 개종하든가 납세 의무를 지든가, 양자택일하게 했으며, 억지로 개종을 강요하거나 잔인한 살육을 자행하지는 않았다. 그들의 세력팽창이 그처럼 급속했던 것은 그들의 무력이 강했기 때문이기도 하지만, 한편으로는 그들의 종교가 그리스도교보다 더욱 철저한 일신교였던 데다가, 그들이 진출한 지역에는 로마 교회의 삼위일체설에 반대한 아리우스파의 세력이 커서 좀 더 용이하게 이슬람의 교리를 받아들일 수 있었기 때문이기도 했다.

초기의 이슬람 사회에서는 모든 무슬림들이 평등하여 그들 사이에 신분의 차가 없었다. 오랜 유목생활에 젖어 온 그들은 토지를 영유하지 않고 요지에 막사를 치고 공동생활을 영위했다. 군사적 정복자로서 지배한 그들은 정복민에게서 지조와 인두세를 징수하여 그것으로 생활했는데, 이러한 수입은 전쟁 때 획득한 전리품과 함께 모든 무슬림들에게 공평하게 분배되었다. 그러나 정복전이 계속되어 영토가 농경지대에까지 확대됨에 따라서 점차 정착생활이 시작되고 토지소유가 허용되어 그들 사이에 새로운 유력

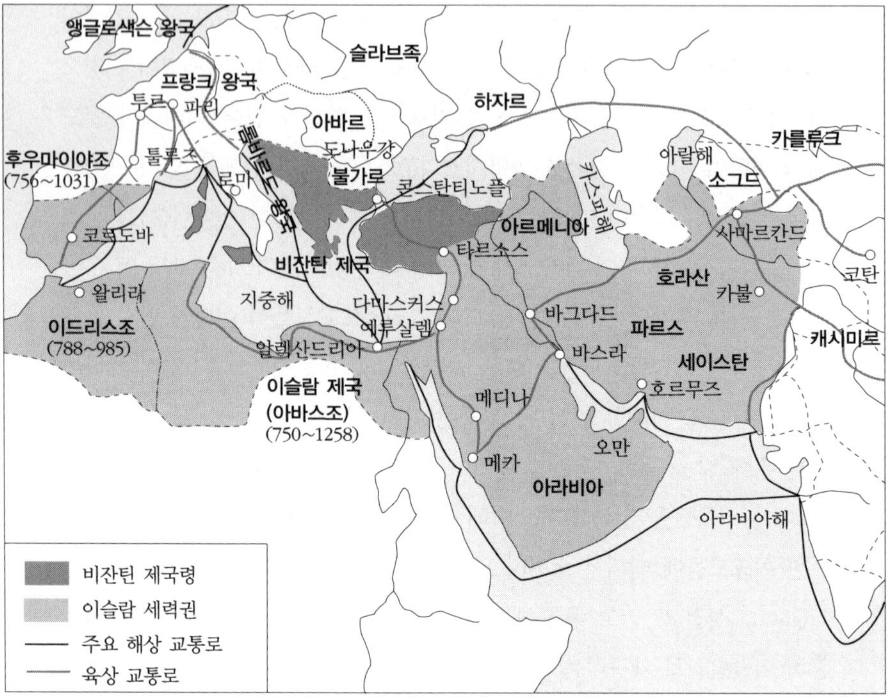

그림 6-4. 8세기 후반의 이슬람 세계

자들이 지배계층으로 성장해 갔다.

우마이야조의 다마스커스에서는 아랍계 무슬림들이 유력하여 비아랍계 무슬림들은 세력을 펼 수 없어 이들 사이에 점차 불만이 늘어 갔다. 8세기 중엽 페르시아 근처에서 성장하고 있던 시아파의 일부가 이러한 불만을 이용하여 우마이야조의 칼리프를 타도하고 새로 아바스(Abbas)조를 열었다. 이 반란의 주모자가 아불 아바스(Abul Abbas, 재위 750~754)였는데, 그 자신은 시아파가 아니라 무함마드의 사촌의 증손이었다. 아바스조는 그 뒤 수도를 티그리스강변의 바그다드로 옮기고, 아랍계 무슬림과 비아랍계 무슬림을 평등하게 대우하여 이들의 융합을 꾀했다. 이리하여 아바스조하에서는 아랍적, 시리아적, 페르시아적 요소들이 융합된 더욱 폭넓은 이슬람 문화가 발전하여 그 전성기를 맞이하게 되었다. 그러나 아바스조는 이슬람 세계 전체를 지배하지는 못했다. 우마이야조의 일족이 에스파냐로 난을 피해 들어가 코르도바(Cordova)를 수도로 하여 후우마이야조를 세웠으며(756), 그 후 10세기 초엽에는 이 에스파냐의 통치자가 바그다드의 칼리프에 맞서 칼리프를 자칭하기에 이르러(929) 이슬람 세계는 이때부터 동서 두 진영으로 나뉘게 되었다. 한편 10세기 후엽 이집트에서는 시아파에 의한 새로운 이슬람 국가가 독립하여 파티마(Fatima)조를 열었다(969). 파티마조는 카이로를 수도로 정해 북부아프리카 일대를 지배했다. 카이로는 그 부와 힘에서 점차 바그다드를 능가하게 되었고, 바그다드의 정통파였던 수니파는 카이로를 지배한 분파인 시아파에게 한때 완전히 압도당하는 듯이 보였다.

아바스조의 세력이 이처럼 약화되자 이 왕조가 지배하는 국내 각지의 에미르(emir, 총독)들이 점차 군사적, 정치적 실권을 장악하여 제각기 독립했는데, 그들은 북쪽에서 투르크인 용병들을 불러들여 군사력을 길렀다. 그러나 이들 투르크 용병들 자신이 곧 실권을 잡게 되고 제각기 술탄(Sultan)이라 칭하게 됨에 따라, 이들 투르크인에 의한 술탄 정치가 칼리프 정치를 대신하게 되었다. 한편 이 무렵에 투르크인들 중 일부는 파미르의 북쪽 키르키즈 지방과 남쪽 아프가니스탄에 각각 카라한(Karakhan)조와 가즈니(Ghazni)조를 세워 서로 다투고 있었으며, 11세기에는 투그릴 베그(Tughril Beg)가 이끄는 셀주크족이 일어나 삽시간에 아무(Amu)강에서 유프라테스강에 이르는 광대한 나라를 세웠다. 그들은 1055년 바그다드에 입성하여 아바스조의 칼리프로부터 술탄의 칭호를 받았다. 이것이 유명한 셀주크투르크로서 그 후 그 영토가 더욱 확대되어 시리아, 팔레스타인 그리고 소아시아까지 합쳐 동쪽은 천산산맥에서 서쪽은 지중해에 이르는 대제국을 형성했다. 이리하여 동부 이슬람권의 정치적 지배권은 아랍인과 페르시아인에 이어 이들 투르크인들의 수중에 들어가게 되었다. 그러나 문화적으로는 역시 그들도 이슬람교로 개종함으로써 이슬람 문화에 동화되었다. 이 셀주크투르크가 비잔틴 제국을 위협하게 된 것을 계기로 11세기 말에 십자군원정이 일어나게 되고, 이후 이슬람 세계와 그리스도교 세계는 근 200년 동안 서로 맞서 싸우게 되었다.

3. 이슬람 문화

이슬람 문화의 황금시기는 우마이야조 후기와 아바스조 초기였다. 특히 8세기 말에서 9세기 초에 걸친 하룬 알 라시드(Harun al-Rashid)의 칼리프 시대(786~809)가 전성기였다. 이때의 수도 바그다드는 동서 문화의 교류 지요 교역의 중심지로서 그 번영은 당(唐)의 수도 장안(長安)이나 비잔틴 제국의 수도 콘스탄티노플에 못지않아, 이곳을 중심으로 이슬람 문화가 사방으로 전파되었다. 이슬람 문화는 당대 세계 최고 수준의 문화였던 것이다.

이슬람 문화의 기본적 특징은 문자 그대로 그것이 이슬람교라는 종교에 바탕을 두었다는 점에 있었다. 그것은 본시 유목생활이나 대상활동에 종사하던 아라비아인들이 그들보다 문화적으로 앞서 있던 팔레스타인, 시리아, 이집트, 페르시아 등지의 주민들을 정복하여 이들을 이슬람화함으로써 이루어진 종교 중심적인 문화였다. 아라비아인들은 그들을 정복은 하였으되 그들의 문화를 파괴하지 않고 오히려 이를 받아들여 하나의 종합적인 문화를 만들어 냈으며, 그러한 종합은 이슬람교라는 도가니 속에서 이루어졌다. 시리아인이건 이집트인이건, 또는 페르시아인이건 모든 무슬림들은 알라의 뜻에 따르는 것, 즉 이슬람을 그들의 생활에서의 제일지침으로 삼았다. 비단 종교생활만이 아니라 그들의 정치, 경제, 사회, 문화 등 모든 생활에서 그러했다.

이리하여 무슬림들은 신학과 법학, 문법학과 수사학 등 소위 아라비아 '고유의 학문'을 매우 중시했다. 왜냐하면 이슬람교의 핵심은 신이 무함마드에게 계시한 것을 집대성한 『코란』에 있었으며, 신학을 비롯한 '고유의 학문'은 바로 이 『코란』의 해석에서 파생된 학문들이었기 때문이다. 이처럼 『코란』은 이슬람교도들의 생활의 기본지침을 제시해 준 성전이었지만, 그것이 그들의 일상생활의 모든 문제에 대해서 빠짐없이 직접적인 지시를 내리고 있지는 않았다. 이래서 그들은 이러한 문제에 관한 대답을 얻기 위해 무함마드의 제자들의 행적에 관한 『전승』에 의존하게 되었고, 그것으로도 해답을 얻지 못하는 경우가 생기게 되자, 이슬람 교리의 전문가들인 울레마(Ulema)에 의해서 『성법(*Sacred Law*)』이 만들어졌다. 따라서 이슬람교도들에게는 『코란』과 『전승』과 『성법』에 따라 살아가는 것이 곧 신의 뜻에 따라 살아가는 것이었다. 그것은 사실상으로는 이것들에 관한 전문적 지식을 가진 울레마의 판단에 따라 살아가는 것이었다. 당초의 칼리프는 종교와 정치의 양권을 아울러 장악한 오리엔트적인 강력한 전제군주였지만, 그의 종교적 지배권은 이래서 점점 울레마의 수중으로 넘어가게 되고 그는 세속지배자로만 남게 되었다. 이 경향은 특히 아바스조 성립 이후에 두드러지게 나타났는데, 이러한 현실주의적인 타협(수니파)에 반대하여 『코란』의 순수성을 고수하려는 이상주의자들이 곧 시아파였다. 수니파와 시아파 사이의 이러한 대립이 오늘날의 이슬람 세계에서까지 계속되고 있으며, 또 그것이 이슬람 사회에서 중대한 요인으로 작용하고 있는 것만 보아도 이슬람교가 그들의 생활에서 얼마나 중요한 위치를 차지했으며, 또 지금도 차지하고 있는지 짐작할 수 있다.

그러나 이슬람교도들의 종교 중시와 '고유의 학문' 중시가 그들의 세속문화나 '외래의 학문'의 발달을 저지하거나 질식시키지는 않았다. 이미 지적한 바와 같이, 그들은 흔히 이야기되어 오듯이 그렇게 호전적이거나 비관용적인 사람들이 아니었다. 그들은 이슬람교를 바탕으로 하는 그들 고유의 문화를 발전시키는 한편, 외래의 문화를 받아들여 이를 보존하고 발전시켰으며 나아가서는 이를 사방으로 전파시켰다. 삼위일체설을 부인한 이슬람교는 그리스도교보다 훨씬 합리적인 종교였으며, 그 교리는 단순하고 명료했다. 그것은 그리스의 철학이나 오리엔트의 과학과 양립할 수 있었다. 이리하여 이슬람은 비잔티움과 더불어 고대의 학문을 계승하고 보존하여 이를 서유럽에 전달했다.

그리스의 철학과 과학의 고전들이 아랍어로 번역되기 시작한 것은 우마이야조 말기와 하룬 알 라시드 칼리프 시대였지만, 이슬람의 학문활동, 특히 이들 외래의 학문에 대한 연구활동의 절정기는 알 마문(Al-Mamun) 칼리프 시대(813~833)였다. 그의 시대에 바그다드에는 대학과 천문관측소가 세워지고 그리스와 오리엔트의 중요한 철학서와 과학서가 아랍어로 번역되었다. 이리하여 900년까지에는 플라톤과 아리스토텔레스를 비롯한 그리스 학자들의 거의 모든 저작들을 이슬람 학자들은 아랍어로 읽을 수가 있었다. 아리스토텔레스 철학과 네오플라톤주의에 입각한 철학체계를 세운 아비세나(Avicenna, 980~1037)와 역시 아리스토텔레스에 대한 주석을 단 에스파냐의 무슬림 학자 아베로에스(Averroës, 1126~1198)는 이들 이슬람 철학을 대표하는 학자들이었으며, 아랍어로 쓰인 이들의 저작들이 후에 라틴어로 번역되어 서유럽인들에게 읽히게 되었다. 아랍어는 당시 전체 이슬람 세계의 공통어가 되어 있었다. 이슬람교에서는 『코란』의 번역이 금지되었기 때문에 모든 무슬림들은 『코란』을 읽기 위해서 아랍어를 습득해야만 했으며, 이래서 아랍어는 그리스어에 대신하여 오리엔트와 북아프리카 일대의 국제어가 되어 있었다.

과학 분야에서 이슬람교도들의 업적은 한층 더 눈에 띄었다. 무슬림 학자들은 그리스의 에우클레이데스 기하학을 이어받았을 뿐 아니라 인도에서 영의 개념을 받아들여 이른바 아라비아숫자에 의한 수체계를 만들어 냈다. 그들은 또 삼각법, 해석기하, 그리고 그 어원이 아랍어인 대수(algebra)에서도 주목할 만한 업적을 나타냈다. 그 밖에도 그들은 의학과 화학 분야에서 몇몇 업적을 나타냈다. 그들은 히포크라테스와 갈레노스(Galenos)를 넘어서 눈병, 천연두, 홍역 등에 관한 교과서를 저술했고, 또 10세기에 페르시아의 알 라지(Al Razi)는 9권으로 된 『의학대전』을 저술했다. 화학은 연금술(alchemy)에서 발달했다. 비금속을 귀금속으로 만들어 내려는 이 연금술은 마술과 과학이 뒤섞인 것이라 할 수 있으며, 올

천체관측의(13C)

이스탄불 모스크

바른 과학의 발달을 오히려 방해한 면도 없지 않았으나 이를 통해서 승화, 여과, 용해, 증류 등 화학실험 방법이 발달한 것은 사실이다.

이슬람의 미술은 과학의 발달과 밀접한 관계가 있었다. 이슬람교는 우상숭배를 엄금했기 때문에 그림이나 조각은 발달하지 못하고 모스크(사원) 건축이 이슬람 미술을 대표했다. 그 건축의 특징인 돔은 역학적 계산에 의해서 설계되었다. 건축의 안팎을 장식하는 도안으로서는 아랍 문자나 화초, 기하학적 문양 등으로 꾸민 이른바 아라베스크 무늬가 발달했다.

이슬람교의 강대한 영향력에도 불구하고 원시 아랍 유목민들의 낭만적 정열과 현세적 기쁨을 가장 뚜렷하게 간직한 것이 그들의 문학이었다. 그들에게는 무함마드 이전에 아라비아의 자연을 배경으로 하는 정열적인 시나 노래가 있었으나 아바스조 이후 페르시아 문학의 영향을 받아 산문이 발달했다. 그중 가장 유명한 것이 『천일야화(*Arabian Nights*)』인데, 이것은 9세기에 페르시아어에서 번역된 『천화』를 바탕으로 하고 거기에 아라비아적 요소가 가미된 것을 뒤에 카이로에서 완성한 것이라 짐작되고 있다. 학자들 중에는 중세 후기 서유럽에서 널리 퍼진 음유시인들의 노래의 근원을 이 『천일야화』에서 찾는 사람도 있다.

제7장 유럽 중세 사회의 변화

제1절 십자군과 도시의 발달
제2절 중세 유럽인의 생활과 문화
제3절 중세 봉건사회의 몰락

봉건제와 로마 가톨릭 교회를 기반으로 성립한 서유럽 사회는 11세기에 들어서면서 점차 정치적 안정과 사회·경제적 성장의 길로 들어섰다. 이렇게 서유럽 사회가 안정과 성장의 길을 되찾자 사회 내부에 충만한 힘이 외부로 확산되기에 이르렀는데, 이것이 곧 십자군원정이다. 그것은 로마 교황의 제창에 따라 서유럽의 국왕, 제후, 기사, 심지어는 농민까지도 힘을 합해 이슬람교도들에게 빼앗긴 땅을 회복하려는 싸움이었으며 봉건제와 가톨릭 교회에 입각한 서유럽 사회의 전성기를 상징하는 큰 사건이었다.

그러나 십자군원정은 결국 서유럽 사회의 변질을 촉진하는 요인으로 작용했다. 원정의 실패는 그렇지 않아도 세속화의 경향을 보이기 시작하던 교황과 교회의 권위를 더욱 떨어뜨렸으며, 이 무렵 벌써 성장하기 시작한 상공업과 도시를 더욱 발전시켰다. 이리하여 상공업의 발달에 따른 화폐경제의 보급과 도시의 발전에 따른 시민계층의 대두로 봉건사회의 경제적 기반인 장원제의 기틀이 무너지기 시작하고, 그 결과 기사계층의 특권적 지위가 흔들리게 되었다.

한편 도시에서 시민계층의 세력이 커짐에 따라, 이들의 지지를 얻은 국왕은 왕권을 강화하고 봉건제후의 세력을 눌러 중앙집권체제를 확립하는 데 전력했다. 이와 함께 로마 가톨릭 교회의 세속화와 타락의 경향이 더욱 심해져 중세 말기에는 교회의 개혁을 외치는 소리가 점점 높아 갔다.

이처럼 정치, 경제, 종교 등 사회 각 방면에 동요와 불안이 고조되는 가운데 중앙집권적 국민국가(national state)의 성립, 대규모적인 상공업의 발전, 르네상스, 종교개혁 등 근대 유럽의 탄생을 알리는 여러 움직임이 나타나게 되었다.

제1절 십자군과 도시의 발달

1. 십자군

게르만족의 이동 이후 계속된 혼란상태가 끝나 서유럽 사회가 봉건영주들과 로마 가톨릭 교회의 지배하에 안정을 되찾고 점차 성장의 길로 들어서게 되자, 서유럽 세계는 그 세력을 외부로 신장하는 기운을 나타내게 되었다. 이와 때를 같이하여 동방(오리엔트)에서는 새로 셀주크투르크가 일어나 아바스조의 영토 대부분을 장악하고 소아시아를 비잔틴 제국으로부터 빼앗아 직접 콘스탄티노플을 위협하기에 이르렀다. 서쪽 이베리아 반도에서도 한때 열세에 몰려 있던 이슬람교도들이 알모라비드조(Almoravids)

하에서 다시 힘을 되찾아 아라곤(Aragon), 카스티야(Castilla) 등 북부 그리스도교 국가들에 대한 반격에 나서고 있었다. 그러나 7세기 말 이래로 줄곧 공격만 당해 왔던 서유럽 그리스도교 세계가 이제는 거꾸로 공세를 취하기에 이르렀다. 이래서 일어난 것이 바로 십자군(Crusades)원정이었다. 이것은 그동안 거듭된 이슬람교도들의 유럽 세계 침범에 대한 하나의 보복전이라 할 수 있으며, 전성기에 접어든 중세 유럽 사회가 밖으로 그 힘을 과시하고 뻗쳐 나간 것이라 할 수 있다.

십자군원정의 직접적 계기를 만든 것은 비잔틴 황제였다. 11세기 후반 셀주크투르크가 콘스탄티노플을 위협하자 황제 알렉시우스 콤네누스(Alexius Comnenus, 재위 1081~1118)는 로마 교황 우르반 2세(Urban II, 재위 1088~1099)에게 구원을 요청했다. 때마침 황제 하인리히 4세와의 싸움에서 우세를 굳히고 있던 우르반 2세는 이를 받아들여 성지탈환의 성전을 일으킴으로써 동서로 갈라진 교회를 다시 통합하여 스스로 그 우두머리가 될 것을 기대했다. 그는 중부프랑스의 클레르몽(Clermont)에서 열린 공의회에서 그리스도교 순례자들에 대한 셀주크투르크인들의 박해상을 들추면서 성지회복을 위한 성전을 일으킬 것을 촉구했다. 공의회가 끝난 뒤에도 그는 프랑스 각지를 순회하면서 성전을 호소했고, 다른 열광적인 설교자들이 그의 뒤를 따랐다. 이들의 호소에 감동되어 모여든 군중과 기사들이 저마다 가슴에 붉은 십자 표시를 달고 예루살렘을 향해 떼를 지어 떠났다(1096). 이렇게 시작된 십자군원정은 그 후 13세기 후반까지 약 200년 동안 계속되었으며, 그중 대규모적인 것만도 7, 8회나 조직되었다.

그러나 이처럼 여러 번에 걸쳐서 수많은 인원이 동원되었음에도 불구하고 십자군의 성과는 대수로운 것이 못 되었다. 종교적인 열광으로 성지를 향해 나아간 최초의 십자군은 어렵게나마 성지에 도착해 이를 이슬람교도의 수중에서 탈환하고 여기에 봉건제에 입각한 예루살렘 왕국을 세우는 데 성공했다. 그러나 이것은 십자군 자체의 힘에 의해서라기보다는 오히려 이슬람교도들의 분열에 의해서 가능한 것이었다. 그 후 이슬람교도들이 세력

십자군의 잔학 영국왕 리처드 1세가 제3차 십자군 때 붙잡힌 수백 명의 이슬람교도를 처형하는 모습을 바라보고 있다.

을 규합하여 그리스도교도들을 공격하자 1187년 예루살렘은 다시 그들의 수중에 들어가고 말았다. 이를 다시 회복하기 위한 십자군원정이 이후에도 몇 차례 시도되었으나, 제5차(1228~1229) 때 역시 이슬람교도들의 내분을 이용해 잠시 성지를 되찾았을 뿐, 예루살렘은 줄곧 무슬림의 지배하에 남아 있었다.

본시 십자군은 조직화·체계화되지 않은 군사행동이었다. 위로는 국왕에서 아래로 농민에 이르기까지 각계각층의 사람들이 참가한 이 원정군은 통일적인 지휘체계를 갖추지 못했으며, 국왕이나 제후 등 지휘자들 사이에 의견대립이 잦아 통일된 행동을 취할 수 없었다. 군장비도 각각 다른 데다가 체계적인 훈련도 받지 못했고 군기 또한 엉망이었다. 더욱이 보급망도 마련되어 있지 않아 식량을 비롯한 모든 보급품은 원정 도상의 현지에서

조달해야 했다. 한마디로 오합지중이었다. 그 가장 대표적인 경우가 제1회 십자군 때 맨 먼저 원정길에 올랐던 농민십자군으로, 이들이 지나간 유럽의 마을들은 그들의 약탈과 방화 그리고 무자비한 살상을 견디어 내야만 했다. 수백 명의 정예기사로 된 구원 병력을 기대했던 비잔틴 황제 알렉시우스는 이 인간 메뚜기의 대군에 놀라 서둘러 이들을 해협 너머 소아시아의 땅으로 호송해 보냈다. 소아시아에 들어간 뒤에도 그들은 저희들끼리 싸우고 그곳 그리스도교도들을 죽이는 일에는 능했으나, 막상 투르크족과의 싸움에서는 대패하여 섬멸당하고 말았다.

그러나 초기의 십자군에게는 종교적 열정만은 넘쳐 있었다. 농민십자군에 이은 기사십자군은 소아시아와 시리아를 거쳐 드디어 성지 예루살렘에 도달했다. 성지를 점령한 그들은 거룩한 땅에 엎드려 입 맞추고 감격의 눈물을 흘리면서 수많은 이슬람교도와 유대교도들을 학살했다.[1] 그러나 회가 거듭됨에 따라 점점 종교적 정열마저도 사라져, 정치적 야심이나 상업상의 이해가 오히려 원정의 주된 동기로 되어 갔다. 그중에서도 가장 유명한 것이 제4회 십자군이었다. 십자군 병사들은 베네치아 상인의 요청에 따라 성지 아닌 콘스탄티노플을 공략하여 비잔틴 제국을 넘어뜨리고 그 자리에 라틴 제국을 세웠다(1204). 당시 지중해무역에서 콘스탄티노플의 상인들과 맞서 있던 베네치아 상인들의 이익을 위해 십자군이 성지회복이라는 그 원래의 목적을 저버렸던 것이다.

십자군은 결국 성지회복이라는 그 본래의 목적을 달성하지 못한 채 끝나, 유럽 세계의 외부로의 진출은 별 성과를 거두지 못하고 말았다.[2] 그러나 십자군은 성과보다는 오히려 그 영향이 더 중요한 사건이었다. 그것은 전성기에 접어든 유럽 세계의 힘의 팽창을 표시하는 운동으로 시작되었으

1) 이에 비해 1187년 이슬람교도들이 다시 예루살렘을 탈환했을 때 그들은 그리스도교도들을 학살하지 않았다.

2) 다만 십자군원정과 더불어 진행된 이베리아 반도에서의 재정복운동은 성과를 거두어 13세기 후반에는 남쪽의 그라나다를 제외한 모든 지역이 그리스도교 국가들의 수중에 들어왔다.

나, 그것이 계속됨에 따라 점차 중세 유럽 사회의 붕괴를 촉진하는 요인으로 작용했다.

초기에는 성지를 회복하여 그곳에 예루살렘 왕국을 세우고, 또 이교도와 싸우는 기사단(템플기사단이나 병원기사단)을 세우는 등 교황의 권위나 봉건기사들의 세력이 한층 높아진 듯했다. 특히 교황의 권위는 십자군에 의해 더욱 올라가 13세기 초엽의 인노켄티우스 3세 때에 교황권은 그 절정에 달했다. 그러나 궁극적인 성지회복을 달성하지 못하게 되자 사람들의 종교적 열정도 차츰 식어 가고 교황의 권위도 흔들리기 시작했다. 또 원정의 실패는 이 싸움에서 주동역할을 맡아 가장 많은 희생을 바쳤던 기사계층의 몰락을 촉진해 봉건제 붕괴의 한 계기가 되었다. 한편 십자군에 의해, 문화적으로 뒤떨어져 있던 서유럽인들은 선진지역이었던 이슬람 세계나 비잔틴 제국과의 접촉이 늘어남으로써 그들에게서 큰 영향과 자극을 받았다. 동방과의 접촉은 서유럽인들의 견문을 넓혔을 뿐만 아니라 동방무역을 급성장시킴으로써 서유럽의 도시와 상공업의 발달을 촉진시켰으며, 이에 수반한 화폐경제의 발달은 기본적으로 자급자족적이었던 장원경제를 무너뜨린 요인으로 작용하게 되었다.

이렇듯 십자군은 중세 유럽 사회의 변화에 여러모로 꽤 중대한 영향을 미쳤던 것이 사실이다. 그러나 그러한 영향을 지나치게 강조해서는 안 된다. 왜냐하면 중세 말 서유럽 사회의 여러 변화가 십자군으로 말미암아 일어나기 시작한 것은 아니기 때문이다. 변화는 중세 사회 자체 내에서 이미 일어나고 있었으며, 십자군의 영향은 대체로 그러한 변화를 한층 더 촉진시켰다는 점에 있었다.

2. 상공업과 도시의 발달

한 나라나 사회 또는 한 문화는 대체로 그것들이 한창 전성기에 있을 때

장차 그 나라나 사회 또는 문화를 무너뜨릴 요소들을 자체 안에 간직하고 성장시키게 마련이다. 중세 서유럽 사회 역시 그 전성기에 접어들면서 이미 앞으로 그 자신을 붕괴시킬 요인들이 자체 안에서 자라고 있었다. 그것은 십자군에 앞서 이미 일어나고 있었던 상공업의 발전과 그에 수반하는 도시의 발달이었다.

로마 제국의 쇠망과 민족이동의 혼란, 특히 이슬람 세력의 지중해 제패로 중세 초기의 서유럽 세계에서는 상업이 쇠퇴하고 고대 도시가 쇠미하여, 자급자족적인 자연경제를 위주로 하는 장원이 지배적으로 되었다. 그러나 10세기가 지나면서 이민족의 침입과 그에 따른 혼란이 끝나 사회가 봉건체제 아래 새로운 안정을 되찾게 됨에 따라 자급자족적인 장원경제 안에서도 나름대로 생산성의 향상이 나타나 이른바 잉여생산물이 생기게 되었다. 이것은 쟁기의 개량, 마력의 이용,[3] 3포제도의 도입 등 농업기술상의 여러 개혁의 결과로 일어난 것이다.

사회가 안정되고 농업생산이 늘어나자 인구도 늘어났다. 그러자 종전의 촌락만으로는 늘어나는 인구를 감당할 수 없게 되어 새로운 농장의 개척이 필요하게 되었다. 이래서 인구의 증대가 이번에는 새로운 토지의 개간을 촉진하는 요인으로 작용하게 되어, 이 무렵부터 유럽 각지에 일대 개간운동이 일어났다. 특히 11세기 동안에 넓은 숲과 황무지 등이 개간되어 수많은 새로운 농장과 마을들이 형성되었다.

새로운 토지의 개간이 가져온 중요한 결과의 하나는 중세 장원제의 변모였다. 새로운 토지에 이주할 농노들을 얻기 위해 어떤 지주들은 개간사업에 종사한 농민들에게 일정한 특혜를 부여했는데, 그것은 흔히 농노의 부담을 크게 줄이는 것이었다. 농노 자신이 이러한 새로운 땅으로 도망치는 경우도 있었다. 장원영주는 이것을 막기 위해 남아 있는 농노에게 비슷한 특혜를 부여하는 경우가 많았다. 이리하여 12, 13세기에는 농노들의 부

3) 이 무렵에 유럽에서는 수소 대신 여러 필의 말이 끄는 수레가 달린 무거운 쟁기가 사용되어 진흙땅을 깊이 갈아엎을 수가 있게 되어 농업생산력이 크게 늘어났다.

중세의 쟁기 중세말의 바퀴 달린 쟁기

담의 상당한 경감이 일반적 추세가 되었고, 나아가서는 농노신분 자체의 해방까지도 나타나 농민의 자유가 더 늘어났다.

농업생산과 인구의 증가, 그리고 이에 따른 사회적 유동성의 증대는 교역과 상업의 발달을 자극했다. 남아도는 생산물이 생기게 되자, 이 잉여물의 교환에서 다시 상업활동이 일어났다. 한편 늘어난 인구는 처음에는 새로운 토지의 개척사업에 배출되었다. 그러나 시간이 지남에 따라 새로운 땅 또한 가득 차게 되자, 남아도는 인구는 농업 이외의 다른 직업을 찾아야만 했다. 그중 가장 중요한 것이 상업이었다. 이리하여 10세기 후엽부터 11세기에 걸쳐서 서유럽 세계에서는 새로운 상인계층이 광범하게 형성되었으며, 이들의 상업활동의 근거지 또는 중심지로서 중세의 도시가 널리 발달했다.

상인들은 봉건제후의 성곽 밖이나 주교좌성당 또는 수도원이 있는 고대 도시의 주변, 혹은 수륙교통의 요지 등에 자리 잡아 이곳을 그들의 일상생활과 상업활동의 근거지로 삼았으며, 상인의 뒤를 이어 장원 안에 있던 수공업자들도 모여들게 되었다. 이래서 본래의 성곽이나 주교도시 또는 수도원도시의 주변에 이들 상인과 수공업자들이 거주하는 새로운 지구가 형성되고 이를 둘러싸는 새로운 성벽이 구축되었다. 중세 도시는 이렇게 형성되었는데, 그것이 고대 도시와 다른 가장 중요한 차이점은 후자의 주민들이 토지소유자층을 주축으로 한 데 대해 전자에서는 본래의 중심성곽의 밖이며 새로운 성벽의 안에 거주한 이들 상공업자층이 성곽(Burg, bourg)의 주민, 즉 시민(Bürger, bourgeois)으로서 도시 주민의 주축을 이루고 있었다는 점이다.

처음 도시의 상업활동의 범위는 주변 농촌을 대상으로 하는 좁은 지역에 지나지 않았으나, 노르만 상인이나 아랍 상인의 활동에 자극되고, 특히 십자군의 영향으로 교통로가 발달함에 따라 교역범위가 넓어져 점차 원거리무역이 번창하게 되었다. 그중에서도 이탈리아의 베네치아, 제노바, 피사 등 항구도시는 일찍부터 이슬람 상인들과 맞서 싸우면서 지중해무역에 종사해 왔는데, 11세기 말엽 노르만 기사들이 시칠리아와 남부이탈리아를 정복함에 따라 지중해의 지배권은 다시 이슬람의 손에서 그리스도교도들의 수중에 들어오게 되었다. 십자군원정으로 이들 도시 상인에 의한 동방무역은 한층 더 활발해졌다. 그들은 아시아에서 후추를 비롯한 향료, 비단 등 사치품을 들여와 이를 프랑스, 독일 등지에 넘기고 그 대가로 독일산 은을 지불했다. 이탈리아에서는 이들 항구도시 이외에 밀라노와 피렌체 등 내부도시도 직물업이나 상업으로 번영했다.

이탈리아에 이어 원거리무역이 번창한 지역은 브루게(브뤼주)(Brugge, Bruges), 강(Ghent), 이프르(Ypres) 등을 중심으로 하는 플랑드르(Flandre) 지방과 뤼베크(Lübeck), 함부르크(Hamburg) 등을 중심으로 하는 북부독일 지방이었다. 이 북부유럽 지역의 무역에서 주요 상품은 플랑드르산 모직물이었다. 플랑드르는 중세 유럽에서 아마 가장 먼저 공업이 발달한 지역이라 할 수 있는데, 이 무렵 저지대의 거의 모든 주민들은 어떤 형태로든 이 모직물공업과 관련되어 있었다. 플랑드르의 상인들은 이것을 유럽 각지에 팔았으며, 그 원료인 양모를 주로 영국에서 들여왔다. 한편 북부독일 상인들은 북해·발트해에서 나는 해산물, 목재, 가죽 등을 서유럽에 넘기고 이 지역에 역시 플랑드르산 모직물을 가져다주었다.

북부유럽 무역권과 지중해 무역권을 연결하는 유럽 내륙지방에도 도시가 발달하고 상업이 번창했다. 그중에서도 프랑스의 동북부의 샹파뉴(Champagne) 지방은 프랑스, 독일, 이탈리아, 플랑드르 지방을 연결하는 교통로가 만나는 지역으로서, 이 지역의 여러 도시에는 대규모적인 정기시(fair)가 열려 유럽 각지의 상인들이 몰려와 활발한 교역이 이루어졌다.

중세 도시는 새로 건설된 경우도 있었지만 대개는 고대 도시의 자리나 국왕, 봉건제후 또는 주교의 거주지를 중심으로 하여 발달했다. 그들은 자기의 영내에 도시가 발달하는 것을 환영했다. 그것은 도시가 생기면 시장세, 상품세 등을 징수할 수 있고 또 도시에 대한 재판권 행사나 각종 인가를 통해서도 수입을 올릴 수가 있었기 때문이다. 이리하여 도시의 주민들도 처음에는 이들 영주에게 예속되어 각종 봉건적 의무와 속박 아래에 있었는데, 그것은 그들의 경제활동에 많은 지장을 주었다. 그래서 그들은 대상인들의 주도 아래 도시공동체(commune)를 형성하여 영주의 예속에서 벗어나려고 여러 가지로 노력했다. 그들은 흔히 영주에게 일정한 금액을 지불함으로써 영주로부터 그들의 자유를 인정하는 특허장을 얻어 내는 방법을 택했으나, 때로는 힘으로 싸워서 이를 획득하기도 했다. 11세기 초에는 이탈리아의 제노바와 피사의 두 도시가 일찍부터 자치도시국가로 되어 있던 베네치아를 따라 자유를 얻게 되고, 12세기까지는 유럽 각지의 도시들이 자치권을 얻게 되었다. 그들이 얻은 자유에는 차등이 있어서 이탈리아의 도시들은 도시의 주변을 포함하는 상인 중심의 독립적인 도시국가가 되는가 하면, 독일에서는 황제 직속의 자유도시가 되어 봉건영주와 맞서는 유력한 도시도 있었다. 그러나 대개는 봉건영주의 보호하에 납세의 의무를 지는 자치도시가 되었다.

이처럼 도시의 주민들은 비록 도시마다 정도의 차이는 있었으나 그 나름대로 자유를 누렸다. 이것은 장원의 농민에게는 부러운 일이었으며, 그들 중에는 장원의 속박에서 벗어나기 위해 도시로 도망해 오는 자들이 나타났다. 도시들은 대개 이렇게 도망해 온 농노가 도시 안에서 1년과 하루만 넘기면 자유민이 될 수 있게 하는 특권을 가지고 있었기 때문이다. 독일인들이 "도시의 공기는 자유롭게 한다(Stadtluft macht frei)"라고 말하는 것이 바로 이를 두고 한 말이다.

그러나 중세 도시의 주민들이 누린 자유는 근대 사회의 시민들이 누리고 있는 것과 같은 개인의 자유는 아니었다. 그것은 상인이나 수공업자들이 단결하여 도시의 지배자인 영주로부터 얻어 낸 그들 자신의 집단적 자유였다. 시민들은 그들이 획득한 특권적 자유를 그들 이외의 다른 사람들에게 확장하기는커녕, 이를 독점하기 위해 배타적인 조직체를 만들었다. 이것이 곧 길드(guild), 즉 동업조합이었다. 처음에 형성된 것은 상인길드(merchant guild)였다. 상인들은 도시의 지배자였던 성속의 봉건영주에 대한 도시공동체의 투쟁이나 대결에서 앞장섰으며, 자치권을 얻은 뒤 시정을 운영해 나가는 데서도 주도권을 장악했다.

수공업자들도 처음에는 상인길드에 속해 있었으나, 점차 상업과 공업의 분화가 뚜렷해지면서 시정의 실권을 독점한 대상인들의 과두지배에 반기를 들고 상인길드에서 분리하여 직종별로 그들 자신의 수공업길드(craft guild)를 만들어 나갔다. 그들은 대상인들과 맞서 싸우면서 점차 시정에도 참여하게 되었는데, 이러한 싸움은 특히 독일 도시에서 치열했다. 수공업길드의 구성원은 같은 직종에 종사하는 가게의 주인(master)들이었다. 그들은 제각기 도제(apprentice)를 기르고 직인(journey-man)을 사용하여 생산에 종사했다. 도제는 그 직종의 기술을 배우는 견습공이었으며, 직인은 일정한 도제 기간(대개 7년)을 마친 후 임금을 받고 생산에 종사하는 직공이었다. 기술을 연마한 직인이 길드가 정한 규격에 맞는 작품(masterpiece)을 만들어 그 심사에 통과하면 독립된 가게의 주인으로서 자립하여 길드의 일원이 될 자격을 얻었다.

주인과 직인, 그리고 도제 사이에는 이렇듯 엄격한 신분적 관계가 유지되었지만 길드의 멤버들 사이에서는 평등이 존중되었다. 그와 동시에 길드는 원료 · 기술 · 제품의 규격과 품질 · 가격, 심지어는 노동시간까지를 규제함으로써 생산의 통제와 기술수준의 유지를 꾀하여 길드 멤버 사이의 자유경쟁을 막고 시장의 독점을 꾀했다. 이 밖에도 길드는 길드 멤버들의 공동 이익과 상부상조를 위한 여러 가지 제도와 규칙을 마련하고 있었다. 그러나 이러한 규제들은 그 배타적이고 폐쇄적인 성격 때문에 점차 경제의 자유로운 발전에 장애가 되어 갔다.

공동이익과 상부상조를 위한 공동조직은 한 도시 안의 상공업자들 사이에서만이 아니라 여러 도시들 사이에서도 형성되었다. 여러 도시들이 동맹하여 공동의 이해를 위해 싸워 나간 것이다. 이러한 도시동맹으로서는 북부이탈리아의 여러 도시들 사이에 결성된 롬바르디아(Lombardia) 동맹과 북부독일의 여러 도시로 구성된 한자(Hansa) 동맹 등이 있었다. 그중에서도 한자 동맹은 14세기에는 한때 100개에 가까운 가맹시를 거느려, 해로로는 발트해의 해산물이나 목재와 영국의 양모를 나르고 육로로는 이탈리아와 교역하여 북부유럽의 상권을 잡았다. 한자 동맹은 경제적으로 번영했을 뿐만 아니라 군사적으로도 강력하여 자신의 깃발을 가지고 있었으며 다른 나라와 조약도 체결하고 전쟁도 하는 등 마치 하나의 독립국가처럼 행세했다.

제2절 중세 유럽인의 생활과 문화

서유럽 세계가 봉건제하에서 정치적인 안정을 되찾게 됨과 동시에 농업생산이 늘어나고 상공업과 도시가 발달하여 사람들의 경제생활에 여유가 생기자 학문과 예술 등 그들의 문화활동에도 새로운 활기와 새로운 모습이 나타나기 시작했다. 4세기 이후 계속된 이민족들의 침입으로 말미암아 고대 로마의 빛나는 문명이 파괴되어 유럽 세계는 한때 '암흑'상태로 떨어진 것처럼 보였다. 그러나 그러는 사이에도 유럽 세계에서 문명의 빛이 완전히 사라진 적은 없었다. 비록 희미하기는 했지만 그것은 중세 초기의 혼란의 와중에서도 여전히 그 명맥을 유지해 오다가 사회가 안정을 되찾자 새로운 활력을 얻어 다시 빛나기 시작한 것이다.

중세 유럽의 문화가 처음 활력을 되찾은 것은 9세기 초 카롤루스 대제의 시대였으며, 이때 대제의 문화보호정책에 의해 이른바 카롤링 르네상스가 일어났다는 점은 이미 지적한 바와 같다. 그러나 중세 문화의 전성기는 역시 중세 사회가 그리스도교와 봉건제라는 새로운 체제하에서 안정과 번영의 절정에 도달했던 11세기 후반부터 13세기 후반까지의 200여 년 동안이었다. 이 기간 동안에 유럽 세계는 고대 로마 문화의 전통을 이어받으면서도 게르만적 요소를 바탕으로 하는 새로운 특색을 지닌 중세 유럽 문화를 발전시켰다.

이러한 중세 유럽 문화의 가장 두드러진 특징은 무엇보다도 그것이 그리스도교 중심의 문화라는 점에 있었다. 중세 천 년을 통해 그리스도교는 유럽인의 생활에서 매우 중요한 역할을 맡고 있었다. 신부, 즉 교회는 비단 중세 유럽인들의 신앙생활만을 지배한 것이 아니라 그들의 일상생활의 구석구석까지 침투해 이를 규제하고 있었다.

로마 가톨릭 교회가 하는 중요한 일은 7성사를 통해서 사람들을 천국으로 인도하는 일이었다. 그것은 사람이 태어났을 때의 성세성사, 성인이 되었을 때의 견진성사, 혼인 때의 혼배성사, 그리고 일상생활에서 지은 죄를 고백하는 고해성사, 그러나 무엇보다도 중요한 것은 그리스도의 살과 피를 받아들이는 성체성사(즉 미사), 그리고 죽었을 때의 종부성사, 거기에다 신부를 서임하는 신품성사 등이었다. 이것은 중세 유럽인들이 이 세상에 태어나서 죽을 때까지의 모든 생활을 관장하는 것이었다. 그들은 교회를 떠나서는 공동사회에서 함께 살아갈 수가 없었으며 심지어는 생명까지도 보장받을 수 없었다. 왜냐하면 교회에서 버림받은 사람, 즉 파문당한 사람은 공동생활에서 제외되었을 뿐 아니라 국법의 보호를 받지 못했기 때문이다.

그리스도교의 영향은 학문과 예술 등 중세 유럽인들의 지적 · 문화적 활동에서 특히 눈에 띄게 나타났다. 교회가 가르치는 진리는 절대적인 권위를 가지고 있었으며 그것에 어긋나는 사고는 허용되지 않았다. 신앙은 이성보다 우월했으며, 따라서 신학이 모든 학문의 으뜸이 되고 철학은 신학을 위한 학문, 즉 신학의 시녀일 따름이었다. 이러한 중세 그리스도교 신학은 『신국』을 쓴 아우구스티누스(Augustinus) 등 고대의 교부들의 철학에 의해서 그 기초가 다져지고, 그 후 카롤루스 대제의 보호와 장려로 신학자 앨퀸 등에 의해 그 연구가 다시 활발해졌으며, 십자군원정을 전후하여 그리스 철학, 특히 아리스토텔레스의 철학이 유럽에 소개되면서 그 내용이 한층 더 풍부해져서 이른바 스콜라 철학(Scholasticism)이 탄생했다.

12, 13세기 스콜라 철학자들이 당면했던 가장 중요한 문제는 신앙과 이성을 어떻게 조화시키느냐 하는 것이었다. 이슬람교도들에 의해서 유럽에 도입된 아리스토텔레스 철학은 그리스도교적 계시와는 무관한, 완전히 합리적인 우주관을 제시했으며, 그중에는 그리스도교의 교리와 정면으로 맞서는 것조차 없지 않았다. 이러한 대립된 우주관을 어떻게 극복하느냐가 중세 사상가들의 당면과제였다. 어떤 이는 이성보다 신앙이 앞선다고 주장하는가 하면, 다른 이는 이성을 중시하여 맹목적 신앙을 배격했다. 이러한 대립된 주장은 중세 철학자들의 중요한 논쟁거리였던 이른바 '보편논쟁'과 밀접한 관련이 있었다. 보편논쟁이란 보편적 관념의 실재 여부에 관한 대립된 주장으로서 그 하나는 실재론(realism)이요, 다른 하나는 유명론(nominalism)이었다. 실재론자들은 플라톤의 주장을 따라 보편적인 관념(idea)은 우리의 감각세계를 초월하여 실재하는 것이며(real existence), 우리의 감각에 나타나는 개체적인(individual) 사물은 이러한 원형적인 관념의 불완전한 예시에 불과하다고 주장했다. 이에 대해 아리스토텔레스의 사상을 이어받은 유명론자들은 보편적 관념은 사람들이 만들어 낸 단순한 명칭에 불과하며 실재하지 않는다고 주장했다. 실재론은 '스콜라 철학의 아버지'라 불린 12세기의 안셀무스(Anselmus, 1033~1109)에 의해서 대표되었다. 그에 의하면 보편은 개체에 앞서 실재하는 것으로서 신은 보편적인 실재이며 모든 개체는 그 불완전한 반영에 지나지 않으며, 따라서 신의

실재에 대한 신앙은 이성에 앞선다는 것이었다. 이에 대해 11세기 말에 로스켈리누스(Roscellinus, 1050?~1126?)는 극단적인 유명론을 주장했다. 그에 따르면 보편은 개체적 사물이 있은 뒤에 비로소 실재하며, 따라서 보편적 교회는 없고 다만 많은 개별적 교회가 있을 뿐이라는 것이었다. 이러한 대립된 주장 사이에서 중세 최대의 독창적인 사상가라 할 수 있는 아벨라르(Abélard, 1079~1142)는 보편적 이념의 실재를 인정하면서도 그것이 개체적인 사물을 떠나서 존재할 수 없다고 가르치고 신학에서의 이성의 역할을 중시했다. 이러한 스콜라 철학자들의 대립된 견해는 13세기에 『신학대전(*Summa Theologiae*)』을 저술한 토마스 아퀴나스(Thomas Aquinas, 1225?~1274)에 의해 마침내 종합되었다. 온건한 실재론에 입각한 아퀴나스는 아리스토텔레스의 철학에 의한 가톨릭 교리의 종합적 체계화를 완성하여 중세 스콜라 철학을 대성했다.

그러나 초기의 스콜라 철학자들이 이렇듯 신앙을 이성의 위에 두면서도 양자의 조화를 믿은 데 대해, 던스 스코우터스(Duns Scotus, 1266~1308)나 윌리엄 오컴(William Ockham, 1285?~1349) 등 후기의 학자들은 그리스도교의 진리를 인간의 이성으로 증명할 수는 없다고 생각하여 신앙과 이성을 확연히 구별했다. 이럼으로써 그들은 중세 스콜라 철학의 토대를 뒤흔드는 한편, 오직 이성만에 의한 인식으로서의 과학적 인식에의 길을 트는 결과를 가져오기도 했다. 이래서 13세기 초에 프란체스코회 수도원을 창건한 성 프란체스코(St. Francesco, 1182~1226)는 순수한 신앙을 중시하여 자연을 찬미하고 작은 새들까지도 사랑하여 이들에게 설교했는가 하면, 다른 한편에서는 영국 출신의 로저 베이컨(Roger Bacon, 1214?~1294)이 그리스나 아라비아의 철학 흐름을 따라 자연을 합리적으로 이해하려 하고 실험적 방법을 내세우기도 했다. 그러나 이런 학설들도 결국은 스콜라 철학 내부에서의 의견대립에 불과했으며, 이것들이 스콜라 철학의 전체계를 무너뜨린 것은 아니었다.

스콜라 철학은 처음 교회와 수도원에 부속된 학교(schola)에서 자라났으나, 그것이 크게 발전하여 대성한 것은 대학에서였다. 중세 초기의 지식층은 성직자들이었고, 따라서 교회와 수도원은 신앙의 장소인 동시에 학문과 교육의 기관이기도 했다. 특히 수도원은 고전의 연구와 복사 등으로 문화의 등불을 지키고, 후일의 학문발전의 기틀을 마련하는 데 이바지했다. 이들 교회와 수도원에 부속된 학교에서는 주로 장차 성직자가 되려는 젊은이들에게 문법, 수사학, 논리학, 산수, 기하 등의 기초학과와 그리스도교의 기초교리를 가르쳤다. 대학이 일어난 것은 12세기에 접어들면서부터였다. 이 무렵 유럽에서는 『로마법대전』의 일부가 재발견되는가 하면, 밖으로 시칠리아와 에스파냐를 통해 이슬람과 그리스의 학문이 전해져서 유럽인들의 지적 활동이 전에 없이 활발해졌다. 이런 기운을 타고 이탈리아의 볼로냐와 프랑스의 파리에 처음으로 대학이 나타나게 되었다.

대학, 즉 우니베르시타스(universitas)란 원래 '전체'란 뜻으로서 그것은 같은 목적을 위해 협동하는 집단, 즉 길드를 가리키는 말이었다. 즉, 우니베르시타스란 학생들과 교사들의 길드였던 것이다. 볼로냐 대학은 법학자 이르네리우스(Irnerius)의 명성을 따라 유럽 각지에서 모여든 학생들이 조직한 길드였으며, 파리 대학은 아벨라르와 같은 저명한 신학자가 가르치고 있던 노트르담 성당 부속학교의 명성에 끌려 모여든 교사들이 만든 길드였다. 그들은 제각기 출신지별로 길드를 조직했는데, 이를 나치오(natio)라 했다. 이리하여 학생들로 조직된 볼로냐 대학에서는 총장이 학생 중에서 선출되어 교사의 초빙, 강의의 개설 등 대학운영을 학생들이 장악한 데 대해 교사들 중심으로 조직된 파리 대학에서는 대학운영의 전권을 교사들이 맡았다.

볼로냐와 파리에 이어 영국의 옥스퍼드에도 대학이 설립되었다. 그 후 13, 14, 15세기 동안에 유럽 각국에 수많은 대학들이 세워졌는데, 이들 중세 대학은 점차 세속군주나 교회의 통제에서 벗어나 자치권을 얻기 위해 투쟁하게 되었다. 처음에는 교회 재판권의 보호 아래 국왕이나 영주들의 지배에서 벗어나려고 싸웠으나, 나중에는 교회의 지배에서마저도 벗어나

그림 7-1. 중세 유럽의 대학

대학 자체의 완전한 자치권을 획득하기 위해 싸웠다. 오랜 투쟁 끝에 대학은 마침내 교회의 통제에서도 벗어날 수 있게 되어 대학 총장이 교사와 학생들의 학문활동과 일상생활에 대한 완전한 통제권을 장악하게 되었다.

상공업자들의 길드에서와 마찬가지로 교사들의 길드인 대학에서도 계서제적 신분의 구분이 있었다. 신입생은 우선 문법과 논리학을 배웠으며, 소정의 과정을 이수하면 학사(Bachelor of Arts)가 되었다. 학사는 교사직의 도제로서 새로운 신입생을 지도할 수 있었으며 5, 6년 동안 이러한 수련을 마친 뒤 완전한 교사자격을 갖춘 석사(Master of Arts)가 될 수 있었다. 석사는 대학을 떠나 이른바 자유교과(Liberal Arts)[4]의 교사가 될 수도 있었고 법학, 의학, 신학 등을 가르친 스콜라에서 더 높은 박사(Doctor) 과정에

4) 문법, 수사학, 논리학, 산수, 기하학, 음악, 천문학의 7개 교과를 말한다.

들어갈 수도 있었다.

신학은 가장 권위 있고 어려운 학문으로 생각되었으며, 이 분야에서 박사학위를 얻으려면 석사가 된 이후에 다시 10년 정도의 연수를 거쳐야만 했다. 이렇듯 중세 대학은 교회와 수도원의 영향하에서 태어났으면서도 점차 그 지배에서 벗어나 독자적이며 자치적인 학문연구기관과 교육기관으로 자라나 장차 근대 유럽 사회를 발전시키는 데 커다란 공헌을 하게 되었다. 그러나 중세의 대학은 아직은 역시 강력한 그리스도교의 영향하에 머물러 있었던 것이 사실이다.

학문과 교육의 분야와 아울러 중세 그리스도교의 이념이 가장 두드러지게 표현된 또 하나의 분야는 건축, 조각, 그림 등 미술 분야다. 그중에서도 중세 미술을 대표한 것은 교회와 수도원 등 종교적 건축이었다. 처음에는 비잔틴 건축이 모방되었으나, 11세기경부터 로마식 아치를 갖춘 장중한 로마네스크(Romanesque) 양식이 일어났다. 그러나 그것은 둥근 돌 천정을 지탱하기 위해 벽을 튼튼히 하고 창문을 되도록 작게 해야 했으므로 어두운 것이 흠이었다. 그래서 12세기경부터 고딕(Gothic) 양식의 건축이 나타나게 되었다. 그것은 위가 뾰족한 아치와 늑골로 짜여진 천정, 높이 뻗은 기둥과 나는 듯한 부벽(扶壁, flying buttress) 등으로 건물을 높이 올리고 큰 창문을 낼 수 있게 한 것이다. 이래서 하늘 높이 솟아오른 첨탑과 찬란한 색유리창(stained glass), 경건한 조각들로 장식된 장엄한 고딕 건물이 탄생했다. 이것은 천국을 향한 중세 유럽인들의 염원을 그대로 표현한 것이라 할 수 있다.

르네상스 시대의 미술가들의 전기를 쓴 바사리(Vasari)는 이런 고딕 미술을 미개하고 야만적인 것이라 매도하고 그 같은 야만성이 바로 로마 교회를 파괴한 게르만족, 즉 고트족에서 유래한 것이라 했다. 이런 견해는 그 후 계몽사상가들에게 계승되고 또 이들에게서 한층 더 발전하여 마침내는 중세를 온통 암흑시대라 규정하는 견해가 널리 퍼지게 되었다. 그것은 중세를 신의 절대적 권위 아래서 인간성이 완전히 멸시당한 시대라고 생각한

색유리창
랭스 대성당의 스테인드글라스

데서 연유한 것이다. 그러나 실상 중세는 그들이 생각한 것처럼 그렇게 무지몽매한 시대는 아니었다. 중세 초기 게르만족의 침입으로 고대 로마 문화가 어느 정도 파괴된 것은 부인하기 어렵지만, 게르만족들은 로마 문화와 게르만 문화의 융화를 시도한 점도 없지 않았다. 게르만의 침입은 실상 쇠퇴기에 접어든 로마 문화에 새로운 활력을 불어넣어 준 것이라 할 수 있다. 중세 문화는 로마 문화의 폐허 위에 세워진 게르만 문화가 아니라 양자가 융합하여 이루어진 문화였다. 또 중세 미술에 그리스도교적 색채가 지배적이었던 것은 사실이지만, 그렇다고 그것을 미개하고 야만적인 것이었다고 단정할 수는 없다. 지금도 유럽 각지에서 볼 수 있는 고딕 양식의 여러 교회 건물의 장엄한 모습들, 특히 햇빛을 받아 찬란히 빛나는 아름다운 색유리창들을 보고 이를 미개하고 야만적인 것이라고 감히 누가 단언할 수 있단 말인가.

중세 유럽인들의 생활과 그 문화에서는 이처럼 그리스도교가 계속 중요한 역할을 맡아 왔지만, 그렇다고 그것이 그들의 생활과 문화를 완전히 지배했던 것은 아니다. 문화의 세속적인 측면은 중세를 통해 계속 존재해 왔을 뿐 아니라, 그것은 상공업과 도시의 발달 등 사회가 발전함에 따라 더욱 두드러진 모습으로 나타나게 되었기 때문이다. 중세 유럽인들은 분명히 종교적이었지만, 그들의 실제 생활관습에는 물론 신앙에서조차도 미신적이며 이교적인 측면은 여전히 뿌리깊이 남아 있었다. 그리스도교는 고대 로마인과 게르만인들의 세속적이며 이교적인 생활방식을 불식하지 못했으며, 양자는 중세를 통해 계속 공존했던 것이다.

그리스도교적 신앙과 더불어 중세 유럽인들의 생활을 지배한 것은 봉건적 규범이었다. 그리고 그것을 대표하는 것이 바로 기사도였다. 전투를 본직으로 한 기사들에게 요청되는 가장 중요한 덕목은 용맹과 무력이었으며, 주종제로 맺어진 그들에게는 충성과 신의가 마찬가지로 존중되었다. 그들에게는 힘이 곧 정의였으며, 처음에는 난폭하고 잔학한 행위나 불의의 습격 같은 것도 서슴지 않았다. 그 후 그리스도교의 신앙을 받아들임으로써 기사는 점차 신을 공경하고 불의를 배격하고 약자를 돕는 것을 미덕으로 삼게 되었고, 비겁한 행위를 미워하고 명예를 존중하는 것을 자랑으로 삼게 되었다. 그들은 평소에 무술을 연마하여 전쟁에 대비했지만, 다른 한편으로는 사냥이나 주연, 실내경기나 놀음을 즐기는가 하면 귀부인과의 낭만적인 사랑에 빠지기도 했다.

이러한 기사도 정신을 가장 잘 나타낸 것이 중세 기사문학이었다. 그것은 프랑스에서 먼저 일어나 유럽 각지에 전파되었다. 그중에서도 프랑스의 〈롤랑의 노래(Chanson de Roland)〉나 독일의 〈니벨룽엔의 노래(Nibelungenlied)〉 그리고 영국의 〈아서 왕 이야기(Story of King Arthur)〉 등은 모두 영웅적인 기사들의 무훈과 충성심을 노래한 것으로 초기의 기사도를 잘 반영하고 있다. 이 밖에도 프랑스에서는 트루바두르(troubadours), 독일에서는 미네징어(Minnesinger)라 불린 음유시인들이 봉건영주들의 궁정을 돌아다니면서 귀부인에 대한 기사들의 사랑 이야기를 노래했다. 이것은 중세 기사들이 그리스도교 신앙을 받아들이면서도 다른 한편으로는 얼마나 세속적이며 이교적인 생활관습에 젖어 있었는가를 보여 주는 것이라 하겠다.

중세 유럽인들의 세속적이며 이교적인 생활관습은 농민들과 도시민들의 생활에서 더욱 두드러지게 나타났다. 겨우 최저생활을 유지해 나갈 수 있을 정도였던 농민들은 대부분 무식하고 조야했다. 그들의 생활에서도 종교는 매우 큰 역할을 하고 있었지만, 그들의 신앙에는 흔히 경건치 못하거나 심지어는 독신(瀆神)적인 관습까지도 섞여 있었다. 가령 북부프랑스의 '당나귀축제'에서는 모의미사의 향로에 구두를 태우는가 하면, 영국의 '바보축제'에서는 창녀를 주교좌에 앉히기까지 했다. 또 이런 축제 때는 폭음 · 폭식을 하고 광란한 춤을 추고, 곰놀리기나 수소놀리기, 힘겨루기나 곤봉싸움, 도박 등을 즐겼다. 한편 도시민들도 그들의 부가 늘어나 생활에 여유가 생기자 내세에 대한 관심보다는 현세의 향락에 더욱 쏠리게 되어 좀 더 안락한 생활을 추구하게 되었다. 이렇게 중세 유럽인들의 생활은 매우 종교적이었지만 다른 한편으로는 세속적인 측면을 함께 지니고 있어 양자가 기묘하게 어울려 있었다.

제3절 중세 봉건사회의 몰락

1. 교회세력의 쇠퇴

12, 13세기에 걸쳐 중세 유럽인들의 생활과 문화에 강력한 지배권을 행사하고 있던 교회의 세력도 13세기가 지나면서부터 차츰 쇠퇴의 경향을 나타내기 시작했다. 그것은 교회와 세속군주와의 싸움을 통해 로마 교회

자체가 하나의 정치적 지배기구로서 세속화한 데다, 십자군의 실패로 민중의 신앙심이 식어 가고, 봉건제후와 기사들의 세력이 약화하여 왕권이 강화되어 감에 따라 교황과 교회의 권위가 떨어져 갔기 때문이다. 13세기 말 교황 보니파키우스 8세(Bonifacius VIII, 재위 1294~1303)는 영국과 프랑스의 왕과 성직자에 대한 과세권을 두고 다투다가 실패하고, 이어 14세기 초에는 프랑스 왕 필리프 4세(Philippe IV, 재위 1285~1314)와 성직자에 대한 재판권을 가지고 싸웠으나 마침내 왕에게 붙잡혀 굴욕 속에 죽었다(1303). 이때 국왕에 의해서 소집된 삼부회(États généraux)에서 프랑스의 성직자들은 귀족·평민의 대표자들과 함께 국왕을 지지하여 교황의 프랑스 교회에 대한 간섭을 배격했는데, 이로부터 프랑스 교회의 갈리카니즘(Gallicanisme), 즉 교황보다 국왕의 통제를 받는 국민적 교회를 세우려는 운동이 싹튼 것이다. 그 후 로마 교황청은 필리프 4세에 의해 남부프랑스의 아비뇽(Avignon)에 옮겨져(1309), 이후 약 70년간 교황이 프랑스왕의 꼭두각시 노릇을 하게 됨에 따라 유럽 각국에서의 교황의 권위는 한층 더 떨어질 수밖에 없었다. 사람들은 이것을 고대 유대인들의 바빌론 유수(幽囚)에 비겨 '교황의 바빌론 유수'라 불렀다. 이탈리아의 인문주의자 페트라르카(Petrarca)를 비롯한 여러 사람들의 주장에 따라 14세기 후엽에 로마 교황청은 다시 로마에 돌아왔으나, 이번에는 이에 대항하여 아비뇽에서도 교황이 서게 되어 로마와 아비뇽의 두 교황이 서로 정통성을 주장하며 싸우게 되었다. 이것이 곧 '교회의 분열(Schisma)'(1378~1417)이었으며, 이로 말미암아 교황의 권위는 완전히 땅에 떨어졌다.

교황의 권위가 떨어진 것과 함께 교황을 비롯한 성직자의 타락과 부패도 심해졌으며, 이에 따라 교회의 개혁을 부르짖는 소리도 점차 높아 갔다. 그중에서도 옥스퍼드 대학의 위클리프(Wycliffe, 1320?~1384)는 교황과 성직자의 타락을 비난하고 교회의 의식이나 교리가 성경에서 멀리 벗어나 있다고 공격함과 동시에 영국 교회의 교황으로부터의 독립을 주장했다. 그의 주장은 결국 이단으로 몰려 금지되었으나 여전히 이를 따르는 자도 많아 이들 이른바 롤라르드들(Lollards)은 교회의 착취와 부유화에 반대하는 일종의 사회운동의 추진자가 되었다. 위클리프의 교리는 대륙에까지 전파되었으며, 그중 뵈멘의 후스(Huss, 1370?~1415)는 그의 저술을 공부하여 그와 비슷한 교회개혁 이념을 주장했다. 후스는 1414년 콘스탄츠(Konstanz) 공의회에 소환되어 심문을 받았으나 끝끝내 자신의 주장을 버리지 않아 이단으로 몰려 분형을 당했다. 그러나 그 후에도 후스파의 반항운동은 오래 계속되었으며, 이 운동에는 뵈멘의 민족적 애국심이 엉켜 있었다. 후스의 화형을 결정한 콘스탄츠 공의회는 로마 교황의 정통성을 인정하여 일단 교회분열을 끝내는 데 성공했다. 그러나 그 후에도 교회의 부패는 여전했으며, 이에 대한 개혁운동도 끊임없이 계속되어 마침내 근세 초의 종교개혁을 유발하기에 이르렀다.

2. 사회 · 경제적 변화

중세 유럽 세계의 쇠퇴현상은 사회 · 경제적 측면에서도 나타나기 시작했다. 농업생산의 증대, 상공업과 도시의 발달, 인구의 증가 등 12세기 이래 계속된 사회 · 경제적 발전이 13세기 말을 전후하여 점차 퇴조를 보이기 시작했다. 삼림의 개간과 늪지의 간척 등 경작지의 확대가 한계점에 도달했으며, 지력의 고갈, 적절한 시비방법의 결여, 부역노동의 비효율성 등으로 농업생산력은 다시 떨어지기 시작했다. 게다가 이 무렵부터 인구의 감소 현상이 다시 나타나기 시작하더니 14세기 중엽에는 흑사병의 대유행으로 유럽 인구의 거의 3분의 1이 감소했다. 이에 따라 곡물 수요가 크게 줄어 가격이 떨어진 반면 농업노동력은 크게 부족하여 임금이 올라갔다. 이제까지 농경에 이용되던 많은 땅들이 버려진 채 황무지나 풀밭으로 바뀌고 여러 마을의 가옥들이 비어진 채 폐허로 변해 유럽 농촌은 이른바 '봉건적 위기'의 상태를 맞이하게 되었다.

한편 그동안 상업과 도시가 발달하여 여러 재화의 교역이나 화폐의 사용이 늘어나자 장원영주들의 생활수준이 올라가고 이에 따라 그들의 수입 증가에 대한 욕구는 오히려 더욱 늘어나 있었다. 이러한 영주들이 농업상의 위기에 당면해 우선 택한 길은 농민에 대한 압력을 가중하여 그들의 부역을 강화하는 것이었다. '봉건적 반동' 또는 '제2의 농노제'라 불린 이러한 부역강화는 토지가 넓은 데 비해 노동력이 희소했던 엘베강 동쪽지방에서 특히 두드러졌지만, 13세기 영국에서도 볼 수 있는 현상이었다.

그러나 그와 같은 영주들의 농민에 대한 압박의 가중은 현실적으로 매우 어려운 일이었다. 부역의 강화는 많은 농민들의 장원으로부터의 도망을 유발했다. 특히 도시의 자유로운 공기는 농민의 도망을 더욱 자극하고 또 가능하게 했다. 노동력이 절대적으로 부족한 상황에서 도망한 농노들을 다시 붙들어 와서 부역노동을 강요하기란 사실상 불가능한 일이었다. 그들은 농민들이 자기 영지에서 떠나지 않게 하기 위해 오히려 농민의 부담을 경감하고 그들의 신분적 속박을 완화해 주는 길을 택했다. 영주들 자신들로서도 화폐에 대한 요구가 늘어난 데다 비능률적인 부역노동에 의한 직영지의 직접경영보다는 화폐지대를 받는 토지임대를 오히려 바라기도 했다. 이래서 영주들은 농민의 부역을 폐지하고 직영지를 분할하여 이를 농민에게 대여함으로써 지대를 생산물 또는 화폐로 받는 길을 택하게 되었다. 이것이 곧 부역의 생산물지대화 또는 금납화인 것이다.

이처럼 부역에서 해방된 농민들은 이제 자기 자신을 위한 생산에 더욱 주력할 수 있게 되었다. 게다가 물가상승으로 화폐가치가 떨어지게 되자 일정액의 화폐지대를 바친 농민의 부담은 상대적으로 줄어들어 그만큼 그들의 생활도 향상되었으며, 그러는 가운데 농민 중에는 독립적인 자영농민의 지위로 상승한 이들도 나타나게 되었다. 이러한 농민의 부역으로부터의 해방과정은 오랜 시일을 두고 진행되었으며, 그 시기나 양상도 지역에 따라 차이가 있었다. 가장 빨랐던 이탈리아에서는 13세기 말까지에 거의 끝났으나, 다른 서유럽 여러 나라에서는 15세기 말경에 이르러서야 부역노동

그림 7-2. 14세기 중엽의 유럽

이 자취를 감추었다. 그 길 또한 결코 순탄하지만은 않았다. 처지가 어려워진 영주들은 어떻게든 그들의 처지를 개선하려고 노력하여 다시 지대를 올리거나 농민의 신분적 속박을 강화하려 했다. 그러자 이미 어느 정도 지위가 향상되어 있던 농민들이 들고 일어나 반항했다. 14세기 후반 프랑스에서 일어난 자크리(Jacquerie)의 반란(1358)이나 영국에서 일어난 와트 타일러(Wat Tyler, ?~1381)의 반란(1381) 등이 바로 그 대표적 보기이다. 주로 농노제의 폐지와 무거운 세금의 경감을 요구하고 일어난 폭력적인 농민반란은 지도자의 지도력 부족과 농민들의 조직력 결핍으로 결국 영주들에 의해 진압되고 말았지만 그것으로 농민의 해방이 촉진된 것만은 틀림없다.

경제적 후퇴에 수반한 사회불안과 대중반란의 양상은 도시에서도 일어났다. 흑사병에 의한 인구감소는 도시에서 더욱 심했으며, 이것은 상품에 대한 수요를 감소시킴과 동시에 노동인구의 감소, 그리고 그에 따른 임금의 상승을 가져왔다. 이에 대해 상공업자들은 노동인구의 이동을 막고 임금의 상승을 억제하는 등 길드의 규제를 강화함으로써 직인노동자들의 불만을 자아냈다. 한편 길드 상호 간에도 대길드와 소길드 사이, 상인길드와 수공업길드 사이 또는 주인들의 길드와 직인들의 길드 사이에 대립분쟁이 심해져 14세기에는 유럽 각지의 도시에서 대중폭동이 일어났다. 14세기 초엽에 플랑드르 지방에서 일어난 여러 반란(1323~1328), 중엽에 로마에서 일어나 한때 '로마 공화국'까지 세웠던 반란(1347, 1353), 그리고 말엽에 피렌체에서 직물업 직공들 중심으로 일어난 치옴피(Ciompi)의 반란(1378) 등이 바로 그 보기들이다. 농민들의 반란이 농노제의 속박에 반항한 것과 마찬가지로 이들 도시민들의 반란은 길드제의 질곡에서 벗어나려는 것이었다. 이 역시 지도력과 조직력의 부족으로 결국 진압되고 말았으나, 이것이 길드제의 기틀을 흔들어 놓은 것 또한 부인하기 어렵다.

14, 15세기의 유럽 세계는 대체적으로 이처럼 사회적 불안과 경제적 쇠퇴의 양상을 보이고 있었으나, 한편으로는 그 속에서 장차 유럽 경제의 비약적 발전을 가져올 새로운 요소들, 즉 자본주의적 요소들이 성장하고 있

었다. 농업이나 상공업의 위기적 상황을 이겨 내거나 이용하면서 상인이나 은행가들과 같은 부유한 사람들은 광업, 공업, 상업, 금융업 등 경제활동의 거의 모든 분야에 손을 뻗침으로써 그들의 부를 더욱 늘렸다. 프랑스의 자크 쾨르(Jacques Coeur, 1395?~1456)나 피렌체의 메디치(Medici)가, 또는 독일의 푸거(Fugger)가 등이 바로 그들이다. 그들은 길드 체제하의 상공업자들처럼 자급자족적인 지방적 수요를 충족하기 위해 생산하거나 거래하기보다는 원거리에 있는 세계시장을 위해 대규모적인 생산과 교역에 종사했다. 비록 기술상의 큰 혁신은 아직 이루어지지 않았으나 그들은 대량의 원료와 대규모적인 분업노동을 이용하는 이른바 '선대제도(Putting-out System)'를 채택해 상품의 대량생산을 실행했으며, 환이나 어음 등의 신용제도를 이용함으로써 대규모 원거리무역을 용이하게 했고, 복식부기에 의한 기장법을 개발해 기업을 더욱 합리적으로 운영했다. 뿐만 아니라 이들 대은행가들은 점차 국왕이나 교황에 대해서 정치자금이나 군사자금을 대는가 하면 피렌체의 메디치가처럼 스스로 정치적 지배자가 되거나 교황이 되기까지도 했다. 도시에서의 상공업과 화폐경제의 발달은 장원제와 길드제에 입각한 자급자족적인 봉건경제를 타파함과 동시에, 토지에 대신하는 새로운 부의 형태를 탄생시켰다. 국민국가의 형성과 르네상스 등 근대 유럽의 새로운 운동은 바로 이 같은 새로운 힘의 성장과 더불어 자라난 것이다.

3. 중앙집권적 국민국가의 형성

교회와 봉건영주들이 지배하고 있던 중세 유럽에서는 국왕의 권력이 별로 강력하지 못했다. 비록 형식상으로는 봉건체제의 정점을 차지해 봉건제후들보다 우월한 지위에 있었지만 개별 영지 안에서의 행정, 사법, 징세, 군사 등 통치의 실권은 봉건제후의 수중에 있어 국왕이 함부로 이에 간여하지 못했다. 그러던 것이 13세기 말경부터 교회세력이 쇠퇴하는 한편, 장원제의 기틀이 흔들려 봉건영주들의 힘이 약화되기 시작하자 상대적으로 국왕권의 강화 현상이 나타나게 되었다. 국왕은 종전에 봉건제후들이 나누어 가지고 있던 사법, 행정, 징세, 군사 등의 여러 권한을 다시 찾아 중앙집권적 체제를 확립하려고 노력했다. 국왕은 지방적 할거와 봉건적 분열을 극복하고 국토의 통일을 위해 관료제도를 정비하고 상비군제도를 마련하려 했으며, 여기에 소요되는 재정을 확보하기 위해 새로 발흥하는 도시의 상공업자층을 끌어들여 국가 단위의 통일적 재정정책을 추구했다.

그러나 영토적 통일과 중앙집권체제를 갖춘 근대적 국민국가(nation state)의 형태가 이 무렵에 바로 성립된 것은 아니었으며, 또 시민층과 제휴한 왕권의 강화로 봉건제후들의 세력이 이 무렵에 완전히 몰락한 것도 아니었다. 이때 성립된 것은 16세기 이후에 절대주의 국가가 성립될 때까지의 과도적 형태로서의 이른바 신분제 국가였다. 그것은 성직자, 봉건영주, 그리고 시민이라는 세 신분(estates)의 바탕 위에 세워진 왕조국가였다. 당시 국왕의 재정수입을 늘리기 위해 소집된 신분제 의회는 성직자, 봉건영주, 시민대표 등으로 구성되어 있었으며, 이 의회를 통해서 국왕은 과세에 대한 국민의 협찬을 얻어 필요한 재정수입을 확보했던 것이다. 그러나 당초에는 이처럼 국왕에 대한 협찬기관으로서 국왕에 의해 소집된 의회가 시간이 경과함에 따라 점차 왕권에 대한 제약기구의 구실을 하게 되자, 국왕은 차츰 그 소집을 꺼리게 되어 신분제 의회를 무력화하고 국왕의 권력을 강화하는 방향으로 나아갔다. 이리하여 15세기 말엽에는 서유럽의 몇몇 지역에 절대군주제의 중앙집권적 국민국가가 성립했다.

중앙집권적 국민국가의 성립에 앞장선 것은 영국이었다. 영국에서는 1066년 윌리엄의 정복 이래 노르만 왕조의 지배하에 강력한 왕권을 수반한 예외적인 봉건제가 발달했다. 정복왕은 영국 내의 모든 앵글로-색슨 귀족에까지 국왕에 대한 충성을 서약시키고, 조세징수를 위한 토지대장(Domesday Book)을 작성하는 등 강력한 국가체제를 확립하는 데 힘썼다. 그 후 노르만 왕조를 이은 플랜터지네트(Plantagenet) 왕조의 헨리 2세(재위 1154~1189)는 보통법(Common Law)의 개정과 재판제도의 개혁으로 집권화에 박차를 가했다. 그러나 그의 아들 존 왕(재위 1199~1216)은 프랑스 내의 영국령 문제를 두고 프랑스 왕과 다투어 많은 영토를 잃고, 교황과 맞서 싸우다 패배하여 교황에게 신서를 하는가 하면 국내에서도 고압적인 지배로 귀족들의 반항에 부딪쳤다. 1215년 귀족들은 국왕에 대한 충성의 서약을 파기하고 63조의 요구조항을 제시하여 그에게 이를 승인하도록 강요했다. 이것이 곧 「대헌장(Magna Carta)」으로 알려진 문서인데, 이것은 주로 봉건귀족들의 특권적 권리를 국왕에게 확인시킨 것에 지나지 않았지만, 국왕이라도 법을 지켜야 하며, 또 지키게 할 수 있다는 근본원리를 확인한 것으로 이후 영국 입헌정치의 기초가 되었다.

그 뒤 1265년에는 시몽 드 몽포르(Simon de Montfort, 1208~1265)가 제후들과 함께 국왕 헨리 3세(재위 1216~1272)에게 「대헌장」의 재확인을 강요한 후 그 자신이 세운 정부에 대한 지지를 얻기 위해 귀족과 성직자로 구성된 대회의(Great Council)에 도시와 주의 대표를 참여하게 함으로써 영국 의회의 시초를 만들었다. 이러한 영국 의회의 전통은 1295년 에드워드 1세(Edward I, 재위 1272~1307)가 이른바 모범의회(Model Parliament)를 소집함으로써 확고해졌으며, 14세기에는 귀족원인 상원(House of Lords)과 평민원인 하원(House of Commons)으로 갈라져 양원제가 자리 잡히고 법률의 제정, 과세에 대한 의회의 동의권 등이 확립되기에 이르렀다.

한편 프랑스에서는 왕권이 부진한 전형적인 봉건제가 이루어져 봉건제후들이 지방에 할거한 가운데, 카페 왕조의 지배권은 파리 주변의 이른바 '프랑스의 섬(Île de France)'에 한정되었다. 특히 영국왕인 노르망디 공은 원래 국왕보다 강대한 데다, 노르만 왕조에 이어 프랑스의 앙주 백이 플랜터지네트 왕조를 열게 되자 영국왕은 프랑스의 제후로서 프랑스 서부에 넓은 영토를 가지게 되어 영국왕과 프랑스왕 사이에 이 영토문제를 가지고 분규가 거듭되었다. 그러나 12세기 말에 왕위에 오른 필리프 2세(재위 1180~1223)는 영국왕 존과 맞서 프랑스 안에 있는 영국왕령의 태반을 회복하고, 도시에 자치권을 부여함으로써 그 지지를 얻어 국토통일을 추진했다. 그 후 성왕 루이 9세(Louis IX, 재위 1226~1270)는 공정한 재판으로 국왕재판의 권위를 높였다. 14세기 초 필리프 4세가 성직자에 대한 과세문제를 가지고 교황 보니파키우스 8세와 싸웠을 때 삼부회를 소집하여 이들의 지지하에 교황을 체포하고 또 교황청을 아비뇽에 옮겨 국왕의 프랑스 교회에 대한 지배권을 확립한 것은 이미 이야기한 바와 같다.

영국과 프랑스 양국이 중앙집권적인 국민국가로 발전하는 데 획기적인 역할을 한 것은 백년전쟁(1337~1453)이었다. 프랑스 내의 영국령의 문제와 플랑드르 지방의 모직물공업에 대한 지배권을 둘러싼 대립에 연원하되, 카페 왕조의 뒤를 이은 발루아(Valois) 왕가의 왕위계승권에 대한 영국왕의 시비를 계기로 하여 일어난 이 전쟁은 처음에는 영국과 프랑스 두 왕가 사이의 봉건적 전쟁으로 시작되었다. 그러나 전쟁이 계속됨에 따라 양 국민 사이에 민족의식이 앙양되어 싸움은 점차 국민국가 간의 전쟁으로 변모해 갔다. 특히 전쟁 후반기에 땅에 떨어진 프랑스군의 사기를 고취하여 전세를 역전하는 데 크게 이바지한 잔 다르크(Jeanne d'Arc, 1412~1431)의 출현은 프랑스인들의 민족의식과 애국심을 크게 불러일으켜 프랑스 국민국가 형성의 중요한 기틀을 마련했다. 영국에서는 15세기에 들어오면서 한때 유력한 제후들의 힘이 강화되어 이른바 의사(擬似)봉건제도(bastard feudalism)의 현상을 나타내기도 했지만, 백년전쟁으로 프랑스 내의 영국령을 잃음으로써 국왕의 관심이 오히려 잉글랜드에 집중되었다. 게다가 잇달아 일어난 왕실 내부의 왕위쟁탈전인 장미전쟁(1455~1485)을 겪는 동안에, 여기에 휘말린 봉건제후들의 세력이 큰 타격을 받았다. 이리하여 1485년 헨리 7세(재위 1485~1509)에 의해서 열릴 튜더(Tudor) 왕조 하에서는 국왕의 권한이 크게 신장되어 장차 강력한 국민국가로서 발전할 기반이 마련되었다.

이베리아 반도에서는 8세기 이래 그 대부분이 이슬람교도의 지배하에 있었으나 십자군운동과 더불어 그리스도교도들의 재정복(Reconquista)운동이 일어나 점차 이슬람교도를 몰아내면서 남하하여 12세기경에는 반도의 북반을 확보하게 되었다. 그중 카스티야, 아라곤, 포르투갈의 세 나라가 강대해졌으며, 1479년 카스티야와 아라곤이 합병하여 에스파냐 왕국이 성립했다. 에스파냐의 왕 페르난도(Fernando, 재위 1479~1504)는 1492년 이슬람의 마지막 거점인 그라나다(Granada)를 함락시켜 반도에서 이슬람교도의 세력을 일소하여 왕국의 통일을 추진하는 한편, 신흥도시와 제휴하여 봉건귀족들을 눌러 왕권을 강화했다. 12세기에 카스티야로부터 독립한 포르투갈에서도 15세기 후반에 조아운 2세(João II, 재위 1481~1495)가 제후의 세력을 누르고 국가의 통일을 추진했다.

대서양 연안의 서부유럽 여러 나라들과는 달리 독일과 이탈리아에서는 국민국가의 통일이 쉽게 이루어지지 않았다. 10세기 말엽부터 11세기에 이르는 신성로마 제국 초기의 독일에서는 역대 황제들이 제후들의 세력을 눌러 왕권강화정책을 추구했다. 그러나 광대한 지역에 할거한 수많은 대소 봉건제후들의 분립상태를 완전히 극복하지 못했다. 게다가 고대 로마 제국의 정통을 이어받았다고 생각한 독일 제국의 황제들이 계속 이탈리아 경략에 몰두하여 본국의 통치를 소홀히 했기 때문에 제후들의 세력은 여전히 강대하여 봉건적인 지방분권체제가 지속되었다. 그러다가 13세기 후반에는 정통의 황제가 존재하지 않은 대공위시대(Interregnum, 1254~1273)까지 나타나 황제권이 더욱 약화되더니, 1356년에는 드디어 황제 카를 4세(Karl IV, 재위 1347~1378)가 이른바 「황금문서(Golden Bulle)」를 발포함으로써 황제는 성·속의 7선제후(選帝侯)에 의해 선출되기에 이르렀다. 이리하여 황제는 상징적인 존재에 불과하게 되고 제국 통치의 실권은 성·속의 많은 대소 제후와 자치도시 등 약 300의 지방분권적 세력의 수중에 들어갔으며, 그중 유력한 몇몇 제후들은 자기 나름대로 영토를 확장하고 권력을 집중해 갔다. 이래서 독일에서는 중앙집권적 국가형성이 민족단위가 아니라 지역단위로 추진되었는데, 이것이 곧 영방국가(territorial state)이다.

이탈리아에서도 형편은 비슷하여 중부의 교황령 이외에 북부에는 베네치아와 피렌체의 두 공화국과 밀라노 공국이, 남부에는 나폴리 왕국 등 여러 제후국과 도시국가가 분립한 데다가 외세의 간섭과 내부적 당파싸움〔황제당(Ghibellines)과 교황당(Guelfs)의 대립〕까지 겹쳐 좀처럼 국가통일의 전망이 보이지 않았다. 이탈리아와 독일이 근세 초에 르네상스와 종교개혁 등 빛나는 정신적 혁신운동을 주도했음에도 불구하고 그 후 유럽의 역사에서 오랫동안 후진국으로 남아 있었던 것은 그들이 이처럼 국민국가의 통일에서 뒤쳐졌다는 점이 그 중요한 이유의 하나였다 할 것이다.

제8장 아시아 근세 사회의 성장

제1절 명 · 청 제국

제2절 그 밖의 아시아 여러 나라의 발전

명(明)의 건국으로 중국은 오랜 정복국가시대가 끝나지만 청(淸)의 지배로 중국인은 다시 이민족 왕조의 지배를 받았다. 명 · 청 시대는 중국 전통문화의 난숙기로 영토 · 문화 면에서 중국 전통사회의 전형을 이루면서 많은 변화와 발전을 보였다. 일본은 12세기부터 장군이 천황을 대신해 통치하는 막부정치(幕府政治)가 시작되어 약 700년간 계속되었다. 인도에서는 8세기부터 이슬람교도들이 침입하기 시작해, 이슬람 국가인 무굴 제국이 영국의 지배를 받을 때까지 지속되었다. 인도 · 이슬람 문화가 이 시기의 특징이다.

제1절 명 · 청 제국

1. 명(明)의 건국과 발전

유라시아 대륙에 걸쳐 위세를 떨치던 원 제국도 14세기에 접어들면서 동요하기 시작했다. 4한국의 독립으로 이미 몽골 제국의 통치 한계가 드러났고 중국 본토에 주력했던 원의 정책도 차별정책 때문에 한족의 반발을 샀다. 또한 왕위계승문제로 지도층의 내분이 표면화되었을 뿐 아니라 경제적인 어려움까지 겹쳐 이는 곧 반란으로 이어졌다. 14세기 중반 회수 이남은 이미 군웅이 할거하는 상태였는데, 그 중심세력은 미륵불의 왕생을 믿는 백련교도(白蓮教徒)였다. 백련교도로 구성된 홍건군(紅巾軍)의 지도자인 주원장(朱元璋)은 강남 곡창지대를 중심에서 일어나 화중 지방에 진출한 다음 국호를 명(明)으로 하고 금릉(金陵, 南京)에 도읍을 정했다(1368). 태조가 북벌을 단행하여 베이징을 점령하자, 몽골 세력은 북으로 쫓겨 가 북원(北元)을 세워 그 명맥을 유지했다.

한족에 의한 통일제국 부활에 성공한 명 태조의 제일목표는 한민족 전통국가의 부흥이었다. 그는 몽골의 강요로 중국에 침투했던 몽골의 제도와 풍속을 제거하기 위해 당·송대의 중국 제도를 기초로 하는 복고적인 정책을 폈다. 그는 당대의 율령을 발전시켜 대명률(大明律)과 대명령(大明令)을 제정해 형법과 민법 체계를 확립하고 주자학을 관학화하여 정통으로 삼았다. 관료채용에 과거제도를 부활하고 유능한 관료 양성과 지식의 보급을 위해 중앙에 국자감(國子監)과 각 지방에 각종 학교를 세웠다. 그 결과 관료채용에 과거제 의존도는 더욱 높아졌으나 과거시험에 팔고문(八股文) 형식을 강요하는 비생산적인 면도 있었다. 그는 유교의 윤리덕목에 기초한 육유(六諭)를 발표해 백성을 교화하는 기준으로 삼았다.

태조는 관제개혁에 있어서도 한민족 전통의 부활에 황제 독재권 강화를 위한 요건을 가미했다. 그는 중서성을 폐지하고 6부를 황제 직속으로 두었는데, 이는 이때까지 지속되어 왔던 재상제도를 폐지함으로써 황제권을 일층 강화하는 것을 의미했다. 5도독부(五都督府)를 두어 군사력을 분산시키고, 도찰원(都察院)을 설치하여 감찰업무를 담당하도록 했다. 지방제도에서는 원대의 행성 대신 성(省)을 설치하고 각 성에는 각각 행정 · 군사 · 감찰 기능을 담당하는 포정사(布政使), 도지휘사(都指揮使), 안찰사(按察使)를 두어 천자에 직속하도록 했다. 성의 하부행정조직으로 주 · 현을 두고, 이의 보조기관으로 이갑제(里甲制)를 실시했다. 이갑제란 일정한 호(戶)수를 단위로 한 촌락조직으로서 조세징수, 백성의 교화, 상호감시 업무 등을 담당한 행정과 통제기능을 겸한 촌락 기초단위였다.

태조는 경제적 평등화 정책을 폈다. 대토지소유자의 토지를 농민에게 분배하고 사원의 토지소유를 제한했으며, 이들의 면세권에 제한을 가했다. 또 과세의 공평과 인구파악을 위해 토지대장인 어린도책(魚鱗圖册)과 호적대장인 부역황책(賦役黃册)을 만들어 사용했다.

명 태조는 건국 후 그의 지배권 강화를 위해 여러 아들에게 땅을 분봉하여 통치하도록 했는데, 이는 곧 황제권 강화에 저해요인으로 작용했다. 당시 화북 지방을 맡고 있던 태조의 4남은 중앙정부에 대항하여 왕위를 빼앗아 성조(成祖, 永樂帝)가 되었다. 성조는 즉위 후 외정에 힘써 북부의 타타르부(Tatars)와 오이라트부(Oirats)를 다섯 차례에 걸쳐 정벌하고, 북만주 지방의 여진족을 복속시킨 다음, 여기에 누르칸 도사(都使)를 두어 통치하도록 함으로써 이 지역을 중국 영토화했다. 남으로는 베트남을 속령화하고 남해 여러 나라와 조공(朝貢)관계를 재확인했으며, 동으로는 한반도에서의 조선 건국에 즈음하여 친명 국가를 세우는 데 성공했다. 환관 정화(鄭和)가 대 함대를 이끌고 아프리카 동안까지 원정했던 것도 이때의 일이다.

그러나 성조가 죽은 다음 명은 대내외적으로 쇠퇴기에 접어든다. 특히, 북로남왜(北虜南倭)로 불리는 이민족의 침입은 치명적인 것이었다. 영종(英宗)

때에 북에서 오이라트부의 에센(Essens)이 쳐들어와 황제가 포로가 되는 변란이 있었고, 이 북방민족의 계속적인 압력으로 명은 결국 장성 이북의 영토를 포기하고 말았다. 한편, 바다로부터 중국을 괴롭힌 것은 왜구(倭寇)였다. 왜구는 원말에 고려와 중국 해안을 노략해 오던 터에, 태조가 조공관계를 재개하여 한때 사(私)무역을 묵인했다가 이를 다시 제한하자 중국 해안을 침략하여 명에 큰 환란을 안겨 주었다.

이러한 외환으로 명은 재정지출이 급증하고 안으로는 경제파탄으로 농민소요가 잇달아 일어나 신종(神宗)은 장거정(張居正)을 등용하여 개혁정치를 폈다. 장거정은 쓸데없는 관직을 없애고 정부의 재정긴축을 단행했으며, 관기를 바로잡고, 조세의 공평과 효율화를 위해 일조편법(一條鞭法)을 단행하여 일시적인 효과를 거두었다. 그러나 그가 죽은 다음에 다시 영하, 구이저우(貴州) 지방에서 큰 농민반란이 일어났고 조선 출병 등으로 많은 경제적 부담을 안게 되었을 뿐만 아니라 청의파(淸議派), 환관파(宦官派), 관료 간의 당쟁이 계속되어 사회와 정치는 극도의 혼란에 빠졌다.

2. 청(淸)의 중국 지배

금이 멸망한 후 퉁구스 계통의 여진족, 즉 만주(滿洲)족은 원·명 두 왕조의 지배를 받았다. 명은 그 세력을 헤이룽강 하류에까지 확대하여 만주지역에 누르칸도사와 그 밑에 위소(衛所)를 두어 만주족을 다스린 바 있었다. 당시 여진족은 해서(海西), 건주(建州), 야인(野人)의 세 주요 지역으로 나뉘어 있었는데, 타타르의 자극으로 통일의 기운이 높아지고 있었다. 명이 조선 원정 등으로 피폐해진 틈을 타, 훈하(渾河) 상류의 건주위(建州衛)에서 누르하치(奴兒哈赤)가 나와 한문화를 흡수하고 군사력을 길러 마침내 칸의 지위에 올라 국호를 후금(後金)이라 칭한다(1616). 그는 부족조직에 기초를 둔 팔기병(八旗兵)을 이끌고 명군과 싸워 승리하여 수도를 선양(瀋陽)으로 옮겼다.

태조가 전쟁터에서 죽자 그를 이은 태종은 차하르부를 정복하고 국호를 대청(大淸)이라 개칭했다(1636). 그는 먼저 명의 배후세력인 조선을 정벌하여 항복을 받은 다음 명의 토벌에 전념했다. 당시 명은 당쟁과 군사비 지출 등으로 곤경에 처해 있었던 중, 산시 지방에서 대규모의 농민반란이 일어났다. 반란세력 중 가장 큰 것은 이자성(李自成)으로, 그는 베이징을 점령하여 이로써 명이 망했다(1644). 이때 명의 장군으로 산해관(山海關)을 수비하던 오삼계(吳三桂)가 청에 투항하자 세조(世祖, 順治帝)는 베이징에 입성한 후, 계속하여 화남 지방에서 반항하던 명의 잔여 세력을 제압하고, 1661년 중국 통일의 대업을 완성하게 되었다. 중국을 통일한 청은 대체로 명의 제도를 답습하여 한족을 회유했다. 특히 청의 통일에 공이 컸던 오삼계를 비롯한 세 사람의 명의 장군을 윈난, 광둥, 푸젠의 번왕(藩王)으로 봉했다. 이것이 삼번(三藩)으로, 이들은 곧 청의 압력에 대항하여 난을 일으켰으나 결국 항복하여(삼번의 난) 이로써 청의 중국 통일은 완성되었다.

그 후 강희(聖祖, 康熙), 옹정(世宗, 雍正), 건륭(高宗, 乾隆)에 이르는 3대, 약 130여 년 간은 청의 전성시대였다. 강희제는 우선 남진하는 러시아 세력을 헤이룽강에서 막아, 네르친스크(Nerchinsk) 조약(1689)으로 이 지역의 국경을 확정했다. 또 이리 지방의 준가르부와 외몽골의 카르가부를 쳐서 몽골 전역을 지배하고 티베트도 정벌했다. 건륭 때에는 서(西)준가르부를 쳐, 천산북로를 손에 넣고, 천산남로의 위그르부를 평정하여 신장 지방을 영토화하는 데 성공했다. 또 티베트도 쳐, 그 세력범위가 파미르 고원에 이르렀다. 남으로는 베트남과 버마를 속국으로 하고 샴을 복속시켜 소위 십전(十全)의 무공을 과시했다. 이로써 현재 중국 영토의 윤곽이 잡혔고, 중국은 한(漢)·몽(蒙)·만(滿)·장(藏)·회(回)의 5족(五族)을 포함하게 되었다. 청은 5족의 화합을 통치방침으로 정해 중국 본토와 청의 발원지인 동북 지방을 직접 통치하고, 기타 지역은 번부(藩部)로 편성해 이번원(理藩院)이 통치하도록 하는 일종의 간접통치 형태를 취했다.

그림 8-1. 청초의 아시아

청의 제도는 명대의 그것을 대체로 계승했지만 몇 가지 특징을 가지고 있다. 황제의 직속 자문기관으로 내각(內閣)을 둔 것은 명과 같았으나 내각대학사(內閣大學士)의 임명에서 한만병용책(滿漢倂用策)을 써서 통치상 인종적 균형을 꾀했다. 그러나 군사, 외교 등 중요한 문제는 주로 만주인으로 구성된 의정대신(議政大臣) 회의에서 결정했다. 이 내각은 1730년 이후 군기처(軍機處)로 바뀌었지만 그 기능은 유사했다. 지방제도로는 전국을 18성(省)으로 나누고 각 성에는 순무(巡撫)를 두고 그 위에 총독(總督)을 두어 지방행정을 맡도록 하고, 성 밑에는 부(府)·주(州)·현(縣)을 두었다. 다만 만주 지방의 동3성(東三省)만은 특별히 장군을 두어 다스리도록 했다. 만주 팔기군은 입관 후에도 청조 유지의 기본적인 군사조직으로 남아 있었다.

청은 원에 이어 중국 전체를 지배한 정복왕조였지만 한 민족의 통치방식은 원과 전혀 달랐다. 만주족은 입관할 당시 벌써 그들의 문자를 잊을 정도로 상당히 한화(漢化)되어 있었다. 입관 후에도 청의 지도자들은 적극적인 한화정책으로 중국인을 회유했다. 그러나 그들은 그들만의 정체성을 유지하기 위해 비동화정책도 병행했다.

회유책으로는 입관 후 명의 모든 제도를 대체로 계승하는 선에서 한족의 반발을 막았다. 특히 강희제의 경우 육유(六諭)를 발표해 유교를 천자의 교양과 통치의 기본이념으로 하고 과거제도 실시, 편찬사업의 활성화, 학자의 우대 등을 통해 중국의 정통왕조임을 애써 보여 주었다. 만한병용의 관리 임용은 실질적으로 만주족에 유리한 것이었지만, 원의 몽골지상주의와 같은 반발은 충분히 막을 수 있는 제도였다.

그러나 소수의 만주인으로 더 문명되고 수적으로 많은 중국인을 통치한다는 것은 쉬운 일이 아니었다. 그들은 한인에게 호복(胡服)과 변발(辮髮)을 강요하여 중국인의 만주화를 꾀하고, 고유의 왕위계승법인 밀건법(密建法)을 그대로 유지했다. 그뿐 아니라 그들 종족의 연고지인 만주를 신성시하여 봉금(封禁)지대로 만들고 황족, 만주귀족, 팔기병 등은 중국법의 적용을 받지 않도록 하고 한족과 혼인을 금지했으며, 별정의 토지를 급여하는 등 차별화정책을 폈다. 또 성리학의 권위주의적인 측면을 내세워 군신관계에서 복종의 의무를 강조하고, 언론탄압이란 직접적인 방법으로 이단을 엄격히 다스리기도 했다.

3. 명 · 청의 사회

명 · 청 시대는 사회의 지배계급으로서의 신사층(紳士層)의 역할이 매우 활발하였던 시대였다. '신(紳)'이란 관리를 지칭하고 '사(士)'란 학위신분을 말하는 것으로, 명대부터 관리임용의 문이 과거합격자 외에 학교출신자에게도 열려, 이들은 모두 국가로부터 특별한 대우를 받았다. 그들은 조세와 의무노동을 면제받고 지주가 될 수 있었으며, 면책권이 있어 서민들과 스스로 구분되었다. 송대의 사대부는 실제로 과거에 합격하여 관료가 되는 사람을 지칭하는 것으로 수적으로 그렇게 많지 않았다. 그러나 명 · 청대의 신사층은 관료에 학교출신의 학위신분까지 합쳐, 수적으로 엄청난 증가세를 보였다. 이 신사층의 수적 증가는 명 · 청이 전대에 비해 개방사회였다는 것을 증명했지만 이에 따른 문제점도 적지 않았다.

신사층은 관직으로의 출세가 제한되자 향리에 머물면서, 그들끼리의 강한 동료의식으로 뭉쳐 국가와 국민 사이에서 특수한 기능을 담당했다. 그들은 백성의 교화에 힘쓰고, 이갑제가 문란해지자 국가를 위해 세금을 걷고, 수리시설 등 지방이권사업에 적극적이었다. 그러나 때로는 자신들의 지위를 이용해 자신들을 위한 영리사업을 벌였고, 서민을 착취했으며, 가끔 반란세력과 결합하여 반국가적인 운동을 주도하기도 했다.

명대의 토지는 크게 관전(官田)과 민전(民田)으로 나눌 수 있다. 관전은 특권층에 주는 토지로 세금이 면제되었고, 민전은 사유지를 뜻하는 것이었다. 화폐경제의 발달에 따라 지주, 관료, 상인들이 민전을 겸병했는데, 이러한 현상은 강남에서 화북으로 확대되었다. 청의 토지제도는 대체로 명의 그것을 계승했으나, 특이한 것은 팔기병에게 면세 혜택이 있는 기전(旗田)을 주어 매매를 금지했던 점이다. 그러나 18세기 이후 기전의 규정이 무너져 팔기병의 무력화가 촉진되었다.

명대 서민의 국가에 대한 의무에는 부(賦)와 역(役)이 있었다. 부는 부역황책을 근거로 토지에 매겨지는 양세법의 원칙에 따라 현물을 거둬들이는 것이었고, 역은 정남(丁男)에게 부과하는 의무노동이었다. 이 밖에 잡다한 부가세가 있어 복잡한 양상이었다. 이러한 세제는 15세기 이후 화폐경제의 발달에 따라 부역의 금납화가 진행되어, 일조편법(一條鞭法)의 실시로 은납화로 통일되었다. 잡다한 화폐의 유통체계가 은본위로 정착되자, 은의 수요가 증가하여 막대한 멕시코 은이 유입되었다. 청은 명의 세제를 그대로 답습하다가 18세기에 들어와 부와 역을 통합해 모두 토지에만 부과하는 지정은(地丁銀)제를 실시했다.

명의 농업생산은 경지의 확대, 기술보급, 신작물재배 등으로 큰 발전을

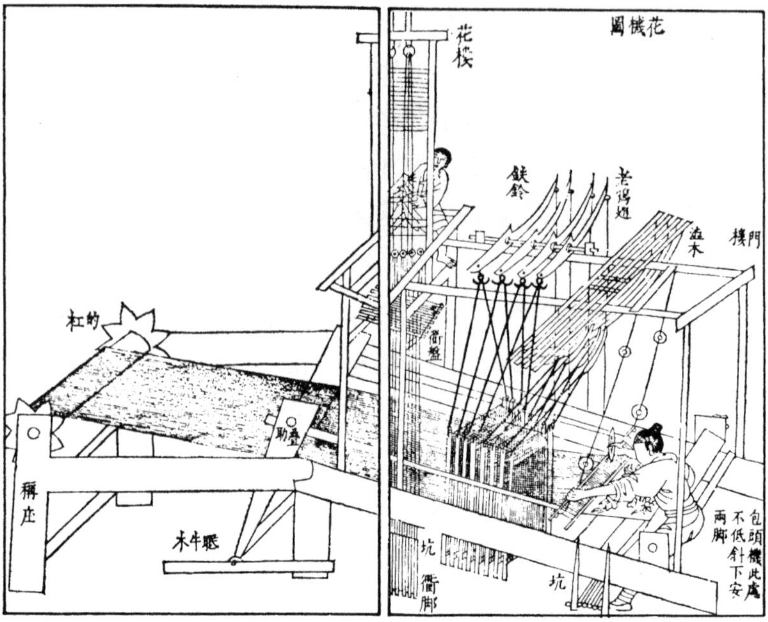

직포기

보였다. 명 중기 이후에는 미작 중심지가 이미 양쯔강 중류로 옮겨졌고 하류지역에는 상품작물 생산과 그에 따른 가공시설도 자리를 잡았다. 페르시아 수차의 보급으로 경사지 관개가 가능해졌고 참파 벼의 대량보급으로 미곡의 생산량이 늘어났다. 면화재배가 본격화하여 의류의 주종이 되고, 견직업과 더불어 유력한 가내부업화했다. 특히 차는 명대에 이어 청대에 그 수요가 급증하여 수출의 주종상품이 되었다. 청대에는 미주 지역에서 들어온 고구마, 감자, 옥수수, 땅콩 같은 신종 농작물도 널리 보급되었다.

명대에는 농산물의 상품화, 화폐경제의 발달, 정책적인 운수시설의 개수 등으로 상업이 매우 성하여 도자기, 직물업, 차 제조업 등은 소규모 기업단계에까지 이르고 있었다. 이런 현상을 자본주의 초기 단계로 평가하는 사람도 있다. 당시 상인들은 그들 간의 상호부조를 목적으로 주요 도시에 객상(客商)을 위한 회관(會館), 토착상인을 위한 공소(公所)를 설치했고 이는 청대까지 계속되었다. 청대에는 금융업인 전장(錢莊)이 있어 은행 구실을 하고, 종래의 동업조합인 행·작에 해당하는 방(幇)이 있어 금융업은 더욱 발전했다. 그러나 두 왕조 모두가 외국무역에는 제한을 가했다. 특히 청 중기 이후에는 광저우 한 곳만을 열어 공행(公行)을 두고 외국무역을 관장하도록 했다.

4. 명·청의 문화

명대 문화의 한 특징은 전통문화의 부흥을 지향한 나머지 독창성이 부족한 가운데, 국수적이고 보수적인 경향이 현저했다는 점이다. 명의 태조는 송학의 부흥을 주도하여, 『성리대전(性理大典)』과 4서 5경에 주석을 단 『사서대전(四書大典)』 및 『오경대전(五經大典)』을 칙찬(勅撰)함으로써 전통 유교의 부흥을 꾀했으나 자유로운 연구를 막아 사상의 고정화를 가져오기도 했다. 또 학문이 사상적 깊이를 결한 채로 형식만 중시하는 팔고문(八股文) 문체를 강요하여 청말까지 과거시험에 적용하였다. 명 중엽, 육구연(陸九淵)을 이은 왕수인(王守仁, 陽明)이 나와 실천을 중시하는 인격주의적 이상철학을 표방하여 양지(良知)의 학을 대성함으로써 침체된 유학에 새로운 생명을 불어넣었다. 이것이 양명학(陽明學)이다. 그러나 양명학은 곧 그 진의를 연구하기보다는 공소한 관념론으로 흘러 비판을 받게 되었다. 이러한 양명학의 공리공론에 반발하여 나온 새로운 학풍이 명말 청초에 나온 고증학(考證學)이었다. 한편 항간에는 불교가 교파 간의 통합을 시도하고 유·불·도의 3교 조화설까지 나와 명말의 예수회(Jesuit order)의 전교에 대항하기도 했다.

명·청 교체기의 반만적 풍토에서 갈등을 겪었던 황종희(黃宗羲), 고염무(顧炎武) 등은 사실을 근거로 진리를 구하고(實事求是), 증거가 없으면 믿지 않는다(無徵不信)는 원칙하에 실증적인 방법으로 고전을 연구하여 유교의 참다운 모습을 찾으려 했다. 이러한 학풍은 자연히 역사, 지리, 문자, 음운,

자금성 중국 명대의 건축

제도, 역산(曆算), 금석(金石), 교감(校勘) 등 여러 분야에 관심을 확산시켰고 많은 연구업적이 나왔다. 『대청회전(大淸會典)』, 『강희자전(康熙字典)』, 『고금도서집성(古今圖書集成)』, 『사고전서(四庫全書)』 등은 고증학 발달의 결과였다. 그러나 고증학은 유교 경전에 담겨 있는 심오한 교리와 치세의 경륜 등은 소홀히 했다. 결과적으로 청조의 고증학은 지식인에 일거리를 주면서도 지식인 탄압하는 도구가 되었다. 이러한 경향은 학문에 대한 관심과 시야를 고정시켜 심오한 이론과 경륜을 펼 기회와 사상의 다양한 발전을 막았다는 단점이 있었다. 그럼에도 불구하고 이 고증학의 발달은 고전을 정리하고 이에 대한 바른 이해에 도움을 주었고, 중국인의 과학정신을 자극해 서양과학의 수입과 더불어 학문의 과학적 방향에로의 발전에 기여했다.

명의 문학은 서민문학으로 대표되고 이는 청에 계승되었다. 특히 명의 소설(小說)은 당의 시(詩), 송의 사(詞), 원의 곡(曲)에 이어 시대를 대표한다. 산업의 발달로 도시화가 촉진되고 지식수준의 향상, 사회의 복잡화 등 여러 현상은 당대인들에게 읽을거리를 찾도록 하여 『삼국지연의(三國志演義)』, 『수호전(水滸傳)』, 『금병매(金甁梅)』 등 장편소설이 나왔다. 청대 역시 『유림외사(儒林外史)』, 『홍루몽(紅樓夢)』 등 구어체 소설이 나왔으나 별 특징은 없었다. 또 원대부터 내려온 희곡 역시 계속하여 서민들의 사랑을 받았다.

제지과정 17세기 중국의 제지과정

명대의 시문은 뚜렷한 특징은 없었고, 청대에는 고증학풍의 영향으로 46병려체(四六騈儷體)가 유행하고 고문체도 부활했다.

명대의 화풍은 원의 북종화와 남종화에 이어졌다. 명말 동기창(董其昌)이 남종화(南宗畵, 文人畵) 우위론을 편 뒤, 청에서는 남종화의 우세 속에 왕시민(王時敏) 등 4왕(王) 6대가를 배출했다. 그러나 그들의 화풍은 곧 형식화했고 뒤에 석도(石濤) 등이 새로운 화풍을 선보였다. 명대에 유럽화의 원근법이 처음 사용된 것은 특기할 일이다.

명 · 청 시대는 원에 이어 질이 좋은 백자와 청자를 구워 냈다. 특히 원대에 시작된 염부(染付) 문양은 이 시대에 크게 유행했다. 칠기로는 송대에 시작된 조칠(彫漆)이 명 · 청대에 더욱 정교해져 주로 먹과 벼루, 화분 등의 제작에 사용되었다.

명 · 청 문화에서 뺄 수 없는 것은 서양문물의 전래다. 송 이후 비단길의 폐쇄와 명 · 청대의 해금정책(海禁政策) 등으로 동서교통이 여의치 않았으나 소위 대항해시대(大航海時代)가 시작된 명 중기 이후, 예수회는 적극적인 대아시아 포교정책을 펴, 중국에도 직접적인 영향을 끼친다. 명의 가정(嘉靖) 초에는 일본으로부터 조총이 들어와 전술을 일변시켰고, 중국에 온 마테오 리치(Matteo Ricci)가 『곤여만국전도(坤輿萬國全圖)』를 소개하자 이는 중국 지식인의 세계관을 바꾸었으며, 그가 지은 『천주실의(天主實義)』는 중국인의 종교관에 새로운 바람을 일으켰다. 청은 예수회 선교사의 이념적 이단성에도 불구하고 그들을 받아들여 천문, 의학, 포술, 역법 등 많은 새로운 지식에 접하게 되었다. 그 결과 서광계(徐光啓)의 『기하원본(幾何原本)』, 『농정전서(農政全書)』를 비롯하여 이지조(李之藻)의 『동문산지(同文算指)』, 조사정(趙士禎)의 『신기보(神器譜)』, 송응성(宋應星)의 『천공개물(天工開物)』과 같은 과학서가 나왔다. 그러나 명·청대 서양과학의 수용은 곧 청의 전례(典禮)문제에 따른 천주교(가톨릭교) 탄압 때문에 지도층의 지적 호기심 이상으로 발전할 수 없었고, 결과적으로 근대화와 연결되지는 못했다. 이는 중국의 외래문화에 대한 전통적인 경시와 사대부의 출세는 여전히 과거를 통한 관료화란 통념 때문이었다.

제2절 그 밖의 아시아 여러 나라의 발전

1. 일본의 무가정치(武家政治)

정원(政院)의 지배를 싸고 후지와라(藤原)와 싸워 이긴 다이라노 기요모리(平淸盛)는 1180년에 미나모토노 요리토모의 도전을 받아 망하고, 요리토모는 가마쿠라(鎌倉)에 막부(幕府)를 열어 무인정치를 시작했다. 이를 가마쿠라 막부(鎌倉幕府)라 하는데, 그 특징은 무사의 우두머리가 천황으로부터 쇼군(將軍)직을 수여받아 전국의 치안책임, 토지관리, 징세권 등을 차지하여 실질적인 통치자가 된 것이었다. 이 막부정치의 구조는 처음 미나모토가(家)와 고케닌(御家人) 간의 사적 주종관계로 시작하여 은급을 매개로 하는 공권화 과정을 거치는 서양의 봉건제도와 유사한 것이었다.

요리토모가 죽자 그의 외척인 호조씨(北條氏)가 세력을 잡아 막부정치를 확립했다. 이때, 원이 1274년과 1281년 두 차례에 걸쳐 일본을 원정하였지만 실패로 끝나 호조씨의 지배력은 일층 강화되었다. 그러나 곧 원의 침입에 대비한 전비 부담과 화폐경제의 발달로 인하여 막부의 중심계층인 고케닌이 몰락하고, 교토(京都)에서 반막부운동이 일어나 호조씨를 타도함으로써 150년의 막부정치는 일단 끝이 났다.

그러나 막부정치에 대신한 고다이고(後醍醐) 천황의 친정은 많은 약점을 안고 있었기 때문에 정권은 다시 아시카가씨(足利氏)에 넘어가 무로마치 막부(室町幕府)가 시작되었다(1336). 쇼군직을 맡은 아시카가는 지방관에 그들의 일가를 임명하여 그 자신을 정점으로 하는 지배체제를 확립했다. 그는 지방관인 슈고(守護)의 권한을 확대하여 슈고 스스로가 가신과 영지를 소유하는 봉건영주의 성격을 갖도록 했다. 이들이 슈고 다이묘(守護大名)로 그들의 지위는 세습화되고 스스로의 힘을 길러 다른 다이묘는 물론, 막부와도 대항관계에 있었다. 그 대표적인 경우가 1467년 일어난 오닌(應仁)의 난으로, 이 난은 17년간 계속되어 무로마치 막부 멸망에 결정적인 역할을 하게 되었다.

1573년 무로마치 막부는 오다 노부나가(織田信長)에게 망했다. 무로마치 말기부터 막부 특유의 장원제가 무너지고 하극상의 기풍이 만연한 전국시대에 접어든 가운데, 센고쿠 다이묘(戰國大名)들은 막부로부터 독립하여 농민을 직접 지배하는 속에 오다 노부나가가 두각을 나타냈던 것이다. 그는 천황에 접근하여 다른 다이묘와 불교세력을 누르고 통일 전쟁에 열중했다. 노부나가가 암살당하자(1582) 그 부장인 도요토미 히데요시(豊臣秀吉)가 대권을 잡아 통일사업과 함께 조선 원정에 나섰다. 그는 조선 원정에 실패하여 인적 · 물적 손실이 컸으나 조선의 학자와 도공을 잡아가 주자학 및 도예 등 여러 방면에서 일본 문화 발전에 크게 기여했다.

히데요시가 죽자 세력을 잡아 도쿠가와 막부(德川幕府)를 연 것은 도쿠가와 이에야스(德川家康)였다(1615). 이에야스는 다이묘에 대한 통제권을 강화하고 광대한 직할지의 소유, 직할 군사력 장악, 광산채굴권 및 화폐주조권의 확보 등으로 다이묘에 대한 통제권을 강화했다. 또 주자학을 통치이념으로 삼아, 군신 간의 위계질서를 강조함으로써 자신의 지배를 강화했다. 도쿠가와 막부는 대외관계에서 철저한 쇄국정책을 썼다. 한때는 예수교단의 선교로 그리스도교도가 상당수에 이르러 1637년에는 대규모의 난을 일으킬 정도였다. 난후 도쿠가와 막부는 쇄국을 강화하고 나가사키(長崎) 한 곳만을 열어 네덜란드와의 교역을 허락했다.

약 700년에 걸친 막부정치는 일본 특유의 봉건제도와 그 문화를 발전시켰다. 무사(武士)는 농민을 직접 지배하는 한편, 그들의 상급자에게 충성을 강조하는 가부장적 주종관계에 역점을 둔 봉건윤리를 발전시켰다. 무사들에게는 그들의 주 임무인 군역에 맞는 무예와 용기를 갖춘 무사도(武士道)가 강조되었다. 이는 곧 '칼의 문화'라는 일본 중세 문화의 특징을 낳기도 했다.

막부하의 사회계층으로는 중국식의 사·농·공·상이 그 기본이었다. 무사는 상위 계급으로 정치와 문화의 담당자였고, 농민은 제2의 신분으로 대체로 조세와 부역의 의무를 지고 있었다. 제3계급은 조닌(町人)으로 상공업에 종사하는 계층이었다. 조닌은 전국시대 이후 상업의 발달과 더불어 상당한 부를 축적할 수 있었고, 고유의 생활을 영위하고 상업 자본을 축적하여 도쿠가와 후기에는 무사와 대등한 사회적 영향력을 발휘할 수 있었다. 이들은 상당한 자본과 나름의 문화를 가지고 있어 일본 근대화의 터전을 닦았다고 평가되기도 한다. 최하층에는 에다(穢多)와 히닌(非人)으로 거주가 제한된 천민이 있었다.

도쿠가와 이전 무가정권의 종교는 불교였다. 가마쿠라 막부 이래 계속된 전란은 말법사상(末法思想)의 유행을 가져와, 정토종이 유행했고 이에 연

일본 연극 노

유한 일본 고유의 진종(眞宗)이 나왔다. 무로마치 시대의 불교는 다이묘 세력과 맞먹을 정도였다. 그러나 무인문화에 큰 영향을 준 것은 14세기 송에서 들어온 선종이었다. 직관과 미에 대한 섬세한 감각을 조화시킨 선불교(禪佛敎)는 일본인의 생활에 자제와 수련을 생활화시켰고, 미적 감각의 계발과 특수한 조형을 창안하여 일본 문화의 특징으로 발전했다.

가마쿠라 시대의 유학은 한·당의 훈고학이었으나 주자학도 전래되었다. 이 주자학은 도쿠가와 시대에 관학화하여 유관(儒官)이 정치 자문을 하고 각지에 관학과 사숙을 두어 주자학을 가르쳤다. 일본의 주자학자들은 일본 고유의 신토(神道)와 유교의 교리상 융합에 힘쓰고, 유교 윤리 중 가부장적 윤리를 특히 선호했다. 한편 18세기 말 주자학의 명분론과 정통론은 천황지배의 정당성을 강조하는 데 착안한 미토가쿠(水戸學)의 발달을 가져와 이후 메이지 유신 때 왕정복고의 이론적 기초를 제공했다.

2. 동남아시아 여러 나라

13세기에 시작된 몽골의 동남아시아 정벌은 이곳 역사에 큰 변화를 가져왔다. 몽골 침입 전 베트남은 이미 송과 싸워서 약 천 년 동안의 중국 지배에서 벗어날 수 있었다. 1009년에 건국한 이조(李朝, 1009~1225)는 중국으로부터의 독립을 쟁취하기 위한 전쟁을 계속하는 가운데 중국 문화를 적극적으로 수용하여 유교는 물론 과거제도까지 받아들여 시행했다. 이조에 이어 일어난 진조(陳朝, 1225~1413)는 세 차례의 몽골 침입을 격퇴하고 그 영토를 남쪽의 참파(Champa)에까지 넓혔다. 이 두 왕조에서는 불교가 널리 신봉되어 그 문화가 절정에 달했다. 15세기 초에 일어난 여조(黎朝, 1428~1788)는 명의 침입을 받아 일시 그 속국이 되었으나, 곧 명의 세력을 몰아내고 대월(大越)을 세웠다. 대월은 명의 제도를 본받아 중앙집권적인 정치체제를 수립했다. 18세기 말 대월이 망한 후 한동안 혼란이 계속되다가 1802년 우엔조(阮朝, 1802~1945)가 통일을 이룩했지만 곧 프랑스의 침략을 받게 된다.

몽골이 윈난 지방을 정벌한 결과 이에 자극을 받아 샴에 강력한 수코타이(Sukhotai) 왕국이 출현하게 되었다. 1253년 쿠빌라이가 윈난 지방에 있던 대리국을 치자, 그 지역 주민이 남하하여 샴 지방을 지배하고 있던 크메르족을 몰아내고 새 왕조를 세웠던 것이다. 타이족은 크메르 문자를 개량하여 고유문자를 만들고 소승불교를 믿었다. 1350년에는 아유티야(Ayuthia) 왕조로 바뀌어 약 400년간 계속되었는데, 이들은 일본, 포르투갈 등지로 해외 진출을 하였고 일찍부터 서양과도 접촉하고 있었다. 아유티야 왕조가 버마의 공격으로 망한 다음, 1782년 라타나코신(Ratanacosin) 왕조가 들어서 한때 주권을 회복했으나 곧 영국 등 식민세력의 문호개방 압력에 시달려야 했다. 그러나 라마(Rhama) 5세(Chulalongkorn)는 근대적 개혁과 함께 외교적 수완을 발휘하여 영국과 프랑스 세력의 완충지대로 독립을 유지할 수 있었다.

크메르족의 캄보디아는 앙코르의 영화가 끝난 다음, 샴과 베트남의 계속적인 압력에 그 세력을 떨치지 못했다. 한편, 14세기 중엽에 일어난 라오스는 약 300여 년 간 번영을 누렸으나 18세기 초 3국으로 분열되어 베트남의 침략과 간섭을 계속하여 받는 처지가 되었다.

버마도 몽골군의 정벌로 역사가 달라진 나라이다. 원래 버마인은 중국의 남서부에 살다가 7, 8세기에 남하하여 이라와디강 중심으로 피유(Pyus) 왕국을 세웠었다. 11세기에는 파간(Pagan) 왕조가 들어서 버마 문자를 만들고 불교를 수용하여 번영했으나 1283년 몽골에 망했다. 그 후 몬족(Mons) 중심의 여러 왕조가 성쇠를 거듭하다가 영국의 침략을 받게 되었다.

말레이시아와 인도네시아, 필리핀 등 섬나라들은 13세기 이후 이 지역 이슬람교의 전파로 이슬람 문화권으로 편입되기 시작했다. 자바 지역에는 8세기 이후 인도 문화의 영향을 받은 여러 왕조가 흥망을 거듭하다가 13세기 말에는 마자파히트(Majapahit) 왕조가 자바섬을 넘어 위세를 떨쳤었다. 16세기 초부터는 이슬람화한 지방세력이 대두했다가 동부 자바의 마타람(Mataram) 왕국, 서부 자바의 파레타한(Faletahan) 왕국이 패권을 잡은 상태에서 네덜란드의 침략을 받았다. 말레이시아 반도에는 14세기 말 말라카(Malacca) 왕국이 일어나 수마트라 일부를 영토화하고 중개무역으로 번영을 누렸다. 말라카 왕국은 15세기 중엽 이슬람화하여 동남아시아 이슬람화의 거점이 되었다. 한편 필리핀은 산재한 이슬람 세력이 있었을 뿐 유력 왕조의 형성 없이 에스파냐의 침략을 받았다.

3. 인도의 이슬람화

14세기 후반 차가타이한국에서는 몽골의 후예임을 칭하는 티무르(Timur)가 나와 사마르칸트를 중심으로 일한국, 킵차크한국을 통일하고 중앙아시아에서 서아시아에 이르는 대제국을 건설했다. 15세기 초 티무르의

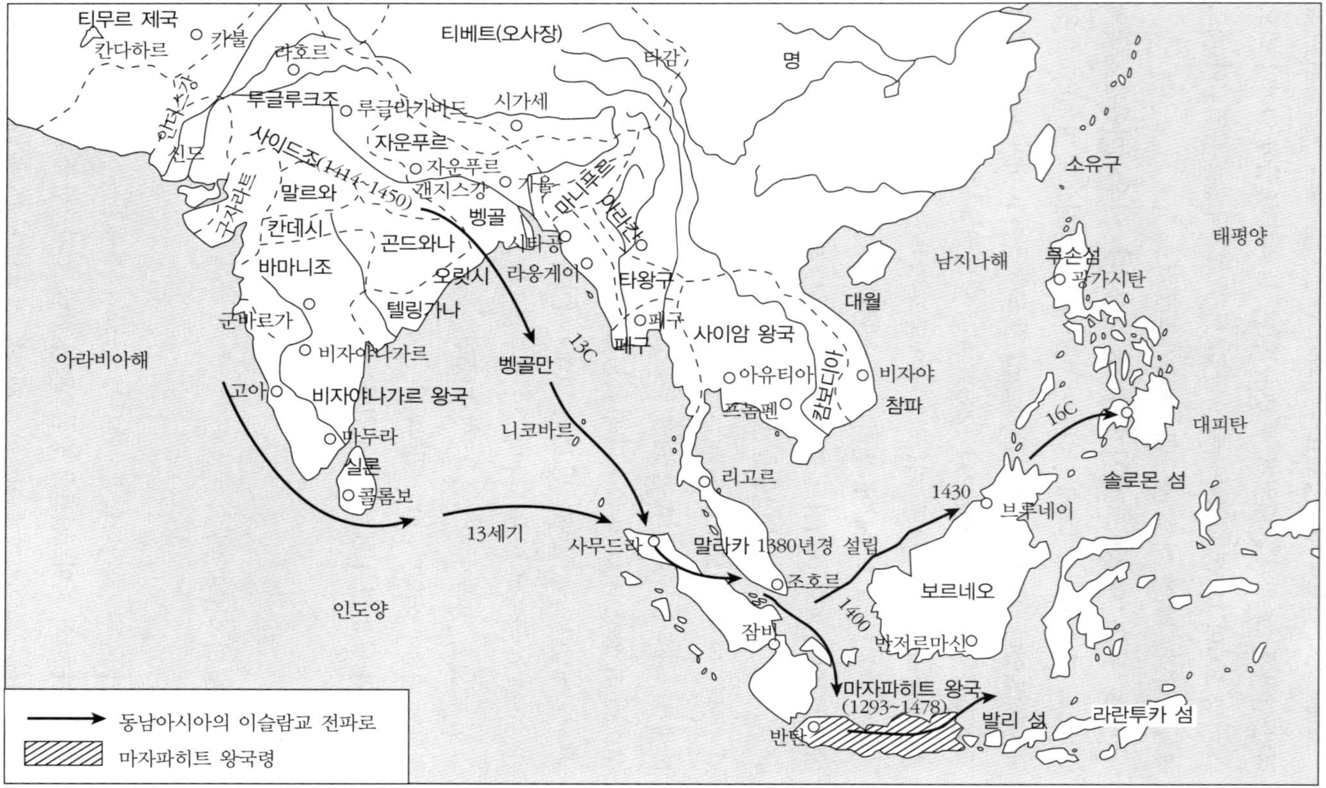

그림 8-2. 15세기 인도 및 동남아시아

사망으로 제국은 분열되지만 국제무역을 통한 부를 배경으로 적극적인 이슬람 문화 보호정책을 펴 수학, 의학, 천문학, 지리학, 과학 등이 크게 발달하고 이란어, 페르시아어, 투르크어 등을 동시에 사용하도록 함으로써 이후 이들 언어를 통한 이슬람 문학 발달에 기여했다.

한편 5세기, 에프탈의 뒤를 이어 6세기경부터 성장하기 시작한 바르다나(Vardana) 왕조는 불교문화의 융성으로 굽타의 영광을 다시 찾는 듯했으나 7세기 후반 망하여 인도는 다시 소왕국 분립 시대로 접어든다. 이때부터 인도의 이슬람화가 시작되는데, 이 이슬람 세력은 8세기 옴미아드 왕조의 인더스강 유역 침입을 시작으로 10세기 말 가즈니(Ghazni)조를 거쳐 12세기 후반 구르(Ghur)조에 이르는 기간 적극적인 정복을 감행하여 인도 북부를 그들의 지배하에 넣었다. 특히 구르조의 장군 쿠스 알딘 아이박(Quth al-Din Aybak)은 인도의 델리(Dehli)에 독립하여 인도 최초의 이슬람 왕국인 노예왕조(奴隷王朝)를 열었다. 이로부터 1526년 무굴(Mughul) 제국이 성립할 때까지 수많은 이슬람 왕국이 인도 땅에 명멸하는데, 이 시대를 델리 술탄(Delhi-Sultan)조 시대라 총칭한다. 물론 인도의 이슬람화는 이슬람인의 해상활동을 통한 인도와의 교역의 결과라는 비군사적인 요인도 있었다.

인도에 침입한 이슬람교도는 무엇보다도 인도인에게 이슬람교 신앙을 강요하고 힌두교를 탄압했다. 그러나 델리 술탄조 시대에 다신교의 인도사회에 일신교를 강요하는 데는 무리가 있다는 것을 깨달아, 인도의 전통을 유지하도록 하고 다만 군림하는 현실정책을 폈다.

16세기 초 티무르의 멸망은 인도에 강력한 이슬람 왕조를 세우는 계기가 되었다. 1526년 티무르의 후손인 바부르(Babur)는 티무르 제국의 재건에 실패하고, 인도의 로드(Rhode) 왕조가 분열된 틈을 타 갠지스를 중심으로 하는 인도 북부를 통일하여 무굴 제국을 세우는 데 성공했다. 바부르를 이은 악바르(Akbar) 대제는 아프가니스탄을 포함하는 인도의 대부분을 통일하고 전국을 주(州)로 나누어 중앙에서 파견하는 관리가 직접 통치하도록 함으로써 인도의 봉건분권화를 막았다. 그는 조세를 공평히 하고 특히 힌

타지마할

두교도에 부과했던 차별적인 인두세의 폐지를 통해 이슬람 · 힌두 양교 간의 조화를 꾀하여 일단 성공을 거둔다. 그러나 종교분쟁은 곧 되살아났다. 특히 17세기 중엽에 즉위한 오랑제브(Aurangzeb)가 빈번한 외정을 감행하고 종교차별정책을 쓰자, 펀자브(Punjab) 지방의 시크교도는 물론 중부인도의 회교도 세력이 마라타(Marathas) 동맹을 구성하여 이에 대항했으므로 내부적 분열이 심화되었다. 또 서북 지방의 아프간인과 바다로부터 영국인의 침략 등 외적의 위협마저 증가해 결국 영국의 식민화가 서서히 진행되는 과정에서 망하게 된다(1858).

8세기 이슬람 세력이 인도에 침입하면서 이슬람 문화가 인도에 유입되고, 무굴 제국에 이르러서는 양자의 융합에 의한 독특한 문화형태인 인도 · 이슬람 문화가 꽃피었다. 이때 펀자브인 나다크(Nadak)는 이슬람 신비주의 신학의 영향을 받아 카스트 제도를 배격하고 인간의 평등성을 주장하니, 시크교(Sikhs)가 여기에서 비롯했다. 이슬람교도는 우상을 배격한 나머지 예술활동을 미술과 공예에 집중하여 웅장하고 예술적인 이슬람풍의 건축물이 많이 세워졌다. 타지마할(Taj Mahal)은 대표적인 인도 · 이슬람풍의 건축물이다. 또 그림에는 페르시아의 세밀화(細密畵)를 도입하여 인도 양식에 조화시킴으로써 특유의 라지푸트(Rajputs) 회화를 남겼다.

제9장 유럽 근대 문화의 탄생

제1절 르네상스

제2절 유럽 세계의 확대

제3절 종교개혁

유럽 세계에서는 14세기경부터 중세 봉건사회가 무너지기 시작하고 이와 함께 교회 중심의 중세 문화도 쇠퇴하게 되었다. 이러한 봉건사회와 중세 문화의 쇠퇴 속에서 새로운 근대 사회와 근대 문화가 싹트기 시작했는데, 그것은 르네상스, 유럽 세계의 확대, 종교개혁 등으로 나타났다.

르네상스는 이탈리아에서 비롯하여 점차 전 유럽으로 퍼져 갔다. 그것은 오랫동안 매몰되어 있었던 고대 그리스 · 로마 문화의 부흥을 발판으로 새로운 인간주의적 혹은 인문주의적 근대 문화의 창조를 지향하는 문화운동이었다. 유럽 세계의 확대는 시민계층의 경제적 요구, 새로운 국민국가의 해외로의 발전의욕, 그리고 새로운 시대의 과학과 기술의 발전을 계기로 하여 유럽의 힘이 신대륙과 아시아에 진출한 것이다. 한편 종교개혁은 중세 천 년 동안 유럽의 정신세계를 지배해 온 로마 교황의 권위를 부정하고 성경과 신앙의 우위성을 확립하려는 운동이었다. 그러나 그것은 봉건적 구속에서 해방되고자 했던 사회계층의 욕구, 나아가서는 교황의 지배에서 벗어나려는 사람들의 민족적 자각과 결부하여 하나의 세속적인 사회운동 · 민족운동으로까지 발전했다.

제1절 르네상스

1. 르네상스의 의미

르네상스(Renaissance)란 원래 '재생'을 뜻하는 말인데, 더 구체적인 역사적 용어로서는 14세기 무렵부터 16세기에 걸쳐 일어난 그리스 · 로마 고전문화의 부흥, 그리고 그에 따른 인간 중심주의적인 문화의 탄생을 의미해 왔다. 이런 뜻에서 르네상스 시대는 유럽 역사상 가장 빛나는 시대의 하나로 인정되어 왔으며, 중세에서 근대로의 전환이 일어난 것이 바로 이 시대라고 생각되어 왔다. 이러한 생각은 바로 르네상스 시대의 인문주의자들의 사상에서 출발해 그 후 계몽사상가들에 의해서 한층 더 발전 · 강화되었으며, 19세기에 이르러 부르크하르트(J. Burckhardt)의 명저 『이탈리아의 르네상스 문화』를 통해 널리 일반에게 받아들여지게 되었다.

그러나 오늘날 역사가들 사이에서는 이러한 전환이 일어난 확실한 시기와 그 변화의 기본성격에 관해서 이견이 많다. 가령 르네상스는 결코 14, 15세기에 갑자기 일어난 것이 아니라 긴 중세를 통해 서서히 일어났다고 주장하는 사람이 있는가 하면, 학자에 따라서는 르네상스와 중세와의 연속을 강조하면서 르네상스를 새로운 시대의 탄생이라기보다는 오히려 중세의 종말이라 보기도 한다.[1] 확실히 르네상스는 중세와 아무런 관련 없이 직접 고대와 연결된 것은 아니었다. 고전은 중세에 완전히 소멸된 것이 아니라 오히려 그리스도교 속에 흡수되어 중세 문화의 중요한 요소 가운데 하나가 되어 있었다. 또 르네상스를 통해 완전히 새로운 근대가 나타난 것도 아니었다. 14, 15세기 유럽의 종교적 · 사회적 · 경제적 · 정치적 변화의 양상 속에는 중세 성기 이래의 발전의 계속을 반영하는 여러 측면들이 있었으며, 사회의 기본구조 역시 적어도 외면상으로는 여전히 중세의 그것과 크게 달라진 것이 없었다.

이렇듯 14, 15세기에는 중세적 관계가 여전히 계속되고 있었던 것이 사실이지만, 한편 이 시대에 어떤 근본적인 변혁이 일어나고 있었다는 것 역시 의심할 여지가 없다. 그러한 변혁의 하나는 세속주의 정신의 대두인데, 현세의 사물을 신과의 관련 없이 그 자체로서 바라보는 이러한 현세주의는 처음에는 서서히, 그러나 15세기에는 한층 두드러지게 중세 유럽인들의 종교적 세계관을 이겨 내기 시작했다. 둘째로는 개인에 대한 관심과 자기 자신의 경험에 대한 강조가 나타났으며 이것은 인간의 자각과 인간의 환경, 즉 세계에 대한 새로운 인식을 가능하게 했다.

이와 더불어 그리스도교 세계라는 중세적 이념에 대한 충성심의 쇠퇴현상이 나타나, 사람들은 이제 교황과 황제 대신 세속적인 국가, 특히 국민국가의 군주에 대해 충성을 바치게 되었다. 이러한 새로운 세계관을 우리는 중세 유럽인들의 신 중심적인 태도와 대비해 인간 중심적인 태도라 부를 수 있을 것이다. 그렇다고 해서 15세기 유럽인들이 이제 구원, 즉 내세에서의 영생에 대해서 전혀 무관심하게 되었다는 것은 물론 아니다. 사람들은 여전히 그리스도교 신앙에 머물러 있었다. 그러나 종교에 대한 강조와 생활의 모든 영역에서의 종교의 절대적 지배력은 이제 덜 두드러지게 되었

1) 가령 해스킨즈(C. Haskins)는 12세기의 르네상스를 이야기하고 있고, 호이징하(J. Huizinga)는 『중세의 가을』이라는 책 속에서 르네상스를 근대의 시작이라기보다는 중세의 끝이라고 보고 있다.

고, 사람들은 점점 자연을 그 자체로서, 그리고 그것이 가져다주는 즐거움 때문에 존중하기 시작했다.

오늘날 역사가들 사이에서는 르네상스를 중세가 끝나고 근세가 시작된 급격한 변혁의 시대라기보다는 중세에서 근대로 넘어가는 점진적인 하나의 과도기로 보는 경향이 점차 늘어나고 있다. 즉, 르네상스는 중세라는 한 시대의 황혼기이자 근대라는 다른 또 하나의 시대의 여명기로서, 그 속에는 낡은 이념과 제도가 새로운 그것들과 공존하고 있었다는 것이다. 다만 시대가 지남에 따라 전자 대신 후자의 세력이 점점 강화되어 갔으며, 16세기가 끝나고 17세기에 이르자 유럽 사회의 모습은 13세기의 그것과 여러모로 사뭇 달라져 있었다는 것이다.

2. 이탈리아 르네상스의 배경

변화는 이탈리아에서부터 일어나기 시작했다. 본래 봉건체제의 발달이 미약했던 이탈리아에서는 13세기 이전에 벌써 봉건제도가 그 자취를 감추고 정치적으로 독립된 여러 도시국가 안에서 신흥 부르주아 계층이 주도권을 장악한 사회가 형성되고 있었다. 지리적으로 유리한 지점을 차지하고 있던 이탈리아 도시들은 십자군과 지중해무역을 통해 일찍부터 경제적 번영을 누려 왔는데, 그러한 번영은 15세기 말 상공업의 중심이 지중해에서 대서양으로 옮길 때까지 계속되었다. 이탈리아 도시의 상인들은 전례 없는 규모의 부를 축적하게 되었고, 이 부를 바탕으로 이탈리아 정치와 경제의 패권을 장악하게 되고 새로운 사회와 문화의 형성에서도 주도적 역할을 맡게 되었다.

그러나 상공업의 발달과 도시생활의 발전이 중앙집권적 국민국가의 형성을 촉진했던 북서부유럽과는 달리 이탈리아에서는 도시의 발전이 집권국가의 성립을 방해하는 방면으로 작용했다. 즉, 제각기 독립된 도시들은 그 주변지역을 통합해 작은 영역국가를 형성했다. 이리하여 여러 도시국가들의 분립상태가 나타났으며, 중세 말에는 그중 북부의 베네치아와 피렌체의 두 공화국과 밀라노 공국, 중부의 교황령, 그리고 남부의 나폴리 왕국 등 다섯 나라가 특히 강력하여 서로 힘을 겨루고 있었다.

도시국가들의 정치적 발전은 각 도시가 처한 상황에 따라 각기 달랐지만 대체적으로는 새로 일어난 부유한 상인들이 일부 재래의 귀족층과 융합하여 새로운 도시귀족층을 형성함으로써 정치적 지배권을 획득하는 방향으로 나아갔다. 그러나 이 과정에서 시민과 귀족 간이나 시민 각 계층 간에 대립이 일어나고 황제파, 교황파 등 당파 간의 싸움이 겹쳐 분쟁과 반란 등이 계속되었다. 거기에다 도시국가의 분립은 자연히 그들 도시국가 사이의 대립과 갈등을 낳게 되고 독일, 프랑스, 에스파냐 등 외세의 침입과 간섭을 불러들이게 되었다. 이러한 상황에서 거의 모든 도시국가에서는 공화제적 정치체제가 몰락하고 전제적 지배체제가 나타나게 되었다. 그중 가장 대표적인 경우가 밀라노 공국의 비스콘티(Visconti)가의 통치시대, 특히 장갈레아초(Giangaleazzo, 1351~1402)의 치세기간인데, 그는 자기의 모든 재능를 이용하고 권모술수의 수단을 다해 자신의 지위안전과 세력확대에 힘썼다. 그는 치밀한 행정기구를 마련해 국내의 지배권을 확고히 하고, 상공업을 보호 · 육성하여 세수를 늘리고, 교묘한 군사외교정책을 통해 국력을 신장하는 한편 밀라노 대성당을 건축하는 등 문예를 보호 · 장려해 인기획득에 힘썼다. 이러한 합리적 계산에 의해 통치되는 국가를 부르크하르트는 '기예(art)로서의 국가'라 했는데, 현실주의적인 정치이론가였던 마키아벨리(Machiavelli, 1469~1527)가 그의 『군주론(*Il Principe*)』에서 주장한 군주의 덕목[2] 또한 이러한 국가의 통치자에게 요청되는 자질이었다. 이탈리아 르네상스 문화의 발전은 바로 이와 같은 전제군주의 보호와 장려 아

2) 마키아벨리는 국가통치의 책임을 지고 있는 군주는 반드시 개인의 도덕규범에 구애받을 필요는 없으며, 그의 정치적 목적을 달성하기 위해서는 개인적 윤리에 어긋나는 수단과 방법도 널리 허용된다고 주장했다.

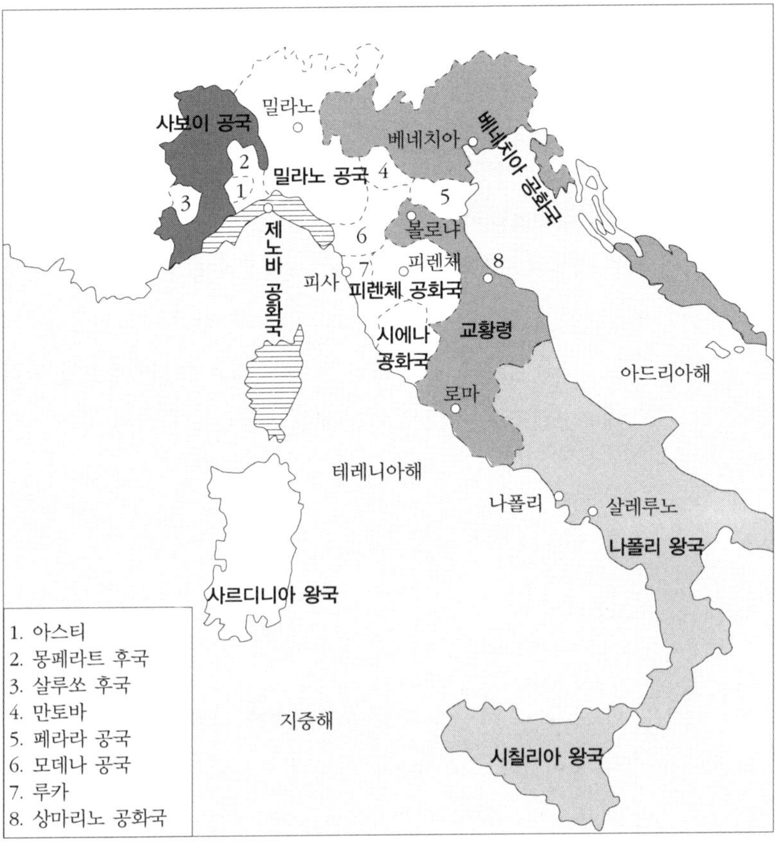

그림 9-1. 르네상스 시대의 이탈리아

래 이루어졌던 것이다.

이처럼 이탈리아의 르네상스는 도시의 신흥 부르주아 계층의 부를 바탕으로 성장했으며, 도시국가의 전제적 지배자의 후원 아래서 발전했다. 막대한 부를 획득한 부유한 상인들에게는 중세의 추상적 이념보다는 돈으로 살 수 있는 구체적 사물에 대한 관심이 더욱 컸으며, 출생신분보다는 부가 더욱 중요시되는 경향이 나타나게 되었다. 그렇다고 해서 그들이 모든 시민의 완전한 평등개념을 받아들인 것은 아니다. 오히려 그들은 재래의 귀족과 융합함으로써 스스로 새로운 귀족으로 등장했다. 그러나 이 새로운 귀족은 봉건기사로서의 출생신분에 의한 귀족이 아니라 부와 교양에 의한 귀족이었다. 도시국가의 정치적 지배권을 장악한 자들이 바로 이 같은 신흥 부르주아 귀족이었다. 그들은 피렌체나 베네치아에서처럼 스스로 정권을 잡기도 했으나 밀라노에서처럼 전제군주 아래서 궁정인이 되기도 했다. 카스틸리오네(Castiglione)가 쓴 『궁정인(*Courtier*)』이 바로 부와 교양을 갖춘 이러한 부르주아 귀족의 이상형을 그린 것이며, 이것은 곧 르네상스 시대의 이상적인 인간상인 만능인간(homo universale)의 전형이기도 했다. 이들에게는 전통적인 유대의 존중 대신에 새로운 세속정신이 널리 퍼지게 되었는데, 이 세속정신이야말로 르네상스의 근본 특징의 하나인 것이다.

3. 이탈리아에서의 인문주의

이와 같은 세속문화의 특징이 가장 두드러지게 나타난 것이 인문주의(Humanism)[3] 운동이었다. 이 시대에 사용된 인문주의 또는 인문주의자(Humanist)란 말은 원래 후마니타스(humanitas) 또는 스투디아 후마니타티스(studia humanitatis)란 말에서 연유했다. 그것은 중세 스콜라에서의 철학, 신학, 법학 등의 교과목에 대해 문법, 수사, 역사, 시, 윤리 등 모두 그리스 · 라틴의 고전작품의 연구에 입각한 일반 교양과목을 가리키는 말이었다.

따라서 인문주의란 바로 고전작품의 연구에 바탕을 둔 어학, 문학, 역사 등 이른바 인문교육의 강조를 의미했으며, 인문주의자란 바로 그리스와 라틴의 고전을 가르치고 연구하는 자들을 지칭했다. 이래서 이탈리아를 중심

3) 인문주의(Humanism)란 말은 여러 가지 의미로 사용되고 있다. 가령 그리스 · 로마 고전의 연구를 뜻하는가 하면 인간에 관심을 갖는 철학체계를 의미하기도 하고 때로는 인도주의라는 뜻으로 사용되기도 한다.

으로 하는 르네상스 시대 초기의 인문주의는 인간에 관심을 갖고 인간을 중시하는 하나의 철학체계라기보다는 인간의 교양교육, 즉 인문교육을 강조하는 하나의 교육운동이었던 것이다.

중세에도 그리스·로마의 고전이 완전히 사라진 것은 아니었다. 그러나 중세에 전해진 고전은 그리스도교를 위해 이용되고 그리스도교에 의해 제약받은 고전이었다. 따라서 그것은 참된 모습의 고전은 아니었다. 중세 말 봉건제도가 무너지고 교회세력이 약화되자 사람들은 그리스도교적인 중세 문화 이외의 다른 문화에도 눈을 돌리게 되었으며, 그러한 사람들의 눈에는 고전이 새로운 모습으로 나타났다. 그리하여 그리스도교에 의해 윤색되지 않은 참된 모습의 고전을 그 자체로서 바라보고 연구하는 새로운 태도가 시작되었는데, 이 새로운 태도를 발전시킨 것이 바로 이탈리아의 인문주의자들이었다.

불후의 명작 『신곡(Divina Commedia)』을 쓴 단테(Dante, 1265~1321)는 흔히 이러한 인문주의 운동의 선구자로 지칭되고 있다. 이 희곡을 쓰는데 토스카나 지방어를 사용했다든가, 자신의 이름을 후세에 남기려는 열망을 가지고 있었다든가, 그에게 여러 새로운 경향이 보였던 것은 사실이다. 그러나 그의 근본이념은 전통적인 가톨릭 신앙에 있었으며, 그는 새로운 시대의 개혁자라기보다는 오히려 중세적 전통의 종합자라 하는 것이 타당하다.

의식적으로 고전작가의 작품을 수집하고 그 연구에 열중한 최초의 인문주의자는 피렌체의 페트라르카(Petrarca, 1304~1374)였다. 그는 처음 법률학을 공부했으나 이내 문학 특히 고전문학에 심취하게 되었다. 그는 그리스·라틴 작가의 사본을 수집하기 위해 전 유럽을 편력했으며, 스스로 라틴어로 대서사시를 썼다. 그 자신은 이것을 걸작이라 생각했으나 오늘날 사람들에게는 오히려 이탈리아어로 쓴 서정시가 더 잘 알려져 있다. 이것은 그가 마음의 애인 라우라(Laura)에게 바친 아름다운 사랑의 노래로서 그 속에 담긴 근대적 감각으로 말미암아 그는 '최초의 근대인'이라고 일컬어지기도 한다.

페트라르카와 나이는 비슷하면서도 그의 제자였던 보카치오(Boccaccio, 1313~1375)도 고전문학에 대한 관심과 연구가 깊었다. 특히 그는 그리스 문학에 대해 큰 관심을 가지고 있어 그의 노력으로 피렌체 대학에 처음으로 그리스어 강좌가 개설되었다. 그러나 보카치오 역시 인문주의자로서의 그의 명성이나 공헌은 이탈리아어로 쓴 걸작 『데카메론(*Decameron*)』에 있었다. 흔히 최초의 근대 소설이라 일컬어지는 『데카메론』은 당시 크게 유행한 흑사병을 피해 모인 일단의 부유한 피렌체인 남녀들이 10일 동안 이야기한 설화를 모아 놓은 형식으로 되어 있다. 도적, 창부, 부랑자와 함께 수도사들을 주제로 한 이 이야기들은 완전히 세속적이며 매우 풍자적이었다. 그것은 당대의 해이한 성도덕이나 사회윤리를 반영한 것이었지만 그 가운데 신랄한 사회비판도 담겨 있었다. 이래서 『데카메론』은 그 이후의 이탈리아 문학은 물론 그 밖의 다른 지역의 문학에까지 커다란 영향을 미쳤고, 특히 초서(Chaucer)의 『캔터베리 이야기』에 대해서는 거의 직접적인 영향을 미쳤다.

이 두 사람으로부터 시작된 인문주의의 기풍은 이후 날로 융성해지고 고전작품의 수집열이 높아져 16세기 초 무렵까지에는 현재 우리가 알고 있는 대부분의 그리스 · 라틴 작가의 작품이 발견되었다. 특히 15세기 중엽 동로마 제국의 멸망으로 많은 그리스 학자가 이탈리아로 피난하게 되면서 라틴 작가에 대한 연구보다 뒤져 있던 그리스 고전에 대한 연구가 활기를 띠게 되었다. 이리하여 이제까지 알려져 있지 않았던 많은 그리스 원전을 직접 대할 수 있게 되어 아리스토텔레스 이외의 그리스 고전에 대한 관심과 연구가 활발해졌다. 그중에서도 특히 플라톤 철학에 대한 연구가 크게 일어나 피렌체에 플라톤 학원이 개설되었고, 마르실리오 피치노(Marsilio Ficino, 1433~1499)나 피코 델라 미란돌라(Pico della Mirandola, 1463~1494) 같은 인문주의자들이 이곳에서 플라톤 철학의 부흥과 전파에 주력했다.

그리스 철학에 대한 새로운 인식은 문학작품의 영역을 넘어 고전문화 전반에 대한 관심을 환기시키고 이에 관한 인식이 깊어짐에 따라 중세와는 다른 새로운 인간관과 자연관이 싹트게 되었다. 이래서 종교적이고 내세적이었던 중세와는 달리 현세를 즐기고, 있는 그대로의 자연의 아름다움에 도취하며, 풍부한 인간성과 개성을 마음껏 발전시키고 발휘하려는 욕망과 움직임이 활발해졌다. 인문주의는 이제 고전연구를 강조하는 교육운동에서 인간 중심적인 인생관과 세계관을 바탕으로 하는 하나의 철학사상이 되어 가고 있었다.

4. 이탈리아의 르네상스 미술

고전에 대한 인문주의적 열정과 르네상스의 세속주의적 관점은 미술 분야에서 특히 뚜렷이 나타났다. 그중에서도 그림과 조각 분야에서 큰 변화가 일어났다. 주로 교회건물을 장식한다는 부수적 일을 맡아 오던 중세의 화가나 조각가와는 달리 르네상스 미술가들은 그림과 조각을 독자적인 미술 분야로 독립시켰을 뿐만 아니라, 그들의 작품을 자신만의 독자적인 창작으로 내세우고 이를 자신의 성취로 인정받고자 원하게 되었다.[4] 한마디로 중세 길드의 직공(craft man)의 지위에서 벗어나 미술가(artist)로서의 대우를 받고자 원했으며, 또 실제로 받게 되었다.

중세에는 미술의 후원자가 주로 교회였다. 그런데 이제는 도시국가의 군주나 신흥 부르주아 귀족들이 교회 대신 미술가들의 패트론이 되었다. 이들은 공공건물이나 그들 자신의 호화로운 저택을 아름다운 그림이나 조각으로 장식하기 위해 재능이 뛰어난 미술가들을 불러들이고 그들을 후대했다. 이들의 후원 아래 미술가들은 자신의 개성과 능력을 마음껏 발휘할

4) 화가들이 자기의 작품에 사인하기 시작한 것이 바로 르네상스 시대부터이다. 미켈란젤로가 그의 조각작품에 자기 이름을 새겨 넣은 일에 관해서는 p. 276을 보라.

수 있었지만, 한편으로는 후원자들의 세속적 취향에 맞는 작품을 만들어 내기도 했다. 이래서 그림과 조각은 점차 종교적 테마에서 벗어나기 시작했다. 실상 그리스도와 성가족과 성자들의 생애는 여전히 미술가들이 즐겨 다룬 주된 테마였지만, 그들은 이제 그들의 후원자인 당대인들의 초상이나 그리스 · 로마 신화의 신들도 주제로 택하기 시작했다.

그러나 변화는 그들이 택한 주제보다 그들의 표현방식에서 더욱 뚜렷이 나타났다. 중세의 화가나 조각가들이 불필요한 세부를 없애 버린 상징적이며 추상적인 형식화를 통해서 보는 사람에게 종교적 정서를 불러일으키려 한 데 대해 르네상스 미술가들은 자연과 인간을 더욱 사실적으로 재현하려고 노력했다. 그들은 한결같이 있는 그대로의 인간의 모델을 정확하게 묘사하려 했다. 그러면서 한편으로는 여기에다 그들의 후원자인 군주나 부르주아 귀족들의 세속적 취향에 맞는 화려한 의복과 가구, 배경들을 곁들였다. 이 때문에 르네상스 미술가들은 같은 그리스도교적 테마를 택하면서도 그 표현에서 중세의 화가나 조각가와는 크게 달랐다. 가령 성모마리아를 그리는 데 그들은 그녀의 인간미를 더 강조하는 한편 가난한 목수의 아내를 부유한 부르주아 귀족부인의 화려한 차림으로 호사한 가구와 아름다운 배경 속에 그려 넣었다.

그렇지만 이러한 변화는 갑작스러운 변혁을 통한 것이 아니라 오랜 기간에 걸친 발전의 결과로 일어난 것이다. 이탈리아의 르네상스 미술은 전기인 1300년대(Trecento)와 초기인 1400년대(Quattrocento)를 거쳐 1500년대(Cinquecento)에 이르러 그 전성기를 맞이하게 되는데, 그동안에 많은 미술가들이 나와 새로운 표현방식과 새로운 기법을 발전시킴으로써 르네상스식이라는 새로운 미술의 스타일이 완성된 것이다.

그림에서의 조토(Giotto, 1266?~1337)와 조각에서의 피사노(Pisano) 부자는 흔히 문학에서의 단테에 비유된다. 그들의 그림과 조각은 아직도 중세 고딕 미술의 강한 영향 아래에 있었지만 그 속에는 자연과 인간의 육체의 아름다움에 대한 새로운 감각이 나타나 있었다. 이들 선구자들을 뒤이어 1400년대에는 그림에는 마사초(Masaccio, 1401~1428), 필리포 리피(Filippo Lippi, 1406~1469), 보티첼리(Botticelli, 1444~1510) 등이, 조각에 기베르티(Ghiberti, 1378~1455), 도나텔로(Donatello, 1386?~1466) 등이 나타나 원근법이나 인체에 관한 해부학적 지식을 이용해 더욱 사실적인 작품을 만들어 내고 섬세한 선이나 세련된 색채로 플라톤적 사랑과 미를 표현하려 했다.

이렇게 발전한 르네상스 미술은 1500년대의 초엽에 전성기를 맞았다. 이 미술의 황금시대를 대표하는 거장은 물론 레오나르도 다 빈치(Leonardo da Vinci, 1452~1519)와 라파엘로(Raffaello, 1483~1520), 미켈란젤로(Michelangelo, 1475~1564)의 세 사람이다. 다 빈치는 당대의 이상적인 인간형인 만능인의 좋은 보기였다. 그는 화가이자 시인이었고, 음악가이자 기계공학자, 해부학자, 생물학자, 발명가였다. 화가로서의 다 빈치는 광학과 인체해부학의 지식을 이용하고 원근법과 명암법을 적용하여 형체와 색채의 조화에 힘을 기울였다. 그의 작품 중 〈최후의 만찬〉은 그 독특한 구도와 인간심리의 묘사로 유명하고, 〈라 조콘다(La Gioconda)〉 속칭 〈모나리자(Mona Lisa)〉는 명암과 색채로 인간개성의 신비성을 표현한 것으로서 널리 알려져 있다.

라파엘로는 많은 르네상스 화가 중 가장 완벽한 화가였다. 그는 당대의 모든 화법을 습득하고 융합하여 르네상스식 회화를 완성했다. 그가 우아하고 매력적인 필치로 그린 많은 〈마돈나(Madonna)상〉은 당대의 이상적인 여성상을 나타내고 있으며, 바티칸궁의 벽에 그린 〈아테네 학원〉은 그 웅대한 규모와 빈틈없는 구도, 정확한 묘사와 전아한 색채를 통해 조화의 극치를 보여 준다.

그러나 르네상스 미술의 특징을 상징하는 최고의 거장으로서는 역시 미켈란젤로를 꼽아야 할 것이다. 다 빈치와 마찬가지로 만능인이었던 그는 탁월한 공학도, 과학자, 시인임과 동시에 당대 제일의 화가이자 조각가, 건축가였다. 그의 미술작품은 성기 르네상스의 극단적 개인주의와 자아의식

시스티나 예배당의 천정화와 벽화
미켈란젤로의 그림

의 표현이었다. 그는 그의 조각인 〈피에타(Pieta)〉가 타인의 작으로 오인되었다는 말을 듣자 성모상의 어깨띠에 자신의 이름을 새겨 넣었다. 그림으로서는 시스티나 예배당(Capella Sistina)의 천정과 벽을 장식한 대벽화가 그의 위대한 천재성을 여실히 보여 주고 있다. 〈천지창조〉에서 〈최후의 심판〉에 이르기까지의 구약의 내용을 웅장한 구도와 웅건한 필치로 담은 이 회화의 대서사시 속에서 그는 억센 인간들의 갖가지 모습을 적나라하게 나타내고 있을 뿐 아니라 여러 가지 모습으로 나타나는 신의 이미지까지도 대담하게 그려내고 있는 것이다. 그러나 미켈란젤로의 참다운 재능은 역시 조각에 있었다. 그는 피렌체와 로마에서 수많은 조각작품을 만들어 냈는데, 그중에서도 〈다비드(David)〉상은 남성적인 육체의 아름다움을 완벽하게 표현한 르네상스 미술의 최고 걸작품의 하나다. 건축에서도 미켈란젤로는 르네상스 시대 제일의 거장이었다. 그는 브라만테(Bramante, 1444~1514)에 이어 로마의 성 베드로 대성당을 설계했는데, 십자형 평면의 건물 위에 웅장한 돔을 얹고 그리스·로마풍의 열주를 배열한 이 호화스런 교회는 당시의 세속화된 교황들의 후원에 의해 이룩된 르네상스 건축의 대표적 건물이다.

이처럼 성기 르네상스의 세 거장들은 제각기 독특한 방식으로 르네상스 미술을 완성해 각각 그 특색이 달랐으나, 그런 가운데서도 한 가지 공통적인 특징을 가지고 있었다. 그것은 이들이 모두 초기 르네상스 시대의 단순한 사실주의를 넘어서서 고전적 완전성을 갖춘 이상적 형태를 창조하려고 노력했다는 점이다. 그들은 이 세상의 아름다움과 인간의 힘과 권위를 이상화했는데, 이것은 미술에서의 세속정신의 궁극적인 승리를 의미하는 것이었다.

피렌체와 로마를 뒤이어 1500년대 중엽에는 베네치아가 르네상스 미술의 중심지가 되었다. 이곳에서는 이 도시의 부와 사치의 풍조에 알맞은 찬란한 색채와 관능적인 미가 두드러진 화풍이 발전했다. 조르조네(Giorgione, 1477~1510), 티치아노(Tiziano, 1488?~1576), 베로네세(Veronese, 1528~1588), 틴토레토(Tintoretto, 1518~1594) 등이 이 베네치아파 화가들을 대표한다.

5. 북유럽의 르네상스

이탈리아에서 시작된 르네상스는 알프스를 넘어 유럽 전역에 퍼져 나갔다. 14, 15세기에 이탈리아에서 일어난 사회·경제적 변화가 이탈리아 르네상스 문화에 큰 영향을 미쳤듯이 15, 16세기에 북유럽에서 일어난 유사한 사회·경제적 변화는 북유럽의 문화에 비슷한 영향을 미쳤다. 그러나 이탈리아의 르네상스가 심미적이며 문예지향적인 데 비해 북유럽의 르네상스는 사회비판적이며 종교지향적인 경향을 띠었다. 그것은 북유럽에서

구텐베르크

구텐베르크 성서의 한 면

는 이탈리아에서보다 봉건체제의 뿌리가 깊이 박힌 데다 로마 가톨릭 교회의 세력이 강하고 스콜라 철학의 힘도 그만큼 확고하여 신흥 부르주아 세력의 발전을 막았기 때문이라고 생각된다. 이리하여 북유럽의 인문주의자들의 관심은 주로 성경이나 초기 그리스도교의 문헌에 쏠려 이들을 그 원전에 따라 연구하려는 경향이 눈에 띄었다. 이탈리아의 인문주의자들이 그리스 · 로마의 고전으로 돌아가려고 한 데 대해 북방의 인문주의자들은 원시 그리스도교의 고전으로 돌아가려 했다.

비그리스도교적인 것과 그리스도교적인 것을 막론하고 이러한 고전연구의 급속한 발전은 새로운 인쇄물의 보급에 의해서 크게 촉진되었다. 새로운 인쇄술, 즉 활판인쇄술은 15세기 중엽 독일의 인쇄업자 구텐베르크(Johan Gutenberg)에 의해서 활용되었는데, 그는 주조활자(movable types)를 사용함으로써 인쇄기술을 크게 발전시켰다. 활판인쇄술은 곧 유럽 각지에 전파되어 1500년경까지엔 베네치아의 알두스(Aldus)나 바젤의 프로벤(Froben) 등 많은 출판사가 설립되어 서적의 염가 대량출판이 가능하게 되었다. 이로써 이제까지는 주로 성직자나 스콜라 학자 등 일부 소수에게 독점되어 왔던 지식이 더욱 넓은 사회 계층에까지 확대되었을 뿐 아니라 수사(手寫)로 말미암은 오자나 부정확성에서 벗어나 더 정확한 지식을 얻을 수 있게 되었다.

성경이나 초기 교부들의 철학을 원전을 통해서 연구하려 한 북방 인문주의자들이 그리스어나 헤브라이어의 공부에 주력한 것은 당연한 일이다. 로이힐린(Reuchlin, 1455~1522)은 독일 인문주의의 대표자로서 구약성경의 해석에 도움을 줄 헤브라이어 연구에 일생을 바쳤으며, 프랑스의 르페브르 데타플(Lefèvre d'Étaples)은 그리스 원전에 의한 신약성경의 연구에 주력해 이에 대한 새로운 해석을 내리기도 했다. 이처럼 그리스어나 헤브라이어 원전에 의한 성경 연구를 통해서 원시 그리스도교로 돌아가려는 인문주의 운동이 곧 그리스도교적 인문주의(Christian Humanism)였다.

네덜란드 출신의 에라스무스(Desiderius Erasmus, 1466?~1536)는 그리스도교적 인문주의자의 대표일 뿐만 아니라 이 시대 전 유럽 지식인의 대표였다. 그는 초기 그리스도교의 단순성과 소박함으로 돌아갈 것을 바랐으며, 그것은 성경의 본래의 뜻을 올바르게 이해함으로써 가능하다고 믿었다. 그는 종전의 라틴어역인 『불가타성경(*The Vulgate*)』에는 그릇된 점이 있다고 생각하여 그리스어로 된 신약의 원전을 간행하고 주석을 붙였다. 그러나 '인문주의자의 왕자'로서의 에라스무스의 명성은 역시 풍자적인 소책자 『우신예찬(*Encomium Moriae*)』에서 연유한다. 그는 '우신(愚神)'의 입을 통해서 당시의 사회, 특히 교회를 신랄하게 풍자하고 비판했다. 그렇지만 에라스무스의 목표는 이러한 사회와 교회의 완전한 전복이 아니라 그 점진적인 개혁이었다. 그가 처음에는 마르틴 루터(Martin Luther)에게 동조적이었지만 결국 그의 반항적 종교개혁운동에 가담하지 않고 나중에는 오히려 그와 대립하게 된 것도 인문주의자로서의 이러한 온건성 때문이라고 생각된다.

한편 영국의 인문주의 운동을 대표하는 사람은 토머스 모어(Thomas More, 1477~1535)였다. 그의 명저 『유토피아(*Utopia*)』는 그가 상상한 이상적인 나라를 그린 것인데, 그 속에는 당대 영국 사회에 대한 비판과 함께 부를 공유하고 모든 사람들이 공동선을 위해 일하는 이른바 공상적 사회주의 이념이 담겨 있었다. 그것은 한 마디로 정치 · 사회 분야에 적용된 그리스도교적 인문주의의 소산이었다.

그리스도교적 인문주의와 더불어 북방 르네상스의 또 다른 특징은 국민문학의 발달이었는데, 특히 프랑스, 영국, 에스파냐 등 국민국가의 통일을 일찍 성취한 나라에서 눈에 띄게 나타났다. 프랑스에서는 라블레(Rabelais, 1494~1553)가 『가르강튀아와 팡타그뤼엘 이야기(*La vie de Gargantua et de Pantagruel*)』를 통해서 풍자적으로 사회를 비판함과 동시에 자유분방한 인간정신을 고취했고, 몽테뉴(Montaigne, 1533~1592)는 『수상록(*Les Essais*)』에서 인간성에 관한 깊은 통찰을 보여 주었다.

영국에서는 초서의 『캔터베리 이야기』에서 비롯된 근대 국민문학의 싹이 셰익스피어(Shakespeare, 1564~1616) 때에 이르러 꽃피게 되어 『햄릿(*Hamlet*)』, 『오셀로(*Othello*)』, 『맥베스(*Macbeth*)』를 비롯한 수많은 희곡의 걸작들이 쏟아져 나왔다. 한편 에스파냐에서도 이 무렵에 세르반테스(Cervantes, 1547~1616)가 『돈키호테(*Don Quixote*)』를 통해 중세의 기사도를 풍자했다.

근대 자연과학의 혁명적인 발전을 가져온 탐구의 방법이나 관점의 변화가 제시된 것도 북유럽에서였다. 영국의 프랜시스 베이컨(Francis Bacon, 1561~1626)은 진리탐구를 위한 더 확실한 방법으로서 귀납법을 강조했으며, 폴란드 출신의 코페르니쿠스(Copernicus, 1473~1543)는 중세 사람들이 믿어 왔던 천동설 대신 지동설을 부활시켜 근대 과학의 혁명적 발전에 그 기반을 제공했다. 이러한 코페르니쿠스의 견해는 그 후 덴마크의 티코 브라헤(Tycho Brahe, 1546~1601), 독일의 케플러(Kepler, 1571~1630), 이탈리아의 갈릴레이(Galilei, 1564~1642) 등의 관찰과 실험에 의해 실증되어 갔다.

북유럽의 르네상스 미술은 이탈리아에서처럼 찬란하지는 못했으나 그런대로 독특한 특징을 보이면서 성장했다. 그중 네덜란드의 반 에이크(van Eyck) 형제는 유화의 기법을 개발한 것으로 유명하고, 브뢰겔(Brueghel, 1525~1569)은 가난한 서민들의 생활상을 여실히 묘사해 독특한 경지에 이르렀다. 독일에서는 뒤러(Dürer, 1471~1528)와 홀바인(Holbein,

추수 농민 브뢰겔이라 불린 피터 브뢰겔의 그림

1497~1543)이 이름 높은데, 전자는 스케치, 목판화, 동판화 등을 그렸으나 특히 사실적인 초상화에 능했으며, 후자 또한 훌륭한 초상화를 많이 그렸다. 에스파냐에서도 벨라스케스(Velázquez, 1599~1660), 엘 그레코(El Greco, 1541?~1614) 등이 나타났다. 특히 엘 그레코는 본시 그리스인으로서 에스파냐에 정착한 화가였는데, 경건한 종교적 감정을 표현한 종교화를 많이 그렸다.

제2절 유럽 세계의 확대

1. 신항로 개척의 동기와 배경

15세기 초엽만 하더라도 서유럽은 세계의 다른 위대한 문명들로부터 고립되어 있었다. 서유럽인들은 페르시아, 인도, 중국과의 직접적인 접촉이 없었으며, 아메리카 대륙의 아스텍(Aztec)이나 잉카(Inca) 문명에 관해서는 그 존재조차 알지 못하고 있었다.

그들이 주로 접촉한 비그리스도교 문명은 이슬람 문명이었으며, 유럽이 향료와 비단 등 동양의 물품을 구득한 것도 이슬람 상인들의 중개를 통해서였다. 그러나 그 후 150년이 채 지나기 전에 유럽인들은 아스텍과 잉카 문명을 파괴해 아메리카 대륙에 식민지를 건설하는가 하면 동양의 여러 나라들과 유리한 교역관계를 수립해 아시아 무역의 주도권을 장악하는 등 세계의 다른 지역에 대해 정치적 지배권과 경제적 · 문화적 우월권을 차지하게 될 터전을 마련했다.

이러한 유럽 세계의 확대는 인도에 이르는 신항로의 개척, 아메리카 대륙의 탐험, 세계의 주항(周航) 등으로 시작되었다. 이것은 부르크하르트가 지적한바 인간과 세계를 재발견한 르네상스 정신의 발로라 할 수 있는데, 미지의 세계를 찾아 나선 이 진취적이며 탐구적인 개척정신이야말로 근대 400년의 세계사에서 유럽인들이 주도권을 장악하게 된 가장 근원적인 원동력이었다.

신항로의 개척과 신대륙의 탐험은 모두 한 가지 목적을 추구하는 과정에서 이루어졌다. 그것은 동양에 이르는 새로운 항로를 찾아내려는 것이었다. 그러한 기도는 포르투갈에서 처음 시작되고 에스파냐가 뒤를 따랐으며, 그 후 네덜란드, 영국, 프랑스 등도 이 탐험활동에 가담했다. 15세기에 이르러 이러한 신항로 개척활동의 물결이 이들 대서양연안의 나라들, 특히 이베리아 반도의 나라들에서 먼저 일어나게 된 동기와 배경은 어디에 있었을까?

우선 들 수 있는 것은 종교적 동기다. 15세기까지도 미개지에 대한 그리스도교의 전도와 이교도에 대한 십자군운동은 끊임없이 계속되었다. 특히 이베리아 반도에서는 이슬람 세력을 구축하는 재정복운동을 통해서 포르투갈과 에스파냐의 두 국민국가가 성장했다. 한편 15세기 중엽을 전후한 이슬람 세력의 진출, 특히 오스만투르크족에 의한 콘스탄티노플의 함락은 서유럽에서의 그리스도교 전도열을 더욱 부채질하여 이것이 선교를 위한 새로운 지역과 항로의 개척을 추구하는 데 하나의 계기를 마련한 것이다. 가령 이 무렵에 널리 퍼져 있던 한 전설에 의하면 오리엔트 너머 동쪽이나 아프리카 내부의 어느 곳엔가 프레스터 존(Prester John)이 세운 그리스도교 왕국이 존재한다는 것인데, 유럽의 그리스도교도들은 그와 동맹하여 이슬람교도들을 양쪽에서 협공할 수 있으리라 생각하고 이 나라에 이르는 길을 찾으려 했던 것이다.

유럽인의 동양에 대한 호기심은 신항로의 개척을 가져온 또 하나의 동기였다. 동서의 접촉은 이미 알렉산드로스 대왕 시대부터 시작해 이후 로마 시대에는 중국에 사절을 파견한 적도 있었으나, 중세 말까지도 동양은 유럽인에게 여전히 미지의 세계요 신비의 나라로 생각되고 있었다. 13세기에 몽골인이 유럽에 침입한 이후 동서 간의 교류는 갑자기 활발해져 유럽인의 동양여행이 잦아졌다. 그중에는 베네치아의 마르코 폴로(Marco Polo, 1254~1324)처럼 오랫동안 몽골의 수도에 머물다가 돌아와 『동방견문록』을 출판한 사람도 나타나 동양에 대한 지식이 그만큼 넓어진 것은 사실이다. 그러나 그의 견문록 속에는 왕궁의 지붕이 황금으로 덮여 있다든가 방바닥이 온통 황금으로 깔려 있다는 황금의 나라에 관한 이야기처럼 과장이 심한 진기한 이야기가 많아 이것이 유럽인들의 동양에 대한 호기심을 더욱 북돋아 주고 그들로 하여금 일확천금의 꿈을 실현하기 위해 동양에 이르는 새로운 항로개척에 나서게 했을 것이다.

그러나 신항로의 개척을 가져온 더욱 중요한 현실적 동기는 역시 경제면에 있었다. 그것은 후추를 비롯한 향료, 비단, 면, 금은보석 등 동양의 물산을 아라비아 상인이나 이탈리아 상인의 손을 거치지 않고 직접 구득하려는 것이었다. 그렇지만 15세기 중엽 오스만투르크족의 진출로 오리엔트 지역을 통한 이제까지의 동서무역의 길이 막혔기 때문에 유럽인들이 동양에 이르는 새로운 항로를 찾아 나서게 되었다는 종래 흔히 주장되어 온 견해는 오늘날 별로 받아들여지고 있지 않다. 왜냐하면 새로운 항로의 탐험은 오스만투르크족의 진출이 있기 이전에 이미 포르투갈인들에 의해 시작되었기 때문이다. 실상 투르크족의 진출에도 불구하고 종전의 무역로는 유럽인들에게 계속 열려 있었다. 다만 그것은 주로 이탈리아 상인들의 수중에 독점되어 있었으며, 따라서 거기에서 얻은 막대한 이득도 대부분 그들에게 돌아갔다. 동서무역 루트의 서쪽 끝을 맡고 있던 독일과 프랑스 상인이나 네덜란드와 영국 상인들에게도 약간의 이득은 돌아갈 수 있었다. 이러한 무역의 이득에서 완전히 소외된 것은 주요 무역로에서 벗어나 있던 이베리아 반도의 두 나라 포르투갈과 에스파냐였다. 게다가 이 두 나라는 산지가 많고 강이 메말라 유럽의 다른 나라들에 비해 자연의 혜택도 별로 받지 못하고 있었다. 이처럼 어려운 상황 아래서 이슬람교도들과의 싸움을 통해 국민국가의 통일을 성취한 두 나라는 그에 필요한 재정을 확보하기 위해서도 스스로 동방무역에 참여하기를 바랐는데, 그 길이 막혀 있던 이 두 나라로서는 스스로 동양에 이르는 새로운 항로를 개척해야만 했다. 신항로의 개척은 경제적으로 유리한 조건하에 있던 가진 나라 사람들에 의해서보다는 불리한 조건하에 있던 갖지 못한 나라 사람들에 의해서 먼저 추진되었던 것이다.

신항로의 개척이 이루어지기 위해서는 이와 같은 동기나 의욕만이 아니라 그것을 가능하게 하는 조건들이 또한 마련되어 있어야만 했다. 항해에 관한 지식과 기술이 그만큼 발전되어 있어야 했고, 또 그에 따르는 위험과 비용을 부담할 만한 후원이 있어야 했다. 이 부분에서 항해술의 발전에 크게 기여한 것으로 우선 나침반의 이용이 있었다. 육지가 보이지 않는 대양

항해에서 이 조그만 기구의 역할은 엄청난 것으로서 그것은 대양상에서의 배의 위치와 항진방향을 결정하는 데 크게 이바지했다. 나침반과 더불어 탐험가들의 항해에 큰 도움을 준 것은 해도였다. 피렌체의 천문학자 토스카넬리(Toscanelli, 1397~1482)는 대지의 구형설에 입각한 해도를 작성했고, 이를 바탕으로 독일의 베하임(Behaim, 1430~1506)은 지구의를 만들었다. 콜럼버스(Columbus)가 대서양을 서쪽으로 나아가면 쉽게 인도에 도달할 수 있다고 믿은 것도 이들의 지리학적 지식을 통해서였다.

나침반과 해도와 함께 조선술의 발달이 또한 크게 공헌했다. 마스트와 돛의 수가 늘어나고, 밑이 깊고 폭이 좁은 더욱 거대하고 굳건한 배가 건조됨으로써 대양항해가 더 용이하게 되었다. 그뿐만 아니라 이러한 배는 대포를 장비할 수 있게 되어 해전술에서도 일대 혁신을 가져왔다. 그것은 적선에 뛰어들어 육박전을 통해 승패를 가르던 종전의 해전과는 달리 이제는 함포사격으로 적선을 분쇄할 수 있게 되었기 때문이다. 당시 선박의 규모나 항해술에서 결코 유럽인들에게 뒤지지 않았던 중국인들의 대양항해선박도 이 무장 면에서는 그들에게 뒤떨어져 있었다. 이러한 우월한 무장력은 인도양에서의 유럽 상선들의 지배권 장악에 결정적 역할을 했다.

선박의 무장은 교역상의 적대세력, 특히 이슬람 선박들과 대결하는 데에만 필요한 것이 아니라 당시 발호하던 해적과의 싸움을 위해서도 필요했다. 새로운 항로의 개척에는 강력한 군사력의 후원이 있어야 했으나 또 한편으로는 막대한 자금이 필요하기도 했다. 이러한 군사력이나 자금은 몇몇 개인의 힘으로 마련될 수 있는 것이 아니었다. 그것은 강력한 정치권력을 가진 지배자에 의해서만 제공될 수 있었다. 신항로의 개척이 강력한 왕권 아래 국민국가의 통일을 성취한 포르투갈과 에스파냐의 두 나라의 적극적인 후원 아래 추진되고 성취된 까닭이 여기에 있었다.

2. 신항로 개척의 경과

새로운 인도 항로의 개척을 위한 준비작업은 포르투갈 왕자 엔리케(Henrique, 1394~1460)의 적극적인 후원 아래 진행되었다. '항해왕자'란 별명으로 불린 엔리케는 선원의 양성, 해도의 작성, 선박의 건조 등에 주력했으며, 15세기 초에 벌써 아프리카 서해안을 남하하여 인도에 이르는 항로를 찾을 탐험대를 조직했다.

이런 조직적인 노력이 꾸준히 계속된 끝에 1486년에 디아스(Bartholomeu Diaz, 1450?~1500)가 아프리카 대륙의 남단에 도달함으로써 인도에 이르는 새로운 항로의 발견에 획기적인 공헌을 했다. 그 뒤를 이어 바스코 다 가마(Vasco da Gama, 1469~1524)는 희망봉(Cape of Good Hope)이라 불린 아프리카 남단을 돌아 1498년에 인도 서해안의 캘리컷(Calicut)에 도달함으로써 새로운 인도 항로의 개척에 성공했다.

이후 포르투갈인들은 계속 인도로 항해해 이슬람교도들에게서 인도양 일대의 해상권을 빼앗고 고아(Goa), 말라카, 호르무즈(Hormuz) 등에 요새와 상관을 설치했다. 그들은 이어 향료의 생산지인 몰루카 제도(Moluccas)에 침투하고 다시 중국의 광둥(廣東)에 도달하더니, 16세기 중엽에는 마카오에 영구적인 거주지를 확보했다. 이리하여 포르투갈인들은 마카오에서 리스본에 이르는 무역로의 요소요소에 그들의 무역거점을 확보함으로써 동방무역의 실권을 장악했다.

한편 포르투갈인이 인도 항로를 개척하기보다 약간 앞서 이탈리아인 콜럼버스(1446?~1506)는 에스파냐 여왕 이사벨라(Isabella)의 후원 아래 대서양을 서쪽으로 항해해 인도에 이르는 길을 찾아 나섰다. 그는 토스카넬리가 만든 해도에 따르면 대서양을 서쪽으로 항해하는 것이 아프리카 대륙을 돌아가는 것보다 더 빨리 인도에 도달할 수 있는 길이라고 계산했다. 1492년 8월에 카디스(Cadiz) 근처의 작은 항구 팔로스(Palos)를 출항한 그는 10월에 서인도 제도의 조그마한 섬인 산 살바도르(San Salvador)에 도달했는데, 그는 이것을 인도의 어느 섬이라 믿었다. 그 후에도 콜럼버스는 여러 차례 신대륙을 왕래했으나 죽을 때까지 그곳을 아시아의 땅이라 믿었다. 이것이 대륙이라는 사실은 그 뒤 이 지역을 탐험한 아메리고 베스푸치(Amerigo Vespucci, 1454~1512)에 의해 밝혀지게 되었고, 이 대륙은 그의 이름을 따라 아메리카 대륙으로 불리게 되었다.

이 대륙이 아시아가 아니라는 사실이 밝혀지자 에스파냐의 탐험가들은 이 대륙의 북쪽 또는 남쪽을 돌아서 인도에 이르는 항로를 계속 찾아 나섰으며, 그 항로는 마침내 마젤란(Ferdinand Magellan, 1480?~1521)에 의해 발견되었다. 본시 포르투갈인이었던 그는 에스파냐의 지원 아래 다섯 척의 선대로 1519년 세비야(Sevilla)항을 출발하여 1520년 남아메리카 남단에 도달했다. 그는 후에 그의 이름을 따라 마젤란 해협이라 불리게 된 위험한 수로를 어렵사리 통과해 잔잔한 대양, 즉 태평양으로 나아갔다. 이 넓은 대양을 항해하는 도중 그의 일행은 식량과 음료수의 부족, 갖가지 질병 등으로 격심한 고난을 겪은 끝에 이듬해에 드디어 필리핀 제도에 도착했다. 마젤란 자신은 이곳에서 토착민에게 살해되고 말았으나 남은 일행은 이미 알려져 있던 항로를 따라 항해를 계속해 1522년에 마침내 세비야항으로 돌아왔다. 다섯 척의 배 중 돌아온 단 한 척의 배 빅토리아호에는 선원 18명만이 남아 있었다. 지구의 구형설을 실증한 인류 역사상 최초의 세계일주항해는 이렇게 성취되었다.

한편 인도가 아니라는 점이 밝혀진 신대륙은 한때 에스파냐 탐험가들을 실망시켰으나, 그것은 유럽 탐험가들의 모험심과 정복욕을 불러일으킬 뜻밖의 유혹을 가지고 있었다. 그것은 멕시코 내부에 황금으로 가득 찬 대제국이 있다는 소문이었다. 1519년 에스파냐의 하급관리 코르테스(Hernando Cortés, 1485~1547)는 이 제국을 찾아 나섰다. 그는 수백 명의 병력을 이끌고 원정에 착수하여 쉽게 무방비의 아스텍 제국을 정복하고 많은 재물과 보화를 약탈했다. 코르테스의 선례는 피사로(Francisco Pizarro, 1475?~1541)에 의해 답습되었다. 한 모험군인의 서자였던 그는

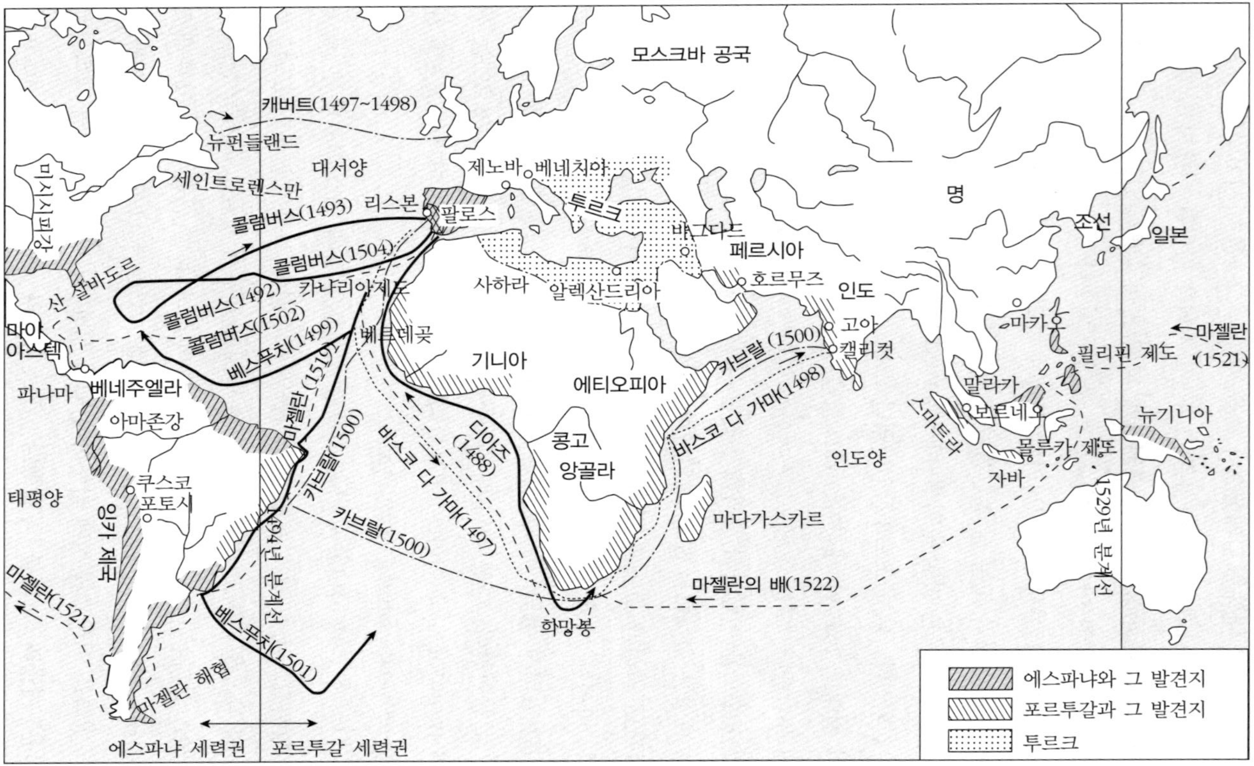
모스크바 공국
캐버트(1497~1498)
뉴펀들랜드
대서양
세인트로렌스만
미시시피강
콜럼버스(1493)
리스본
팔로스
제노바
베네치아
투르크
바그다드
페르시아
호르무즈
인도
고아
캘리컷
명
조선
일본
콜럼버스(1504)
콜럼버스(1492)
카나리아제도
산 살바도르
콜럼버스(1502)
베스푸치(1499)
마야
아스텍
파나마
베네주엘라
아마존강
베르데곶
사하라
알렉산드리아
기니아
에티오피아
콩고
앙골라
마다가스카르
희망봉
디아즈
(1488)
바스코 다 가마(1497)
바스코 다 가마(1498)
카브랄 (1500)
카브랄(1500)
마젤란(1519)
1494년 분계선
베스푸치(1501)
쿠스코
포토시
태평양
잉카 제국
마젤란(1521)
마젤란 해협
마젤란의 배(1522)
인도양
마카오
필리핀 제도
마젤란
(1521)
말라카
보르네오
스마트라
몰루카 제도
자바
뉴기니아
1529년 분계선
에스파냐 세력권
포르투갈 세력권
에스파냐와 그 발견지
포르투갈과 그 발견지
투르크

그림 9-2. 신항로의 개척

역시 소수의 병력으로 잉카 제국을 정복하고(1533) 많은 금은보화를 탈취했다. 이 에스파냐 정복자들(Conquistadores)은 미국 남부에서 중남미 일대에 걸치는 넓은 지역에 에스파냐의 식민제국을 건설했다. 이곳에서 그들은 아메리카 원주민이나 아프리카에서 약취해 온 흑인 노예들을 이용해 금은채굴이나 사탕, 담배의 재배농업(plantation)에 주력했다. 16세기 유럽의 역사에서 에스파냐가 주도권을 장악하게 된 경제적 배경이 바로 이 식민제국에서 들어오는 재원에 있었다.

그러나 16세기 후반 무렵부터 네덜란드, 영국, 프랑스 등이 또한 해외로의 진출을 꾀하게 되자 원래 국내산업의 확고한 기반을 갖지 못한 포르투갈의 동양무역이나 노예들의 강제노동에 입각하고 있던 에스파냐 식민제국의 약탈적 산업은 한계점에 도달했다. 그래서 동양에서는 포르투갈 대신에 네덜란드가, 그리고 아메리카 대륙에서는 에스파냐 대신에 영국과 프랑스가 점차 우월한 지위를 차지하게 되었다.

3. 신항로 개척의 결과

신항로의 개척이 유럽 사회에 미친 영향은 매우 컸다. 우선 새로운 인도항로의 개척으로 유럽인들이 전부터 잘 알고 있던 동양의 물산이 값싸게 대량으로 들어오게 되었을 뿐 아니라 면, 차를 비롯해 새로운 산물이 전해졌다. 한편 신대륙에서 감자, 담배, 코코아, 설탕, 커피 등이 대량으로 들어와 유럽인들의 일상생활에 큰 변화를 가져오게 했다. 특히 신대륙에서 금은이 대량으로 들어오게 되자 화폐량이 늘어나고, 그것은 유럽의 물가를 크게 앙등시켜 이른바 가격혁명(Price Revolution)을 야기했다. 물가의 앙등은 임금노동자에게 큰 타격을 줌과 동시에 고정된 화폐지대를 받는 토지소유자층에도 심각한 영향을 미쳤으나 상공업자층에게는 오히려 유리하게 작용했다.

신항로의 개척에 따른 새로운 시장의 개발은 상공업의 비약적인 발전을 가져온 또 하나의 요인이었다. 새로운 항로와 시장의 개발로 세계무역의 중심은 지중해에서 대서양과 인도양으로 이동하게 되고 유럽 경제의 중심도 이탈리아 도시들로부터 대서양 연안의 국민국가들로 옮겨 갔다. 이들 국민국가들에 의해 개척된 넓은 해외시장은 값싼 원료의 공급지임과 동시에 상품의 대량판매시장이었다. 그 결과 공업이 크게 발달하고 자본주의가 본격적으로 발전하기 시작해 주식회사와 같은 근대적인 기업형태가 성장하고 새로운 금융제도도 발달했다. 이리하여 16세기 전반에 걸친 유럽의 상업은 교역상품의 다양화, 교역량의 급증, 시장의 확대, 이윤과 자본축적의 증대 등 여러 면에서 혁명적인 발전을 이룩했다. 이른바 '상업혁명(Commercial Revolution)'이 일어난 것이다.

그러나 신항로의 개척이 지니는 더욱 중요한 의미는 그것이 전 세계에 미친 막대한 영향에 있다. 그것은 이제까지 비교적 접촉이 적었던 동양과 서양의 두 문명권 사이의 접촉을 더욱 활발하게 하고 지구상의 모든 지역과 문명사회가 서로 밀접한 관련을 맺게 함으로써 이후 온 세계는 하나의 역사를 전개하게 되어 비로소 세계사가 성립하기에 이르렀다. 그러나 이렇게 성립된 세계사는 유럽인들의 주도권 아래 전개된 세계사였다. 그것은 유럽 세력의 세계로의 확대를 통해서 이루어진 역사였다. 근대 400년의 세계사는 유럽의 사상, 학문, 기술, 종교 등이 압도적인 세력으로 전 세계에 확산해 간 역사라 할 수 있다. 신항로의 개척은 이러한 유럽 세계의 확대의 시발점이었으며, 그것을 가져온 유럽인의 개척정신은 근대 400년 동안 그들이 세계를 지배한 원동력이라 할 수 있다.

제3절 종교개혁

1. 종교개혁의 성격

이탈리아의 르네상스 미술과 포르투갈, 에스파냐에 의한 신항로의 개척이 그 절정에 달하던 16세기 초엽에 독일에서는 종교개혁이라는 또 하나의 대변혁운동이 일어나고 있었다. 중세를 통해 교회의 개혁운동이나 이단운동은 계속되었으나, 그것들은 대개 억압되거나 교회 내부의 운동에 그침으로써 중세 가톨릭 교회의 통일이나 조직이 깨어지지는 않았다. 이에 반해 16세기에 독일에서 시작된 종교개혁운동은 마침내 개신교회(Protestant)를 성립시킴으로써 중세 그리스도교 세계의 통일을 깨뜨리기 시작했다.

르네상스와 종교개혁은 여러 가지 점에서 밀접한 관련을 가지고 있었다. 양자는 다 강력한 개인의식에 입각하여 중세 가톨릭 교회를 비판하고 공격했다. 또 양자는 모두 자본주의의 성장과 부르주아 사회의 흥기라는 비슷한 경제적 배경 속에서 일어난 운동이었다. 그리고 양자는 다 근원으로의 복귀를 추구했는데, 전자는 그리스 · 로마의 고전으로의 복귀, 후자는 성경과 교부철학으로의 복귀를 추구했다. 그러나 이와 같은 공통점이나 유사점에도 불구하고 르네상스와 종교개혁을 단순히 동일한 운동의 두 측면이라고만 생각하거나, 더욱이 종교개혁을 르네상스의 종교적 측면이라고만 생각하는 것은 잘못이다. 왜냐하면 두 운동은 기본정신에 있어서 공통적인 요소가 희박했기 때문이다. 르네상스의 본질은 현세를 즐기고 초자연적인 것에 무관심한 데 있었으나, 종교개혁의 정신은 내세를 중시하고 육신을 정신보다 열등한 것으로 생각하는 데 있었다. 인문주의자들에게는 인간의 본성은 원래 착한 것이었으나 종교개혁가들에게는 타락되고 사악한 것이었다. 르네상스의 지도자들은 이성을 중시했으나 루터나 칼뱅(Calvin)의 추종자들은 신앙을 중시했다. 양자가 다 과거의 부흥을 목표로 삼았지만 추구하는 방향은 전연 달랐다. 인문주의자들이 부흥시키려 한 과거는 그리스 · 로마의 고전, 특히 그 문학이었으나 종교개혁가들이 관심을 가지고 있었던 것은 성 바울과 성 아우구스티누스의 가르침으로 돌아가는 것이었다. 그러면서도 전자는 사실상 여러 중세적 전통을 계속 유지하는 측면이 많았던 데 반해, 후자는 중세적 제도와 교리 전체를 실질적으로 완전히 뒤엎으려 했다. 그리하여 종교개혁은 르네상스보다 훨씬 더 철저한 반중세적인, 즉 반가톨릭적이며 반봉건적인 운동의 성격을 지니게 된 것이다.

본질상 비종교적이었으면서도 좀처럼 가톨릭 교회의 통일에 반기를 들지 않았던 인문주의자들과는 달리 종교개혁가들은 가톨릭 교회에 대한 전면적인 부정과 공격을 통해서 더 순수한 종교의 회복을 추구했을 뿐만 아니라 중세적 사회체제 자체에 도전하는 하나의 사회개혁운동까지도 추진하고 있었던 것이다.

2. 종교개혁의 배경과 원인

이렇듯 단순히 종교운동에만 그치지 않고 사회개혁운동의 면모를 아울러 갖추고 있었던 종교개혁의 배경이나 원인 또한 단순히 종교적 측면에서만 찾아서는 안 되고, 거기에는 정치적 · 사회적 · 경제적 요인도 작용하고 있었음을 함께 고려할 필요가 있다. 그렇다고 해서 종교개혁운동의 주된 원인이 후자에 있었다는 것은 아니며, 그 일차적인 원인은 역시 종교적인 측면에 있었다.

중세 가톨릭 교회에 대한 반항운동을 일으키게 한 일차적인 요인은 가톨릭 교회 자체 안에 있었다. 그것은 교황과 가톨릭 교회의 권위의 급격한 하락현상이었다. 14세기 초에서 15세기 초까지의 교황의 바빌론 유수와 교회의 대분열은 교황의 권위에 치명적인 타격을 가했다. 거기에다 교황의 세속화와 교회의 타락과 부패가 극심하여 이들에 대한 사회의 불신은 더욱 커졌다. 우선 성직자들 중에는 자격을 갖추지 못한 자가 많았다. 성직자의 독신주의 원칙은 지켜지지 않아 작첩은 예사가 되었다. 교황부터가 이러한 타락과 부패의 본보기여서, 가령 교황 알렉산데르 6세(Alexander VI, 재위 1492~1503)는 서자가 8명이나 되었다. 게다가 성직의 매매가 일반화되고 겸직자와 부재성직자가 허다했다. 이러한 부정한 방법을 통해 교황이나 고위성직자는 막대한 수입을 올려 호사스런 생활을 누리는가 하면, 하급성직자 중에는 심지어 술집이나 도박장을 열어 모자라는 교구수입을 보충하는 경우도 있었다.

이와 같은 교회의 갖가지 오용(abuses) 중에서도 가장 두드러진 것이 이른바 '인덜전스(indulgence, indulgentia)'의 판매였다.[5] 인덜전스란 본래 죄에 따른 일시적(temporal) 처벌, 즉 현세와 연옥에서의 처벌의 전부 또는 일부의 면제를 말하는 것으로서 그것은 지옥에서의 영구적 처벌의 면제와는 관련이 없는 것이었다. 인덜전스의 반포는 13세기 스콜라 철학자들에 의해 발전된 이른바 '공덕의 보고(Treasure of Merit)'의 교리에 입각했다. 이것에 의하면 예수와 성자들이 쌓아 놓은 막대한 공덕 중의 일부를 교황이 떼어내어 이를 일반신도를 위해 사용하여 그들이 받을 처벌의 일부를 면제해 줄 수 있다는 것이었다. 인덜전스는 처음에는 자선행위자, 십자군 병사 등을 위해 반포되었다. 이것을 돈을 받고 팔기 시작한 것은 탐욕스런 르네상스 교황들이 이를 수입증대의 수단으로 삼으면서부터였다. 게다가 이것을 판매하는 방법이 더욱 문제였는데, 그것은 흔히 은행가에게 맡겨졌다. 가령 아우크스부르크(Augsburg)의 푸거가는 교황 레오 10세(재위 1513~1521)를 위해 인덜전스의 판매업무를 맡았는데, 푸거가는 판매액의 3분의 1을 차지하기로 되어 있었다. 따라서 이들 판매업자들은 무식한 민

5) 인덜전스는 흔히 '면죄부'란 말로 옮겨지고 있으나 이는 적절한 번역이 아니다. 루터의 종교개혁의 발단이 된 인덜전스가 '돈이 상자 속에 떨어지는 소리와 함께 지옥에서 고통받고 있는 영혼이 구원받게 된다'는 등 뻔뻔스러운 선전을 통해서 판매된 것은 사실이지만 원래의 인덜전스는 벌의 일부 면제를 의미한 것이지 죄의 전면적 용서를 뜻한 것은 아니었기 때문이다. 가톨릭에서는 보통 '대사(大赦)'란 말로 옮기고 있으나 이 역시 아직 생소하여 여기서는 원어대로 '인덜전스'라 해 둔다.

중들로 하여금 인덜전스가 천당에 이르는 여권인 양 믿게 함으로써 그 판매액을 늘리려 했다.

그러나 가톨릭 교회에 대한 반항운동을 일으키게 한 더 근원적인 종교적 원인은 이와 같은 교황권의 실추나 교회의 타락보다는 오히려 가톨릭교의 교리 자체 안에 있었다. 개혁가들이 반대한 것은 교회의 오용보다는 가톨릭교 자체, 즉 토마스 아퀴나스에 의해 완성된 가톨릭교의 교리 자체였다. 가톨릭 교리의 요점은 사람이 신에게서 의지의 자유와 함께 선을 택하고 악을 버릴 힘을 부여받았다는 점에 있었다. 그러나 사람은 신의 은총의 도움 없이 혼자의 힘으로 이 선택을 할 수는 없으며, 따라서 신의 은총을 사람에게 전달하는 불가결의 수단인 성사를 받아야만 한다는 것이다. 그리하여 그것은 성사의 이론과 선행의 필요성과 성직자의 권위를 주장했다.

종교개혁가들은 이러한 가톨릭의 교리에 맞서 바울의 서한에 입각한 성 아우구스티누스의 교리를 내세웠다. 이에 의하면 인간의 본성은 완전히 사악한 것이며 따라서 사람은 선행을 할 수가 없고, 완전히 신에게 예속되어 있으며, 오직 신 자신만의 이유로 영생을 얻도록 신이 예정한 자만이 구원될 수 있다는 것이다. 그리하여 그들은 원죄의 이론, 인간의 완전한 타락, 예정의 교리, 의지의 예속성 등에 바탕을 둔 새로운 구원의 길을 내세움으로써 원초적인 그리스도교로의 귀환을 주장하여 성경에 명시되지 않은 교리나 의식을 반대하고 신과 신도 사이의 중개적 역할을 자처한 성직자의 권능을 강력히 부정했다.

이러한 개혁가들의 종교관은 중세 말 독일과 네덜란드 지방을 중심으로 일어난 신비주의자의 운동과 밀접한 관련을 가지고 있었다. 독일의 토마스 아 켐피스(Thomas à Kempis, 1380~1471)나 이탈리아의 사보나롤라(Savonarola, 1452~1498), 그리고 네덜란드의 공동생활형제단(The Brethren of the Common Life) 등과 같은 이들 신비주의자들의 주장에 의하면 개인은 자기의 욕망을 없애고 영혼을 신에게 완전히 내맡김으로써 천국에 도달할 수 있다는 것이었다. 성사나 성직자의 중개는 불필요하고 깊은 믿음과 경건이 죄 많은 사람을 신에게 인도하는 데 교회의 미사보다 훨씬 더 많은 기적을 이룩한다는 것이었다. 이러한 내적 경건을 강조하는 신비주의 사상은 중세 교회의 근본적 교리를 파괴하는 데 크게 이바지했다.

이처럼 종교개혁의 주된 원인은 종교 면에 있었으나 거기에는 정치적 요인이나 사회 · 경제적 요인도 크게 작용하고 있었다. 정치적 측면에서 본 종교개혁운동은 중세 말 북유럽에서의 민족의식의 성장과 강력한 왕권국가의 흥기에 의해 커다란 영향을 받았다. 북유럽의 여러 나라 사람들과 그 군주들은 국민국가의 독립과 강력한 국왕의 지배권을 주장하며 외국으로부터의 간섭을 배제하려고 노력했다. 그들은 특히 교황이 자국 내의 일에 간여하는 것을 배격했다. 영국에서는 14세기 중엽에 벌써 교황이 영국 내의 성직자를 임명하는 것을 금지하고 영국 법정에서의 재판에 대한 교황 법정으로의 상소를 금했다. 프랑스에서도 15세기 중엽에는 프랑스 내에서의 교황의 성직임명권이나 징세권이 금지되어 있었다. 정치적 통일을 이루지 못하고 있던 독일에서도 민족적 감정은 없지 않았다. 민족적 통일을 성취하지 못했기 때문에 오히려 그것을 바라는 감정은 더욱 절실한 점이 있었던 것이다. 루터가 그의 개혁의 주장을 '독일 민족'의 제후들에게 호소한 것이나, 그러한 제후들의 후원 아래 그의 개혁운동이 성취되었던 까닭이 여기에 있었다.

정치적 요인과 함께 사회 · 경제적 요인의 작용도 간과할 수 없다. 가톨릭 교회는 당시 막대한 재산을 가지고 있었다. 16세기에 교회나 수도원이 가지고 있던 토지는 독일의 경우 전체토지의 약 3분의 1, 프랑스에서는 약 5분의 1에 달하고 있었다. 게다가 이들 교회의 토지는 면세의 특권까지도 가지고 있었다. 그것은 개인소유지 특히 상공업자의 재산에 대한 과세가 그만큼 무거워진다는 것을 의미했다. 그 밖에도 교황은 이른바 '피터의 펜스(Peter's pence)'라 불린 일종의 가구세, 십일조, 모든 성직자의 첫해 수입에 부과되는 초수입세(annates), 그리고 성직의 판매 등으로 막대한 재산 수입을 가지고 있었다. 각국의 군주들은 이러한 교회재산에 주목하여 기회만 있으면 이를 차지하려고 했으며, 경제사정이 핍박해진 지방의 귀족들도 자기 영내의 교회재산에 대해 탐욕스러운 눈을 돌리고 있었다. 더욱이 교황청에 흘러들어간 막대한 돈이 종교적 목적보다는 세속적 교황들의 호사스런 궁정에서 탕진되고 있음을 감안할 때 군주나 제후들이 교회재산을 차지하는 것은 그만큼 정당화되기도 했던 것이다.

3. 루터의 종교개혁

16세기 종교개혁운동은 몇몇 특출한 종교지도자에 의해 추진되었다. 그 중 첫째가 마르틴 루터(1483~1546)였다. 작센의 작은 광산업자의 아들인 루터는 처음에는 아버지의 뜻에 따라 법학공부를 했다. 그러나 어느 날 갑자기 종교적 위기를 겪은 그는 아우구스티누스파의 수도원에 들어가 수도사 생활을 시작했다. 이곳에서 그는 자신의 영혼의 상태에 대한 진지한 성찰에 빠져들었다. 극심한 죄의식에 사로잡힌 그는 갖은 고행과 선행을 통해서 자신의 사악함을 보상할 만한 공덕을 쌓으려고 노력했다. 그러나 그것은 그의 불안과 절망을 더욱 증대시킬 뿐, 좀처럼 정신의 평온을 얻을 수가 없었다. 여러 해 동안 이와 같은 무서운 자기모순과 싸운 끝에 마침내 그는 바울의 「로마서」 속에서 이에 대한 해답을 찾아냈다. 그것은 선행은 인간을 구원하지 못하며, 인간은 신의 은총을 통해서 오직 믿음에 의해서만 구원될 수 있다는 것이었고, 죄 많은 인간은 자신의 뜻에 의해서가 아니라 신의 사랑에 의해서 의로워진다(justified)는 것이었다.

처음에는 루터도 이와 같은 그의 새로운 소신을 그가 재직한 비텐베르크(Wittenberg) 대학의 강의실이나 지방교회의 설교단 밖으로까지 퍼뜨리지는 않았다. 그런데 1517년 독일에서는 유난히 악명 높은 인덜전스가 교황 레오 10세에 의해 선포되어 뻔뻔스러운 방법으로 판매되고 있었다. 이를 보다 못한 루터는 그 해 10월 라틴어로 된 '95개조'의 반박문을 비텐베르크성 교회의 문에 붙여 인덜전스의 판매를 반대하는 그의 견해를 공표했다. '95개조'는 예상 밖의 반향을 일으켜 곧 독일어로 번역되고 인쇄되어 독일 전국에 배포되었다.

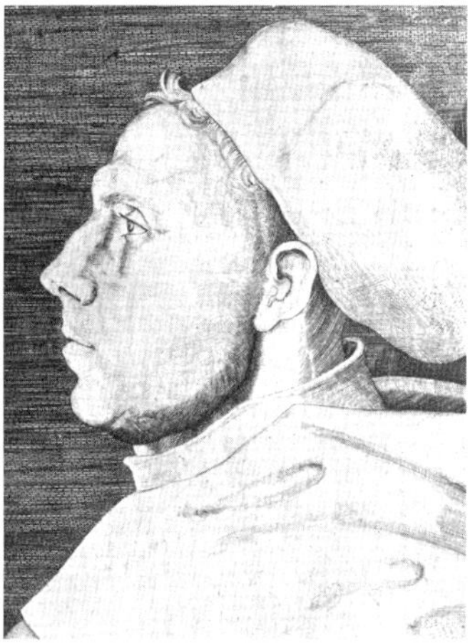

루터 루카스 크라나하의 그림

그러나 이때까지만 해도 루터는 교황이나 교회와 정면 대결할 생각은 없었다. 그러던 것이 1519년 당대의 저명한 신학자 요한 에크(Johan Eck)와의 공개 토론에서 곤경에 몰리게 된 후로 그는 자기 주장의 근거에 대한 연구를 쌓아 1520년에 이것을 「그리스도교도의 자유」, 「교황의 바빌론 유수」, 「독일 민족의 그리스도교적 귀족에게」라는 3개의 팸플릿으로 발표하였으며, 이때부터 그는 가톨릭 교회와 정면대결하게 되었다. 교황은 루터의 주장을 이단으로 선언했다. 그러나 그는 이 교황의 칙서를 공중 앞에서 불살랐으며, 교황은 그를 파문에 처하고 세속 군주에게 그의 처벌을 명령했다. 이어 1521년 신성로마 제국 황제 카를 5세(Karl V, 재위 1519~1556)에 의해 보름스(Worms)의 국회에 소환된 루터는 그의 주장의 취소를 완강히 거절하면서 이렇게 말했다. "나는 성경의 증거나 분명한 이성에 의해 잘못이라고 확신되기 전에는 … 그 어느 것도 취소할 수 없고 또 취소하지 않겠습니다." 그는 신앙의 근거는 교황이나 공의회가 아니라 성경이라고 공언함으로써 교황과 가톨릭 교회의 권위를 정면으로 부정했다. 국회가 휴회에 들어간 후 카를 5세는 루터에게서 법의 보호를 박탈했다. 그러나 그것은 실제적 효력을 발휘하지 못했다. 작센의 선제후 프리드리히가 그를 비호하여 바르트부르크(Wartburg)성에 거처하게 했기 때문이다. 루터는 그곳에서 신약을 독일어로 옮기는 일에 종사했는데, 이 독일어판 성경은 인쇄되어 전 독일에 퍼져 나갔다.

루터에 의해서 시작된 종교개혁운동은 급속도로 독일 전역에 번지게 되어 루터파 교회의 성립을 보게 되었다. 그의 주장은 특히 중북부독일 제후들의 지지를 받았으나 농민들과 도시서민층 그리고 하급기사 계층에서도 많은 호응을 받았다. 그러나 루터는 결코 급진적 개혁가는 아니었다. 1524년부터 1525년에 걸쳐 전 독일에 농민반란이 일어났을 때 농민들은 루터에게서 격려와 조언을 기대했으며, 루터 역시 처음에는 이들의 주장에 동조하는 듯이 보였다. 그러나 농민들의 행동이 과격해져 기존 사회질서를 위협하게 되자 그는 이를 맹렬히 비난하면서 극단적인 말로 반란의 진압을 촉구했다. 그의 말대로 반란은 무자비하게 진압되고 수많은 농민들이 학살되었다. 이로써 루터는 농민의 지지를 잃게 되고 이후 그의 종교개혁은 주로 중북부독일의 제후들과 자유도시에 의해 수행되었다. 그 후 가톨릭 세력을 대표하는 황제와 슈말칼덴(Schmalkalden) 동맹으로 결속한(1531) 루터파 사이의 장기간에 걸친 싸움 끝에 1555년 아우크스부르크의 화의로 독일 내의 종교적 대립과 분쟁은 일단락되었다. 그 합의의 주된 내용은 세속지배자로 하여금 그 지역의 종교를 선택하게 하되(cuius regio, eius religio), 선택은 가톨릭 교회와 루터파 교회로 한정한다는 것이었다. 이것만 보아도 루터의 종교개혁이 제후들의 지지로 이루어졌으며 또 보수적이었음을 알 수가 있다.

4. 칼뱅교(Calvinism)와 영국 국교회의 성립

루터와 거의 때를 같이하여 스위스에서도 츠빙글리(Zwingli, 1484~1531)가 종교개혁운동을 일으켰다. 에라스무스의 사상에 크게 영향을 받은 그는 취리히를 중심으로 북부의 여러 칸톤(canton)에서 그의 가르침을 펴 개혁교회를 세웠다. 그러나 중부 지방의 칸톤들은 가톨릭교를 신봉하여 그의 개혁에 반대했다. 1529년 두 세력 사이에 전쟁이 일어났는데, 츠빙글리는 이 전쟁 도중 전사했으며 이후 개혁교회의 세력은 침체했다.

칼뱅

츠빙글리의 뒤를 이어 스위스에서 종교개혁을 추진하여 커다란 성공을 거둔 또 한 사람의 종교지도자는 칼뱅(Calvin, 1509~1564)이었다. 프랑스 중산 계층 출신인 칼뱅은 신학, 법학, 고전 등 폭넓은 교육을 받았다. 그 뒤 루터의 개혁사상에 영향을 받게 되었으며, 1533년에는 갑자기 신으로부터 빛을 받았다고 스스로 말했다. 그러나 오랜 절망과 두려움을 경험했던 루터와는 달리 칼뱅은 매우 명석하고 치밀하고 이지적이었다. 프랑스의 이단운동 박해를 피해 스위스로 도피해 온 그는 1536년 제네바에 정착했다. 그는 곧 이곳에서 설교와 조직을 시작했다. 그리하여 1541년까지에는 제네바의 정치와 종교가 완전히 그의 수중에 들어가게 되었고, 그 후 20여 년 간 그는 이곳에 엄격한 신정정치를 실시했다.

칼뱅의 교리는 그의 『그리스도교 강요(*Christianae religionis Institutio*)』에 제시되어 있는데, 그 핵심은 유명한 그의 예정설(predestination)에 있었다. 그것은 인간의 구제 여부는 전지전능한 신의 자의에 의해 미리 예정되어 있으며, 어떠한 인간행위로도 그것을 변경할 수는 없다는 것이었다. 그러나 이것은 그리스도교도들이 현세의 생활을 소홀히 해도 된다는 뜻은 아니었다. 신은 선택받은 자에게 올바르게 살아갈 의욕을 심어 주었는데, 왜냐하면 선택받은 자는 신이 자기의 뜻을 실현시킬 지상에서의 중요한 도구이기 때문이다. 따라서 선택받은 자는 현세에서 물러나 조용히 신의 은총을 즐길 것이 아니라 신의 뜻을 완수하기 위한 성도(saints)로서 자기 자신과 이 세상 안에 있는 죄악과 싸워 나가야 한다는 것이다. 이래서 성도들은 스스로의 구제에 대한 확신을 가지고 세속적인 직업에 근면하게 종사해야 하며, 동시에 일상생활을 합리적으로 조직하고 금욕적인 생활을 해야 하는 것이다. 이런 교리는 당시 경제적으로 일어나고 있던 중산 계층의 호응을 받게 되어 근대적 직업관과 생활윤리의 형성에 크게 공헌했다. 프랑스의 위그노(Huguenots), 스코틀랜드의 장로교도(Presbyterians), 잉글랜드의 퓨리턴(Puritans), 네덜란드의 고이젠(Geusen) 등이 모두 이 칼뱅교 계통의 개신교도들이었다.

한편 영국의 종교개혁에서는 종교적 요인보다는 정치적 · 경제적 요인이 더 강하게 작용했다. 그것은 국왕 헨리 8세(재위 1509~1547)의 이혼문제에서 발단되었다. 처음 헨리 8세는 가톨릭교의 신봉자로서 루터파의 침투를 막아 교황으로부터 '신앙의 옹호자'라는 칭호를 받을 정도였다. 그러나 궁녀 앤 불린(Anne Boleyn)과의 결혼을 위해 왕비 캐서린(Catherine)과 이혼하고자 한 그는 교황이 이혼의 승낙을 꺼리자 로마 교회로부터 영국 교회의 분리를 선언하고 크랜머(Cranmer)를 캔터베리 대주교에 임명하여 그로 하여금 이혼을 승인하게 했다(1533). 이어 1534년에 의회는 수장법(Act of Supremacy)을 공포하여 영국 교회(Anglican Church)를 확립하고 헨리 8세가 그 우두머리임을 선포했다.

그러나 이러한 영국의 종교개혁에는 국왕 개인의 결혼문제 이상의 요인들이 또한 작용하고 있었다. 당시 영국인 사이에서는 반교황주의 감정이 널리 퍼져 있었으며, 특히 타락한 수도원에 대한 비판의 소리가 높았다. 더욱이 당시 영국의 수도원은 많은 토지를 차지하고 있었는데 이것이 헨리 8세의 구미를 돋우었고, 그는 1536년과 1539년 두 차례에 걸쳐 수도원을 해산하고 그 토지를 몰수하여 이것으로 왕권강화를 위한 재정을 충당했다.

그렇지만 헨리 8세는 신앙의 내용과 의식에 대해서는 가톨릭 교회의 그것에 별다른 변화를 가하지 않았다. 그의 뒤를 이은 에드워드 6세(Edward VI, 재위 1547~1553)의 치하에서 영국 교회는 개혁적 요소를 크게 받아들여 「공동기도서(Book of Common Prayer)」를 작성하는가 하면, 다음 메리(Mary, 재위 1553~1558) 여왕 때에는 다시 가톨릭교로 복귀하여 개신교도를 박해하는 등 종교적 동요가 계속되었다. 그러나 1558년 여왕 엘리자베스 1세(Elizabeth I, 1558~1603)가 즉위하자 그녀는 부왕 헨리 8세의 정책을 계승하여 영국 국교회의 기틀을 다시 바로잡았다. 이리하여 1559년에는 '통일법(Act of Uniformity)'이 공포되고 다시 1563년에는 '39개조'가 채택되어 영국 국교회의 교리와 의식이 확정되었다. 그것은 교리상으로는 루터나 칼뱅의 설을 받아들이고 있었으나 의식에서는 가톨릭교와 별로 차이가 없는 영국 특유의 중도적 교회였다.

5. 가톨릭 종교개혁

종교개혁의 물결이 전체 유럽에 파급됨에 따라 가톨릭 교회에서도 이제는 스스로 반성과 개혁에 나서지 않을 수 없었다. 그러나 그것은 그리스도교적 인문주의자들이 주장한 바에 따라서 프로테스탄트와의 타협이나 온건한 개혁을 통해서 추진되기보다는 그들과의 싸움과 가톨릭 교리의 엄격화를 통해서 추진되었다. 그것은 주로 종교재판(Inquisition)과 예수회와 트렌트 공의회(Council of Trent), 그리고 개혁 교황청의 네 기구의 활동을 통해 가톨릭 세력을 방어하고 확장하는 일이었다.

1547년 교황에 의해서 설치된 종교재판소는 이단은 물론 에라스무스의 사상까지도 금압했던 에스파냐의 그것을 본뜬 것이었다. 그 목적은 이단을 압박하고 가톨릭의 교리를 지키는 것이었다. 거기에서는 위험한 사상을 전파하는 도서의 목록(index)이 작성되어 이를 읽는 것이 금지되었다.

예수회는 로마 교회가 프로테스탄트와의 싸움에서 필요로 했던 충실하고 유능한 전사들을 마련해 주었다. 에스파냐의 상이군인이었던 로욜라(Ignatius Loyola, 1491~1556)에 의해서 창설된 이 교단은 교황에 대한 절대복종을 내걸고 엄격한 군사적 조직과 기율로 가톨릭 교세의 방어와 확장에 힘썼다. 이들의 활동에 의해 이탈리아, 에스파냐 등 남부유럽에서는

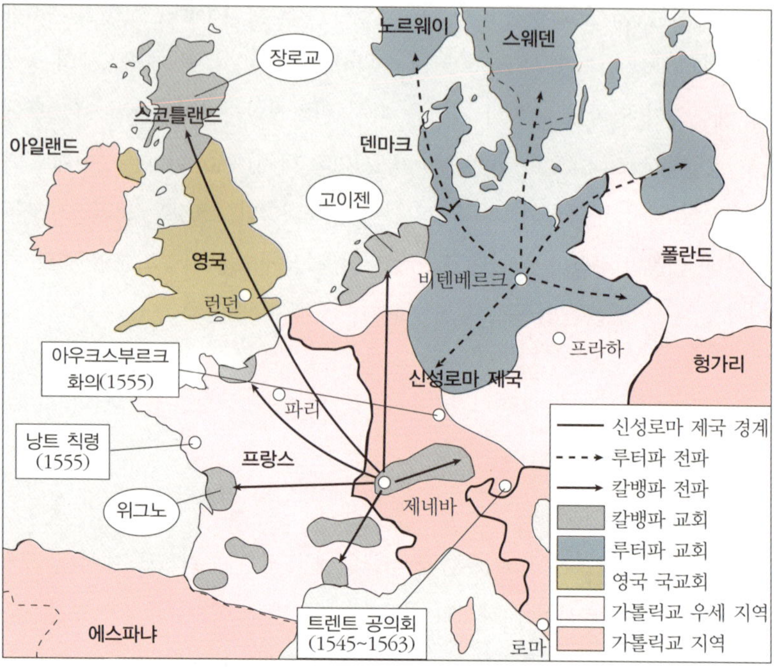

그림 9-3. 16세기 중엽 유럽의 종교분포

프로테스탄티즘의 전파가 저지되고, 서남부독일이 다시 가톨릭권으로 되돌아왔을 뿐 아니라 유럽 이외의 여러 지역에 그리스도교가 전파되었다. 그들은 또 성속의 교육활동에도 커다란 공헌을 하여 가톨릭 교회의 권위를 크게 높였다.

한편 가톨릭 교회는 북부이탈리아 국경 근처인 트렌트에 공의회(1545~1563)를 소집하여 가톨릭 교리를 재확인하고 모든 이단과의 타협을 단호히 거절하여 이에 맞설 자체의 교리를 정비했다. 가령 루터가 성경만이 그리스도적 진리의 근원이라 주장한 데 대해 공의회는 성경만이 아니라 성경과 전승(tradition)이 그리스도교 진리의 근원이라 주장했으며, 루터가 신앙에 의해서만 구원될 수 있다고 주장한 데 대해 공의회는 신앙만이 아니라 신앙과 선행에 의해서 구원된다고 주장했다.

이들 세 기관의 개혁활동과 더불어 교황청도 자체 개혁에 나섰다. 그것은 주로 바오로 4세(Paul IV, 1555~1559)에서 식스투스 5세(Sixtus V, 1585~1590)에 이르는 5명의 교황에 의해서 수행되었다. 그들은 성직매매나 족벌주의를 배격하여 학식과 덕망을 갖춘 사람들을 성직자로 임명하고 교회재판에서의 뇌물수수를 단속했다.

이와 같은 가톨릭 교회 자체의 개혁운동을 통해 로마 교회의 세력이 다시 강력해지자 신구교회의 대립은 더욱 격화되어 16세기 후반부터 17세기 전반까지는 유럽 각지에서 종교전쟁이 일어났다. 이러한 종교전쟁은 물론 개신교와 가톨릭교의 대립이라는 종교적 원인에서 일어났으나 그 배후에는 각국 사이의 정치적 갈등이나 경제적 대립이 얽혀 있었다. 그것은 16세기 후반의 프랑스의 위그노 전쟁, 네덜란드 독립전쟁을 거쳐 17세기 전반에는 30년전쟁이라는 대규모의 국제전쟁으로까지 확대되었다.

제10장 유럽의 절대왕정

14, 15세기에 봉건사회가 무너지고 16세기에 본격적인 근대적 발전이 시작되었다. 16세기부터 18세기에 걸친 시기를 절대왕정 내지 절대주의 시대라고 하며, 이 시기는 근대 사회 성립의 초기 단계로서, 절대왕권을 중심으로 근대 국가의 체제가 갖추어지기 시작하고 초기 자본주의가 성장하며 근대 문화의 확고한 토대가 구축되었다.

왕권을 중심으로 통일을 달성한 유럽의 여러 나라는 신·구교의 대립과 왕위를 둘러싼 정치적 내분 등으로 내란과 전쟁을 겪게 되고, 신항로의 개척으로 열리게 된 해외로의 진출을 서두르고 식민지 획득에 치열한 경쟁을 벌이게 되었다.

신항로의 개척에 앞장섰던 포르투갈과 에스파냐가 먼저 번영을 자랑했으나 17세기 전반기에는 에스파냐로부터 독립한 네덜란드가 해외무역에서 현저한 발전을 이룩하고 17세기 후반부터는 프랑스와 영국이 해외발전의 패권을 놓고 각축전을 벌이게 되었다. 17세기 후반기의 프랑스는 루이 14세 시대로 절대주의가 절정에 달해 유럽의 패권을 장악했다.

영국에서는 17세기에 두 번에 걸쳐 혁명이 일어나 절대왕정이 무너지고 의회 중심의 입헌정치가 시작되었으며, 18세기 중엽에는 해외 식민지쟁탈전에서도 최종적인 승리를 거두게 되었다. 18세기에는 새로이 프로이센과 러시아가 강대국의 대열에 참가하게 되었다.

이 시기에 근대적인 발전이 계속되었으나 봉건적인 잔재는 여전히 남아 있었고, 절대왕권은 이러한 낡은 세력과 새로운 세력의 균형 위에 존립하고 있었으며, 18세기에는 그 균형이 새로운 세력 쪽으로 기울어지면서 깨지기 시작했다. 르네상스에서 싹튼 근대 문화는 17세기에 확고한 토대를 구축하고 18세기에는 정치와 경제 면에서 낡은 세력을 비판하는 새로운 사상이 등장했다.

제1절 절대왕정과 그 성격

1. 절대왕정의 성격

국가에 따라 차이는 있으나 일반적으로 유럽사에서는 16세기부터 18세기에 걸친 시기를 절대왕정시대라고 한다. 이 시기는 유럽 사회가 중세의 봉건사회를 탈피하여 근대화 단계로 접어든 시기로서 유럽의 근대적 발전의 초기 단계라고 할 수 있다. 따라서 정치 · 사회 · 경제 · 문화 면에서 근대적인 발전이 두드러졌으나, 다른 한편으로는 아직도 봉건적인 요소나 세력이 남아 있는 시기로서 그러한 봉건적 잔재는 18세기 후반부터 19세기 초에 걸쳐 시민혁명과 산업혁명으로 일소되어 19세기에 근대적인 시민사회가 확립되었다.

그러면 절대왕정의 특징과 성격은 무엇인가? 첫째, 이 시기의 정치체제를 가리켜 절대왕정(absolute monarchy)이라고 하는 것으로도 알 수 있듯이 왕권이 절대적이라고 할 정도로 강대했고, 따라서 그 정치는 자의적인 전제정치의 성격을 지니고 있었다. 둘째, 아직도 불완전하지만 중앙집권과 국가통일이 상당한 정도로 달성되어 근대 국가의 모습을 갖추게 되었다. 셋째, 통일된 중앙집권적인 국가를 통치하기 위해 관리가 필요했고, 국내치안을 유지하고 외적으로부터 국가를 방위하기 위해 군대 또한 필요했다. 그리하여 근대 국가의 두 기둥인 관료제도와 상비군제도가 발전하게 되었다. 넷째, 국가의 통일적인 통치를 위해서는 재정과 통일적인 통치기구 등이 필요하여 조세제도가 마련되고 중앙의 통치기구와 통일적인 사법제도 등 근대적인 여러 제도가 마련되었다.

이와 같이 절대왕정은 근대 국가로서의 면모를 갖추기 시작했으나 아직도 진정한 의미의 근대적인 국민국가는 아니었다. 절대왕정에 있어서는 왕조적 이해관계와 국민적 이해관계가 미분화 상태에 있거나 오히려 왕조적인 이해관계가 앞서는 형편이었다. 당시의 관료나 군대도 본질에 있어 국가나 국민을 위해 존재한다기보다 절대군주를 위한 관료요 군대였다. 그렇기 때문에 일부 학자는 절대왕정국가를 왕조국가(dynasty state)라고 부르기도 한다. 그뿐만 아니라 절대왕정기에는 근대적인 세력이 발전하는 반면 봉건적인 세력이 남아 있어 어떤 의미에서는 양자가 균형을 취하고 그 균형 위에 절대왕권이 군림할 수가 있었다. 이를 사회 · 경제 면에서 본다면 상공업이 발달하여 근대 자본주의가 성장하고 시민계급(부르주아지, bourgeoisie) 내지 중산계급(middle class)이 정치, 사회, 경제, 문화 등의 측면에서 크게 활약하게 된 반면, 농민의 봉건적인 부담이 완전히 없어지지 않고, 도시에는 길드 제도가 남아 있었으며, 봉건귀족은 과거에 가졌던 정치권력을 상실했지만 여전히 사회에서 으뜸가는 지위와 신분을 유지하며 특권계급을 이루고 있었다. 그러나 낡은 세력과 새로운 세력의 균형은 매우 불안정한 것이었으며 날이 갈수록 근대적인 세력이 강대해져서 결국은 봉건세력과 절대왕권이 무너지게 되었다.[1)]

2. 중상주의

절대왕정은 정치권력이 분산되어 있던 봉건국가와는 달리 많은 국가수입을 필요로 했고, 이를 위해 각국은 중상주의(mercantilism)로 알려진 일련의 경제정책을 채택했다. 정책의 구체적 내용은 나라에 따라 서로 달랐지만 그 일반적 내용은 다음과 같다.

12세기 이후 유럽의 경제는 자연경제에서 화폐경제로 전환하게 되고 근대에 들어오면서 화폐의 중요성은 날로 증가했다. 당시의 화폐는 금, 은 등이 중심이었기 때문에 초기의 중상주의는 화폐인 금이 바로 국부를 표시하는 것으로 생각되어 될 수 있는 대로 많은 금을 모으고 보유하려고 했으며 이를 중금주의(bullionism)라고 한다. 그러나 금을 산출하는 지역은 한정되어 있고 에스파냐와 같이 신대륙에서 많은 금이 들어오는 경우를 제외하면 금을 직접 획득할 길이 없었다. 그러한 경우 택할 수 있는 방법은 외국으로부터 물건을 적게 사들이고 그 대신 외국에 물건을 많이 팔면 그 차액만큼의 금이 떨어지게 될 것이므로 수입을 억제하고 수출을 증대시켜 그 차액을 얻는 방법이다. 이것이 무역차액설(theory of balance of trade)로서 구체적으로는 보호관세를 부과하여 수입을 억제하고 국내의 상공업을

1) 절대왕정에 관련된 여러 술어 중 절대주의(absolutism)가 가장 넓은 뜻으로 사용되며 정치를 포함한 당시의 사회구조 전반을 가리킨다. 절대왕정 내지 절대왕권은 절대주의의 정치체제 내지 정치구조를 가리키지만 경우에 따라 넓게 절대주의와 같은 뜻으로도 사용되기도 한다.

보호 · 육성하는 정책이 채택되었다.

이것이 절대왕정의 경제정책인 중상주의로서 널리 알려진 내용이다. 그러나 좀 더 깊이 살펴보면 무역차액은 결국 국내공업의 발달 여하에 달려 있다. 수입대체상품의 국내생산은 물론이요, 특히 수출공업의 육성과 보호가 관건이 된다. 따라서 중상주의의 가장 핵심적인 내용은 상업에 중점을 둔다기보다 오히려 공업의 육성과 보호에 역점을 두게 마련이었다. 이와 관련해서 중요시된 것은 해외 식민지였다. 신항로의 개척으로 유럽인은 아메리카 대륙과 아시아 방면에 진출하게 되고 식민지를 획득하는 경우 국내공업에 필요한 원료를 손쉽고 값싸게 구할 수 있고 국내 생산품을 유리하게 판매할 수 있을 뿐 아니라, 식민지와의 무역 그 자체가 본국 상인들에게는 아주 유리한 것이었다. 따라서 각국은 해외 식민지 획득에 열을 올리고 일단 식민지를 얻으면 본국의 공업가나 상인에게 유리하게 식민지에 여러 제약을 가하며 통제했다. 이러한 식민지정책도 중상주의의 중요한 정책내용의 하나로 지적된다.

이상은 경제정책으로서의 중상주의의 주된 내용이지만 중상주의는 이러한 경제정책을 넘어서 국가통일과 국력증대를 궁극적인 목표로 삼은 국가건설(nation-building)의 포괄적인 체제요 이론이었다는 의견도 있다. 이렇듯 중상주의는 경제활동 전반에 걸쳐 국가의 간섭과 통제, 보호와 육성을 뜻하는 정책과 체제였으므로 이를 국가주의(étatisme, statism)라고도 하고, 프랑스의 루이 14세의 재상이었던 콜베르(Colbert)가 체계적으로 전형적인 중상주의를 실시했기 때문에 콜베르주의(Colbertism)라고도 한다.

중상주의는 후에 자유방임주의의 입장에서 비난과 공격을 받았으나 국내 상공업이 미약하고 부르주아지(시민계급)가 아직 독립할 수 있을 정도로 성장하지 못했던 근대 초기에는 나름대로 역사적 사명과 필요성을 지니고 있었으며, 특히 해외 발전이나 본국의 상공업 발달과 밀접한 관계를 가진 식민지 획득에는 국가의 적극적인 후원이 불가결했다.

3. 자본주의의 발전

이상과 같이 국가가 경제활동에 적극적으로 개입하고 절대왕권으로 상징되는 국가권력이 매우 강대했던 관계로, 또한 절대왕정은 끊임없이 돈을 필요로 했기 때문에 정치권력과 경제활동이 결탁할 가능성이 짙었다. 따라서 실제로 독점권 등을 비롯한 여러 가지 경제적 특권이 절대왕권에 의해 남발되기도 했다. 일부 학자들은 이러한 특권이나 독점권 등을 자본주의의 자유로운 발전을 저해한 것으로 부정적으로 평가하고 있다. 확실히 특권이 자유로운 자본주의의 발전을 저해한 면이 있기는 했으나 반드시 그렇지만은 않았다. 특권의 효과 측면에서 본다면 두 종류의 특권이 있었던 것으로 생각된다. 그 하나는 특권상인과 절대왕정 내지 궁정 주변에 그 혜택이 국한되고 아무런 생산적인 결과를 가져오지 못한 경우가 있다. 그 대표적인 예로서 남부독일의 푸거가(Fuggers)를 들 수 있다. 16세기의 푸거가는 남부독일의 거상이요 국제적인 대금융업자로서 교황을 비롯한 수많은 군주와 귀족에게 돈을 빌려주고 여러 특권을 획득하여 유럽의 정계와 경제계를 좌우할 정도였다. 그러나 푸거의 이러한 경제활동이나 특권은 독일의 경제발전에 기여하는 바가 거의 없었고, 16세기 말에는 빚을 변제받지 못해 쓰러지고 말았다. 이와는 반대로 경제적 특권이 특권을 가진 상인이나 왕실에게 혜택이 돌아갈 뿐 아니라 국가의 기간산업에 기여하고 국부를 전체적으로 증대시킴으로써 자유로운 상공인을 배출하고 자본주의의 발전에 궁극적으로 공헌한 경우도 있다. 그 대표적인 예가 영국의 이른바 모험상인조합(company of the merchant adventurers)이다. 이 모험상인들은 모직물 수출의 독점권을 가지고 있는 영국의 대상인들로서 그들은 모직물의 해외시장을 적극적으로 개척함으로써 영국의 국민적 산업으로 성장하고 있던 모직물공업의 발달의 촉진을 통해 국부를 증대시켰던 것이다. 그러므로 특권은 언제나 자유에 어긋난다 하여 이를 일률적으로 부정적으로 볼 것이 아니라 당시의 경제적 현실과 그 특권이 영향을 미친 효능을 아울러 검토하여 평가해야 한다.

이러한 특권의 문제와 더불어 초기 자본주의의 발전에 관한 또 하나의 문제가 있다. 그것은 초기 자본주의를 발전시키고 자본의 축적을 가능하게 한 것이 상업자본이냐 산업자본이냐 하는 문제다. 마르크스주의자는 상업자본은 자본주의의 발전을 저해하는 요인이 되며 진정하게 자본주의를 발전시킨 것은 산업자본이라고 한다. 그러나 당시의 경제적 현실과 상황을 냉정하게 살핀다면 상업자본이 경제발전에 기여한 정도가 산업자본보다 오히려 컸음을 알 수 있다.

가령 영국의 모직물공업은 도시길드의 제약을 피해 그러한 제약이 없는 농촌공업(rural industry)으로 발전하게 되었는데, 그 구체적 형태로서는 선대제도와 매뉴팩처(manufacture)가 있었다. 선대제도는 상인이 농민에게 원료와 방직기 등 필요한 시설을 공급하고 생산된 모직물을 노임에 해당하는 대가를 지불하고 거두어 가서 판매하는 제도이다. 이 경우 상인은 자본가요 농민은 임금노동자라고 할 수 있으며, 다만 그 일터가 여러 곳에 분산되어 있을 뿐이다. 매뉴팩처는 직접생산자가 성장하여 자본가가 되고 한 장소에 노동자를 모아 놓고 모직물을 생산하는 형태로서, 이는 방직기 같은 것을 기계로 바꾸기만 하면 그대로 공장이 될 수 있는 생산형태였다. 따라서 마르크스주의자는 후자가 진정한 자본주의 발전의 길이라고 주장하고 선대제도는 상인의 지배 아래 있었기 때문에 오히려 자본주의의 발전을 저해했다는 것이다. 그러나 실제로는 선대제도가 오히려 더 많이 행해지고 선대제도를 지배한 상업자본이 산업혁명기에 산업자본으로 전환한 예도 많았다. 이는 비단 영국에 한정되거나 모직물공업에 한정된 것이 아니라 전 유럽적인 규모로 광범한 분야에 걸쳐 일어난 현상이었다. 따라서 상업자본과 산업자본을 도식적으로 구분하여 대립적으로 볼 것이 아니라 양자가 다같이, 그리고 현실적으로는 오히려 상업자본의 우세 속에서 근대 자본주의의 발전에 공헌했다고 보는 것이 타당할 것이다.

4. 포르투갈과 에스파냐

신항로의 개척과 신대륙의 탐험에 앞장섰던 이베리아 반도의 포르투갈과 에스파냐는 이러한 개척과 탐험이 가지고 온 혜택을 차지하여 가장 먼저 경제적 번영을 누렸다. 특히 펠리페 2세(Felipe II, 재위 1556~1598) 시대의 에스파냐는 네덜란드, 밀라노, 나폴리, 시칠리아 등을 영유하고 신대륙에서는 멕시코와 페루, 아시아에서는 필리핀(1569)을 식민지로 가지는 동시에 포르투갈까지 병합하여(1580) 그 식민지도 아울러 지배하게 되어, 문자 그대로 해가 지는 일이 없는 나라로서 황금기를 맞이했다.

펠리페 2세는 이러한 광대한 영토를 강력한 중앙집권적인 통치와 종교재판을 통한 가톨릭 중심의 종교적 통합으로 다스려 나가려고 했다. 에스파냐의 경제적 번영은 신대륙의 식민지로부터 들어오는 여러 가지 새로운 물자와 특히 금은을 비롯한 귀금속, 그리고 이에 자극받아 발달하게 된 국내 산업, 모직물공업에 의존하고 있었다. 그러나 에스파냐의 절대왕정은 국내 봉건세력과의 투쟁과 제압을 통해 성립한 것이 아니라 이슬람교도와의 투쟁과정의 산물이었기 때문에 종교적인 성격이 강할 뿐 아니라 봉건세력의 잔재가 강하게 남아 있어 사회 · 경제 발전의 큰 장애요인이 되고 있었다. 그리하여 펠리페 2세의 후반기에 들어서면서 에스파냐의 모직물공업은 영국 모직물공업의 진출에 압도되어 쇠퇴의 길을 걷게 되고 모처럼 신대륙으로부터 들어오는 귀금속도 다시 밖으로 유출되는 형편이었다. 게다가 대외적으로도 레판토(Lepanto)의 해전(1571)에서 투르크를 격파하여 지중해의 지배권을 획득한 것을 고비로 네덜란드의 독립전쟁에 시달리고 무적함대(armada)가 영국에 패함으로써(1588) 에스파냐는 결정적으로 쇠퇴의 길을 걷게 되었다.

5. 네덜란드의 독립과 번영

포르투갈과 에스파냐의 번영을 계승한 것은 에스파냐의 무적함대를 격파한 영국이 아니라 에스파냐로부터 독립을 쟁취한 네덜란드였다. 네덜란드는 옛날부터 교통의 요지로서 상업이 발달하고 13세기경부터는 영국의 양모를 원료로 한 모직물공업이 발달해 시민계급이 현저하게 성장했다. 특히 상공업이 발달한 북부 지방에는 칼뱅 계통의 신앙이 널리 전파되고 있었다. 이러한 네덜란드에 대해 에스파냐의 펠리페 2세는 가톨릭으로 종교적 통합을 달성하려는 통치이념에 따라 칼뱅교도를 탄압하고 무거운 세금을 부과하여 상공업에도 압박을 가했다. 그리하여 네덜란드에서는 에스파냐에 대한 반항운동이 조성되고 1568년에는 오렌지 공 윌리엄(William the Silent, Prince of Orange, 1533~1584)의 지도 아래 전국적인 규모의 독립운동이 일어나게 되었다.

에스파냐는 가톨릭교도가 많고 경제적으로 북부와의 경쟁을 두려워하던 남부 10주를 회유하는 데 성공했으나, 북부 7주는 위트레흐트(Utrecht) 동맹을 결성하고(1579) 끝까지 항거를 계속하여 1581년 독립을 선언하고 국명을 네덜란드 연방국가(United States of Netherlands)라 했다.[2] 독립을 선언한 후에도 전쟁은 계속되었으나 17세기 초에 에스파냐와 휴전이 성립하고 30년전쟁을 마무리 짓는 베스트팔렌(Westfalen) 조약(1648)으로 국제적 승인을 받게 되었다.

네덜란드의 정치체제는 연방제의 공화국이었다. 중앙에 국가원수 격인 총독(Stadholder)과 중앙연방회의가 있으나 주마다 주의회가 있고 자치권에 대한 주장이 강해 지방분권적인 경향이 강했다. 16세기에 네덜란드의 경제적 중심지는 안트베르펜(Antwerpen)이었으나 16세기 말에 에스파냐군이 점령하자, 많은 상인과 모직물업자가 북부로 이주하여 네덜란드가 독

2) 홀란드(Holland)라는 명칭은 북부의 중심이고 전 인구의 3분의 2를 차지하는 홀란드주에서 유래했으며 정식 국명 대신 사용되기도 한다.

립한 후 경제적 중심은 암스테르담(Amsterdam)으로 이동하게 되었다. 1602년에는 최초의 주식회사라고 지목되는 동인도회사가 설립되어 중개상업이 비약적으로 발전하게 되고, 17세기를 통해 암스테르담은 전 유럽의 경제적 중심지가 되었다. 또한 이 시기에 국제법의 창시자로 알려진 그로티우스(Grotius, 1583~1645), 철학자 스피노자(Spinoza, 1632~1677), 그리고 렘브란트(Rembrandt, 1606~1669)와 루벤스(Rubens, 1577~1640) 같은 저명한 화가가 나타나 네덜란드는 경제적 번영만이 아니라 문화적 황금기를 맞이했다. 그러나 17세기 중반에 들어서면서 네덜란드의 경제적 번영의 기반을 이루고 있던 모직물공업과 동인도회사를 중심으로 한 중개무역이 영국 모직물공업의 발달과 영국의 퓨리턴 혁명기에 제정된 항해법(1651)으로 타격을 받게 되었다. 그뿐만 아니라 새로 해외 발전과 식민지 획득 경쟁에 뛰어든 프랑스가 강력한 경쟁자로 등장하게 되어 네덜란드의 번영이 17세기 후반에는 기울어지게 되었다.

6. 프랑스의 절대왕정

프랑스의 통일국가로의 발전은 백년전쟁으로 중단되었다가 전쟁의 피해로부터의 부흥과정을 통해 다시 진행되어 프랑수아 1세(François I, 재위 1515~1547) 때 기반을 튼튼히 하게 되었다. 그러나 16세기 후반에 위그노 전쟁(1562~1598)으로 알려진 개신교와 가톨릭교 사이의 종교적 내분이 30년간이나 계속되어 왕권은 흔들리고 귀족들의 세력이 다시 강화되었다.

이 종교적 내분 끝에 새로 왕위에 오른 부르봉(Bourbon) 왕실의 앙리 4세(Henri IV, 재위 1589~1610)는 낭트 칙령(l'Édit de Nantes, 1598)으로 개신교도들에게 신앙의 자유를 허용하여 종교분쟁을 종식시키고 농업과 견직물공업을 비롯한 산업의 발달을 꾀하고 왕권을 강화해 절대왕정의 토대를 마련했다. 그러나 앙리 4세가 돌연 광신도에게 암살당하고 루이

13세(Louis XIII, 재위 1610~1643)가 어린 나이로 왕위에 오르자 왕권은 다시 흔들리는 듯했다. 이때 등장한 것이 철저한 현실정치가인 리슐리외(Richelieu, 1585~1642)였다. 그는 성직에 몸을 담은 추기경이었지만 재상의 자리에 오르자 왕권의 강화와 국력의 증대라는 2대 목표의 달성을 위해 전력을 다했다. 그는 국내의 모든 요새의 파괴와 사병(私兵)의 해산을 명하고 국왕이 임명하는 지방장관에게 모든 지방행정을 관장하게 했다. 대외정책에 있어서도 개인의 신앙을 초월해 국익을 추구하여 30년전쟁에서는 개신교를 돕고, 말기에는 참전까지 하여 오스트리아의 합스부르크(Habsburg) 왕실의 세력을 약화시키고 영토확장에 힘썼다.

리슐리외와 루이 13세가 잇따라 죽고 나이 어린(5세) 루이 14세(재위 1643~1715)가 왕위에 오르고 이탈리아 출신의 추기경 마자랭(Mazarin, 1602~1661)이 재상이 되고 난 뒤 얼마 있지 않아 파리에서 '프롱드(Fronde)의 난'(1648~1653)이 일어났다. 이는 프랑스의 최고법원인 고등법원(Parlement)을 중심으로 한 귀족들이 왕권에 대항하여 일으킨 반란이었는데, 이 반란이 진압되자 귀족세력은 결정적으로 왕권 앞에 굴복하게 되었다. 마자랭이 사망한 후(1661) 루이 14세가 재상을 두지 않고 직접통치를 하게 되면서 프랑스의 절대왕정은 절정기를 맞이하게 되고, 그의 치세는 '위대한 세기'라고 일컬어졌다.

'태양왕'(le Roi-soleil)이라고 불리기도 한 루이 14세는 총명하고 우아했으며 스스로 '왕국의 일'이라고 말한 국가통치에 전념했다. 왕을 보좌하는 장관들 중에는 유능한 사람이 많았고 그중에서도 재무를 맡은 콜베르(1619~1683)는 출중했다. 그는 시민계급 출신으로서 전형적인 중상주의 정책을 실시했다. 국내공업을 적극적으로 보호·육성하고 수출증대를 꾀하는 한편 해외 식민지 획득에도 적극적으로 나섰다. 이러한 콜베르의 정책으로 프랑스의 국부와 국력은 크게 증대했다.

루이 14세는 이러한 국력의 증대를 바탕으로 호화롭고 아름다운 베르사유(Versailles) 궁전을 짓고, 라신(Racine, 1639~1699)과 코르네유

베르사유 궁전

(Corneille, 1606~1684), 몰리에르(Molière, 1622~1673) 등 뛰어난 작가들을 후원하는 등 문화발전에도 관심을 기울여 프랑스의 고전문학이 꽃피고 그의 궁정생활은 유럽의 다른 군주들에게 모범이 되고 프랑스어는 유럽외교계와 사교계의 국제적인 언어가 되었다.

루이 14세의 주변에는 콜베르 이외에도 당대 제일가는 군사전략가인 루부아(Louvois)와 축성술에 뛰어난 보방(Vauban) 등이 있어 막강한 군사력을 가지게 되었다. 이로써 17세기 후반의 프랑스는 명실상부한 유럽의 지도적 국가가 되고, 루이 14세는 "국가, 그것은 바로 나다(L'Etat, C'est moi!)"라는 말을 했다고 전해질 정도로 절대적 권력을 누릴 수 있었다.

이러한 국력의 증대와 축적은 루이 14세의 야망을 자극해 부질없는 침략전쟁을 감행하게 했다. 그는 상속권을 주장하여 에스파냐령 네덜란드를 공격하고(1667~1668), 이를 방해한 네덜란드를 치고(1672~1678), 영토확장을 노려 이른바 아우크스부르크 동맹전쟁(1688~1697)을 일으켰다. 가장 규모가 컸던 전쟁은 에스파냐 왕위계승전쟁(1701~1714)으로서 루이 14세는 위트레흐트 조약(1713)에서 손자 필리프 5세를 에스파냐 왕위에 앉히는

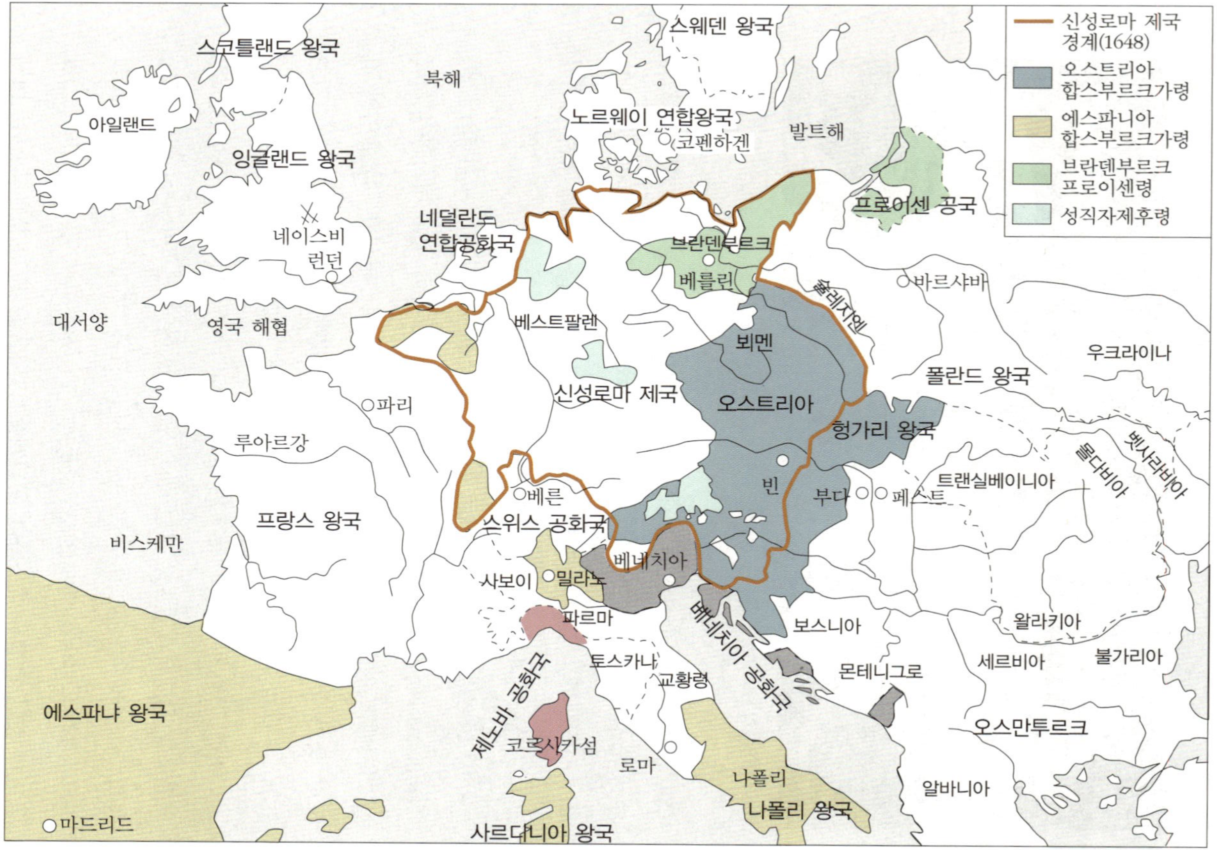

그림 10-1. 17세기 중엽의 중앙유럽

데는 성공했으나 국력이 크게 소모되어 아메리카 대륙에서 많은 식민지를 영국에 빼앗겼다.

한편 이러한 루이 14세의 침략전쟁을 통해 유럽에 새로운 국제정치의 틀이 서게 되었는데, 그것은 유럽의 모든 국가가 참여하는 세력균형(balance of power)이었다. 이는 한 국가가 지나치게 강대해져서 주변 국가를 위협하게 되면 그러한 국가들이 동맹을 맺거나 힘을 합하여 강대한 국가의 힘을 누르고 유럽 국제정치의 균형을 회복한다는 것이었다. 이러한 세력균형에서 특히 중요한 역할을 담당한 나라가 영국이었는데, 섬나라 영국은 언제나 대륙의 강대국의 반대편에 서서 이를 억제하고 해외 식민지 획득에서 큰 이득을 얻어 식민지 제국을 건설했던 것이다.

이와 같이 루이 14세는 무모한 침략전쟁을 거듭하여 국력을 소모했을 뿐 아니라 종교적 통합을 이루려고 낭트의 칙령을 철회하여(1685) 많은 개신교도 상공인과 기술자가 해외로 이주하게 되고, 이로 말미암아 프랑스의 산업이 타격을 받게 되었다. 그리하여 태양왕이 사망할 무렵에는 프랑스의 재정이 크게 궁핍해졌다.

7. 프로이센의 흥기

아우크스부르크의 종교화의 이후 종교문제에서 소강상태를 유지하던 독일은 17세기에 30년전쟁(1618~1648)이라는 대규모의 종교분쟁을 겪게 되었다. 30년전쟁은 처음 뵈멘의 개신교도와 이를 탄압하려는 오스트리아의 종교분쟁으로 시작되었으나 덴마크와 스웨덴이 개신교 편에 가담하여 무력으로 직접 개입하고, 말기에 프랑스의 리슐리외가 역시 개신교 편에 서서 참전함으로써 대규모 국제전쟁으로 확대되었다. 전쟁은 1648년에 종결되고 베스트팔렌 조약이 체결되었다. 이 조약으로 루터파 이외에 칼뱅파도 가톨릭과 동등하게 인정되고, 스위스와 네덜란드의 독립이 국제적으로 인정되었다. 그리고 프랑스는 라인강변에, 스웨덴은 북부독일에 각각 영토를 획득했다.

30년전쟁은 독일에 큰 피해와 타격을 가했다. 종교개혁에 따르는 장기적인 종교분쟁의 계속, 지방분권적인 할거주의의 강화, 신항로 개척에 따른 대서양으로의 경제중심 이동 등 16세기의 독일은 정치적으로나 경제적으로나 쇠퇴의 길을 걷고 있었는데, 이러한 독일에 30년전쟁은 거의 치명적인 타격을 가한 것이다. 국토의 황폐와 이에 따른 경제적 타격은 말할 것도 없고 약 2,100만의 인구가 1,300만 정도로 감소했다고 전해지는 것만 보더라도 독일이 얼마나 큰 피해를 입었는지 짐작하고도 남는다. 그러나 그것만이 아니었다. 베스트팔렌 조약에 의해 독일 내의 각 영방국가들은 완전한 주권이 인정되어 독일의 근대적인 통일국가로의 발전의 길이 차단됨으로써 독일은 이제 단순한 지리적 명칭에 지나지 않게 된 것이다.

이와 같은 영방국가의 분립상태 속에서도 30년전쟁의 피해가 비교적 작았던 북쪽에서 새로 프로이센(Preußen, Prussia)이 흥기하여 18세기 유럽의 강대국 대열에 참가하게 되었다. 프로이센은 원래 독일 기사단의 영지였으나 17세기 초에 브란덴부르크(Brandenburg) 선제후가 이를 상속하고 다시 라인강변에도 영토를 얻어 급속하게 성장했으며 18세기 초에는 신성로마 황제로부터 왕의 칭호를 받아 프로이센 왕국이 되었다.

프로이센이 강대국으로 비약할 수 있는 터전을 닦은 왕은 프리드리히 빌헬름 1세(Friedrich Wilhelm I, 재위 1713~1740)로서, 그는 강력한 상비군과 효율적 관료조직, 그리고 이를 유지할 넉넉한 재정을 마련했다. 그를 계승한 프리드리히 2세(Friedrich II, 재위 1740~1786)는 이러한 유산을 계승하여 프로이센을 강대국으로 발전시켰고, 이로써 그는 '대왕(der Große)'의 칭호를 누리게 되었다.

프리드리히 대왕은 오스트리아에서 마리아 테레지아(Maria Theresia, 재위 1740~1780)가 즉위하자 이에 항의하는 이른바 오스트리아 왕위계승전쟁(1740~1748)을 이용하여 재빨리 슐레지엔(Schlesien)을 점령하고, 이를

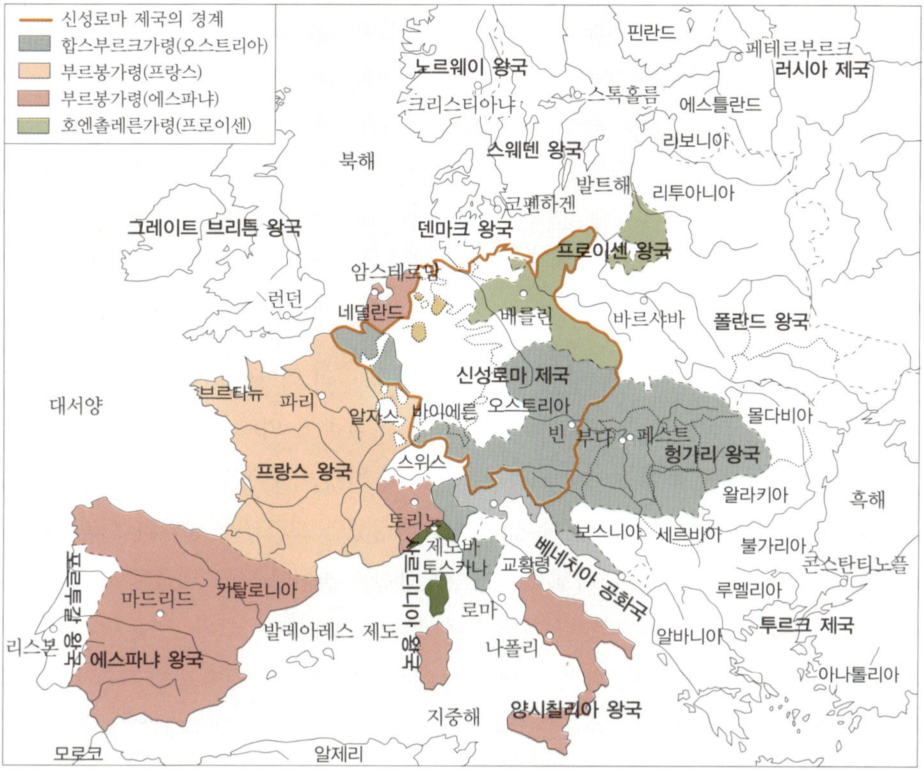

그림 10-2. 18세기 중엽의 유럽

분개하여 복수전을 시작한 마리아 테레지아와 7년전쟁(1756~1763)을 벌였다. 이때 오스트리아는 러시아와 프랑스를 끌어들여 프로이센을 공격한 데 대해 프리드리히는 영국의 재정적인 후원을 얻었을 뿐 거의 고군분투한 끝에 1763년 후베르투스부르크(Hubertusburg) 조약으로 오스트리아로 하여금 프로이센의 슐레지엔 점유를 재확인시켰다. 뒤이어 참전 열강이 따로 맺은 파리 조약(1763)에서 영국은 인도와 아메리카 대륙에서 프랑스의 세력을 완전히 몰아내고 신항로의 개척 이후 계속된 식민지 경쟁에서 최종 승리자가 되어 7대양에 유니언 잭의 깃발이 휘날리게 되었다.

7년전쟁 후 프리드리히 대왕은 될 수 있는 대로 전쟁을 피하고 국력증대에 전념했으며 프로이센적인 관료주의와 군국주의의 전통을 확고하게 뿌리내리게 했다. 그는 또한 당시의 계몽사상의 영향을 받아 스스로 '국가 제일의 공복'으로 자처하고 고문의 폐지, 신앙의 관용 등 계몽된 군주다운 정책을 실시하여 계몽전제군주(enlightened despot)로 알려지게 되었다.

8. 러시아의 등장과 폴란드의 분할

러시아는 프로이센과 거의 비슷한 시기에 유럽의 역사무대에 새로 등장하여 강대국이 되었다. 9세기에 노르만의 한 부족에 의해 세워진 키예프 공국은 13세기 이후 200여 년 동안 몽골족의 지배 아래에 있었다. 15세기 말(1480) 몽골족의 지배를 벗어나는 데 앞장섰던 모스크바 공국의 이반 3세(Ivan III, 재위 1462~1505)는 러시아 통합의 중심이 되고, 비잔틴 제국의 공주를 맞이하여 비잔틴 제국의 후계자로 자처했다. 그의 손자 이반 4세(Ivan the Terrible, 재위 1533~1584)는 황제(Czar)를 칭하고 대귀족의 세력을 눌러 왕권의 강화에 노력했다. 그 후 내란이 거듭되고 17세기 초에 로마노프(Romanov) 왕조가 들어섰으나 장기간에 걸친 몽골족 지배의 영향이 강하게 남아 있었으며 비잔틴의 영향 또한 컸다.

이러한 러시아가 유럽적인 근대 국가의 모습을 갖추기 시작한 것은 17세기 말 표트르 대제(Pyotr I, 재위 1682~1725) 때의 일이다. 표트르는 러시아의 근대화를 위해 직접 유럽 여러 나라를 순방하여 유럽의 풍습과 문화를 도입하고 근대 산업을 일으키는 한편, 관료제와 근대적 군대의 양성에 노력했다. 대외적으로는 이른바 '유럽으로의 창구'인 항구를 얻기 위해 스웨덴과 싸워(북방전쟁, 1700~1721) 발트해로의 출구를 획득하고 새로 상트페테르부르크(Sankt Peterburg)를 건설하여 새로운 수도로 삼았다. 이리하여 러시아는 표트르 대제 때 근대 국가의 모습을 갖추고 유럽의 강대국이 되었으나 황제의 전제정치는 유럽의 어느 절대왕정보다 강했는데, 그와 같은 러시아의 절대왕정은 가혹한 농노제를 기반으로 삼고 있었다.

러시아는 표트르 사후에 귀족들의 당쟁으로 한때 어수선했으나 18세기 후반에 여제 예카테리나 2세(Ekaterina II, 재위 1762~1796) 시대에 질서가 잡히고 다시 황제정치가 강화되었다. 여제는 프리드리히 대왕과 마찬가지로 계몽전제군주를 자처하면서 여러 개혁을 단행하고 투르크와 싸워 흑해연안의 영토를 획득했다. 그러나 농노제에 입각한 강력한 전제정치라는 기본구조에는 아무런 변화도 없었고 전제적 통치는 오히려 강화되었다.

18세기에 프로이센과 러시아라는 새로운 강대국이 등장함으로써 비운을 맞이한 것은 폴란드였다. 폴란드는 중세 말에 세워진 슬라브 국가로서 16세기에는 동유럽의 강대국이었다. 그러나 봉건귀족의 세력이 강한 데다가 선거왕제를 취하고 있었기 때문에 국가의 통합성이 미약하고 산업의 발달도 늦었다. 그리하여 국력이 약해진 폴란드는 18세기 후반에 프로이센, 러시아, 오스트리아에 의해 세 차례(1772, 1793, 1795)에 걸쳐 영토가 분할되어 멸망하고 말았다. 제1차 세계대전 후에 다시 독립을 회복할 때까지 폴란드 민족은 기나긴 투쟁과 고난의 길을 걷게 되었다.

제2절 영국의 절대왕정과 혁명

1. 영국의 절대왕정

영국의 절대왕정은 장미전쟁이 끝난 15세기 말 튜더(Tudor) 왕조가 들어서면서부터 시작된다. 튜더 왕조는 처음부터 유리한 조건을 가지고 있었다. 그것은 장미전쟁으로 과거에 왕권에 대항하고 있던 봉건귀족들이 대부분 자멸했다는 사실이다. 튜더의 국왕들은 대체로 국익과 국가발전에 부응하는 정책을 실시하고, 영국은 국민의식이 일찍이 싹트고 봉건사회가 순조롭게 해체되면서 근대적인 산업이 일어나고 해외로의 발전이 활발했다. 헨리 8세가 이혼문제로 종교개혁을 단행할 수 있었던 것도 바로 이러한 영국의 정치적 · 경제적 발전에서 그 주된 이유를 찾을 수 있다. 뿐만 아니라 헨리 8세는 수도원을 해산하여 그 막대한 토지재산을 측근에 나누어주고 판매하여 절대왕권의 기반을 강화했다.

에드워드 6세와 카톨릭 신자였던 메리 여왕의 짧은 치세를 거쳐 엘리자베스 여왕 시대에 이르러 영국의 절대왕정은 전성기를 맞이하게 되었다. 여왕은 메리 여왕 때 흔들렸던 영국 국교회를 확립하고 상공업의 발전을 도모하는 한편 에스파냐의 위협을 물리치면서 영국의 해외 진출을 적극적으로 지원했다. 그리하여 1588년에 에스파냐의 무적함대를 격파하여 미래의 식민제국 건설의 기틀을 잡았다. 여왕의 정치는 "왕실은 가난해도 나라는 부유하다"는 한 마디로 그 내용을 짐작할 수 있으며 문화 면에서도 셰익스피어가 나오는 등 영국의 르네상스 문화가 꽃피게 되었다.

2. 사회의 변화

튜더 시대로부터 퓨리턴 혁명이 발생한 1640년 사이에 영국 사회에는 많은 변화가 일어났으며, 이러한 사회의 변화는 혁명의 주된 배경이 되었다. 1520년부터 1640년까지에 영국의 인구는 배로 증가하고, 이는 농업생산을 자극하여 농업기술의 향상과 경작지의 증가를 초래했다. 한편 15세기 이래 영국의 국민적 산업으로 성장하기 시작한 모직물공업은 날로 융성해지고, 이에 따라 목양을 위한 목장을 만들려는 인클로저 운동(enclosure movement)이 성행하게 되었다. 그 결과 농촌의 공동체적 성격이 손상을 입고 소농과 빈농이 토지를 상실하여 농업노동자로 전락하는 현상이 일어나는 한편 농업노동자를 고용하여 대규모 경작지를 경영하는 농업자본가들이 등장하여 농업자본주의가 발달하게 되었다.

해외무역은 16세기에는 큰 발전이 없었으나 17세기에 들어서면서 급속도로 신장하기 시작했다. 특히 모직물 수출은 해외무역에서 큰 비중을 차지했을 뿐 아니라 목양에 종사하는 지주, 양모나 모직물을 수출하는 상인, 직조업에 종사하는 수공업자, 그리고 이를 부업으로 삼고 있는 농민들을 결합시키는 강력한 요인이 되기도 했다. 이러한 모직물공업의 융성을 중심으로 다른 산업도 발달하고 석탄산업, 철사 · 유리 · 비누 제조업과 같은 신규산업이 일어나기도 하여 일부 경제사가들은 이를 가리켜 제1차 산업혁명이라고 부르기도 한다. 그러한 견해는 과장된 면이 없지 않지만, 위에서 말한 신규산업들이 처음부터 자본주의적인 대규모생산이었던 점은 주목할 만하다.

이와 같은 경제발전과 더불어 주목을 끄는 또 하나의 현상은 런던의 급속한 팽창이다. 1500년에 6만이던 런던 인구는 1640년에 45만으로 증가했으며, 이는 영국 전체의 같은 기간 내의 인구증가가 두 배였던 점을 감안할 때 놀라운 증가율이다. 한편 17세기에 런던은 영국의 수출입의 70% 내지 80%를 장악하고 있었으며, 각종 법원 또한 런던에 집중되어 있었다. 그러므로 국왕이 런던을 상실할 경우 그 정치적 생명을 유지하기는 여간 어려운 일이 아니었다.

또 다른 매우 중요한 변화는 향신(鄕紳)이라고도 불리는 이른바 젠트리(gentry)의 양적 · 질적 발전이었다. 젠트리는 그들의 토지로부터의 수입으로 생활할 수 있는 지주들로서 사회적으로는 작위를 가진 귀족보다 아래에 있고 자영농민인 요먼(yeoman)보다는 위에 있었다. 그들 중에는 가난한 자도 있었으나 전체적으로 볼 때 이 시기에 크게 성장하여 영국 사회에서 매우 유력한 신분집단(status group)을 형성하게 되었으며, 하원의석의 75%를 차지하고, 지방행정의 핵심이라 할 수 있는 치안판사(justice of peace)직의 절대다수를 차지하고 있었다. 그들에 이어 이 시기에 크게 성장한 계층은 법률가와 의사 같은 전문직업인들이었고, 런던과 지방도시의 상인 엘리트들이 또한 그 뒤를 이었다.

이러한 새로 대두한 유력한 사회계층, 특히 젠트리는 17세기에 귀족과 왕권으로부터 해방되어 자신감에 넘쳐 있었고, 그 대다수가 고등교육의 이수자로서 스튜어트 왕조의 사치와 낭비, 전제와 압제에 강한 반감을 가지고 영국의 헌정적 전통을 지키려는 강한 의지를 지니고 있었다. 그들 중에는 칼뱅 계통의 퓨리터니즘(puritanism)의 신봉자가 많았는데, 퓨리터니즘은 그들보다 하층인 수공업자, 소상인, 그리고 자영농민들 사이에도 광범하게 퍼져 있었다. 특히 도시의 소시민층에 대해 퓨리터니즘은 문자해독과 교육의 기능을 수행했으며, 그들을 정치화하는 데도 큰 몫을 했다. 이와 같은 경제적 발전과 사회적 변화는 17세기 영국에 새로운 정치적 과제를 제기했다. 그것은 새로 대두한 유력한 사회계층과 정치화한 소시민층을 어떻게 효율적으로 정치과정 속에 협동적으로 참여시키느냐 하는 문제였다.

3. 혁명으로의 길

일생 독신으로 지냈던 엘리자베스 여왕에게 후계할 자녀가 없었기 때문에 헨리 8세의 누이 마거리트의 증손자이자 스코틀랜드의 왕인 제임스 6세(James VI)가 영국 왕위를 계승하여 제임스 1세(재위 1603~1625)라 칭함으로써 스튜어트(Stuart) 왕조가 열리게 되었다. 제임스 1세는 영국의 사정에 어둡고 스스로 왕권신수설을 주장할 정도의 절대군주였기 때문에 마그나 카르타 이래의 영국의 헌정적인 전통이나 중세 말부터 유지되어 온 영국 의회의 과세권 등을 무시하고 자의적인 전제정치를 실시하여 의회와 충돌하게 되었다. 의회의 승인을 거치지 않은 과세나 독점권의 남발은 국익이나 당대 영국 상공업의 발전에 부응하는 것이 아니었기 때문에 이에 대한 반감이 컸으며, 또한 엘리자베스 시대에는 묵인되어 오던 퓨리턴들(Puritans)에 대해 종교적 압박을 가함으로써 이들의 저항을 자아냈다.

제임스 1세의 뒤를 이은 찰스 1세(Charles I, 재위 1625~1649)는 이러한 자의적인 전제정치를 더욱 강화하여 의회의 승인 없는 과세와 독점권의 남발 그리고 국교의 강요로 의회와 정면충돌하게 되었다. 1628년 의회는 '권리청원(Petition of Rights)'을 제출하여 의회의 과세권을 재확인하고 국민이 정당한 재판을 받을 권리를 주장했다. 찰스는 마지못해 이를 승인했으나 그 후 11년간이나 의회를 소집하지 않고 전제정치를 계속했다. 그러다가 1640년 스코틀랜드의 장로파 교회까지도 영국 국교회로 만들려다가 싸움이 벌어지자 이에 필요한 전비를 마련하고자 의회를 소집했다. 오랜만에 소집된 의회는 이 기회를 놓칠세라 그동안 누적된 찰스의 비정(秕政)을 샅샅이 들추어내어 시정을 촉구하고 전면적인 개혁을 요구하기에 이르렀다.

4. 퓨리턴 혁명

찰스는 의회의 요구를 부분적으로 받아들였으나 그것이 절대왕권 자체에 대한 전면적인 도전에까지 이르자 군대의 힘으로 의회를 굴복시키려 했고 의회가 이에 맞서게 되어 군사적 충돌이 일어났다(1642). 당시 의회에서 다수를 차지하고 또한 주도적인 세력을 형성하고 있던 사회계층은 젠트리였고, 그들이 의회파(Parliamentarians)와 왕당파(Royalists)로 갈라졌기 때문에 양파 사이에는 큰 사회 · 경제적 차이는 없었다. 그러나 지역적으로 보아 경제적으로 후진지역인 서북부에서는 왕당파가 우세하고 의회파는 경제적으로 발달한 동남부에서 우세했다. 그리고 대체적으로 국교회계통의 사람들, 궁정에 가까웠던 보수적인 지주와 귀족, 그리고 후진적인 농민 등이 왕당파에 가담하고, 퓨리턴을 중심으로 한 근대적인 지주와 상공인, 그리고 자영농민 등이 의회파를 지지했다.

전세는 처음 의회파에게 불리했으나 젠트리 출신의 올리버 크롬웰(Oliver Cromwell, 1599~1658)이 경건한 퓨리턴들로 철기군(Ironsides)을 조직하고, 그 뒤 이를 토대로 의회군을 개편하여 신형군(New Model Army)을 만들어 1645년 네이즈비(Naseby)에서 왕군에게 결정적인 승리를 거두었다.

그러나 승리를 거둔 의회파는 장로제를 실시하고 왕과의 타협을 모색하는 장로파(Presbyterians)와 획일적인 교회제도를 배격하고 신앙의 자유를 주장하는 독립파(Independents)로 분열하고, 독립파 내에는 다시 민주주의적인 공화제를 지향하는 수평파(Levellers)가 생겼다. 장로파는 의회에서 다수를 차지하고, 독립파는 크롬웰을 중심으로 군대를 장악하고 있었으며, 수평파는 일부 진보적인 장교와 주로 사병들에게 세력을 침투시키고 있었다.

크롬웰은 군대의 단합을 도모한 다음 스코틀랜드로 도망간 왕군을 다시 격파하고(1648), 의회에서 장로파 의원을 숙청한 후 독립파가 주도하는 의회에서 찰스를 재판에 부쳐 처형했다(1649). 이리하여 영국은 유사 이래 처음으로 공화국(Commonwealth)이 되었다.

그러나 그 뒤 크롬웰은 독립파가 주도하는 의회와도 사이가 벌어져 1653년 이를 해산하고, 역시 영국 역사상 유례없는 성문헌법인 통치헌장(Instrument of Government)을 제정하여 호국경정치(Protectorate)를 시작했다. 즉, 국가원수를 호국경(Lord Protector)이라 하고 그 밑에 내각에 해당하는 평의회와 3년마다 열리는 의회를 두었으며 크롬웰은 종신 호국경에 취임했다. 그러나 크롬웰의 호국경정치는 군대를 배경으로 하는 독재정치로 기울어지고 금욕적인 퓨리턴 정치가 실시되었다.

한편 크롬웰은 가톨릭이 우세한 아일랜드의 반란군을 정복하고(1649), 항해법(Navigation Act, 1651)을 제정하여 영국과 그 식민지에 상품을 운반하는 선박은 영국 선박이어야 하며, 유럽의 상품은 영국 선박이나 상품 생산국의 선박이 운반해야 한다고 규정하여 네덜란드의 중개무역에 타격을 가했다.

그러나 1658년에 크롬웰이 죽고 그의 아들 리처드가 호국경이 되면서 내란과 독재, 그리고 엄격한 금욕적인 생활의 강요에 대한 국민의 싫증과 불만이 더욱 커졌다. 이리하여 군사령관 멍크(Monck)의 주도 아래 찰스 1세의 아들 찰스(2세)가 다시 국왕으로 추대되어 국민의 환호 속에 귀국하여 1660년 왕정복고(Restoration)가 이루어졌다.

이와 같이 영국의 퓨리턴 혁명은 프랑스 혁명에 버금갈 만한 큰 사건이었으나 사회 · 경제적 개혁은 별로 이루어지지 않았다. 그것은 혁명의 주도 세력이 신흥시민계급(부르주아지)이 아니라 당시의 지배층이었던 젠트리층이었다는 데 그 주된 원인이 있었다. 그러나 정치적인 면에서 절대주의와 전제정치에 항거하여 입헌적인 자유와 신앙의 자유를 더욱 확대하고 확립하려고 한 점에서 그 의의는 크며, 설혹 당대에 성취된 것은 없다 하더라도 수평파를 비롯하여 후세에 영향을 미친 여러 민주주의 사상이 풍요하게 꽃핀 점도 뜻깊은 일이었다.

5. 명예혁명

왕정복고로 왕위에 오른 후 찰스 2세(재위 1660~1685)는 절대군주임에 틀림없었으나 퓨리턴 혁명의 교훈에 비추어 의회와의 정면충돌을 회피하고 조심스럽게 통치했다. 그의 치세 중 공직을 국교도에게 한정하는 심사법(Test Act, 1673)과 함부로 인신을 구속하지 못하게 하는 인신보호법(Habeas Corpus Act, 1679)이 제정되고, 국왕을 추종하는 토리당(Tories)과 야당 격인 휘그당(Whigs)이 생겼는데, 이는 그 후의 보수당과 자유당의 전신이었다.

찰스 2세를 뒤이은 제임스 2세(재위 1685~1688)는 형 찰스와는 달리 노골적으로 전제정치를 강화했을 뿐 아니라 가톨릭을 공공연하게 부활하려 했다. 이에 의회의 여 · 야당 지도자들은 제임스의 장녀인 메리와 그의 남편인 네덜란드 총독 윌리엄(William of Orange)을 공동왕으로 추대했다

(1688). 이에 윌리엄이 군대를 거느리고 영국에 상륙하자 제임스는 프랑스로 도망가고 왕위에 오른 윌리엄과 메리는 의회가 제출한 '권리장전(Bill of Rights)'을 승인했다(1689).

권리장전은 의회의 입법권과 과세권을 확인하고 의원선거의 자유와 의회 내에서의 발언의 면책권을 규정한 것으로서, 의회의 우위를 확인하고 새로운 의회정치의 출발점이 된 영국 헌정사상 가장 중요한 문헌의 하나다. 의회는 이에 이어 군대의 통수권을 장악하고, 퓨리턴을 포함한 개신교도에게 예배의 자유를 허용하고, 언론의 검열을 폐지하는 등 보완적인 입법조치를 취하여 절대왕정을 배격하고 의회 중심의 입헌정치체제를 수립했다. 그것은 아직도 근대 민주주의와는 거리가 먼 것이었으나 유럽 대륙에서 절대주의가 전성기를 맞이하고 있는 시기에 민주주의를 향한 획기적인 새로운 발전이 시작되었다는 점에서 그 의의가 매우 크다 할 것이며, 이러한 큰 변혁이 피 한 방울 흘리지 않고 이루어졌다 하여 영국인들은 이를 '명예혁명(Glorious Revolution)'이라고 자랑하고 있다.

명예혁명은 어떤 의미에서는 퓨리턴 혁명의 과업을 좀 더 온건한 영국적인 방식으로 마무리 지은 혁명이었다고 하겠으며, 그 후의 새로운 정치적 발전은 상공업의 융성을 자극하고, 영국이 식민지 경쟁에서 승리하고, 산업혁명을 맞이하게 되는 주된 요인의 하나가 되었다.

1702년에 메리 여왕에 이어 앤(Anne, 재위 1702~1714)이 즉위했으나 후계자가 없어 독일의 하노버(Hannover) 공 조지 1세(George I, 재위 1714~1727)가 새로 왕위에 올랐다. 그는 영어를 잘 몰랐기 때문에 정치를 대신들에게 맡기게 되었고, 의회에서 다수를 차지한 정당이 내각을 조직하는 이른바 내각책임제의 관습이 수립되기 시작했다. 한편 앤 여왕 때 스코틀랜드 의회가 영국 의회와 합쳐짐으로써 그레이트 브리튼 왕국(Kingdom of Great Britain)이 성립했다(1707).

제3절 17 · 18세기의 문화

1. 바로크 예술과 문학

17세기는 절대왕정의 전성기였고, 따라서 절대군주와 그의 궁정이 정치나 사회뿐만 아니라 예술을 포함한 문화의 모든 분야에서 중요한 위치를 차지하고 있었다. 실제로 많은 예술가, 음악가, 학자가 국왕이나 대귀족의 보호를 받았고, 따라서 17세기의 문화는 어떤 의미에서는 궁정문화라 할 수 있다. 17세기의 예술인 바로크(baroque) 예술도 이러한 시대의 성격을 반영하여 궁정적이고 귀족적이었다. 그러나 바로크 예술은 다른 한편으로는 르네상스의 계승 · 발전으로서 근대적인 인간의 힘의 자각이라는 특징을 두드러지게 나타내고 있다. 베르사유 궁전은 장대하고 호화찬란한 점에서 바로크 예술의 상징적인 건축이며, 벨라스케스와 엘 그레코, 루벤스 등은 바로크 시대의 대표적인 화가이다. 한편 네덜란드와 같이 에스파냐의 절대왕정과 싸워 독립을 이루고 경제가 발달하여 시민계급이 발달한 곳에서는 바로크 예술의 수법을 간직하면서도 시민생활의 모습을 묘사한 렘브란트 같은 화가가 나오기도 했다. 그러나 18세기에 들어서면서 예술양식은 좀 더 섬세하고 소규모적이며 말단의 기교가 뛰어난 로코코(rococo) 양식으로 변했는데, 이는 절대왕정이 기울어지는 시대상의 반영이라 하겠다.

모차르트

음악에서는 궁전과 교회를 중심으로 한 비발디(Vivaldi, 1678~1741), 바흐(Bach, 1685~1750), 헨델(Händel, 1685~1759) 등의 바로크 음악으로부터 모차르트(Mozart, 1756~1791), 하이든(Haydn, 1732~1809), 베토벤(Beethoven, 1770~1827) 등의 고

전음악으로 발전했다.

문학은 근대에 들어서면서 나라마다 그 성격과 내용이 다른 국민문학이 발달했다. 영국에서는 퓨리턴 혁명을 옹호하고 언론과 사상의 자유를 주장한 17세기의 대표적인 시인 밀턴(Milton, 1608~1674)의 대작 『실낙원(*Paradise Lost*)』(1667)과 버니언(Bunyan)의 『천로역정(*The Pilgrim's Progress*)』(1678, 1684) 등 퓨리터니즘 문학이 주목을 끌며, 18세기에는 디포우(Defoe)의 『로빈슨 크루소(*Robinson Crusoe*)』(1719), 스위프트(Swift)의 『걸리버여행기(*Gulliver's Travels*)』(1726) 등이 눈에 띈다.

프랑스에서는 루이 14세 때 비극에 코르네유와 라신, 희극에 몰리에르 등의 대극작가들이 나와 고전문학을 완성시키고, 18세기에는 앙시앵 레짐(ancien régime, 구제도)을 비판하고 풍자한 작품들이 주류를 이루었다. 독일에서는 18세기에 헤르더(Herder)가 문화적 민족주의를 주장했으며 괴테(Goethe, 1749~1832), 실러(Schiller, 1759~1805) 등이 이른바 '질풍과 노도(Sturm und Drang)' 운동의 중심이 되어 낭만주의로 경도하면서 독일 문학의 빛나는 토대를 구축했다.

2. 근대 과학과 근대 철학의 성립

17세기는 근대 국가의 성립기인 동시에 근대 과학과 근대 철학의 성립기이기도 했다. 그러므로 어느 역사가는 17세기를 진정한 의미의 '근대적인(modern)' 것이 시작되는 시기로 보았다.

코페르니쿠스의 지동설로부터 시작된 르네상스 이래의 근대 과학의 발전은 케플러와 갈릴레이를 거쳐 뉴턴(Newton, 1642~1727)에 이르러 일단락을 짓게 되었다. 뉴턴은 만유인력의 법칙을 발견함으로써 우주의 전 질서를 역학적으로 설명하고 우주 전체가 하나의 통일적인 법칙체계에 따라 움직이고 있음을 밝혔다. 이러한 자연과학의 발전은 과학혁명(Scientific

Revolution)이라고 불릴 정도로 획기적인 것이었으며 자연에 대한 새로운 인식을 가져왔다. 그것은 자연계가 인간이 이해하고 파악할 수 있는 법칙에 따라 움직이고 있으며 따라서 인간은 이를 통제하고 지배할 수 있다는 인식이며, 이러한 인식은 고대나 중세의 전통사회에는 없었던 것으로 근대 사회 특유의 것이었다.

뉴턴

이와 같은 근대 자연과학의 발달은 종래 주로 사변(思辨)에 의존하고 성서와 고전에서 권위와 진리를 찾던 것과는 달리 실험과 관찰을 중시하고 이로부터 얻어진 사실을 수학적으로 정리하여 진리를 찾고 법칙을 세우는 과학적 방법의 발달에 힘입은 바가 컸다. 이와 더불어 실험이나 관찰에 필요한 기구나 장치의 발달 또한 중요했으며 이러한 실험기구나 장치의 발달은 근대 산업의 발달과도 깊은 관계를 가지고 있었다.

17세기에는 자연과학이 새로운 유행 학문이 되었으며 각국 과학자들의 모임인 학회가 설립되어 자연과학 연구를 촉진하고 보급하는 데 공헌했다. 대표적인 것으로는 영국의 '왕립협회(Royal Society)'(1662)와 프랑스의 '과학아카데미(Académie des Sciences)'를 들 수 있다.

17세기에 이러한 자연과학의 발달과 밀접한 관련을 갖고 근대 철학이 성립하게 되었는데, 거기에는 크게 두 가지 서로 다른 철학의 조류가 있었다. 그 하나는 영국에서 발전한 경험론(empiricism)이고, 다른 하나는 프랑스를 비롯하여 대륙에서 발전한 합리론(rationalism)이다.

프랜시스 베이컨이 귀납법을 주장하여 과학적인 방법의 발전에 공헌한 데 이어, 로크(Locke, 1632~1704)는 인간의 마음은 백지와 같으며 모든 지식은 감각과 경험을 통해서 얻어진다고 하여 경험론을 확립했다. 한편 프랑스의 데카르트(Descartes, 1596~1650)는 수학자로서 자연과학에 공헌하는 동시에 철학자로서 합리론을 정립했다. 인식의 근원을 탐구한 그는 모든 것을 의심하지만 이렇게 회의하는 존재만은 의심할 수 없다는 결론에 도달했다. 그리하여 데카르트는 "나는 생각한다, 그러므로 나는 존재한다(Cogito ergo sum)"라는 유명한 명제로부터 출발하여 모든 것을 이성의 빛을 통해 연역적으로 설명하는 합리론을 전개했다.

이 밖에 네덜란드의 스피노자(Spinoza, 1632~1677), 독일의 라이프니츠(Leibniz, 1646~1716) 등이 내용은 다르지만 합리론적 철학을 전개하고 영국에서는 18세기에 흄(Hume, 1711~1776)이 경험론에서 출발하여 자연을 포함한 모든 것이 인상 또는 관념의 복합에 불과하다 하여 자연과학적 인식의 객관성을 부정하는 회의론에 빠지기도 했다.

3. 정치사상의 발전

근대 국가의 성립과 더불어 주권과 국가이성(raison d'état)의 문제가 정치사상의 중심과제로 되었다. 국가이성이란 국가가 그의 존립 또는 발전을 위해 지니고 있는 욕구를 말하며 그것은 국가이익이라고도 할 수 있다. 이러한 국익의 추구는 근대 국가의 근본적인 속성이며 이를 일찍이 간파한 사람은 마키아벨리였다. 한편 주권이란, 프랑스의 보댕(Jean Bodin, 1530~1596)의 규정에 따르면, "법의 구속을 받지 않는, 또한 어떤 상위자도 인정하지 않는 국가에서의 최고권력"이며, 그 속성으로는 입법권, 군대 유지권, 전쟁 및 평화체결권, 최고사법권, 과세권, 화폐주조권 등을 들 수 있다. 보댕은 이러한 주권은 당연히 군주에 의해 행사되어야 한다고 주장하여 형성과정에 있던 절대왕정을 옹호하면서 다만 군주는 가부장과 같이 절대적이고 엄격하면서도 자애를 가지고 통치해야 한다고 했다. 한편 보쉬에(Bossuet, 1627~1704)는 가톨릭의 입장에서 절대왕권의 신성함을 주장했다.

이와 같은 절대왕정을 옹호하는 정치사상은 왕권신수설(Divine Right of Kings)로 집약되었다. 즉, 왕권은 신으로부터 주어진 것이며 따라서 절대적이고 신성하며, 신민은 오직 국왕에게 복종할 따름이고 국왕은 신에게만 책임을 진다는 것이다. 영국의 제임스 1세는 「자유로운 군주국의 진정한 법(The True Law of Free Monarchy)」(1598)이라는 논문에서 이를 주장했고, 루이 14세를 비롯한 대륙의 절대군주들도 다 왕권신수설의 신봉자였다.

홉스

영국의 홉스(Hobbes, 1588~1679)는 이와는 달리 더욱 근대적인 입장에서 왕권의 절대성을 옹호했다. 그는 『리바이어선(*Leviathan*)』(1651)에서 인간의 자연상태는 '만인 대 만인의 투쟁상태'이며 사람들은 이를 면하기 위해 계약을 맺고 모든 자연권을 주권자인 지배자에게 양도하고 이래서 국가가 성립했다고 논하고, 그렇기 때문에 지배자는 모든 권리와 권력을 독점하는 절대적인 존재가 된다고 했다. 홉스가 자연상태로부터 출발한 것이나 계약설을 도입한 것은 주목할 점이며, 그가 근대국가를 구약성경에 보이는 모든 것을 집어삼키는 바다의 괴물 리바이어선에 비유한 점 또한 흥미롭다 하겠다.

17세기 말 영국에서 명예혁명이 일어나 절대왕정이 무너지고 의회 중심의 새로운 입헌정치가 발전하기 시작하자, 이에 따라 경험론 철학을 확립한 로크는 『정부론(*Two Treatises of Government*)』(1690)에서 새로운 민주주의 이론을 전개했다. 로크에 의하면 인간의 자연상태는 홉스의 견해와 달리 자연법이 지배하는 자유롭고 평등한 상태이며, 인간은 재산과 생명 그리고 자유라는 자연권을 누리고 있었다. 사람들은 이러한 자연권을 더욱 확실하게 누리기 위해 계약을 맺고 사회(즉 국가)를 형성했다. 그러므로 계약에 의한 국가의 성립은 자연권의 안전한 향유와 자연법의 원활한 실시를 위한 것이고, 권리를 양도한 것이 아니라 위탁(trust)한 데 지나지 않는다. 그러므로 개인은 국가나 군주에게 복종해야 하지만 그것은 자유로운 동의에 의한 것이고 자연권의 향유라는 한계 내에서의 일이다. 따라서 지배자가 계약에 의해 위탁받은 권한과 한계를 넘어서면 시민은 이에 반항할 권리를 가진다는 것이다. 이러한 로크의 정치사상은 실제로는 제임스 2세를 추방한 명예혁명을 정당화하는 것이었으나 결과적으로 근대 민주주의 이론의 가장 중요한 토대가 되고, 18세기의 계몽사상가와 미국 혁명 등에 미친 영향 또한 매우 컸다.

16세기 후반으로부터 17세기에 걸쳐 종교개혁과 근대 국가의 성립, 식민지 획득 등 여러 요인이 엉키면서 국가들 사이에 수많은 분쟁과 전쟁이 일어났다. 네덜란드의 그로티우스는 이러한 상황, 특히 30년전쟁의 처참한 양상을 보고 『전쟁과 평화에 관한 법(*De jure belli ac pacis*)』(1625)을 저술하여 전쟁이 나면 야만인조차 부끄러워할 만행이 자행된다고 개탄했다. 또한 모든 국가가 지켜야 할 정의와 도덕, 즉 국제법의 존재를 지적하고 모든 국가는 대소를 막론하고 완전한 주권국가이므로 이러한 주권을 침해해서는 안 된다고 주장하여 국제평화를 옹호했다.

4. 계몽사상

봉건사회의 붕괴과정 속에서 싹트고 발전한 근대 정신은 17세기에 합리주의 철학과 새로운 기계적인 자연관, 그리고 로크의 민주적인 정치사상으로 풍요로워지면서 18세기에 계몽사상(Enlightenment)으로 발전했다. 계몽사상은 프랑스를 중심으로 유행했으며 기울어지는 절대왕정에 대한 날카로운 비판을 내포하면서 새로운 근대적 시민사회 건설의 사상적 기반이 되었다.

당시 '철학자(philosophe)'라고 불린 계몽사상가들은 개별적으로는 생각이 저마다 달랐지만 모두 다 인간의 이성의 힘과 그것에 의한 인류의 무한한 진보를 믿었다. 만일 인간의 이성이 자연과 우주의 통일적인 법칙을 파악함으로써 자연을 인간에게 유리하도록 이용할 수 있다면 인간의 이성은 인간과 인간사회의 구조 및 변화의 근본을 이해할 수 있고, 이를 개혁하고 향상시킬 수 있을 것이라고 믿었던 것이다. 이러한 인류의 진보를 위해서는 무지와 미신을 타파하고 이성에 어긋나는 구습과 낡고 모순된 제도를 과감하게 시정하고 개혁해야 한다는 것이다. 그리하여 계몽사상은 현존질서의 타파와 개혁의 사상적 기반이 되었으며 현실적으로 프랑스 혁명의 사상적 배경이 되고 크게는 근대 사회 발전의 사상적 동력이 되었다.

볼테르(Voltaire, 1694~1778)는 많은 저술을 통해 교회의 부패를 공격하고 신앙과 언론, 그리고 출판의 자유를 주장하는 한편 미신과 편견의 타파에 노력했다. 정치적으로는 영국의 입헌정치를 동경하는 비교적 온건한 편이어서 당시 프로이센의 프리드리히 대왕, 러시아의 예카테리나 여제 등 계몽전제군주들에게 많은 영향을 미쳤다. 몽테스키외(Montesquieu, 1689~1755)는 『법의 정신(*L'Esprit des lois*)』(1748)에서 자유를 지키고 유지하기 위한 방도로 삼권분립을 주장하여 많은 영향을 미쳤으나 정치적으로는 영국식의 귀족정치를 옹호했다. 가장 과격했던 것은 스위스의 시계공의 아들로 태어난 루소(Rousseau, 1712~1778)였다. 그는 문명사회의 허식과 거짓을 비판하고 "자연으로 돌아가라"고 외쳤으며, 감수성이 예민하여 낭만주의(Romanticism)의 선구자로 지목되기도 한다. 그러나 그의 사상에서 가장 중요한 것은 그가 『사회계약론(*Du Contrat Social*)』(1762)에서 전개한 인민주권설이었다. 루소는 사회(국가)의 성립은 인민 전체의 사회계약으로 성립하며 개별적인 의지의 집약인 동시에 공동이익을 추구하는 '일반의지(volonté générale)'가 법질서 성립의 기반이 되는 것이며, 주권은 바로 이러한 인민 전체의 일반의지의 행사이며, 따라서 주권은 인민에게 있고 정부는 이를 집행할 따름이며, 그리하여 정부는 일반의지를 벗어나서는 안 된다고 주장했다. 루소는 자유를 천부의 권리로 보았으며 단순한 법적 평등만이 아니라 빈부의 격차를 축소하는 경제적 평등도 주장했고, 『에밀(*Émile*)』(1762)에서는 혁신적인 교육론을 펴기도 했다. 한편 디드로(Diderot, 1713~1784), 달랑베르(D'Alembert, 1717~1783) 등 이른바 백과전서파(Encyclopédistes)는 새로운 과학적 지식과 계몽사상을 널리 보급시키려는 뜻에서 당대의 저명한 학자와 사상가를 동원하여 정치적 억압을 극복하면서 방대한 『백과전서(*Encyclopédie*)』를 편찬했다. 이는 당시의 과학적 지식과 계몽사상의 사회관과 세계관을 집대성한 것이었다.

5. 새로운 경제사상

18세기에는 절대왕정에 대한 비판만이 아니라 절대왕정의 경제정책이었던 중상주의에 대한 비판도 일어났으며, 그것은 자본주의의 발달과 시민계급의 성장의 결과이기도 했다.

프랑스의 케네(Quesnay, 1694~1774)를 중심으로 한 중농학파(Physiocrats)는 중상주의가 지금(地金)을 재부(財富)의 원천으로 삼는 것을 비판하고 토지와 농업을 중요시했다. 또한 상공업에서도 국가의 간섭과 통제가 자연법에 어긋난다고 하여 이를 배격하고 자유방임(laissez-faire) 정책을 주장했다.

애덤 스미스

이러한 자유방임주의를 더욱 강력하게 주장하는 동시에 고전경제학의 토대를 구축한 사람이 영국의 애덤 스미스(Adam Smith, 1723~1790)였다. 그는

『국부론(*Wealth of Nations*)』(1776)에서 중상주의를 전면적으로 비판하는 한편, 부의 원천을 중농학파와 같이 단순히 토지나 농업생산이라고 생각하지 않고 상공업을 포함한 물품의 생산, 즉 노동력이라고 주장했다. 또한 그는 각 개인이 자기의 이익을 추구하도록 내버려두면 '보이지 않는 손(invisible hand)'이 작용하여 결과적으로는 사회 전체의 복리를 증진시키게 되며, 따라서 자유방임이 국가의 간섭이나 통제보다 더 많은 경제발전을 이룩할 수 있다고 했다. 이러한 견지에서 그는 국가의 기능을 최소한도로 축소시켜 야경국가론(夜警國家論)을 펴기도 했다. 애덤 스미스의 경제사상은 후에 리카도(Ricardo, 1772~1823), 맬서스(Malthus, 1766~1834) 등에 의해 계승 · 발전되어 고전경제학을 형성하고 자유주의 경제의 초석이 되었다.

제11장 시민혁명과 산업혁명

제1절 미국 혁명
제2절 프랑스 혁명
제3절 나폴레옹 시대
제4절 산업혁명

절대왕정은 16세기로부터 시작된 근대적 발전의 소산이었으나 거기에는 아직도 많은 봉건적 잔재가 남아 있었다. 18세기 후반에 이르러 이러한 봉건적 잔재를 제거하고 근대적 시민사회를 건설하려는 움직임이 모든 분야에서 활발해졌는데, 그 가장 극적인 표출이 프랑스 혁명과 같은 시민혁명이었다. 그러나 이보다 앞서 신대륙에서 발생한 미국 혁명 또한 영국 식민지의 단순한 독립전쟁에 그치지 않고 민주주의의 원리에 입각한 혁명이었고 새로운 근대적인 공화국을 탄생시켰다.

18세기 말에 일어난 프랑스 혁명은 미국 혁명보다 훨씬 더 격렬한 양상을 띤 전형적인 시민혁명으로서 시민계급의 주도하에 귀족적이고 봉건적인 앙시앵 레짐과 절대왕정을 타도하고 근대적인 시민사회 건설의 결정적인 계기를 마련했다. 미국 혁명과 프랑스 혁명이 일어나고 있을 무렵 섬나라인 영국에서는 좀 더 조용하게 그러나 그것들에 못지않게 중요한 산업상의 큰 변혁이 시작되고 있었다. 이 산업혁명은 자본주의를 완성시키고 농업적이던 유럽 사회를 산업사회로 전환시킴으로써 유럽의 경제와 사회, 그리고 나아가서 정치에 심대한 영향을 미치게 되었다.

이러한 시민혁명과 산업혁명은 14, 15세기에 싹트고 16세기 이래 본격적인 발전을 시작한 유럽의 근대적 발전, 즉 근대화를 완성시켰으며, 19세기에서 오늘에 이르는 유럽의 역사적 발전의 출발점이 되었다.

제1절 미국 혁명

1. 식민지시대

신대륙에 대한 영국의 식민활동은 17세기부터 본격적으로 시작되었다. 스튜어트 왕조의 전제정치와 종교적 탄압을 피해 많은 퓨리턴들이 자유를 찾아 신대륙으로 이주했고 그 밖에 경제적 이익을 목적으로 국왕으로부터 특허장(charter)을 얻어 식민지 경영에 나서는 사람도 있었다. 이리하여 18세기 초에는 아메리카 대륙의 동해안 일대에 13개의 영국 식민지가 건설되었다.

13개 식민지는 저마다 성격을 달리했으나 초기부터 빈부의 격차가 그다지 심하지 않았고, 사회적 지위의 불평등은 있었으나 유럽에서와 같은 신분제적인 구별은 없었다. 남부에서는 노예를 사용하는 농장 경영이 성행했고, 북부에서는 자영농민층이 압도적으로 많았으며 상공업도 발달했다.

영국은 식민지에 총독(governor)을 파견하고 있었으나 별로 간섭하지 않고 방임하는 상태였고, 식민지는 식민지 의회를 중심으로 상당한 자유와 자치를 누려 왔다. 식민지 의회는 비교적 민주적으로 구성되었으며 선거권에 토지소유라는 자격제한이 있었으나 매사추세츠(Massachusetts)의 경우

그림 11-1. 독립전쟁 당시의 미국

백인 성인남자의 80%가 투표권을 행사했다. 본국의 이른바 '건전한 방임(salutary neglect)' 정책의 탓도 있었지만 식민지 의회가 통과시킨 법률 중 본국 정부에 의해 거부된 것은 불과 5%였고, 총독과의 권한투쟁은 대체로 식민지 의회에 유리하게 해결되었다. 그러나 18세기 중엽에 이르기까지는 식민 초기의 단순성이 사라지고, 식민지 사회 내부에서의 계층분화가 진행되어 식민지 내의 토착귀족계급이 형성되고, 구제도 사회를 지향하는 경향이 나타났다. 그렇지만 전반적으로는 식민지 전체를 통해 자유와 자치가 확고한 전통으로 뿌리내리고 있었다.

2. 혁명으로의 길

영국의 아메리카 식민지에 대한 대응정책은 7년전쟁을 고비로 달라지게 되었다. 그 이유는 첫째, 1760년에 즉위한 조지 3세(재위 1760~1820)가 선왕과는 달리 정치에 직접 관여하려 했고 그러한 태도가 식민지에까지 적용된 것이요, 둘째, 7년전쟁을 고비로 장기간에 걸친 식민지 쟁탈전에서 최종적인 승리를 거둔 영국은 이제까지 엉성했던 식민지를 좀 더 짜임새 있는 식민지로 개편하기 위해 식민지에 더욱 적극적으로 개입하고 간섭하게 된 것이며, 셋째, 7년전쟁의 전비와 신대륙에서 새로 획득한 영토를 포함한 식민지의 방위비를 식민지로부터 염출하려는 재정적 고려였다. 그리하여 영국 정부는 식민지에 대해 여러 가지 명목으로 세금을 부과하고, 중상주의적인 식민지 정책으로 식민지에 대한 간섭과 통제를 강화하려고 했다.

그 첫 번째 시도로서 식민지의 광범한 분노와 강한 반대를 자아낸 것이 인지법(Stamp Act, 1765)이었다. 이는 신문, 각종 책자, 법원문서를 비롯하여 카드놀이의 카드와 학위증서에 이르기까지 인지를 첨부할 것을 규정한 것이었다. 식민지인들은 즉시 인지법에 대한 맹렬한 반대운동을 전개하여 이를 철폐하는 데 성공했다. 이때 식민지들은 "대표 없는 곳에 과세할 수 없다(no taxation without representation)", 즉 식민지는 본국 의회에 대표를 보내고 있지 않기 때문에 본국 정부는 식민지에 대해 과세할 권리가 없다는 헌정적인 원칙을 내세웠다. 이에 대해 영국 의회는 선언법(Declaratory Act)을 채택하여 본국은 식민지를 통제할 법을 제정할 권리를 보유한다고 선언했다.

마치 이를 입증이라도 하듯이 영국 의회는 타운센드법(Townshend Act,

1767)을 제정하여 차, 종이류, 도료 등에 대해 과세했다. 이것 역시 식민지인들의 강한 반대로 차에 대한 세금만 남기고 나머지는 폐지했다. 그러나 식민지인들은 이것을 본국 정부의 식민지에 대한 계속적인 억압의 상징으로 보고 반항의 고삐를 늦추지 않았다. 1773년 겨울 보스턴 항구에 정박 중이던 동인도회사의 선박에 인디언으로 가장한 시민들이 난입하여 차 상자를 바다로 던진 이른바 '보스턴 차 사건(Boston Tea Party)'이 발생했다. 영국은 이에 대한 보복으로 보스턴 항구의 봉쇄를 비롯한 일련의 강압적인 조치를 취했다. 이에 식민지대표들은 필라델피아에서 제1차 대륙회의(Continental Congress)를 열고(1774. 9) 본국 의회의 식민지에 대한 입법권을 부정하고 본국과의 통상단절을 결의함으로써 사태는 매우 험악해졌다. 마침내 1775년 4월 보스턴 근교의 렉싱턴(Lexington)에서 영국군과 식민지의 민병대가 충돌함으로써 사태는 독립전쟁으로 발전하게 되었다.

3. 혁명의 경위와 결과

영국군과 민병대의 충돌이 발생한 다음달(5월) 식민지대표들은 제2차 대륙회의를 열어 본국과의 전쟁이 불가피함을 인정하고, 민병대를 정규군으로 공인하여 조지 워싱턴(George Washington, 1732~1799)을 총사령관으로 임명했다. 대륙회의는 그 후에도 계속 전쟁지도를 담당했으며, 1776년 7월 4일에는 독립선언을 공포하여 그들의 굳은 결의와 독립해야 할 이유를 내외에 천명했다. 이 독립선언문은 민주주의 발전에 매우 귀중한 문서로서, 인간은 평등하게 태어났으며 생명 · 자유 · 행복의 추구라는 양도할 수 없는 천부의 권리를 가지며, 정부는 피치자의 동의에 의해 이러한 권리를 보호하기 위해 수립된 것이고, 따라서 정부가 그러한 목적을 파괴하는 경우 이를 변혁 또는 폐지하여 새로운 정부를 수립할 권리를 가진다는 민주주의의 기본원리를 그 서두에서 밝히고 있다.

독립전쟁이 시작되자 식민지인은 독립을 원하는 애국파(Patriots)와 영국을 지지하는 충성파(Loyalists)로 갈라졌으나 식민지인의 다수가 애국파를 지지했다. 초기의 전세는 식민지군에게 불리했으나 식민지군이 새러토가(Saratoga)에서 첫 승리를 거두자(1777), 국제정세가 식민지에 유리하게 전개되었다. 즉, 영국의 오랜 적대세력인 프랑스가 식민지편에 가담하여 참전하고(1778), 이어 에스파냐(1779)와 네덜란드(1780)도 식민지편에 가담하고, 러시아를 비롯한 유럽의 많은 나라들이 무장중립을 선언하여 영국에 대항하는 태도를 취했다. 이러한 유리한 국제정세와 각국의 지원하에 식민지군은 요크타운(Yorktown)에서 다시 승리를 거두었다(1781). 마침내 영국은 파리 조약(1783)으로 식민지의 독립을 승인하고 북은 5대호, 서는 미시시피강, 남은 조지아 남쪽 경계 안의 지역을 그 영토로 인정했다.

독립전쟁이 시작된 후 각 식민지는 저마다 헌법을 가지고 독립국가의 형태를 취했다. 대륙회의는 전쟁수행을 위해서도 통합의 필요성을 절감하고 1777년 연합규약(Articles of Confederation)을 마련했으며, 각 식민지의 동의를 얻어 그것이 발효하게 된 것은 1781년의 일이다. 파리 조약으로 독립이 인정된 후에도 신생국가는 이 연합규약에 의해 운영되었는데, 이에 의하면 미국은 13개 독립국가의 연합에 불과했으며 연합의회는 각 연방에 대한 통제력도 갖지 못했다. 그 결과 전후의 여러 문제가 제대로 처리되지 못하고 사회불안까지 조성되어 강력한 중앙정부의 수립이 요청되었다. 그리하여 1787년 필라델피아에서 연합규약을 대신할 헌법제정회의가 열렸다. 이 회의에서 많은 논란 끝에 삼권분립에 입각한 공화제헌법이 제정되었다. 이 헌법은 각주에 광범한 자치를 허용하되 연합의회보다 훨씬 더 강력한 통합적인 연방정부를 중앙에 두고, 상 · 하원으로 구성되는 연방의회에 입법, 과세, 군대모집 등의 권한을 부여하고, 행정권은 간접선거로 선출되는 임기 4년의 대통령에게 맡기는 동시에 사법권을 독립시켰다. 이 헌법은 1788년에 발효하게 되었으며, 그 다음해에 워싱턴이 선거인 전원에 의해 초대 대통령으로 선출되었다. 이에 아메리카합중국이라는 새로운 공화국이 탄생했다. 그 후 1791년에 기본적인 인권을 보장하는 10개조의 헌법 수정(Amendment)이 첨가되었다.

이리하여 신대륙에는 유럽 대륙이 짊어지고 있는 과거의 역사적 부담과 사회의 모순을 가지지 않은 자유로운 공화국이 탄생했다. 미국 혁명은 기본적으로는 식민지가 누리던 자유와 자치의 더욱더 확고한 향유라는 정치적이고 헌정적인 성격의 혁명이었으나, 또한 거기에는 식민지 사회 내부에서 싹트고 있던 귀족적인 세력과 원리에 대한 민주적인 세력과 원리의 대립과 투쟁이라는 성격이 가미되어 있었다. 그러므로 이를 민주주의 혁명이라 규정할 수 있으나 프랑스 혁명에 비한다면 타파해야 할 귀족적인 세력이나 구제도가 매우 약했기 때문에 미국 혁명의 사회혁명으로서의 성격 또한 미약할 수밖에 없었다.

제2절 프랑스 혁명

1. 앙시앵 레짐

프랑스 혁명은 전형적인 시민혁명(Bourgeois Revolution)으로서 그 근본 원인은 앙시앵 레짐, 즉 혁명 전의 프랑스 사회인 구제도의 모순에 있었다. 혁명 전의 프랑스에는 아직도 봉건적인 중세의 신분구별이 남아 있었다. 약 2,700만의 총인구 중 10만을 넘지 않는 성직자와 약 40만 정도의 귀족이 제1, 2신분을 구성하고, 나머지는 모두가 제3신분이었다. 이처럼 국민 중의 극소수를 차지하고 있는 성직자와 귀족은 막대한 토지재산을 가진 특권계급으로서 사회적 우위를 차지하고 면세 등의 특권을 가지고 있었다. 그나마 성직자는 평민출신의 하급 성직자가 대다수를 점하고 소수의 고위 성직자는 귀족출신이었기 때문에 구제도 사회는 사실상 귀족계급과 평민

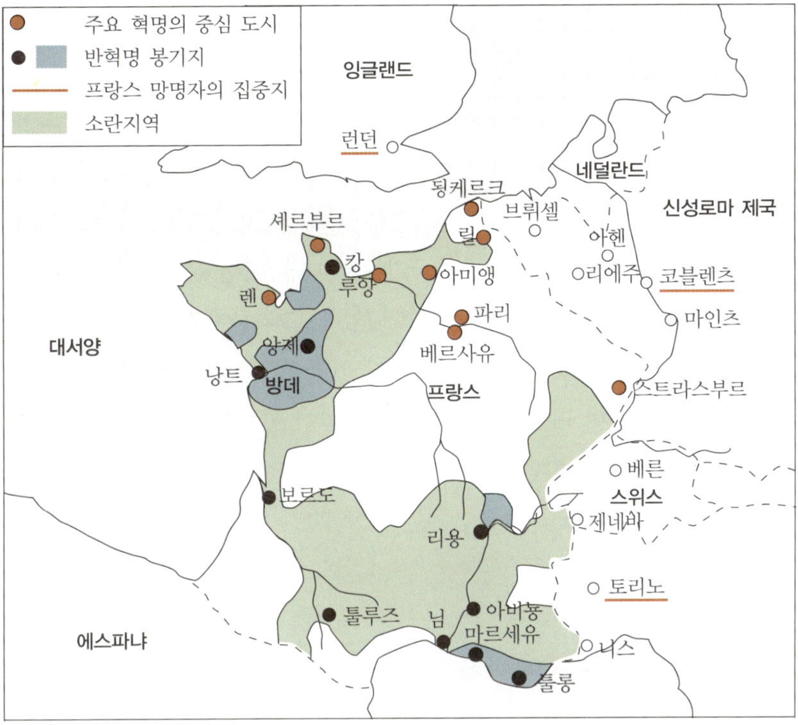

그림 11-2. 혁명시대의 프랑스

으로 구성되어 있었다.

제3신분 속에는 매우 부유한 사람으로부터 걸인에 이르기까지 다양한 여러 계층이 포함되어 있었다. 그중에서 가장 중요한 계층은 상공업과 금융업에 종사하는 사람들과 법률가, 의사, 문필가 등 자유업에 종사하는 사람들, 즉 부르주아라고 불리던 시민계급이었다. 그들은 중세 말부터 성장을 거듭하고, 특히 신항로의 개척 이래 비약적인 발전을 하게 되어 그들의 재력과 재능은 사회발전에 불가결한 것이 되었다. 그럼에도 불구하고 그들은 평민으로서 귀족계급 아래 있었고 정권으로부터 배제되어 있었다. 경제면에서도 도시에 길드 등 봉건적인 잔재가 남아 있어 그들의 자유로운 활동이나 자본주의의 발전이 저해되고 있었다. 그리하여 그들은 점차 이러한 구제도의 모순을 타파하고 그들에게 적합한 새로운 사회를 건설하려고 했으며 계몽사상은 이러한 시민계급에게 사상적 무기를 제공했다.

한편 제3신분 중에서 대다수를 차지하는 농민은 농노신분에서 해방되어 자유로운 몸이었으나 생산물지대로 실질적인 봉건적 공납을 바치고 있었고, 18세기 후반에는 이른바 봉건적 반동으로 오히려 부담이 더 무거워지는 형세였다. 뿐만 아니라 그들은 국가세금의 대부분을 부담하고 도로부역과 같은 노동력을 무보수로 제공하고 있었다. 그리하여 농민들은 그들 나름으로 구제도에 대해 큰 불만을 가지고 있었다. 그렇기 때문에 실질적으로 사회의 주인공이 되어 가고 있던 시민계급이 귀족적이고 봉건적인 구제도와 이를 떠받치고 있던 절대왕정을 타도하려고 나섰을 때 농민들도 그 뒤를 따랐던 것이다.

2. 재정위기와 귀족의 반항

프랑스 혁명의 깊은 원인은 구제도의 모순에 있었지만 직접적인 원인은 왕실의 재정위기에 있었고, 이를 이용하여 절대왕정에 최초의 타격을 가한 것은 귀족계급이었다. 왕실재정은 이미 루이 14세가 사망할 무렵 궁핍해지기 시작했으며, 루이 15세 때도 크게 개선되지 않았을 뿐 아니라 오히려 악화되는 형편이었다. 다음 루이 16세(재위 1774~1792)에 이르러 미국의 독립전쟁에 참전함으로써 왕실재정은 결정적인 위기를 맞게 되었다.

루이 16세에 의해 재무장관으로 임명된 튀르고(Turgot, 1727~1781)는 재정위기를 극복하기 위해 비교적 온건한 개혁안을 마련했으나 그것은 면세의 특권을 침해하고 왕실경비의 삭감을 포함하고 있었기 때문에 귀족과 왕실의 반대로 좌절되었다. 역시 재무장관으로 임명된 칼론(Calonne, 1734~1802)는 신분의 차별이나 면세의 특권 없이 모든 토지소유자로부터 현물세를 징수하는 것을 골자로 한 개혁안을 작성하고 왕실에 가까운 귀족과 성직자 대표들로 명사회(Assemblée des notables)를 구성하여 그들의 협력을 얻으려 했다. 그러나 1788년 초에 소집된 명사회는 칼론의 개혁안에 반대하여 그는 사임했다. 이에 왕실은 재정위기를 타개하기 위해서는 과세문제를 가지고 법복(관직)귀족의 아성인 고등법원(Parlement)과 정면으로 대결하지 않을 수 없게 되었다. 그러나 고등법원은 새로운 세금징수는 삼부회(États généraux)의 승인사항이라고 주장하면서 국민의 자유와 기본권을 내세워 삼부회의 소집을 요구했다. 귀족들의 속셈은 절대왕정의 재정위기를 이용해서 과거에 상실했던 정치권력을 회복하여 귀족정치를 실현하는 것이었다. 모든 개혁안과 타개책이 특권계급의 반대로 좌절되자 루이 16세는 하는 수 없이 1614년 이래 열리지 않고 있던 삼부회의 소집에 동의했다. '귀족의 반항'으로 시민혁명으로의 길이 열린 것이다.

3. 국민의회와 91년 헌법

삼부회 소집의 소식이 전해지자 전국에 개혁에 대한 희망과 기대가 부풀어 올랐다. 1789년 5월 베르사유에서 삼부회가 열리자 제3신분 대표인 시민계급은 종전대로 신분별로 회의를 하자는 귀족들의 주장을 물리치고 머리수대로의 투표에 의한 전체 회의를 주장하고 국민의회(Assemblée nationale)를 성립시켜 귀족과 성직자 대표에게 이에 합류할 것을 권고했다. 사태가 이렇게 되자 귀족은 종전의 태도를 바꾸어 왕에게 의지하고 왕은 제3신분 대표에게 압력을 가했다. 이에 제3신분 대표들은 실내정구장에 모여 새로운 헌법이 제정될 때까지 해산하지 않을 것을 맹세했다('정구장의 서약'). 루이 16세는 할 수 없이 두 특권신분 대표들에게 국민의회에 합류할 것을 지시하는 한편 군대를 베르사유에 집결시켰다. 왕이 국민의회를 무력으로 탄압하려 한다는 소식이 전해지자 이번에는 파리의 민중이 봉기하여 7월 14일 정치범을 수용하는 감옥이라고 지목되어 온 바스티유

(Bastille) 감옥을 습격하여 왕의 뜻을 좌절시켰다.

바스티유의 습격은 혁명을 전국에 확산시켰다. 각 도시에서는 구제도의 행정기구 대신 혁명적인 자치위원회가 구성되고 농촌에서는 농민들이 봉기했다. 귀족들이 혁명을 분쇄하려고 외국 군대와 심지어 불량배나 도적들을 이용하려 한다는 소문이 돌아 '대공포(Grande peur)'로 알려진 공포분위기가 조성된 가운데, 농민들은 영주나 귀족들의 성과 저택을 습격하고 방화했던 것이다. 혁명의 성공적인 수행을 위해서는 농민들의 지지가 필요하다고 판단한 국민의회는 8월 4일의 야간회의에서 봉건제의 폐지를 선언했다. 그러나 실제로 폐지된 것은 형식적인 명예특권이고 가장 중요한 봉건적 공납은 유상으로 폐지하기로 했다. 이어 국민의회는 8월 26일에 「인간과 시민의 권리선언」을 채택했다.

이 인권선언은 '구체제의 사망증명서'인 동시에 혁명이 지향하는 새로운 시민사회의 기본원리를 밝힌 것으로서 근대 민주주의 역사상 가장 귀중한 문헌의 하나다. 그 제1조에서 인간은 권리에 있어 자유롭고 평등하게 태어났다고 선언한 인권선언은 언론, 출판 및 신앙의 자유와 법적 평등 및 과세의 평등을 규정하고 국민주권과 재산권을 확인하는 동시에 국가 성립의 목적이 이러한 자연권의 보존에 있으며 따라서 압제에 대한 저항권도 자연권이라고 선언했다.

베르사유로 행진하는 부녀자들

물가고와 식량부족으로 부녀자가 주동이 되어 일으킨 10월폭동으로 루이 16세와 국민의회가 베르사유에서 파리로 이동함으로써 1789년의 혁명은 일단락을 짓게 되고 귀족을 비롯한 망명객이 줄을 이어 국외로 떠났다. 이제 국왕은 파리 시민의 감시 아래, 그리고 국민의회는 그들의 보호 아래 놓이게 된 것이다. 그러나 혁명의 직접적인 원인이 된 재정난은 해소되지 않았다. 그리하여 국민의회는 교회재산의 몰수를 결정하고(1789. 11), 그것을 담보로 '아시냐(assignat)'라는 지폐를 발행하고 교회재산을 매각하여 부족한 재정을 메웠다. 이러한 교회재산의 몰수와 매각은 성직자 조직에 큰 변화를 가져왔다. 즉, 국민의회는 수도원을 해체하고 성직자에 관한 기본법을 만들어 성직자를 선출제로 하고 그들에게 국가가 봉급을 지불하기로 했다(1790. 7). 로마 교황이 이를 반대하자 국민의회는 모든 성직자에게 기본법을 지지한다는 선서를 요구했으나 선서한 성직자의 수는 많지 않았다. 국민의회는 또한 길드와 같은 동업조합을 폐지하고 내국관세와 통행세를 폐기함으로써 경제활동의 자유와 자본주의의 순조로운 발전을 도모했다. 행정면에서는 구제도하의 복잡한 행정구역과 재판구역을 정리하고 귀족의 아성인 고등법원을 없애고 행정구역과 일치하는 통일적인 사법체계를 마련했다.

국민의회의 중요한 또 하나의 과업은 새로운 헌법의 제정이었으며, 따라서 국민의회는 제헌의회라고도 불린다. 제헌의회가 최종적으로 제정한 '91년 헌법'은 새로운 정체로 권력분립의 원칙에 입각한 단원제의 입헌군주제를 채택했다. 그러나 중요한 사실은 시민을 재산을 가진 '능동적 시민'과 가난한 '수동적 시민'으로 구분하고 전자에게만 참정권을 부여한 점이다. 그 결과 '91년 헌법'이 마련한 새로운 체제는 철저한 유산계급의 지배체제였다. 과연 이러한 유산계급의 지배체제가 그대로 지속될 것인가도 문제였지만, 루이 16세는 1791년 6월 가족과 더불어 국외로 도망가려다 바렌(Varennes)에서 발각되어 파리로 다시 연행됨으로써 왕권의 위신을 실추시키고 군주제의 지속에 커다란 암영을 던졌다.

4. 입법의회와 국민공회

1791년 10월 새로운 헌법에 의해 선출된 입법의회(Assemblée legislative)가 소집되었다. 의원 중 절반가량이 정견 없는 중간파인 평원파(Plains)였고, 나머지 절반 중 우세한 것은 군주제를 지지하는 푀양파(Feuillants)였다. 공화주의자는 소수였으나 후에 지롱드 지방 출신이 많았기 때문에 지롱드당(Girondins)으로 불리게 되는 한 분파가 중간파를 포섭하면서 입법의회의 주도권을 잡았다.

프랑스 혁명의 진행과 더불어 주변의 전제군주들은 그 파급을 몹시 두려워하고 망명귀족들의 책동도 날이 갈수록 격화되었으며 국내에서도 반혁명의 움직임이 나타나고 있었다. 1792년 4월 지롱드당은 국내의 반혁명 음모를 드러나게 하고 절대군주들을 타도하기 위해 오스트리아와 프로이센에 대해 혁명전쟁을 시작했다.

그러나 아무런 준비 없이, 그것도 군의 기강이 문란해지고 장교의 절반 이상이 망명한 상황에서 전쟁을 시작했기 때문에 프랑스는 패전을 거듭할 수밖에 없었다. 이러한 어려움 가운데 "조국이 위기에 처해 있다"는 입법의회의 호소에 호응하여 전국 각지로부터 의용군이 속속 파리로 모여들었다.[1] 조국애와 혁명열에 불탄 이들 의용군은 일선의 적을 무찌르기 전에 그들과 내통하고 있는 국내의 적을 타도해야 한다는 생각에서 파리의 민중과 함께 8월 10일 왕궁을 습격했다. 이에 입법의회는 왕권을 정지하고 왕족을 감금하는 한편 새로운 헌법제정을 위한 국민공회(Convention nationale)의 소집을 결정했다. 8월 하순에 전황이 극도로 악화되자 파리의 민중은 흥분한 나머지 9월 초 감옥에 수감되어 있던 반혁명 혐의자 1,000여 명을 즉결재판으로 처형했다.

국민공회가 첫 모임을 가진 1792년 9월 20일 프랑스의 시민병은 잘 훈

---

1) 이때 마르세유의 의용군이 부른 〈라인강 수비대의 노래〉가 〈라마르세예즈(La Marseillaise)〉로서 혁명가가 되고 후에 프랑스 국가가 되었다.

련된 프로이센군에게 발미(Valmy)에서 뜻깊은 승리를 거두었다. 때마침 프로이센군에 종군하여 이 전투를 지켜본 괴테는 "새로운 세계사가 오늘 여기서부터 시작된다"고 기록했다. 다음날 국민공회는 왕정을 정식으로 폐지하고 1792년 9월 22일을 공화제 제1년의 첫날로 선포했다.

국민공회에서도 중립적인 평원파가 의석의 과반수를 차지했으나 실제로 국민공회를 주도한 것은 상층 부르주아지를 중심으로 한 지롱드당과 중산적 부르주아지와 소생산자층에 기반을 둔 자코뱅당(Jacobins)을 배경으로 한 산악파(Montagnards)였다. 양파의 대립은 연말에 가서 루이 16세의 처형문제를 놓고 첨예화했다. 과격한 자코뱅당이 루이의 처형을 주장한 데 반해 온건한 지롱드당은 적어도 루이의 처형만은 회피하려고 했다. 그러나 근소한 표차로 루이의 처형이 결정되고 루이 16세는 1793년 1월에 단두대에서 처형되었다.

루이 16세의 처형은 유럽의 군주국들에게 큰 충격을 주었고 1793년 2월에는 영국을 비롯한 대부분의 유럽 국가들이 대프랑스 동맹을 결성했다. 이보다 앞서 1792년 11월에 프랑스군은 제마프(Jemappes)에서 오스트리아군에게 크게 승리했으나 1793년 봄의 전세는 불리했다. 게다가 물가고와 생필품의 부족이라는 경제위기가 닥쳐오고 방데(Vendée) 지방에서는 반혁명반란이 일어나고 지롱드당을 지지하는 지방에서도 불온한 기세가 나타났다. 이러한 비상사태에 당면하여 국민공회는 혁명재판소와 공안위원회를 설치하고 의원들을 지방에 파견하여 질서유지를 꾀했다.

이런 와중에서도 헌법기초작업은 진행되고 있었으나 지롱드당과 자코뱅당의 대립은 날이 갈수록 격화되었다. 5월 말 자코뱅당의 사주를 받은 파리 민중은 국민공회를 습격하고, 6월 초에 국민공회는 지롱드당의 지도자들을 숙청했다. 이리하여 이른바 자코뱅 독재가 시작되었다.

자코뱅당(산악파)이 지배하게 된 국민공회는 6월 하순에 이른바 '93년 헌법'을 채택했다. 이 헌법은 능동적 시민과 수동적 시민의 구별을 없애고 모든 시민에게 선거권을 부여하는 한편, 노동권과 생존권, 그리고 실업자와

기요틴 기요틴 처형을 명령하는 로베스피에르

병약자에 대한 공공의 지원을 규정하는 등 진보적인 민주주의 헌법이었다. 또한 국민공회는 망명귀족의 재산을 몰수하여 소농도 매입할 수 있게 분할하여 매각하고, 7월에는 앞서 유상으로 폐지하기로 한 봉건적 공납을 모두 무상으로 폐지했다.

그러나 국내외의 정세는 '93년 헌법'을 곧바로 실시할 상황이 아니었다. 국경에서는 오스트리아와 프로이센의 공격이 치열해졌으며, 국내에서는 지롱드당의 세력이 강하던 리용, 툴루즈, 보르도, 마르세유 등이 반란 상태에 빠지고 방데 지방의 반란 또한 격화되고 있었다. 뿐만 아니라 아시냐의 계속적인 가치하락으로 인플레이션이 격심해지고 식량부족으로 민중이 동요하고 있었으며, 이를 틈타서 극단적인 과격파의 움직임이 활발해지고 있었다. 이러한 국내외의 긴급사태에 대응하기 위해 국민공회는 공안위원회를 강화하고 국민총동원령을 내리고 최고가격제로 물가를 잡고 임금을 통제했다. 1793년 10월 로베스피에르(Robespierre, 1758~1794)가 주도하는 공안위원회는 '93년 헌법'의 실시를 평화시까지 보류하고 공안위원회를 중심으로 혁명정부를 수립할 것을 선언했다. 이어 혁명정부는 왕비를 비롯한 반혁명분자와 지롱드당에 대한 대대적인 처형을 감행했다. 공포정치(La Terreur)가 공식적으로 시작된 것이다.

이보다 앞서 국민공회는 미터법을 채택하고 혁명력을 정했다.[2] 또한 공

2) 혁명력은 1792년 9월 22일을 기점으로 삼고, 한 달을 30일, 1주를 10일로 했으며, 연말에 남는 5일은 휴일로 삼았다. 그 달의 기후와 계절적인 특징을 따서 달의 이름을 붙였다. 이 혁명력은 10년 후 나폴레옹 시대에 폐지되었다.

안위원회는 전력을 기울여 군대를 재건하고 군수품의 확보와 보급의 원활을 기하여 외적에 대처하고 국내의 반란 진압에 노력했다. 그리하여 연말에는 전세가 호전되고 국내의 반란도 그 기세가 꺾였으며 경제도 그런 대로 안정세를 보이게 되었다. 그러나 1794년에 접어들면서 자코뱅당 내부에 당통(Danton)을 중심으로 한 온건파와 에베르파(Hébertistes)로 알려진 과격파의 분파운동이 일어났다. 혁명정부를 주도하고 있던 로베스피에르는 도시와 농촌의 독립적 소생산자의 자유롭고 평등한 '덕의 공화국'을 이상으로 삼고 이를 달성하기 위해 자코뱅의 단결을 중시했다. 그리하여 그는 분파운동을 용납할 수 없었고 에배르파와 당통파를 차례로 처형했다. 그러나 이러한 처사는 전체적으로 자코뱅을 약화시키고 특히 파리의 민중인 상-퀼로트(sans-culotte)와의 유대를 약화시켰다.

6월 8일 로베스피에르는 일반시민의 종교심을 달래기 위해 '최고존재'에 대한 예배를 위한 대대적인 제전을 집행했는데, 이때가 그의 권력의 절정이었다. 그러나 그의 권력의 비대와 독주, 그리고 내외의 긴급사태가 완화되었는데도 계속되는, 아니 오히려 강화되는 공포정치에 대한 반감이 생기고 국민공회 내에 반로베스피에르파가 형성되고 있었다. 1794년 7월 말 이들 반대파는 로베스피에르를 독재자로 몰아붙이고 그의 동지들과 함께 단두대로 보냈다. 이 달이 혁명력으로는 '테르미도르(thermidor)', 즉 열월(熱月)이었기 때문에 이를 '테르미도르 반동'이라고 한다.

5. 총재정부

로베스피에르의 몰락으로 프랑스 혁명의 중요한 국면은 일단락짓게 되었다. 로베스피에르를 타도한 테르미도르파는 혁명재판소를 해산하여 공포정치를 종식시키고 1793년의 헌법 대신 서둘러 1795년의 헌법을 마련했다. 그것은 유산계급을 중심으로 제한선거에 의한 양원제 입법부와 5명의 총재(directeur)가 주도하는 행정부를 규정했다. 이 헌법으로 성립하게 된 총재정부(Directoire)는 대외전쟁을 치르는 가운데 경제난과 재정난, 그리고 정치적 불안정에 시달리면서 동요했다. 특히 1797년 이후 왕당파와 공화주의 좌파로부터의 공격에 시달리고 그때마다 군대의 힘을 빌려 정권을 유지했다. 그렇지 않아도 대외전쟁의 계속으로 군대가 독자적인 세력으로 그 영향력이 커져 가고 있는 터에 총재정부가 군대에 의존하게 된 것은 스스로의 무덤을 파는 것이나 다름없었다. 뿐만 아니라 국유재산의 매각을 비롯하여 혁명으로 혜택을 입은 시민계급과 농민들은 정치적 불안정이나 혁명에 지치고 그들의 기득권을 보호해 줄 강력한 지도자를 기대하게 되었다. 이러한 상황을 이용하여 나폴레옹(Napoléon)은 1799년 브뤼메르(brumaire) 18일 쿠데타로 총재정부를 쓰러뜨리고 정권을 장악했다. 이제 프랑스 혁명은 끝이 나고 나폴레옹의 독재정치가 시작된 것이다.

프랑스 혁명은 자유 · 평등 · 형제애의 이념을 내걸고 시민계급을 중심으로 봉건적이고 귀족적인 구제도와 절대왕정의 전제정치를 타도하고 민주주의와 자본주의로의 길을 열었으며, 그러한 의미에서 근대 시민사회 성립의 가장 중요한 계기가 된 전형적인 시민혁명이었다.

제3절 나폴레옹 시대

1. 나폴레옹의 정복과 내치

코르시카 출신의 야심만만한 무명의 장교 나폴레옹(1769~1821)이 두각을 나타낸 것은 1796년 이탈리아에서 오스트리아군을 격파한 때부터이다. 다음해 그는 이집트 원정을 감행하여 한층 더 자신의 명성을 굳히려고 했다. 1799년 영국을 중심으로 다시 대프랑스 동맹이 결성되자 원정 중이던 나폴레옹은 급히 파리로 돌아와서 무능한 총재정부를 쓰러뜨리고 통령정부(Consulat)를 수립하여 제1통령(Premier Consul)에 취임했다.

1802년에 종신통령이 되고 대프랑스 동맹을 격파한 나폴레옹은 소강상태를 이용해 내치에 힘을 기울이고, 1804년에는 황제에 즉위해 제정을 시작했다. 다음해 영국은 다시 제3차 대프랑스 동맹을 결성했다. 나폴레옹은 트라팔가르(Trafalgar)에서 넬슨(Nelson)이 지휘하는 영국 함대에게 패하고 영국 원정을 단념했으나, 대륙에서는 아우스터리츠(Austerlitz)의 승리 등 빛나는 승리를 거두어 오스트리아 · 프로이센 · 러시아를 차례로 굴복시키고 1806년에는 유명무실해진 신성로마 제국을 해체했다. 그리하여 1808년경에 나폴레옹의 권세는 절정에 달했으며 그의 제국은 멀리 발트해로부터 아드리아해에 이르고 그는 실질적인 유럽의 지배자가 되었다.

나폴레옹은 군사적 천재였을 뿐 아니라 국내정치에도 탁월한 솜씨를 발휘했다. 그는 철저한 중앙집권체제를 확립하고 언론과 출판을 통제하는 등 독재정치를 실시했으나, 그 반면에 혁명 후의 혼란을 수습하여 질서를 바로잡고 군사적 승리의 영광을 프랑스 국민에게 선사했다. 그는 집권 직후인 1800년 프랑스은행을 설립하여 화폐유통을 안정시키고, 1801년 교황과 화약을 맺어 가톨릭 교회를 부활시킴으로써 국민의 신앙심을 달랬다. 또한 파리 시가를 미화하고 도로와 교량을 부설하는 한편, 새로운 교육제도를 실천에 옮기고 『나폴레옹 법전』(1804)을 편찬했는데, 이 법전은 프랑스만이 아니라 유럽 각국의 법체계에도 많은 영향을 미쳤다.

나폴레옹이 단시일 내에 유럽을 제패할 수 있었던 것은 그의 천재적인 군사적 능력과 비상한 노력, 그리고 능력과 업적 위주의 인재등용에 힘입은 바가 컸지만, 또한 혁명기에 고조된 프랑스의 민족주의(nationalism)와 애국심에 불타는 시민으로 구성된 새로운 국민적 군대와 전술의 힘도 컸다. 그러나 그의 정복은 프랑스 혁명의 이념을 전 유럽에 전파하는 한편, 각국의 민족주의를 각성시키는 결과를 가져왔으며, 결국 나폴레옹은 바로 이렇게 각성된 각국의 민족주의의 반격에 의해 몰락하게 마련이었다.

2. 나폴레옹의 몰락

유럽 대륙을 제패한 나폴레옹은 홀로 저항을 계속하고 있는 영국을 굴복시키기 위해 베를린 칙령을 발포하여(1806) 이른바 대륙봉쇄(continental system)를 감행했다. 이는 군사적으로 영국을 굴복시키는 데 실패한 나폴레옹이 유럽 대륙과 영국과의 통상을 금지하여 영국 산업에 타격을 가함으로써 그 전력을 약화시키려는 것이었다. 그러나 대륙봉쇄령으로 고통을 받게 된 것은 영국보다는 오히려 유럽 대륙의 여러 나라였다. 뿐만 아니라 나폴레옹의 지배하에 들어간 나라에서는 점차 민족주의가 대두하여 나폴레옹의 지배를 벗어나려는 기운이 일어나기 시작했다. 1808년 에스파냐에서 나폴레옹 지배에 반항하는 민중의 반란이 발생했으며, 프로이센에서는 1807년부터 내정을 개혁하여 국력을 가다듬으려는 움직임이 나타났다.

프로이센의 개혁은 그 주도자의 이름을 따서 슈타인-하르덴베르크(Stein-Hardenberg) 개혁으로 알려져 있는데, 개혁의 핵심은 농노해방이었다. 프로이센에서는 근대에 접어들면서 농노제가 강화되어 부역을 토대로 시장을 위한 대농장 경영이 행해지고 있었는데, 개혁은 이들 농노를 해방하고 부역을 면하게 한 것이었다. 그러나 해방된 농노는 자유로운 토지소유자가 되는 경우는 드물었고 대다수가 불리한 농업노동자로 전락하고, 종래의 영주는 오히려 소유지를 넓혀 농업노동자를 고용하는 대농장의 경영주가 되었다. 융커(Junker)라고 불린 이러한 대농장 경영자들은 그 본질이 봉건적 성격이 강한 토지귀족으로서 프로이센의 지배층을 형성하게 되었다. 슈타인-하르덴베르크 개혁으로는 이러한 농노해방 외에 중앙정부를 비롯한 행정개혁과 교육제도의 혁신, 그리고 군제개편 등이 또한 행해졌다. 신설된 베를린 대학의 강단에서 피히테(Fichte)가 독일 국민의 각성을 호소한 사실도 프로이센이 이러한 개혁을 통해 나폴레옹에게 설욕할 날을 기다리고 있었음을 보여 주는 것이었다.

설욕의 기회는 1812년 나폴레옹의 무모한 러시아 원정으로 찾아왔다.

대륙봉쇄령을 지키지 않는 러시아를 응징하고 굴복시키기 위한 이 대원정에서 나폴레옹은 그의 정예부대 60여 만을 상실했다. 이에 다시 대프랑스 동맹(제4차)이 결성되고, 1813년 나폴레옹은 라이프치히(Leipzig)에서의 이른바 '제국민의 전쟁'에서 패했다. 1814년 제위에서 물러나 엘바(Elba)섬에 유배된 나폴레옹은 다음해 재기를 시도했으나 워털루(Waterloo)에서 영국을 비롯한 동맹군에게 다시 패함으로써 그의 시대는 종말을 고했다. 나폴레옹은 1821년 대서양의 고도 세인트 헬레나(Saint Helena)섬에서 영광과 파란에 가득 찬 일생을 끝마쳤다.

나폴레옹은 결코 프랑스 혁명의 정통적인 계승자나 결산자는 아니었다. 그는 오히려 군국주의자요 정복자였다. 그러나 그는 혁명의 혼란을 수습하여 혁명의 성과를 시민계급과 토지소유자 농민에게 유리하게 확정짓고, 프랑스 국민에게 '위대한 국민'으로서의 영광을 맛보게 했다. 뿐만 아니라 그의 군사적 승리와 정복은 결과적으로 프랑스 혁명의 이념을 전 유럽에 전파시켜 자유주의와 민주주의, 그리고 민족주의를 일깨웠다. 그리하여 전제정치와 구체제를 동요시키고 붕괴시키는 계기를 마련했으며, 독일과 이탈리아 영토를 마음대로 처리함으로써 간접적으로 두 나라의 정치적 통일의 기틀을 마련하기도 했다.

제4절 산업혁명

1. 산업혁명의 의미와 그 배경

18세기 후반에 아메리카 대륙과 유럽 대륙에서 독립전쟁과 혁명의 거센 바람이 불고 있었을 때 섬나라 영국에서는 조용한 가운데 인류생활을 크게 변화시킬 매우 중요한 산업상의 변혁이 진행되기 시작했다. 제조업에서 새

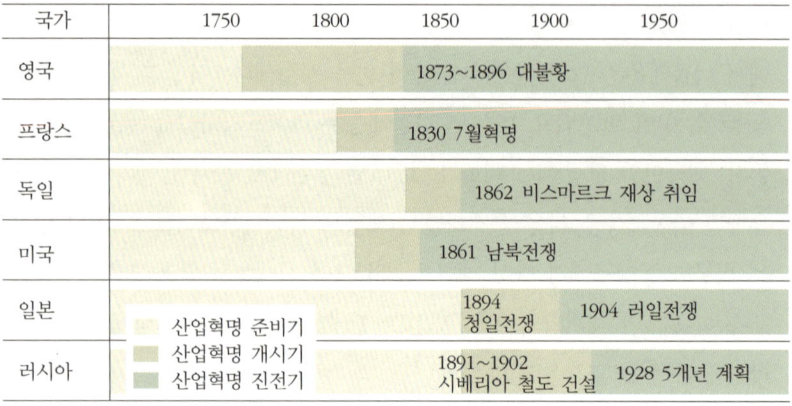

그림 11-3. 각국의 산업혁명

로운 기계가 발명되고 각종 기술의 혁신이 이루어지면서 전례 없는 생산력의 비약적이고 지속적인 발전이 이루어지고, 그 영향은 전 산업분야에 파급되어 경제구조와 사회구조에까지 큰 변화를 일으키게 되었다. 이러한 변화를 혁명이라고 불러야 할 것이냐에 관하여 논란도 없지 않으나, 그것이 초래한 전례 없는 혁명적인 변화를 고려한다면 관례대로 산업혁명(Industrial Revolution)이라고 불러 큰 잘못은 없을 것이다.[3] 영국에서 먼저 시작된 산업혁명은 점차 유럽 대륙의 주요 국가들에 파급되었다. 산업혁명은 결코 갑작스럽게 돌발적으로 일어난 것이 아니며, 르네상스 이래의 유럽의 전반적인 근대적 발전을 배경으로 진행된 경제적 발전이 누적된 결과였다. 사실 18세기의 서유럽은 당시의 지구상의 어느 지역보다, 그리고 현재의 산업화 이전의 지역에 비해 부유한 상태에 있었다. 그것은 당시 서유럽이 경제적으로 매우 앞서 있었다는 것을 뜻하는데, 그 이유는 복합적이다. 우선 정치적으로 유럽은 하나의 제국으로 통합되어 있지 않고 여러

3) 사실, 'Industrial Revolution'이란 말은 '산업혁명'보다는 '공업혁명'이라고 옮기는 것이 더 적절하다고 생각되지만, 이미 그렇게 굳어진 지가 오래이기 때문에 이에 따른다. 오늘날 비서유럽 국가들이 뒤늦게 겪고 있는 산업혁명과 유사한 변혁을 뜻하는 'industrialization'이라는 말은 '산업화' 또는 '공업화'라고 옮겨져 쓰이고 있다.

국민국가로 나뉘어서 상호간에 경쟁이 치열했으며, 사회 · 경제적으로는 아메리카 대륙과 아시아로 진출하여 광대한 식민지와 시장을 보유하게 되고, 초기 자본주의가 발달하여 개인기업이 활동의 자유를 누림으로써 상공업자와 금융업자 등 기업가 계층이 정치 · 사회적 활력을 가지고 영향력을 발휘할 수 있었다는 점을 들 수 있겠다. 그리고 또한 르네상스 이래 싹튼 합리적인 태도와 사회 및 자연환경에 대한 무한한 통제와 지배의 욕구를 들 수 있는데, 이러한 사실은 17세기의 과학혁명과 18세기의 계몽사상에 잘 나타나 있다. 즉, 과학과 기술은 상호보완적으로 꾸준히 발달하면서 환경에 대한 무한한 지배의욕과 결합하여 산업혁명을 낳게 한 것이다.

2. 영국의 산업혁명

유럽 여러 나라 중에서도 산업혁명을 낳게 할 조건을 가장 잘 갖춘 나라는 영국이었다. 영국에서는 봉건제가 일찍이 무너지면서 모직물공업을 중심으로 근대적인 산업이 발달하고, 해외로의 진출도 활발했다. 이러한 근대 초기의 경제발전을 토대로 영국 경제는 왕정복고(1660) 이후 지속적인 성장을 계속하고, 그것은 18세기에까지 이어졌다.

농업의 개량은 이미 17세기 후반에 시작되고 있었으나 18세기에는 다방면에 걸쳐 기술개량이 이루어지고 새로운 작물이 도입되었으며 제1차 인클로저 운동 때와는 달리 경작지의 증가와 농업경영의 합리화를 목적으로 하는 제2차 인클로저 운동이 활발하게 진행되었다. 이러한 농업혁명(Agricultural Revolution)은 농업생산을 크게 증대시켜 식량생산이 인구증가를 충족하고도 남음이 있었다. 한편 인클로저 운동으로 토지를 잃은 소농들은 농업노동자가 되거나, 산업혁명이 필요로 하는 공장노동자의 예비군이 되었다.

공업생산도 지속적으로 증대하고, 식민지 경쟁에 승리하여 해외 시장 또한 날로 확대되었다. 유럽 대륙에서와는 달리 내국관세나 봉건적인 통행세의 장벽이 없는 데다가 도로가 개량되고 운하가 개통되어 견실하고 광대한 국내시장이 형성되었다. 당시 영국인의 1인당 구매력은 유럽에서 가장 컸고 수입 또한 비교적 균등하게 배분되어 있었다. 이 모든 것이 자유로운 상업활동과 더불어 수요를 증대시키고, 그것은 다시 공업생산을 자극했다. 그리하여 자본의 축적이 증진되고 이자율은 계속 5% 이하에 머물렀으며 영국은행의 설립과 더불어(1694) 근대적인 금융제도와 재정구조가 발달했다. 한편 명예혁명 이래 정치와 사회가 안정되고, 부유한 상인층의 정치적 발언권이 증대했으며 정부의 간섭도 별로 없었다. 그리고 석탄과 철광 등 새로운 공업 발전에 필요한 자원도 풍부했다.

풍부한 자본과 저율의 이자, 광대한 해외 시장과 통합된 국내 시장, 그리고 풍부한 노동력은 정치와 사회의 안정을 바탕으로 기업의욕을 자극하여 농업과 공업에 많은 투자가 행해지고, 증대일로를 걷던 현실적이며 잠재적인 수요는 공업의 비약적인 생산증대를 촉구하여 여러 기계의 발명과 개량, 그리고 기술의 혁신 등, 즉 산업혁명을 초래했던 것이다.

3. 기계의 발명과 기술의 혁신

산업혁명의 주도적인 역할을 담당한 것은 면직물공업이었다. 면직물공업은 비교적 새로운 부문으로서 오랜 전통을 지닌 모직물공업과는 달리 별다른 제약이 없었고, 값싼 대중적인 상품으로서 방대한 해외 시장과 국내 수요의 전망을 가지고 있었다.

1730년대에 존 케이(Kay)가 발명한 '플라잉셔틀(flying shuttle)'이 1760년대에 면직물공업에 응용되어 직포능력이 배가되자 원사가 부족하게 되고 이를 보충하기 위해 새로운 방적기가 연달아 발명되었다. 1760년대에 하그리브스(Hargreaves)가 '제니(Jenny) 방적기'를 발명한 데 이어 1769년에는 아크라이트(Arkwright)가 수력방적기를 발명했다. 1779년에는 크럼프턴(Crompton)이 이 두 기계의 장점을 살린 '뮬(mule) 방적기'를 발명함으로써 질기고 정교한 원사의 생산량이 급격하게 증가했다. 그 결과 이번에는 원사공급에 직포가 따라가지 못하게 되어 카트라이트(Cartwright)의 역직기(Powerloom)가 발명되었다(1784).

아크라이트의 수력방적기는 종래의 가내공업적인 수공업의 단계를 넘어선 '공장(factory)'을 출현시켰으며, '뮬' 방적기에서는 동력으로 수력 대신 증기기관이 사용되고 카트라이트의 역직기에도 증기기관이 이용되었다. 증기기관은 종래 탄광에서 물을 뽑아내는 데 이용되고 있었으나 18세기 초에 뉴커먼(Newcomen)에 의해 개량되고 1760년대에 다시 제임스 와트(Watt)에 의해 개량된 후에도 거듭 손질이 가해져 1780년대에 이르러서는 모든 기계의 동력으로 이용될 수 있게 되었다.

면직물공업에서의 기계의 등장과 동력으로서의 증기기관의 이용은 근대적인 공장을 출현시키고 생산방식을 급속하게 변화시켰다. 종래의 수공업적인 생산이 단번에 사라진 것은 아니지만 면직물공업에서는 나폴레옹 전쟁 후 20~30년간에 기계를 사용하는 새로운 공장제 생산이 종래의 수공업 생산을 거의 완전히 대체하게 되었다.

면직물공업의 기계화와 더불어 제철공업과 석탄광업에서도 현저한 발전이 이루어지게 됨에 따라 점차 철과 석탄은 근대 산업의 기초산업자원으로서의 지위를 굳혀 갔다. 석탄생산은 증기기관이나 제철공업의 공업원료로서뿐만 아니라 도시에서의 가정연료로서도 수요가 크게 증가해 1800년의 영국 전체의 연간 석탄소비량은 약 1,100만 톤이었으나, 1830년에는 두 배, 15년 후에는 다시 그 두 배가 되었으며, 1870년에는 1억 톤을 넘어서게 되었다. 제철공업도 용광로의 개량, 코크스(cokes)의 사용 등 각종 발명과 기술혁신으로 크게 발전했다. 특히 1850년대에 프랑스계 영국인 베서머(Bessemer)와 영국 거주 독일인 지멘스(Siemens)의 발명으로 강철생산이 30년 사이에 10배로 증가했다.

이러한 석탄광업이나 제철공업의 발달은 면직물공업의 기계화에 의해 자극을 받기도 했으나 더욱 큰 자극은 교통수단의 혁명적인 변화에서 왔다. 1830년 조지 스티븐슨(Stephenson)이 발명한 기관차 '로켓'은 리버풀(Liverpool)과 맨체스터(Manchester) 사이를 시속 약 12마일로 달리는데 성공하여 철도시대를 출현하게 했다. 즉, 기차의 출현으로 철도부설의 붐이 일어났는데, 1838년에 500마일이던 국내 철도가 1850년에는 6,600마일, 1870년에는 1만 5,500마일에 달했다. 한편 이보다 앞서 미국인 로버트 풀턴(Fulton)은 기선을 발명하여 1807년 허드슨(Hudson)강의 항해에 성공했다.

이러한 교통수단의 혁신은 도로의 부설과 개량, 운하의 개착 등과 결합하여 기계화하기 시작한 근대 산업에 필요한 원료와 연료의 수송, 생산품의 운반, 시장 상호간의 연결 등을 신속하고 용이하게 함으로써 산업과 경제의 발전에 크게 이바지했다. 교통수단의 혁신에 이어 통신기관에도 개량과 혁신적 발명이 뒤따랐다. 1840년에 영국에서는 값싸고 빠른 우편제도(penny post)가 시작되고, 1844년에는 미국인 새뮤얼 모스(Morse)에 의해 유선전신이 발명되어, 1851년에 영국 해협에, 그리고 1866년에는 대서양에 해저전선이 부설되었으며, 1876년에는 미국인 벨(Bell)에 의해 전화가 발명되었다.

4. 산업혁명의 결과

산업혁명은 프랑스 혁명과 더불어 유럽의 근대 사회 확립의 가장 중요한 계기가 되었다. 긴 인류역사의 시각에서 보더라도 산업혁명은 신석기시대의 농업혁명 이래 가장 중요한 산업상의 혁명이었다. 계속적인 발명과 기술혁신은 종전의 농업적인 사회와는 전혀 다른 산업사회(industrial society)를 출현시키고 지속적인 경제성장을 가능하게 했다. 생산력은 이

전의 어느 시대보다도 더욱 비약적으로 발전하게 되었으며, 그것은 인류에게 풍요한 사회를 약속하고 빈곤을 극복할 수 있는 수단과 기반을 마련해 주었다.

산업혁명은 종전의 가내공업적인 수공업 대신 기계를 사용하는 공장제(factory system)를 출현하게 하고 자본주의를 완성시키는 동시에 오늘의 대량생산으로의 길을 열었다. 산업혁명으로 인한 자본주의의 완성은 산업사회의 기본적인 사회계급인 자본가와 임금노동자 계층을 낳게 했다. 즉 종전의 시민계급, 즉 부르주아지는 공장주, 경영자 및 각종 투자가를 흡수하여 자본가 계층을 형성하고, 생산수단을 갖지 못하고 오직 노동력밖에 없는 노동자 계층과의 사이에 광범위한 중간층(middle class)이 형성되었다.

한편 산업혁명 후 인구의 급격한 증가현상과 더불어 인구의 도시집중현상이 나타났으며 직물공업의 중심이 된 랭커셔(Lancashire) 등 산업혁명의 중심지에는 새로운 공업도시가 많이 생겨나고 농촌인구는 이러한 신흥도시로 몰려들게 되었다. 이러한 변화는 노동문제나 도시문제와 같은 근대 산업사회의 새로운 사회문제를 제기하게 되고, 자본가와 노동자가 다같이 정치참여의 권리를 요구함으로써 정치체제에도 변화를 일으키게 되었다.

산업혁명 초기의 노동자들의 생활은 가난하고 힘겨운 것이었다. 저임금에다 노동시간은 길고, 공장의 환경은 비위생적이었으며, 거주지는 도시의 빈민굴이었다. 공장에서의 노동은 단순하고 특별한 기술이 필요하지 않아, 싼 임금으로 고용할 수 있는 부녀자와 미성년자가 많이 고용되기도 했다. 공장의 출현으로 특히 큰 타격을 받은 것은 종전의 수공업자들이었으며, 그중 과격한 자들은 자신들의 생존을 위협하는 기계를 파괴하려고 나섰다. 그러나 그들은 결국 몰락할 운명에 처해 있었으며 특수한 분야를 제외하고 대부분 굶어 죽지 않으려면 공장노동자가 되는 수밖에 없었다.

이러한 거대한 사회변혁에 따른 일시적인 혼란과 초기 노동자의 비참한 생활은 일부 역사가로 하여금 산업혁명에 대해 회의적, 또는 부정적 견해를 표현하게 했다. 그러나 긴 안목으로 볼 때 노동자의 실질임금은 상승했으며 생활여건이나 정치참여도 점진적으로 가능해졌다. 산업혁명으로 초래된 생산력의 비약적인 발전은 회의적이거나 부정적으로만 볼 성질의 것이 아니다. 문제는 그러한 생산력의 발전이 초래하는 이윤과 혜택의 배분의 불균형을 좁히는 데 있으며, 그것은 결국 이를 위해 사람들이 어떤 결정을 내리느냐에 달린 문제다.

제12장 자유주의와 민족주의의 발전

제1절 자유주의의 발전

제2절 민족주의와 각국의 발전

제3절 근대 문화의 성숙

유럽의 근대 사회는 프랑스 혁명과 산업혁명을 계기로 19세기에 확립되었다. 그러므로 19세기의 유럽사는 유럽 근대 사회의 확립과 발전의 역사이며, 더 구체적으로는 프랑스 혁명이 제기한 자유주의와 민족주의에, 산업혁명으로 인한 산업화의 진전에 따른 노동문제와 사회문제가 어떻게 엉키면서 전개하였는가 그 과정의 역사였다.

나폴레옹 몰락 후 성립한 빈(Wien) 체제는 보수적이고 반동적인 체제로서 이를 주도한 메테르니히(Metternich)는 전 유럽에 걸쳐 자유주의와 민족주의를 억압하려고 했다. 그러나 1820년대의 중남미 여러 나라의 독립 확보와 그리스의 독립쟁취, 그리고 1830년의 7월혁명과 1848년의 2월혁명으로 빈 체제는 결국 무너져 갔다.

7월혁명과 2월혁명은 다같이 자유주의 혁명으로서 유럽 여러 나라에 큰 영향을 미쳐 자유주의를 뿌리내리게 했다. 1850년대에 그 발전이 일시 중단되는 듯이 보였으나, 보수적인 체제를 유지하는 나라들도 나름대로 이를 포섭하지 않을 수 없었다. 그리하여 자유주의는 혁명이라는 과격한 방법이 아니라 점진적인 개혁을 통해 제도화되고 발전해 나갔다. 이러한 점진적 발전을 이룬 가장 대표적인 나라인 영국에서는 1830년대부터 점진적인 개혁을 통해 자유주의와 민주주의가 착실하게 제도화되고 뿌리를 내려 갔으며, 이러한 정치적 개혁은 산업혁명의 진행과 더불어 19세기 후반기에 빅토리아 시대의 번영을 가져오게 했다.

19세기에 고양된 민족주의의 가장 큰 성과는 이탈리아와 독일의 정치적 통일의 달성이었으며, 이탈리아와 독일은 통일국가로서 새로운 발전을 하게 되었다. 미국 또한 영토를 확대해 가면서 남북전쟁이라는 큰 시련을 겪고 난 후 정치적으로나 경제적으로 강대국으로 발전해 갔다. 유럽에서 가장 후진적이었던 러시아도 농노해방을 비롯한 개혁을 단행했으나 차르의 전제정치는 여전하여 여러 문제가 남아 있었다.

19세기에 르네상스 이래의 유럽 문화는 성숙단계에 들어서 다양한 발전상을 보였다. 인간정신은 그 잠재적인 요소를 드러내면서 다양하고 화려한 문학과 예술의 꽃을 피우고, 자유주의, 민족주의, 사회주의 등 현대 사상의 큰 조류가 형성되고 발전했으며, 자연과학을 비롯한 근대적인 학문의 발달 또한 현저했다.

제1절 자유주의의 발전

1. 빈 체제

나폴레옹이 엘바섬으로 유배된 후 오스트리아, 영국, 러시아, 프로이센 등 유럽 열강들은 오스트리아의 수도 빈(Wien)에 모여서 프랑스 혁명과 나폴레옹 전쟁으로 헝클어진 유럽의 질서를 회복하고 바로잡으려고 했다. 빈 회의(1814~1815)는 오스트리아 황제, 러시아 황제, 프로이센 왕 등 군주와 각국의 저명한 정치가들이 참석한 거창하고 호화로운 회의였고, 매일같이 연회와 무도회가 열리는 가운데 막후에서 질서 회복을 위한 협상이 진행되었다. 그러나 각국의 이해관계가 쉽사리 절충되지 않는 가운데 나폴레옹이 엘바섬을 탈출하여 프랑스 국민의 열렬한 환호 속에 파리로 돌아오자 빈 회의에 참석한 대표들은 서둘러 타협을 짓고 결말을 내리게 되었다(1815. 6).

빈 회의에는 수많은 정치가와 외교관이 참석했으나 회의를 주도한 것은 오스트리아의 수상으로서 보수적인 메테르니히(1773~1859)였다. 그가 빈 회의를 통해 관철시키려고 한 것은 정통주의(legitimacy)의 대의였다. 즉 그는 나폴레옹과 혁명 전의 상태를 정통적이라 보고 그 상태로 되돌아가자는 것이었다. 열강은 기본적으로 메테르니히의 이러한 보수적이고 복고적인 원칙에 찬동하면서도 현실적으로 영토문제에서는 이해관계가 상충하는 경우가 많았으며, 그래서 채택된 것이 보상주의의 원칙이었다. 즉, 나폴레옹 타도에 공헌한 정도를 감안하고 한쪽에서 양보하면 다른 쪽에서 그 대가를 보상한다는 것이었다. 이 원칙에 따라 결정된 빈 회의의 주된 결과는 다음과 같다.

우선 프랑스, 에스파냐, 나폴리, 포르투갈 등에는 혁명 전의 왕실이 복구되었으며, 오스트리아는 네덜란드를 포기하는 대신 이탈리아의 롬바르디아와 베네치아를 얻고, 프로이센은 작센의 북부와 라인 지방을 얻고, 러시아는 폴란드의 대부분을 얻어 폴란드 왕국을 세우고 러시아 황제가 그 왕위를 겸했다. 영국은 몰타섬, 케이프 식민지, 실론 등을 얻어 식민지 제국을 더욱 확대하고, 네덜란드는 오스트리아령 네덜란드를 얻어 네덜란드 왕국이 되었으며, 스웨덴은 덴마크로부터 노르웨이를 얻었다. 스위스는 영세중립국이 되고, 독일은 오스트리아, 프로이센 등 35개국과 4개의 자유도시가 새로 독일 연방을 구성했다. 한편 프랑스는 인접국가와의 국경선이 1792년, 즉 혁명전쟁이 시작되기 전의 상태로 고정되었는데, 이는 혁명과 전쟁을 일으킨 당사국으로서는 매우 유리한 결정으로 프랑스 대표 탈레랑(Talleyrand)의 수완과 활동의 덕택이었다.

빈 회의는 이와 같이 새로운 질서를 수립하고 '유럽의 협조(Concert of Europe)'체제를 마련했으나 그 기본정신은 메테르니히를 중심으로 구체제를 부활 · 유지하고, 혁명과 나폴레옹 전쟁으로 전파된 자유주의와 민족주의의 발전을 억압하려는 것이었다. 1815년에 러시아의 알렉산드르 1세(Aleksandr I, 재위 1801~1825)는 그리스도교 정신에 입각하여 평화를 이룩하자고 제창하여 신성동맹(Holy Alliance)이 전 유럽적인 규모로 결성되었으나 형식과 말뿐이었고, 오스트리아 · 프로이센 · 영국 · 러시아가 따로 결성한 4국동맹(1815)이 실질적으로 보수적이고 반동적인 빈 체제를 유지하기 위한 국제기구 노릇을 하게 되었다. 빈 체제는 메테르니히의 주도하에 유지되었기 때문에 '메테르니히 체제'라고도 불렸다.

메테르니히는 원래가 보수주의자인 데다가 오스트리아가 여러 약소민족으로 구성되어 있기 때문에 민족주의나 자유주의를 막지 않고서는 정치적 통합의 유지가 어렵다고 보았다. 그리하여 그는 자신이 직접 영향력을 행사할 수 있는 독일의 자유주의와 민족주의 운동을 철저하게 탄압하기로 했다. 나폴레옹이 몰락한 후 독일의 자유주의 운동을 앞장서 이끈 것은 대학생들이었다. 그들은 학생조합(Burschenschaft)을 결성하여 이를 중심으로 운동을 전개했는데, 1817년 10월 라이프치히 전투의 승리 4주년과 루터의 종교개혁 300주년을 기념하는 축제를 벌이면서 보수적인 서적과 프로이센 병사의 군복을 불태웠다. 1819년에는 다시 예나(Jena) 대학생이 러시아 황

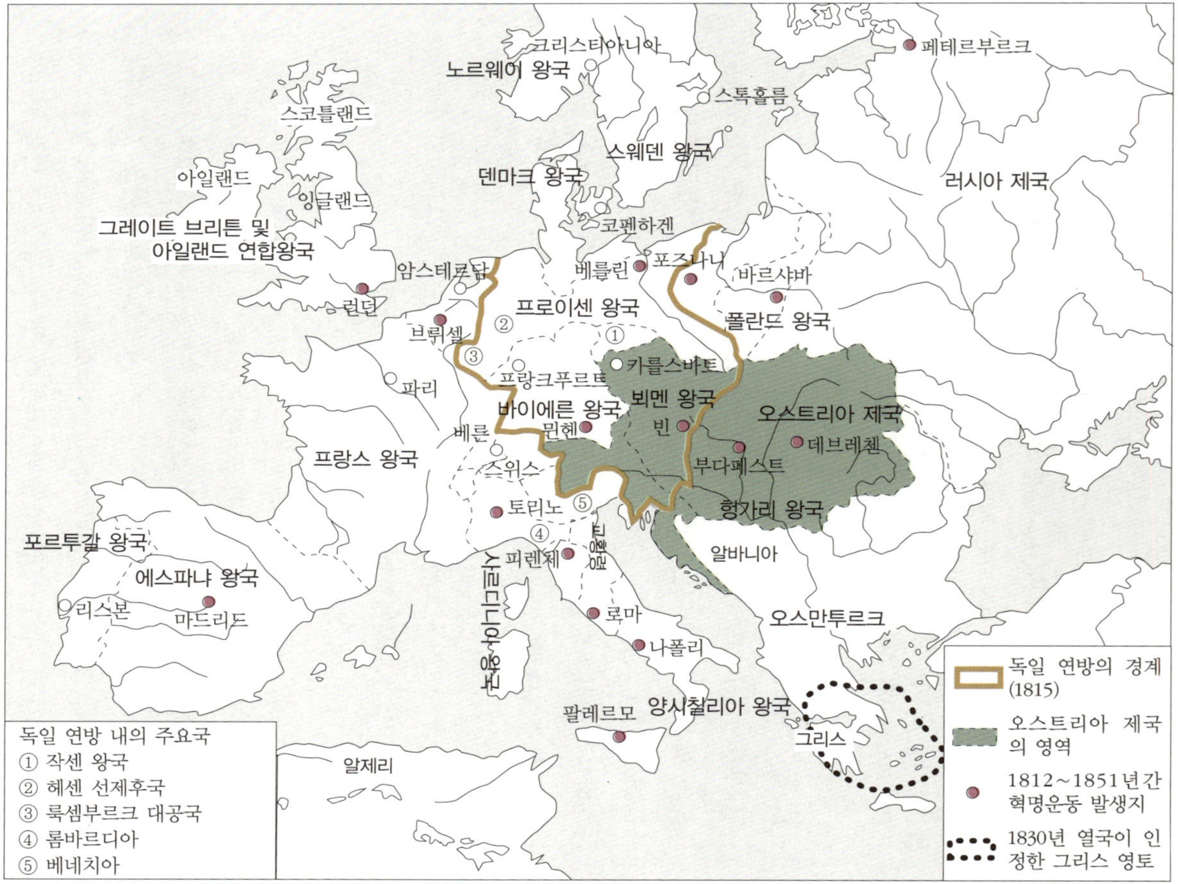

그림 12-1. 빈 체제하의 유럽

제의 스파이로 지목된 한 문필가를 살해한 사건이 발생했다. 이에 메테르니히는 독일의 여러 군주들과 회합하여 카를스바트(Karlsbad) 법령을 결의했다. 그는 이 법령에 따라 학생조합을 해산하고 대학에 감독관을 파견하여 교수와 학생의 동태를 감시하게 하는 한편 신문을 비롯한 출판물의 검열을 강화했다.

이 같은 메테르니히의 반동적인 탄압정책은 독일에만 한정된 것이 아니었다. 1820년 에스파냐와 나폴리 등지에서 자유주의 혁명이 일어나자 그는 4국동맹을 이용하여 이를 억압하려고 했다. 영국이 내정간섭이라 하여 이를 반대했으나 메테르니히는 프로이센과 러시아의 동의를 얻어 에스파냐와 나폴리의 혁명을 무력으로 진압했다. 이렇듯 1820년대 초에는 메테르니히의 보수반동정책이 전 유럽에 걸쳐 성공을 거두는 듯이 보였다.

2. 라틴아메리카 여러 나라의 독립

볼리바르

멕시코 이남의 중남미 대륙은 대부분이 에스파냐의 식민지였으나 에스파냐가 나폴레옹 전쟁에 휘말려 들어간 사이에 아르헨티나와 칠레 등이 독립을 선언하게 되고 나폴레옹의 몰락 후에도 '해방자' 볼리바르(Simon Bolivar)의 군대는 에스파냐 군대를 격파하여 콜롬비아, 페루, 볼리비아 등이 독립을 성취했다. 메테르니히는 이것 역시 구체제를 변경하려는 것이라 하여 이를 원상복구시키려 했다. 그러나 이미 메테르니히와의 협력에 한계를 느끼고 있던 영국은 중남미의 독립한 여러 나라와 통상관계를 맺고 경제적 이익을 추구하고 있었기 때문에 메테르니히에 동조하지 않았다.

한편 미국의 먼로(Monroe) 대통령은 먼로주의(Monroe Doctrine, 1823)로 알려진 선언을 발표하여 메테르니히의 라틴아메리카에 대한 간섭을 배격했다. 그 내용은 첫째, 유럽 국가의 아메리카 대륙에 대한 간섭을 미국에 대한 비우호적 행위로 간주하고 미국도 유럽에 간섭하지 않을 것이며, 둘째, 아메리카 대륙에 대한 새로운 식민지 건설을 용납하지 않는다는 것이었다.

대서양 건너 라틴아메리카에 간섭하려면 영국의 해군력에 의존할 수밖에 없었는데, 영국이 협력을 거부하고 오히려 먼로주의를 지지했기 때문에 메테르니히는 그 뜻을 이루지 못하게 되었다. 메테르니히 체제는 먼 곳에서부터 금이 가기 시작한 것이다.

3. 그리스의 독립

16세기 이래 투르크의 지배하에 있던 그리스는 민족주의의 영향을 받아 1821년 독립운동을 일으켰다. 메테르니히 체제의 발등에 불똥이 떨어진 셈이다. 메테르니히는 이번에는 불간섭의 정책을 취했는데, 그것은 내버려두면 독립전쟁이 실패할 것이라고 판단했기 때문이다. 그의 예상대로 독립군의 진압에 나선 투르크와 이집트 연합군의 공격을 받은 그리스의 독립운동은 위기에 당면하게 되었다. 이에 유럽의 문화계가 그리스 지원에 나섰다. 자유주의자는 말할 것도 없고 낭만주의자는 민족의 해방과 독립에 감격하고, 고전주의자는 고대 그리스의 부활을 감지하고, 보수주의자조차 그리스의 독립운동을 이교도인 투르크에 대한 그리스도교의 반격이라고 보았다. 화가 들라크루아(Delacroix)는 화필을 들어 옹호하고, 시인 바이런(Byron)은 펜만으로는 만족하지 못하고 직접 독립전쟁에 참여했다.

이러한 상황 속에서 영국과 러시아가 저마다 다른 이해관계로 그리스를 적극적으로 지원하기 시작했다. 1825년에 새로 제위에 오른 러시아의 니콜라이 1세(Nikolai I, 재위 1825~1855)는 지중해로의 진출을 위해 투르크에 대한 간섭을 시도했고, 이 지역에 큰 이해관계를 가진 영국은 러시아 세력의 단독 남진을 염려한 나머지 프랑스와 러시아를 권유하여 3국이 투르크에 압력을 가했다. 그러나 투르크가 쉽게 굴복하지 않자 3국은 연합함대를 파견하여 투르크 함대를 나바리노(Navarino)에서 격파하고(1827), 러시아군이 이스탄불(콘스탄티노플)에 접근했다. 이에 투르크도 굴복하여 러시아와 강화를 맺고, 1829년 그리스의 독립을 승인했다. 이로 말미암아 메테르니히의 위신은 땅에 떨어지게 되었다.

4. 7월혁명

나폴레옹이 몰락한 후 프랑스에서는 부르봉 왕실의 루이 18세(재위 1814~1824)가 새로 왕위에 오르고 많은 망명귀족이 돌아왔다. 1814년에 새로 제정된 헌법은 상·하 양원제 의회와 내각제를 규정하고 언론·사상·신앙의 자유와 재산권의 불가침 등을 규정하고 있었으나, 상원은 국왕이 직접 임명하고 하원의 의원선거는 극히 제한된 것이었다. 뿐만 아니라 보수적이고 복고적인 분위기 속에서 점차 극단적인 과격왕당파의 세력이 강화되어 구체제를 복구하려고 책동했다. 그러나 보수적이기는 했으나 비교적 온건했던 루이 18세는 이들을 가까이 하지 않았고, 오랜 혁명과 전쟁에 지친 일반국민이 평화와 안전을 원하는 분위기 속에서 루이 18세의 치세는 소강상태를 유지할 수 있었다.

루이 18세의 뒤를 이어 그의 동생이요 과격왕당파의 수령인 샤를 10세(Charles X, 재위 1824~1830)가 즉위하자 사태는 달라지기 시작했다. 샤를은 즉위 초부터 반동정치를 실시했는데, 그 가장 좋은 예는 망명귀족에 대한 보상정책이었다. 그것은 망명귀족들이 혁명 중에 입은 손실을 보상해

인민을 이끄는 자유의 여신 프랑스 7월혁명의 정신을 상징하는 그림

주려는 것으로 그 액수는 10억 프랑에 달했으며, 그 실행은 부르주아(시민계급)의 희생으로 가능했다. 그리하여 자유주의자를 비롯한 부르주아의 반항이 시작되고, 반항은 해를 거듭할수록 커져 갔다. 샤를은 이러한 국내의 불만을 알제리아 원정(1830)이라는 국외문제로 관심을 돌리게 함으로써 완화시키려고 했으나 별로 효과가 없었다. 1827년 이래 선거 때마다 반정부세력이 증가하여 다수를 차지했으며, 언론을 통한 자유주의자들의 공격도 날카로워졌다. 샤를은 극단적인 보수주의자 폴리냐(Polignac)을 총리로 임명하여 이에 대항하고, 1830년 5월 의회를 해산하고 새로 선거를 실시했으나 그 결과는 반정부적인 자유주의 세력의 증가로 나타났다. 그러나 샤를은 아직 소집되지도 않은 의회의 해산을 명하고, 신문과 언론에 대한 탄압을 실시하고, 선거법 개정을 시도했다. 이러한 조치에 대해 자유주의 계통의 신문들은 일제히 정부를 공격하고, 이에 호응하여 7월 27일 파리의 민중이 봉기했다. 이렇게 일어난 7월혁명은 3일간의 시가전 끝에 마침내 샤

를의 부르봉 복고왕조를 쓰러뜨렸다.

7월혁명 후 새로운 정부수립에서는 공화제를 주장하는 세력도 상당했으나 결국 타협이 이루어져 자유주의적이고 평민적인 오를레앙 공 루이 필리프(Louis Philippe)가 국왕으로 추대되어 입헌군주제에 따른 7월왕정이 시작되었다.

파리에서 혁명이 성공했다는 소식은 전 유럽의 자유주의자와 민족주의자에게 커다란 용기와 희망을 안겨주었다. 8월에 벨기에에서는 폭동이 일어나 민주적인 헌법을 제정하고 네덜란드로부터 독립을 선언했으며, 1831년에는 열강의 승인을 얻어 영세중립국이 되었다. 스위스에서도 자유주의적인 헌법과 보통선거가 채택되었다. 그러나 유럽의 다른 지역에서의 자유주의 내지 민족주의 운동은 큰 성과를 거두지 못했다. 독일에서는 몇몇 지역에서 자유주의적인 헌법이 채택되었으나 프로이센과 오스트리아에서는 아무런 성과도 없었다. 이탈리아에서도 카르보나리(Carbonari, '숯 굽는 사람'의 뜻)로 알려진 자유주의적인 민족주의자들의 반란이 있었으나 오스트리아군에게 곧 진압되었다. 러시아의 보호국이 된 폴란드에서도 독립운동이 일어나 러시아군과 처참한 전투를 계속했으나 다음해 9월에 진압되고 폴란드는 러시아의 직할령이 되고 말았다.

이와 같이 각국에서 자유주의 내지 민족주의 운동이 대부분 실패하거나 좌절된 원인으로는, 첫째, 이들이 크게 기대했던 프랑스로부터의 지원이 거의 없었고, 둘째, 자유주의가 비교적 소수의 지식인과 문화인 또는 대학생에 퍼졌을 뿐 민중 속에 넓고 깊게 뿌리를 내리지 못했으며, 셋째, 사회·경제적 후진성으로 부르주아 내지 중산계급의 성장이 늦고 그 세력이 미약했다는 점 등을 들 수 있다. 그러나 파리의 7월혁명은 자유주의의 거대한 승리로서 메테르니히 체제는 이로 말미암아 결정적인 타격을 받게 되었다.

5. 영국의 개혁

영국은 18세기 중엽에 장기간에 걸친 식민지 경쟁에서 승리하여 거대한 식민 제국을 건설하였고 뒤이은 산업혁명으로 18세기 말부터 19세기 초에 걸쳐 경제구조와 사회구조에 커다란 변화가 진행되고 있었다. 그렇기 때문에 영국의 국가이익은 다른 유럽 여러 나라의 그것과 반드시 같지는 않았으며, 따라서 영국은 1820년대 초에 메테르니히 체제를 벗어나 독자적인 노선을 걷기 시작했다. 라틴아메리카 여러 나라나 그리스의 독립문제에서 영국이 메테르니히의 정책에 반하여 이들 나라의 독립을 지지한 까닭이 여기에 있었던 것이다.

국내 정치에서도 영국은 점진적인 개혁을 통한 자유주의적인 발전의 길을 걸었다. 17세기 후반에 제정된 심사법(Test Act)을 1828년에 폐지하여 비국교도인 개신교도들에게 공직에 취임할 수 있는 길을 열어 주고, 다시 다음해에는 가톨릭교도 해방법을 통해 가톨릭교도에게 시민적 자유와 권리가 부여되었다.

그러나 가장 중요한 과제는 의회구성의 문제로서 이는 바로 산업혁명에 따른 사회구조의 변화에 정치조직을 어떻게 적응시키느냐 하는 문제였다. 영국 의회는 17세기 이래 아무런 변화도 없고 따라서 '젠트리'라는 지주층이 약간의 대상인, 금융가들을 흡수하여 의회 내의 지배세력을 형성하고 있었다. 그러나 산업혁명의 진행으로 새로 산업자본가와 노동자 계층이 형성되고, 신흥 공업도시가 발생하면서 농촌인구의 도시로의 이동현상이 현저해졌다. 이러한 새로운 사회계층의 출현과 인구이동에 따라 이들이 정치참여를 요구하는 소리가 높아지면서 정치구조의 변혁은 거의 불가피한 것이 되었다.

사회구조의 변화에 따라 드러난 정치구조의 모순은 바로 선거법의 모순에 집약적으로 나타나 있었다. 즉, 인구이동으로 선거인이 거의 없어졌거나 수십 명에 불과한 선거구에서 여전히 2명의 의원을 선출하는 이른바 부

탄광 안에서 일하는 소녀 한 소녀가 좁은 탄갱 안에서 탄차를 끌어가고 있는 모습

패선거구(rotten borough)가 있는 반면, 인구 10만이 넘는 맨체스터나 리버풀과 같은 신흥 공업도시는 한 명의 의원도 의회에 보내지 못했으며, 또한 선거자격의 제한으로 신흥 산업자본가나 노동자 계층은 의회에 그들의 대변자를 보내지 못하고 있었다.

1820년대에 들어와 선거법 개정의 요구는 날이 갈수록 강렬해졌으나 번번이 지주층과 귀족의 반대로 좌절되곤 했다. 1830년 7월혁명의 영향으로 선거법 개정에 대한 요구는 더욱 격렬해져 사태는 혁명 직전의 상황에 이르렀다. 마침내 1832년 의회는 혁명이라는 극단적인 방법을 피하고 선거법 개정안을 통과시키게 되었다. 그 주된 내용은 부패선거구를 없애고 그 의석을 신흥 공업도시에 배정하는 동시에 선거자격의 제한을 완화하여 종래의 토지소유자 이외에 동산소유자도 포함시켜 신흥 산업자본가가 의회에 들어갈 수 있는 길을 마련했다. 이로써 종전의 부패선거구의 의석 대부분이 신흥 도시에 배정되었으나 아직 인구비례에 의한 선거구 설정까지는 이르지 못했고, 선거권도 산업자본가에까지는 확대되었으나 아직도 재산제한이 남아 있어 노동자 계층에게는 참정권이 부여되지 않았다. 이와 같이 철저하지 못하고 타협적인 개정이어서 아직도 문제가 남아 있기는 했으나 1832년의 선거법 개정은 그 나름대로 새로운 상황에 적응하고 혁명에 이르는 극한적인 상황을 회피한 현명한 개혁이었다고 할 수 있다.

선거법 개정에 따른 정치풍토의 변화로 종래의 휘그당은 새로 진보적인 산업자본가를 맞아들여 자유당(Liberals)이 되고, 토리당은 종래의 귀족과 지주층을 중심으로 보수적인 세력을 흡수하여 보수당(Conservatives)으로 개편되었다. 19세기 영국의 정치적 발전은 이렇게 개편된 두 정당을 중심으로 전개된 원활한 의회정치를 통해 이루어진 것이다.

참정권을 획득한 산업자본가들의 다음 과제는 자유방임적 경제체제의 확립이었다. 애덤 스미스 이래 리카도, 맬서스 등 고전경제학의 이론적 뒷받침을 받고 있던 경제적 자유주의는 현실적으로도 요청되고 있었다. 산업자본가 출신인 리처드 콥든(Cobden)과 존 브라이트(Bright) 등은 반곡물법동맹(1839)을 결성하여 외국산의 값싼 곡물의 수입을 금지함으로써 지주층의 이익을 옹호하기 위해 1815년에 제정된 곡물법(Corn Law)의 폐지운동을 전개하여 1846년 이의 폐기에 성공했다. 이와 더불어 원료와 공업제품에 대한 보호관세도 차례로 폐기되고, 1849년에는 항해법도 폐지되었다. 이는 영국 산업자본의 승리와 자유방임주의 정책의 확립을 뜻하는 것이며, 당시 영국이 가장 선진적인 공업국가인 동시에 최대의 해운국이자 식민지 보유국이었다는 사실이 이를 가능하게 했던 것이다.

산업자본가 계층이 정치와 경제면에서 큰 승리를 거두어 나가는 과정에서 노동자들은 이를 돕고 협력했으나 그들 자신이 얻은 것은 별로 없었다. 그리하여 그들은 자신들의 권익을 획득하고 수호하기 위해 그들 스스로의 독자적인 운동을 전개하게 되었다. 그 대표적인 것이 차티스트 운동(Chartist Movement 또는 Chartism)이었다. 이 운동의 기본성격은 정치적인 것으로서 1832년의 선거법 개정에서 선거권이 주어지지 않았던 노동자 계층의 참정권 요구 운동이었다. 그들의 요구는 1838년에 작성된 「인민헌장(People's Charter)」에 담겨 있었는데, 그 주된 내용은 성년남자의 보통선거, 인구비례에 의한 평등한 선거구 설정, 하원의원의 재산자격 철폐, 비밀투표, 의원에 대한 보수 지불, 그리고 매년선거였다. 차티스트 운동은 그 후 약 10년간 주로 서명과 시위 등의 방법을 통해 의회로 하여금 그들의 요구를 받아들이게 하려 했으나 1848년을 고비로 좌절되고 말았다. 「인민헌장」의 내용은 매년선거를 제외하고는 점진적으로 실현을 보게 된 근대 민주주의의 기본조항들이었으나 당시로서는 아직 시기상조의 감이 없지 않았고, 대다수 노동자들의 정치의식이 아직 이에 미치지 못하여 조직적인 운동이 비숙한 데다가 지도자들의 단합도 미흡했다. 그러나 차티스트 운동은 유럽에서는 최초의 노동자들의 대규모 정치운동으로서 그들의 요구사항들은 민주정치의 중요한 요건들이었다. 뿐만 아니라 그러한 요구들은 1867년에 다시 선거법이 제정되어 대부분의 공장노동자에게 선거권이 확대되고, 1884년에는 농업노동자에게도 투표권이 부여됨과 동시에 인구비례에 의한 평등한 선거구제도가 확립되고, 20세기에 들어서서는 의원에 대한 봉급도 지급됨으로써 그 대부분이 실현되었다.

이러한 정치참여문제와 더불어 해결해야 할 또 하나의 중요한 문제는 노동자들의 열악한 노동조건이었으며, 이를 위해서는 일찍부터 공장법의 제정으로 노동조건의 개선책이 강구되었다. 1819년의 공장법은 면직물공업에 한정된 것이기는 했지만, 어린이의 야간작업을 금지하고 주간 노동시간을 12시간으로 한정했다. 그러나 이를 확인할 방도가 강구되지 않았기 때문에 제대로 실시되지 않았다. 1833년의 공장법은 이 폐단을 시정하기 위해 정부가 공장법의 실시 여부를 확인할 공장감독관을 임명했으며, 9세 이하의 어린이 고용을 전면 금지하고, 노동시간을 13세 이하 9시간과 18세 이하 12시간으로 제한했다. 이러한 공장법은 그 후에도 노동자들의 근로조건의 개선을 위해 계속 제정되었으며, 1911년에는 국민보험법(National Insurance Act)이 제정되어 정부 · 고용주 · 근로자가 다같이 기여금을 분담하는 강제적인 의료보험제도와 실직보험제도가 마련되었다. 이로써 영국은 다른 유럽 나라들에 앞서 복지국가로의 획기적인 발전을 하게 된 것이다. 이 밖에도 영국은 19세기 중엽까지에는 언론과 출판의 자유가 확립되고, 신문에 대한 과세의 폐지는 자유로운 여론형성에 기여하고, 공립학교의 설치와 교육에 대한 국가의 지원정책은 교육의 보급에 이바지했다.

요컨대 19세기 후반의 영국은 산업혁명의 열매를 거두어들여 세계의 공장으로 발전을 계속했으며 산업혁명이 초래한 각 분야의 어려운 문제들을 점진적으로 착실하게 시정하고 개혁함으로써 민주적인 복지국가로의 발전의 길을 걸어갔다. 때마침 보수당에 디즈레일리(Disraeli, 1804~1881), 자유당에 글래드스턴(Gladstone, 1809~1898)과 같은 유능한 정치가가 나와 의회정치의 묘를 살리면서 서로 경쟁적으로 개혁을 추진하여 국가발전에 크게 공헌했다. 과연 19세기 후반 빅토리아(Victoria, 재위 1837~1901) 여왕 치세의 반세기는 영국의 번영이 절정에 이른 영국사의 황금기였다.

6. 2월혁명

프랑스의 7월왕정은 부르봉 복고왕조에 비해 더욱 자유주의적이었으며, 선거권도 10만으로부터 20만 정도로 확대되었으나 프랑스 전체 인구가 3천만임을 감안하면 그것은 너무나 적은 숫자였다. 그렇기 때문에 7월왕정은 "소수의 주주에 의해 운영되는 주식회사와 같다"는 평을 들을 정도였다. 한편 7월왕정기를 전후하여 프랑스에서도 산업혁명이 본격적으로 진행되어 사회 · 경제면에 큰 변화가 일어나고 있었다.

프랑스는 원래 소토지 소유 농민의 나라로서 이는 프랑스 혁명을 경과하면서 더욱더 심화되었으며 수공업이 영국에 비해 더 늦게까지 잔존했다. 그러나 산업혁명의 진행은 주로 대도시를 중심으로 한 공장의 집중 현상을 가져오고 이에 따라 공장노동자의 수도 증가했다. 노동자들의 결합이나 단결은 나폴레옹 시대의 법으로 금지되어 있었으나, 그들은 상호부조의 목적을 위한 결사를 통해 조직을 강화하고 있었으며 각종의 사회주의 사상가들의 영향도 적지 않아 무시할 수 없는 정치세력으로 성장하고 있었다.

이러한 사회변화에도 불구하고 7월왕정의 정치는 극히 소극적이고 노동자에 대해서는 반단체법(1834)을 제정하는 등 억압적이었다. 특히 외교 문제에서 영국의 뒤를 따라가는 소극적인 태도는 영국의 공업과 경쟁하면서 적극적인 해외 시장의 개척을 열망하고 있던 프랑스의 신흥 산업자본가들을 크게 실망시키는 것이었다. 이리하여 1840년대에는 7월왕정에 대한 불만이 널리 퍼지게 되었으며 그러한 불만은 선거권의 확대라는 요구로 집약되어 표출되었다.

이러한 상황 속에 1846년과 1847년의 흉작은 농촌에 위기를 초래하고 그 여파는 공업에도 미쳐 1848년에는 전반적인 경제위기가 닥쳐 불온한 기운이 감돌게 되었다. 1848년 2월 선거권의 확대를 요구하는 시민의 집회인 이른바 '연회(banquet)'가 파리에서 대대적으로 열리기로 계획되자 정부는 군대를 동원하여 이를 탄압하려 했다. 이것이 도화선이 되어 누적된 불만이 한꺼번에 폭발하면서 2월혁명이 일어났다.

3일간의 시가전 끝에 국왕은 영국으로 피신하고 새로운 임시정부가 수립되었으며 이 임시정부에는 노동자 대표로서 사회주의자도 참가했다. 그리하여 그들의 주장으로 노동권이 보장되고 노동자의 결사의 자유가 인정되었으며, 실업자 구제를 위한 국립공장이 설립되었다. 그러나 이러한 급진적인 세력의 진출과 급격한 개혁은 농촌의 대다수를 차지하는 소농과 도시의 시민계급을 놀라게 하고 그 영향은 새로운 헌법을 제정하기 위한 제헌의회의 선거결과에 뚜렷하게 나타났다. 즉, 성년남자의 보통선거로 실시된 선거에서 900석의 의석 중 800석이라는 다수 의석을 온건한 공화파가 점유했던 것이다. 그리하여 의회는 임시정부를 해체하고 사회주의자들을 정부로부터 축출했다. 이에 사회주의자와 노동자는 폭동을 일으켰으나 곧 진압되었다(1848. 5. 15).

이 폭동은 급진세력에 대한 일반시민의 두려움을 더욱 증대시키고 그동안 일거리도 없이 소일하고 있는 실업자를 먹여살리고 수당까지 주느라 막대한 재정부담의 대상이었던 국립공장이 오히려 폭동의 온상임을 깨닫고 이를 폐쇄했다. 이에 노동자들은 다시 대규모의 폭동을 일으켰으나(6월폭동) 역시 군대의 힘으로 진압되었다. 6월폭동 후 파리에는 계엄령이 선포되고 계엄령하에서 새로운 공화제 헌법이 제정되었다. 그것은 당시로서는 매우 민주적인 헌법이었으며 이 헌법에 따라 12월에 대통령 선거가 실시되었다. 그 결과는 뜻밖에도 2월혁명을 주도한 공화파 계통의 지도자를 제쳐놓고 나폴레옹의 조카 루이 나폴레옹(나폴레옹 3세, 1808~1873)이 압도적 다수로 당선되었다.

2월혁명의 특색은 그것이 본질적으로 자유주의 혁명이면서 거기에 노동자 및 사회주의 세력이 참여했다는 점에 있다. 그 결과 급진적인 사회주의 정책이 채택되고 그것이 시민계급과 보수적인 농민층에 겁을 주고, 두 번에 걸친 노동자와 사회주의자의 폭동은 일반 민심을 결정적으로 그들로부터 떠나게 만들었다. 이러한 사태의 진전과 민심의 동향, 그리고 나폴레옹의 후광이 그동안 별로 알려지지 않았던 루이 나폴레옹을 신생 공화국의 초대 대통령으로, 그것도 압도적 다수로 당선케 했던 것이다.

2월혁명의 영향은 7월혁명의 그것보다 훨씬 컸으며 유럽 각처에서 자유주의 운동과 민족주의 운동이 일어났다. 오스트리아의 빈에서는 3월혁명이 발생하여 보수반동체제의 국제적 지도자였던 메테르니히를 몰락시키고 황제는 새로운 헌법의 제정을 약속했으며, 뵈멘과 헝가리에서는 독립운동이 일어났다. 그러나 그해 가을부터 반혁명의 바람이 불기 시작하여 뵈멘의 혁명운동은 오스트리아군에 의해 진압되고, 10월에는 빈의 과격분자가 처단되어 프란츠 요제프(Franz Joseph, 재위 1848~1916)가 새로 제위에 올랐다. 헝가리는 저항을 계속했으나 다음해(1849)에는 역부족하여 진압되었다.

이탈리아에서도 민족주의 운동이 전개했다. 이상주의적인 민족주의자 마치니(Mazzini, 1805~1872)의 청년이탈리아당(Giovine Italia)이 앞장서고 사르디니아가 오스트리아군에 도전했다. 그러나 두 번에 걸친 이들의 투쟁은 결국 오스트리아군에 의해 진압당함으로써 이탈리아에서의 민족주의 운동도 실패로 돌아갔다. 프로이센에서도 3월혁명이 발생하여 프리드리히 빌헬름 4세(Friedrich Wilhelm IV, 재위 1840~1861)가 새로운 헌법 제정을 약속하고, 프랑크푸르트암마인(Frankfurt-am-Main)에서 독일의 영방 대표들이 모여 독일의 통일방안을 논의했다. 모임은 오스트리아 포함 여부 등 어려운 문제를 놓고 난항을 거듭한 끝에 다음해 3월에 통일을 위한 헌법을 제정하고 오스트리아를 제외한 통일독일의 황제로 프로이센 왕을 추대했으나 프로이센 왕이 이를 거절하는 바람에 모처럼의 프랑크푸르트 국민의회의 노력도 수포로 돌아갔다. 한편 프로이센 왕은 약속대로 1850년에 새로운 헌법을 제정했으나 그것은 자유주의의 탈을 쓴 '외관상의 입헌주의(Scheinkonstitutionalismus)'에 지나지 않았다.

이상과 같이 자유주의나 민족주의 운동은 2월혁명의 결과로서 기대한 것과 같은 큰 성과를 거두지 못한 것같이 보인다. 그것은 사실 일부 국가를 제외하고는 실패한 것으로 보인다. 그러나 그것은 프랑스 혁명을 계승한 혁명운동으로서 성공하지 못했을 뿐이지 결코 그 생명이 다한 것은 아니었다. 오히려 혁명과 좌절을 되풀이하면서 자유주의와 민족주의는 시민과 민중 속에 확산되고 현실 속에 뿌리를 내리게 되었다. 2월혁명 후에는 아무리 보수적인 정치가나 지배자라도 자유주의와 민족주의를 무시할 수 없게 되었으며, 적어도 '외관상'으로나마 그것들을 부분적으로 포용하지 않을 수 없었고 그러는 과정에서 혁명운동으로서가 아니라 현실정치 속에서 자유주의와 민족주의는 점진적으로 실현되고 제도화되어 갔던 것이다.

제2절 민족주의와 각국의 발전

1. 프랑스의 제2제정

2월혁명으로 탄생한 제2공화제의 초대 대통령으로 정체가 뚜렷하지 않은 루이 나폴레옹이 당선된 것은 민주적 공화제의 앞날에 어두운 그림자를 던지는 것이었다. 루이 나폴레옹은 공화주의자들 내부의 대립과 갈등을 이용하여 대통령의 권한을 확대하면서 점차 탄압을 강화한 끝에 1851년 12월 대통령 임기가 끝나는 시기를 택해 쿠데타로 정권을 장악하고 새로운 헌법제정을 제안했다. 그의 제안은 국민투표에서 압도적 지지를 받아, 다음해 1월에 제정된 헌법은 사실상 루이 나폴레옹의 독재정치 수립을 합법화하는 것이었다. 국가통치의 전권을 장악한 루이 나폴레옹은 1852년 12월 그가 임명하여 구성된 원로원의 제안에 따라 제정을 선포하고 국민투표의 지지를 얻어 나폴레옹 3세(재위 1852~1870)라 칭함으로써 제2제정이 성립했다.

제2제정의 성립과 더불어 프랑스의 자유주의는 질식 상태에 빠지고 입헌정치도 사실상 사라졌다. 나폴레옹 3세는 철저하게 자유를 억압하고 독재를 하는 대신 상공업을 장려하고 대규모의 토목사업을 일으켜 노동자들에게 일터를 마련해 주고 적극적인 외교정책으로 국민적 영광을 달성하려고 했다. 다시 말해서 그는 독재정치의 보상으로 경제적 번영과 국민적 영광을 약속한 것이다.

나폴레옹 3세의 이러한 보나파르티즘(Bonapartisme)은 초기에는 어느 정도 성공을 거두었다. 그러나 1850년대 말부터 경제는 불황기를 맞이하고 그의 외교정책도 실패를 거듭하게 되어 제정에 반대하는 공화파의 세력이 고개를 들게 됨에 따라, 그 역시 독재를 완화하여 의회정치를 부활시키는 등 양보를 하지 않을 수 없었다. 이렇게 프랑스의 내정이 변화해 가고 있을 때 나폴레옹 3세는 프로이센의 비스마르크(Bismarck)의 독일 통일정책의 술책에 빠져든 끝에 프로이센-프랑스 전쟁에서 패함으로써(1870) 몰락하고 이로써 제2제정도 무너졌다.

1870년 프로이센 군대가 파리를 점령하는 패전의 혼란 속에서 파리의 사회주의자와 노동자들은 '파리 코뮌(Paris Commune)'으로 알려진 폭동을 일으켜 한때 시 행정을 장악하고 군대까지 조직했다. 그러나 그들에게는 일정한 강령이나 행동방침이 없었고 구성분자가 잡다하여 곧 정규군과 임시정부의 공격을 받고 무너졌다. 그 후 1875년에 다시 제3공화제가 수립되었으나, 왕당파와 군부 및 가톨릭 교회의 극우파의 공화제 반대로 그 앞날은 평탄하지 않았다.

2. 이탈리아의 통일

2월혁명에서 이상주의적이고 공화주의적인 마치니의 민족주의 운동이 실패로 돌아가자 이탈리아 통일의 과업은 사르디니아의 현실정치가인 카보우르(Cavour, 1810~1861)의 손으로 넘어갔다. 이탈리아는 정치적으로 분열되어 있었을 뿐 아니라 오스트리아의 세력이 강하게 부식되어 있었다. 따라서 이탈리아의 통일과업은 단순한 분열의 지양만이 아니라 오스트리아 세력의 구축이라는 이중의 과업을 담고 있었다.

2월혁명 때 오스트리아에게 패한 사르디니아에 새로 비토리오 에마누엘레 2세(Vittorio Emanuele II, 재위 1849~1861)가 왕위에 오르자, 그는 오스트리아의 압력을 물리치고 자유주의적인 헌법을 고수하여 이탈리아 전 애국자의 희망의 상징이 되었다. 1850년 그의 재상으로 카보우르가 등장하자 그는 이중의 과업인 통일을 달성하기 위해서는 첫째로 국력의 배양이 시급하다고 판단하고 산업을 장려하고 군대를 개편하는 등 개혁을 단행했으며, 둘째로 그다지 크지 않은(총인구 500만 정도) 사르디니아가 통일의 주인공이 되기 위해서는 그 국제적 지위를 향상시키고 통일을 지원해 줄

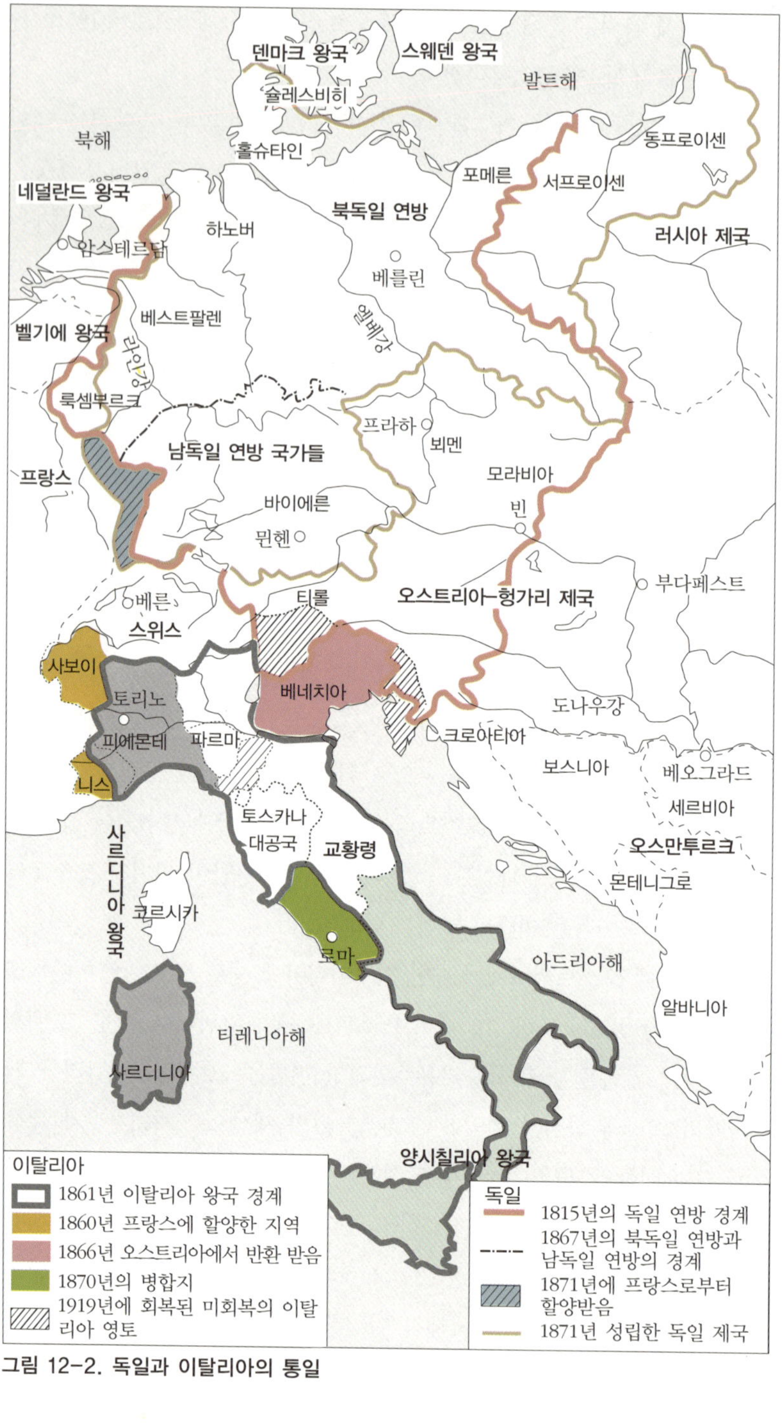

그림 12-2. 독일과 이탈리아의 통일

강력한 우방이 필요하다고 생각하여 크림 전쟁에서 영국과 프랑스에 가담하여 두 나라의 호의를 얻는 데 성공했다.

가리발디

1859년 나폴레옹 3세와 밀약을 맺은 카보우르는 이탈리아 통일전쟁을 일으켜 오스트리아군에게 승리했으나, 사르디니아의 세력이 너무 커지는 것을 꺼린 나폴레옹 3세는 도중에 약속을 어기고 오스트리아와 단독으로 휴전했다. 나폴레옹 3세의 이러한 배신행위는 오히려 이탈리아의 애국자들을 사르디니아 편으로 규합시켰다. 그리하여 카보우르는 다시 나폴레옹 3세와 협상하여 밀약에서 약속한 대로 사보이(Savoy)와 니스(Nice)를 프랑스에 양도하고 북부 및 중부 이탈리아를 통합하는 데 성공했다(1860).

때마침 남부이탈리아에서도 민족운동이 일어나고 시칠리아에서 폭동이 발생하자 2월혁명 때 망명했다가 돌아와 있던 풍운아 가리발디(Garibaldi, 1807~1882)는 '붉은 셔츠당'으로 불리는 의용군을 거느리고 시칠리아를 정복하고 이어 나폴리를 점령했다. 이 소식에 접한 카보우르는 서둘러 사르디니아군을 남하시켜 양군은 나폴리에서 만나게 되었다. 가리발디는 마치니의 동조자로서 공화주의자였으나 이탈리아 통일이라는 대의를 위해 시칠리아와 나폴리를 사르디니아왕에게 바쳤다. 이리하여 로마와 베네치아를 제외한 전 이탈리아가 통합되고 새로운 이탈리아 왕국의 국왕으로 사르디니아 왕이 추대되었다(1861).

그 후 이탈리아는 프로이센-오스트리아 전쟁 때 프로이센 편에 가담하여 베네치아를 합병하고 1870년의 프로이센-프랑스 전쟁 때도 프로이센 편에 가담하여 교황령을 점령하고 수도를 로마로 옮김으로써 완전한 통일이 달성되었다. 이탈리아는 이후에도 트리에스테(Trieste) 등의 실지 회복 문제, 로마 교황청과의 관계 설정, 그리고 남북의 경제 격차 등 아직도 몇

몇 어려운 문제를 안고 있었으나 꾸준한 노력으로 강대국의 지위를 굳히게 되고 얼마 후에는 식민지 획득 경쟁에까지 나서게 되었다.

3. 독일 제국의 건설

프랑스 혁명과 나폴레옹 전쟁으로 고무된 독일의 민족주의와 자유주의는 메테르니히 체제하에서 거의 질식 상태에 빠져들었다. 그러나 빈 회의는 두 가지 면에서 독일 통일을 달성하는 길을 마련했다. 그 하나는 독일 전체를 35개의 군주국과 4개의 자유시로 정비한 것이며, 다른 하나는 오스트리아가 네덜란드나 남부독일의 영토를 포기하고 북부이탈리아에서 영토를 확장함으로써 독일 내에서의 이해관계가 미약해진 반면에, 프로이센은 라인강 방면과 폴란드에 새로 영토를 얻음으로써 대내외적으로 독일의 앞날에 대한 책임을 걸머지게 되었다는 점이다. 즉, 독일의 통일과업은 앞으로 프로이센을 중심으로 이루어질 것이라는 예상과 기대가 생긴 것이다. 프로이센은 독일 내의 통상과 경제발전을 저해하고 있던 각종의 지방관세를 철폐하는 데 앞장서서 1834년 오스트리아를 제외한 독일 전체의 관세동맹을 결성하는 데 성공했다. 이는 바로 프로이센을 중심으로 한 독일 통일의 첫걸음이었다.

프랑스의 2월혁명에 이어 일어난 독일의 3월혁명은 메테르니히를 몰락시키기는 했으나 자유주의적인 독일 통일에는 실패했다. 그리하여 독일 통일의 과업은 '철혈재상(鐵血宰相)'이라고 불린 프로이센의 강력한 현실정치가 비스마르크(1815~1898)에게 맡겨지게 되었다.

동부독일의 지주귀족(융커) 출신의 보수주의자로서 러시아 및 프랑스 주재대사를 역임하여 국제정치에도 밝았던 비스마르크는 독일의 통일은 오스트리아를 제외하고 프로이센을 중심으로 달성되어야 한다는 확고한 신념을 가지고 있었다. 이러한 비스마르크가 프로이센 재상으로 임명된 것은

(1862) 정부의 군제개혁안이 국회에서 자유주의자들의 반대로 난항을 거듭하고 있을 때였다. 프로이센의 군제는 1810년에 제정된 낡은 것이었다. 그 동안 프로이센은 영토와 인구가 늘고 또한 1850년대에는 본격적인 산업혁명기로 접어들어 급속한 경제성장이 이루어지고 있었다. 뿐만 아니라 비스마르크는 독일의 통일을 가로막는 최대의 장애물이 오스트리아와 프랑스이며, 이를 제거하는 길은 전쟁밖에 없다는 것을 감지하고 있었다. 그리하여 비스마르크는 군제개혁에 반대하는 자유주의자를 향해 국가의 대사를 결정하는 것은 연설이나 다수결이 아니라 오직 '철과 혈'뿐이라 외치면서 의회의 기능을 정지하고 군제개혁을 단행했다.

군제개혁으로 강력한 군대를 가지게 된 비스마르크는 먼저 오스트리아부터 굴복시키기로 작정하고, 그 구실로 슐레스비히-홀슈타인(Schleswig-Holstein) 문제를 잡았다. 이 두 지방은 형식적으로는 덴마크에 소속되어 있었으나 인구의 다수를 점하고 있는 독일계 주민들에게 자치권이 허용되고 있었다. 그런데 덴마크가 슐레스비히의 병합을 선언하자 비스마르크는 오스트리아를 끌어들여 덴마크군을 격파하고 두 지방을 각각 나누어 가졌다(1864). 그러나 이와 동시에 비스마르크는 러시아와 프랑스에 접근하여 이들 두 나라가 오스트리아 편에 가담하지 않도록 공작한 한편 이탈리아와는 공수동맹(攻守同盟, 1866)을 체결했다. 이렇게 모든 준비를 끝내자 비스마르크는 오스트리아의 홀슈타인 관리에 대한 항의를 거듭한 끝에 프로이센군을 진주시킴으로써 오스트리아로 하여금 전쟁을 도발케 하여 양국간에 전쟁이 벌어졌다.

프로이센-오스트리아 전쟁(1866)은 프로이센의 일방적인 승리를 견제하려는 나폴레옹 3세의 개입도 있었지만 7주 만에 프로이센의 승리로 끝나고 프로이센을 중심으로 한 북부독일 연방이 형성되었다. 이러한 눈부신 성공의 주인공은 비스마르크였고 군제개혁에 반대하던 자유주의자들도 이를 인정하지 않을 수 없었다. 비스마르크는 전쟁이 끝나자 국회를 재개하여 그동안 헌법을 무시한 점을 사과하고 자유주의자들의 협력을 요청했다.

그것은 오스트리아보다 훨씬 더 강한 프랑스를 굴복시켜야 한다는 어려운 과제가 그의 앞에 놓여 있었기 때문이다.

프랑스와의 전쟁의 구실은 에스파냐 왕위계승문제였다. 1868년 에스파냐에서 늙고 무능한 여왕 이사벨라 2세를 퇴위시키고 입헌왕정을 선포한 혁명정부는 프로이센 왕가의 한 사람인 레오폴드 호엔촐레른(Leopold Hohenzollern)을 새로운 왕으로 추대하기로 했다. 나폴레옹 3세의 강력한 반대로 레오폴드는 사의를 표명했으나 프랑스 공사는 엠스(Ems) 온천장에서 휴양 중인 빌헬름 1세를 방문하여 공식적으로 다짐을 받으려 했다. 이에 격노한 프로이센왕은 이를 거절하고 그 경위를 비스마르크에게 전보로 알렸다(1870). '엠스 전보'로 불리는 이 전보를 받은 비스마르크는 그 내용의 일부를 삭제하여, 독일 국민에게는 프랑스 공사가 프로이센왕에게 무례를 범한 것으로 보이는 반면, 프랑스 국민에게는 프랑스 공사가 모욕당한 것으로 보이도록 꾸며서 발표했다. 비스마르크가 기대한 반응이 즉시 나타났다. 프랑스는 프로이센에 선전포고를 하고(1870. 7. 19) 전 독일 국민이 프로이센을 지지하고 나섰다.

비스마르크는 '엠스 전보'를 공표하기 전에 군부에게 프랑스와의 전쟁에서의 조속한 승리의 가능성을 미리 확인한 바 있었다. 과연 잘 조직되고 훈련되었을 뿐 아니라 오스트리아와의 전쟁에서 경험을 쌓은 프로이센군은 노도와 같이 프랑스 영내로 진격했다. 메츠(Metz)에 포위된 프랑스군을 구원하러 나폴레옹 3세가 직접 나섰으나 거꾸로 스당(Sedan)에서 포위되어 프로이센군에게 항복했다(1870. 9. 2). 이로써 나폴레옹 3세의 제2제정은 무너지고 파리에서는 공화제의 임시정부가 수립되어 항전을 계속했다. 그러나 프로이센군에 포위된 파리는 닥쳐오는 추위와 식량부족으로 저항을 계속할 수가 없었다. 이듬해 1월 하순에 파리는 성문을 열고 항복했다. 이보다 열흘 앞서(1871. 1. 18) 프로이센왕 빌헬름 1세(재위 1871~1888)는 파리 교외에 있는 베르사유 궁전에서 새로 탄생한 독일 제국의 황제 즉위식을 가졌다.

1871년 5월 프랑크푸르트(Frankfurt)에서 체결된 평화조약으로 프랑스는 알자스(Alsace) 전체와 로렌(Lorraine)의 일부를 독일에 양도하고 50억 프랑의 배상금을 지불하게 되었다. 철과 석탄의 산지인 알사스 지방의 상실도 큰 손실이었지만 프랑스 국민이 이 패전으로 받은 굴욕감은 더욱 심각하고 지속적인 것이었다.

프로이센-프랑스 전쟁의 가장 큰 결과는 통일된 독일 제국의 탄생이었다. 오스트리아를 제외한 모든 영방국가가 이에 참가했으며 그것은 비스마르크를 비롯한 독일 국민의 염원의 달성이었다. 신생 독일 제국은 프로이센을 중심으로 형성된 북부독일 연방에 남부 독일의 여러 나라가 가입하는 형식으로 이루어졌으며, 25개 영방국가로 구성된 연방국가(Bundesstaat)였다. 각 구성국가는 재래의 명칭과 군주를 그대로 유지하고 광범한 자치권이 인정되었으나 독일 제국은 그러한 국가들의 단순한 연합이 아니라 독일 황제에 의해 통치되는 실질적인 통일국가였다. 즉, 새로 제정된 제국헌법에 의하면 상원에 해당하는 연방의회(Bundesrat)는 주로 구성국가의 대표와 황제가 임명하는 대표로써 구성되며, 하원에 해당하는 제국의회(Reichstag)는 25세 이상의 성년남자의 보통선거로 구성되었으나, 실질적인 권한이 없고 재상이 국민의 여론을 듣는 장소에 지나지 않았다. 실제로 국정을 좌우하는 것은 재상과 황제이며 재상은 의회가 아니라 황제에게 책임을 지며 황제는 의회해산권을 가지고 있었다. 한편 프로이센에서는 1850년에 제정된 이른바 '외관상의 입헌주의'로 알려진 헌법이 그대로 유지되었는데, 이는 프로이센 의회를 융커로 불리는 지방귀족층과 신흥 상공 계급의 지배하에 두는 것이었다.

통일된 독일 제국에서 제외된 오스트리아는 근대적인 국민국가라기보다는 인구의 3분의 1 정도를 차지한 독일인 이외에 여러 약소민족들로 구성된 다민족 국가로서 여타의 나라들과는 다른 많은 어려움을 안고 있었다. 1848년의 3월혁명에서 제기된 소수민족의 자치와 독립의 요구를 군대의 힘과 약소민족들 사이의 상호견제로 회피하여 겨우 제국의 해체를 면했으나 그 후 오스트리아는 대외적으로 위축을 거듭했다. 1859년 이탈리아와의 싸움에서 롬바르디아를 상실하고 1866년 프로이센과의 싸움에서 베네치아를 잃었다.

헝가리는 마자르족(Magyars)이 인구의 반 이상을 차지하고 있으면서도 오스트리아보다 더욱 복잡하고 어려운 소수민족문제를 안고 있었다. 1848년의 3월혁명 당시 마자르족의 급진적 민족주의자인 코슈트(Kossuth, 1802~1894)의 영도하에 완강한 민족해방운동을 전개하여 자치권을 획득하고, 공화정부를 수립했으나, 마자르족 위주의 정책을 추진하여 다른 소수민족의 반감을 샀으며, 이듬해 8월에 오스트리아군에 의해 헝가리 공화국은 분쇄되고 말았다. 그 후 마자르족은 그들의 지도자들의 충고에 따라 오스트리아에 대한 저항을 멈추고, 오스트리아는 이에 대한 보상으로 마자르족에게 자치를 허용하여 오스트리아-헝가리 2중왕국(Dual Monarchy)이 수립되었다. 그러나 그 밖의 약소민족에게는 자치가 허용되지 않고 헝가리 자체에서도 마자르족 이외의 약소민족에게는 자치권이 인정되지 않았다.

4. 미국의 발전

새로 탄생한 아메리카합중국은 독립한 직후에는 견고한 통일국가라기보다 13개 식민지(주)의 단순한 집합체에 불과했다. 그리하여 중앙정부의 권한을 강화하여 국가적인 통합을 추진하려는 연방주의자(Federalists)와, 반대로 주권의 존중을 주장하는 분리주의자(Separatists)의 대립이 있었다. 그러나 그러한 대립은 초대 대통령 워싱턴(Washington, 재임 1786~1797)의 영도하에 표면화되지 않고 서서히 통일국가로의 기반이 다져졌다.

국가적 통합의 기반이 다져지면서 민주주의 기반도 갖추어졌는데, 그것은 제퍼슨(Jefferson, 재임 1800~1809)과 잭슨(Jackson, 재임 1829~1837) 대통령에 의해서 이루어졌다. 그들은 다 서민출신으로서 그때까지 실질적으로 정치적 발언권이 없던 민중의 지지로 대통령에 당선되었으며, 그래서 그들의 정책은 그러한 정치적 배경에 부응하는 것으로서 민주주의의 확고한 기반을 구축하게 된 것이다.

나폴레옹 시대에 일어난 미영전쟁(1812~1814)은 독립전쟁 당시의 아메리카의 프랑스와의 제휴와 영국 해군의 미국의 통상방해 등의 원인으로 일어났는데, 전쟁 그 자체는 그다지 치열한 것이 아니었으나 아메리카 국민의 통합과 미국의 공업발전을 촉진시켰으며, 1823년에 공표된 먼로주의 선언 또한 미국의 국가적 자각을 표명한 것이라 할 수 있다.

19세기 전반기에 미국의 영토는 급속도로 확대되었다. 1803년 프랑스로부터 루이지애나(Louisiana)를, 1819년에 에스파냐로부터 플로리다(Florida)를 각각 구입하고, 1840년대부터는 서부로의 진출이 현저하여 멕시코로부터 텍사스(Texas)를 빼앗고(1845), 멕시코와의 전쟁을 통해 다시 캘리포니아(California)를 획득하여(1848), 그 영토가 태평양 연안에 이르는 등 1850년대에는 오늘날의 광대한 미국 영토의 대체적인 윤곽이 잡혔다.

이러한 영토확장과 계속 흘러들어오는 이민의 물결로 1790년에 390만이던 인구가 1860년에는 3,100만으로 증가했다. 1840년대 이래의 서부 개척은 동부의 빈민이나 새로운 이민들에 의해서 원주민인 인디언과 자연과의 싸움을 통해서 급속도로 진행되었다. 이러한 개척운동을 통해 능력 위주의 개인주의적이고 진취적인 프론티어 정신이 미국인들의 국민성 속에 뿌리내리게 되었다.

서부 개척과 거의 때를 같이하여 산업혁명이 또한 진행되기 시작하고 운하개착과 철도부설이 활발하게 추진되었다. 1850년에는 공업제품의 생산이 농산물 생산을 능가하게 되어 1850년대에 미국은 단순한 농업국가에서 농공업국가로 변모하게 되었다. 그러나 이러한 공업화는 주로 동북부에서 진행되었기 때문에 지역 간의 사회 · 경제구조의 차이를 심화시키기도 했다. 즉, 공업적인 자본주의 사회가 형성된 동북부는 공업의 발전을 위해 보호무역과 연방정부의 강화를 주장한 데 대해 노예제를 기반으로 하는 면

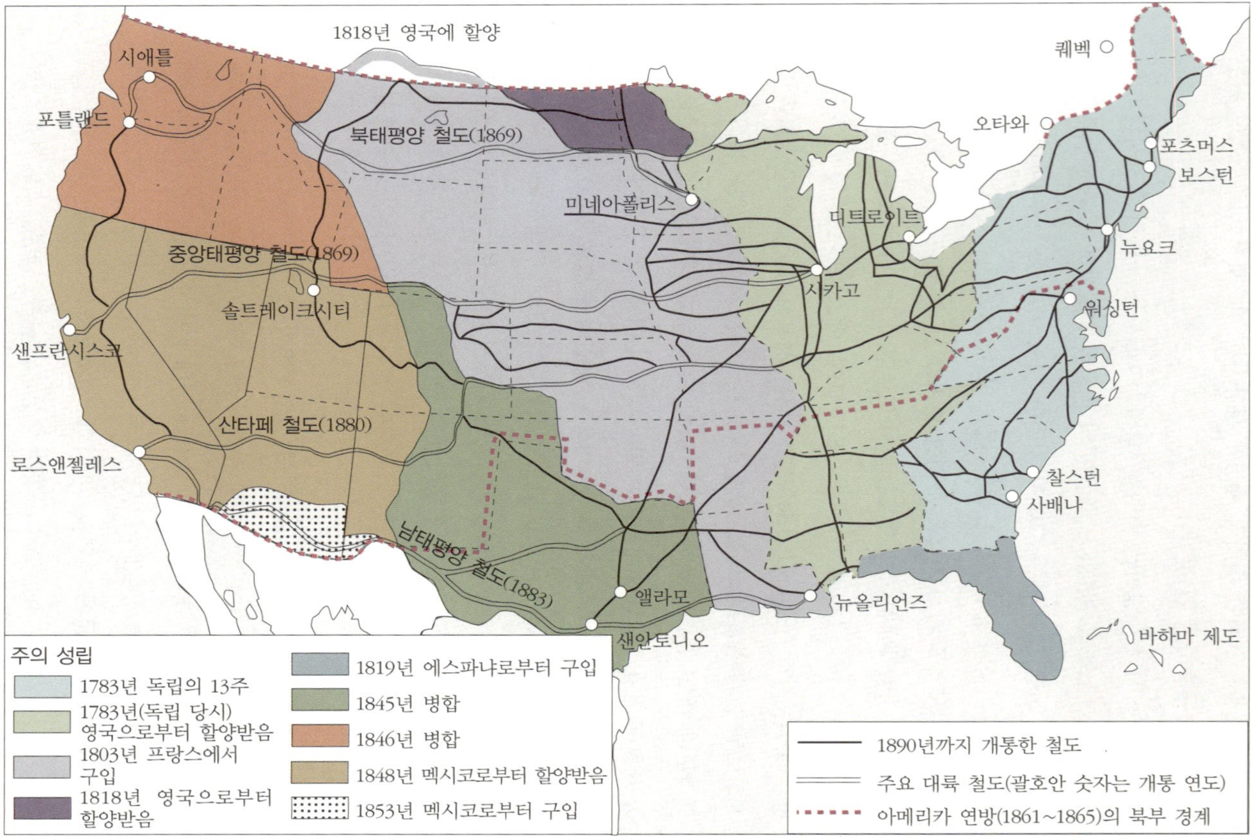
1818년 영국에 할양
퀘벡
시애틀
포틀랜드
북태평양 철도(1869)
오타와
포츠머스
보스턴
미네아폴리스
디트로이트
뉴요크
중앙태평양 철도(1869)
시카고
솔트레이크시티
워싱턴
샌프란시스코
산타페 철도(1880)
로스앤젤레스
찰스턴
사배나
남태평양 철도(1883)
앨라모
뉴올리언즈
샌안토니오
바하마 제도
주의 성립
1783년 독립의 13주
1783년(독립 당시) 영국으로부터 할양받음
1803년 프랑스에서 구입
1818년 영국으로부터 할양받음
1819년 에스파냐로부터 구입
1845년 병합
1846년 병합
1848년 멕시코로부터 할양받음
1853년 멕시코로부터 구입
1890년까지 개통한 철도
주요 대륙 철도(괄호안 숫자는 개통 연도)
아메리카 연방(1861~1865)의 북부 경계

그림 12-3. 미국의 발전

화재배의 대농장 경영이 지배적이었던 남부지구는 자유무역과 주권 존중의 지방분권을 원했으며, 새로 개척된 서북지구는 독립적인 자영농민의 사회로서 경제적으로 동북지구에 의지하는 경향을 보였다.

이러한 사회 · 경제구조의 차이에서 발생한 남북 간의 대립은 노예문제를 둘러싸고 격화되었다. 남부에서는 인구의 5% 정도밖에 되지 않는 대지주가 400만을 넘는 노예를 소유하고 있었는데, 선거권이 없는 노예까지 포함한 인구비례로 하원의 의석이 배정되었기 때문에 평등한 참정권이 보장되지 않는 모순점이 있었다. 뿐만 아니라 상원의원은 각 주마다 2명씩 선출되었기 때문에 새로 개척된 서부의 주가 노예주가 되느냐 자유주가 되느냐의 문제는 남북 간의 큰 정치적 분쟁거리가 될 수밖에 없었다. 게다가 노예문제는 단순히 사회 · 경제적, 정치적 문제에 그치지 않고 인도적인 면에서도 큰 시비거리가 되었다. 널리 읽혀진 스토우 부인(Mrs. Stowe)의 『톰 아저씨의 오두막집(*Uncle Tom's Cabin*)』이라는 소설은 이러한 노예문제에 대한 미국인들의 관심을 드높여 노예제 폐지운동에 박차를 가하기도 했다.

노예문제로 남북 간의 대립이 격화되고 있는 가운데 1860년에 노예제에 반대하는 공화당의 링컨(Lincoln, 재임 1861~1865)이 대통령으로 당선되자, 이듬해 초에 남부 7개 주가 연이어 연방으로부터의 분리를 선언하고 따로 헌법을 제정하여 제퍼슨 데이비스(Jefferson Davis)를 대통령으로 선출했다. 외국으로부터 무기를 구입하는 등 전쟁준비를 한 남부는 그해 말에 섬터(Sumter) 요새를 공격하여 남북전쟁(Civil War)이 시작되었다.

남북의 병력과 전쟁수행능력에는 큰 차이가 있었다. 남부는 처음 분리를 선언한 7개 주에 4개 주가 더 가담하여 11개 주가 되고 인구는 노예 400만을 포함하여 900만인 데 비해, 북부는 23개 주에 인구 2,200만이었다. 뿐만 아니라 북부는 해군과 공업생산력을 보유하고 있었다. 따라서 궁극적인 전쟁의 결과는 대강 예상되고 있었으나, 초기에는 리(Lee) 장군이 지휘하는 남군의 기세가 만만치 않았다. 그러나 1861년 초에 링컨 대통령이 노예해방을 선언함으로써 전쟁목표를 분명히 하고, 국제여론도 북부에 유리하게 기울어 남부가 믿었던 영국의 개입까지 기대할 수 없게 된 데다가 북부의 해군이 남부의 해안을 봉쇄함으로써 남부는 점차 곤경에 빠지게 되었다. 전세는 1863년 7월 게티즈버그(Gettysburg)에서의 승리를 고비로 그란트(Grant) 장군이 이끄는 북군에 유리하게 전개되고 마침내 1865년 4월 리 장군의 항복으로 전쟁은 북군의 승리로 끝이 났다.

전쟁의 뒷수습은 결코 쉬운 일이 아니었으며 남군이 항복한 직후에 남부인에 의한 링컨 대통령 암살사건이 일어나고, 남부에 대한 군정이 10년 가까이 실시되면서 북부출신 '뜨내기 정상배(carpet-baggars)'가 발호하는 등 남부의 혼란과 황폐가 격심했다. 그러나 혼란이 서서히 가라앉고 재건을 통해 새로운 남부가 탄생함으로써 남북의 융화가 실현되고 전국적 단합이 이루어지면서 미국은 새로운 비약적 발전을 하게 되었다. 남부에서는 노예제에 기반을 두었던 대농장 경영이 사라지고 다수의 소규모 농원이 생겨나고 섬유, 담배, 제철 등의 공업이 급속도로 발전하여 중산계급이 형성되는 등 사회·경제구조에 전면적인 전환이 이루어져 새로운 남부(New South)가 탄생하게 되었다. 한편 북부에서는 공업의 급속한 발전으로 1860~1870년간 공업생산이 배로 증가하고 농업과 교통수단도 크게 발전해 넓은 의미의 경제혁명을 이룩했다. 전쟁 중에 북부는 서부를 끌어들이기 위해 자작농지법(Homestead Act, 1862)을 만들어 시민 또는 장차 시민이 될 사람으로서 일정한 지역에 5년간 거주하면서 개간에 종사한 자에게 160에이커의 토지를 무상으로 제공하기로 했다. 이로 말미암아 100만에 달하는 가족이 토지를 획득하여 서부 개척이 크게 촉진되고 외국으로부터의 이민도 증가했다. 또한 전쟁 중의 노동력 부족을 보충하기 위해 농업의 기계화가 촉진되어 농업혁명이 일어나고, 대륙을 횡단하는 철도가 부설되기도 했다.

남북전쟁은 미국이 통일된 국민국가로 성장하기 위해서 겪어야 할 일종의 통과의례와도 같은 것이었다. 신생 미국은 이 전쟁을 통해 국내에 남아 있던 식민지적 성격을 청산하고 통합된 넓은 국내 시장을 바탕으로 자유노동에 입각한 자본주의 경제가 비약적으로 발전할 기틀을 마련한 것이다.

5. 러시아의 발전

러시아는 17세기 말부터 18세기 초에 걸쳐 표트르 대제에 의해 근대 국가의 모습을 갖추기 시작하고 18세기 후반에는 유럽의 5대 열강의 지위를 차지하게 되었으나 그 사회와 경제는 유럽의 다른 국가들보다 뒤떨어진 농노제에 기반을 두고 있었으며 정치 또한 강압적인 차르의 전제정치였다. 19세기 초에도 러시아는 여전히 농노제에 기반을 둔 농업적인 전제국가였다.

알렉산드르 1세는 이러한 러시아의 개혁에 뜻을 두고 내각제를 채택하고 관료조직을 마련했으나 지주귀족이 이를 독점하여 결국 황제의 전제적 지배가 지주귀족의 관료조직을 통해서 운영되는 것에 불과했다. 그러나 유럽의 자유주의 물결은 일부 지주귀족과 청년장교 그리고 지식층에 침투하여, 그들은 농노제와 전제정치의 폐지를 목표로 비밀결사를 조직했다. 1825년 12월 알렉산드르 1세가 사망하자 이들은 이른바 데카브리스트(Dekabrist, '12월당'의 뜻)의 반란을 일으켰으나 새로 즉위한 니콜라이 1세에 의해 곧 진압되었다.

즉위 직전에 데카브리스트의 반란을 겪은 니콜라이 1세는 철저한 반동정치를 실시하여 출판물의 검열을 엄격히 하고 대학에 대한 감독을 강화하며, 러시아인의 외국 여행과 유럽인의 입국을 억제하고, 비밀경찰조직으로 질서유지를 꾀했다. 이러한 상황 속에서 근대적인 사회개혁을 담당할 시민계급이 성장하지 못한 러시아에서는 '인텔리겐차(intelligentzia)'로 불리는 지식층이 이를 담당할 수밖에 없었다. 이들 지식층은 유럽적인 방식을 택하려는 서유럽주의자와 러시아 고유의 것을 존중하려는 슬라브주의자로 갈라져 있었으나 그 어느 쪽도 비밀경찰의 감시하에 제대로 활동하지 못하고 순수문학이나 학문을 통해 개혁의 뜻을 표현하는 데 그쳤다.

러시아는 일찍부터 흑해 방면으로 진출하려는 남진정책을 취해 왔으나 뜻대로 이루어지지 않고 있었다. 니콜라이 1세의 말년에 팔레스타인의 성지관리권이 프랑스의 수중으로 들어간 것을 계기로 러시아는 투르크에 대해 러시아 정교회의 보호와 흑해 해협 지대에서의 러시아의 특권적 지위를 요구하고 그것이 거절되자 투르크에 선전했다. 그러자 이 지역에 깊은 이해관계를 가진 영국과 프랑스가 투르크와 동맹관계를 맺고 러시아에 선전하여 크림 전쟁(Crimean War 1853~1856)이 일어났다. 세바스토폴(Sevastopol) 공방전을 중심으로 한 이 전쟁은 러시아의 패전으로 끝나고 파리 조약으로 러시아는 몰다비아(Moldavia)와 왈라키아(Walachia)를 포기하고 흑해의 중립을 약속했다.

크림 전쟁 중에 즉위한 알렉산드르 2세(재위 1855~1881)는 내정개혁의 필요성을 절감했다. 그는 정치범을 석방하고 유럽 여행에 대한 억제와 출판물에 대한 검열도 완화했다. 이와 동시에 1861년에는 농노해방을 단행하여 4천만 이상의 농노가 해방되었다. 이것은 매우 거대한 개혁임에 틀림없었으나 농민이 얻은 실질적인 혜택은 그다지 크지 않았다. 즉, 모든 농노는 신분상으로 자유의 몸이 되고 일정한 토지를 할당받았으나 그 과정에서 종전의 보유지를 지주에게 많이 빼앗겼을 뿐만 아니라 장기간에 걸친 상환금의 부담을 안게 되고, 또한 미르(mir)라는 마을공동체에 소속되어 실질적인 자유가 없었다. 즉 농민들은 이제 종전의 지주 대신에 농촌공동체에 얽매이게 된 것이다. 그러나 농노해방으로 말미암아 귀족제가 무너지고 농민이 형식적으로나마 자유로워졌고, 자유로워진 농민은 자본주의적 생산에 노동력을 제공하게 되어 자본주의로의 길이 열리게 된 것은 사실이었다. 알렉산드르 2세는 농노해방에 이어 전국 34개 지구에 '젬스트보(Zemstvo)'라는 지방의회를 설치하여(1864) 지방자치를 시도했으며, 또한 사법제도를 개혁하여 배심제도를 도입하고 대학에 대한 감시를 완화했으며, 21세에 달한 장정을 계급의 구별 없이 소집하는 군제개혁도 단행했다.

그러나 알렉산드르의 이러한 개혁은 점진적이었을 뿐 아니라 전제정치의 본질에 변혁을 가하는 것은 아니었다. 그리하여 일부 인텔리겐차는 기존의 모든 가치와 권위를 부정하고 아무것도 믿지 않는 허무주의(nihilism)에 빠지거나 무정부주의(anarchism)와 폭력적인 혁명론에 기울기도 했다. 한편 대학생들을 중심으로 농민의 계몽에 나서는 나로드니키(Narodniki, 인민주의자)의 '브나로드(v narod)'(인민 속으로) 운동도 전개되었으나 큰 성과를 거두지는 못했다. 다른 한편에서는 이들과 달리 폭력과 암살을 유일한 수단으로 삼는 과격한 테러리스트들이 생겨났으며, 그들은 여러 차례 알렉산드르의 생명을 노린 끝에 그가 더욱 철저한 개혁안을 승인한 바로 직후에 암살에 성공했다.

알렉산드르 2세의 내정개혁은 국력배양을 바탕으로 한 대외발전을 위한 준비작업이기도 했다. 1876년 투르크가 반란을 일으킨 불가리아(Bulgaria)인들을 학살한 사건을 계기로 러시아는 전격적으로 투르크를 공격한(러시아-투르크 전쟁, 1877~1878) 끝에 산 스테파노(San Stefano) 조약을 맺어 투르크로 하여금 세르비아(Serbia), 몬테네그로(Montenegro), 루마니아(Rumania)의 독립과 불가리아의 자치를 승인하게 했다. 그러나 이 조약은 곧 영국과 오스트리아의 항의를 받게 되고 비스마르크의 조정으로 베를린 회의(1878)에서 수정되었다. 즉, 새로 독립한 나라들의 영토를 대폭 축소하고, 영국은 키프로스섬을 얻는 한편 오스트리아는 보스니아(Bosnia)와 헤르체고비나(Herzegovina)를 차지했다.

한편 알렉산드르 2세의 암살은 뒤를 이은 알렉산드르 3세(재위 1881~1894)와 니콜라이 2세(재위 1894~1917)로 하여금 극도의 반동정치를 실행하게 하여 전제정치가 다시 강화되고 자유주의가 탄압받게 되었다. 그러나 1890년대부터 러시아에서도 산업혁명이 진행되기 시작하여 공장노동자의 수가 증가했다. 그리하여 마르크스주의에 입각한 사회민주당이 생겨난 한편 온건한 자유주의자들은 중산계급을 토대로 입헌민주당(Kadets)을 만들었다. 사회민주당은 20세기 초에 레닌이 영도하는 볼셰비키(Bolsheviki,

다수파)와 마르토프(Martov)가 이끄는 멘셰비키(Mensheviki, 소수파)로 분열했다.

제3절 근대 문화의 성숙

1. 자연과학의 발달

19세기는 '과학의 세기'라고 불릴 정도로 뉴턴 이래의 자연과학과 이에 따른 기술이 눈부시게 발달한 시대였다. 이러한 자연과학과 기술의 발달은 유럽 근대 문화의 가장 중요한 내용의 하나이며, 유럽으로 하여금 가장 먼저 산업화, 즉 산업혁명을 이룩함으로써 산업과 물질문명에서 선진적인 지위를 차지하게 했다.

생물학에서의 가장 큰 수확은 다윈(Darwin, 1809~1882)의 진화론과 멘델(Mendel, 1822~1884)의 유전법칙이었다. 영국의 생물학자 다윈은 1859년 『종의 기원(*On the Origin of Species*)』을 발표하여 생물이 장기간에 걸쳐 단순한 것으로부터 복잡한 것으로 진화한다는 진화론을 제시하고, 그러한 진화과정을 설명하기 위해 '생존경쟁', '적자생존', '자연도태' 등의 개념을 내놓았다. 다윈의 진화론은 일부 그리스도교도로부터 강력한 반대를 받았으나 생물학만이 아니라 사회과학이나 사회사상에도 큰 영향을 미쳐 사회발전을 설명하는 데에도 이용되었다.

물리학과 화학 분야에서는 독일의 마이어(Mayer)와 헬름홀츠(Helmholtz)가 에너지 보존의 법칙을 확립하고, 영국의 패러데이(Faraday)는 전동기와 발전기의 기초이론을 세웠다. 이러한 전기학의 발달은 미국의 모스(Morse)로 하여금 전신을 발명하게 하고(1844), 이어 벨(Bell)이 전화를(1876), 이탈리아의 마르코니(Marconi)가 무선전신을(1896), 그리고 미국의 에디슨(Edison)이 전등, 축음기를 발명하는 등 갖가지 발견과 발명이 잇따랐다. 같은 무렵에 독일의 뢴트겐(Röntgen)은 X선을 발견하고 프랑스의 퀴리(Curie) 부부는 라듐을 발견하여 물리학과 화학은 물론 의학 분야에도 크게 공헌했다.

퀴리 부인

화학은 프랑스의 라부아지에(Lavoisier)에 의해 기초가 확립되어 19세기에 장족의 발전이 이루어졌으며 독일의 리비히(Liebig)는 유기화학을 확립했다. 특히 화학은 산업과 밀접한 관계를 가진 분야로서 양자는 서로 연관을 맺고 발달하여 화학공업 분야도 근대 산업의 발달과 보조를 같이하면서 크게 발전했다.

제너

이미 X선의 발견이나 라듐의 발견은 의학에 새로운 분야를 개척했으나 이보다 앞서 영국의 제너(Jenner)는 종두법을 발명하고 프랑스의 화학자 파스퇴르(Pasteur)는 세균설을 제시했다. 파스퇴르는 이 밖에도 광견병의 치료법을 알아내고 독일의 코흐(Koch)는 결핵균을 발견했다. 이리하여 예방의학과 보건위생이 급속한 발달을 보이고 난치병에 대한 새로운 도전이 시작되었다.

이 밖에도 19세기에는 수많은 크고 작은 과학적 발견과 발명이 꼬리를 물고 이어졌으며, 이러한 발견과 발명과 손잡고 각종 기술 또한 지속적으로 발달했다. 이 같은 과학지식과 과학기술의 발달은 20세기에 이르러 더욱 가속화하면서 산업과 인간생활에 커다란 변화를 가져왔다.

19세기 전반기에 일어난 새로운 교통수단의 발달과 후반기에 주로 일어난 과학적 발견과 발명, 그리고 통신기술의 발달은 미지의 세계에 대한 탐험심을 자극했다. 19세기 후반에 영국의 전도사이며 탐험가인 리빙스턴(Livingstone, 1813~1873)과 미국 신문사의 위촉으로 그의 행적을 좇은 스탠리(Stanley, 1841~1904)는 아프리카 내륙을 탐험하고 그곳 사정을 유럽인들에게 처음으로 알렸다. 20세기 초에는 미국 해군의 피어리(Peary, 1856~1920)가 3회에 걸쳐 북극을 탐험한 끝에 1909년 드디어 북극점에 도달하고, 1911년 말에는 노르웨이의 아문센(Amundsen, 1872~1928)과 영국의 스콧(Scott, 1868~1912)이 연달아 남극점에 도달했다.

근대에 들어와서 유럽 각국은 국내의 하천과 하천, 또는 하천과 바다를 연결하는 운하를 파기 시작하고 있었으나, 19세기 후반기 이래 더욱 규모가 큰 운하들이 개통되었다. 수에즈(Suez) 운하는 1859년 프랑스의 레셉스(Lesseps)가 기공하여 1869년에 완공되고, 1859년에는 북해와 발트해를 연결하는 킬(Kiel) 운하가 개통되었으며, 대서양과 태평양을 연결하는 파나마(Panama) 운하도 많은 어려움 끝에 1914년에 개통했다. 특히 수에즈 운하와 파나마 운하의 개통은 해상교통에 일대 혁명을 초래했다고 할 정도로 그 의의가 컸다.

2. 사회과학과 인문학의 발달

19세기에는 사회과학과 인문학 분야에서도 근대적이고 과학적인 토대가 확립되어 급속한 발전이 이루어지고 새로운 분야가 개척되기도 했다. 18세기 후반부터 19세기 전반에 걸쳐 독일에서는 칸트(Kant, 1724~1804), 피히테(Fichte, 1762~1814) 그리고 헤겔(Hegel, 1770~1831)에 의해 관념철학이 전개되었다. 칸트는 『순수이성비판(*Kritik der reinen Vernunft*)』에서 이성의 기능과 한계, 그리고 인식방법을 논하여 이른바 비판철학을 세우고 피히테는 이를 더욱 관념론적인 방향으로 전개했다. 헤겔의 철학은

칸트

헤겔

니체

다방면에 걸쳐 논리학이나 법철학, 역사철학 등을 논하고 변증법이라는 동적인 발전개념을 제시하여 역사와 사회의 발전을 이해하는 데 새로운 시야를 열었다. 그러나 19세기 말에는 니체(Nietzsche, 1844~1900)와 같은 특이한 철학자가 나와 초인철학을 주장하고 그리스도교적인 서유럽 문명을 신랄하게 비판했다.

독일의 관념철학과는 달리 프랑스에서는 콩트(Comte, 1798~1857)가 실증주의를 제창하고 사회학이라는 새로운 분야를 개척했으며, 영국에서는 벤섬(Bentham, 1748~1832) 등이 '최대다수의 최대행복'을 목표로 공리주의 철학을 제창했다. 이 공리주의 철학은 19세기 영국의 점진적인 여러 개혁의 사상적 기반이 되기도 했다.

애덤 스미스에 의해 기초가 놓여진 자유주의적인 고전경제학은 19세기에 리카도, 맬서스 그리고 밀(J.S. Mill, 1806~1873)에 의해 완성되었다. 맬서스는 그의 『인구론(*An Essay on the Principle of Population*)』(1798)에서 식량의 증가가 인구의 증가를 따라가지 못하기 때문에 전쟁, 질병, 빈곤 등으로 인구가 적절하게 조정되는 것이라고 주장하여 주목을 끌었으며, 『자유론(*On Liberty*)』(1859)을 쓴 밀은 개인주의적인 자유주의자였지만 산업화에 수반되는 폐단에 대한 적극적인 시정과 개혁을 주장함으로써 자유주의에 유연성을 부여하고 여성참정권을 주장하는 등 자유주의와 민주주의를 결합시키는 방향으로 나아갔다.

19세기에는 역사학 또한 비약적으로 발전했다. 그것은 학문의 전반적인 발전과 관련된 것이기도 하지만, 특히 낭만주의와 민족주의에 힘입은 바가 컸다. 민족주의와 낭만주의는 서로 결합하면서 정치면에서는 보수적인 경향을 낳는 한편 민족의 과거나 전통에 관심을 돌리고 계몽사상이 무시했던 중세 문화를 새로운 관점에서 평가하게 했다. 그리하여 각국에서 역사 연구는 크게 발전했는데, 특히 독일의 역사가 랑케(Ranke, 1795~ 1886)는 역사가의 주관을 배제하고 엄밀한 사료비판을 통해 과거의 사실이 '원래 어떠한 상태에 있었는가(Wie es eigentlich gewesen)'를 객관적으로 밝히는 것이 역사 연구의 임무라고 주장하여 이른바 객관적인 근대 역사학의 발전에 크게 기여했다.

3. 사회주의와 노동운동

산업혁명으로 자본주의 경제가 크게 발달하고 생산력이 비약적으로 발전하여 인류는 새로운 물질적 풍요를 약속받게 되었으나, 다른 한편에서는 몇 가지 새로운 문제들과 직면하게 되었다. 그중 가장 중요한 것의 하나가 노동문제이다. 가혹한 노동조건 아래서 단조로운 공장노동에 종사하며 빈민굴에 살고 있는 노동자의 생활은 점차 식자층의 주목을 끌게 되어 이에 대한 여러 시정책이 제시되었는데, 그 가운데 하나가 사회주의(socialism)이다.

프랑스의 생 시몽(Saint Simon)과 푸리에(Fourier), 그리고 영국의 로버트 오우언(Robert Owen)은 합리적으로 조직된 이상적 사회나 공장의 경영법을 고안했다. 특히 오우언은 스코틀랜드의 뉴 라나크(New Lanark)에 면직공장을 세워 생산과 분배가 이상적으로 행해지는 모범을 보여 주려고 했으며, 그 뒤 미국으로 건너가 인디애나주의 하모니에 재산의 공유, 협동적 생산, 평등한 분배를 원칙으로 하는 '뉴 하모니(New Harmony)'라는 이상적인 공동체를 건설·운영하여 사회주의적 이상 사회를 실험했으나 결국 실패하고 말았다. 이들이 내건 사회주의는 계몽과 설득 그리고 시범을 위주로 하는 이상주의적인 주장으로 현실사회에서는 좀처럼 실현되기 어려운 이른바 공상적 사회주의(utopian socialism)였다.

마르크스

이에 대해 독일의 마르크스(Marx, 1818~1883)와 그의 동료 엥겔스(Engels, 1820~1895)는 유물론과 변증법을 결합한 변증법적 유물론을 정립하고 이를 근거로 유물사관과 계급투쟁론을 전개하면서 자신들의 사상을 과학적 사회주의라고 자칭했다. 마르크스에 의하면 사회발전의 원동력은 물질적인 생산력이며, 생산력의 발전은 계급투쟁의 형태로 나타난다는 것이고, 그렇기 때문에 인류의 역사는 계급투쟁의 역사이며 사회의 하부구조인 경제가 정치나 문화 등 상부구조를 규제하며 생산력의 발전은 결국 자본주의의 모순을 드러냄으로써 자본주의는 몰락하고 사회주의 사회가 도래한다는 것이다. 이러한 마르크스의 이론 체계의 대요는 1848년에 그와 엥겔스가 공동작성한 『공산당선언(*The Communist Manifesto*)』에 제시되었으며, 자본주의에 대한 더욱 정밀한 분석은 1867년에 출간된 그의 주저 『자본론(*Das Kipital*)』에 담겨 있다.

마르크스와 엥겔스가 『공산당선언』의 말미에서 제시한 "만국의 노동자여, 단결하라"는 호소는 1864년 11월에 조직된 '국제노동자협회(International Workmen's Association)', 즉 '제1인터내셔널(The 1st international)'로 실현의 기회를 맞았다. 그러나 여기에 참가한 각국의 노동자 대표들은 다양한 주의 주장을 지니고 있어 협회는 이들 사이의 대립과 갈등으로 별다른 성과를 거두지 못한 채 1876년 해체되고 마르크스는 실망 속에 세상을 떠났다. 더욱이 민주주의의 발전에 따라 선거와 의회를 통한 평화적인 방법으로 노동문제를 해결할 수 있는 길이 열리게 됨에 따라 사회주의 진영은 민주주의의 테두리 안에서 평화롭게 사회주의 사회를 건설하려는 사회민주주의와, 민주주의를 거부하고 폭력과 혁명으로 사회주의를 건설하려는 공산주의로 갈라지게 되었다. 마르크스의 이론과는 달리 영국이나 독일과 같이 자본주의 발달에 앞선 나라에서는 사회민주주의가 우세해지고 러시아와 같이 자본주의 발달이 뒤늦은 나라에서 공산주의 세력이 강해졌다.

그리하여 자본주의가 일찍 발달한 국가에서는 노동자들의 지위향상과 권익옹호를 위한 조직적인 움직임이 전개되면서 각종 노동조합들이 결성되고 19세기 후반기에는 이들이 합법적인 지위를 획득하게 되었다. 뿐만 아니라 독일의 사회민주당과 같은 노동자에 기반을 둔 정당도 나타나, 공장법을 비롯한 노동입법이나 사회입법을 통해 실질적으로 노동자의 생활과 지위 향상을 도모하게 되었다.

4. 문학과 예술

19세기 문학은 백화만발이라고 할 정도로 풍부하고 다채로웠다. 전반기의 경향은 낭만주의(romanticism)가 주류를 이루고 중엽부터 후반기에 걸쳐 사실주의(realism)와 자연주의(naturalism)가 일어나게 되었다.

낭만주의는 고전주의가 규격과 형식에 치우치고 계몽사상이 이성을 지나치게 중시한 데 대한 반발로서, 인간의 감정과 정서를 중시하고 직관에 의존하여 현실에 없는 것을 추구하는 경향을 가지며 민족주의와 결합하여 민족의 과거나 중세의 고딕 건축 같은 것에 깊은 관심을 나타냈다. 독일의 낭만주의 문학은 이미 괴테와 실러를 중심으로 한 '질풍과 노도' 운동에 싹트고 있었으며, 그 뒤를 이어 하이네(Heine, 1797~1856)의 시, 노발리스

톨스토이

도스토예프스키

드가

(Novalis, 1772~1801)의 소설, 클라이스트(Kleist, 1777~1811)의 극작 등에서 만발했다. 프랑스에서는 『파리의 노트르담(*Notre-Dame de Paris*)』의 작가 빅토르 위고(Victor Hugo, 1802~1885), 『적과 흑(*Le Rouge et le Noir*)』을 쓴 스탕달(Stendahl, 1783~1842), 영국에서는 워즈워스(Wordsworth, 1770~1850), 바이런(1788~1824), 테니슨(Tennyson, 1809~1892)과 같은 시인, 그리고 중세의 기사를 테마로 한 『아이반호(*Ivanhoe*)』를 쓴 월터 스콧(Scott, 1771~1832) 등이 낭만주의 문학의 대표적 작가로 꼽히고 있다.

19세기 중엽부터 낭만적이며 감성적인 아름다움이나 꿈을 찾기보다 인간의 삶과 사회의 현실을 직시하고 그것을 있는 그대로 묘사하려는 사실주의와 자연주의의 경향이 두드러지게 되었는데, 이러한 경향의 작가들은 사회성이 짙은 작품을 쓰기도 했다. 프랑스에서는 『인간희극(*La Comédie Humaine*)』의 작자 발자크(Balzac, 1799~1850)와 『보바리 부인(*Madame Bovary*)』을 쓴 플로베르(Flaubert, 1821~1880)로부터 시작하여 『목로주점(*L'Assommoir*)』의 저자 졸라(Zola, 1840~1902)에 이르러서는 신랄한 사회 고발의 경향까지 나타났다. 시인이자 비평가인 보들레르(Baudelaire, 1821~1867)는 그의 방종하고 격렬한 생활과 그의 대표작 『악의 꽃(*Les Fleurs du Mal*)』으로 후기 상징주의의 선구자로 꼽히고 있다. 영국의 디킨

차이코프스키

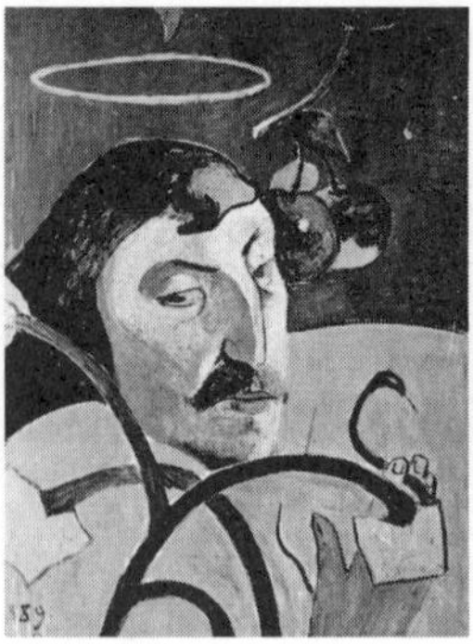

고갱 자화상

베토벤

즈(Dickens, 1812~1870)는 당대 영국 사회의 실상을 예리하게 묘사하고 있으며, 토머스 하디(Hardy)도 사회비판적인 우울한 소설을 쓰고 있다. 노르웨이의 입센(Ibsen, 1828~1906)의 『인형의 집』은 전통과 인습을 타파하려는 신여성을 그려 유명하다. 한편 19세기 후반은 푸슈킨(Pushkin, 1799~1837)과 고골리(Gogoli, 1809~1852)의 전통을 계승한 러시아 문화의 황금기로서 투르게네프(Turgenev, 1818~1883)는 『아버지와 아들』에서 신구세대 간의 갈등을 드러내고, 도스토예프스키(Dostoevskii, 1821~1881)는 『죄와 벌』에서 인간의 영혼문제를 다루면서 당대 러시아 사회의 실상을 그려 내고, 톨스토이(Tolstoi, 1828~1910)도 『부활』, 『전쟁과 평화』 등에서 전제정치에 신음하고 있는 러시아의 실태를 묘사함과 동시에 이를 구제할 희망의 인도주의 사상을 제시했다.

회화에 있어서도 19세기 전반기는 들라크루아(1798~1863), 고야(Goya, 1746~1828) 등 낭만파가 주류를 이루었으나 세기 중엽에 〈만종〉과 같은 목가적인 전원풍경을 그린 밀레(Millet, 1814~1875)를 거쳐 후반기에는 마네(Manet, 1832~1883), 모네(Monet, 1840~1926), 드가(Degas, 1834~1917), 르누아르(Renoir, 1841~1919) 등 인상파(impressionism) 화가들이 순간의 주관적인 인상을 그들 특유의 독특한 기법으로 표현했다. 19세기 말에는 세잔(Cézanne, 1839~1906)과 고갱(Gauguin, 1848~1903), 반 고흐(Gogh, 1853~1890) 등이 인상파를 탈피하면서 각기 독자적인 화풍으로 현대 회화의 길을 열어 갔다. 조각에서는 〈생각하는 사람〉으로 유명한 프랑스의 로댕(Rodin, 1840~1917)이 19세기의 대표적 조각가로 꼽힌다.

음악에서도 모차르트나 베토벤에 의해 완성된 고전주의 음악에 이어 19세기 전반기에는 낭만주의 음악이 주류를 이루었다. 독일의 슈베르트(Schubert, 1797~1828)와 슈만(Schumann, 1810~1856), 폴란드 태생의 쇼팽(Chopin, 1810~1849), 프랑스의 베를리오즈(Berlioz, 1803~1869) 등이 그 대표자들이다. 19세기 후반에는 독일의 브람스(Brahms, 1833~1897)가 고전음악의 형식 속에 강한 낭만적 정서를 담고, 바그너(Wagner, 1813~1883)는 중세의 전설을 테마로 한 장대한 악극을 작곡했다. 이탈리아에서는 베르디(Verdi, 1813~1901)와 푸치니(Puccini, 1858~1924) 등의 오페라(가극)가 성행하고, 프랑스에서는 드뷔시(Debussy, 1862~1918)가 인상파 음악으로 새로운 경지를 열었으며, 러시아에서는 무소르그스키(Mousorgskii, 1839~1881)를 비롯한 국민파 작곡가가 나오고, 교향곡 〈비창〉을 작곡한 차이코프스키(Tchaikovskii, 1840~1893)는 강렬한 인간의 격정을 그의 음악에 담았다.

제13장 서양의 침략과 아시아의 대응

제1절 서양열강의 아시아 침탈

제2절 중국과 일본의 근대화

제3절 그 밖의 아시아 지역의 근대화

르네상스와 종교개혁을 통해 일찍부터 근대화가 시작된 유럽 세계는 15세기 후반에 신항로의 개척으로 바다를 통한 동방무역로가 열리자 포르투갈과 에스파냐를 필두로 동방의 향료무역이 시작되었다. 그 후 산업혁명의 진행에 따라 서양열강은 아시아 여러 나라를 그들의 상품시장과 원료의 공급지로 삼으려 했다. 그 결과 아시아 여러 나라는 그들의 식민지 내지 반식민지로 전락하는 과정을 밟게 되었다. 영국, 프랑스, 네덜란드, 러시아 등은 대표적인 식민주의 세력으로서 그들은 상업적 목적에서 출발하여 점차 무력으로 아시아 여러 나라를 압박했던 것이다.

이러한 외세의 침입에 대응하여 인도, 중국을 비롯한 그 밖의 아시아 각 지역에서는 민족의식이 싹터 반외 근대화 운동이 추진되었다. 그러나 여기에는 전통사회의 해체라는 어려운 과제가 따르게 되어 각국마다 힘겨운 투쟁이 불가피하게 되었다. 각국의 항쟁은 식민주의 국가들의 정책과 전통의 성격 등 여러 요인으로 그 대응모습에는 다른 점이 많았다. 중국은 서양 여러 나라의 침략 속에 근대화 운동을 추진했으나 만족할 만한 성과 없이 반식민지적 곤욕을 당하였고, 인도는 영국의 지배 속에 민족적 단결이 성숙되어 가지만 독립을 되찾기에는 어려운 일이 많았다. 동남아시아에서도 프랑스와 네덜란드의 식민화가 진행되었고, 서아시아에서는 영국과 러시아의 대결하에 반외 근대화 운동이 전개되었다. 다만 일본만은 상대적으로

서양열강의 초점에서 벗어나 있었다는 이점과 자체의 노력으로 근대화에 성공했다.

제1절 서양열강의 아시아 침탈

1. 포르투갈과 에스파냐의 아시아 침략

16세기 이후 유럽인의 아시아 진출은 단순한 모험심이나 향료무역에 대한 관심의 결과만은 아니었다. 당시 서유럽 각국은 중앙집권국가의 형성에 따른 국민경제체제의 성립으로 정치적으로는 절대왕정을 표방하고 경제적으로는 중상주의 정책을 추진하는 가운데, 신항로의 개척으로 접근이 가능해진 아시아 여러 지역에 식민정책을 경쟁적으로 펼쳐나가게 되었다. 그 가운데에서도 에스파냐와 포르투갈은 처음부터 식민활동과 세력범위의 확보를 위해 서로 경쟁했다. 이에 로마 교황의 중재로, 토르데시야스(Tordesillas) 조약(1494)과 사라고사(Zaragoza) 조약(1529)에 의해 양국의 배타적 활동지역을 양분하는 분계선이 획정되었다.

1507년 디우(Diu) 해전에서 이슬람 함대를 무찌름으로써 인도양의 제해

포르투갈 상인
일본에 도착한 포르투갈 상인(16세기 그림)

권과 통상권을 동시에 장악한 포르투갈은 인도 서안의 고아(Goa)를 점령하여 이를 동방 진출의 거점으로 삼고, 이듬해에는 동양무역의 요지인 말라카 해협을 점령함으로써 남양 향료의 주산지인 몰루카 제도(Moluccas)를 손에 넣을 수 있었다. 이들은 중국과 일본에까지 관심을 가져 비단과 차를 구하기 위해 1517년, 중국의 광저우(廣州)에 이르렀고, 계속 북상하여 1543년에는 일본에 다다를 수 있게 되었다. 마침내 포르투갈은 명 정부로부터 마카오(Macao)에 상관(商館) 개설을 허락받아(1557) 이후 이곳을 중심으로 대중국 및 대일 무역에 종사했다.

한편 포르투갈과 경쟁관계에 있던 에스파냐는 일찍부터 멕시코 경영에 착수하여 동양 진출이 늦었으나, 마젤란의 세계일주항로 발견 후 아시아 진출에 큰 관심을 보였다. 에스파냐인은 1521년 태평양을 횡단하여 필리핀과 몰루카 제도에 이르렀으나, 포르투갈과의 대결에서 일단 패했다. 그러나 그 후 에스파냐는 1571년에 필리핀의 마닐라를 점령하여 이를 동양무역의 근거지로 삼는 데 성공하였다. 1675년 에스파냐는 중국의 광저우에 진출하려 했으나 역시 포르투갈의 반대로 중국에 무역거점을 확보하는 데는 실패했다. 그러나 그들은 마닐라를 중심으로, 그들이 중남미에서 채광한 은화로 중국의 밀수선과 무역을 계속한 결과, 막대한 은이 중국(명)에 유입되어 중국 경제에 커다란 변화를 가져왔다. 명대의 일조편법의 시행이나 은화를 기본화폐로 한 것은 바로 이 에스파냐와의 무역관계에서 온 산물이었다.

16세기 전반에 걸치는 약 100년 동안 포르투갈은 아시아의 무역을 거의 독점했고, 에스파냐 역시 아메리카산 금과 은을 이용하여 동방무역에 큰 영향을 미쳤다. 그들은 주로 남양(南洋)의 후추, 계피, 생강, 박하, 겨자 등 향신료와 중국산 차, 비단 등을 찾았다. 그런데 그들의 이 지역에 대한 무역 정책은 기본적으로 이들 지역의 부(富)를 빼앗아 가는 약탈무역이었으므로 토착민의 반발을 사 영속이 불가능했다. 게다가 그들이 동방무역에서 얻은 부를 바탕으로 유럽에서 가톨릭의 보호자임을 자임하고 전 유럽에 대한 가톨릭 강권지배를 획책하게 되면서 이들 두 나라는 곧 네덜란드, 영국, 프랑스 등의 도전을 받아 점차 그들에게 해상 식민활동의 주도권을 빼앗기게 되었다.

포르투갈과 에스파냐의 동방 진출은 무역에서만 새로운 세계사의 지평을 연 것이 아니라, 문화 면에서도 아시아, 특히 중국과 일본에 큰 영향을 끼쳤다. 원래 가톨릭의 중국 선교가 시작된 것은 원대였는데, 원 · 명 교체기에 일시 중지되었다가 포르투갈의 동방 진출과 더불어 본격적인 동양 선교활동이 다시 시작되었다. 유럽에서 가톨릭개혁의 결과로 성립된 예수회는 인도 이동의 선교를 목적으로 프란시스코 자비에르(Francisco Xavier)를 파견하여 인도의 고아를 거점으로 중국과 일본 등지의 선교활동에 나섰다. 그 후 마테오 리치(Matteo Ricci), 아담 샬(Adam Schall) 등은 중국에 들어와 중국 지식계급의 신망을 얻고 수학, 천문, 역법, 지리학 등 서양의 새로운 지식을 중국에 전파했다. 그 결과 중국에는 『천주실의』 같은 종교서적과 『곤여만국전도』, 『기하원본』 같은 과학서적의 출현을 보게 되었을 뿐만 아니라, 서양역법에 관한 이해, 유럽식 건축양식 등 새로운 문물이 소개되었다. 이러한 경향은 자연히 중국 학계에도 큰 영향을 미쳐, 명 · 청 교체기에 일어난 고증학(考證學) 발달의 한 배경을 이루기도 한다.

그러나 이와 같은 중국의 서양문화 수용은 선교사들이 중국 사상, 가치, 풍속을 인정하는 선에서만 가능했다. 그들은 유교를 인정하고 중국 고유의 상제(上帝) 개념을 그리스도교의 하느님과 유사한 것으로 해석하는 등 그리스도교의 원칙에서 보면 변칙적인 면을 묵인함으로써 탄압을 면할 수가 있었다. 그러나 1742년 로마 교황청이 이와 같은 예수회의 선교방침을 금지시키는 이른바 전례문제(典禮問題)가 일어나 본래 교리를 존중하는 방향으로 방침이 바뀌자, 선교사들은 중국 정부의 탄압을 받게 된다.

포르투갈 등 서양 상인 및 선교활동은 일본에도 영향을 끼쳤다. 1543년 포르루갈 상인이 다네가섬(種子島)에 표착하여 총포를 전달함으로써 일본 전술에 큰 변화를 가져와, 결과적으로 일본의 전국시대의 종식에 기여했다. 임진왜란에서 조총의 사용은 이러한 역사적 사건의 결과였다. 특히 규슈의 다이묘들은 서양 상인의 자극을 받아 동남아 무역, 즉 남만무역(南蠻貿易)에 적극 종사하는 계기가 되었다. 일본에는 포르투갈의 상업활동과 동시에 그리스도교도 들어왔다. 1549년 자비에르가 도착한 이래 선교사들의 포교활동이 활발하여, 각지에 교회당이 설립되고 다이묘가 개종하는 일까지 있을 정도였다.

2. 네덜란드 · 영국 · 프랑스의 식민지 경영

1581년 이전의 네덜란드는 에스파냐에 속해 있었다. 네덜란드는 일찍부터 무역업에 종사하여 리스본에서 들어온 동양 물품을 북유럽으로 운송하는 중개무역이 발달하고 있었다. 그러나 에스파냐로부터 독립한 네덜란드는 에스파냐에 대항하여 독자적인 해상 진출을 꾀함으로써 해양국가로 발전해 갔다. 특히 에스파냐의 무적함대가 영국에게 패배한 이후 네덜란드는 정부의 적극적인 해외진출정책에 힘입어, 1602년에 동인도회사를 설립하고 주로 인도네시아 방면으로 적극적인 식민활동을 벌였다.

이들은 1619년 자바섬 동쪽 끝의 반탐(Bantam)에 상관(商館)을 개설하여 동양무역의 근거지로 삼은 뒤, 1623년에는 암보이나(Amboina)섬에서의 영국인 학살을 계기로 영국인을 말레이 방면으로 내쫓았다. 네덜란드는 인도에도 세력을 확장하여 실론섬의 포르투갈인을 축출하고 인도해안에 무역 근거지를 확보했다. 한편, 이들은 1600년 일본에 처음 상선을 보낸 뒤 히라도(平戶)에 상관을 열어 일본과의 무역을 시작하여 도쿠가와 막부 이후 메이지 유신까지 일본의 대외 창구역할을 하게 되었다. 네덜란드인의 대중국 무역은 포르투갈인의 방해로 여의치 않았으나, 1624년 타이완에 요새를 구축한 뒤 1661년 정성공(鄭成功)의 군에 의해 축출당할 때까지 중국 무역에 종사할 수 있었다.

이와 같이 네덜란드는 동양에서의 포르투갈의 경쟁자로서 실론, 말라카, 자바, 몰루카 제도, 수마트라, 세레베스 등 여러 섬을 점령하여 네덜란드령 동인도를 수립했을 뿐만 아니라 중국, 일본 등과도 활발한 통상활동을 벌였다. 1653년 하멜(Hamel)이 제주도에 표류한 것은 이러한 네덜란드인의 활동이 가져온 우리나라와의 우연한 접촉이었다. 다만 네덜란드인들은 에스파냐인, 포르투갈인들과는 달리 그리스도교의 포교에는 열중하지 않고 상업활동에만 전념했다.

이러한 네덜란드의 동양 진출은 영국과 프랑스의 도전을 받아, 17세기 말경부터 그들의 식민활동은 네덜란드령 인도 즉, 인도네시아를 중심으로 한 지역에만 국한해야 했다. 마침, 그들은 16세기부터 해체되기 시작한 인도네시아 마자파히트(Majapahit) 왕조의 쇠퇴를 틈타 이 지역에서의 세력의 확대가 용이했다. 네덜란드 동인도회사는 이 지역의 향료무역을 독점하는 동시에 원주민을 강제 동원하여 상품으로 적합한 농산물을 생산하도록 하는 이른바 강제적인 재배농업(plantation)을 통해 무자비하게 착취했다.

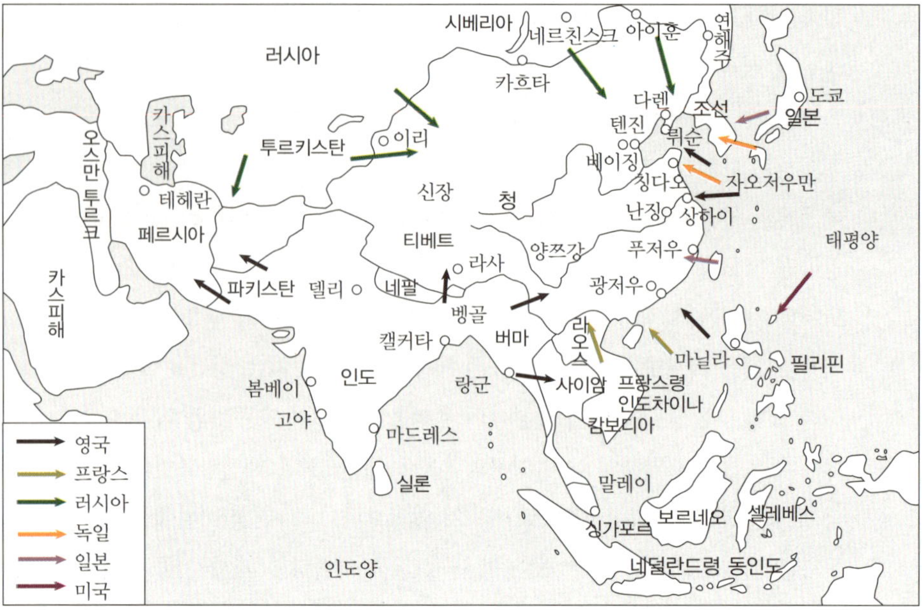

그림 13-1. 열강의 아시아 진출

그 결과 원주민의 반발을 사 통치가 여의치 않았다. 나폴레옹 전쟁기에는 네덜란드가 프랑스 편을 들면서 네덜란드령 인도는 일시 영국의 지배하에 들어갔던 적도 있으나, 그 후 반환되어 네덜란드는 이 지역 식민화에 더 적극성을 보이기에 이르렀다.

영국의 아시아 진출은 엘리자베스 1세 때 에스파냐의 무적함대를 무찌르면서 본격화했다. 대개 16세기의 유럽 제국이 그러하듯, 영국도 절대왕정을 수립하고 중상주의 정책으로 대외무역에 열의를 보이던 중, 산업혁명의 진전에 따라 근대 자본주의가 발달하면서 아시아 식민활동에 강한 의지를 보였다. 영국은 1600년, 인도에 동방무역의 독점권을 가진 동인도회사를 설립하여 남아시아 및 동남아시아로의 진출을 꾀했다. 그러나 이 지역에서 영국은 이미 자리잡은 포르투갈과 네덜란드 세력의 끈질긴 방해에 부딪치게 되어 일단 인도 경영에만 전념했다. 영국은 1630년 이후 약 30년 동안에 마드라스, 봄베이, 캘커타 등 주요 해안거점을 확보하여 그 세력을 점차 확대해 갔다. 한때 네덜란드와의 식민지 경쟁에서 고전하기도 했지만, 1651년의 항해법(航海法)을 제정하여 아시아 식민지 경쟁에서 네덜란드에 앞서나갔다. 한편 영국은 인도에서의 프랑스와의 대결에서도 우위를 점하게 되었다. 1757년 동인도회사의 서기였던 클라이브(Robert Clive)가 인도군과 연합하여 플라시(Plassey)에서 프랑스군을 대파함으로써 영국은 인도에서 독점적 세력이 되었다.

영국의 인도 식민화는 무굴 제국의 쇠약에서 그 원인을 찾을 수 있다. 1707년, 무굴 제국의 오랑제브 대제가 죽은 다음 인도는 내전상태에 있었다. 인도 중부의 힌두교국인 마라타(Marathas)를 중심으로 마라타 동맹이 형성되어 무굴 제국과 대결 상태에 있었고, 인도 서북 지방에서는 역시 힌두교의 별개 종파인 시크교도가 반기를 들고 독립하는가 하면, 그 밖의 여러 토후(土候)들도 속속 독립하여 무굴 제국에서 떨어져 나갔다. 이러한 혼란상태를 이용하여 영국의 동인도회사는 세포이(Sepoy)라는 유럽식으로 훈련되고 영국 장교의 지휘를 받는 인도인 용병제를 실시하여 자체 군대를 양성했다. 세포이가 곧 인도 최강의 군대가 되자 토후들은 이들과의 타협이 필요했고, 식민국 간에도 세력균형이 계속되어 무굴 제국은 상당 기간 그 명맥을 유지할 수 있었다. 그러나 플라시 전투 후 프랑스가 인도에서 정치적으로는 물론 경제활동에서도 손을 떼자 영국은 인도에서 독점적 식민국가가 되었다.

영국과 프랑스가 전쟁을 하고 있는 동안, 인도 북서의 아프간인(Afghans)이 침입하여 힌두교도인 마라타 동맹을 분쇄하자, 인도 각지의 토후들은 영국 편을 택함으로써 영국과 토후국들은 무력충돌 없이 동맹관계를 맺게 되고, 영국은 그 동맹관계를 감시하는 형식으로 그들의 지배권을 강화하기 시작했다. 이를 계기로 영국의 동인도회사는 영국의 인도 통치기관화하여 무굴 황제에게 연금을 주는 형식으로 그를 괴뢰로 만들었다. 영국은 저항이 가장 심했던 벵골 지방에는 행정관을 파견하여 직접통치하고 나머지 토후국들은 간접지배하는 형식을 취했다. 그 후 1773년 영국은 인도정리법(印度整理法)을 마련하여 인도 통치권을 영국 정부의 감독하에 두고 영국인 지사가 임명되어 인도를 통치했다. 이때부터 동인도회사는 1813년 자유무역주의자들의 압력으로 무역독점권을 잃을 때까지, 그 기능을 확대하여 인도 통치를 위한 정치기관이 되어 영국 정부의 감독하에 인도를 다스렸다.

이러한 영국 정부의 인도에 대한 직접지배와 더불어 인도는 경제적으로 영국의 원료공급지 및 상품시장화가 촉진되어 식민활동의 하나의 전형을 이루었다. 영국은 산업혁명의 진행에 따라 면직공업이 발달하자 그 생산품을 싼 값으로 인도에 수출하여 인도의 경제적 예속화를 촉진했다. 동인도회사의 무역독점권이 폐지되면서부터 대량생산된 면제품이 싼 값으로 인도에 유입됨에 따라 인도 재래의 면포공업은 큰 타격을 입을 수 밖에 없었다.

이러한 경제적 침략 외에도 영국은 영국 사법제도를 인도에 들여오고 토지제도의 개혁을 시도했으며 영어의 공용어화를 강요함으로써 문화적인 측면에까지 식민화정책을 노골화했다. 이러한 일련의 식민화 정책에 자극받아 대대적인 반영운동이 일어났는데, 이것이 바로 세포이의 항쟁이었다.

이 항쟁운동은 1856년 영국의 오드(Oudh) 토후국 병합에 자극받은 세포이 용병들이 동요하기 시작하였고 이는 곧 인근으로 급속히 전파되었다. 거기에다 종교적인 문제가 발단이 되어 세포이들이 영국 통치에 대항해 일어나자 농민, 인도인 경관, 토후들까지 이에 가세하여 영국의 지배에 저항했다. 그들은 무굴 제국의 황제 바하두르 샤(Bahadur Shah)를 받들어 인도의 완전독립을 촉구하고 영국인의 축출을 외쳤다. 이 항쟁은 거의 전국적으로 퍼져 한때는 델리를 점령하기도 했다. 결국 영국군의 개입으로 이 저항운동은 일단 진압되었지만, 그 후 2년 동안 산발적인 저항이 계속되었다. 비록 이 운동은 실패로 끝났으나 이는 영국의 식민정책에 반대하는 인도인의 거족적인 민족운동이었다는 데 큰 의미가 있다. 이 항쟁이 끝난 다음 영국은 인도를 직접 통치하게 되고 형식적인 무굴 제국은 끝이 나게 되었다. 영국은 토후국의 지위와 영토를 보전하고 인도의 전통과 관습을 존중할 것을 약속했지만, 그들의 인도에 대한 완전지배라는 궁극적인 목적에는 변함이 없었다.

이어서 영국은 인도 저항세력인 마라타 동맹을 격파한 후 네덜란드령 실론을 점령하고 북서 지방의 시크교도의 반란을 진압하여 이 지역에 그들의 세력을 확장했다. 영국은 인도 경영 과정에서 버마의 중요성을 인식하고 3차에 걸친 버마 전쟁 끝에 이를 인도의 속주로 편입하여 식민지로 만들었다. 영국은 계속하여 동방으로 진출하여 말레이시아를 손에 넣고, 말라카와 싱가포르를 네덜란드로부터 빼앗아 이곳을 영국 직속의 해협식민지화함으로써 동양 및 태평양 진출의 발판으로 삼았다. 이를 계기로 영국은 대중국 진출의 우위를 확보하는 계기를 마련했음은 물론이다.

원래 영국의 동방 진출 목적 역시 향료무역에 있었다. 그러나 그들은 포르투갈이나 에스파냐와 달리, 향료 생산인 들에게 인도산 직물을 공급하는 식의 구상무역(求償貿易) 형태를 취함으로써 호혜적인 면도 보였다. 그러나 산업혁명의 진행에 따라 인도 등 모든 영국 식민지는 원료공급지와 상품시장으로의 성격변화를 경험하게 되었다. 이는 단순한 향료 중심의 초기 영국 무역이 제국주의적 식민정책으로 그 성격이 변화해 가는 것을 의미했다. 영국의 동인도회사의 원래 기능은 이 지역에 대한 식민화보다는 무역에 있었다. 그러나 영국 산업혁명의 진전에 따라 대인도 정책이 제국주의 방향으로 바뀌고 동인도회사도 그 기능을 수행하는 기구화했던 것이다.

프랑스의 대외 식민활동도 일찍부터 시작되어 북아메리카, 아프리카, 아시아 등지에서 주로 영국과 경쟁하는 가운데 그들의 활동을 강화해 나갔다. 프랑스는 1604년 동인도회사를 세웠고, 루이 14세는 콜베르의 적극적인 중상정책에 힘입어 인도 해안의 퐁디셰리, 샹디나고르 등을 중심으로 인도 경영에 힘써, 적어도 18세기 초까지는 인도에서 영국보다 우위에 있었다. 그러나 1757년 플라시에서 영국에 패하자 그 경영 대상 지역을 인도차이나로 돌렸다.

당시 베트남은 서산당(西山黨) 사건을 계기로 기존의 정(鄭) · 우엔(阮)씨의 대립관계가 끝나고, 구엔 왕조의 일족이 프랑스 선교사 피노 드 브엔느(Pigneau de Behaine)의 원조를 받아 타이슨조를 멸하고 통킹에서 코친차이나에 이르는 지역을 통일하여, 청으로부터 안남왕(安南王)의 칭호를 받았다(1802). 그러나 구엔 왕조는 그 후 프랑스의 선교사 및 상인의 활동을 탄압하는 배외정책을 폈다. 이에 인도에서 영국에 잃은 식민지 경영을 만회할 기회를 노리던 나폴레옹 3세는 가톨릭 보호를 구실로 베트남에 파병했다. 프랑스는 사이공 조약(1862)을 맺어 이곳에서 포교와 통상의 자유를 획득하고 코친차이나를 빼앗고 통킹 지방을 점령한 다음 캄보디아와 베트남을 보호국으로 삼았다. 이 과정에서 전통적으로 베트남의 종주권을 주장하는 청과 대립하여 청-프랑스 전쟁(1884)이 일어났다. 전쟁은 프랑스의 승리로 끝나, 청은 이 지방에 대한 프랑스의 보호권을 인정하게 되었다. 그 후 프랑스는 베트남, 캄보디아의 보호국과 코친차이나, 통킹 지방을 합하여 프랑스령 인도차이나를 구성하고(1887), 1893년에는 라오스를 보호국으로 만들었다.

그 결과 프랑스는 서쪽의 샴(태국)을 사이에 두고 영국과 대립관계에 있었다. 당시 샴은 일찍부터 포르투갈, 영국, 프랑스 상인의 활발한 활동무대였고, 특히 영국이 버마를 점령하고 프랑스의 프랑스령 인도차이나가 성립된 것을 계기로 양국의 세력다툼의 각축장이 되어 매우 불안한 상태에 있었다. 그러나 1899년 양국은 세력범위를 정하고 샴의 독립을 유지하는 데 합의하여, 샴은 양국의 세력균형 속에 식민상태를 면할 수 있게 되었다.

3. 러시아의 남하정책

여러 해양국의 아시아 식민 진출과는 대조적으로 육로를 통한 아시아 진출을 집요하게 꾀한 나라는 러시아였다. 원래 러시아는 몽골족이 세운 킵차크한국에 속해 있다가 15세기 후반 러시아 제후인 모스크바 대공이 독립하여(1502) 점차 세력을 확장해 나갔다.

러시아는 당시 유럽의 중심부로부터 멀리 떨어져 있어 아시아적인 색채가 강한 나라로서 유럽으로 진출하기보다는 동방으로의 진출에 더 관심을 갖고 있었다. 러시아의 동방 진출이 시작된 것은 코사크병의 대장인 예르마르크(Yermak)가 시비르한국(Sibir Khanate)을 정복하여 러시아의 이반(Ivan) 4세에게 헌납하면서 시작되었다(1581). 그 후 러시아 황제가 코사크병에게 시베리아 지방 개척의 특허를 준 것을 계기로, 이 지역의 개발이 급속도로 진행되었다. 코사크가 시베리아에 진출한 처음 목적은 금과 모피를 얻는 것이었으나 로마노프 왕조에 이르러 시베리아 개척을 장려한 결과, 17세기 중엽에는 그 세력이 태평양에까지 이르렀다. 러시아 세력이 헤이룽강에 이르자, 이는 중국과의 영토문제로 발전하여 러시아는 청과 네르친스크(Nerchinsk) 조약(1689)을 맺어 이 지역의 중국과 러시아 국경을 확정했다. 그 후 러시아는 만주 방면으로의 진출을 잠정적으로 중단하고 몽골 방면으로 진출하자, 청은 카흐타(Kyakhta) 조약(1727)을 맺어 이 지역에서의 양국 국경을 확정했다. 러시아는 다시 동아시아에서의 부동항 획득을 위한 남하정책을 계속함으로써 1858년에는 아이훈(Aihun) 조약으로 헤이룽강 이북의 땅을 차지했다. 청 제국의 쇠망에 따라 1860년, 러시아는 제2차 아편전쟁을 마무리 짓는 베이징 조약에서 청과 영국, 프랑스를 중재한 대가로 우수리강 이동의 연해주를 손에 넣고 블라디보스토크를 건설하여 시베리아 횡단철도에 연결시킴으로써 동양 진출에 결정적인 계기를 맞게 되었다. 이를 계기로 러시아는 우리나라와도 국경을 접하게 되고 한말에 이르러 양국의 복잡한 정치관계로 발전하게 되었다.

러시아의 남하정책은 중앙아시아 지역에서도 계속되었다. 18세기 말 오스만투르크의 세력이 약화되자, 러시아는 흑해 연안의 땅을 차지한 후 점차 그 확장 방향을 중앙아시아로 돌렸다. 18세기 말 러시아는 중앙아시아에 있던 부하라한국(Bukhara Khanate), 히바한국(Khiva Khanate), 코칸드한국(Khoqand Khanate)을 차례로 병합하고, 다시 남하하여 페르시아 동부를 지배하기에 이르렀다. 이어 중앙아시아의 심장부인 바르하시 호반을 점령하여 청과 국경을 맞대고, 이어 청의 신장성 이리 지방의 이슬람교도의 반란을 이용하여 이 지방에 진출한 뒤 이리조약(1881)을 맺어 청과 이 지역의 국경을 확정했다.

중앙아시아를 영토화하는 데 성공한 러시아는 인도 진출을 꾀하지만 이미 이 지역에 세력을 확보한 영국의 저지를 받게 되었다. 이러한 러시아의 남하정책에 자극받은 영국은 이의 남하를 저지하기 위해 페르시아와 아프가니스탄을 확보하는 한편, 티베트에 진출하여 중국 서북부를 통한 러시아 세력의 남하를 견제했다. 또한 영국은 동아시아에서 한반도를 놓고 일본과 동맹하여(영일동맹) 러시아의 남하정책을 막는 등 영국과 러시아의 아시아에서의 대결은 서의 페르시아에서 시작하여 동의 한반도에 이르는 전 지역에 존재했다.

제2절 중국과 일본의 근대화

1. 중국의 문호개방

청조는 강희(康熙), 옹정(雍正), 건륭(乾隆)의 3대에 걸친 약 130년간이 그 황금기였다. 영토의 확장으로 현재 중국의 국경이 대체로 이때 형성되었고, 늘어나는 인구를 지탱할 정도의 경제적인 성장은 물론, 고증학의 성립 등 학문적인 발달도 괄목할 만한 것이어서 중국 전통문화의 난숙기를 맞게 되었다. 그러나 이러한 청조도 18세기 중반부터 쇠퇴의 길로 접어든다.

청의 쇠망은 흔히 중국의 전통왕조에서 보는 내우외환에 기인했다. 우선 쇠망의 원인으로 들 수 있는 것은 정치적 해이였다. 청은 중국본토에 들어온 후 한만병용책을 쓰고 유교이념을 충실히 받아들임으로써 중국 통치에 일단 성공적이었다. 그러나 18세기 이후 점차 만주인은 한인에 대한 통제력을 잃어 갔고 한인들의 세력이 커지기 시작했다. 소수의 만주족이 다수의 한인을 통치하는 데에는 만주팔기가 그 중심역할을 했으나 청 중기 이후 이들이 무력화되어, 변란이 일어날 경우 이를 평정하는 데는 한인이 주동이 되어 모집한 향용(鄕勇)이나 단련(團鍊)이란 사병조직에 의존할 수밖에 없었다.

청조의 지방행정은 지극히 피상적인 것으로, 실제 지방통제 기능은 보갑제, 향약 등 지방 비행정기관에 일임된 상태였고 이들을 움직이는 것은 신사층이었다. 그런데 이러한 신사층은 대부분이 한인으로, 이들은 지방행정에 긍정적 역할을 한 것도 사실이지만 중앙의 통제가 약화된 후로는 반란을 주도하는 등 청조에 부정적인 역할을 하는 경향이 빈발했다.

이와 같이 정치 및 지방행정이 해이해진 틈을 타서 횡행한 것은 예의 관리의 부패와 이에 따른 농민의 반란이었다. 원래 청의 지방관은 세금을 거두는 데 있어, 청부과세의 방법을 택해 일정한 액수만을 중앙에 납부하고 나머지는 공금과 사용의 구별 없이 지출했다. 그들은 이러한 제도적 약점을 이용하여 세금을 임의로 징수하고 특히 조운이나 전매 같은 국가권력과 결탁된 조세 분야에서 많은 부정을 저질렀다.

이러한 상황에서 농민의 불만이 점증하고, 이를 기화로 비밀결사(秘密結社)를 중심으로 하는 농민전쟁 형태의 반란이 각지에서 일어났다. 그중에서도 산둥, 허베이, 쓰촨, 산시 지역을 중심으로 일어났던 백련교도(白蓮教徒)의 난은 대표적인 것이었다. 반란 지도자들은 사후의 세계보다는 현실생활에서의 구제를 주장함으로써 많은 농민층의 호응을 얻을 수 있었다. 또 푸젠 지방에서는 소도회(小刀會)란 비밀결사의 난이 일어나 청조를 곤경에 빠뜨렸다. 이들 비밀결사들은 대개 멸청복명(滅淸復明)을 부르짖음으로써 한인의 만주인에 대한 종족감정에 호소하여 많은 호응을 얻었다. 이러한 여러 변란의 발생에도 불구하고 청의 중앙정부는 그 자체 능력으로 대처할 수 없게 되자, 지방의 유력자가 주동이 되어 모병한 의용군에 의존할 수

밖에 없었다. 이와 같이 청조는 사실상 그 국가통제력을 잃어 가고 있었다.

청조 멸망에 크게 작용한 또 다른 요인은 빠른 인구 증가와 이에 따르지 못하는 생산력 증가의 문제였다. 1051년 약 1억이던 중국 인구가 약 700년 후인 1850년대에는 약 4억 3,000만으로 늘고, 1800년대에 이르러 중국의 경제성장은 계속되지만 생활수준은 점차 저하되는 추세를 보였다. 18세기 이후 옥수수, 고구마, 땅콩 등이 수입 · 재배되고 벼의 이모작이 확대되었으나 많은 인구를 이용한 노동집약적인 농법에는 기술혁명이 불필요했고, 장자상속의 부재로 토지의 세분화가 심화되었으며, 정신노동과 육체노동에 차별을 두는 관념은 여전하여 농업 분야에서 인구 증가를 감당할 증산을 어렵게 만들었다. 정체성은 상업 분야에서도 마찬가지였다. 상업, 특히 무역은 엄격한 국가통제 하에 있었고, 정부 측에서는 여전히 상업장려를 통한 경제발전의 정책은 고려하고 있지 않았다. 차, 도자기 등 특정 산업 분야에서 약간의 근대적 면모를 보여 주기는 했으나 역시 기본적인 경제정책은 자급자족적 농업 위주였다. 따라서 기술혁명을 위한 노력이나 기업가정신을 통한 근대 자본주의로 향한 모험은 없는 상태였다.

위와 같은 대내적인 쇠망 요인에 더하여 청조 멸망에 크게 작용한 것은 대외적인 문제 즉, 서양 식민세력의 중국 침략이었다. 청조 멸망을 촉진하고 동시에 중국 근대화의 기점을 이룬 사건은 아편전쟁의 결과로 나타난 광동체제(廣東體制)의 붕괴였다.

광동체제란 원래 1760년 청조가 대외적인 통상의 창구로서 광저우 하나만을 열어 놓고 여기에 일종의 특허상인 공행(公行)을 설치하여 대외무역을 전담하도록 한 데서 비롯했다. 공행은 공식적으로는 중앙정부의 이부(吏部)에 속해 있으면서 양광총독(兩廣總督), 광동순무(廣東巡撫) 산하의 월해관(粵海關)의 감독을 받는 일종의 특허상인으로서 대외무역을 전담하도록 되어 있었다. 이는 서양인의 상활동을 감독하려는 데 그 목적이 있었고 외국인은 이 공행의 감독하에 각국의 상관에서 제한된 활동만을 할 수 있었다.

이러한 광동체제의 성립은 기본적으로 중화사상에서 비롯한 것으로, 중국은 문화적 지리적인 중심으로 어느 다른 나라와도 평등한 관계를 인정하지 않는다는 발상에서 연유했다. 세계의 모든 나라가 중국을 종주국(宗主國)으로 섬겨야 한다는 철저한 중국 중심의 위계질서 위에 기초를 둔 것이 전통적인 중국의 세계질서였다. 이러한 이념의 제도적인 표현이 조공제도(朝貢制度)로서, 서양 여러 나라도 이러한 질서 속에 묶어 두려는 것이 청조 측의 의도였다.

그러나 서양 여러 나라의 입장은 달랐다. 그들은 이미 1648년 베스트팔렌 조약 이후 국가 간의 평등관계가 인정되는 주권평등의 국제질서에 익숙해 있었다. 그러므로 외교관계에서 평등성을 인정하지 않는 중화사상에 입각한 조공무역은 인정할 수 없었고, 더구나 상업활동의 엄격한 제한은 받아들일 수 없는 것이었다. 이러한 중국과 서양 여러 나라의 상반되는 입장이 곧 두 세력의 충돌을 가져오는 원인으로 등장했다.

중국의 문호개방에 적극적이었던 최초의 서양세력은 영국이었다. 영국은 동인도회사 설립 후 말라카 해협을 지나 동아시아와 태평양에로의 진출을 동시에 추진했다. 영국은 동인도회사를 통해 중국의 생사, 남경면(綿), 차 등을 수입하고 모직물, 납 · 주석 · 구리 등 광물질과 시계, 망원경 등을 중국에 수출하고 있었다. 이러한 무역관계에서 차(茶)는 점차 중요한 비중을 차지하게 되는데, 이는 유럽 특히 영국에서 차를 마시는 습관이 일반화되고 1784년 영국이 차세를 대폭 내리는 법률을 통과시켰기 때문이었다. 그 결과 중국은 대영무역에서 출초(出超)를 기록하여 많은 양의 은이 중국으로 들어오게 되었다. 이에 영국은 막대한 중국차 수입대금을 동인도회사로 하여금 지불하도록 했지만 동인도회사 측으로서는 다른 상품을 개발하지 않고서는 이 무역적자를 메울 길이 없었다, 여기에 새로운 상품으로 개발된 것이 아편이었다. 인도산 아편의 중국 수출에는 자유주의적인 사무역업자도 가세했다. 그들은 1813년 동인도회사의 무역독점권을 철폐하도록 압력을 가함으로써 중국의 아편무역에 종사하게 되었다. 해마다 중국의 아

표 13-1. 중국의 아편 수입량 (단위: 상자)

연도	수입량	연도	수입량	연도	수입량
1700	4,095	1815	4,310	1834	21,885
1800	4,570	1820	4,244	1835	30,202
1805	3,938	1825	9,373	1838	40,200
1810	4,968	1830	19,956		

편 수입량은 늘어나고 이 대금으로 중국의 많은 은이 유출되는 속에 아편 흡연 인구는 늘어만 갔다. 그 결과 중국은 국민건강과 경제 면에서 큰 타격을 받게 되었다.

중국에서 아편을 피우는 풍속은 명 말부터 시작되었는데, 그 후 포르투갈인에 의한 아편거래가 확산되자 1729년에 흡연금지령을 내린 바 있었다. 그러나 금령이 동인도회사의 책략으로 그 실효를 거두지 못하자 1796년 또다시 아편금령을 내렸지만, 밀무역은 더욱 성행하여 그 수입량은 증가일로에 있었다. 특히 1834년 이후 자유무역업자들이 아편무역에 열을 올리자 그 수입량은 급격히 증가했다. 이에 1839년 청 정부는 임칙서(林則徐)를 광저우에 보내어 아편문제에 강경책으로 맞서게 했다.

임칙서는 광저우에 도착하자 영국 상인이 가지고 있는 아편을 몰수하여 불태우고 영국 상인을 감금하는 등 강경책을 썼다. 이에 영국 측에서는 포함외교(砲艦外交)를 통한 해결을 계획하여 광저우를 포격하고 일부 군함은 톈진(天津)으로 향하게 했다. 영국의 근대화된 포함에 원시적 무기로 대항하는 것이 불가능하다고 느낀 청 정부는 난징 조약(南京條約, 1842)을 맺어 일단 위기를 모면했다. 난징 조약에서 청은 광저우, 푸저우(福州), 샤먼(廈門), 닝보(寧波), 상하이(上海)의 5개항을 열고, 홍콩을 영국에 할양하며, 공행(公行)을 폐지하고 수출입 물품에 적정 관세만 부과하고, 전비를 보상할 것 등을 약속했다. 이 난징 조약은 다음해 호문(虎門) 추가조약에서 영사재판권(領事裁判權)을 인정한 최혜국대우(最惠國待遇)를 약속함으로써, 외국에 치외법권(治外法權)을 인정한 세계 최초의 불평등조약이 되었다. 그 후 중국

광저우의 외국인 상관

은 1844년에는 미국과 왕샤 조약(望厦條約), 프랑스와 황푸 조약(黃埔條約)을 체결하여 같은 약속을 했고, 여타 서양열강에게도 같은 조건으로 속속 문호를 개방하기에 이른다.

이와 같이 난징 조약에 의해 광동체제가 무너진 것을 계기로 중국은 타의에 의해 국제사회에 강제 편입되어 반(半)식민화의 길을 걷게 되었다. 이 난징 조약은 중국이 천하(국가)에서 하나의 국가로 변신하는 것을 뜻하는 것이기도 했다.

그러나 난징 조약은 청국은 물론 영국 어느 한편도 만족시킬 수 없는 조약이었다. 청 측에서 보면 무력 앞에 굴복하고 아편무역을 공식화함으로써 앞으로 막대한 정치적 · 경제적 손실이 예상되는 터였고, 자본주의 상품의 유입으로 국내 산업의 위축은 물론, 그리스도교의 포교로 중국 전통적 지배 이념인 유교가 도전을 받게 된다는 불안 또한 떨칠 수가 없게 되었다. 이에 중국 정부에서는 가능하면 개방을 하지 않으려 했고, 기본적인 외교정책 역시 변경시키지 않으려는 입장이었다. 이에 대해 영국의 입장은 상반된 것이었다. 영국은 중국에 양쯔강 유역과 북쪽 해안에 더 많은 항구를 열고 내륙에서의 통상 및 선교활동의 자유를 요구했고, 외국 공사(公使)의 베이징 주둔을 승낙받아 대등외교를 실현하려 했다. 그 밖에도 아편무역의 합법화와 수출품에 대한 각종 세금의 감면으로 상업적인 이익을 얻기 원했다.

이와 같이 양자의 입장이 서로 갈등관계에 있던 중, 1856년에 마침 유럽에서 크림 전쟁이 끝나고 영국과 프랑스가 다시 중국에 관심을 돌릴 무렵 애로(Arrow)호 사건이 일어났다. 원래 애로호는 영국 선적으로, 해적을 은닉했다는 혐의로 중국 관헌에 의해 강제로 수색을 당했는데, 이 과정에서 영국은 그들의 국기를 모욕했다는 구실로 원정군을 파견하게 되었다. 이때 프랑스도 광시성에서 자국 선교사가 피살된 사건을 구실로 영국과 공동 군사행동을 취했다. 이들의 군사행동은 난징 조약 체결 후 계속적으로 조약 준수를 중국 측에 요구해 왔으나 번번이 거절당하자 이를 마무리짓기 위한 조치였다. 영국은 때마침 청이 태평천국운동(太平天國運動)으로 혼란된 틈을 타, 광저우를 포격하고 거슬러 올라가 텐진을 통해 베이징으로 입성할 기세였다. 이에 청국은 협상을 통해 영국 측의 중국 시장의 광범한 확대 개방과 근대 국가로의 편입 등 요구조건을 받아들여 텐진 조약(天津條約, 1858)을 맺었다. 그러나 텐진 조약의 비준과정에서 또 한 차례의 무력충돌을 겪은 다음 베이징 조약(北京條約, 1860)으로 이 대결국면을 마감한다.

베이징 조약에서 양측은 외교사절의 베이징 상주, 북중국 해안과 양쯔강 연안에 11개 조약항의 추가, 내륙항해권과 포교권 승인, 주룽(九龍) 반도의 영국 할양, 연해주의 러시아 할양, 배상금 지불 등에 합의했다. 베이징 조약은 중국의 내륙 개방과 공사관의 설치, 러시아에 대한 연해주 할양 등으로 중국이 점차 식민국가의 전략에 말려들어 반식민지화의 구체적 단계로 접어들고 있음을 말해 주는 사건이었다. 흔히 이 애로호 사건을 아편전쟁과 연장선상에서 이해하여 제2차 아편전쟁이라고도 한다.

2. 태평천국운동

아편전쟁이 청조 멸망의 대외적인 주요인이었다면 태평천국운동(太平天國運動)은 대내적인 주요인이었다고 할 수 있다. 아편전쟁에서 청측의 패배는 중국 국민에게 큰 충격이었을 뿐만 아니라 배상금 지불이라는 현실문제는 광둥성과 그 인근 지역에 큰 재정적 부담을 안겨주었다. 또 대내적으로도 관리의 부패와 인구 증가를 따르지 못하는 경제성장 등은 당시 중국의 심각한 문제이자 사회불안 요인이었다. 그럼에도 불구하고 청조는 이러한 문제를 자체 능력으로 수습할 힘이 없었다. 농민들은 자구방법을 강구하지 않을 수 없었는데, 이 자구운동의 대표적인 경우가 태평천국운동이었다.

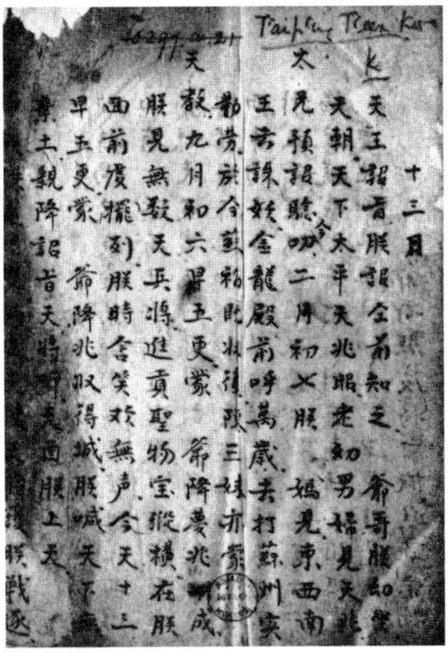

홍수전이 반포한 칙령

이 태평천국운동은 일종의 비밀결사적 성격을 띤 배상제교(拜上帝教)에서 비롯했다. 이 배상제교를 만든 것은 홍수전(洪秀全)이었다. 그는 중국에서 차별대우를 받는 객가(客家) 출신으로서 일찍이 여러 번 과거에 응시하였으나 성공을 거두지 못하던 중, 영국의 선교사를 만나 그리스도교에 관한 전교서인 『권세양언(勸世良言)』을 입수했다. 그는 꿈에 예수를 현몽하고 세상을 구하라는 명령을 받아 배상제교를 만들었다 한다(1843). 상제교에서는 중국 전래의 천지 주재자로서의 상제 개념을 그리스도교의 여호와와 일치시켜 이를 유일무이의 참된 신으로 규정하고, 이는 모든 사람의 아버지이며 그 밑의 모든 사람은 평등한 형제자매 관계임을 주장했다. 그는 일체의 차별을 인정하지 않는 절대평등을 주장함으로써 중국 전래의 원시 공산주의적 대동세계(大同世界)의 실현을 역설했다. 배상제 교도들은 전래의 유교, 불교, 도교 등 일체의 이념체계를 부정하고, 우상이라 하여 이들의 파괴를 주장했다. 이와 같은 배상제교의 교리는 당시 중국이 가지고 있던 현실과 이념을 모두 부정하고 새로운 방향을 제시하는 구세적인 의미를 가진 종교를 표방함으로써 당시 절망하고 있던 많은 사람의 지지를 쉽게 받을

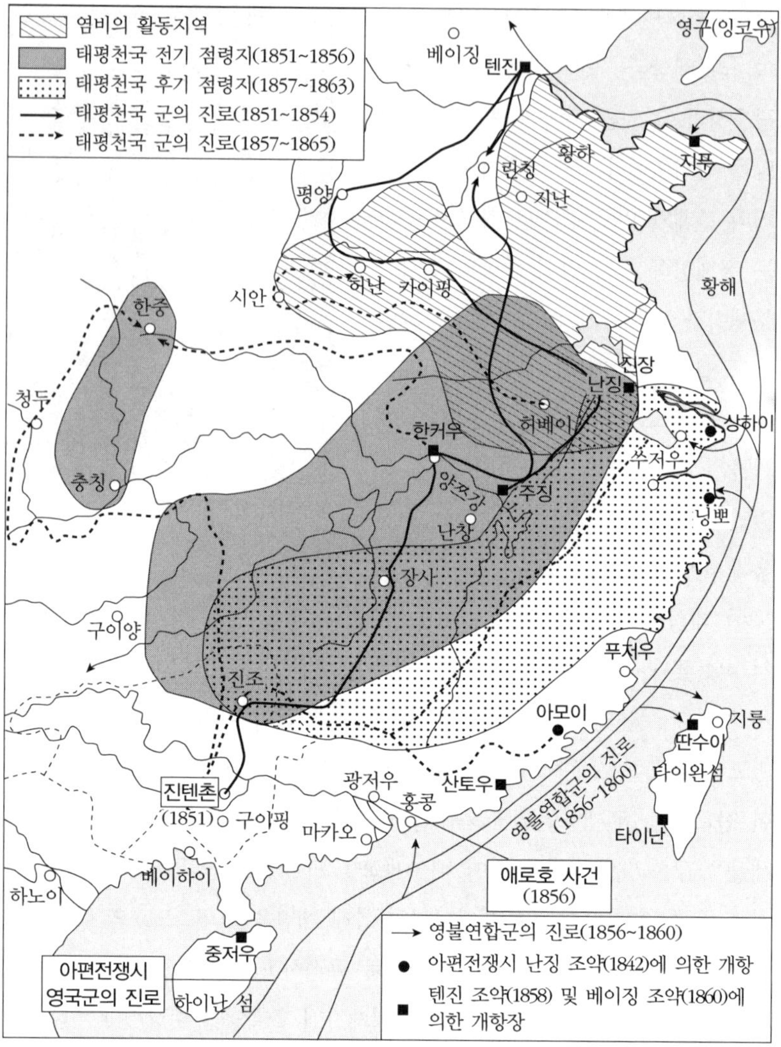

그림 13-2. 아편전쟁과 태평천국

수 있었다.

배상제교는 홍의 친구인 풍운산(馮雲山)의 노력에 의해 처음 광시성의 산간 농민, 차별대우를 받던 소수민족인 객가, 요족(瑤族), 동족(侗族) 등에 쉽사리 전파되었다. 그는 지방에서 우상파괴운동의 일환으로 공자묘, 신묘,

신상 등을 파괴하여 지방의 신사층 및 청조 관리들과 정면으로 대결하면서 그의 혁명역량을 키워 나갔다. 계속된 포교활동에 따라 광부, 유민, 천지회(天地會) 같은 비밀결사와 농민이 가세해 그 교세는 급속히 커갔다.

이들은 1851년 1월 드디어 광시성의 진텐(金田)촌에서 거사를 일으켜 청조타도를 목표로 진군했다. 홍수전을 비롯해 풍운산, 소조귀(蕭朝貴), 위창휘(韋昌輝), 석달개(石達開), 양수청(楊秀淸) 등 유능한 군사지휘관 아래, 그들은 거사 8개월 만에 요지인 영안(永安)을 점령하고 여기에서 이른바 태평천국의 건국을 선언했다. 운동과정에서 지도자들은 만주족을 몰아내고 한족의 국가를 세워야 한다는 종족적 민족주의를 강력히 주장했다. 이들의 북진과정에서 천지회(天地會) 약 2만 명과 합세하여 기세를 돋우고 양쯔강 유역으로 진격하여 1853년 3월에는 난징을 함락시켰다. 이 해 말은 태평천국의 절정기로 군대 규모는 남녀를 함하여 200만이 넘고 18성 중 16성에 영향을 미치고 600여 개의 성시(城市)를 점령하는 기세를 보였다.

태평천국군은 난징을 점령한 후 이를 천경(天京)으로 삼아 태평천국의 각종 제도를 반포했다. 이때 적어도 이론적으로는 태평천국은 정치, 경제, 문화, 풍속 등 중국 전래 사회제도의 전면적인 개혁을 시도한 것이었다. 그들은 그리스도교의 평등원칙에 따라 남녀평등을 실현하고 불우한 사람들의 국가적 보호는 물론, 매춘, 아편, 전족(纏足) 등 악습을 금지하기도 했다. 그 가운데에서도 토지의 균등배분을 원칙으로 한 토지제도인 천조전무제도(天朝田畝制度)는 태평천국의 이상을 잘 말해 주고 있다.

그러나 이러한 초기의 이상사회 실현을 위한 열기는 난징 점령 후 퇴색하고 말았다. 그 이유는 우선 최고 지도자인 홍수전이 난징 점령 후부터 정신병자적인 생활을 하게 되고, 초기에 가담했던 여러 장군 간에 알력이 생겨 북벌과 서쪽 정벌을 계속했지만 여의치 못했다. 또 난징 천도 후에는 일단 국가 차원의 제도화는 현실적인 문제에 봉착하여, 궁정제도를 비롯한 여러 제도 마련함에 있어 청조의 것을 모방하거나 전승함으로써 혁명의 참신성은 사라지고 초기의 기대에서 점차 멀어져 갔다.

1861년을 전후로 하여 홍수전은 사실상 정사를 돌보지 않는 가운데 초기 지도자들은 전사하거나 권력투쟁으로 몰락하고 태평천국운동의 제2기를 맞게 되었다. 이때 활약한 것이 진옥성(陳玉成), 이수성(李秀成), 홍인간(洪仁玕) 등인데, 이때의 혁명이념은 이미 많이 변질된 상태였다. 홍인간의 『자정신편(資政新篇)』에 보이듯, 제2기에 와서는 전통적 유교질서와의 타협의 불가피성을 느껴 과거제도의 부활 등 정책상의 후퇴를 가져왔고, 서양문물을 적극적으로 수용하자는 주장이 나오기도 했다.

태평천국 제2기 지도자들의 노력에도 불구하고 1864년 천경이 증국번(曾國藩)이 이끄는 상군(湘軍)과 영국인 고든(C.G. Gordon)의 상승군(常勝軍)에 점령됨으로써 15년간의 대동란은 막을 내리게 되었다. 그렇다면 참신한 이상을 가지고 초기에 매우 인상적이었던 태평천국이 망한 원인은 무엇일까?

첫째, 지도층의 한계를 들 수 있다. 그들은 난징을 점령한 후, 홍수전은 망상적인 종교생활에 몰두하고 구제도를 부활하여 태평천국은 다시 권위주의적 정부가 되었던 것이다. 또 그들은 국가통치 차원의 정치경험이 없었고 천조전무제도와 같은 이상적인 제도를 내놓았으나 이를 실천에 옮길 수는 없었다. 더하여 지도자들은 같은 이념과 동기에서 출발했지만 점차 권력투쟁으로 내분이 일어나 초기의 응집력을 잃어버리고 말았다.

둘째, 구세력의 재편성과 반격을 들 수 있다. 원래 태평천국은 유교이념은 물론 그것에 근거를 둔 모든 제도를 부정함으로써 중국 사회의 핵심을 이루는 관료와 신사층의 반발을 불러일으켰다. 반대세력은 청조와 유교를 수호하자는 명분 아래, 많은 한인 유력자들이 사병인 향용(鄕勇)을 모집하여 태평군에 대항했던 것이다. 증국번 · 증국전(曾國荃) 형제의 상군(湘軍), 이홍장(李鴻章)의 회군(淮軍), 좌종당(左宗棠)의 초군(楚軍) 등이 그것으로, 그들은 청조 팔기병이 무력화된 상태에서 의용군을 모집하여 청조를 위해 싸웠다. 이들은 이를 계기로 이후 중국의 유력한 지도자로 부상하게 되었다.

셋째, 외국세력이 청조 편에 가담한 것이다. 처음 태평천국운동이 일어났을 때 외국은 중국 안에 그리스도교국 건설이란 기대 속에 희망을 가졌었다. 그러나 서양세력은 곧 태평천국에 실망하고 청조와 맺은 기득권 보전으로 선회했다. 그들이 난징 탈환에 결정적 역할을 할 수 있었던 것은 이러한 연유에서였다.

태평천국의 회오리 속에 크고 작은 다른 반란도 일어나 때로는 태평군과 연합하여 청조를 괴롭혔다. 천지회는 원래 1800년대 후난, 광시 지방을 중심으로 반청복명(反淸復明)을 기치로 반청운동을 계속해 오던 중, 1854년에는 태평군에 합류하여 상군과 싸우면서 광둥, 후난 지역에 세력을 확장했다. 광업, 수공업자, 수부(水夫)가 중심을 이룬 소도회(小刀會) 역시 반청복명의 기치 아래 태평군의 상하이 점령시 그들과 연합하여 일조를 했다. 그러나 이들과 태평군은 반청에는 일치하나 복명의 측면에서 입장을 달리했다. 태평군은 청조 타도 후 복명이 아니라 새로운 그리스도교적 국가건설이라는 목표를 가지고 있었기 때문이었다.

빈농, 수부, 어부, 광부, 이재민 등으로 구성된 염비(捻匪) 역시 1853년 태평군의 경안 점령시 협조하고, 그 뒤 진옥성(陳玉成)을 도와 산시성 공격에 일조를 했다. 그들은 또 깐수 · 산시 지방에서 일어났던 이슬람교도(回民)의 반란을 도와 청조를 괴롭혔다.

3. 양무운동(洋務運動)

태평천국운동이 진행되고 있는 동안 청 정부 내부에서 중요한 변화가 일어나고 있었다. 애로호 사건 마무리를 위한 베이징 조약의 체결을 놓고 청 정부 지도층은 서양과의 타협을 주장하는 공친왕(恭親王), 계량(桂良), 문상(文祥) 등 주화파(主和派)와 영국 및 프랑스와의 타협을 거부하는 함풍제(咸豊帝)를 비롯한 이친왕(怡親王), 승격림심(僧格林沁) 등 주전파(主戰派)로 대립되어 있었다. 결국은 청조 측의 힘의 열세로 주화파가 득세할 무렵인

1860년 함풍제가 죽자, 주화파는 서태후(西太后)와 결탁하여 태평천국운동 혼란기에 각 지방에서 향용을 일으켜 청조 보존에 공이 컸던 증국번, 이홍장, 좌종당, 호림익(胡林翼) 등 한인 대관료의 지원을 받아 이른바 동치중흥(同治中興)을 시도했다.

원래 '중흥'이란 왕조 말기적 현상, 즉 관리의 부패, 내란의 빈발, 외적의 침입 등에 당면하여, 유교이념의 재현과 전통적 정책을 통한 부국강병을 시도하는 것으로, 이러한 방법으로 왕조의 부흥을 꾀한다는 의미다. 서태후는 나이 어린 동치제(同治帝)를 즉위시킨 다음, 자신이 수렴청정을 하고 공친왕이 의정왕(議政王)이 되어 정치를 주도해 나갔다. 그들은 태평천국운동으로 혼란의 극에 달한 지배체제를 재편성하려는 시도를 하는데, 여기에 두 가지 중요한 정책상의 변화를 보인다. 그 하나는 대외적으로 중서합판(中西合辦) 정책, 즉 서양열강과의 협조정책이었고, 대내적으로 자강운동(自强運動)을 벌여 부국강병에 힘씀으로써 서양세력에 효과적으로 대응한다는 것이었다.

태평천국운동이 진행되고 애로호 사건을 마무리 짓는 과정에서 서유럽 열강은 무력에 의한 분쟁의 해결보다는 평화적인 방법을 통해 점진적으로 중국의 개방을 추진한다는 방침을 세웠고, 중국 역시 무력대결의 무모함을 깨닫게 된 결과였다. 특히, 태평천국운동 진압과정에서 청조 측에 보여 준 서양의 협조가 호의적으로 보여, 청과 서유럽 세력 간의 협조가 가능한 분위기였다. 영국인 총세무사(總稅務司)의 관세징수는 물론 중국의 어려운 문제를 중재하는 등 긍정적 활동이 많았음도 한 이유가 되었다.

청 정부는 우선 근대적 외교 사무를 관장하는 총리아문(總理衙門)을 새로 설치했다(1861). 여기에 서양 각국과의 외교를 담당하는 여러 부서와 해방(海防)을 담당하는 부서를 두었다. 부설로 동문관(同文館)을 설치하여 여기에서는 영어, 불어, 러시아어 등 서양과의 교섭에 필요한 외국어 교육과 수학, 물리, 화학, 의학, 천문학 등 서양의 근대 과학을 외국인 교사를 초빙하여 가르침은 물론, 각종 서양의 법률서적과 과학서적을 번역하여 서양으로부터 자강의 방법을 배우려고 했다. 중앙의 동문관을 본받아 지방에도 외국어 습득을 위한 교육기관이 설치되어 동문관과 비슷한 기능을 갖도록 했다. 이들은 일종의 신교육제도로서 많은 보수파 인사들의 반발을 샀고 학생 역시 하급출신이 대부분이었다는 한계는 있었지만 중국 근대화에 기여했음은 말할 나위도 없다.

원래 '양무(洋務)'란 서양을 본받는다는 뜻이다. 1860년에 시작하여 1894년까지 계속되었다고 보는 양무운동은 제1 · 2차 아편전쟁을 통해 보여 준 서양의 과학기술, 특히 무기의 우수성에 깊은 인상을 받은 결과였고 이것은 태평천국운동 기간을 통해 확인된 셈이었다. 그 결과 중국의 일부 지도층에서는 서양의 과학기술 그 가운데서도 근대적 무기 없이는 대내 · 대외적인 위기에 대처할 수 없다는 것이 공통된 인식이었다.

그런데 이와 같은 위기의식은 이미 1830년대 위원(魏源), 임칙서, 공자진(龔自珍) 등 공양학파(公羊學派)에서 비롯했다. 일찍이 위원은 그의 『해국도지(海國圖誌)』에서 서양 여러 나라에 관하여 소개한 후, 비록 그것이 오랑캐의 것이라 할지라도 우수한 것은 배워서 부국강병을 꾀해야 한다고 주장했다. 임칙서 등 다른 사람도 서양을 알고 필요한 것은 받아들이자는 선구적 견해를 가지고 있었다. 이들의 견해는 1840~1860년대에 와서 그 필요성이 확인된 셈이었다. 그리하여 1861년 동치중흥에서 세력을 잡은 여러 한인 총독(總督)과 순무(巡撫)들은 중앙정부와의 협조하에 자기 관할 군대의 양식 무장화를 적극적으로 추진하게 되었다. 그 결과 1860년대에는 안경군기소(安慶軍機所), 강남제조총국(江南製造總局), 복주선정국(福州船政局), 천진기기국(天津機器局) 등 군수 및 조선공장이 속속 설립되었다. 이들 공장에서는 서양식 총포와 선박을 생산할 뿐만 아니라 부설학당을 세워 외국어와 기술을 가르치는 부수적인 기능도 함께 갖게 했다.

튼튼한 철갑선과 좋은 대포 등 병기제조로 시작된 양무운동은 산업화에 상승효과를 발휘해 1870년대에는 운수, 통신, 광업 등 비군수산업에까지 확대되었다. 상해윤선초상국(上海輪船招商局), 천진전신전보총국(天津電信電

한양제철소

報總局), 진고철로공사(津沽鐵路公司), 개평광무국(開平鑛務局), 호북대야철광(湖北大冶鐵鑛) 등이 설립되어, 근대 군수공업의 활로를 열었음은 물론 교통통신기관의 발달을 통한 국토개발에 기여했다. 이 가운데서 윤선초상국 같은 회사는 한때 유수한 외국회사와 경쟁에서 앞선 적도 있었다. 이어서 1880년대에는 섬유와 방직 부분의 발달이 현저했다. 기기직포국(機器織布局), 화신방직신국(華新紡織新局), 화성방직총창(華盛紡織總廠) 등이 설립되었는데, 이로부터 전래의 수공업 방직에 대신한 공장제 면포생산이 시작되었다.

양무 관료들은 신식 선박과 무기를 제조하는 외에도 양병정책에도 힘써, 각자가 근대식 사관학교를 모방한 군사학교를 세워 새로운 병기와 근대전법을 익히도록 하는 노력도 했다. 이홍장이 세운 천진수사학당(天津水師學堂)과 천진무비학당(天津武備學堂), 장지동(張之洞)이 세운 광동수사학당(廣東水師學堂) 등이 그것이다. 특히 이홍장의 두 학당은 향후 청말 군사력을 대표하는 북양군벌(北洋軍閥)을 형성하는 모체가 되었다는 점에 주목할 필요가 있다.

양무운동 기간에 있었던 또 하나의 근대화를 위한 시도는 해외에 유학생을 파견한 일이었다. 1872년 증국번 등의 건의에 의해 미국에 매회 30명씩 120명을 파견하여 의학, 철도, 조선, 해운, 광산기술 등을 배워 오도록 했고, 2년 후에는 영국, 프랑스, 독일에도 유학생을 파견하여 제조, 항해, 연병 등에 관하여 배워 오도록 했다. 이와 같은 유학생의 파견은 양무운동의 적극적인 일면이기는 했으나 선발과정에서의 문제, 파견국 내에서 전통교육의 병행과 중국 풍속의 준수 및 귀국 후 취업문제 등이 여의치 않자 9년 만에 중단하고 말았다.

이와 같이 양무운동은 군수산업에서 시작하여 광업, 통신, 방직 등 비군사적 근대산업 은 물론 교육에 이르기까지 여러 측면에서 근대화를 위해 노력한 결과 상당한 변화가 있었다. 그 가운데에서도 무비와 군사력에서 괄목한 발전을 보여, 적어도 한때 해군함정은 그 양적인 면에서는 당시 프랑스와 일본을 능가했다. 그럼에도 불구하고 청-프랑스 전쟁(1884~1885)과 청일전쟁(1894~1895)에서 청의 연패는 양무운동의 한계를 의미하는 것이었고 그것에 문제가 있음을 보여 주는 것이었다.

우선 지적할 수 있는 한계점은 동치중흥의 기본정신이 전통적인 농업사회의 부흥에 있는 것이었지 산업화된 근대 국가의 건설에 있지 않았다는 점이다.

둘째로 지적할 것은 양무운동기의 사회변화의 개념이 "중국 것을 기본으로 하고 서양 것을 수단으로 한다"는 중체서용(中體西用)이라는 절충적 입장이었다는 점이다. 중국의 유교 중심의 이념과 제도를 온존시키면서 수단으로서의 과학기술만을 받아들인다는 발상은 이념과 제도의 총체적인 전환을 요구하는 근대화의 본질과 맞지 않았던 것이다.

셋째로 지적되어야 할 것은 지도력의 문제였다. 기본적인 권력구조는 아직도 만·한의 세력균형하에 있었으나, 태평천국운동 진압과정에서 공이 큰 지방의 한인 독무(督撫)들이 중앙의 간섭이 없이 자기 관내에 중복된 투자를 경쟁적으로 추진함으로서 효율성이 떨어졌다. 그 결과 국가적인 입장에서 합리적이고 효율적인 산업배치 및 군사시설을 할 수 없었다는 한계를 가지고 있었다.

넷째는 양무기업의 경영방법이 관료경영 내지는 관리가 감독하고 상인이 경영하는 관독상판(官督商辦)이었다는 점이다. 물론 양무기업 활동을 통해 성선회(盛宣懷), 당정구(唐廷樞), 서윤(徐潤)과 같은 매판(買辦)이라는 근대 기업인을 배출하기는 했으나 기업을 관의 지배하에 둠으로써 산업활동이 순수한 경제기능에 의해 움직이는 길을 막았다.

그 결과 기업인의 모험성과 자율성이 침해당하고 이윤은 재투자보다는 다른 목적에 사용되는 것이 일반적인 관행이었다. 이러한 양무기업의 여러 한계 때문에 결국 양무운동은 중국 자본주의 발달에 제한적인 역할밖에 할 수 없었고 따라서 근대화에도 별 도움을 주지 못했다고 봐야 할 것이다.

4. 무술변법운동(戊戌變法運動)

동치중흥에서 비롯된 중국과 서유럽 열강 간의 협조정책은 잠정적인 것에 불과했다. 그 이유는 협조관계가 이루어진 다음 서유럽 열강은 중국에 외교사절을 파견하고, 중국도 영국과 프랑스 등 서양 여러 나라에 사절을 보내어 근대 외교의 틀을 갖추었다. 그러나 중국 지도층에는 서양의 제도에 대한 본질적인 불신이 남아 있었고 계속적인 침략에 대한 의구심을 버릴 수가 없었다. 동시에 서양열강의 중국에서의 자국 영리추구도 근본적으로 변한 것이 없었다. 당시 미국은 막 남북전쟁을 끝내고 태평양 진출을 본격화하여 중국에 큰 관심을 보였고, 이탈리아와 독일도 통일사업을 마무리 짓고 아시아에 관심을 갖게 되었으며, 프랑스 역시 프로이센과의 전쟁을 끝내고 제3공화국이 들어서면서 대외팽창에 열을 올렸다. 일본 또한 메이지 유신(明治維新)을 단행하여 제국주의 국가로 발돋움하는 과정에서, 병든 거인 중국은 이 모든 제국주의 세력의 표적이 되었던 것이다. 이러한 이유로, 1870년대에서 1880년대에 이르는 기간, 중국과 서유럽 열강 사이에는 협조정책이 끝나고 다시 새로운 긴장상태에 접어들고 있었다.

중국과 서양과의 관계를 악화시킨 것은 중국 측의 반그리스도교 운동인 구교운동(仇教運動)이었다. 베이징 조약에 따라 내지 포교가 허락된 후, 중국 각지에는 교회당이 들어서고 교민(教民)이 증가하여 본토민과 적지 않은 마찰을 빚어 왔었다. 특히 중국 사회의 중심역할을 담당하던 신사층의 반발은 컸다.

신사층이 그리스도교를 배척한 이유로는 교리상으로 그리스도교의 처녀잉태설이나 독신주의는 유교 윤리에 위배되는 것이었고, 현실적으로 태평천국의 이념이 여기에서 연유했다는 거부감, 사회기능상으로 보아 교육, 자선사업 등 종래 중국 신사층이 담당해 왔던 일을 교회가 대신했기 때문이었다.

이미 구교운동은 1860년대부터 장시, 허난, 쓰촨 등지에서 일어나 선교사와 교민(教民)을 살해하고 교회를 파괴하는 일이 빈발했다. 이를 교안(教案)이라 하는데, 이 교안은 당시 외교의 가장 중요한 문제가 되어 오던 중, 1870년에는 톈진에서 중국인의 공격으로 프랑스인 17명과 중국인 신자 다수가 살해되는 이른바 톈진 교안(天津教案)이 발생했다. 결국 청 정부는 프랑스 측의 항의로 프랑스에 사죄사절을 파견하고 배상금을 지불했다. 이 사건을 계기로 서유럽 열강은 대중국 강경책으로 선회함으로써 협조정책은 끝나고 앞서 말한 양무운동의 제2기를 맞았다.

이 후기 양무운동 기간에는 제국주의 침략이 격화되고 북양군을 배경으로 한 이홍장이 청조의 실력자로 등장하면서 이른바 이홍장의 양보외교시대를 맞게 되었다. 그 결과 1870년대에서 1890년대 전반까지는 서양열강의 압력으로 과거 중국의 조공국들의 탈청(脫清) 현상도 나타나기 시작했다.

청은 우선 유구(琉球)문제에서 일본에 양보할 수밖에 없었다. 일본은 메이지 유신 이후 근대 국가로 발돋움하면서, 아시아에서 자국 중심의 외교관계 수립을 추진했다. 1871년 상호 평등관계에 입각한 중일수호조약(中日

修好條約)을 체결한 다음 타이완에 출병하여, 과거 중국의 조공국이었던 유구를 일본 영토로 만들었다(1873).

청은 프랑스의 압력으로 베트남에서의 종주권을 포기해야 했다. 원래 북부 베트남은 진(秦) 이래 중국의 조공국이었다. 1867년부터 프랑스의 인도차이나 경영이 본격화됨에 따라, 베트남의 요청으로 청이 군대를 파견하여 프랑스와 교전에 들어갔다(청-프랑스 전쟁, 1884~1885). 이 전쟁은 청의 패배로 끝나, 청은 이곳에 대한 오랜 종주권을 포기하기에 이른다.

1874년 영국 공사관원인 마가리(A.R. Margary)가 윈난과 버마의 교통로를 탐색하던 중 피살된 이른바 마가리 피살사건이 일어나자, 영국은 청국을 위협하여 즈푸조약(芝罘條約, 1876)을 맺었다. 이 조약으로 청국은 윈난, 광시의 동 · 은광 채굴권을 영국에 주고 양쯔강 유역의 기항지를 추가로 허락했으며, 재판제도에서 영국인이 참여하는 회심제도(會審制度)의 적용을 승인하고, 칭하이, 윈난, 티베트의 탐사권을 영국에 허락하는 등 많은 이권(利權)을 양여했다.

러시아도 신장성 서북지방에 이슬람교도의 난이 일어난 틈을 타, 청정부에 압력을 가하여 자국에 유리한 이리(Ili) 조약(1881)을 체결했다. 이 조약에서 청은 북서 지방의 많은 영토를 러시아에 양도했을 뿐만 아니라 톈산로와 몽골 지방을 통한 무제한의 무역권을 러시아에 허락했다.

이와 같이 제국주의 열강의 노리개가 된 청조에 치명타를 가한 것은 청일전쟁(1894~1895)에서의 청의 패배였다. 청불전쟁 후, 약 10년간 청은 대외문제에서 소강상태였으나 곧 조선 문제를 놓고 일본과 정면대결이 불가피했다. 일본과 조선 간에 맺어진 병자수호조약(1876)은 종래 중국의 대조선관계에 위기를 가져왔다. 1880년대 이홍장은 조선의 대외정책을 주도하는 과정에서 조선에게 서양열강과 통상조약을 맺도록 권유함으로써 조선에서 일본의 독점적 지배를 견제하는 동시에 자강운동을 권장하는 등 조선에서 청의 계속적인 우위를 유지하려고 노력했다. 청은 조선의 보수파를 지원하고 일본은 개화파를 지원하는 대립관계가 계속되던 중, 동학운동으

캉유웨이

량치차오

쑨원

로 인한 파병문제가 계기가 되어 양국은 조선과 남만주에서 교전에 들어갔다. 결과적으로 중국이 이때까지 키워 온 북양함대가 황해에서 괴멸당하고 육전에도 참패했다. 이 전쟁을 마무리하는 시모노세키 조약(下關條約)에서 청은 조선에서의 종주권을 포기하고 타이완과 랴오둥을 일본에 할양하고 막대한 전비를 배상함은 물론, 일본은 청에서 내륙항해권을 얻어냈을 뿐만 아니라 개항장에서 일본인의 직접 산업투자를 약속 받았다.

청일전쟁에서의 패배는 청에게 큰 충격이었다. 과거의 한낱 조공국이었던 일본에게 패배했다는 심리적인 충격 외에, 30년간 쌓아 온 양무운동과 이홍장 외교의 파탄이기도 했기 때문이다. 청일전쟁에서 청의 패배를 계기로 제국주의 열강은 중국에 대한 그들의 침략을 강화하여 광산채굴권, 철도부설권, 조차지(租借地) 획득, 세력권 확보를 경쟁적으로 벌여 갔다. 그 결과 중국에는 반제국주의 감정이 고조되는 가운데 양무운동에 대한 재평가를 내리면서 근대화 운동에 새로운 방향을 모색해야겠다는 움직임이 강하게 일어났다. 그 움직임은 현 체제를 유지하면서 근대화를 달성하자는 변법파(變法派)와 전통 체제를 부정하고 공화정을 수립하자는 혁명파(革命派)로 대별 되었던바, 전자를 대표하는 것이 캉유웨이(康有爲), 량치차오(梁啓超) 등이고 후자에 속하는 인물이 쑨원(孫文) 등이었다.

청국이 일본에 패하고 제국주의 침략이 가속화하자 여기에 위기를 느낀 중국인들 간에는 정치, 경제, 사회 등에 본질적인 개혁을 통해 위기를 극복해야 한다는 논의가 공공연하게 거론되기 시작했다. 물론 이러한 논의는 양무운동 후기부터 있어 왔던 것으로 정관응(鄭觀應), 하계(何啓) 같은 사람들은 이미 중체서용론에 수정을 가하고, 의회제도를 근간으로 하는 서유럽식 민주주의 장점을 군민공치(君民共治)라는 차원에서 취해야 한다는 주장을 폈다. 그들은 또한 상공업의 진흥, 서양식 교육제도의 채택과 과거제도의 수정 내지 폐지를 주장해 오던 터였다.

이러한 변법사상을 실천에 옮긴 사람은 캉유웨이(康有爲)였다. 그는 광둥 난하이(南海)인으로 전통 유학을 배웠으나 일찍부터 서양문화에도 관심을 가져 탁월한 개혁의 전망을 가지고 있었다. 그는 프랑스식 혁명보다는 오히려 러시아 표트르 대제의 개혁이나 일본의 메이지 유신의 방법이 중국적 현실에 적합한 것이라고 주장하고 위로부터의 정치적 개혁을 제창하고 나섰다. 처음에는 캉의 이러한 사상을 위험시했으나 청일전쟁의 충격으로 조정 내부에서까지 그의 개혁사상에 동조하는 사람이 많아졌다. 특히 젊은 광서제(光緖帝)는 개혁에 관한 한 캉유웨이와 의기투합하여 1898년 무술년에 캉유웨이와 량치차오 등 그 문하생을 대거 등용하여 개혁을 단행했다.

광서제는 1898년 6월부터 일련의 개혁 칙령을 내렸는데 주요 내용은 다음과 같다. 과거제도를 개혁하여 정치, 외교, 경제, 이학, 공학 등 실용적인 학문을 시험과목에 넣어 인재를 등용하고, 군제를 바꾸어 신식 훈련을 시킬 것, 농업과 공업을 진흥시킬 것, 발명을 장려할 것, 베이징에 대학을 세울 것, 상소권을 확대할 것, 보관(報館)을 설치하여 언로를 넓힐 것 등, 100일 동안에 120여 개의 개혁 칙령을 발했다.

물론 이러한 캉유웨이의 개혁안은 황제를 중심으로 한 개혁으로, 그 모델은 일본의 메이지 유신이었다. 메이지 유신이 왕정복고 형식을 띤 근대화였던 만큼 캉유웨이도 만주족의 황제권 정통성을 인정하는 선에서 개혁을 단행하자는 것이었다.

그러나 이 운동을 성공시킨다는 것은 무리였다. 대부분의 개혁 내용이

광서제의 열국 외교사절 인견

구제도에 대한 개혁이나 폐지 없이 옥상옥(屋上屋)식으로 설정한 데다가 개혁 주도세력은 소수의 하위관직 소지자들로, 그들이 광서제의 개혁 칙령을 실천하기에는 역부족이었다. 거기에다 캉유웨이의 사상이 정통적 유교와 다른 것이었기 때문에 만약 개혁이 단행될 경우, 보수파의 이해관계와 직결되는 문제였으므로, 만주인 보수세력은 한인 보수세력과 결탁하여 캉유웨이의 개혁을 반대하기에 이르렀던 것이다.

이 운동은 청일전쟁의 패배 후 서태후를 비롯한 보수파 양무관료가 일시 후퇴한 틈을 타서 단행되었던 것인 만큼, 아직도 막강한 보수파의 복귀가 가시적이었던 당시로서는 매우 불안한 출발이었다. 서태후는 이러한 보수파의 반대에 힘입어 이홍장에 이어 북양군벌의 우두머리가 된 위안스카이(袁世凱)와 밀모하여 광서제를 연금하고 무술개혁을 주도했던 인물들을 처단하는 무술정변을 일으켰다. 이리하여 캉유웨이의 변법운동은 백일유신(百日維新)으로 끝이 나고 말았다. 변법운동 실패 후, 캉유웨이와 량차치오는 일본으로 망명하여 보황당(保皇黨)을 만들어, 쑨원의 혁명파와 대립하면서 개명군주제(開明君主制)에 의한 개혁운동을 계속했다.

무술정변 후 중앙에서 보수파인 서태후가 다시 정계에 복귀하여 그의 독재권을 구축하고 이홍장, 장지동, 유곤일, 위안스카이 등 지방 독무의 협조를 얻어 청말의 정국을 이끌어 갔다.

5. 중국의 반(半)식민지화

19세기 말부터 제1차 세계대전이 일어나기까지의 20여 년 동안은 세계사적으로 보아 고전적 제국주의의 전성기였다. 이 기간 동안 제국주의 열강은 세계 도처에서 식민지 쟁탈을 놓고 경쟁이 첨예화했다. 서유럽 열강들은 아시아, 아프리카 등 후진지역에 대한 정치 · 경제 · 군사적 지배에 주력하던 단계를 지나 점차 제국주의 열강 자체끼리의 대립으로 발전해 세계전쟁의 위험으로까지 몰고 갔다. 아프리카에서는 유럽 열강이 다투어 분할하는 사태가 일어났고, 아시아에서는 영국과 러시아의 각축에 일본까지 가세했으며 미국도 태평양 분할에 본격적으로 뛰어들었다.

청일전쟁 후 청조가 약체임이 증명되자, 이러한 세계 사조에 편승하여 중국이란 마지막 남은 거대한 사장에 너도 나도 뛰어들었다. 이 과정에서 제국주의 침략의 형태는 조차지(租借地) 획득, 조계(租界)의 설정, 세력권의 획정, 이권 획득, 관세담보 등 여러 방법으로 자행되었다.

이러한 제국주의 침략은 청일전쟁과 무술정변으로 이어지는 어수선한 정세 속에 1899년에 일어난 의화단운동(義和團運動)을 계기로 더욱 가열되었다. 의화단운동은 일종의 반그리스도교적 성격을 띤 배외운동으로, 종교적 비밀결사인 백련교의 일파인 의화권교가 농민, 실업자 등을 포섭하면서 시작되었다. 그들은 산둥 지방에서 그 세력을 기른 다음, 부청멸양(扶淸滅洋)을 구호로 텐진과 베이징으로 진입하여 외국 선교사와 그리스도교 신도를 살해했다. 이에 영국, 미국, 러시아, 독일, 프랑스, 이탈리아, 오스트리아, 일본 등 8국은 공동 출병하여 베이징을 점령했다(1900. 8). 청 정부는 열강의 무력 앞에 다시 굴복하고 신축조약(辛丑條約)에 조인했다. 이 조약에

베이징 시장(1894)

서 청은 의화단 책임자 처벌, 외국군 주둔권의 인정, 관세와 염세를 담보로 한 막대한 배상금의 지불 등을 약속했다. 이 운동은 청조 최후의 외세축출 운동이었지만 이의 실패로 보수정권은 돌이킬 수 없는 큰 타격을 받았다. 그 후 만주 등지에서 제국주의의 대립이 더욱 격화되어 이를 타개하기 위한 조치가 불가피했다.

다시 제국주의 중국침략에 관한 내용으로 돌아가 우선 조차지 문제를 살펴보기로 하자. 청일전쟁 후 청은 일본에 랴오둥 반도의 할양을 약속했으나 러시아, 독일, 프랑스 등 3국간섭으로 이 조건이 무효화된 일이 있었다. 3국은 이에 대한 대가를 청에 요구하는 입장에 있었다. 러시아는 청에 청국 내의 부동항을 요구하여 뤼순과 다롄을 조차하고 시베리아 철도의 북만주 통과와 북만주철도 지선 부설권을 얻어냈다. 독일은 때마침 산둥성에서 일어났던 독일인 선교사의 살해사건을 구실로 삼아 자오저우만(膠州灣)과 칭다오(青島)를 조차하고 산둥성을 횡단하는 철도부설권을 따냈다(1898). 3국간섭의 일원이었던 프랑스 역시 베트남 식민지와 인접한 광저우만의 조차를 요구하여 승인을 받았다(1899). 만주와 북중국에서 러시아의 세력팽창에 불안을 느낀 영국도 산둥 반도의 북안에 위치한 웨이하이(威海)의 조차를 요구하여 관철했다.

조계의 발달은 중국 반식민지화의 또 하나의 상징이었다. 조계는 난징조약으로 상하이를 개방한 후 황푸강 연안에 열강의 배타적 거주 특별구역을 설정하고 이 지역에 대한 자치권 부여와 치외법권을 적용한 데에서 비롯했다. 이 조계에는 외국인이 운영하는 의결기관과 집행기관 및 재판소가 따로 설치되어 독립국과 같은 기능을 하였고, 중국인은 조계 내의 토지의 소유는 물론 거주할 수도 없도록 되어 있었다. 조계는 태평천국운동기에 안정성 때문에 많은 자본이 들어와 호황을 누렸고, 이러한 현상은 그 후에도 계속되었다. 상하이 조계에서 비롯된 조계는 다른 개항장으로까지 확대되었다. 조계 내에는 외국인의 직접 투자가 가능하여, 제국주의 열강이 무역업, 은행업 등에 투자하는 동시에 중국인 매판(買辦)을 이용해 생산업에 뛰어들 수 있어 섬유공업을 비롯한 조선 · 화학 · 기계공업 등 각 분야가 활기를 띠었다.

근대화 과정에서 기선은 바다에서 기적을 가져왔고 기차는 육지에서 기적을 가져왔다. 원래 중국의 철도부설은 처음부터 주민의 반대로 어려움이 있었으나 정부에서는 이의 필요성을 절감하고 있었다. 그러나 자체자본과 기술이 없었던 청조는 철도건설에 외국의 저의가 있는 차관에 의존할 수밖에 없었다. 경봉(京奉)철도(베이징-봉천), 진포(津浦)철도(텐진-난징), 경한(京漢)철도(베이징-한고우), 호령(滬寧)철도(난징-상하이) 등 간선철도는 모두 외국 차관으로 건설되었고, 베이징과 만리장성에 연하여 놓인 경수(京綏)철도만이 국내자본으로 건설되었을 뿐이었다. 이러한 철도의 발달은 내륙개발에 큰 공헌을 한 반면, 전통적 운수업에 타격을 주어 많은 실업자를 내어 사회 불안요인이 되기도 했다. 또 철도의 건설과 운영에서 얻어진 대부분의 이익이 차관 제공국의 몫으로 돌아가, 이에 의한 중국민의 혜택은 미미한 것이었다.

관세자주권의 상실은 중국의 주권손상은 물론 산업발달에 또 하나의 암적 존재였다. 난징조약에서 수입물품의 가격에 대한 일률적인 5% 관세적용은 열강의 승인 없이는 변경시킬 수 없는 것이었다. 1870년경 세계사조는 자국의 산업을 보호하기 위한 조치로 보호관세가 일반적인 추세였으나 중국은 조약 규정에 묶여 이를 시행할 수가 없었다. 그 결과 후진국인 중국은 아직도 초기단계에 있는 자국 산업의 보호육성이 불가능하게 되었고, 그럴수록 외국 의존도가 높은 경제적 종속관계가 심화되었다. 또한 관세는 빈번하게 전쟁 배상금의 담보가 되어 자주권 상실의 다른 일면을 드러냈다. 청일전쟁과 의화단운동의 결과로 막대한 배상금을 지불해야 할 처지에서 자금동원이 불가능했던 청조는 관세를 담보로 하는 조건으로 외국돈을 빌렸으므로 해관 수입을 중국 임의로 사용할 수 없음은 물론, 관세제도 자체도 바꿀 수 없었다.

조차지 설정, 철도부설권, 광산개발권 등의 열강에 대한 양여는 대개 그들이 이해관계를 가지고 있는 특정 지역과 관련되어 있었다. 이 지역은 자연히 특정한 국가의 세력범위가 되었는데, 각국은 이 지역에서는 정치 · 경제적으로 배타적 특권을 가져, 다른 나라의 이권요구를 거부하고 중국의 영향력도 배제했다. 만주에서 러시아, 산둥에서 독일, 양쯔강 유역에서의 영국, 윈난 · 광시 지방에서의 프랑스의 경우가 여기에 해당된다.

태평양 세력으로 등장했지만 중국 시장에 뒤늦게 뛰어든 미국은 중국에서의 이권경쟁에서 유럽 열강과 일본을 넘어설 수 없다는 판단 아래 중국의 문호개방을 제창하고 나섰다. 1899년 미 국무장관 헤이(John Hay)는 영국, 독일, 러시아, 프랑스, 이탈리아, 일본 등 여러 나라에 중국에 있어서의 문호개방과 영토보존, 기회균등을 제의했다. 물론 이 제의가 실현되지는 않았지만 중국에는 국권상실을 어느 정도 회복할 수 있다는 희망을 주었고, 이로 인해 미국의 대중국 진출이 용이해졌다.

청일전쟁에서 의화단운동까지의 중국은 대외적으로 열강의 중국 분할에 의한 반식민지 상태가 심화되고, 대내적으로는 무술개혁운동의 실패로 큰 정치적 좌절을 경험하게 되었다. 이에 무술정변 후 다시 정권을 잡은 서태후 등 보수파는 대내외의 압력에서 살아남기 위해서는 개혁이 필요함을 인정하게 되었다. 그들은 1900년 독판정무처(督辦政務處)를 설치해 향후 10년간 계획으로 점진적인 개혁에 착수했다. 그리하여 이른바 신축신정(辛丑新政)이 실시되는데, 1900년에서 신해혁명까지 이어지는 이 기간은 중국에서 단순한 전통국가의 몰락기라기보다는 이들에 의한 응분의 변화를 시도한 시기라고 평가할 수 있다.

우선 청조 지도자들은 헌법의 제정과 의회제도의 도입을 구상했다. 당시 량치차오가 서양 민권사상을 고취하고 헌법과 의회의 필요성을 주장하자 많은 개혁파 인물들이 이에 동조했다. 이에 청조는 태평천국 이후 약화된 중앙정부의 권력을 강화하고 혁명세력을 무력화할 목적으로 헌법제정을 추진했다. 그리하여 1906년에는 일본과 구미에 헌법시찰단을 파견하고 여론을 수합한 후, 1908년에는 헌법대강(憲法大綱) 초안을 발표하고 9년 내에 입헌군주제를 실시하겠다고 공표했다. 그러나 이 계획은 한때 만주 보수 권력자들에 의해 좌절되었지만 1910년에는 지방의회인 자의국(諮義局)이 소집되고 이어 국회격인 자정원(資政院)이 구성되었다. 1911년에는 비록 황족이 중심이었지만 근대 내각제도를 실시하는 등 상당한 변화의 조짐을 보였다.

이 기간에 관제를 개혁하여 전통적인 6부제도를 폐지하고, 총리아문에 대신하여 외부(外部)를 두고 학부, 농공상부, 순경부(巡警部), 육군부 등 신식 부서도 설치했다. 그러나 이 관제 개혁은 지방권과 중앙권의 균형원칙에서 벗어난 중앙의 우위를 겨냥한 것이었다. 학제를 개혁하여 2천여 년 계속되어 왔던 과거제도를 폐지하고(1905) 신식학교를 설립했다. 재정적인 제도 측면에서도 세제를 단순·체계화하고 예산제도를 처음으로 도입했다. 그 밖에 법률제도를 바꾸어 전근대적 형벌을 폐지하고 근대 재판제도를 도입했다. 이러한 법률개혁은 불평등조약 폐지의 전제조건으로 들고 나온 열강측의 요구를 들어준다는 의도도 있었다. 또, 군제도의 개혁을 통해 처음으로 중국의 운명을 바꿔 놓을 신군(新軍)이 창설되고, 민족자본 육성을 위한 산업진흥책도 내놓았다.

그러나 이러한 일련의 개혁은 조직적이지 못했을 뿐만 아니라 추진하는 측에서도 소극적이었으며, 혁명세력은 물론 보수세력의 반발도 적지 않아 지리멸렬한 상태에서 신해혁명을 맞게 되었다.

6. 일본의 근대화: 메이지 유신(明治維新)

중국이 중앙집권적 전통 위에 비교적 안정된 정부와 사회체제를 오랫동안 유지해 온 가운데 서구의 충격 이후 근대화 과정이 지리멸열했던 것과는 달리, 일본은 서구의 충격을 계기로 쉽게 분권적 봉건체제에 종지부를 찍고 중앙집권적 근대 국가로 급성장하는 대조적인 근대화의 길을 걷는 모습을 보인다.

원래 도쿠가와 막부는 나가사키항 하나만을 열어 네덜란드와의 제한된 교류를 하는 외에는 철저한 쇄국정책을 써 왔다. 그러나 서유럽 식민세력의 진출 표적은 일본이라 해서 예외가 될 수 없었다. 이미 1840년대부터 도쿠가와 막부의 쇄국정책에 현실적인 도전이 다가오고 있었다. 최초로 일본의 불안을 유발시킨 것은 러시아인으로, 러시아가 시베리아를 횡단하여 쿠릴 열도와 홋카이도 개척에 관심을 보이면서 일본 측을 자극했다. 영국 역시 네덜란드와 일본의 나가사키 무역을 방해하면서 일본에 진출할 것을 계획했으나 아편전쟁 후 중국 경영에 전념하게 되어 일본에 직접적인 행동은 쉽지 않았다.

그러나 미국의 경우는 달랐다. 서부 개척으로 캘리포니아를 병합하고 에스파냐와의 전쟁(1898)에서 승리함으로써 태평양 세력이 된 미국은 태평양 포경업은 물론 중국 진출에도 관심을 가져 중간보급지로서 일본 개국의 필요성을 느꼈다. 미국은 일본과 몇 번의 비공식 접촉을 시도한 다음,

서양증기선 나가사키 기착(1860)

1852년 필모어(M. Fillmore) 대통령은 태평양 함대 사령관 페리(M.C. Perry) 제독에게 일본의 쇄국정책 종식시키도록 명령했다. 페리는 쇼군(將軍)에게 보내는 국서를 휴대하고 일본에 도착하여(1853. 5) 개국교섭을 벌인 끝에 일단 국서만 전달하고 돌아갔다. 이와 같은 개국압력에 아베 마사히로(阿部正弘) 같은 사람은 이미 문호개방이 불가피한 것으로 인식하고 있었다.

당시 미국의 개항 압력에 거센 양이론(攘夷論)이 일어났지만 1854년 가나가와 조약(神奈川條約)을 맺어, 미국 선박에 보급품을 공급하기 위해 시모다(下田), 하코다테(箱館) 두 항구를 열고, 미국 선원에 대한 호의적 대우와 미국 영사의 조약 항 주재를 약속했다. 이 조약내용은 막부의 쇄국정책의 종식을 의미하는 것으로, 이어 이와 유사한 조약이 영국, 러시아, 네덜란드 등과도 체결되었다. 그 후 주일 미국 영사로 부임한 해리스(T. Harris)의 끈질긴 요구로 1858년 미일수호통상조약(美日修好通商條約)이 체결되는데, 여기에서 이미 개항한 두 항구 외에 가나가와(神奈川), 나가사키, 니가타(新潟), 효고(兵庫)를 추가하여 무역을 허가했다. 또한 오사카(大阪)와 에도〔江戶, 지금의 도쿄(東京)]에 외국인 거주를 허가하고 협정관세와 최혜국대우를 약속했으며 치외법권을 허용하게 되었다. 이 역시 불평등조약으로, 도쿠가와 막부 200여 년 계속된 일본 쇄국정책의 종언을 의미하는 것이었다.

페리 제독

조약내용이 발표되자 무사 중에는 이에 반대하여 양이론을 펴면서 외국인을 살해하고 조약에 반대하는 운동을 벌이는 자가 많았다. 이에 조약체결의 주동자이며 개항론자인 이이 나오스케(井伊直弼)는 개국에 비판적인 막부 관리를 파면하고 요시다 쇼인(吉田松陰) 등 비판론자들을 사형에 처하여 일시 개항파가 승리한 것같이 보였다. 그러나 이러한 막부의 독단적 행동은 많은 다이묘(大名)와 무사의 반감을 샀을 뿐만 아니라 외국인과 외국인 영사가 개항장에 거주하기 시작한 데서 비롯한 배외감정과 겹쳐, 막부 자체의 존립을 위태롭게 만들었다.

사실상 개항의 불가피성을 주장하고 개항조약을 주선한 아베(阿部)나 이이(井伊) 등은 외국의 개항도전에 직면하여 전에 없던 위기를 극복하는 방법으로 막부에 권력을 집중시켜 일종의 거국적 대응을 생각했던 사람들이었다. 그러나 분권적 전통을 가지고 있는 일본의 막부체제에서는 이와 같은 갑작스런 권력의 막부(중앙) 집중이 기술적으로나 체제적으로 적합치 못함이 입증되자, 이들의 노력은 곧 배외감정과 결합되어 반막부 분위기를 고조시키기에 이르렀다.

개항 후 물가의 앙등으로 타격을 받은 것은 하급무사와 서민이었다. 그 중에도 하급무사의 불만은 커서 양이운동의 중심을 이루었고, 점차 막부정책에 반대하는 세력으로 바뀌어 갔다. 이때 여러 유력한 한(藩)은 자체의 힘을 길러 중앙(막부)과 대항관계에 있었고, 중앙에서도 막부를 타도하고 왕권을 회복하자는 운동이 표면화되고 있었다. 그러한 도막(倒幕)운동은 1867년 사쓰마한(薩摩藩)의 사이고 다카모리(西鄕隆盛), 조슈한(長洲藩)의 기도 다카요시(木戶孝允), 도사한(土佐藩)의 사카모토 료마(坂本龍馬) 등 유력한 한의 지도적 인물들이 구게(公家)의 이와쿠라 도모미(岩倉具視) 같은 사람과 공동으로 정권을 천황에게 넘기도록 요구하는 대정봉환(大政奉還)을 주장하여 정국은 새 국면을 맞이했다. 1868년 3월 메이지 천황이 집정하도록 하는 5개조 선언문을 발표함으로써 마침내 메이지 유신이 시작되었다.

일본은 메이지 유신 이후 정치, 경제, 사회, 문화 등 여러 부문에 개혁을 단행하여 근대 국가로의 비교적 순조로운 진입을 보였다. 유신 후, 메이지 정부는 우선 한의 영지와 인민을 천황에 귀속시키고 한을 현(縣)으로 바꾸는 중앙집권적 통치체제를 수립했다. 과거의 신분제를 깨고, 천황을 정점으로 하는 4민 평등의 새로운 실분 질서를 선언하고 평민에게도 성(姓)을 가질 수 있도록 했다. 또 부국강병을 위해 징병제를 실시하는가 하면 군수, 방직, 광산, 운수, 통신 등 새 산업을 일으켜 자본주의적 식산흥업에 주력했다. 토지제도와 세제를 개혁하고 국가예산제도 처음으로 도입했다. 그들은 구미의 새로운 제도를 받아들여 처음으로 의무교육제를 채택하는 한편, 외국에 유학생을 파견하여 근대화를 위한 인재양성에 큰 관심을 보였다.

구미 문화의 전래에 따라 일본인의 생활 양상도 많이 바뀌게 되었다. 음력 대신 양력을 사용하고 주일제(週日制)를 채용했으며, 그리스도교의 신앙이 허락되고 신문발행으로 정보생활이 시작되었다. 전기의 사용, 양복의 착용, 쇠고기의 식용화 등 실로 문명개화의 폭은 곧 전 일본인의 생활에 미쳤다.

메이지 유신이 일본의 근대화에 청신호를 보낸 것은 사실이었지만 이것이 곧 아무런 문제도 없었다는 뜻은 아니었다. 후쿠자와 유키치(福澤諭吉) 등 개명한 계몽적 지식인들은 메이지 정부의 소수 과두정치에 반대하여 언론과 교육을 통해 민주주의 사상을 고취함으로써 의회정치를 요구하는 여론을 선도했다. 유신 과정에서 과거 무사의 특권을 잃은 사족(士族)들은 녹

봉이 깎였고 특권이 없어지자 교사, 순사, 상인으로서 현실에 적응하는 층도 있었지만, 현실에 대한 불만으로 난을 일으켜 정부를 곤경에 처하게 하기도 했다. 불만은 농민층에도 있었다. 1876년 많은 호농들이 지조개정(地租改正)에 반대하자 메이지 정부는 세금을 감해 주는 조치로 무마했다. 또, 유신 주체의 권력층에서도 내분이 일어나, 사이고 다카모리가 주도한 서남전쟁(西南戰爭)은 한때 메이지 정부를 곤경에 빠뜨렸다.

서남전쟁이 끝난 후, 메이지 정부의 전제정치를 막기 위해 국회개설, 근대법 제정, 지조경감, 조약개정, 지방자치를 실현하자는 이른바 자유민권운동(自由民權運動)이 광범하게 일어났다. 국민의 자유와 권리의 보장을 요구하는 자유민권론자들이 국회개설 청원서를 정부에 제출하자(1880), 처음 정부 측은 이들을 탄압하다가 결국 1890년 국회개설을 약속하기에 이르렀다. 국회개설 칙령을 발표한 후 일본에는 여러 정당이 결성되는데, 주권재민을 주장하는 자유당(自由黨)과 주권은 군민공유(君民共有)라는 입장을 취한 개진당(改進黨)이 나와 제법 민주적 경쟁을 벌인 것은 새로운 정치풍속도였다.

정부는 약속에 따라 1882년 이토 히로부미(伊藤博文) 등을 유럽에 보내어 각국 헌법을 연구하도록 했다. 귀국 후 이토 등은 프러시아 헌법을 근간으로 하는 헌법안을 제출하여 1889년 일본 최초의 헌법이 반포되었다. 이 헌법은 천황을 최고 권력자로 하여 의회와 내각은 물론 사법부도 천황의 권한을 보조하는 기관으로 규정했다. 이는 삼권분립의 근대 민주헌법과는 거리가 먼 것으로, 천황의 절대권이 보장되는 형식이었다.

메이지 유신은 많은 문제점을 안고 있었음에도 불구하고 일본의 근대화는 다른 아시아 여러 나라에 비해 매우 성공적이었다. 그렇다면 일본이 근대화에 성공한 비결은 무엇일까? 여기에는 메이지 유신 지도자의 탁월성에서 찾는 경우와 도쿠가와 막부 때 이미 근대화를 이룩할 수 있는 자본주의적 잠재력이 있었다는 서로 다른 견해가 있다. 사이고, 이토, 이타가키 다이스케(板垣退助) 등 메이지 지도자들은 원래 소장 하급무사들로 기성질서와의 이해관계가 비교적 적은 위치에서 그들의 특유한 근대적 감각으로 일본의 근대화에 열성적이었던 점은 다른 아시아 여러 나라의 근대화 지도자와는 다른 면이었다.

한편 사회 · 경제적인 측면에서도 일본은 이미 막부 때부터 랑가구(蘭學)를 통해 서양에 관한 지식을 흡수할 수 있었고, 조닌(町人) 등 새로운 계층이 성장하여 상업과 서민문화 발달에 기여한 것 또한 특수하다. 또, 도쿠가와 후기 100년간 농업 경지면적이 2배로 증가하고, 산킨고타이(參勤交代)라는 봉건 일본의 특유한 제도에 따라 물품의 유통과 상활동이 활발했던 것도 다른 나라에 없던 일이었다. 상인과 수공업자들의 활동도 활발하여, 그들은 도시의 대상인과의 결탁하에 동업조합을 결성하여 이익을 독점할 수도 있었다. 당시 대상인의 재력은 다이묘도 이에 의존할 정도였다. 미쓰이(三井) 재벌 같은 경우는 이미 막부시대부터 자라고 있을 정도로 자본주의적 요소가 성숙하고 있었다.

7. 일본의 침략정책

메이지 유신이 성공적이었다는 것은 이미 언급한 바 있지만, 그 성공은 동시에 대내외적으로 적지 않은 문제를 야기했다. 유신은 출발부터 능률위주의 위로부터의 개혁이었기 때문에 많은 무리가 따랐다. 대내적으로는 급격한 개혁에 반대하는 보수세력과 폭넓은 자유를 요구하는 진보주의자들의 상반된 요구가 있었고, 대외적으로는 서양 열강이 일본 법률체제의 미비를 들어 불평등조약을 고수하려고 했다. 이와 같은 내부적 불만을 해소하는 방안으로 정한론(征韓論)이 나와 조선 침략을 주장한 것은 대표적인 예이다(1873). 이 안은 즉각 받아들여지지는 않았지만, 일본은 곧 강화도 사건을 고의로 일으켜 조선과 병자수호조약(1876)을 맺어, 대륙침략의 첫 발을 내딛었다. 그뿐 아니라 1873년에는 타이완에 출병하여 당시까지 중국의 조공국이던 유구를 빼앗아 자기 영토화하고 홋카이도(北海道)를 개척하는 등 국토확장에도 열을 올렸다.

일본의 팽창주의적 대아시아 정책은 메이지 초년부터 활발히 논의되어 온 터였다. 1871년 이와쿠라는 구미열강을 일본 공적으로 간주하고, 이와 대항하기 위해 조선 및 중국과 연합세력을 구축해야 한다고 주장했다. 이 목적을 달성하기 위해 중·일 및 조·일 간의 국교관계를 조정해야 한다고 주장하였는데, 이가 곧 흥아론(興亞論)이다. 이론과는 달리 그들은 청국 및 조선과 수교하는 과정에서 포함에 의한 서유럽식 침략정책을 폈다. 임오군란을 계기로 조선과 청 간의 종속관계가 재확인되자, 일본은 흥아론과 평등주의를 표면에 내세워 이 지역에 대해 군사력 강화를 통한 세력 확장계획을 굳힌다. 일본은 스스로 동양의 등대임을 자처하면서 청·조 개조론을 내세워, 이 지역에 대한 자국의 침략을 획책했다. 그 후 서양열강이 중국은 물론 한반도를 놓고 각축을 벌이자, 대동합방론(大東合邦論)을 내세워 백인들에 의한 황인종의 멸종을 막기 위해서는 일본이 조선을 합병하고 청국과 연합해야 한다고 주장하여 그들의 대륙침략계획을 합리화했다. 후쿠자와 같은 이는 일본이 직면하고 있던 위기의식에서 일본은 서양문명과 진퇴를 같이해야 한다는 탈아론(脫亞論)을 내세웠는데, 이도 궁극적으로 일본의 대외침략을 뒷받침하는 이론에 불과했다.

일본의 대외팽창의 제일목표는 한반도였다. 강화도조약 이후 조선이 서유럽 열강과 국교를 맺는 속에, 일본은 대조선 무역을 통해 적극적으로 조선 시장을 지배해 갔다. 그러나 당시 조선에는 청의 자본도 들어와 일본과 대립·경쟁하던 중 임오군란이 일어났다. 그 결과 청의 조선에 대한 정치적 경제적 영향력이 강화되자, 일본은 조선에서 그들의 발판을 굳히고자 일본의 후원을 받아 개혁정책을 펴자는 김옥균(金玉均), 박영효(朴泳孝) 등 개화당을 지원했다. 이 개화당은 사대당에 맞서 1884년 이른바 갑신정변(甲申政變)을 일으켜 왕궁을 점령하여 사대당을 몰아내고 친일정부를 세웠다. 개화당에 의한 집권기도는 청군의 개입으로 곧 무산되고 반일 민중폭동에 의해 일본의 계획은 다시 한번 좌절되었다. 그러나 다음 해에 일본은 청과 텐진 조약을 맺어 청·일 양국군의 동시 철병을 성사시킴으로써 한반도에서 청의 우위에 제동을 거는 데 일단 성공했다. 일본은 갑신정변을 계기로 조선에서 정치적 우위확보를 노렸으나 실패하고 조선인의 반일감정만 고조시킨 결과가 되자 무력으로 한반도 지배를 결심하게 이른다.

1889년 일본에서는 헌법이 반포되고 이듬해 중의원 선거를 실시한 결과 야당인 민권파가 승리했다. 민권파가 조세 감면과 국방비 감축 등을 요구하자 메이지 정부는 의회를 해산했다. 이는 일본 헌정에서 천황권 우위를 입증하는 것으로 그 후에도 빈번한 일이되었다.

한편 일본은 1880년대 후반에서 1890년대 전반에 이르는 기간 동안 불평등조약 개정에도 성공했다. 원래 서유럽 열강은 중국의 경우와 마찬가지로 일본 법률제도의 전근대성을 이유로 영사재판권 폐지에 난색을 보여 왔고 일본 정부 역시 묵인하는 태도를 보였었다. 그러나 헌법제정과 의회구성 후, 의회는 이를 기화로 정부와 열강에 조약 개정을 촉구하는 강력한 압력을 넣었다. 이때 영국은 러시아의 남하정책에 일본과 공동 대응할 필요성에서 영사재판권 폐지에 동의했다(1894). 때마침 청일전쟁에서 일본의 승리로 다른 서유럽 열강도 영국과 공동보조를 취하여 1911년까지 일본은 영사재판권의 폐지는 물론 자주관세권을 회복할 수 있었다.

무력으로 조선문제 개입을 노리던 일본은 마침 조선에 일어난 동학운동을 진압하고자 청 정부가 조선에 파병하자 이를 구실로 그들 역시 조선에 출병함으로써 청일전쟁이 시작되었다. 전쟁 결과 일본은 한국에서 우위를 확보하여 우리나라를 대륙진출의 발판으로 삼았을 뿐만 아니라 세계의 강국으로 부상하여 조선인과 중국인에 대한 민족적 우월감을 갖게 되었다. 청일전쟁 후 일본의 국제적인 지위가 향상되자 일본은 당시 만주와 한반도에 세력을 뻗치고 있던 러시아의 세력에 대항하기 위해 영일동맹(英日同盟)을 맺었다(1902). 청일전쟁을 계기로 일본의 산업 전반이 급속도로 발달하는데, 특히 기계공업과 방직업이 대표적이었다. 일본은 직물과 생사의 수

청일전쟁(평양)

출로 번 돈으로 군함, 강철 등을 수입하고, 청일전쟁의 배상금으로 받은 3억 냥을 거의 중공업에 투입하고 광산도 개발하여 공업화가 급진전되었다. 일본이 머지않아 대륙을 침략할 수 있었던 것은 이러한 자본주의 산업의 발달이 그 배경이었다.

그러나 일본이 대륙침략을 하기 위해서는 러시아와의 일전이 불가피했다. 러시아는 당시 이권보호를 이유로 만주에 대군을 주둔시키고 있었을 뿐만 아니라 조선에도 자파세력을 구축하고 있었다. 이러한 상황에서 영일동맹의 결성은 일본과 러시아와의 직접 대결을 암시하는 것이었다. 러일전쟁은 청일전쟁에서 승리한 뒤 영국의 후원 및 자체 군비에 어느 정도 자신을 가지고 있던 일본이 러시아 함대를 공격함으로써 시작되었다(1904. 2). 이 전쟁은 일본 편에 영국과 미국, 러시아 편에 프랑스가 가담 지원했던 최초의 제국주의 국가 간의 전쟁이었다. 전쟁은 일본의 승리로 끝나 포츠머스(Portsmouth) 조약(1905)을 맺었다. 여기에서 러시아는 일본에게 만주에서의 우위를 인정하고, 사할린의 남반부를 할양하며, 동청철도 일부를 일본에 양여하고 뤼순과 다롄을 일본이 조차할 것 등에 동의했다.

이를 계기로 일본은 만주에 적극 진출해 러시아의 광산과 철도를 인수하여 경영했다. 그러나 일본은 곧 이 지방에 관심을 가졌던 미국과 영국을 배제하기 위해 러시아와 비밀협정을 맺어 몽골 지방에 세력권을 확보하고 아시아에서 러시아와 일본 양국의 권익을 상호존중하기로 약속했다. 그 후 일본은 이제 한반도에서 경쟁자가 없는 상태에서 대한제국을 강제병합했다.

러일전쟁이 끝난 후 메이지 후반기를 맞아 일본은 사회와 문화 면에서 커다란 변화를 경험하게 되었다. 종래 공업의 주종이었던 경공업은 중공업으로 바뀌어, 이때까지 수입에 의존하던 군함, 기관차 등을 자체 생산할 수 있었다. 이러한 자본주의 발달에 힘입어 미쓰이(三井), 미쓰비시(三菱), 스미토모(住友) 등을 경영하는 대자본가가 나오고, 자본가 일족이 금융, 생산업, 광업 등을 경영함으로써 이른바 재벌(財閥)이 형성되었다. 이 재벌은 처음 정부의 보호 아래 성장하였으나 결국 정부에 직접적인 영향력을 행사할 수 있을 정도로 성장하였다.

반면 농촌은 공업화에 따른 도시화로 인구의 도시 이동이 크게 증가하고, 전통적 수공업이 몰락한 상태에서 근대화의 혜택을 별로 받지 못하는 부분으로 남게 되었다. 도시에서는 공업화에 따른 노동자의 증가로 처우개선을 위한 노동운동이 전개됨에 따라 이를 기반으로 하는 사회주의 정당이 출현하기도 했다. 그러나 메이지 시대를 일관하여 일본 정부는 노동운동과 이와 결착된 사회주의 운동은 금지하였다.

문화 면에서도 큰 변화가 있었다. 특히 자연과학에서 괄목할 만한 학자를 많이 배출했다. 그러나 이 시대의 교육 전반은 개방적이라기보다는 일본의 체제유지를 위한 방향에 그 초점이 맞춰져 있었다. 문명개화의 바람은 심미세계에도 불어, 근대 미술 · 조각 · 음악 등이 도입되었으며 번역과 창작을 통한 근대 문학도 널리 소개되었다.

제3절 그 밖의 아시아 지역의 근대화

1. 인도의 근대화 운동

전술한바와 같이 영국은 세포이 항쟁에 크게 자극받아 1858년 명목뿐인 무굴 황제를 축출하고 인도를 대영제국 왕의 직접통치지역으로 편입시켰다. 그 후 십수 년간 영국은 인도를 그들이 직접통치에 알 맞는 체제로 모든 제도를 바꾸는 데 총력을 기울였다. 영국은 우선 세포이 항쟁의 중심지였던 북인도와 반항세력이 강하였던 펀잡 지방에 대한 지배를 공고히 한 다음, 군제를 개편하고 고등문관 채용 시험제를 실시하여 영국식 관료체제를 도입했다. 통치구역을 마드라스, 캘커타의 양 관구로 나누고, 이들에게 제한적인 입법권을 주고 영국식 사법부의 개편도 단행했다.

세포이 항쟁이 끝난 후, 19세기 후반 약 50년간 인도의 경제는 급속도로 변화했다. 영국의 직접통치하에 자유무역주의의 득세와 수에즈 운하의 개통 등 새로운 상황이 가져다준 결과였다. 영국 산업의 주종인 맨체스터 면업이 중부 지방 중심의 철강업으로 바뀌면서 영국은 한때 세계 철강업의 왕좌를 차지했다. 그러나 1880년대부터 미국, 독일 등 후발국의 추격을 받아 영국은 경제공황에 직면하게 된다. 이에 따른 경제질서 재편성 과정에서, 영국의 상품 및 자본의 수출의 인도 의존도가 높아지면서 인도에 많은 영국 자본이 유입되어 도로, 항만, 운하, 철도 등 수송시설에 투자하게 되었다. 특히 인도에서 철도는 19세기 말 영국의 해외투자총액 중 반 이상을 점할 만큼 비중이 컸다. 영국은 인도의 마드라스, 캘커타, 봄베이를 거점으로 하여 군사 및 시장개척을 목적으로 많은 철도를 부설했던 것이다. 이 철도부설사업 중 부설비의 원리금은 인도 정부가 부담하고 철로와 기관차는 영국에서 제작 판매하는 형식이 되어, 영국은 막대한 상환금액을 받아낼 수 있었던 반면 많은 경제적 부담은 인도인의 몫으로 돌아갔다.

이 반세기 동안 영국과 인도의 무역량도 대폭적으로 증가했다. 특히 인도는 영국 면직물의 최대시장으로, 1880년에는 인도가 영국 면직수출의 40%를 차지하는 대시장이 되었다. 반면에 인도가 영국에 수출하는 것은 목화, 소맥, 홍차, 식물기름, 종자 등 농산물이 대부분이었고, 양국의 무역수지는 해마다 격차가 벌어지고 있었다.

그러나 이 기간 동안 인도의 자체 산업도 부수적이었지만 괄목할 만한 성장을 보였다. 1854년 인도인이 경영하는 면 공장이 봄베이에 설립된 이래, 마침 미국의 남북전쟁으로 이 지역에서의 면제품 생산이 여의치 않은 점을 이용하여 봄베이, 아마다바드 등지에 많은 면 공장이 들어섰다. 그러나 인도의 면업은 영국과의 경쟁을 피하기 위해 거친 생산품만 만들어 주로 중국에 수출했기 때문에 큰 이익을 기대할 수는 없었다. 인도는 이러한 면공업을 기초로 하여 1870년대 이후에는 다른 기업에도 손을 대 성공을 거두기도 했다. 바네지(S.N. Baneerje)가 철강업을 경영하여 인도 근대 공업에 크게 공헌한 것은 그 좋은 예이다. 이와 같이 인도의 민족자본 형성은 면공업에서 시작되었고, 인도 자체가 광대한 시장이었기 때문에 수출의존도가 낮아 스와데시 운동을 할 수 있는 주요 이유가 되었다.

식민지배하에서의 캘커타, 봄베이 같은 대도시는 급격히 인구가 증가하고 관청, 재판소, 대학, 회사 등이 들어서 번영을 누렸지만 농촌의 경우는 달랐다. 토지 및 조세제도를 개혁함에 따라 구래의 토지에 대한 권리 관계가 변하였고, 화폐경제의 발달에 따라 도시상품이 농촌으로 유입되는 속에 전통적 물물교환 경제를 교란시키는 혼란이 불가피했다. 또 농촌에는 새로운 토지제도가 도입되었다고는 하지만 고율의 소작료와 고리대가 성행하여 이에 항의하는 투쟁이 잦았고, 거기에 더하여 빈발하는 자연재해로 인도의 농촌은 여전히 가난하고 불안했다.

19세기 후반은 인도의 새로운 지식인의 활동 시이기도 했다. 영국의 식민지배 하에서 새로이 형성된 인도의 지식계급은 자국의 처지를 반성하고 이를 극복하려는 움직임을 보였다. 이미 1810년대부터 인도 지식인들은 신문, 잡지를 발행하여 계몽활동을 펴는 한편, 자신들의 정치적 권리를 주

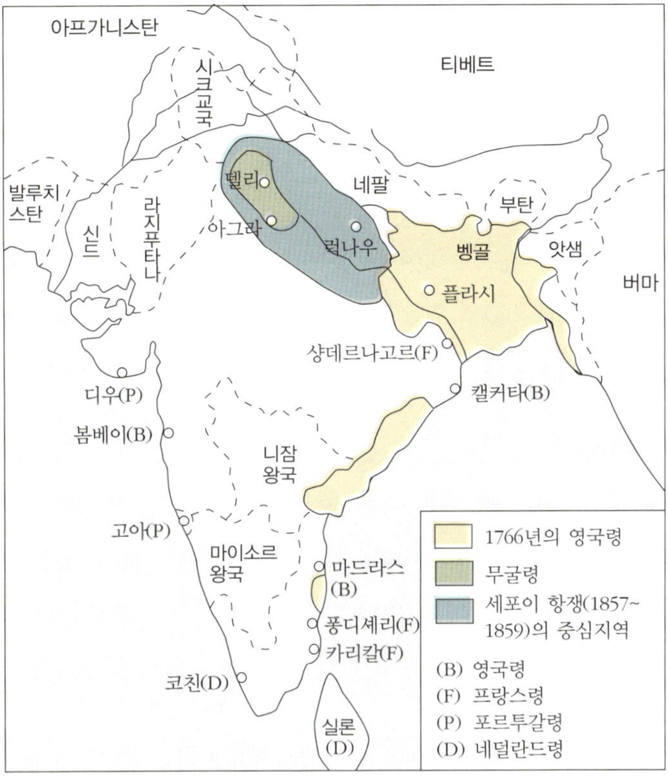

그림 13-3. 18세기 후반의 인도

장하기 시작했다. 이러한 가운데 인도의 낙후한 풍속, 제도를 비판하기도 했는데, 힌두교의 우상숭배를 비판하고 사티(Sati, 과부 순사)와 같은 사회 악습을 개선해야 된다고 주장한 로이(R.M. Roy)의 브라마 사마지(Bramo Samaj) 운동은 그 예에 속한다. 또 1856년 캘커타에 대학이 세워진 이래, 각지의 대학생들은 영국의 자유주의 사상을 받아 정치결사를 조직하여 힌두교의 악습을 개혁하고 인도인의 자유와 평등을 요구하는 계몽운동을 벌였다. 1870년대, 영국이 무기 단속법 및 출판물 단속법을 제정하여 인도인을 억압하는 정책을 펴자 인도의 지식인들은 이에 항의하여 인도인에 대한 억압을 완화시키는 데 성공했다.

19세기 후반 인도의 지식인들은 힌두교의 불합리한 점을 근대적 관점에 비추어 개선하자는 운동과 함께 식민지하에서 그들의 권리를 찾아야 한다는 주장을 폈고, 이 인식은 한 지역을 넘어 전국적으로 확산되고 있는 추세였다. 이러한 움직임의 구체적인 실현이 1885년 봄베이에서 열렸던 인도 국민회의(印度國民會議) 창립대회였다. 이는 19세기 말 각지에 산재하고 있었던 정치결사를 기초로 하여 성립된 것으로, 그 구성원은 절대다수의 힌두교도 주도하에 약간의 이슬람교도와 영국인까지 포함되어 있었다. 국민회의의 요구사항은 인도의 입법참사회(立法參事會, Indian Council)에 더 많은 인도인을 할당할 것과 인도인에게 고등문관시험을 시행하여 인도 지식계급의 재정, 조세, 재판, 경찰 등 각 부서에서의 활동범위를 넓혀 달라는 것이었다. 이 국민회의 행동은 직접적으로 영국과 대결하기보다는 영국 식민지 당국자와 교류를 심화시켜 인도의 전체적인 위상을 향상시켜 보자는 전략이었다. 인도 지식인들의 이러한 요구에 영국인도 대중의 불만과 지식인의 결합을 막고 인도인의 충성과 협력을 얻고자 하여 정면으로 거부하지는 않았다.

그러나 인도 국민회의는 1890년대 들어서면서 점차 반영 · 반제국주의적인 성격으로 변화해 갔다. 국민회의파 지도자들은 영국의 식민정책을 비판하고 인도 재부의 유출과 군사부담의 증가에 반대하였으며, 빈번한 기근은 영국제국주의 지배에서 유래한다고 주장하기에 이르렀다.

한편 벵골 지방의 이슬람교도들의 저항도 주목할 만한 반영운동이었다. 원래 벵골 지방은 농민, 재배농장 노동자, 도시 중간층을 중심으로 19세기 초부터 반영투쟁을 해 왔던 영국이 가장 다루기 힘든 지역이었다. 거기에다 종교적으로 다수의 이슬람과 소수의 힌두교도가 혼거하고 있어 자주 마찰을 빚게 되자, 영국 총독은 1905년 이 지역을 이슬람 지역과 힌두 지역으로 양분하려고 획책했다. 이에 국민회의가 주동이 되어 분리반대운동을 벌여, 유명한 스와데시(Swadeshi, 국산품애용), 보이코트(영국 상품 불매), 스와라지(Swaraji, 독립), 민족교육의 4개 항을 채택했는데, 이 원칙은 이후 국민회의의 반영운동의 기본노선이 되었다. 이와 같이 벵골 지방에서 시작된 반영운동은 곧 펀잡, 봄베이, 마드라스 등 각지로 확산되면서 반제대중운동적인 성격을 띠게 되었다. 1908년 봄베이에서 이 운동을 주동한 틸라크(B.G. Tilak)의 재판에 즈음하여 인도 최초의 반영 노동자 파업이 일어난 것은 그 한 예였다.

당시 인도인들은 인도의 고대 영광 속에서 민족문화에 대한 긍지를 찾기 위해 산스크리트어로 된 고전을 연구하고 힌두교의 우월성을 발견하려는 작업을 통해 인도인에 자신감을 심어주려고 노력했다. 그들은 사회관습의 개혁을 통한 정치적 독립의 달성이라는 순서를 정하고, 전통 종교의식의 부활 등을 통해 대중을 동원하고 이를 곧 정치운동과 연결시키려는 노력을 계속했던 것이다.

2. 동남아시아의 근대화

19세기 후반 동남아 여러 나라는 정치, 경제 등 모든 체제가 유럽 열강의 전면적 식민화 단계로 들어갔다. 영국은 버마를 병합한 뒤 말레이 반도에까지 침략을 확대했다. 그들은 이 지역에서 고무, 주석 등을 얻을 목적으로 내륙까지 침투하여 여러 나라로 분립되었던 이 지역을 통합하여 말레이시아 연방을 구성했다.

19세기 중엽부터 네덜란드 역시 자바섬 이외의 인도네시아 여러 섬에 적극적인 식민정책을 폈다. 그들은 영국과 대결하면서 그들의 산업자본을 이 지역에 끌어들여 개발에 주력한 결과, 1910년대에는 서이리안 지방을 제외한 인도네시아 전 지역을 그들의 지배 아래에 둘 수 있었다. 이를 계기로 식민 초기부터 실시해 오던 강제재배제도가 폐지되고 네덜란드인의 자유로운 기업활동이 가능해지면서 이 지역의 식민화는 더욱 가속화했다.

에스파냐의 지배하에 있던 필리핀에도 변화가 일어나고 있었다. 에스파냐 당국은 남미 여러 나라가 속속 독립하자, 필리핀이 신대륙과 아시아를 연결하는 중개무역지로 적당함을 간파하고 마닐라항을 열어 외국 무역을 허락했다(1834). 이는 에스파냐가 필리핀을 식민화하는 조치의 첫 단계로 주요 무역대상국은 미국과 영국이었다. 필리핀의 미국과의 밀접한 이해관계는 이때부터 시작되었다. 그 후 미국-에스파냐 전쟁(1898)에서 에스파냐가 패하자 필리핀은 미국의 식민지가 되었다.

동남아에 대한 유럽의 식민지배는 이 지역의 경제에 큰 변화를 가져왔다. 식민 열강은 이 지역의 특산물인 쌀, 고무, 주석, 감자, 담배, 야자, 마닐라삼 등 제1차 상품 생산에 주력했다. 각 식민당국이 위와 같은 특정한 생산품 개발에만 힘쓴 결과, 생산물의 심한 편중현상을 보이는 이른바 단종재배(單種栽培, monoculture)의 형태를 띠게 되었다. 또한 생산은 증가했으나 수출에서의 이익은 화교(華僑)를 중심으로 하는 중간상인과 식민무역업자에 돌아가고 원주농민에게는 돌아가는 혜택은 미미할 뿐이었다.

서유럽 열강의 동남아 침략은 그 지역민에게 고난을 의미하는 것이었다. 피침국인들은 전통질서의 파괴에서 오는 충격과 식민지적 착취 때문에 침략세력에 대한 항쟁은 불가피한 것으로 간주되었다. 포르투갈이 말라카를 점령할 당시, 아체(Acheh) 왕국과 부기족(Bugis)의 계속적인 저항을 받았고, 에스파냐도 필리핀 점령 후 약 300년전부터 남부 필리핀에 거주하는 이슬람교도와 싸워야 했다. 영국의 버마 병합과정에서도 역시 각지에서 일어나는 반란을 막기에 여념이 없었고, 프랑스 지배하의 베트남에서도 유교이념으로 무장한 식자층의 집요한 저항을 받았다.

저항의 주체는 구왕조의 지도자를 비롯하여 종교지도자, 농민, 유망인 등 거의 전 국민을 망라한 것이었다. 구래 지도자의 경우, 식민화 과정에서 식민당국과 이해관계가 대립할 수밖에 없었고, 전통의 수호자라는 점에서 민중의 지지를 업고 솔선하여 저항운동을 지도할 수밖에 없었다. 영국이 버마를 병합하는 과정에서 버마의 왕족과 지방장관 및 불교단체가 연합하여 5년간 영국에 맞섰다. 베트남에서도 황제였던 한기(咸宜)와 그 대신이었던

그림 13-4. 열강의 동남아시아 침략

톤 닷 투엣(尊室說)은 옛 서울 후에(Hue)에 있던 프랑스군을 공격한 일이 있었다(1885). 이러한 형태의 저항운동은 20세기 초까지 계속되었다. 그러나 이러한 지배층의 저항운동은 무력에서 식민당국과 큰 격차가 있어 직접 대항하기에 힘들었고, 전국적 통할이 불가능한 상태였으므로 지방단위의 국지적 저항밖에 할 수 없는 한계점을 가지고 있었다. 또 하나의 약점은 식민지배로 그 지위를 잃은 일부 지배층은 저항의 길을 택하기보다는 그들에게 일정한 특권을 보장하는 식민당국의 회유책에 동조하여 식민정책에 협조하는 상반된 행로를 택한 경우도 적지 않았다는 점이다. 식민당국은 저항세력을 회유하기 위해 정치·경제조직의 운영에 피식민국의 고유한 제도를 보존하는 형식을 취했고 현지인을 하급관리로 임용하여 협조를 요구하는 방법을 택하기도 했다.

항쟁의 종교적 측면에 대하여는 이미 지적한 바와 같이, 식민지 열강의 종교인 그리스도교와 토착신앙의 대결은 세속적인 이해관계와 연계되어 항용 예측될 수 있는 항쟁의 진원이었다. 필리핀의 에스파냐에 대한 저항은 처음에는 토착주의의 형태를 띠었다. 당시 필리핀 사람들은 그리스도교를 버리고 구래의 종교로 되돌아감으로써 수탈의 질곡에서 구제되기를 기원했던 것이다. 그러나 에스파냐 식민당국은 저항 지도자들을 식민통치기구의 말단에 흡수하여 그들과 민중 간에 틈을 만들어 저항세력을 분산시키는 술책으로 맞섰다. 19세기에 접어들면서 인도네시아에서도 반네덜란드 투쟁이 전개되는데, 거기에는 이슬람 신앙과 연관된 성전(聖戰) 양상을 띠는 경우가 많았다. 수마트라의 미낭카바우 지역에서 발생한 파드리(Padri) 전쟁(1821~1831)과 역시 수마트라에서 일어났던 최대 식민지 전쟁이라고 지칭되는 아체 전쟁(1873~1910) 및 자바에 있었던 반텐(Banten)의 봉기(1888) 등은 모두 이슬람교가 주동이 된 반식민지 전쟁이었다.

그러나 19세기 말까지만 해도 동남아시아 여러 지역의 반식민지투쟁은 민족의 독립을 목표로 하는 민족해방전쟁의 성격을 띤 것이라고 보기에는 어려웠다. 다만 필리핀은 예외적으로 일찍부터 민족해방투쟁의 성격으로 나타났다. 필리핀의 경우, 1860년대 필리핀 신부들을 중심으로 한 인종차별 반대운동이 1880년대에는 계몽개혁운동으로 발전되었다. 이 운동과정에서 필리핀 사람들은 카티푸난(Katipunan)이라는 일종의 비밀결사를 조직하고 무장투쟁의 방법으로 큰 성과를 거두였다. 미국이 개입하여 필리핀을 식민지화하게 된 것은 이 항쟁이 계기가 되었다. 이 카티푸난 무력투쟁은 미국의 우세한 무력 앞에 실패로 끝나지만 민족해방을 위한 무장투쟁의 기반이 필리핀 사회에 정착되기에 이른다.

20세기로 바뀌면서 동남아의 식민관계는 새로운 국면으로 접어든다. 식민열강은 식민지에 행정권을 정착시키고, 자본주의를 이식하여 중산층, 관리, 노동자 등 새로운 계층의 출현을 가능하게 하여, 이를 기반으로 식민지배를 일층 공고히 할 수 있었다. 동남아 각국의 지도자들은 서양 식민열강과의 대결에서 패하는 원인을 무력의 열세에서만 찾는 것을 지양하고 서양의 과학과 정치체제를 적극적으로 받아들이자는 방향으로 선회하여, 이른바 계몽적 근대화운동을 택하게 되었다. 그리하여 당시 각 지역의 선각자들은 서양 사조를 받아들이는 데도 열심이었다. 그들은 계몽시대의 저작물, 미국 독립선언서, 프랑스 혁명사 등을 통하여 군주제도에 대한 민주주의의 우월성을 신봉하게 되었다. 실천적 차원에서 그들은 새로운 교육기관을 설립하고 각종 단체를 조직하여 근대 사상의 국민적 확대에 힘썼다.

민족운동가들은 경제문제에도 관심을 가졌다. 그들은 재래 생산방식을 버리고 과학기술을 이용한 산업의 근대화가 정착해야만 근대적 국민경제를 일으킬 수 있고 정치적 독립도 가능한 것이라고 믿게 되었다. 토착 지도자들의 이러한 인식에 자극된 식민당국은 이를 무마할 목적으로 식민지 정책에 자유주의의 부분적 적용을 시행한 결과, 동남아의 민족운동은 전과 다른 모습으로 나타났다.

필리핀은 비교적 중산층이 두터웠던 나라로 미국의 경제이익을 겨냥한 자유주의적 정책 실시에 힘입어 케손(M. Quezon) 지도하의 국민당을 중심으로 입법의회를 구성하는 데 성공했다.

베트남의 경우 판 보이쩌우(潘佩珠), 판 쭈진(潘周楨) 양인이 민주주의적 이상향 건설을 목적으로 서양의 과학과 경제제도를 적극 도입할 것을 주장했다. 그들은 통킹 의숙(東京義塾)을 세워 인재를 양성하고 무역회사를 설립했으며, 신식 신문, 잡지를 발행하여 국민계몽에도 앞장섰다. 물론 이 운동은 프랑스 당국의 탄압을 받았으나 그 후에도 상당 기간 계속되었다.

자바에서 지식인 중심의 민족운동은 카르티니(Kartini)라는 한 여성의 활동에 의해 큰 진전을 보았다. 그는 1908년 부디 유토모(Budi Utomo, 아름다운 노력)란 책자를 하급관리 협회에 배포하여 반서구 민족운동을 고취했다. 한편 토착 및 도시 상인도 화교 상공업자의 진출에 대항하기 위해 1912년 사레카트 이슬람(Sarecat Islam, 이슬람동맹)을 구성하고 귀족의 특권과 유럽인이 경영하는 대기업을 비판했다. 그 후 이 단체는 급속도로 팽창하여 1919년에는 약 250만의 회원을 거느려 인도네시아 민족운동의 구심체 역할을 했다.

3. 서아시아의 근대화

서아시아에 대한 서유럽 열강의 침입은 18세기 후반부터 발칸 반도와 투르크, 아랍 지역에 걸쳐 자리 잡고 있던 오스만 제국과 이란 지방에 있었던 카자르 왕조가 급속도로 쇠약해지면서 시작되었다. 나폴레옹 전쟁 후 서아시아 지역에 대한 유럽 열강의 지배권을 설정하는 소위 동방문제(東方問題)가 제기되자 영국, 러시아, 프랑스 등이 이 지역 진출에 각별한 관심을 갖기 시작했다.

이러한 유럽 열강의 침략에 직면한 서아시아 왕조들 역시 구제도의 근대화를 통한 중앙정부의 권력 강화를 시도했다. 오스만 제국의 셀림(Selim) 3세는 군제를 근대화했고, 마무드(Mahmud) 2세도 일종의 군사봉건제인 티마르(Timar) 봉건제를 해체하고 권력의 중앙집권화를 시도하는 등, 여러 방면으로 근대화를 추진했다. 오스만 제국의 이집트 총독이었던 무함마드 알리(Muhammad Ali) 역시 봉건제도를 폐지하고 산업체제를 국가경영 중심으로 바꾸어 중앙권력에 의한 부국강병에 부분적인 성공을 거두었다. 이러한 권력의 중앙 집중을 위한 노력은 이란 지방의 카자르조에서도 볼 수 있었다.

그러나 이러한 변화의 노력에도 불구하고 그 개혁은 순조롭지 않은 가운데, 유럽 열강의 이 지역에 대한 침략은 점차 강화되었다. 이들의 침략은 서아시아 여러 왕조의 영토분할, 왕조지배하의 이민족에 대한 독립과 자치권 요구의 선동, 불평등조약의 체결 및 각종 이권의 획득이라는 형태로 나타났다. 카자르조는 영국과 투르크만차이(Turkmanchai) 조약(1828)과 영국-이란 통상조약(1841)을 맺어 개국하였고, 오스만 제국 역시 영국과 영국-오스만 통상협정(1838)을 맺어 문호를 개방하게 되었다. 이들은 모두 불평등조약으로 19세기 중엽에는 서아시아 거의 모든 나라가 이런 식의 조약 을 맺어 유럽 열강의 간섭을 받았다.

오스만조는 1839년부터 1876년에 걸쳐 전 근대적 이슬람 전통에 대한 개혁 조치를 취하고 토지제도를 개혁하여 자본주의 시장경제에 입각한 농업정책 추진 등을 내용으로 하는 개혁을 단행했다(Tanzimat). 그러나 개혁기간 중에 유럽 열강은 집중적인 재정교란 공세를 펴, 오스만 제국과 이집트는 곧 재정파탄 상태에 처하게 되었다. 카자르조 이란 역시 개국 후 영국과 러시아의 경쟁적 간섭에 시달리고, 개혁정책의 실패로 막대한 외채를 지게 되었다. 한편 시리아와 레바논 지방에는 프랑스 세력이 침투하는 등 복잡한 할거 양상을 띠었다. 개방 후의 서아시아 경제는 급속도로 유럽 자본과 불가분의 관계로 개편되었고, 이는 곧 이 지역에서 정치적 침투와도 직접 연관되었다. 유럽 자본의 유입으로 수에즈 운하의 개통, 철도 부설, 항만시설, 금융기관의 설치 등이 촉진되어 그 여파가 서아시아 전 지역에 미치면서 이 지역의 정치 · 경제적 종속이 가속화되었다.

이러한 종속성의 심화는 자연히 이 지역 여러 국민들의 각성을 불러일으켰다. 오스만 제국에서는 압둘 아지즈(Abdul Aziz)의 전제에 반대하는 신오스만운동이 일어났는데 자유 · 입헌 · 조국을 슬로건으로 하는 이 운동은 1876년 입헌정부를 탄생시키는 데 기여했다. 이집트에서는 유럽인의 국가재정 관리에 반대하는 아라비 파샤(Arabi Pasha)가 반유럽, 반투르크 독립운동을 벌였다. 그 밖에 시리아와 레바논에서는 아랍문예부흥운동이 일어났으며, 이란에서는 농민과 직인이 중심이 된 바브 운동(Babism)이 있었고, 아라비아에서는 이슬람교의 순수성을 다시 찾자는 와하브 운동

(Wahabism)이 일어났다.

'동방문제'는 1870년대에서 1880년대에 걸쳐, 독일이 유럽의 강국으로 부상하여 서아시아 진출에 관심을 보이면서 이 지역의 민족운동을 촉진시키는 계기를 마련한 데에서 비롯되었다. 오스만 제국의 경우, 1876년 미드하트(Midhat) 헌법을 제정하여 처음으로 헌정을 실시했지만 러시아-투르크 전쟁(1876~1878) 결과 다시 전제가 부활되고 발칸 반도와 키프로스를 잃었다. 1881년에는 오스만 제국의 재정관리권이 외국인의 손으로 넘어가고, 이를 계기로 유럽 국가들이 철도부설에 집중 투자하는 가운데, 독일이 참여해 바그다드 철도를 건설하게 된다(1903).

이와 같은 영토상실과 외국자본의 침투 속에 이를 극복하려는 자구 노력이 일어나는데, 이것이 청년투르크당(Young Turks)의 활동이다. 무스타파 케말(Mustafa Kemal)이 지도하는 청년투르크당은 당시 황제인 압둘 하미드(Abdul Hamid)의 전제정치에 반대하여 이를 타도하고 미드하트 헌법을 부활하여 제2차 입헌정치를 성립시켰다(1908). 이 청년투르크당은 정책의 중심을 민족주의적인 투르크화에 두고 투르크의 영광을 위해 투쟁하는 것이었다. 투르크는 두 차례에 걸친 발칸 전쟁 후 독일과 급속도로 가까워져, 제1차 세계대전에서 독일편에 섰다가 패전국이 되었다.

이란의 근대화 과정 역시 유럽 열강에 대한 항쟁과 자구노력의 형태로 나타난다. 1890년 담배의 전매권이 영국인의 수중으로 넘어가자 그들의 민족운동은 담배 보이코트 운동으로 발전했다. 이 운동은 곧 외국의 이권 획득 요구와 이를 승인하려는 자국 왕조에 반대하는 운동으로 확산되어 한때 열강이 이권 획득을 철회하기도 했지만 결국 영국과 러시아 자본의 지배를 받게 되었다. 1906년 이란에도 시민운동에서 비롯된 입헌혁명이 일어났고, 이는 곧 외국 이권 거부운동으로 발전했다. 이들은 이어 영국과 러시아의 이란 분할안에 반대하는 저항운동도 벌였으나 러시아의 무력간섭으로 좌절되어 결국 입헌혁명운동은 끝이 나게 된다(1911).

원래 오스만 제국의 지배하에 있던 아랍 지역은 제국의 지배력이 약화되자 유럽 제국주의 국가의 각축장이 되었다. 영국이 1882년 키프로스를 점령한 데 이어 이집트를 점령하자, 유럽 열강은 아랍에서의 세력 균형을 내세워 프랑스는 튜니지와 소말리아, 모로코를 연달아 보호국화했다. 영국은 다시 바레인과 쿠웨이트를 세력권에 넣고(1890), 이집트와 연합하여 이 지역에 침투하는 러시아와 독일 세력을 견제했다. 이와 같이 아랍 세계에서는 영국과 프랑스가 지배지역에 대한 균형을 꾀하면서, 이 지역에 대한 정치적 간섭과 자본 투자에 독점적인 특권을 누렸다. 영국은 이집트에서 목화재배에 주력하고 프랑스는 시리아와 레바논 지방의 비단생산에 주력하는 경제정책을 폈다.

이와 같이 유럽 열강의 침략 속에서 서아시아 여러 나라는 열강의 영토 분할과 경제침략에 맞서 입헌운동 등 여러 형태의 민족운동을 전개했다. 그 형태는 다양하여 이슬람교의 부흥, 투르크의 근대화, 아랍 민족의 부흥, 서양제도의 도입 등 여러 모습으로 나타났다.

제14장 제국주의와 제1차 세계대전

제1절 제국주의 국가의 세계분할

제2절 양차 대전 간의 아시아

제3절 동맹과 협상의 성립

제4절 제1차 세계대전과 러시아 혁명

영국에서 시작된 산업혁명이 19세기 중엽 이후에는 유럽의 주요 국가와 미국 등에 파급되어 자본주의가 크게 발달하게 되었다. 1870년대 이후 이러한 선진 자본주의 국가들은 국내에 축적된 자본의 투하를 위한다거나, 식민지 보유가 국가의 위신을 높인다는 등 정치적 · 경제적 요인으로 새로이 아프리카와 아시아 등 후진지역으로 진출하게 되어 제국주의 시대를 맞이하게 되었다. 선진 자본주의 국가들의 이러한 제국주의적인 진출로 말미암아 20세기 초까지 아시아와 아프리카의 여러 지역이 그들의 식민지나 반식민지로 전락하게 되었다.

이러한 선진적인 강대국들의 제국주의 정책은 저마다 이해관계를 달리하여 대립과 충돌이 생기게 마련인 데다, 뒤늦게 통일을 달성한 독일과 이탈리아가 해외 진출에 끼어들면서 국제관계의 긴장은 더욱더 격화되었다. 그리고 이러한 국제관계의 긴장은 유럽 열강을 동맹과 협상으로 묶어 두 진영으로 갈라놓아 급기야는 제1차 세계대전을 유발했다. 한편 세계대전의 와중에 러시아에서는 혁명이 발생하여 로마노프 왕조의 전제정치가 쓰러지고 역사상 처음으로 공산주의 국가가 탄생했다.

제1절 제국주의 국가의 세계분할

1. 제국주의

신항로의 개척 이래 치열했던 식민지쟁탈전이 18세기 중엽의 7년전쟁을 고비로 일단락되고 유럽 열강은 국내 문제나 유럽 자체의 문제에 더 많은 관심을 기울이게 되었다. 그러나 19세기 중엽에 산업혁명이 유럽 여러 나라와 미국에 파급되어 자본주의가 고도성장하자, 이들 선진 자본주의 국가들은 종전과는 다른 방식의 후진지역 진출을 꾀했다. 즉, 종전에는 본국의 공업생산에 필요한 원료나 식량 또는 기타 생활필수품의 확보와 본국의 공업제품시장, 그리고 식민과 이민의 대상지로서 식민지를 필요로 했으나, 이제 자본주의가 고도성장하여 독점자본주의 또는 금융자본주의의 단계로 접어듦에 따라 해외 진출을 필요로 하는 새로운 요인이 나타나게 되었다. 즉, 자본주의가 발달한 선진 자본주의 국가는 국내에 축적된 잉여자본을 투자할 곳, 즉 자본시장을 국외에서 획득하는 것이 중요한 과제가 된 것이다. 이 단계의 자본주의는 종전의 자유경쟁적 자본주의와는 달리 거대 기업의 독점과 기업들의 합동 등으로 독점자본주의 단계로 접어든 한편, 이제까지 산업에 종속되어 있던 은행이 거대한 자본을 가진 투자은행으로 발전하여 거꾸로 산업을 지배하게 된 금융자본주의로 변모하고 있었다. 1870년대 이후의 제국주의(imperialism)는 자본주의의 이러한 고도자본주의로의 발전을 바탕으로 삼고 이에 수반된 잉여자본의 해외 투자를 위한 후진지역으로의 진출이라는 점에서 종전의 단순한 상품수출이나 원료 공급지로서의 식민지획득을 위한 해외 진출과는 그 성격이 판이한 것이었다.

제국주의적인 해외 진출과 식민지 획득 경쟁은 교통과 통신기관의 발달로 더욱 가속화되었을 뿐 아니라 네덜란드, 영국, 프랑스 등 종전의 식민지 국가뿐만 아니라 독일과 이탈리아, 미국과 러시아, 일본 등 새로운 국가들이 참여함으로써 더욱더 치열해졌다. 이러한 식민지 획득 경쟁은 앞에서 지적한 경제적 요인 이외에도 식민지를 소유하는 것이 국가위신을 높여 준다는 정치적 요인이 크게 작용했지만, 국내의 과잉인구나 불량분자의 배출구 또는 선교사업이나 문화전파의 대상지로서도 식민지는 필요했던 것이다.

이와 같이 1870년대 이후의 제국주의는 고도로 발달한 자본주의하에서 단순한 상품수출이나 원료확보만이 아니라 축적된 잉여자본의 투하를 위해 선진열강이 후진지역으로 진출하여 이를 경제적 · 정치적으로 지배하거나 특수권익을 확보한 것을 말한다. 이러한 제국주의는 선진열강 상호간에 정치적, 경제적 대립을 낳고 국제적인 긴장상태를 초래했을 뿐 아니라 후진지역의 전통사회에 커다란 충격을 가해 변화를 일으키는 한편 이들 후진지역의 반발을 초래하기도 했다.

2. 아프리카의 분할

아프리카 대륙의 북부 지역은 일찍이 고대 지중해세계의 일부를 형성하고 있었고 근대에 들어와서는 신항로의 개척과정에서 동서 해안지대에 약간의 식민지와 무역거점이 건설되었으나 광대한 내륙지방은 19세기 중엽까지도 미지의 대륙이었다. 그러나 영국의 탐험가 리빙스턴과 미국의 스탠리 등에 의해 내륙지방의 사정이 알려지게 되자 유럽의 제국주의 열강은 앞을 다투어 아프리카로 진출해 20세기 초까지는 완전히 이를 분할했다.

1875년까지 아프리카에 건설된 비교적 확고한 식민지는 영국의 케이프 식민지(Cape Colony), 프랑스의 알제리아(Algeria), 네덜란드인의 후손인 보어인들(Boers)이 건설한 오렌지(Orange) 자유국과 트란스발(Transval) 공화국 정도였다.

19세기 이전에 이미 거대한 식민지 제국을 건설한 영국은 1875년 이집트의 재정난을 이용해 6년 전에 개통한 수에즈 운하의 주식을 매입하여 인도로 가는 선박의 요충항로를 확보했다. 이집트에 대한 최대 채권국인 영국과 프랑스에 대한 아라비 파샤(Arabi Pasha)의 반항이 일어나자 영국은 재빨리 출병하여 이집트를 실질적인 보호국으로 만들었다(1882). 한편 남쪽에서는 보어인이 건설한 트란스발 공화국과 오렌지 자유국에서 금과 다이아몬드가 발견되자, 케이프 식민지의 영국인들이 이 귀금속들을 탐내어 두 지역에 침투해 들어옴으로써 보어 전쟁(Boer War, 1899~1902)이 일어나게 되고, 힘겹게 승리한 영국은 케이프 식민지에 두 나라를 합병하여 남아프리카 연방을 조직했다(1910). 이와 같이 아프리카의 북부와 남부에 확고한 거점을 확보한 영국은 이를 연결하는 아프리카 종단계획을 수립했으며, 이것은 아프리카의 동서를 연결하려는 프랑스의 횡단계획과 충돌하여 파쇼다(Fashoda) 사건(1898)이 일어났다.

즉, 이집트에서 영국에 밀려난 프랑스는 1830년에 획득한 알제리아를 거점으로 동진하여 튀니지(Tunisie)를 얻고(1881), 남으로는 사하라(Sahara) 사막을 포함한 프랑스령 서아프리카와 적도아프리카를 얻은 한편, 동해안에서는 마다가스카르(Madagascar)를 획득했다(1896). 프랑스가 이들 동서 두 식민지를 연결하려는 아프리카 횡단계획을 세우고 나일강 상류의 파쇼다에 진출함으로써 영국과 프랑스의 계획이 충돌하게 된 것이다. 1898년 양국의 파견대가 파쇼다에서 조우하여 서로 물러서지 않아 일촉즉발의 위기가 조성되었으나, 결국 프랑스의 후퇴로 사태가 해결되었다.

뒤늦게 국가통일을 달성한 독일은 유럽의 평화유지를 중시하는 비스마르크의 신중한 정책으로 처음에는 국가적인 진출을 삼가고 상인들의 개별적 진출을 후원하는 정도로 그쳤다. 그러나 이러한 개별적인 진출을 기반으로 하여 독일은 카메룬(Cameroon)과 토골란드(Togoland)를 얻고(1884~1885), 다시 독일령 서남아프리카와 동아프리카를 보호령으로 만들었다. 독일과 마찬가지로 뒤늦게 등장한 이탈리아는 홍해 연안의 에리트레아(Eritrea)와 인도양에 면한 소말릴란드(Somaliland)를 획득하고, 1911년 투르크와의 전쟁으로 트리폴리(Tripoli)를 얻어 리비아(Libya)를 식민지로 삼았다. 한편 스탠리의 탐험을 후원한 벨기에는 중부아프리카의 광대한 고무 생산지인 콩고(Congo)를 영유하게 되었고(1885), 포르투갈은 앙골라(Angola)와 모잠비크(Mozambique)를 획득했다. 이리하여 1914년에 아프리카에서 독립을 유지하고 있는 나라는 미국의 해방노예가 세운 라이베리아(Liberia)와 에티오피아(Ethiopia)뿐이었다.

유럽 열강의 아프리카 진출은 경쟁과 대립을 불러일으켰으며 국제관계에도 영향을 미쳤다. 영국의 식민지 경영가인 세실 로즈(Cecil Rhodes)가 기도한 케이프 식민지와 이집트를 연결하는 아프리카 종단철도 건설계획은 프랑스의 횡단계획과 충돌하여 파쇼다 사건을 일으켰으며, 프랑스의 튀니지 획득은 이 방면에 진출하고자 한 이탈리아로 하여금 오스트리아와 독일에 접근시키고, 모로코문제를 둘러싸고 프랑스와 독일은 날카로운 대립을 보이기도 했다.

3. 태평양의 분할과 미국의 진출

광대한 남태평양의 여러 섬들은 이미 신항로 개척 이래 유럽인의 관심의 대상이 되었으며, 네덜란드는 일찍이 자바(Java)에 거점을 두고 이 방면에 확고한 세력을 구축했다. 그 후 19세기까지는 이 지역의 식민지화보다는 무역에 더 많은 관심이 쏠렸으나 제국주의 시대의 개막과 더불어 다시 식민지화의 움직임이 활발해졌다.

남북전쟁 후 국가통합을 튼튼히 다지면서 급속도로 자본주의가 발전한 미국은 19세기 말에 유럽 열강의 제국주의 대열에 참가하여 태평양과 아시아 방면으로 진출하기 시작했다. 미국의 제국주의적인 진출의 가장 큰 계기가 된 것은 에스파냐와의 전쟁(1898)이었다. 쿠바(Cuba)를 둘러싸고 일어난 이 전쟁은 규모도 작고 4개월이란 짧은 기간 내에 끝났지만, 그 의미는 결코 작은 것이 아니었다. 이 전쟁을 계기로 미국은 쿠바를 보호국으로 삼고 푸에르토 리코(Puerto Rico)를 획득하여 카리브해를 지배하게 되고, 이를 거점으로 중남부아메리카에 대한 영향력을 증대시켜 나갔다. 또한 이 전쟁으로 필리핀(Philippines)과 괌(Guam)을 획득함으로써 미국은 1867년의 미드웨이(Midway) 획득과 1898년의 하와이(Hawaii) 영유와 더불어 태평양 국가로 등장하게 된 것이다. 1899년에는 사모아(Samoa)의 영유를 둘러싸고 영국 및 독일과 대립했으며 문호개방정책(Open Door Policy)을 내걸고 중국으로의 진출도 꾀했다. 한편 콜롬비아(Colombia)로부터 파나마(Panama) 공화국을 분리 독립시키고 파나마 운하를 개통해(1914) 대서양과 태평양을 연결시켰다.

영국은 18세기 후반부터 이주민을 보내온 오스트레일리아(Australia)를 19세기 중엽에 자치령으로 승격시켰으며, 뉴질랜드(New Zealand) 역시 1907년에 영국 연방에 편입시켰다. 독일은 이 지역에도 늦게 진출했으나 1880년대 이후 비스마르크(Bismarck), 마셜(Marshall), 마리아나(Mariana), 캐롤라인(Caroline) 제도를 영유하게 되었고, 그 밖의 여러 섬들도 20세기 초까지에 영국, 프랑스, 미국, 독일 등에 의해 분할 영유되었다.

제2절 양차 대전 간의 아시아

1. 중화민국(中華民國)의 탄생

1900년에 시작된 청조에 의한 10년간의 신정(新政)은 그 의욕에 비해 실시에 많은 문제점을 안고 있었다. 우선 강력한 지도층이 없었고, 신정에 따른 경비 마련을 위해 과중한 세금을 거둬들여 국민들의 불만을 사기도 했다. 그러나 이러한 여의치 않은 환경 속에서도 민족산업의 진흥, 신교육제도의 도입과 해외 유학생 파견, 신문과 잡지의 발행을 통한 외국 사조의 수용 등으로 새로운 사상을 가진 신지식층이 급속히 성장했다. 이들은 열강의 세력권 형성에 반대하고 외국 상품에 대한 보이코트 운동을 벌이면서 이미 외국에 돌아간 이권을 되찾자는 이권회수운동(利權回收運動)도 병행했다.

이러한 새로운 운동은 입헌파와 혁명파가 주역을 담당했다. 입헌파는 캉유웨이, 량치차오 등 무술변법운동을 이끌었던 사람들이 주축이 되어 만든 정치단체로, 그들의 주장은 헌법을 제정하고 국회를 개설하여 입헌군주제를 실시하자는 것이었다. 이 입헌운동은 러일전쟁에서 일본의 승리가 전제주의에 대한 입헌군주제의 승리라고 보아 많은 신사층이 이 운동을 지지했다.

이에 반해 혁명파는 무장봉기를 통해 청조를 타도하고 공화정을 실시하자고 주장하였다. 혁명파의 지도자인 쑨원은 광둥인으로 하와이, 홍콩 등지를 전전하면서 혁명의 뜻을 키우고, 1895년에 흥중회(興中會)를 조직하여 청조 타도와 공화국 수립운동을 선도했다. 이 혁명단체는 초창기에는 그 세력이 미미했으나 의화단운동 이후 청조의 취약성이 백일하에 드러나고 열강의 중국 침탈이 일층 강화되자, 많은 지식인과 도쿄 유학생들 간에 청조가 존속하는 한 중국의 독립과 개혁이 불가능하다는 인식이 높아져, 이 운동을 적극 지지했다. 이어 흥중회는 화흥회(華興會), 광복회(光復會) 및 각지에 있던 혁명세력을 규합하여 쑨원을 지도자로 하는 중국혁명동맹회(中

國革命同盟會)를 조직했다. 그들은 삼민주의(三民主義)를 혁명강령으로 채택하고 기관지 『민보(民報)』를 발행하여 혁명사상을 고취하는 동시에 각지에서 무장봉기도 병행했다. 삼민주의는 미국과 프랑스 혁명사상에 사회주의를 접목시킨 것으로, 민족주의(民族主義)·민권주의(民權主義)·민생주의(民生主義)가 그 내용이다. 민족주의는 우선 이민족인 만주족이 세운 청조를 타도하자는 뜻이었고, 청조 타도 후에는 혁명을 반제국주의적인 방향으로 전환한다는 것이 기본입장이었다. 민권주의는 전제왕조를 타도하고 국민이 주인이 되는 공화국을 건설하자는 반봉건적 내용이다. 민생주의는 평균지권(平均地權)이란 표현이 말해 주듯, 토지를 국유화하여 지주제 대신 경자유전(耕者有田)의 원칙에 따른 토지소유관계를 재정립하자는 것이었다.

혁명파가 시저우(惠州), 광저우 등지에서 계속하여 무장봉기를 시도하던 중, 청조는 철도국유화문제로 광범위한 국민적 저항에 부딪치게 되었다. 1911년 4월 처음 발족한 황족내각(皇族內閣)은 심각한 재정난을 타개하기 위해 열강의 차관도입을 위한 담보물로 철도를 국유화하는 과정에서, 이권회수운동으로 회수한 철도를 주주와 지방단체의 승인 없이 정부가 접수하려는 조치를 취했다. 이에 반대하여 처음 쓰촨성에서 시작된 철도 국유화 반대운동은 곧 전국으로 확산되었다.

이를 기회로 혁명파가 공작을 벌여 1911년 10월 10일 우창(武昌)에서 처음 신군(新軍)이 반란을 일으켰다. 이 혁명운동은 곧 전국으로 확산되었고, 특히 화중·화남 지방의 대부분이 혁명파를 지지하기에 이르렀다. 이에 청조는 북양군벌의 실력자인 위안스카이(袁世凱)를 총리로 임명하여 혁명운동에 대처하도록 했다. 혁명파는 1912년 1월 1일 남경에 중화민국임시정부를 수립하여 헌법인 약법(約法)을 공포하고 쑨원을 임시대총통으로 추대했다. 이것이 곧 신해혁명(辛亥革命)이다. 2월 선통제(宣統帝)의 퇴위로 청조가 무너지고 중국에는 2천여 년의 전제정치에 대신하여 공화정이 처음으로 수립되었다.

그러나 일시 우세했던 혁명파는 곧 그 내부적 약점을 드러냈다. 원래 이

혁명은 우발적 성격이 강한 데다가 동맹회는 자체의 혁명군이 없는 상태에서 신군과의 내분이 일어났고, 재정 또한 궁핍한 상태였다. 이러한 약점 때문에 무력과 재정면에서 우세한 위안스카이 세력과 타협해야 했고, 결국 쑨원 대신 위안스카이를 임시대총통에 추대할 수밖에 없었다. 위안스카이는 대총통이 된 다음 민주주의적인 임시헌법을 공포하고 혁명파와 북양군벌의 조화를 꾀하는 등 혁명에 동정적인 면도 보였으나 민주주의를 신봉하는 인물은 아니었다. 그는 1913년 동맹회를 확대 개편한 국민당(國民黨)이 국회의원선거에서 압도적 다수를 차지하자 이에 불안을 느껴 국민당 지도자인 쑹자오렌(宋敎仁)을 암살하고 혁명파를 탄압했다. 이에 쑨원은 황싱(黃興) 등 혁명파를 규합한 뒤 토원군(討袁軍)을 조직하여 위안스카이와 싸웠지만 패하여 많은 혁명당원이 외국으로 망명했다(제2혁명).

정식 대총통이 된 위안스카이는 국회를 무력화할 목적으로 중앙정치회의를 소집하여 국회의 기능을 대신하게 함으로써 그의 독재권을 확립했다. 그는 한걸음 더 나아가 여론의 반대에도 불구하고 황제가 될 야심을 가지고 제제운동(帝制運動)을 벌여 1916년을 홍헌(洪憲) 원년으로 하고 제위에 오를 것을 결정했다. 이에 대해 혁명세력은 물론 그의 지지세력마저 반대하는 분위기 속에 외국 열강도 반대에 가세하자 윈난, 광시, 구이저우 성장들이 다시 토원군을 일으켜 임시 약법과 국회를 부활시키려 했다(제3혁명). 이 와중에서 위안스카이는 제위에 오르지 못한 채로 죽었다.

위안스카이의 사후 중국의 정권은 혁명파가 아닌 군벌들의 손에 들어가, 이른바 군벌시대(軍閥時代)가 열린다. 위안스카이의 부하였던 북양군벌(北洋軍閥)이 정부 및 지방요직을 차지하여 화북과 화중을 세력권으로 하였고, 화남은 서남(西南) 소군벌들이 차지하게 되었다.

군벌은 지역적 할거뿐만 아니라 성향면에서도 북양계, 친일계, 친영계, 친미계 등으로 나뉘어 군벌 서로 간에는 물론, 한 군벌의 내부에서까지 분열과 대립을 거듭했다. 그들은 관료, 지주, 매판들의 이익을 대표하고 제국주의 세력과 결탁했으며 약법을 폐지하고 국회를 해산하는 등 반혁명적인 통치를 획책했다.

쑨원은 제2차 혁명이 실패한 후 일본에 망명한 다음 중화혁명당(中華革命黨)을 조직하여 혁명운동을 계속했다. 그는 광저우를 근거지로 서남 군벌과 결탁하여 호법운동(護法運動)을 벌인 결과 중국의 정치판도는 혁명세력 대 군벌이라는 남북대립의 양상을 띠게 되었다.

제1차 세계대전은 중국의 국제관계 및 경제발전에 커다란 전기를 마련해 주었다. 무엇보다도 대전 당사국인 영국, 프랑스, 독일은 중국문제에 소홀할 수밖에 없었고, 러시아 역시 볼셰비키 혁명이 일어나 중국문제에 관심을 가질 수 없었다. 반면에 미국과 일본은 교전 당사국이 아니었으므로 중국 진출에 적극적이었다. 이때 미국과 일본은 중국에 대한 차관경쟁을 벌여 그때까지 상대적으로 열세였던 중국 내에서 자신들의 위치를 높이고자 각기 노력했다.

이와 같은 국제정세에 힘입어 중국에는 국내 산업이 급진적으로 발전하여 일시 호황을 누렸다. 원료수출과 완제품수입이라는 종래 중국의 경제구조가 열강의 무역전쟁이 뜸해진 것을 기회로 호전될 수 있었던 때문이었다. 전쟁으로 당시 상하이의 운임이 10배에서 20배까지 올라 중국 경제에 보호관세적 역할을 했고, 면방직과 제분업 등 경공업 분야가 크게 성장했으며, 철광과 석탄 등 광물생산도 전쟁 전의 2~3배로 증가했다.

이러한 분위기 속에서 학생과 지식인, 상공업자, 노동자 등이 새로운 전망을 가진 사회계층으로 성장해 갔다. 그들은 신해혁명에서의 해방감과 군벌정치에서의 좌절을 느끼는 속에 출구를 찾고 있었다.

5·4운동(五四運動)은 이러한 시대적 요구에 부응하는 움직임이었는데, 그 핵심은 신문화운동(新文化運動)에서 시작하여 민족운동으로 연결되어 중국 근대화의 가장 중요한 장을 열었다. 신문화운동은 1915년 천두슈(陳獨秀)가 상하이에서 『신청년(新青年)』이란 잡지를 발간하면서 시작되었다. 이 운동은 오랫동안 봉건중국의 지배이념이자 당시 위안스카이의 반동정권을 옹호하던 유교사상에 대한 신랄한 비판으로 시작되었다. 천두슈는 유교가

중국의 근대화를 방해하는 가장 중요한 요소라고 공격하고, 서유럽의 민주주의와 과학을 수용하여 전면적인 서유럽화를 달성해야 한다고 주장하여 많은 학생과 지식층의 환영을 받았다. 유교 비판자들은 양무와 변법을 통한 근대화의 시행착오는 유교를 중심으로 한 전통의 청산에 미진했었기 때문이라고 보아, 유교 전통과 관련된 가족제도, 남녀차별의 모든 사회문제에까지 연계하여 재검토할 것을 제안했다. 신문화운동은 문학 분야에도 미쳤다. 후스(胡適)를 비롯한 신지식인들은 고문(古文)은 지배계급의 문화독점을 위한 것이라 비판하고 구어체인 백화문(白話文)의 사용을 주장했다. 당시 루쉰(魯迅) 등 여러 문인은 백화문으로 작품을 써 백화문학의 가능성을 실증했다.

사회사상에 대한 관심도 신문화운동의 빼놓을 수 없는 부분이다. 사회진화론(Social Darwinism)을 받아들여 국제사회에서 경쟁의 냉혹함을 일깨우는가 하면, 러시아 혁명의 여파로 소개된 마르크스주의에도 귀를 기울였다. 천두슈, 리다자오(李大釗) 등은 베이징 대학에 마르크스주의연구회를 만든 다음, 이 사상을 체계적으로 연구함으로써 결국 1921년 중국공산당(中國共產黨)의 결성에까지 이르렀다.

전통에 대한 강한 거부와 대안으로서의 의식개혁이 고조되는 속에 파리강화회의 결과는 중국인에게 충격적인 것이었다. 여기에서 중국이 요구한 산둥 반도의 이권회수가 묵살되자, 1919년 5월 4일 베이징 대학에서 일본의 21개조 철회, 파리 강화조약 거부, 일화배척, 친일요인의 제거 등 반일 · 반제국주의 · 반군벌의 기치 아래 시위에 들어가고 이는 곧 전국으로 확산되었다. 이 운동은 노동자들까지 합세하여 파업으로 동조하는 등 민중운동의 성격을 띤 반제 · 반군벌적 민족운동으로 발전했다. 결과적으로 5 · 4운동은 사상 및 사회개조를 통한 민주적 근대 국가의 건설을 주장했던 중국 현대사에 가장 중요한 역사적 사건의 하나였다.

2. 국민혁명(國民革命)

1919년 5 · 4운동 당시 쑨원은 상하이에 머물며 삼민주의에 대한 연구에 몰두하면서 중화혁명당을 개편하여 중국국민당(中國國民黨)을 결성하고, 원래 의도했던 중국 혁명의 달성을 위한 재출발을 다짐하고 있었다. 그는 광둥 지방을 점령하고 있던 서남군벌과 연합하여 혁명세력을 키우고자 했으나 군벌들과의 빈번한 갈등으로 혁명의 진전이 여의치 않았다. 재정적 배경과 군사력이 없는 그로서는 이 양자의 확보가 가장 중요한 선결문제였다.

이때 재정과 군사문제를 해결해 줄 수 있는 가능성을 준 것이 소련이었다. 소련은 볼셰비키 혁명이 성공한 후, 카라한(L. Karakhan) 선언으로 중국과 맺은 불평등 조약과 이권을 포기한다는 선언을 하여 중국인의 환영을 받았다. 소련은 1920년 코민테른(Commintern) 제2차 대회에서 아시아에서의 민족운동을 돕기로 결의하고 중국도 여기에 포함시켜 적극적으로 중국과 교섭했다. 그들은 쑨원과의 교섭에서 이미 결성된 중국 공산당과 연합하는 조건으로 혁명운동을 도울 것을 제의했다.

결국 국민당은 1924년 국민당 제1차 전국대회에서 공산당을 개인자격으로 국민당에 입당하도록 하는 국민당개조(國民黨改組, 제1차 국공합작)를 결의했다. 이 대회에서 쑨원은 소련과 연합하고 중국 공산당을 받아들인다는 정책을 채택하여, 국민혁명이 반제 및 대중노선을 분명히 하는 새로운 면모를 보였다. 이를 계기로 소련은 중국에 고문을 파견하고 재정적 지원을 함은 물론, 황포군관학교(黃埔軍官學校)를 세워 혁명군 장교의 양성을 도움으로써 쑨원은 혁명기반을 보다 공고히 할 수 있었다. 이 같은 소련의 원조는 공산주의 세계혁명의 한 전략으로, 공산당원은 쑨원의 견제에도 불구하고 국민당의 조직부와 선전부 요직을 차지하여 청년학생과 노동자층에 크게 세력을 확장해 갔다.

쑨원은 이러한 혁명기반 강화로 베이징 군벌정부에 영향을 미칠 수 있는 세력이 되어, 1925년 베이징에서 열리는 시국문제 해결을 위한 회의

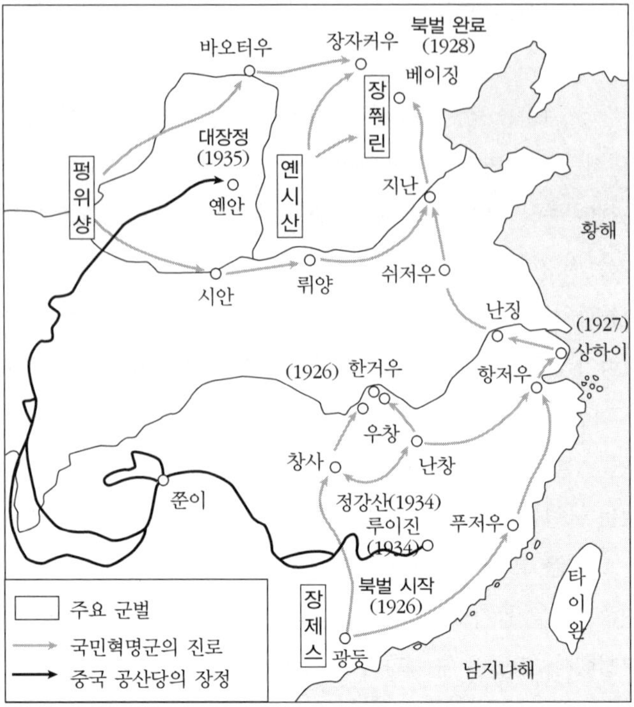

그림 14-1. 중국 혁명의 진전

에 참석했다가 병사했다. 쑨원이 죽은 다음 국민당 정부는 장제스(蔣介石)를 혁명군 총사령으로 하여 북벌(北伐)을 단행했다. 북벌이 진행됨에 따라 국민당 정부는 광저우에서 우한(武漢)으로 옮겼는데, 이 우한 국민당 정부는 국민당 좌파와 공산당이 지배하고 있는 상태였다. 그들은 허난, 허베이 등 지배지역에서 토지개혁을 단행하고 지주와 관리들을 응징하고 파업을 조종하는 등 친사회주의 정책을 실시했다.

이에 우파인 장제스는 북벌 중 난징을 점령하고 여기에 별도의 국민당 정부를 수립한 다음 우한 정부에 공산당 숙청 압력을 넣자 우한 정부가 공산당을 숙청함으로써 제1차 국공합작이 깨지게 된다(1927). 그 후 장제스는 옌시산(閻錫山), 평위샹(馮玉祥) 등 유력한 군벌의 후원을 얻어 1928년 6월 북벌을 완성했다.

북벌 완료 후 국민당은 난징을 중화민국의 수도로 정하니, 이로써 국민당 정부가 중국을 대표하는 유일한 정부가 되었다. 1928년 10월, 국민당 정부는 새로운 정부조직법을 공표하여 삼민주의에 입각한 행정 · 입법 · 사법 · 고시 · 감찰의 5원(五院) 정부를 구성하고 장제스를 정부주석으로 선출했다. 국민당은 잡다한 군벌을 정리하여 중앙정부에 귀속시키려 했으나 아직도 막강한 군벌들이 반장제스운동을 전개했고, 후한민(胡漢民) 등은 장제스에 반대하며 광둥에 따로 정부를 세우는 등 어수선한 분위기였다. 그러나 1930년대 초부터 국민당 정부는 장제스의 주도하에 점차 안정을 찾았다.

장제스는 경제안정을 위해 저장(浙江) 재벌과 손잡고 전국경제위원회를 구성한 다음 세제의 정리, 화폐 · 금융의 개혁, 철도, 교량, 공로(公路)의 축조, 자원개발, 산업장려, 농촌건설 등에 힘썼다. 세제를 통일하여 국세와 지방세로 구분했으며, 화폐는 양(兩)을 위안(元) 단위로 고치고, 중앙은행을 설치하여 금융을 통제했다.

교육 · 문화 방면에서는 대학과 전문학교 등 고등교육기관을 확충하고 중앙연구원을 설치하여 연구활동을 집중화하는 동시에 문맹퇴치운동을 적극적으로 폈다. 지도이념 측면에서는 권위주의적인 유교의 덕목을 재강조하는 보수성을 보였고, 신생활운동(新生活運動)을 벌여 향촌에서 전근대적 요소를 추방하는 데 공헌했지만 국민의 일상생활을 통제하는 부정적인 면도 함께 나타났다.

그러나 국민당 정부의 중국 혁명은 황금의 10년이라 지칭되는 1927~1937년간에도 불안한 속에 진행되었다. 우한에서 축출된 공산당은 장시, 푸젠, 광둥, 후난 등을 거점으로 각종 폭동을 주도하다가 결국 지하로 들어가 활동을 계속했다. 1929년 중국 공산당은 제국주의 타도, 토지혁명의 실행, 소비에트(Soviet) 정권 수립, 홍군(紅軍)의 편성을 결의하고 곧 그 실천에 들어가 각지에 소비에트 구(區)를 만들어 게릴라전으로 국민정부에 대항했다. 이에 장제스는 1930~1934년에 걸쳐 5차의 대대적인 공산당 토벌작전을 벌였다. 이에 공산당은 1934년 10월 거점인 루이진(瑞金)을 버리고 장정(長征)의 길에 올라 1만여 km의 이동 끝에 옌안(延安)에 정착하여 새 활동의 근거지로 삼았다.

일본의 만주 침략은 국민당 정부가 맞서야 할 가장 중요한 대외문제였다. 1931년 일본군이 소위 만주사변(滿洲事變)을 일으켜 중국의 동북 지방을 점령한 다음, 괴뢰 만주국(滿洲國)을 세우고 허베이 지방에까지 일본 괴뢰정부의 영향력을 확대하려 했다. 이와 같은 사태에 직면하여 지식인, 학생, 노동자들은 일본에 항의하는 동시에 난징 정부에 대해 철저한 항일을 촉구했다. 이에 국민당 정부는 '일면 항전 일면 협상'을 내세웠지만 항일에 소극적인 편이었다. 한편, 당시 중국 공산당은 국민당 타도를 우선 목표로 삼고 있다가, 내전을 중지하고 전면 항일을 해야 한다는 여론을 업고 항일 민족전선의 결성을 국민당 측에 제의하여 민족운동에 기선을 잡았다. 이와 같이 반일감정의 고조 속에 항일공동전선을 추구하기 위한 수단으로 공산당이 장제스를 감금한 서안 사건(西安事件, 1935)이 일어났다.

일본은 1937년 7월, 루거우차오(蘆構橋) 사건을 일으켜 전면적인 중국 침략을 시작했다. 이 중일전쟁은 이때까지 부진했던 국 · 공 간의 통일전선 형성을 촉진하여, 마침내 제2차 국공합작에 이르게 했다. 이를 계기로 국민당정부군이 정규전을 담당하는 가운데, 공산군은 형식상 국민당 정부에 편입되어 있었지만 독자적으로 민중조직을 강화하고 유격전을 벌여 일본군의 후방을 교란시켰다. 일본군은 전쟁 초기에 상하이, 난징 등을 점령하지만, 국민당 정부가 수도를 충칭(重慶)으로 옮기고 거족적인 항전을 펴자 전선은 곧 교착상태에 빠지게 되었다. 1941년 일본이 대미 선전포고를 함으로써 중일전쟁은 제2차 세계대전의 일환이 되고, 중국은 곧 연합국의 일원으로 일본과 싸우게 되었다.

이때 제2차 국공합작은 공산당에게 공동전선을 형성하는 이상의 의미가 있었다. 공산당은 통일전선을 형성하여 일본과 싸우는 동안, 전민항전 체제 구축을 위해 민중조직을 기반으로 포섭계층을 넓힘으로써 항전 주도권을 놓고 국민당과 겨룰 만큼 성장했다. 일본은 무력과 경제봉쇄로 공산군을 무력화하려 했으나 큰 성과를 거두지 못했다.

한편 장제스 국민당 정부는 전쟁이 장기화됨에 따라 정치와 경제정책에 독재권을 강화하여 점차 국민의 신임을 잃고, 공산당의 득세를 의식한 나머지 이들을 견제하고자 일본과의 타협을 모색하자 민심이 더욱 이반되어 국 · 공 간의 통일전선은 불안정한 상태에 놓이게 되었다.

3. 일본의 번영과 좌절

1912년 메이지 천황이 죽고 다이쇼(大正) 시대가 개막되면서 일본은 소위 '다이쇼 민주주의(大正民主主義)' 시대를 맞아, 근대 자본주의 민주국가로의 발전 가능성과 좌절을 함께 경험했다. 다이쇼 즉위 후 일본인들은 메이지 이래 계속되어 온 의회를 무시한 벌족(閥族) 지배의 정치체제에 반대하는 헌정옹호운동을 벌였다. 그 결과 소위 '문민정치(文民政治)'의 방향이 잡히고 정당의 정치참여가 일층 활성화되었다. 이 무렵 제국주의 열강은 3국협상과 3국동맹으로 대립되는 등 자체 간의 대립이 첨예화하더니 드디어 1914년 제1차 세계대전의 발발로 이어졌다. 대전이 일어나자 오쿠마 내각(大隈內閣)은 독일에 선전포고를 하고, 중국에서 열강의 세력이 후퇴한 틈을 타 대화(對華) 21개 요구를 제출해 일본의 중국에 대한 제국주의적 침략을 구체화했다. 그 결과 중국인의 대일감정을 크게 악화시켰고 열강 역시 일본의 행동에 의혹을 가지게 되었다. 대전 후 일본은 전승국임을 기화로 산둥에서의 독일 이권을 이양받고 독일령 남양제도의 위임통치권을 계승했으며, 국제연맹의 상임이사국으로 선출되는 등 그 국제적 지위에 현저한 상승을 보였다. 그러나 전함경쟁을 막기 위한 워싱턴 군축회의(1921)에서 일본의 태평양 및 동아시아에서의 활동을 제약하는 내용이 결정되자 매우 곤란한 입장에 처하게 된다.

반면, 제1차 세계대전은 일본에 경제적인 번영을 안겨 주었다. 구미 여러 나라가 아시아 시장에서 후퇴한 틈을 타 일본 상품의 수출이 촉진되고, 군수 경기를 타고 해운업과 중공업이 크게 발달했다. 그 결과 처음으로 공업생산이 농업생산을 능가했다. 그러나 이러한 번영의 혜택은 노동자나 농민과는 거리가 먼 것들이었다. 노동쟁의와 소작쟁의가 빈발하는 가운데 쌀 생산의 감소에 따른 쌀값의 폭등과 상인의 매점으로 이른바 '쌀 소동'(1918)이 일어났다.

쌀 소동은 미증유의 대소동으로 일본 정부가 군대를 출동시켜 진압하자 비민주적 처사에 항의하는 여론이 높았다. 이에 일본은 하라 내각(原內閣)을 출범시켜 민심수습 차원에서 최초의 정당내각제를 도입했다. 쌀 소동 이후 일본인의 정치 · 사회의식도 높아져 보통선거권과 부인참정권을 집요하게 요구하게 되고, 노동조합운동도 전국적인 규모로 발전해 1921년에는 일본 노동총동맹이 결성되었다. 노동운동이 고양됨에 따라 사회주의 운동도 활발하여 일본 사회주의 동맹(1920)과 일본 공산당(1922)이 결성되었다. 그러나 정부는 치안유지법을 제정하여 이와 같은 사회주의 운동을 탄압했다.

이와 같이 다이쇼 민주주의 시대의 일본은 경제적 번영으로 민중들의 민주주의에 대한 열망이 높아, 자유주의는 물론 사회의 모순을 극복하려는 노력으로 사회주의운동까지 등장했다. 여기에 천황은 신성한 존재가 아니고 한낱 국가의 기구일 뿐이라는 주장이 나오고, 보통선거에 의한 민본주의 정치론이 큰 호응을 받기도 했다. 이러한 민주화의 경향은 지식인과 학생, 시민층의 공감을 얻어 당대를 풍미했다.

그러나 이러한 민주주의적 경향은 제1차 세계대전이 몰고 온 경제공황과 관동대지진의 여파로 끝이 나고, 곧 군부가 정권을 잡게 되었다. 일본은 전후의 불황으로 미국 및 중국 시장에 대한 수출이 격감하여 경제가 크게 위축되었다. 거기에 1923년 관동대지진이 일어나 사회불안까지 겹치자 일본 정부는 워싱턴 군축회의 이후 다소 유연성을 보여 왔던 대중국 외교를 강경노선으로 선회했다. 일본 지도자들은 만주 · 몽골 · 화북 지방에 일본

세력을 구축하여 자국의 불만을 대외에서 보상받아 보자는 의도였다. 그러나 1929년 미국 주식시장의 붕괴로 시작된 대공황은 일본에도 미쳐 수출의 격감은 물론, 조업단축, 파산, 농산물가격의 폭락 등이 연쇄반응을 일으킴으로써 국민생활은 파탄에 이르고 사회는 더욱 불안한 상태에 있었다.

이러한 분위기 속에 우익단체와 군부가 결탁하여 세력을 잡고 대외침략, 특히 중국에 대한 침략을 적극화했다. 1931년 일본의 만주 침략의 구실인 류탸오커우(柳條溝) 사건은 이러한 상황에서 비롯된 일본 군부의 조작극이었다. 일본은 만주를 점령한 다음, 이곳에 그들의 괴뢰인 만주국(滿洲國)을 세우고 이를 비난하는 열강에 항의하여 국제연맹을 탈퇴했다. 1932년 5월 15일 일단의 청년 장교가 이누가이(犬養毅) 수상을 암살한 것을 계기로 정당내각제는 끝이 나고 군부와 우익단체의 연합에 의한 군국주의시대(軍國主義時代)로 접어들게 되었다. 군국주의자들은 재벌과 결탁하여 자유주의와 사회주의를 탄압하면서 군수공업을 크게 확장했다. 군부 초국가주의(超國家主義)자들은 마침내 1936년 나치 독일 및 파시스트 이탈리아와 3국방공협정(三國防共協定)을 맺어 제2차 세계대전의 전주를 울렸다. 그들은 팽창정책을 계속하여 1937년에는 상하이를 침공하여 중국 영토 전체를 점령 목표로 하는 중일전쟁을 일으켰다. 그러나 일본 군국주의 지도자들은 중일전쟁이 중국의 저항으로 예상 밖의 장기전에 돌입하자 이를 타개하기 위해 1938년 국가총동원령을 내리고 인적 · 물적 자원의 동원을 마음대로 했다.

군부집권 이후 군수공업의 성장으로 경기는 다소 회복되었지만 중국의 불매운동과 구미 여러 나라의 일본 상품 수입제한으로 원료 구득과 소비시장 확보에 많은 어려움이 있었다. 이에 일본은 전쟁에 필요한 석유, 고무 등의 전략물자 구득과 일본의 대중국정책에 반대하는 미국 등 여러 나라의 중국에 대한 무기 수송로를 차단할 목적으로 남진론(南進論)을 내세워 침략 범위를 동남아시아까지 확대했다. 이어서 1940년 일본 · 독일 · 이탈리아의 3국동맹이 체결되어 미국과 영국 진영을 위협하자, 미국이 석유와 철의 대일금수조치를 취함으로써 일본은 매우 곤란한 처지에 놓이게 되었다. 이러한 상황의 타개책으로 도조 내각(東條內閣)은 1941년 12월 8일 진주만을 기습하여 태평양전쟁에 돌입했다.

전쟁이 일어난 직후 일본은 서태평양과 동남아시아를 점령하여 기선을 제압하는 신속성을 보였다. 그러나 1942년 6월 미드웨이 해전을 계기로 열세에 몰리기 시작했고 버마 전선에서도 패전했다. 일본의 동남아시아 점령 초기에는 백인종에 대한 황인종의 승리라는 인종주의 감정에 호소하여 일시 이 지역 여러 민족의 환영을 받았다. 그러나 동남아시아의 여러 나라는 곧 일본도 백인 제국주의자 이상의 침략자임을 알게 되어 반일 항전에 들어갔다.

결국 일본은 히로시마와 나가사키에 원자탄이 투하되자 전쟁수행이 더 이상 불가능함을 깨닫고 1945년 8월 15일 무조건항복을 선언함으로써 제2차 세계대전은 끝이 나게 된다.

4. 동남아시아 여러 나라의 독립운동

동남아시아에서의 민족운동은 지배국의 제국주의 정책에 따라 서로 다른 형태로 나타날 수밖에 없었다. 그러나 20세기에 들어오면서 러일전쟁에서 일본의 승리, 중국에서 신해혁명의 성공, 제1차 세계대전 후 민족자결주의의 대두, 러시아에서 볼셰비키 혁명의 성공 등 일련의 역사적 사건은 민족의 독립을 열망하는 이 지역 사람들에게 큰 희망을 주어, 그들의 민족운동을 일층 활성화하는 계기를 마련했다. 대체로 이들의 독립운동은 통일전선을 결성하여 제국주의와 투쟁하는 사회주의적 방향과, 농지개혁 등 자국 내의 전근대적인 요소를 청산하려는 계몽적 근대화라는 양 방향 또는 이 양자의 혼합 형태로 전개되었다.

베트남에서는 판 보이쩌우 등에 의해 시작된 개혁론자들의 독립운동이 프랑스의 탄압으로 지리멸렬하던 중, 1930년 호치민(胡志明)의 주도하에 베트남 공산당이 결성되어 이후 베트남의 독립운동을 주도하기 시작했다. 베트남 공산당은 많은 농민과 노동자를 조직하여 조세, 소작료, 노동조건 등에 반대하여 식민지배세력과 투쟁에 들어갔다.

호치민

샴(태국)은 영국과 프랑스의 식민완충지대로 주권은 유지할 수 있었지만 열강과의 불평등조약 체결로 반식민지 상태에 놓여 있었다. 이러한 불평등조약을 폐기하려는 것이 그들 민족운동의 중심과제였다. 샴은 1917년 제1차 세계대전에서 연합국 측에 가담한 것을 계기로 1927년까지는 치외법권을 폐지하고 자주관세를 회복할 수가 있었다. 1932년에는 전제왕정을 폐지하고 입헌군주제를 채택하는 정치적인 개혁을 단행했고 일부다처 등 악습의 폐지, 고등교육기관의 설립 등으로 근대화를 추진했다. 제2차 세계대전 중 샴은 일본과 동맹을 맺어 영국과 미국에 맞서기도 했다.

영국에 병합된 후, 버마의 민족운동은 반영·반인도의 양면성을 띤다. 이는 영국인과 인도인이 버마인에 비해 정치·경제적으로 우위인 차별적 상황에 대한 소외 때문이었다. 버마에 대한 영국의 식민통치는 아직도 촌락공동체적 요소가 강했던 버마에 정치, 경제, 사회, 문화 등 각 분야에 통일성을 준 것은 사실이나, 이것이 곧 그들의 민족감정을 무마할 수는 없었다. 20세기 초 버마는 인도 국민회의파의 영향을 받아 불교단체와 대학을 중심으로 민족운동을 전개할 수 있었다. 제1차 세계대전이 일어나자 그들은 인도와 마찬가지로 전후에 자치를 약속받고 영국에 협력한 결과 1923년에는 이의 실현을 보았고, 1937년에는 인도에서 분립해 독자적인 헌법을 가졌다. 제2차 세계대전 중에는 일본의 지배하에 들어가 일시 그들에게 협력했으나 곧 아웅 산(Aung San) 장군이 지도하는 반파시스트 조직의 지도하에 대일항전을 벌였고, 이 세력은 대전 후에 버마의 정권을 잡았다. 일반적으로 버마의 민족운동은 공산주의의 영향을 받지 않고 국수적인 것이 그 특징이다.

1898년 미국-에스파냐 전쟁 중 필리핀에 일시 아기날도(E. Aguinaldo)를 중심으로 한 민족주의 정부가 성립되었으나, 미국의 필리핀 영유 결정으로 이 정부가 무너지자 게릴라전을 통한 민족독립운동을 전개하였다. 당시 미국은 필리핀 경제의 대미 의존도가 높은 것을 이용하여 비교적 폭넓은 자치권을 인정하는 편이었다. 그 결과 1907년에는 미국 총독을 행정부 수반으로 하는 필리핀인의 국회가 소집되었다. 그 후 필리핀 의회는 오스메나(S. Osmena) 등이 지도하는 국민당 일당독재의 과두정치체제 지배를 계속하다가 1935년에는 10년 후 완전독립을 전제로 한 필리핀 연방을 조직했다. 1930년 필리핀에도 공산당이 성립되어 민족운동에 합세했다. 필리핀 역시 제2차 세계대전 중 일본의 점령하에서 미국과 필리핀 사회당 및 공산당이 지휘하는 두 개의 게릴라 단체가 항일투쟁을 계속하던 중 종전을 맞았다.

인도네시아의 민족운동은 필리핀에 비해 어려운 환경 속에서 전개되었다. 이는 네덜란드의 이 지역에 대한 이해관계가 미국의 필리핀에 대한 그것보다 훨씬 큰 비중을 차지했을 뿐만 아니라, 이 지역의 문화와 전통 또한 뿌리 깊고 다양했기 때문이었다. 1901년 네덜란드는 소위 '윤리정책(倫理政策)'을 펴 일방적인 착취보다 산업진흥, 교육보급, 국민복지 등에 관심을 보였다. 그러나 이는 식민정책을 포기한 것은 아니었다. 종교지도자들이 이슬람 동맹(Sarecat Islam)을 결성한 이후, 인도네시아 민족운동의 중심은 이슬람교였다. 1912년 결성된 이슬람 동맹은 서양 학문과 사회규범을 참작하여 자국민의 신앙생활의 순화를 고취하면서 그리스도교의 전파와 화교의 상업활동에 대항했다. 제1차 세계대전 중 이슬람 동맹이 인도네시아의 완전독립을 요구하고 나서자, 네덜란드 정부는 이를 무마할 목적으로 국민참사회(國民參事會)를 조직했다. 1920년 결성된 인도네시아 공산당은 노동세력을 배후로 하여 한때 민족운동의 주도권을 잡았으나, 공산주의 혁명을 기도하다가 일시 괴멸했다(1926). 그 후, 독립운동은 수카르노(Sukarno)의 인도네시아 국민당의 활동으로 이어지나 1930년대의 탄압으로 독립운동은 소강상태에 들어간다. 제2차 세계대전 중에 인도네시아 역시 일본군의 주요 병참기지화했다. 이때 일본은 이들의 저항운동에 대해 회유와 탄압의 양면정책을 폈다. 이를 계기로 공산당이 다시 일어나 비밀리에 상당한 무기와 인적 자원을 확보할 수 있었고, 청년조직 또한 독립투쟁에 가세하여 대전 후 독립운동의 주도적 역할을 담당하게 되었다.

5. 인도의 독립운동

1914년 제1차 세계대전의 발발은 인도 민족운동에 하나의 전환점이 되었다. 영국은 전쟁의 효과적인 수행을 위해 인도의 적극적인 협조가 필요한 처지였다. 그들은 전후 인도 자치를 약속하는 대신, 인도에 대해 전비부담과 군사동원을 요구했다. 이에 국민회의파는 전인도이슬람동맹(1906)과 더불어 자치권 실현을 전제로 협조를 결정하기에 이르렀다. 그러나 1917년 소련의 볼셰비키 혁명의 여파가 인도에 미쳐 지식인과 노동자를 중심으로 한 반영운동이 격화하자 영국은 1919년에 일종의 정치활동 규제법인 롤란드법(Roland Act)을 제정하여 독립운동을 탄압했다.

이와 같이 제1차 세계대전 후에 자치권 확보는 고사하고 민족운동마저 탄압받자, 인도의 반영기운은 급속도로 전국에 확산되었다. 이때 남아연방에서 돌아와 국민회의 의장이 된 간디(Mahathma Gandhi)는 반영운동의 선두에 서서 1919년 4월 제1차 비폭력 저항운동을 선언했다. 그는 인도의 독립달성을 위해 영국 상품의 불매와 더불어 영국 통치당국에 대한 비협력과 탄압법에 대한 불복종을 선언했다. 간디의 이러한 활동은 국민회의가 이슬람과 대동단결할 수 있는 계기가 되었고 노동자 등 각계각층의 호응도 받을 수 있었다. 이에 놀란 영국은 간디 등 국민회의 지도자를 투옥했다.

1920년대의 경제공황은 인도인의 생활에 심각한 악영향을 끼쳤다. 특히 인도 인구의 90%를 차지하는 농민의 생활에 심각한 타격을 주었다. 이때 국민회의파는 인도의 완전독립을 요구하는 동시에 제2차 비폭력 저항운동을 벌였다(1930). 이러한 움직임은 국민회의파 중에서 간디의 비폭력 · 비협조의 소극책을 버리고 급진적인 방법을 택해야 한다는 네루(J. Nehru)를 중심으로 일어났다. 이 급진파는 영국의 미온적인 태도에 크게 반발하여 인도독립동맹을 결성하고(1929) 인도의 완전독립을 촉구하기에 이르렀다. 이들은 불복종 · 불매운동을 일층 강화하고 대대적인 파업을 주동했다. 이 운동은 인도 산업을 위축시키고 재정을 악화시키는 등 부정적인 측면도 있었지만 영국으로 하여금 탄압을 완화하는 '인도통치법(Government of Indian Law)'(1935)을 반포하도록 하는 양보를 받아낼 수 있었다. 영국은 이 법에서 영국령 주(州)와 토후국을 연방화(聯邦化)하고, 주에 자치권을 부여할 것과 버마의 분리 등을 약속했다. 이 법에 따른 주 의회 의원 선거결과 다수의 국민회의파가 당선되어 국민회의파는 그들의 정책을 펼 수 있는 기회를 얻었다. 그러나 농민 · 노동자층은 여기에 만족할 수 없었고, 군사 · 외교권은 아직도 영국의 수중에 남아 있었다.

제2차 세계대전이 일어나자 국민회의파는 반전입장을 명확히 하고 인도로부터 영국인의 철수를 강력히 요구했다. 이에 영국은 간디, 네루 등 국민회의파 지도자들의 투옥으로 맞섰다(1942). 이를 기화로 인도의 이슬람연맹은 파키스탄 독립요구결의안을 채택하고(1940) 영국에 협조함으로써 그 세력 확장의 기회로 삼았다. 이로 말미암아 향후 인도의 독립운동은 힌두교와 회교의 분열 양태로 나타났다.

6. 서아시아 여러 나라의 독립운동

19세기 말 유럽의 병든 거인인 오스만투르크 제국은 일련의 개혁노력에도 불구하고 근대화에 별 진전이 없었고 정치적으로 발칸 민족주의와 러시아 제국주의에 밀려 큰 위기를 맞았다. 제1차 세계대전이 발발했을 때, 오스만 제국은 독일 측에 가담하여 참전한 결과 수백만의 사상자를 내었고, 이로 인한 국민적 불만도 쌓여 갔다. 대전 중 아나톨리아 반도의 반란은 더욱 격화되고 아랍 속주에서도 속속 저항운동이 일어났다. 이런 와중에서 청년투르크당이 정권을 잡고 연합국에 항복하자, 영국을 비롯한 연합군은 오스만의 수도와 오스만투르크령 아랍 속주를 점령하여 분할에 착수하게 되었다. 이에 정권을 잡은 무스타파 케말(Mustafa Kemal)은 러시아 세력과 결탁해 영국의 간섭을 물리치고 겨우 독립을 보전했다(1922).

그러나 무스타파 케말 지도하의 투르크는 발칸 지방을 잃고 팔레스타인, 메소포타미아 지방은 영국의 위임통치, 시리아, 레바논은 프랑스의 위임 통치하에 들어가는 등 그 영토가 현재의 투르크로 축소되었다. 케말은 집권 후 1923년 제정을 폐지하고 투르크 국민당 정부의 독재자가 되어 정부를 서유럽 체제로 개편하고, 이슬람 국교제와 칼리프제를 폐지했으며, 민족산업을 육성하고 여성을 해방하는 등 패전으로 위축된 투르크의 재생을 위해 인상적인 개혁정치를 단행했다.

무스타파 케말

이집트는 1914년 영국의 보호국이 된 다음 경제자립을 통한 독립운동을 벌인 결과, 1936년에는 사실상의 독립을 획득할 수 있었다. 영국은 이집트의 중산층과 제휴하여 공업화를 추진한 결과 양자 간에는 큰 갈등이 없어 보였다. 그러나 이슬람 단체, 자유 장교단, 공산당 등은 이집트의 완전한 독립을 위해 계속 활동했다.

제1차 세계대전은 아랍 민족이 오스만투르크의 지배에서 벗어날 수 있는 호기로 작용했다. 한편, 연합국 측은 아랍 민족주의를 이용하여 이들과 전후 아랍 분할의 비밀협정을 맺었다(1915). 이때 연합국은 1917년 밸포어 선언(Balfour Declaration)으로 팔레스타인 지방에 시온주의자들의 유대국가 건설을 약속하여 향후, 이스라엘 건국에서 비롯한 이후 분쟁의 씨를 뿌린 셈이 되었다.

이란은 제1차 세계대전이 일어나자 중립을 선언했으나 영국 · 독일 · 오스만투르크 · 러시아군이 이를 유린하여 대전 중 가장 혹심한 피해를 입었다. 대전 후 러시아가 철수하자 영국이 보호국화를 획책하자 강한 저항을 했다. 이때 리자 칸(Riza Pahlevi)이 쿠데타로 반영민족주의를 제압한 후 카자르(Kazarits) 왕조를 폐하고 팔레비(Pahlevi) 왕조를 열었다. 그는 이슬람 봉건잔재를 청산하고 민족산업의 부흥, 이권회수, 불평등조약의 폐기, 석유개발 등 많은 업적을 남겼으나 '진보와 발전'이란 구실 아래 민주주의와 노동운동을 탄압했다.

제2차 세계대전 중의 서아시아는 다시 한 번 열강의 전쟁 바람에 휘말리게 되었다. 무스타파 케말을 이은 이뇌뉘(I. Inonu)는 케말주의를 계승하여 투르크 근대화에 노력했다. 대전이 일어나자 그는 처음에 중립을 지키다가, 1945년 국제연합에 가입한 다음 일본과 독일에 선전하여 전후 연합국 대열에 낄 수 있었다.

제2차 세계대전 중 서아시아와 아랍 여러 나라는 대부분이 연합국의 물자보급기지의 역할을 했다. 그러나 프랑스가 독일에 항복하고, 독일이 아프리카 전선에서 승세에 있던 한 때, 이집트를 비롯한 아랍 여러 나라에서는 반영 · 반불운동이 표면화된 적도 있었지만 영국은 곧 이러한 움직임을 힘으로 제압했다.

대전 발발 후 이란은 중립을 선언했으나 당시 이란에는 독일의 영향력이 강했으므로 1941년 영국과 소련은 독일인의 추방을 요구하며 이란 영

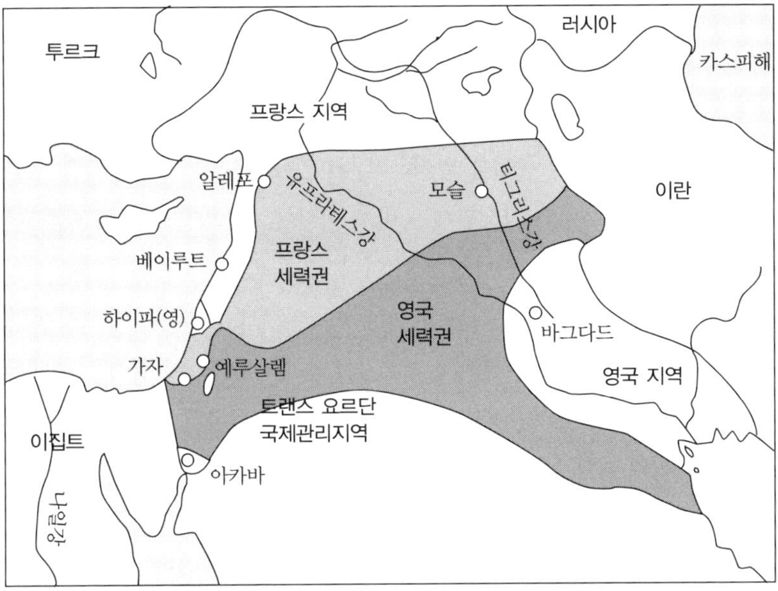

그림 14-2. 아랍 분할 예정도(제1차 세계대전중)

토에 진공했다. 이를 계기로 레자 샤가 퇴위하고 이란은 연합국의 군수물자를 소련으로 운송하는 통로 역할을 했다. 1941년에는 투데(Tudeh)당이 결성되어 민주화와 석유의 국유화를 주장하고 나섰다.

제3절 동맹과 협상의 성립

1. 비스마르크 체제와 3국동맹

오스트리아, 프랑스와 싸워 이김으로써 독일 통일의 과업을 달성한 비스마르크는 현상유지와 프랑스의 국제적 고립을 외교정책의 근간으로 삼았다. 그는 유럽에 새로운 분쟁이 발생하여 독일이 이에 휘말려들거나 새로운 갈등과 마찰을 일으키게 되는 것을 염려하는 한편, 독일에 대한 프랑스의 복수를 경계하여 프랑스를 국제적으로 고립시키려 한 것이다. 그리하여 비스마르크는 열강의 이해관계를 교묘하게 이용하면서 동맹이나 협약의 그물을 만들어 소기의 목적을 달성하려 했다. 1890년에 그가 실각할 때까지 약 20년간의 유럽의 국제관계는 바로 이러한 비스마르크의 외교정책에 의해 좌우되었다고 해도 지나친 말이 아니다.

유럽의 국제관계를 좌우하고 유지한 비스마르크 체제는 1873년 독일, 오스트리아, 러시아 등 3제협약(三帝協約)으로 출발했다. 이 협약은 구체적인 뚜렷한 내용을 가지는 것은 아니었고 막연하게 각국의 혁명운동에 대한 군주들 사이의 유대강화를 강조한 것이었으나 주된 목적은 프랑스를 고립시키는 데 있었다.

러시아-투르크 전쟁의 결과 체결된 산 스테파노 조약(1878)으로 러시아의 세력이 크게 발칸 방면으로 진출하게 되자 이 방면에 깊은 이해관계를 가진 오스트리아와 영국이 강한 불만을 가지게 된 것을 본 비스마르크는 새로운 분쟁의 발생을 피하기 위해 조정에 나섰다. 1878년 그의 주도하에 열린 베를린 회의에서의 조정의 결과는 러시아를 억제하고 오스트리아와 영국에 유리한 것이었다. 그리하여 러시아는 독일과 멀어지고 오스트리아와 독일이 접근하게 되었으며, 그 결과 1879년 독일과 오스트리아는 군사적인 성격을 지닌 비밀동맹을 맺게 되었다. 1881년 튀니지의 원주민이 알제리아로 침입한 사건을 계기로 프랑스가 튀니지를 보호국으로 삼자 이 지역에 눈독을 들이고 있던 이탈리아의 분노가 컸다. 그리하여 이탈리아는 독일에 접근하게 되고, 비스마르크는 이를 이용하여 1882년 독일 · 오스트리아 · 이탈리아 사이에 3국동맹(Triple Alliance)을 맺었다.

이보다 앞서 비스마르크는 베를린 회의로 멀어진 러시아와의 관계개선을 시도할 생각이 있었고 러시아가 때마침 중앙아시아 방면과 아프가니스탄으로의 진출을 꾀하여 영국과 대립하는 것을 보고 오스트리아를 끌어들여 3제동맹(1881)을 체결했다. 이리하여 독일과 오스트리아를 주축으로,

이탈리아와 러시아가 참가하여 프랑스를 고립시키고 유럽의 현상유지를 도모하려는 비스마르크 체제가 완성을 보게 되었다.

2. 3국협상의 성립

1870년대와 1880년대의 유럽의 국제질서는 비스마르크 체제에 의해 평화와 균형상태를 유지하고 있었다. 그것은 비스마르크의 탁월한 외교적 수완의 소산이기도 했으나 더욱 중요하게는 비스마르크 체제가 도발을 피하고 각국 간의 이해관계의 조정을 통한 현상유지를 목표로 삼았기 때문이다. 그러나 1890년 비스마르크가 실각하고 황제 빌헬름 2세(재위 1888~1918)가 직접 외교정책을 지휘하게 되자 비스마르크 체제는 무너지고 유럽의 국제관계는 새로운 단계로 접어들게 되었다.

3제동맹이 1887년 만기가 되었을 때 러시아와 오스트리아의 대립으로 동맹이 갱신되지 않았다. 그러나 러시아와의 친선관계 유지를 희망한 비스마르크는 러시아와 재보장조약(Reassuarance Treaty)을 체결했다. 1890년에 이 조약이 만기가 되었을 때 러시아는 갱신을 열망했으나 비스마르크가 실각한 후 독일은 이를 거부했다. 그 결과 비스마르크가 꺼리던 러시아와 프랑스의 제휴가 나타나게 되었다. 그렇지 않아도 국제적 고립에 고민하던 프랑스는 1891년 러시아와 정치협정을 체결했으며, 그것은 다시 1892년에 군사협정으로 발전하고 이를 토대로 1894년 프랑스-러시아 동맹이 성립했다. 양국간 군사협정의 주요 내용은 첫째, 프랑스가 독일 또는 이탈리아로부터 공격을 받을 경우 러시아는 독일을 공격하며, 둘째, 러시아가 독일 또는 오스트리아로부터 공격을 받을 경우 프랑스는 독일을 공격하며, 셋째, 이 협정은 3국동맹이 존속하는 한 유효하다는 것이었다.

프랑스-러시아 동맹의 성립은 유럽의 국제관계가 새로운 위험단계로 접어들었음을 예견케 하는 것이었다. 그러나 그것이 당장 독일과 러시아 또는 프랑스와의 긴장관계를 가져오지는 않았는데, 그것은 이들 3국이 저마다의 제국주의 정책으로 영국과 복잡한 이해관계로 얽혀 있었기 때문이다. 영국은 그동안 '명예로운 고립(Splendid Isolation)'과 대독일 친선관계를 유지해 왔다. 그러나 이제 그러한 외교정책을 변경해야만 할 상황이 조성되고 있었다. 그 첫째는 열강의 경제적, 군사적 발전으로 영국의 절대적 우위가 더 이상 유지될 수 없게 되었다는 점이요, 둘째는 독일의 빌헬름 2세의 적극적인 제국주의 정책, 즉 세계정책(Weltpolitik)의 추진과 이를 위한 군비확장정책이었다. 특히 영국이 크게 자극받은 것은 독일의 해군법 제정으로서(1898), 이는 영국이 가장 중시하는 자국의 우월한 해군력에 대한 독일의 도전을 의미한 것이었고, 이후 양국은 치열한 건함(建艦) 경쟁을 벌이게 되었다.

이리하여 고립주의를 버리게 된 영국은 우선 러시아의 아시아 진출에 대처하기 위해 일본에 접근하여 1902년 영일동맹을 맺었으며, 다시 독일에 대처하기 위해 프랑스에 접근하여 1904년에 영국-프랑스 협상(Entente)을 성립시켰다. 때마침 러일전쟁이 일어나자, 러시아와 일본 중의 하나와 각각 동맹을 맺고 있던 프랑스와 영국은 서로 이에 개입하지 않기로 약속하고, 프랑스가 이집트에서의 영국의 우월한 지위를 인정하는 대신 영국은 프랑스의 모로코 정책에 대한 지지를 약속했다.

이제 남은 과제는 영국과 러시아의 관계였다. 영국은 러시아가 러일전쟁에서 패함으로써 큰 위협이 되지 않는다고 판단하고 러시아에 접근하여 1907년 영국-러시아 협상이 성립되었다. 이 협상은 그동안 양국 간에 누적된 문제를 해결한 것으로서 페르시아(지금의 이란)의 북부를 러시아의, 남부를 영국의 세력범위로 삼았으며, 또한 아프가니스탄을 영국의 세력범위로 인정하는 대신 러시아는 발칸 방면으로의 진출에 대해 영국의 양해를 얻게 되었다. 이 영국-러시아 협상은 이보다 앞서 맺어진 프랑스-러시아 동맹과 영국-프랑스 협상과 결합함으로써 사실상 영국 · 프랑스 · 러시아의 3국협상(Triple Entente)이 성립되었는데, 이는 유럽의 국제관계와 세력균형상 결정적인 중요성을 갖는 것이었다. 즉, 3국협상은 독일을 중심으로 한 3국동맹에 대항하는 것으로서, 이제 유럽의 주요 강대국들은 양대 진영으로 갈라져 대립하게 되고 날로 치열해지는 제국주의 경쟁 속에서 이들 강대국 간의 긴장이 날로 고조되어 갔다. 동맹 측과 협상 측의 어느 단일 국가들 간에 일어나는 소규모 전쟁이라도 나머지 국가들을 끌어들여 대규모 전쟁을 유발할 위험성을 지니게 된 것이다.

3. 국제적 긴장의 격화

유럽의 국제적인 긴장을 격화시킨 가장 중요한 요인은 비스마르크의 실각 후 독일의 적극적인 세계정책의 추진과 이를 위한 군비확장이었다. 독일은 비스마르크 시대에도 다른 유럽 열강의 뒤를 따라 아프리카와 남태평양 그리고 중국 등으로 진출했으나 그것은 열강들의 세계분할에 한몫 끼자는 것이지 열강의 어느 특정 세력권이나 기득권에 대한 도전은 아니었다. 그러나 빌헬름 2세의 세계정책은 기존 세력권이나 기득권을 무시하고 파고드는 도전적인 것이었고, 따라서 분쟁을 일으킬 가능성이 매우 컸다.

빌헬름은 열강들의 세계분할이 거의 끝난 1900년경에 약체임을 드러내고 있는 투르크에 큰 관심을 가지고 직접 그곳을 방문하는 등(1898) 적극적인 자세를 취하여 비잔티움(지금의 이스탄불)과 바그다드 간의 철도부설권을 따내고 이를 베를린과 연결하는, 이른바 3B정책을 추진하려 했다. 이러한 독일의 세계정책의 기본방향은 영국의 케이프 식민지와 카이로, 그리고 인도의 캘커타를 연결하는 3C정책과 정면으로 충돌할 뿐 아니라 러시아의 투르크 및 지중해로의 진출정책과도 정면으로 대립하는 것이었다. 유럽의 국제적 불안을 세계대전으로까지 몰고 간 가장 중요한 요인의 하나는 바로 여기에 있었고, 장기간 대립해 오던 영국과 러시아가 타협을 모색하고 협상을 맺은 주된 이유도 여기에 있었다.

아프리카 서북부의 모로코에는 프랑스의 세력이 침투하고 있었으나 20세기에 들어와서도 아직 완전히 그 지배 아래 들어가지는 않고 있었다. 프랑스는 영국-프랑스 협상을 통해 이곳에서의 우월한 지위와 영국의 지원을 약속받고 있었는데, 바로 그 협상이 맺어진 다음해인 1905년에 독일의 빌헬름 2세는 돌연 모로코의 탕헤르(Tanger)항에 상륙하여 모로코의 영토보전과 문호개방을 주장했다(제1차 모로코 사건). 이 사건은 열강에 큰 충격을 주었으며 다음해 국제회의에서 프랑스는 영국 등의 지원으로 모로코에서의 우월한 지위를 확인받고 고립된 독일이 물러섬으로써 사태는 일단락되었지만, 한때 전쟁의 발발을 예상케 하는 위기감이 감돌았다.

물러서기는 했지만 독일이 모로코를 완전히 단념한 것은 아니었다. 1911년 봄 모로코에서 내란이 발생하여 프랑스가 이를 진압하기 위해 출병하자 독일은 군함을 아가디르(Agadir)에 파견하여 프랑스를 위협하여 다시 독일과 프랑스의 관계는 전쟁 직전까지 치달았다(제2차 모로코 사건). 그러나 이번에도 영국이 강력하게 프랑스를 지지했기 때문에 독일이 양보하고 프랑스는 모로코를 보호령으로 삼았다.

제2차 모로코 사건을 전후하여 분쟁의 무대는 '유럽의 화약고'라고도 일컬어지는 발칸 방면으로 이동했다. 1908년 투르크의 정치적 혼란을 틈타 오스트리아는 베를린 조약에 의해 관리하고 있던 보스니아와 헤르체고비나를 합병했다. 이 지역은 전부터 세르비아가 범슬라브주의의 일환인 대세르비아주의를 실현하기 위해 영유를 갈망해 온 곳이었기 때문에 오스트리아의 이러한 조치는 세르비아의 오스트리아에 대한 증오를 격화시켰다.

한편 제1차 모로코 사건 때 3국동맹에 반대하여 프랑스를 지지했던 이탈리아는 제2차 모로코 사건에 열강의 관심이 쏠려 있는 틈을 타서 1911년 투르크령인 트리폴리(Tripoli)를 점령하고(이탈리아-투르크 전쟁), 다음해 열강은 이를 승인했다. 투르크의 약화와 정치적 혼란을 이용한 것은 이탈리아만이 아니었다. 불가리아, 세르비아, 그리스, 몬테네그로는 이탈리아-투르크 전쟁 중에 발칸 동맹을 결성하여 1912년에 투르크에 싸움을 걸어 제1차 발칸 전쟁이 일어났다. 이듬해에 투르크는 런던 조약에서 이스탄불 주변의 땅을 제외한 유럽 대륙 내의 영토와 크레타섬을 발칸 동맹국들에게 양도했으나, 새로 획득한 영토의 분배과정에서 불가리아의 소유가 과다하다 하여 제2차 발칸 전쟁이 발생했다. 고립된 불가리아는 대패하고 부카레스트(Bucharest) 조약으로 그리스는 크레타를 비롯한 에게해의 여러 섬과 마케도니아의 일부를 얻고, 세르비아와 루마니아도 영토를 확장했다. 세르비아는 알바니아(Albania)를 병합하여 아드리아해로의 출구를 얻으려 했으나 오스트리아의 반대로 뜻을 이루지 못했다. 이리하여 오스트리아에 대한 세르비아의 반감은 더욱 격화했다.

이와 같이 열강의 제국주의 정책의 추구로 국제적인 긴장이 고조되어 각국이 군비확장에 열중함으로써 전쟁이 일어날 위험을 사전에 방지하려는 움직임도 한편에서는 일어났다. 1899년 러시아 황제의 제창으로 군비제한을 주된 목적으로 하는 헤이그 평화회의가 열렸다. 29개국이 참가한 이 회의에서 러시아 황제가 의도한 군비제한은 실현되지 않았으나 국제중재재판소의 설립, 독가스 사용의 금지, 전쟁포로의 대우문제 등에 관한 법규가 채택되었다. 그 후 1907년에 제2차 헤이그 회의가 개최되었으나 주요 의제인 군비제한에는 역시 실패했다. 이러한 국제협조의 노력에도 불구하고 유럽의 국제정세는 오히려 전쟁으로 치닫고 있었다.

제4절 제1차 세계대전과 러시아 혁명

1. 대전의 발생과 초기 전황

1914년 6월 28일 보스니아에서 실시된 육군 대연습에 임석차 사라예보(Sarajevo)를 방문한 오스트리아의 황태자 페르디난드(Ferdinand) 대공 부처가 세르비아의 반오스트리아 비밀결사 소속의 한 청년에 의해 암살되었다. 오스트리아는 즉각 최후통첩에 가까운 강경한 항의를 제기하고 세르비아의 회답이 불만족스럽다 하여 7월 28일 세르비아에 선전포고했다. 영국이 사태의 확대를 막기 위해 국제회의를 제창했으나 이미 때는 늦어, 7월 30일 러시아가 총동원령을 내리고 8월 1일에는 독일이 러시아에 대해 선전포고하고 8월 3일에는 프랑스에 대해서도 전쟁을 시작했다. 독일은 이미 작성해 놓은 속전속결의 작전계획에 따라 중립국인 벨기에로 침입했다. 이에 8월 4일 영국도 독일에 선전포고하여 이탈리아를 제외한 유럽의 강대국들이 전쟁상태에 들어갔다. 8월 말에 일본이 연합국에 가담하고 11월에는 투르크가 동맹국에 가담하여 참전했다. 처음 중립을 지키던 이탈리아는 이듬해 5월에 3국동맹을 떠나 연합국에 가담하여 참전했으며, 전쟁 후반기인 1917년 4월 미국이 연합국에 가담하여 참전함으로써 유럽의 전쟁은 세계대전으로 확대되었다.

독일이 미리 작성해 놓은 '슐리펜 계획(Schliefenplan)'에 의하면 독일은 먼저 벨기에로부터 프랑스로 침입하여 서부전선에서 신속한 승리를 거두고 동부로 돌아 러시아를 공격하여 전쟁을 단기간에 종결시킨다는 것이었다. 이 계획에 따라 개전과 동시에 벨기에로 쳐들어간 독일군은 완강하게 저항하는 벨기에군을 격파하고 프랑스로 침입해 파리에 접근했다. 그러나 동부전선에서 러시아군의 동원이 예상외로 빨리 공격해 오는 바람에 서부군의 일부를 동부로 돌렸다. 동부전선의 독일군 사령관 힌덴부르크(Hindenburg, 1847~1934)는 타넨베르크(Tannenberg)에서 큰 승리를 거두어 러시아군에 큰 타격을 가했다. 그러나 서부전선에서는 프랑스군과 영국군이 9월 초 반격에 나서 마른(Marne) 전투에서 독일군 전선의 중앙을 돌파해 독일군을 국경선까지 후퇴시켰다. 독일의 단기전 계획은 실패하고 전쟁은 장기적인 지구전의 양상을 띠게 되었다.

영국은 일본의 참전이 유럽의 전쟁을 이용해 중국을 비롯한 아시아에서의 세력 확대를 노린다는 것을 간파하고 반대했으나, 일본은 어부지리를 얻고자 8월에 독일에 선전포고를 했다. 이어 10월에는 투르크가 러시아와 교전상태에 들어가고 러시아와 영국, 프랑스가 투르크에 선전포고를 했다. 전쟁이 장기화의 양상을 띠게 되자 중립국을 자기편으로 끌어들이려는 외교전이 활발하게 전개되었다. 계속 중립을 지켜 오던 이탈리아는 1915년 4월에 영국 및 프랑스와 런던 밀약을 맺고, 전후에 아드리아해 연안과 아프리카 등에서 영토를 획득한다는 조건하에 3국동맹을 이탈하고 오스트리아에 선전포고를 했다. 이탈리아는 군사적으로는 약했으나 그래도 오스트리아를 견제한다는 의미에서 간접적으로 러시아군을 지원했다. 제2차 발칸 전쟁에서 고배를 마신 불가리아는 독일 및 오스트리아로부터 전후의 영토획득을 약속받고 10월에 동맹 측에 가담했다. 루마니아는 독일 및 오스트리아와 교섭하여 중립을 지키는 대가를 요구했으나 거절당하자 1916년 8월에 연합국에 가담하여 참전했으나 곧 동맹군의 침입을 받았다. 그리스에서는 중립파와 연합군 편에 참전하자는 주장이 맞서다가 결국 1917년 6월에 연합군에 가담하여 참전했다.

전쟁 3년째를 맞이한 1916년 독일은 전쟁의 교착상태를 타개하기 위해 3월부터 6월에 걸쳐 막대한 희생을 무릅쓰고 베르됭(Verdun)에 총공격을 가했으나 페탱(Pétain) 장군휘하 프랑스군의 완강한 저항으로 실패했다. 이에 힘을 얻은 연합군이 이번에는 7월부터 11월에 걸쳐 솜(Somme)강 방면에서 독일군에 맹렬한 공격을 가했으나 역시 큰 성과는 없었다. 그리하여 서부전선은 다시 참호전의 교착상태에 빠졌으나 동부전선에서는 독일이 공세로 나가 폴란드의 대부분을 점령했다.

베르됭의 프랑스 군인
베르됭 근처 참호 안의 프랑스 병사들

독일은 전쟁 전에 서둘러 해군을 강화했으나 개전시의 해군력은 아직 영국에 비해 열세였다. 영국 해군은 독일을 해상에서 봉쇄하고 독일의 해외 함대를 격파하여 독일의 해외 식민지를 점령했다. 영국의 해상봉쇄를 돌파하려는 독일 해군의 노력이 수포로 돌아가자 독일은 잠수함으로 군수물자를 수송하는 선박을 공격하여 연합국의 전력을 약화시키려고 했다. 이러한 독일의 잠수함 공격은 중립을 지켜 오던 미국의 여론을 악화시키는 결과를 가져왔으며, 특히 1915년 5월에 영국의 호화여객선 루시타니아(Lusitania)호가 격침당했을 때 많은 미국인이 익사하여 미국의 여론이 비등했다. 이에 독일은 잠수함 공격을 완화하는 대신 1916년 5월 유틀란드 해전에서 영국의 해상봉쇄를 돌파하려고 시도했으나 영국의 제해권을 타파할 수 없었다. 독일은 다시 잠수함 공격을 강화하고 1917년 2월에는 교전국이나 중립국의 선박을 구별하지 않고 공격할 것을 선언했다. 이 무제한 잠수함 공격은 미국 여론을 크게 자극하여 같은 해 4월에 미국은 드디어 연합국에 가담하여 참전하게 되었으며 미국의 참전은 전쟁의 향배를 가르는 계기가 되었다.

2. 러시아 혁명

미국의 참전으로 대전의 양상이 달라지려는 시기에 연합군의 동부전선을 담당하고 있던 러시아에 혁명이 발생했다. 알렉산드르 2세의 암살 후 한층 더 강화된 전제정치하에서도 농노해방을 바탕으로 한 공업의 발전은 1890년대에 이르러 본격적인 산업혁명단계로 진전하게 되었다. 이러한 급격한 공업의 발전으로 한편으로는 시민계급이 대두하고 자유주의가 발전하는 반면에 공장노동자가 급격하게 증가하여 노동운동이 일어나고 마르크스주의를 비롯한 사회주의 사상도 퍼지게 되어 러시아 사회는 19세기 말에서 20세기 초에 걸쳐 큰 전환기를 맞이했다.

그러나 차르의 전제정치에는 아무런 변화도 없이 오직 자유주의와 혁명운동에 대한 철저한 탄압이 있을 뿐이었다. 국민의 불만은 점점 더 높아갔으며, 러일전쟁으로 인한 물가고 등은 이를 더욱 부채질했다. 1905년 초에 페테르부르크에서 공장노동자의 파업이 일어나고, 1월 22일(일요일)에는 약 14만 명의 노동자들이 황제에게 청원서를 제출하려 궁정으로 향했다. 그들은 아직도 차르에 대해 한 가닥 기대를 갖고 있었던 것이다. 그러나 친위대는 군중을 향하여 발포하고 수많은 사상자가 생겼다. '피의 일요일'로 불린 이 사건을 계기로 도시에서는 파업이 일어나고 농민들은 폭동을 일으키고 자유주의자들도 의회정치와 보통선거를 요구했다. 이에 황제는 10월 칙령을 발포하여 언론 · 집회 · 결사의 자유를 승인하고 광범한 선거권에 입각한 입법의회 '두마(Duma)'의 창설을 약속했다. 이로 말미암아 혁명적인 기운은 누그러졌으나 니콜라이 2세는 1906년 5월에 제정된 국가기본법을 통해 두마에서의 헌법 문제 토의를 배제하는 등 자유주의적인 헌정개혁을 후퇴시켰다. 한편 같은 해에 수상으로 임명된 스톨리핀(Stolypin, 1892~1911)은 점진적인 개혁으로 입헌정치를 구현함으로써 혁명을 저지하려 했다. 그는 혁명파를 탄압하는 한편 농업개혁을 단행하여 마을공동체 '미르'를 폐지하고 토지소유농민을 창출하려 했다. 비록 권한은 축소되었지만 국회도 계속 소집되었으며, 농업개혁도 계속 추진되어 부농을 포함한 자영농민층이 형성되고 농민의 법적 지위도 시민과 동등해졌다. 교육에 대한 대규모 개혁도 착수되어 1914년의 초·중등학교의 취학률은 22%로 상승했으며 이러한 교육개혁은 1922년에 완성될 예정이었다. 이리하여 러시아에서도 자유주의적인 입헌정치로의 점진적인 발전의 가능성이 보이기 시작했으나, 제1차 세계대전의 발발은 이를 좌절시키고 말았다.

개전 초 러시아 정부는 단기전을 예상하고 있었으나 타넨베르크(Tannenberg)의 패전 이래 전세는 불리하고 전쟁이 장기전의 양상을 띠게 되자 무기 등 군수물자의 부족과 식량을 비롯한 물자의 결핍은 국민생활을 크게 압박했다. 이러한 비상시에 니콜라이 2세는 현실감각을 상실하고 황실은 황후와 그녀의 신임을 받는 괴수도사 라스푸틴(Rasputin)의 수중에 놀아났다. 날이 갈수록 군의 사기는 떨어지고 탈주병이 속출했으며, 식량과 연료 등 물자의 부족은 심각해지고 생활은 궁핍해졌다.

1917년 3월(구력으로는 2월) 수도 페트로그라드(Petrograd, 개전 후 개칭되었다)에서는 공장노동자들의 파업과 시위가 일어나고 병사들도 이를 저지하려 하지 않았다. 전 시가가 흥분에 휩싸여 있는 가운데 페트로그라드 노동자·병사 소비에트(Soviet, 평의회)가 조직되고 자유주의적인 사회개혁가로 알려진 르보프(L'vov) 공을 수반으로 하는 임시정부가 수립되었다. 전선에 있던 니콜라이 2세는 제위를 동생 미하일(Mikhail) 대공에게 물렸으나 대공은 이를 거절했다. 이로써 로마노프 왕조의 전제정치는 종말을 고하게 되었다.

3월혁명으로 러시아는 그 길고 괴로운 역사상 처음으로 자유를 누리게 되었다. 임시정부는 국민들과 여러 사회조직의 시민적 자유에 가해졌던 제약을 없애고, 소수 민족과 소수 종교에 대한 불평등을 폐지했다. 계급, 신분, 인종, 종교에 관계없이 모든 시민들에게 동등한 권리가 부여되고, 정치범에 대한 대사면이 선포되었다. 11월에 제헌의회의 소집이 약속되고, 거기서는 황실과 수도원의 토지를 몰수하여 농민에게 토지를 분배하는 등의

레닌
모스크바 붉은 광장에 모인 군중에게 연설하는 모습

광범한 사회개혁이 이루어질 예정이었다. 그러나 자유 러시아의 앞날에는 어려운 문제들이 산적해 있었다. 심각한 물자부족과 경제난, 기강이 무너진 군대로 계속해야 할 전쟁, 자유에 대한 러시아 민중의 이해부족, 농민들의 성급한 토지요구, 그리고 이러한 러시아 민중에 대한 자유주의적 온건파의 몰이해와 미숙한 통치능력 등으로 어려움은 심각성을 더해 갔다.

4월 중순 스위스에 망명하고 있던 레닌(Lenin, 1870~1924)은 독일 참모부가 알선한 밀봉열차를 타고 페트로그라드에 도착했다. 독일 참모부는 반전을 부르짖고 있던 레닌을 귀국시킴으로써 러시아로 하여금 연합국의 전선을 이탈하게 할 수 있을지도 모른다고 생각한 것이다.

귀국한 레닌은 곧 볼셰비키(Bolsheviki)를 지휘하게 되고 임시정부와의 투쟁을 선언했다. 임시정부의 국방장관으로 임명된 젊은 케렌스키(Kerenskii, 1881~1970)는 국민의 사기를 앙양하기 위해 6월에 독일군에 대한 공세를 가했으나 성공하지 못하고 식량난과 물가고가 더욱 심해졌다. 이를 이용하여 볼셰비키는 7월에 반란을 일으켰으나 실패하고, 레닌은 핀란드로 피신하고 케렌스키가 새로운 내각을 조직했다.

케렌스키 신정부의 수명은 짧았다. 그 생명을 단축시킨 것은 전쟁 수행을 위한 강력한 정부수립을 꾀했던 코르닐로프(Kornilov) 장군의 쿠데타 계획

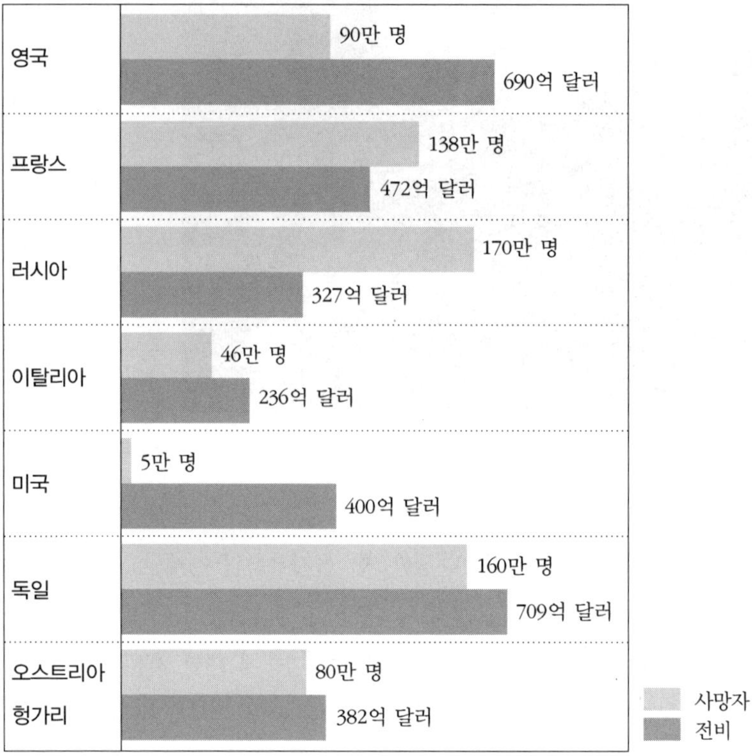

그림 14-3. 제1차 세계대전의 피해

이었다. 이 계획은 8월 말에 실패했으나 케렌스키 정부를 약화시키고 볼셰비키로 하여금 처음으로 페트로그라드와 모스크바의 소비에트에서 주도권을 잡게 했다. 5월에 망명지로부터 귀국하여 볼셰비키에 참가한 트로츠키(Trotskii, 1877~1940)는 곧 레닌 다음가는 지위를 차지하고 적위대(Red Guard)를 조직했다. 10월 하순에 은밀히 귀국한 레닌은 트로츠키 등과 더불어 무장봉기를 획책했다. 11월 4일 대규모 시위에 이어 7일 무장봉기가 일어났다. 이리하여 케렌스키 정부가 무너지고 볼세비키가 정권을 장악했다. 구력에 의하면 이 날이 10월 25일이기 때문에 이 11월혁명은 10월혁명이라고 불린다.

정권을 장악한 레닌은 처음에 무병합, 무배상 등의 원칙을 내세우고 독일과의 단독 평화교섭에 나섰으나 독일이 이에 응하지 않자 결국 1918년 3월에 체결된 브레스트-리토프스크(Brest-Litovsk) 조약에서 핀란드와 우크라이나의 독립을 받아들이고, 폴란드와 발트 연안의 일부 지역을 독일에 양도했다.

3. 전쟁의 종결

미국의 참전은 연합국의 사기를 크게 고무했다. 미국은 200만을 넘는 병력을 유럽 전선에 파견하고 풍부한 군수물자의 공급과 막대한 재정지원으로 대전을 연합국의 승리로 이끄는 데 결정적인 역할을 했다.

이와 반대로 독일의 정세는 어두웠다. 식량과 연료 등 생활필수품의 결핍이 가중되고 미국의 참전으로 국민의 사기는 크게 저하되어 반전기운이 일어나기 시작했다. 그래도 1918년 3월 브레스트-리토프스크 조약으로 동부전선으로부터 해방된 독일군은 서부전선에서 최후의 대공격을 시도했다. 공격은 처음 약간의 성공을 거두는 듯이 보였으나 연합군의 완강한 저항으로 점차 공세가 둔화되고, 새로 미군이 전선에 모습을 나타나게 되자 연합군의 사기는 크게 올라가고 방어력도 강화되었다.

1918년 7월과 8월에 독일군은 필사적인 공격을 다시 시도했으나 무위로 끝나고, 미군이 참가한 연합군은 반격을 개시하여 독일군을 이전의 전선으로 후퇴시켰다. 이미 전력은 고갈되기 시작하고 더 이상 싸울 힘이 없어진 독일은 10월에 연합국에 강화교섭을 제의하기도 했으나 거절당했다. 한편 봄부터 시작된 서부전선의 대공세에 발맞추어 불가리아와 오스트리아도 공세를 취했으나, 9월에는 여기서도 패색이 짙어졌다. 9월에 불가리아가 항복하고 10월에는 투르크가 휴전에 응하여 동맹군의 발칸 전선이 먼저 붕괴했다. 이는 곧 오스트리아에 영향을 미쳐 합스부르크의 황제정치가 무너지고 오스트리아도 11월초에는 무조건 항복을 받아들였다.

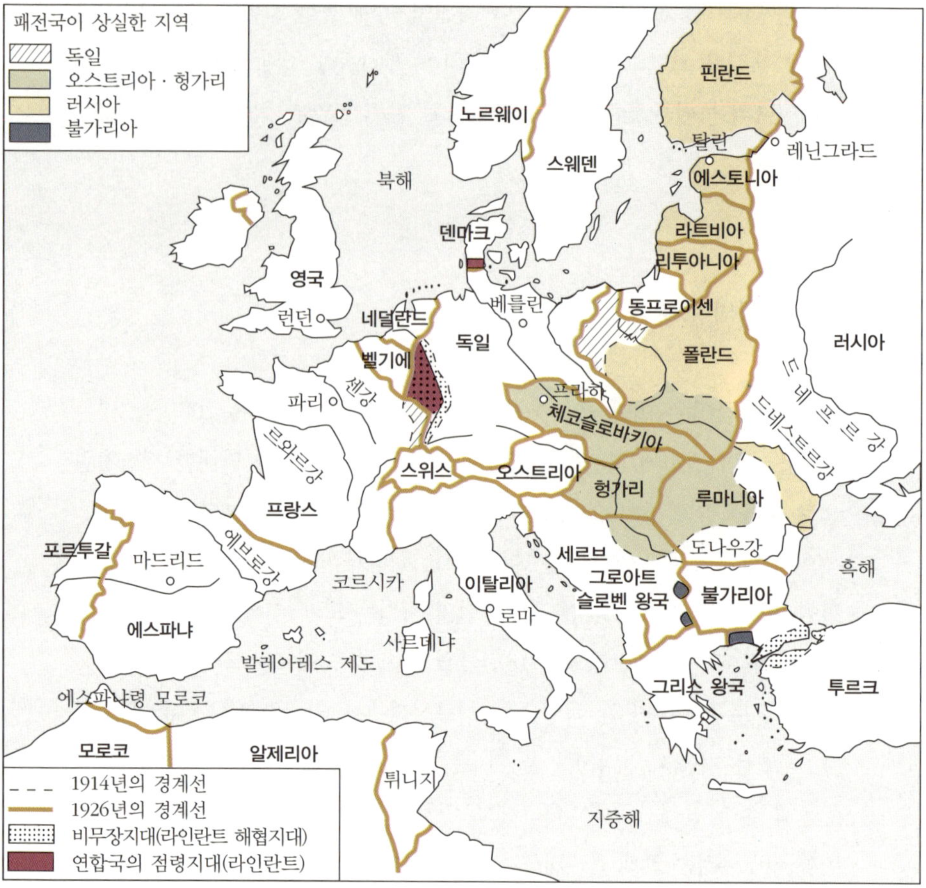

그림 14-4. 제1차 세계대전 후의 영토조정(1919~1926)

이 무렵 독일의 국내 정세는 매우 험악해지고 있었다. 서부전선에서의 총공격이 실패로 돌아간 8월에는 군부도 패배를 자인하는 수밖에 없었고 국내의 동요가 급속하게 격화되었다. 10월에 연합국에 대한 강화제의가 거절되자 독일 참모부는 마지막 항전을 계획했으나 오스트리아의 항복으로 그 가능성도 없어졌다. 이러한 상황에서 오스트리아가 항복한 바로 그 날인 11월 3일 킬(Kiel) 군항의 수병들이 출항명령을 거부하고 폭동을 일으켰으며, 다음 날에는 이들이 노동자와 더불어 노병(勞兵) 소비에트를 결성했다. 이러한 움직임은 다른 여러 도시에도 전파되어 폭동이 일어나 혁명기운이 고조되었다. 드디어 빌헬름 2세가 퇴위를 선언하고 네덜란드로 가족과 더불어 망명하여 40여 년에 걸친 독일의 제2제정이 막을 내리게 되었다. 이와 동시에 정권을 인수한 사회민주당 정부는 11월 11일 연합국과의 휴전조약에 조인했다. 이로써 4년 반에 걸친 제1차 세계대전은 마침내 연합국의 승리로 끝이 났다.

제15장 베르사유 체제와 제2차 세계대전

제1절 베르사유 체제

제2절 민주주의의 발전과 세계공황

제3절 전체주의의 대두

제4절 제2차 세계대전

제1차 세계대전이 끝나자 세계는 다시는 이러한 참화가 되풀이되지 않기를 염원했다. 그리하여 국제협조에 입각한 평화수립을 목표로 베르사유 체제가 수립되었다. 국제연맹이 탄생하고 군비축소가 모색되었으며 부전조약이 체결되었다. 대전 전의 제정이 무너지고 새로 탄생한 국가들은 공화제나 민주주의를 채택하는 한편, 선거권에 가해졌던 제한이 제거되고 성년남녀의 평등한 보통선거가 실시됨으로써 민주주의가 양적으로나 질적으로 크게 발전했다.

그러나 1929년 미국에서 발생한 경제공황이 전 세계에 파급되어 각국은 큰 시련을 겪었다. 대부분의 국가가 19세기적인 자유방임주의를 포기하거나 수정하고, 경제에 대한 국가의 간섭과 통제가 강화되었으며, 이러한 경향은 복지정책의 확대로 더욱 촉진되었다. 한편 민주주의의 뿌리가 약하거나 베르사유 체제에 불만을 품고 있던 독일, 이탈리아, 일본 등에서는 전체주의가 대두해 팽창주의와 군국주의 정책으로 평화를 위협했다. 1930년대에 그들은 서로 손을 잡고 침략을 자행함으로써 베르사유 체제는 깨어지고 인류는 제2차 세계대전을 맞이하게 되었다. 제2차 세계대전은 제1차 세계대전보다 규모가 훨씬 더 컸을 뿐 아니라 더욱 뚜렷한 정치이념(이데올로기)의 대립양상을 나타냈다. 즉, 전쟁은 민주주의 대 전체주의의 투쟁이라는 성격이 선명하게 부각되었으며 전쟁은 결국 민주주의의 승리로 끝났다.

제1절 베르사유 체제

1. 베르사유 체제와 국제협조

1919년 1월 18일 전승국 27개국의 대표들로 파리 강화회의가 개최되었다. 그러나 실제로 강화회의의 내용을 결정한 것은 미국·영국·프랑스 3국이었다. 표면상으로 전후처리와 평화수립의 대원칙으로서 연합국이 내세운 것은 1918년 1월에 미국 대통령 윌슨(Wilson, 재임 1913~1921)이 제시한 '14개조'였다. 그 주된 내용은 비밀외교의 배제, 공해에서의 항해의 자유, 경제적 장벽의 제거와 무역의 평등, 군비축소, 식민지문제의 조정, 오스트리아 및 투르크 제국 그리고 발칸 지역에서의 민족문제의 해결(이른바 민족자결주의), 국제연맹의 창설 등이었다. 이러한 원칙은 제국주의를 지양하고 자유와 자치에 입각한 새로운 평화질서를 수립할 수 있는 원칙이었다.

그러나 윌슨의 이상주의적인 고매한 원칙이 파리 강화회의에서 그대로 실현될 수는 없었다. 영국과 프랑스는 전쟁 중에 이미 여러 나라와 전후의 영토문제에 관해 많은 비밀조약을 체결한 바 있고, 또한 전승국의 현실적인 국가적 이해관계도 얽혀 있었다. 그리하여 윌슨의 14개조는 그 일부만

이 실현되고 실제로 강화회의를 좌우한 것은 영국과 프랑스를 중심으로 한 전승국의 현실적인 이해관계와 전승국이 전쟁 중에 체결한 비밀조약, 그리고 패전국에 대한 철저한 응징이었다.

난항을 거듭한 끝에 대독일 강화조약인 베르사유 조약은 1919년 6월 28일(5년 전 사라예보 사건이 일어났던 날짜), 베르사유 궁전에서 조인되었다. 이 조약으로 독일은 알자스·로렌 지방을 프랑스에 반환하는 것을 비롯하여 많은 영토를 상실했다. 군비도 극도로 축소되어 육군 10만, 군함은 36척으로 제한되고 잠수함과 공군은 금지되었으며 주된 무기생산도 금지되었다. 그리고 30년에 걸쳐 상환할 배상금 총액은 1,320억 금마르크라는 천문학적 숫자에 달했다. 이러한 베르사유 조약은 대전의 책임을 전적으로 독일에 돌려 일방적으로 강요된 것으로서, 독일에서는 이를 가리켜 '베르사유의 명령'이라고 했다.

베르사유 조약에 이어 10월에 오스트리아, 11월에 불가리아, 이듬해 8월에 투르크 등 다른 패전국과의 평화조약도 체결되었다. 그 결과 오스트리아 제국이 해체되어 오스트리아, 헝가리, 체코슬로바키아로 나누어지고, 세르비아는 보스니아, 헤르체고비나, 크로아티아(Croatia) 등을 얻어 유고슬라비아가 되었다. 투르크 제국 또한 붕괴하여 아프리카와 서아시아의 많은 영토를 상실했다. 러시아의 소비에트 정권은 강화회의에 참석이 허용되지 않았으나 브레스트-리토프스크 조약이 폐기되고 핀란드, 에스토니아(Estonia), 라트비아(Latvia), 리투아니아(Lithuania)가 독립했다. 18세기 말에 독립을 상실했던 폴란드가 옛 영토를 회복하여 독립하고 단치히 즉, 지금의 그단스크(Gdańsk)는 국제연맹 관리하의 자유시가 되었다.

파리 강화회의의 결과 탄생한 새로운 국제질서인 이른바 베르사유 체제는 그 후 20년이 못 되어 무너지고 제2차 세계대전이 일어나게 됨으로써 여러모로 비난을 받았다. 특히 독일에 대한 강화조약이 가혹했다는 점과 많은 신생국가를 탄생시킴으로써 유럽 전체를 발칸화(Balkanization of Europe)했다는 점이 비판의 대상이 되었다. 그러나 다른 한편으로는 독일에 대한 조약이 그렇게 가혹한 것은 아니었고 유럽의 발칸화에 대해서도 오히려 윌슨의 민족자결주의 원칙이 철저하게 관철되지 못한 점이 비판받아야 한다는 견해도 있다. 베르사유 체제 붕괴의 요인은 베르사유 조약 그 자체보다 오히려 전후 20년간의 유럽사와 세계사의 흐름 속에 있었다 할 것이다.

베르사유 체제의 가장 주목할 만한 내용은 국제협조와 평화수립의 모색이었으며, 이를 구체화한 것이 국제연맹(League of Nations)의 창설이었다. 국제연맹은 국제평화의 확립과 인류문화의 향상이라는 2대 목표를 달성하기 위한 국제협력기구로서 군비축소, 안전보장, 국제분쟁의 평화적 해결, 문화교류와 인도적 사업의 추진 등을 그 임무로 삼았다. 그러나 국제연맹은 그 출발부터 차질과 결함의 소지를 안고 있었다. 미국에서 윌슨이 물러나고 공화당이 정권을 잡으면서 외교정책이 고립주의로 되돌아간 결과 국제연맹의 제창국이라 할 수 있는 미국 자신이 국제연맹에 가입하지 않은 데다, 독일과 소련 등의 가입이 허용되지 않았다. 그뿐만 아니라 가맹국에 대한 구속력을 행사할 수 있는 기구가 없어 참가국이 임의로 탈퇴할 수가 있고, 특히 평화를 파괴하는 국가에 대한 제재방법으로서는 경제적 봉쇄 정도 이외에 실효성 있는 방도가 없었다.

그런 가운데서도 국제연맹의 창설과 더불어 한 가지 주목되는 것은 보조기구로서 설립된 국제노동기구(International Labour Organization, ILO)의 창설이었다. 이는 노동자의 안녕과 복지향상이 국제적인 관심의 대상이 되었다는 것을 뜻하며, 이를 위한 국제적인 협력이 처음으로 모색되었다는 점에서 획기적인 일이었다. 국제노동기구는 실제로 노동시간, 여성과 연소자의 근로, 야간노동, 실업, 공중위생문제 등에 관해 많은 규약을 마련하고 노동문제에 대한 여론을 환기시키는 데 크게 기여했다.

2. 평화의 모색

전례 없는 대전쟁으로 인류가 겪은 참화는 극심했다. 전쟁에 동원된 쌍방의 총병력 6,000여만 명 중 사망자는 900만, 부상자는 2,000만에 달했으며, 물질적 손실은 2,000억 달러에 달한 것으로 추산되었다. 이러한 참화를 겪은 사람들의 평화에 대한 갈망은 그 어느 때보다 강렬했고, 그러한 갈망이 국제연맹의 창설 등으로 구체화했던 것이다. 그리하여 국제연맹은 물론이요, 국제연맹의 테두리 밖에서도 평화를 구축하고 유지하기 위한 진지한 노력이 기울여졌다.

전후의 유럽에서 평화를 위협하는 가장 큰 요인은 프랑스와 독일의 대립이었다. 1923년 독일이 배상금을 제대로 지불하지 못하자 프랑스는 독일의 최대 공업지대인 루르(Ruhr) 지방을 점령했고 이로 말미암아 두 나라 관계는 극도로 악화되었다. 그러나 전체적인 평화기운과 더불어 1925년 독일 외상 슈트레제만(Stresemann)의 제의에 따라 독일 · 프랑스 · 영국 · 이탈리아 · 벨기에 · 폴란드 · 체코의 대표들 사이에 로카르노(Locarno) 협정이 체결되었다. 이 협정은 독일과 프랑스가 베르사유 조약을 준수할 것이며 협정국은 모든 문제를 평화로운 방법으로 해결할 것을 약속한 것으로서 대전 후 처음으로 유럽에 해빙 무드를 가져온 것이었다. 그리하여 이듬해인 1926년에 독일이 국제연맹에 가입하게 되었다.

평화기운은 1928년에 더욱 규모가 큰 켈로그-브리앙 협정(Kellog-Briand Pact)으로 알려진 부전조약의 체결로 이어졌다. 이 협정은 국가정책 수행의 수단으로서의 전쟁을 적극적으로 배제하자는 것으로서, 처음에는 15개국이 참여했고 그 뒤 세계 대부분의 국가가 참가했다. 그러나 참가국이 국가안보 또는 중대한 국가이익의 경우를 유보조건으로 내세우고, 이 협정을 위배한 경우에 대한 대책이 마련되어 있지 않아 실효성이 없었고, 다만 당시의 평화에 대한 갈망을 표현한 데 그쳤다는 아쉬움이 있었다.

전후에 평화수립과 경제부흥에 직접 관련된 중요 문제는 배상이었다.

베르사유 조약 후에 결정된 독일의 배상금은 막대한 액수였고, 패전의 혼란과 경제적 침체에 허덕이는 독일로서는 도저히 감당할 수 없는 것이었다. 게다가 이를 이유로 한 프랑스군의 루르 점령은 독일 경제를 더욱 곤경에 몰아넣어 파탄에 직면하게 했다.

독일 경제의 파탄은 유럽 경제의 혼란을 뜻하는 동시에, 전승국의 대부분이 미국에 대한 채무국으로서 배상금을 받지 못하면 미국에 대한 채무 또한 갚을 길이 막연했던 것이다. 그리하여 1924년 미국은 도즈안(Dawes Plan)을 제시하여 2억 달러의 차관으로 독일의 마르크화를 안정시키고 앞으로 5년간의 배상액을 우선 잠정적으로 정했다. 이러한 조치로 마르크화가 안정되고 독일 경제도 부흥의 기미를 보였으나 배상금은 여전히 큰 부담으로 남아 있었다. 이에 미국은 1929년에 다시 영안(Young Plan)으로 배상금 총액을 4분의 1로 감소하고 지불연한도 1959년으로 연장했다. 그러나 바로 이때 불어닥친 세계공황으로 그 액수의 상환조차 불가능해지자 미국 대통령 후버(Hoover)는 1년간의 상환유예(Hoover Moratorium)를 통고했다. 1932년 관계국은 로잔 회의(Conference of Lausanne)에서 배상금을 44분의 1로 감소하고, 그것도 경제회복 때까지 상환을 유예하기로 함으로써 배상문제는 실질적으로 소멸되었으며, 이에 따라 미국에 대한 전채(戰債)상환도 흐지부지되었다.

배상문제보다 더 직접적으로 평화수립에 관련된 것은 군비축소문제였으며, 이를 주도한 것은 미국이었다. 윌슨은 14개조에서 국내의 안전을 유지하는 선까지 군비를 축소할 것을 제안했고 국제연맹도 이를 중요시해 그 구체안을 작성하기로 했다. 그러나 군비축소의 구체안은 역시 미국에서 먼저 제출되었다. 즉, 미국은 전후에 일본의 세력이 태평양 지역에서 비대해지는 것을 경계하여 1921~1922년에 워싱턴 군축회의를 개최하여 미국 · 영국 · 프랑스 · 이탈리아 · 일본의 주력함의 비율을 5:5:3:1.75:1.75로 정하고, 앞으로 10년간 주력함을 건조하지 않기로 했다. 이 회의의 부산물로서 미국 · 영국 · 프랑스 · 일본에 태평양 지역에서의 기존 영토보유권을 서로 존

대공황 대공황 때 미국의 실업자들이 거리에서 사소한 물건들을 팔고 있는 모습

중할 것을 약속한 4국조약과, 이 회의에 참석한 모든 국가가 중국의 영토 보전과 문호개방 원칙을 존중할 것을 약속한 9개국조약이 체결되었다.

워싱턴 군축회의는 군비축소에 관해서 주력함만 제한했기 때문에 보조함에 관한 문제를 협의하기 위해 1927년에 제네바 군축회의가 소집되었다. 그러나 프랑스와 이탈리아가 참석하지 않고 미국 · 영국 · 일본의 의견이 대립되어 아무런 성과도 거두지 못했다. 1930년 세계공황 속에서 각국이 모두 군비지출을 삭감할 필요를 느끼게 되어 런던 군축회의가 열렸다. 여기에서 보조함에 관해 미국과 영국, 일본 사이에 10:10:7의 비율이 정해졌으나 프랑스와 이탈리아는 의견의 대립으로 협정에 참가하지 않았다. 1932년에는 제네바에서 국제연맹 주도하에 국제적인 군축회의가 열렸다. 종전의 군축회의가 주로 해군력만을 대상으로 삼은 데 대해 이번에는 모든 군비의 축소를 검토하기로 했으며 참가국도 61개국에 달했다. 그러나 300여 개의 제안이 나오고 회의만 거듭할 뿐 아무런 결말도 맺지 못하는 사이에 독일의 재무장을 주장하는 히틀러가 정권을 장악했다는 소식이 전해지자 각국 대표는 하나 둘 빠져 버렸으며, 얼마 안가서 각국의 주된 관심사는 군비축소가 아니라 군비확장이 되었다.

제2절 민주주의의 발전과 세계공황

1. 민주주의의 발전

연합국의 대독일 전쟁의 대의명분은 인류의 권익을 옹호하고 군국주의와 무책임한 정부의 타도였으며, 세계대전에서의 승리는 이를 달성한 듯이 보였다. 과거의 유물처럼 보이던 독일 · 오스트리아 · 투르크 · 러시아의 제정이 무너지고 러시아의 경우를 제외하고는 민주적인 공화정이 수립되고 새로 독립한 나라들도 대다수가 민주주의를 정체로 삼았다. 19세기에 이미 민주주의의 기반을 닦은 미국, 영국, 프랑스 등 주요 국가들은 말할 것도 없고 벨기에, 네덜란드, 에스파냐 등은 종래대로 민주제를 유지했고, 핀란드, 에스토니아, 라트비아, 리투아니아 등 러시아로부터 독립한 나라들도 공화제를 채택했으며, 덴마크와 노르웨이, 스웨덴에서는 민주정치가 뿌리를 내리고 있었다. 오스트리아와 체코, 폴란드에서는 민주헌법이 채택되고, 유고슬라비아와 루마니아에서도 민주화가 진행되었으며, 공화국이 된 투르크에서는 무스타파 케말(Mustafa Kemal)의 주도하에 근대화가 진행되고 있었다.

이와 같이 정체에서 공화제가 늘고 민주주의를 택하는 나라의 수가 증가했을 뿐 아니라 민주주의 자체도 발전했다. 즉, 19세기에 선거권에 가해졌던 재산소유의 제한이 없어지고 남녀평등의 보통선거가 일반화되어 유산계층의 제한된 민주주의로부터 대중민주주의(mass democracy)로 발전한 것이다. 뿐만 아니라 1929년의 세계공황을 계기로 계획경제가 도입되어 경제활동에 대한 국가의 통제와 관여가 커지고 복지국가의 개념이 확립되었다.

2. 영국

일찍부터 의회민주주의가 발달한 영국에서는 1918년에 모든 성년남자에게, 그리고 1928년에는 모든 성년여자에게 선거권이 부여되고, 노동조합이 강화되어 1901년에 창설된 노동당이 눈부시게 진출하여 정권을 잡는 등 민주주의가 크게 진전했다. 그 결과 자유당이 쇠퇴하여 전후의 영국 정치는 보수당과 노동당이 좌우하는 형세가 되었다.

그러나 전후의 영국 경제는 큰 어려움에 당면했는데, 그것은 주로 수출무역의 부진에 따른 산업의 위축으로 말미암은 것이었다. 불황과 실업이 계속되고 부흥의 기미가 보이지 않고 실업자 수가 100만을 넘었다. 이러한 상황 속에서 1924년 맥도널드(MacDonald, 재임 1924, 1929~1935)가 노동당 내각을 조직하여 사회주의 정책을 표방했다. 그러나 자유당의 지지를 필요로 한 소수당 정부로서 정책을 과감하게 추진하지 못하고, 주택자금의 방출, 실업보험제의 강화 등에 그쳤으며, 보수당의 공격으로 채 1년을 채우지 못하고 물러났다. 그 후 1929년의 세계공황까지는 보수당의 집권하에서 어느 정도 안정을 유지했으나 불황과 실업은 여전했다.

경제적 어려움과 더불어 영제국의 편제에도 변화가 일어났다. 전전에 이미 자치권을 획득한 아일랜드에서는 전후 신페인당(Sinn Fein)을 중심으로 격렬한 독립운동을 전개해 1921년에 남부 26주가 아일랜드 자유국으로 자립했다.[1] 이집트는 1922년에 입헌군주국이 되고, 간디(Gandhi)의 지도

1) 드 발레러(de Valera)가 이끈 과격파는 이에 승복하지 않고 완전한 독립을 목표로 투쟁을 계속했다. 그 후 1937년에 아일랜드는 마침내 완전히 독립하여 국명을 에이레(Eire)로 고쳤다.

하에 독립운동을 계속해 온 인도는 1935년에 자치령과 동등한 자격을 얻었다. 이라크, 아프가니스탄, 페르시아 등도 영국의 세력권에서 벗어나서 독립을 확보했다. 1931년 이러한 정세변화에 대응하여 웨스트민스터법(Statute of Westminster)이 제정되었다. 이 법은 1926년의 제국회의의 결정을 성문화한 것으로서, 본국과 자치령은 동등한 지위를 가진 영연방(British Commonwealth of Nations)의 일원으로 영국왕에게 충성을 바치되, 그 밖의 모든 문제에 대해서는 제각기 독립적인 결정권을 행사한다는 것이었다. 이러한 영연방에는 캐나다, 오스트레일리아, 뉴질랜드, 남아프리카 연방, 아일랜드 자유국, 뉴펀들랜드 등이 포함되었다.

3. 프랑스

전승국 중에서 전쟁피해를 가장 많이 입은 것은 프랑스였다. 140만 가까운 전사자와 300만이 넘는 부상자에 30만의 가옥과 2만의 공장이 파괴되었다. 그리하여 프로이센-프랑스 전쟁 이후의 대독일 적대감과 두려움이 한층 더 심화되어 독일에 대한 철저한 응징과 안전보장책을 추구했다. 전후에 프랑스는 베르사유 조약으로 알자스와 로렌을 다시 찾음으로써 1870년의 굴욕을 어느 정도 씻을 수가 있었다. 그 뒤 프랑스는 독일을 무력화하고 고립화하기 위해 영국 · 미국과의 동맹을 계획했으나 양국의 거부로 좌절되자 폴란드, 체코, 유고슬라비아, 루마니아 등과 이른바 소협상(Little Entente)을 맺었다.

전쟁피해가 심했기 때문에 부흥비도 막대하여 인플레이션이 심해지고 경제상태가 악화되었을 뿐 아니라 정치정세 또한 복잡했다. 전후의 프랑스 정치는 우파연합과 좌파연합이 대립한 가운데 여러 군소정당이 난립하여 내각의 교체가 빈번했다. 그러나 1926년에 푸앵카레(Poincaré)가 거국내각을 조직함으로써 이러한 정치적 불안정도 어느 정도 진정되고, 1928년

통화의 평가절하를 통해 재정도 안정의 길로 접어들었다. 그리하여 1929년에 시작된 세계공황의 타격도 다른 나라보다 조금 늦게 받은 편이었다.

4. 미국의 번영

미국이 입은 인적 · 물적 피해 역시 적지 않았으나, 미국은 피해에 비해 전쟁으로 얻은 혜택이 오히려 큰 편이었다. 전후 미국 경제는 영국 경제를 능가하여 미국은 세계경제를 지배하는 부유하고 번영된 나라가 되었다. 1921년 윌슨의 뒤를 이어 대통령으로 취임한 공화당의 하딩(Harding, 재임 1921~1923)은 '정상상태(normalcy)로의 복귀'를 선언하고 세계공황까지의 번영의 길을 열었다. 하딩의 뒤를 이어 역시 공화당의 쿨리지(Coolidge, 재임 1923~1929)가 대통령으로 취임했는데, 그의 재임 기간은 미국 경제가 호황을 누린 시기로서, 기업이 번창하고 공업생산이 크게 증대했다. 미국의 금보유고가 전후 수년 사이에 46억 달러에 달해 전 세계 보유고의 절반에 육박하고, 세계 자동차의 80%, 전화의 61%를 보유하고, 1923년의 석유 소비량은 프랑스가 1인당 37kg임에 비해 미국은 956kg이라는 엄청난 격차를 나타냈다. 이렇듯 1920년대는 미국 기업의 전성기로서 기업가들이 미국의 정치와 경제를 좌우했다.

전후 미국은 윌슨의 이상주의와 국제협조정책을 버리고 다시 고립주의로 돌아갔다. 그것은 독일이 완전히 패배한 이제 더 이상 유럽의 복잡한 정치정세에 휘말릴 필요가 없으며, 경제면에서도 미국 경제의 다른 지역경제에 대한 의존도가 매우 낮은 상황에서 허덕이고 있는 다른 나라들의 경제적 혼란의 와중에 빠져들기를 꺼렸기 때문이다. 그러나 이러한 미국의 고립주의가 철저하게 준수된 것은 아니었다. 비록 국제연맹에는 가입하지 않았으나 미국은 워싱턴 군축회의를 주관하고, 부전조약의 체결에도 주도적 역할을 맡았으며, 국제관계에서의 그와 같은 미국의 역할은 점점 더 커져 갔다.

5. 바이마르 공화국

전후 가장 어렵고 비참한 상태에 놓인 것은 역시 독일이었다. 1919년 2월 20세 이상 남녀의 보통선거에 의해 선출된 국회가 바이마르(Weimar)에서 열려 독일이 연방공화국임을 선언하고 노동자 출신의 투사인 사회민주당의 에베르트(Ebert, 1871~1925)를 대통령으로 선출하고, 베르사유 조약을 비준한 후 민주적인 '바이마르 헌법'을 채택했다.

바이바르 헌법은 20세 이상의 남녀의 평등한 선거로써 구성되는 국회와 전 국민의 직접선거로 선출되는 임기 7년의 대통령을 두었으나, 국회의 권한이 매우 커 내각이 국회에 책임을 지는 내각책임제를 채택했다. 그것은 또한 기본적으로 사유재산권과 상속권을 보장하되, 국민의 노동권과 노동자의 단결권과 단체교섭권을 인정하는 등 혁신적인 규정을 담고 있었다.

그러나 새로 출범한 바이마르 공화국의 전도는 다난했다. 첫째, 바이마르 공화국은 패전의 산물이었으며, 둘째, 독일 국민은 독일이 군사적으로 패배한 것이 아니라 실은 자유주의자, 사회주의자 또는 공산주의자 등과 같은 국내의 배신자들에 의해서 '등에 칼을 맞았다'는 전설(Dolchstoss-legende)에 매달릴 정도로 심한 굴욕감에 사로잡혀 있었으며, 셋째, 독일 국민에게 민주주의는 처음 대하는 낯선 것이었다. 그리하여 새 공화국은 좌우 양 세력으로부터 끊임없는 공격과 도전을 받게 마련이었다.

무엇보다도 어려운 시련은 격심한 경제난이었는데, 그것은 마르크화의 폭락에 따른 격심한 인플레이션으로 나타났다. 전쟁 전에 미화 1달러가 4.2마르크였던 마르크화의 가치가 종전 후 계속 떨어지더니, 프랑스의 루르 점령이 시작된 1923년 초에는 1달러가 5만 마르크가 되고, 이 해 12월에는 1달러가 수조 마르크라는 상상할 수조차 없는 폭락현상을 빚어냈다.

빵 한 조각을 사기 위해 손수레에 가득히 지폐를 싣고 가야 했고, 우표 한 장 값이 5,000만 마르크에 달했다. 이러한 엄청난 경제난은 극심한 사회불안을 야기하고 극우와 극좌 양 세력을 강화해 폭동이 연달아 일어났다. 무명의 히틀러(Hitler, 1889~1945)가 1923년 11월 뮌헨의 한 맥주홀에서 작은 폭동(Putsch)을 일으킨 것이 바로 이러한 폭동의 한 보기였다.

그러나 1924년에 접어들면서 안정의 서광이 보이기 시작했다. 1923년에 내각수반인 슈트레제만(Stresemann, 1878~1929)은 1조 마르크를 1렌텐마르크(Rentenmark)로 환산하는 통화개혁으로 인플레이션을 진정시키고, 1924년에는 도즈안의 채택으로 미국으로부터의 2억 달러의 차관을 얻어 새로운 통화를 안정시켰다. 그는 또한 대외적으로 온건한 국제협조의 외교를 펴서 1925년에는 로카르노 조약을 체결하고, 이듬해에는 국제연맹에도 가입했다. 이러한 국내외 정치정세의 안정과 더불어 경제부흥도 착실하게 진행되었다. 배상액의 감소를 비롯한 외국의 지원과 국민의 강한 재건의욕, 고도의 기술과 능률적인 산업기구의 구축에 힘입어 독일의 생산고는 1920년대 후반에 이르면 대전 전의 수준을 넘어서게 되어 바이마르 공화국의 앞날도 밝아 보였다.

6. 세계공황과 뉴딜

1920년대 후반에는 세계대전의 피해의 복구와 부흥이 결실하여 유럽을 비롯한 세계 각국이 안정을 되찾고 국제협조가 순조로워 평화가 정착하는 듯이 보였다. 특히 미국은 다른 교전국과는 달리 일찍이 기업의 전성시대를 맞이하여 세계경제를 주도하면서 번영을 구가하고 있었다. 이러한 미국에 1929년 10월 갑작스럽게 경제공황이 불어닥쳤다. 그 첫 징조는 뉴욕의 주식시장에서의 주가의 폭락이었다. 뉴욕의 증권시장에 일어난 공황상태는 순식간에 금융업과 농업 그리고 공업에 파급되어, 문을 닫는 은행이 속출하고, 농산물가격이 폭락하고, 공장과 기업이 쓰러져 실업자가 급증했다. 미국의 경제공황과 불황은 곧 전 세계에 파급되어 세계적 규모의 경제공황으로 진전되었다. 1929년부터 1932년 사이에 세계의 무역은 60% 이상이 감소하고, 물가는 3분의 1로 급락했으며, 실업자 수는 3,500만에서 5,000만으로 추산되었다.

이러한 세계공황은 모처럼의 평화와 안정을 위태롭게 했으며, 각국은 이에 대한 대응과정 속에서 경제와 경제정책에 큰 수정과 변화를 가하게 되고, 그것은 정치에도 영향을 미치게 되었다. 특히 공황의 근원지인 미국이 입은 타격은 심각했다. 1929년 이래 4년간에 공업 생산은 50% 이상 감소하고, 1933년의 실업자 수는 전체 인구의 1할에 해당하는 1,200만에 달했으며, 농민의 수입은 60%가 줄고, 48개 주의 은행 중 47개 주의 은행이 문을 닫거나 예금인출을 제한해야 하는 지경이었다.

공화당의 후버 대통령은 이러한 공황타개에 실패하고, 1933년 민주당의 프랭클린 로우즈벨트(Franklin Roosevelt, 재임 1933~1945) 대통령이 취임하면서 뉴딜(New Deal) 정책으로 알려진 일련의 경제정책을 통해 공황타개에 나섰다. 그러나 뉴딜정책은 단순한 고식적인 공황 타개책을 넘어선 획기적인 전환을 수반한 경제정책으로서, 구제(relief)와 부흥(recovery)에 그치는 것이 아니라 개혁(reform)까지 포함한 이른바 3R정책이었다.

로우즈벨트는 취임 직후 우선 은행의 구제와 금융제도의 정비에 착수하고 공황의 타격을 가장 심하게 받은 농업과 농민 문제의 해결을 위해 1933년 농업조정법(Agricultural Adjustment Act, AAA)을 마련했다. 이는 정부가 농업생산을 조절하고 과잉생산물을 매입하는 동시에 농민들로 하여금 계획생산을 하도록 조직하여 수요와 공급을 조절함으로써 농업생산의 안정과 균형을 되찾으려는 것이었다. 이어 그는 전국산업부흥법(National Industrial Recovery Act, NIRA)을 마련하여, 각 산업 부문마다 생산조절과 최저가격을 정하게 했는데, 거기에는 고임금과 실업자구제계획 등이 포함되어 있었다. 이런 과감한 대책으로 공황이 어느 정도 진정되고 경제가 회복의 기미를 보였으나, 대법원은 1935년 산업부흥법과 농업조정법이 주권과 개인의 재산권을 침해하는 것이라 하여 위헌판결을 내렸다.

그러나 로우즈벨트는 여론의 지지를 바탕으로 노동자의 단결권과 단체교섭권을 규정한 와그너법(Wagner Act, 1935)을 제정하고, 이어 65세 이상의 노인에 대한 연금과 실업자에 대한 수당의 지급, 그리고 주정부의 빈곤자, 불구자, 무능력자 등의 구제를 위해 연방정부의 재정지원을 규정한 사회보장법(Social Security Act, 1935)을 제정했다. 그리하여 그는 이듬해에 압도적인 다수로 대통령에 재선되었고, 그 후 1938년에는 다시 최저임금제와 주 40시간 근로제를 규정한 공정노동기준법(Fair Labor Standard Act) 등을 제정하여 뉴딜 정책이 단순한 공황타개와 부흥정책에 그치는 것이 아니라 사회보장과 노동자의 권익을 옹호하는 적극적인 개혁정책임을 보여주었다. 한편 종래의 직능별 조합으로 활약해 오던 미국노동자총연맹(American Federation of Labor, AFL)과는 별개로 산업별 조합(Congress of Industrial Organization, CIO)이 새로 조직되어(1935) 근로자의 지위향상에 공헌하게 되었다.

이와 같은 뉴딜 정책은 미국이 공황을 계기로 종래의 완전한 자유방임주의를 탈피했음을 말해 주는 것으로 연방정부의 경제 분야에서의 개입과 통제의 권한이 증대했음을 의미하는 것이었다. 그렇다고 자유경쟁의 원칙이 부인된 것은 아니지만, 이제 공공의 목적과 복지사회를 지향하기 위해 경제활동이 중앙정부의 통제를 받을 수 있다는 원칙이 인정된 것이다. 1933년 발족한 테네시 계곡 개발공사(Tennessee Valley Authority, TVA)는 실업자구제와 공공사업의 합리성을 사기업에 시범으로 보이려는 것이기도 했다.

로우즈벨트 시대에는 외교정책에도 변화가 일어나, 미국은 이제 1920년대의 고립주의를 버리고 국제협조를 지향하는 동시에 라틴아메리카의 여러 나라에 대해서도 강압적인 태도를 버리고 공동의 안정과 복지를 추구하는 선린정책(Good Neighbor Policy)을 채택했다. 그리하여 1934년에는 쿠바의 독립을 승인하고 필리핀에 대해서도 10년 후의 독립을 약속하였다.

7. 각국의 대응책

유럽의 여러 나라에서도 경제공황의 타격은 컸다. 영국의 경우, 1929년에 진수한 선박톤수가 500만 톤이던 것이, 1931년에는 18만 톤에 불과하였던 것만으로도 그 심각성을 짐작할 수 있다. 그 사이에 수출은 50%, 수입은 43%가 감소했다. 1931년 노동당의 맥도널드는 이와 같은 난국을 타개하기 위해 보수당 및 자유당과 더불어 거국내각을 구성하여, 금본위제를 포기하고 실업자수당의 삭감 등을 포함한 긴축재정을 집행하는 한편 무역의 진작과 실업자구제에 전력을 기울였다. 다음해에는 캐나다의 오타와에서 연방회의(Ottawa Conference)를 열어 이미 웨스트민스터법으로 공동체화한 제국이 경제적으로도 긴밀한 유대를 가지도록 했다. 그리하여 자치령의 농산물과 본국의 공산품에 대해 서로 특혜관세를 부과하도록 하는 반면 외국 상품에 대해서는 수입관세를 높이는 등 블록경제를 지향하게 되었다. 그 결과 1933년 후반부터 경기가 회복하기 시작하고 예산의 균형도 잡히게 되었으며 실업자 수도 줄게 되었다.

프랑스는 미국에 이어 다량의 금을 보유하고 세계공황의 영향을 다른 나라보다 늦게 받은 편이었다. 그러나 1931년경부터 재정상태가 악화되고 실업자 수가 증가하여 점차 경제난이 심각해졌다. 그 결과 노사의 대립이 격화되고 내각이 빈번하게 교체되었으며, 궁핍해진 중산층과 농민들을 주축으로 한 과격한 우파세력이 등장하여 악시옹 프랑세즈(action française)와 같은 파시스트적인 우익단체의 활동이 활발해졌다. 이에 대해 사회당을 비롯한 좌파세력은 인민전선(Popular Front)을 결성하고, 1936년에는 사회당의 블룸(Blum)이 인민전선내각을 조직하여 정치를 안정시키고 경제위기를 어느 정도 극복했다.

세계공황의 영향은 특정 국가에 한정되지 않고 전 세계에 파급되었기 때문에 국제적으로 이에 대응하려는 움직임도 활발했다. 이를테면 1930년의 설탕 생산국들의 국제회의, 1931년의 세계밀회의 등 분야별로 국제적인 대책이 논의되었고, 1933년에는 런던에서 세계경제회의가 개최되어 세계통화, 신용, 국제가격, 무역장벽의 타파, 전 세계 생산과 무역의 재편성 등 광범한 공황타개책을 검토했다. 그러나 이러한 국제회의는 참가국들의 이해관계가 반드시 일치하지는 않아 큰 성과를 거두지는 못했다.

제3절 전체주의의 대두

1. 소련의 공산독재

1917년 11월 무력봉기로 정권을 잡은 레닌은 전국 방방곡곡에서 일어난 반볼셰비키 내란과 외국의 간섭전쟁에 시달리게 되었다. 이에 레닌은 체카(Cheka)라는 비밀경찰을 창설하여 반대자와 비협력자들을 탄압했다. 1919년에만도 약 6,000명이 처형되고 다음해에 걸쳐서 협력을 거부하는 상층 및 중산층의 절반이 재산을 몰수당하고 수천 명이 처형되었다. 한편 반볼셰비키 세력은 서로 연결하거나 단결하지 못하여 트로츠키가 조직한 적군에게 개별적으로 격파당하고, 연합국의 간섭전쟁도 1920년경에는 외국군 대부분이 철수하여 볼셰비키 정권은 위기를 모면했다.

1918년 볼셰비키는 러시아공산당으로 개칭하고 수도를 모스크바로 옮겼다. 공산당은 정권장악과 더불어 전국의 공장과 토지, 철도와 은행 등을 국유화하고 신헌법을 제정하여 공산주의 사회를 건설하려고 했으나 계속되는 내란과 간섭전쟁으로 경제가 거의 붕괴상태에 직면하고, 1920년 말부터

1921년에 걸쳐 농민들의 반란이 속출하고 수병의 반란까지 발생했다. 이러한 사태에 직면하여 레닌은 급속한 공산주의 건설을 완화하여 부분적으로 개인기업을 허용하는 등 점진적인 공산화 정책으로 전환하는 신경제정책(NEP)을 채택했다(1921). 이 정책의 수행을 위해서는 외국의 자본과 기술도입이 절실히 요구되었기 때문에 대외적으로는 국제협조를 표방하고 1922년에 독일과 라팔로(Rapallo) 조약을 체결하여 상호간의 경제원조를 약속했다. 그리하여 1924년에는 영국과 이탈리아가 소비에트 정권을 인정했으며, 뒤이어 세계 각국이 신정권을 승인했다.

1923년 우크라이나와 코카서스가 새로 참가하여 소비에트 사회주의 연방(USSR)이 성립되고 다음해에는 새로운 연방헌법이 제정되었다. 그러나 바로 그 해 레닌이 사망하고 그 후계자를 둘러싸고 스탈린(Stalin, 1879~1953)과 트로츠키 사이에 치열한 정권다툼이 일어났다. 이 싸움에서 일국사회주의를 표방하고 승리한 스탈린은 철저한 공산화 정책의 수행을 위해 독재체제를 강화하고 1928년부터 제1차 5개년계획을 실행하기 시작했다.

스탈린 지배하의 소련 공산주의 체제는 이탈리아의 파시즘과 독일의 나치즘보다 오히려 더 강력한 독재체제로서 인권과 자유가 말살되었다. 스탈린의 독재체제하에서 강제노동수용소에 수감된 인원수는 제정시대에 시베리아로 유배된 수보다 더 많았을 뿐만 아니라, 공산혁명을 주도한 많은 옛 볼셰비키 지도자들도 연이어 숙청당했다. 스탈린은 또한 기회 있는 대로 타국의 공산화를 획책함으로써 자유주의 국가들의 불안과 경계심을 불러일으키기도 했다.

2. 이탈리아의 파시즘

이탈리아는 원래 경제기반이 약한 데다 전쟁 중에 막대한 외채를 짊어지게 되어 전후에는 심한 인플레이션에 시달리고 실업이 증가했다. 이에 따라 노동자들의 공장접수 등 과격한 행동이 속출하여 사회불안이 심화되었다. 한편 3국동맹을 이탈하여 전승국이 된 이탈리아는 파리 강화회의에서 트렌티노(Trentino)와 트리에스테(Trieste)를 얻었으나 피우메(Fiume)는 얻지 못했다. 이에 극단적인 민족주의 감정이 고조되고 애국시인 단눈치오(D'Annunzio, 1863~1938)가 의용군을 거느리고 피우메를 점령하기도 했다.

이러한 어지러운 상황 속에서 1919년 무솔리니(Mussolini, 1883~1945)의 파시스트(Fascist)당이 결성되었다. 파시스트들은 처음에는 무솔리니와 비슷한 사회당의 이탈자, 제대군인, 소시민층을 규합했으나 점차 모든 계층의 청년들이 광범하게 참가하여 1922년 10월에 이른바 '로마 진군'으로 정권을 장악했다.

정권을 장악한 파시스트는 자기들에 유리하도록 선거법을 개정하여 의회에서 다수를 차지하고 정부권한을 강화하는 한편 반대파를 탄압하고 언론과 출판의 자유를 박탈했다. 이어 1926년에는 파시스트당 이외의 정당을 금지하여 일당독재체제를 수립하고 노동조합도 파시스트 조합으로 개편했다.

일명 협동조합국가(corporative state)라고도 불리는 이탈리아 파시스트 국가는 1929년 파시스트 조합과 정부대표로서 협동조합협의회를 설립하는 동시에 시민은 생산자로서 국가통치에 참여하고 개인이나 계급의 이익은 국가이익에 종속해야 한다는 이론에 따라 생산과 임금 등 모든 경제활동에 통제를 가했다.

이리하여 민주주의와 의회정치는 사라지고 파시스트의 전체주의적인 독재체제가 완성되었다. 파시즘의 이데올로기의 주된 내용은 독재와 국가지상주의, 그리고 팽창주의와 군국주의였다. 즉, 파시즘에 의하면 국가 위에, 국가 외에, 그리고 국가에 반하여는 아무것도 존재하지 않으며, 그러한 국가는 바로 파시스트당에 의해 대표되고 오직 파시스트의 신문과 파시스트의 교육이 있을 뿐이었다. 파시스트당이 대표하는 이탈리아 국가는 강력하고 위대해야 하며, 팽창하지 않는 국가는 쇠퇴하고 멸망하며 전쟁은 인간을 위대하게 만든다는 것이었다.

파시스트는 이탈리아의 통일 이래 불화가 계속되던 로마 교황청과의 화해를 모색하여 1929년에 교황과 라테란(Lateran) 조약을 체결했다. 그 내용은 바티칸(Vatican) 궁전과 그 주변 약 45헥타르의 지역인 바티칸 도시국가의 완전독립을 승인하고, 가톨릭을 국교화하는 대신, 교황은 이탈리아 왕국을 승인하고 교황령을 포기한다는 것이었다. 이와 더불어 파시스트는 경제부흥에 전력을 기울이고, 1924년에는 피우메를 접수하고 알바니아를 실질적으로 보호국화하는 등 호전적인 팽창주의를 취했다.

3. 독일의 나치즘

1929년의 세계공황은 1920년대 후반에 성장의 가능성을 보였던 독일의 바이마르 공화국에 치명적인 타격을 가하고, 그때까지만 해도 미미한 존재였던 히틀러의 국가사회주의 독일 노동자당(Nationalsozialistische Deutsche Arbeiterpartei), 즉 나치스(Nazis)에 집권의 기회를 제공했다.

세계공황의 타격이 독일에서 특히 심했던 것은 독일의 경제적 부흥이 외채에 의존하는 바가 컸고 특히 외채 중 미국의 차관이 큰 비중을 차지하고 있었기 때문이다. 전후의 참상을 견디어 내고 이제 막 안정을 되찾으려던 중소기업가, 봉급자, 이자생활자 등을 포함한 광범한 중산층과 중소농민들은 공황의 여파로 다시 안정을 상실하고 생활근거 자체에 위협을 받게 되었다. 그리하여 그들은 재래의 정치에 큰 불만을 느끼고 나치스를 지지

게슈타포의 학살 노르트하우젠 수용소(Nordhausen Concentrationcamp)에서 독일 비밀경찰 게슈타포(Gestapo)에 의해 살해된 희생자들

하게 되었으며, 바로 이러한 농민을 포함한 중소시민층의 지지를 받고 나치스는 1930년의 선거에서 107석을 얻어 143석을 얻은 사회민주당 다음가는 정당으로 갑자기 성장한 것이다.

대자본을 공격하는 한편 공산주의를 공격하여 사유재산제를 옹호하고 소시민층에게 조합으로 조직된 노동자와는 별도의 지위를 약속하는 나치스에게 중소시민층은 끌렸다. 뿐만 아니라 독일의 궁핍 원인으로서 유대인을 배격하고 베르사유 조약의 파기를 주장하는 나치스는 국민감정에 호소하는 힘이 컸다. 1932년 봄의 대통령 선거에서 히틀러는 힌덴부르크에게 약 600만 표의 차로 패하기는 했으나 제1차 투표에서 1,130만 표를 얻고 결선투표에서는 1,340만 표를 얻었으며, 이어 7월에 치러진 선거에서는 총의석 600여 석 중 230석을 얻어 제1당이 되고 이듬해 1월에 히틀러는 내각을 조직했다. 경제위기가 계속되고 국회의사당의 화재사건이 발생하는 등 혼란스런 분위기 속에서 치른 3월 선거에서 나치스는 다시 의석을 늘려

288석을 얻었다.

새로 구성된 의회에서 히틀러는 수권법을 제출하여 전권을 위임받음으로써 바이마르 공화국에 종지부를 찍었다. 이어 각 정당의 활동이 금지되거나 자진해산하여 7월에는 나치스만이 유일한 정당임이 선언되었으며, 이듬해인 1934년 8월에 힌덴부르크가 사망하자 히틀러는 총통(Führer) 겸 재상이 되고 신성로마 제국과 비스마르크 제국에 이어 나치스의 제3제국이 출현하게 되었다.

나치스는 역사가 오래된 연방제를 폐지하여 강력한 중앙집권제로 바꾸고 노동조합을 폐지하여 나치스적인 독일 노동전선으로 통합했다. 공산당에 대한 탄압과 더불어 나치즘 반대자와 유대인을 무자비하게 박해하는 한편, 신문과 방송, 교육과 연예계까지 완전히 장악하여 사상통제를 강화했다. 이러한 나치즘의 정치이념은 극단적인 민족주의와 반지성주의에 입각한 전체주의적 독재체제라는 점에서 이탈리아의 파시즘과 유사했으나, 파시즘에 비해 더 독재적이고 파시즘에는 없는 인종주의에 입각한 유대인의 박해와 대량학살 등 광신적인 성격이 강했다.

제4절 제2차 세계대전

1. 전체주의 국가의 침략

베르사유 조약의 폐기를 주장하는 나치스가 정권을 장악한 것은 유럽의 평화를 위협하는 불길한 징조였다. 1920년대에 베르사유 체제하에 정착할 듯이 보이던 세계평화는 세계공황을 거쳐 1930년대에 들어서면서 동서의 군국주의적인 전체주의 국가들에 의해 크게 위협받게 되었다.

먼저 무력진출을 시도한 것은 일본이었다. 일찍이 한국을 강점한 일본은 1931년 중국의 동북부에서 전단을 일으켜, 다음해에는 그곳에 만주국이라는 괴뢰국가를 세웠다. 국제연맹이 이를 비난하자 일본은 1933년 3월 국제연맹 탈퇴를 선언했으나, 국제연맹은 일본을 제재하지 못하여 그 위신이 크게 손상되었다. 뒤이어 국제연맹의 주최로 열린 제네바 군축회의에서 독일은 군비의 평등권을 주장하다가 받아들여지지 않자 이해 10월에 역시 국제연맹으로부터의 탈퇴를 선언했다. 2년 뒤인 1935년에 독일은 이번에는 베르사유 조약의 군비규정을 폐기하고 군비확장을 선언했으며, 다음해에는 독일의 진출을 두려워한 프랑스가 소련과 상호원조조약을 체결한 것을 구실로 로카르노 조약을 폐기하고 비무장지대로 규정된 라인란트(Rheinland)로 독일군이 진주했다. 국제연맹은 이를 문책했으나 아무런 실력행사도 하지 못하여 다시 한번 무력함을 드러냈다.

일찍부터 팽창주의를 표방하고 있던 이탈리아의 파시스트는 일본과 독일이 연달아 국제연맹을 탈퇴하고, 독일이 베르사유 조약을 파기해도 국제연맹이나 연합국이 속수무책임을 보고, 1935년 10월에 에티오피아를 침공했다. 국제연맹은 이탈리아를 침략자로 규정하고, 이탈리아 상품의 불매와 석탄, 석유, 철 등 군수물자를 이탈리아로 수출하는 것을 금지하는 등 이탈리아에 대한 경제제재조치를 취했다. 그러나 독일과 미국이 이에 참가하지 않고 수에즈 운하도 봉쇄되지 않아 경제제재는 큰 효과를 거두지 못하고, 1936년 이탈리아는 에티오피아를 정복하여 이를 합병했다.

이탈리아의 에티오피아 합병 후 얼마 안가서 에스파냐에서 내란이 발생했다. 메마른 국토, 후진적 농업경영, 농촌인구의 과잉 등으로 빈곤을 면치 못한 데다 세계공황의 영향으로 경제상황이 악화되고 있는 가운데 치러진 1931년의 선거에서 공화파가 승리하자, 국왕 알폰소 13세(Alfonso XIII, 재위 1902~1931)가 국외로 떠나고, 공화파는 단원제 국회와 내각책임제를 골자로 하는 공화국헌법을 제정했다. 새로운 공화국은 좌우의 공격으로 시달려 왔으나, 1936년의 선거에서 중간파와 좌파의 연합인 '인민전선'이 승리하여 공화파를 중심으로 한 중도적 내각이 조직되었다. 이에 대해 좌우의 과격파는 협력을 거부했는데, 우파와 군부가 1936년 7월 프랑코(Franco, 1892~1975) 장군의 지도하에 반혁명 쿠데타를 일으킴으로써 내란이 시작되었다. 내란이 시작되자 영국, 프랑스, 소련 등은 정부군을, 그리고 독일과 이탈리아는 프랑코 장군을 각각 지원했는데, 전자의 지원이 소극적인 데 반해 후자의 지원은 적극적이고 규모도 컸다. 그 해 11월에 독일과 이탈리아는 프랑코 정권을 승인하고, 프랑코 장군은 1939년 정부군의 반항을 완전히 분쇄하고 파시스트 정권을 수립했다.

이와 같이 에티오피아 문제와 에스파냐의 내란 등을 통해 서로 접근하게 된 독일과 이탈리아는 1936년 10월에 조약을 맺고 베를린-로마 추축(樞軸)(Berlin-Rome Axis)을 형성했다. 뒤이어 아시아의 군국주의 국가인 일본은 독일과 방공협정(防共協定)을 맺고, 다음해에 이 방공협정에 이탈리아가 참가함으로써 독일과 이탈리아, 일본의 추축이 성립했다.

베르사유 조약의 군비제한을 폐기한 독일은 군비확장을 서둘러 기계화된 정예부대와 강력한 공군을 보유하게 되었으며, 히틀러는 이러한 군사력을 배경으로 하고, 거기에다 영국과 프랑스의 이해관계의 대립과 우유부단한 유화정책으로 보아 양국의 반대가 크지 않을 것으로 판단하여 1938년 3월 오스트리아 합병을 감행했다. 이어 9월에는 체코슬로바키아 내에서 독일인 거주자가 많은 수데텐란트(Sudetenland)의 합병을 요구했다. 이에 유럽의 국제관계는 긴장했으나 어떻게든 평화를 유지하고자 한 영국과 프랑스는 뮌헨에서 히틀러, 무솔리니와 정상회담을 가지고 독일이 이 이상 더 영토를 요구하지 않겠다는 약속을 받고 독일의 수데텐란트의 합병을 승인했다. 당시의 영국 수상 체임벌린(Chamberlain)은 이 뮌헨 회담의 결과를 가리켜 '평화의 보장'이라고 자랑했다. 그러나 이듬해 3월에 히틀러는 체코슬로바키아 전체를 병합하고 말았다.

체코슬로바키아의 병합은 히틀러의 범(汎)게르만주의를 넘어선 끊임없는 영토적 팽창의 야망을 드러낸 것이었으며 히틀러는 잇달아 폴란드에게 단치히(그단스크)의 병합과 독일과 이를 연결하는 폴란드 회랑(回廊)의 설치를 요구했다. 유화적 대응을 거듭해 온 영국과 프랑스의 인내도 한계에 도달했다. 그리하여 이미 폴란드와 상호원조조약을 맺고 있던 프랑스에 이어 영국도 1939년에 폴란드와 상호원조조약을 맺고 독일과의 전쟁도 불사하겠다는 결의를 다짐하고 전쟁준비에 나섰다.

그러나 그동안에도 4개년 계획 등으로 최신군비의 확장에 전력을 기울여 온 히틀러는 영국과 프랑스의 군비가 아직 불충분함을 간파했으나, 다만 양국과의 전쟁이 벌어졌을 경우 소련이 양국과 연계하는 것을 막기 위해 1939년 8월에 소련과 불가침조약을 맺었다. 이 조약은 상호 간의 불가침만이 아니라 조약 당사국의 하나가 제3국과 전쟁을 하는 경우 다른 당사국은 중립을 지킨다는 내용과 폴란드에서의 쌍방의 세력권을 정한 것으로서 유럽만이 아니라 전 세계를 놀라게 했다. 왜냐하면 나치스와 공산주의자는 서로 상대방을 불구대천의 원수로 생각하고 있었기 때문이다.

이 독소불가침조약으로 동부에 대한 염려가 없어진 히틀러는 일전을 불사하겠다는 영국과 프랑스의 태도표명을 무시하고 이해 8월 31일 폴란드에 대해 최후통첩을 보내고 9월 1일의 새벽을 기하여 독일군에게 폴란드 공격 명령을 내렸다. 영국과 프랑스가 폴란드로부터의 독일군 철수를 요구한 최후통첩의 기한이 만료된 9월 3일 독일에 선전을 포고함으로써 드디어 제2차 세계대전이 시작되었다.

2. 추축국의 공세

폴란드 국민의 완강한 저항에도 불구하고 장비와 병력이 절대적으로 우세한 독일군은 한 달이 못 되어 폴란드를 석권하고 9월 중순에 동부로부터 침입을 개시한 소련과 폴란드를 분할하여, 독일은 단치히와 서부 폴란드를, 소련은 동부 폴란드를 취했다. 이어 소련은 에스토니아, 라트비아, 리투아니아 등 발트 3국을 점령하고 핀란드에 침입하여 해군기지를 확보했다. 한편 겨울을 넘긴 후 서부전선에 병력을 집중한 독일군은 1940년 4월 덴마크와 노르웨이로 침입하여 이를 점령함으로써 독일은 대서양 방면에 해군과 공군의 작전기지를 확보했다. 이 무렵 영국에서는 체임벌린이 물러나고 윈스턴 처칠(Winston Churchill, 1874~1965)이 연립내각을 수립하고 강력한 대독일전을 수행하기 시작했다.

노르웨이 점령 한 달 후 독일군은 돌연 벨기에와 네덜란드에 침입하여 네덜란드군의 저항을 분쇄하고, 5월 중순에는 프랑스의 주요 방어선인 마지노(Maginot)선의 북쪽 끝을 우회하여 도버 해협 쪽으로 진격했다. 그 결과 플랑드르에 있던 30여 만의 영국 · 프랑스군이 독일군에 포위되어 고립되었으나, 영국은 크고 작은 갖가지 선박을 동원하여 이들을 됭케르크(Dunkerque)로부터 영국으로 철수시키는 데 성공했다. 그 후 독일군은 계속 파리를 향해 진격하여, 6월 14일 파리가 독일군의 수중에 들어갔다. 드골(de Gaulle, 1890~1970) 장군은 영국으로 망명해 자유프랑스군을 조직하고 독일에 대한 항전을 선언했다. 그러나 프랑스는 실질적으로 나치스의 지배하에 들어가고 남부 프랑스에 제1차 세계대전의 영웅이었으나 이제는 늙어 무기력해진 페탱(Pétain) 원수를 수반으로 하는 비시(Vichy) 괴뢰정부가 수립되었다.

이제 유럽에서 독일에 저항하는 세력은 영국뿐이었다. 독일은 영국에 대한 상륙작전의 전초전으로서 매일같이 공습을 감행했으나 영국 국민은 처칠의 영도하에 단결하여 저항을 계속하고, 군수품생산을 증가시켜 방위태세를 강화하며, 영국 공군도 점차 반격에 나서 독일 공군에 적지 않은 피해를 입혔다. 한편 1940년 9월에 독일 · 이탈리아 · 일본은 3국동맹을 체결하여 연합국에 맞서는 태세를 강화했다.

이 무렵에도 미국의 여론은 참전에 적극적이 아니었다. 그러나 고군분투하는 영국이 붕괴하는 경우 유럽은 완전히 나치스 독일과 소련의 지배하에 들어갈 것이고, 다음 공격목표는 미국이 될 것이라고 예상했다. 그리하여 로우즈벨트는 군수공업을 급격히 확장하여 미국을 '민주주의의 병기창'으로 만들고, 1940년 6월부터 영국에 대한 지원을 강화했으며, 1941년 3월에는 무기대여법(Land-Lease Act)을 만들어 연합국에 대한 군수품과 식량공급을 적극적으로 추진했다.

한편 독일군의 파리 입성 직전에 추축국의 일원으로 참전한 이탈리아는 1940년 10월에 오랜 소망이던 발칸 방면과 아프리카로 진출했으나, 영국군을 비롯한 연합군의 저항으로 전세는 오히려 이탈리아에 불리했다. 이에 히틀러는 로멜(Rommel) 휘하의 기계화 정예부대를 아프리카에 파견하고, 유고슬라비아와 그리스를 공격하여 발칸을 지배하게 되었다. 이리하여 1941년 전반기에 히틀러는 소련을 제외한 유럽 대륙의 거의 모든 지역의 지배자가 되었다.

이 무렵 독일과 소련 사이에는 비밀리에 유럽에서의 세력권 설정의 교섭이 진행되고, 동북아시아에서는 유럽의 대전을 이용하여 남방에 진출하고 있던 일본과 소련 사이에 1941년 4월 중립조약(소일중립조약)이 체결되었다. 소련은 이 조약으로 병력을 유럽에 집중시킬 수 있게 되고, 일본은 북방의 위협에서 벗어나 남방 진출에 주력할 수 있게 되었다.

유럽의 거의 전 지역을 장악하게 된 히틀러는 1941년 6월 애당초 상호간의 세력확대를 위한 야합에 지나지 않았던 독소불가침조약을 파기하고 소련에 대한 공격을 시작했다. 상호간의 세력권 설정 문제에서 의견이 대립되고 있는 소련의 계속적인 군비확장에 대해서 독일은 불안을 느끼게 된 데다, 대전이 장기화하고 전선이 확대됨에 따라 독일은 소련 내의 물자, 특히 우크라이나의 식량과 코카서스의 석유를 확보하고자 했던 것이다. 여기서도 독일군은 파죽지세로 진격을 계속하여 9월에는 레닌그라드(Leningrad, 상트페테르부르크)와 모스크바에 육박하고 10월에는 우크라이나를 점령했다. 그러나 이러한 독일군의 진격도 광대한 영토를 가진 소련에게 치명적인 타격을 가하지 못하고 나폴레옹을 괴롭혔던 '동장군'의 도래와 더불어 독일은 전선을 축소하고 수비태세로 들어가지 않으면 안 되었다.

이보다 앞서 1941년 8월 로우즈벨트는 처칠과 대서양상의 영국 전함에서 회합을 가지고 평화수립의 원칙을 밝힌 「대서양헌장(Atlantic Charter)」을 발표했다. 그 내용은 영토의 무병합, 관계국민의 희망에 반한 영토변경의 배격, 각국 국민에 대한 정부형태 선택권 인정, 모든 국가에 대한 평등한 세계무역 참가권, 노동조건의 개선과 경제촉진 및 사회보장을 위한 국제협력, 모든 국가의 안전한 생활수단 확보의 보장, 해양의 자유, 무력행사의 포기와 군비축소 등이었다.

3. 태평양전쟁과 연합국의 승리

중국의 동북부를 침략한 데 이어 1937년에 중일전쟁을 일으켜 중국 본토로 침략의 손을 뻗친 일본은 도시들을 점령하는 데는 성공했으나 충칭(重慶)으로 수도를 옮겨 저항을 계속하는 국민당 정부를 굴복시키지는 못하고 있었다. 이에 초조해진 일본은 유럽에서의 전쟁발생을 기화로 대동아공영권 수립이라는 허울 좋은 명목을 내세워 동남아시아를 비롯한 남방으로의 진출을 꾀했다. 1940년의 독일과 이탈리아, 일본의 3국동맹과 이듬해의 소일중립조약으로 힘을 얻은 일본은 프랑스령 인도차이나로 진주하고, 다시 버마와 남태평양으로의 진출을 시도하게 되었다. 이에 이 방면에 깊은 이해관계를 가진 영국과 미국을 자극하게 되고, 1941년 가을에는 특히 미국과 일본 사이의 긴장이 고조되었다.

1941년 12월 8일(미국 시간으로는 7일) 일본은 선전포고도 없이 하와이의 진주만을 기습 공격했다. 이로써 대전은 태평양지역으로 확대되고, 독일과 이탈리아가 12월 11일 미국에 선전포고함으로써 전쟁은 문자 그대로 세계대전으로 확대되었다. 일본은 진주만에 대한 기습공격으로 미국해군에 큰 손해를 입히고, 영국이 아시아 지역에 전력을 증강하기 어려운 틈을 타서 서전에서 많은 승리를 거두었다. 즉, 1942년 전반기까지 일본군은 필

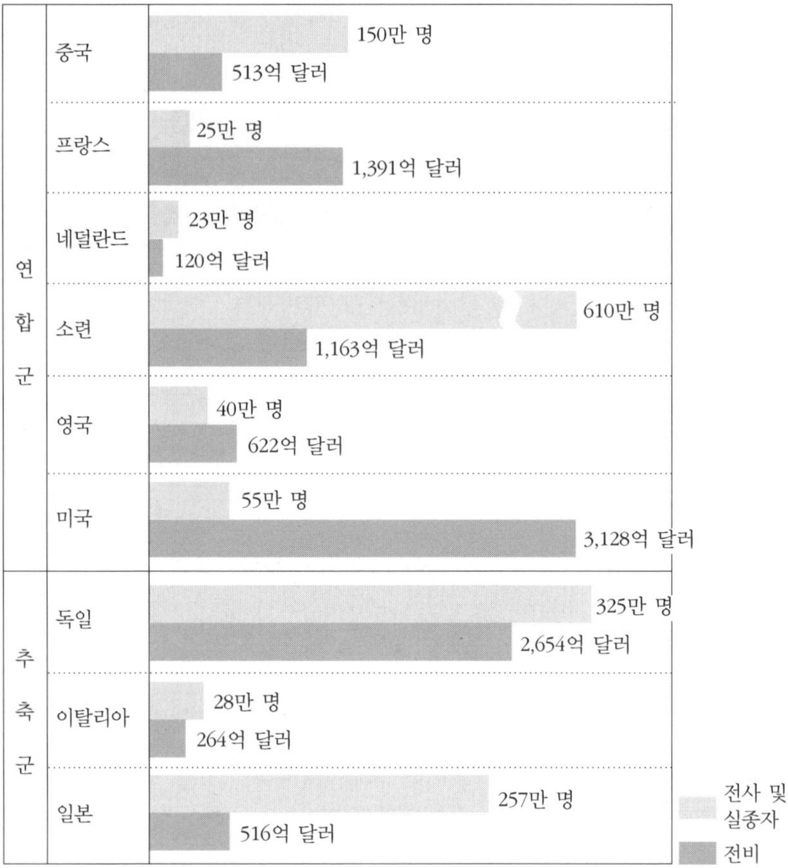

그림 15-1. 제2차 세계대전의 피해

리핀, 말레이시아, 버마, 네덜란드령 인도네시아 및 남태평양의 여러 섬들을 점령했다.

이리하여 1941년 겨울부터 다음해 봄에 이르는 시기에 동서의 침략적인 추축국의 세력은 절정에 이르렀다. 그러나 1942년 초여름부터 전세는 전환기를 맞이하게 되었다. 먼저 태평양전쟁에서는 1942년 6월 미드웨이(Midway)를 점령하려던 일본군의 작전이 완전한 실패로 끝났고, 8월에는 미군의 반격이 시작되어 과달카날(Guadalcanal)에 상륙하여 일본군을 섬멸했다. 아프리카 전선에서도 먼트거머리(Montgomery) 장군이 지휘하는 영국군은 1942년 11월 초 엘-알라메인(El-Alamein)에서 로멜의 전차부대에 대손상을 입히고, 때마침 상륙한 아이젠하워(Eisenhower) 장군 지휘하의 미군과 더불어 반격에 나섰다. 동부전선에서도 독일군은 1942년 여름에 재차 공세를 취하여 스탈린그라드[Stalingrad, 지금의 볼고그라드(Volgograd)]에 육박하여 이를 공격했으나 소련군의 완강한 저항으로 점령에 성공하지 못하고 다음해 2월에 반격으로 전환한 소련군에게 포위되어 30여 만의 독일군이 항복했다.

아프리카 전선에서도 반격에 나선 연합군은 튀니지로 진격하여 1943년 5월에 독일 · 이탈리아군의 항복을 받았으며, 이어 7월에는 시칠리아섬에 상륙하고, 다시 9월에는 이탈리아 본토에 상륙했다. 이리하여 무솔리니의 파시스트 정권이 무너지고 이탈리아는 연합군과 휴전했다. 그러나 이탈리아에 주둔한 독일군의 저항은 완강하여 나폴리에 상륙한 연합군은 진격이 저지되었으나, 다음해에 다시 서서히 북상하여 6월에 로마를 점령했다.

이러한 전세의 전환에 대응하여 1943년 11월 카이로에서 로우즈벨트, 처칠, 장제스의 세 정상이 회합을 가지고, 12월 1일 만주, 타이완 등의 중국 귀속과 한국의 독립, 그리고 일본의 무조건항복 등을 내용으로 하는, '카이로 선언(Cairo Declaration)'을 발표했다. 한편 이와 비슷한 시기에 미국과 영국, 소련의 수뇌는 테헤란에서 회합을 가지고 제2전선의 결성과 전후의 국제안전보장에 관한 협의를 했다.

1944년에 들어서면서 전세는 점차 연합군에 유리하게 기울어지고 있었으나, 독일군은 아직도 도처에서 완강한 저항을 계속하고 있어, 제2전선의 형성에 대한 요구가 절실했다. 이러한 요구에 응해 준비를 계속해 온 연합국은 1944년 6월 6일 아이젠하워 장군을 총사령관으로 하여 대규모의 노르망디 상륙작전을 감행했다. 상륙에 성공한 연합군은 독일군의 완강한 저항을 격파하면서 진격을 계속하여 8월 하순에는 파리를 해방시키고, 라인강에 접근했다. 연말에 이르러 독일군은 일시적으로 연합군의 진격을 저지하고, V_1, V_2 등 일종의 로켓 포탄으로 런던을 공습했다.

그러나 1945년에 들어서면서 연합군은 총공세를 취했으며, 1945년 2월에 크림 반도의 얄타(Yalta)에서 미국 · 영국 · 소련의 수뇌가 다시 회합하여 독일의 무조건 항복을 재확인하고 전후처리문제 등을 논의했다. 이 회담에서는 또한 비밀협정으로 러시아 제정기의 영토와 권익을 회복한다는 조건으로 독일의 항복 후 2~3개월 안에 소련의 대일전쟁 참여가 결정되었다.

1945년 2월 서방 연합군은 독일군 방어선인 지크프리트(Siegfried) 선을 돌파하고 라인강을 넘어 독일 심장부로 진격을 계속하고, 동부전선에서도 소련군의 진격이 빨라, 4월 하순에는 토르가우(Torgau)의 엘베(Elbe)강 다리 위에서 미군과 소련군의 선두부대가 처음으로 접촉했다. 며칠 후 북부 이탈리아에서 저항을 계속하던 독일군이 항복하고 독일군의 보호 아래 있던 무솔리니는 이탈리아의 유격대에게 체포되어 사살되었다. 5월 1일에는 소련군이 베를린에 돌입하고 히틀러는 그 전날 자살했다. 5월 7일 독일군 최고사령부는 연합군에게 무조건 항복하고, 9일에는 소련군에 대해서도 항복했다. 유럽에서의 전쟁은 이로써 끝났다.

이 무렵 태평양전쟁에서의 일본의 종말도 가까워지고 있었다. 1944년 6월 사이판이 함락되고, 1945년 초에는 맥아더(MacArthur) 장군 지휘하의 미군이 필리핀 본토에 상륙했으며, 이어 이오지마(硫黃島)와 오키나와(沖繩)가 점령되었다. 일본 본토에 대한 B29의 공습은 날이 갈수록 격심해지고 일본의 주요 도시는 머지않아 초토화할 전망이었다. 그리하여 미국 · 영국 · 소련의 수뇌는[2] 1945년 7월 베를린 교외의 포츠담(Potsdam)에서 회합을 갖고, 독일의 전후처리문제에 관한 얄타 협정을 재확인하고, 일본에 대한 무조건항복의 권고를 결정했다. 일본은 이미 소련에게 연합국과의 강화를 알선해 줄 것을 의뢰하고 있었음에도 불구하고 포츠담 선언을 묵살했

2) 포츠담 회담에는 로우즈벨트가 4월에 병사하여 새로 대통령에 취임한 트루먼(Truman)이 참석하고, 회담 도중 영국의 선거결과 노동당이 승리하여 새로 수상이 된 애틀리(Attlee)가 처칠과 교체했으며, 소련에서는 여전히 스탈린이 참석했다.

다. 그리하여 8월 6일에 히로시마(廣島)에 원자탄이 투하되고, 8일 소련의 급격한 참전에 이어 9일에는 다시 나가사키(長崎)에 원자탄이 투하되었다. 이에 8월 15일 일본이 연합국에 무조건 항복함으로써 5년간에 걸친 제2차 세계대전도 연합국의 완전한 승리로 끝났다.

제16장 오늘의 세계

제2차 세계대전이라는 대전쟁을 다시 경험하고 원자탄이라는 가공할 핵무기의 출현에 놀란 인류는 다시는 이런 참극이 일어나지 않고 평화와 자유를 누릴 것을 갈망했다. 이러한 소망을 이루기 위해 세계는 제1차 세계대전 후에 탄생한 국제연맹의 조직을 보완 · 강화한 국제연합(UN)을 결성했다. 그러나 전후의 세계는 이러한 염원을 쉽사리 이루어 내지는 못했다. 그것은 전쟁이 끝나자 소련을 중심으로 한 공산진영과 미국을 중심으로 한 자유진영 사이의 대립이 '냉전(cold war)'이라는 새로운 국제적인 긴장상태를 초래했기 때문이다. 게다가 과거 유럽의 자본주의 선진국가의 식민지였거나 그 압박을 받아 온 아시아 · 아프리카의 후진국들이 비동맹을 내걸고 결속하여 제3세계를 형성함으로써 국제관계는 더욱 복잡해졌다.

전쟁으로 말미암아 극도로 피폐한 유럽은 냉전으로 동서 양 진영으로 갈라져 국제무대에서의 발언권이 약화되었다. 그러나 1947년에 발표된 미국의 마셜 계획(Marshall Plan)을 계기로 서유럽은 경제부흥과 고도성장을 달성하고 통합의 길에 나서 마침내 유럽연합(EU)을 형성하기에 이르렀다. 이와 대조적으로 동유럽 국가들은 소련의 지배하에 그 위성국의 지위로 떨어지고, '철의 장막(iron curtain)'에 의해 서방과의 접촉과 교류가 차단되었다. 그러다가 고르바초프(Gorbachev, 1931~)가 추진한 '페레스트로이카

(perestroika)'(개혁)를 계기로 소련을 비롯한 동유럽에 커다란 지각변동이 일어나, 1989년부터 1990년에 걸쳐 소련이 해체되고 동유럽의 공산주의 체제가 일제히 무너졌다. 이리하여 전후 오랫동안 지속된 냉전이 해소되고 세계는 새로운 질서 수립의 길을 모색하게 되었다.

20세기는 정치 · 경제 · 사회뿐만 아니라 문화 면에서도 커다란 전환기를 이루었다. 제2차 세계대전 중 밀접하게 결합한 이론적 과학과 실용적 기술은 가공할 핵무기를 산출한 동시에 전후에 산업상의 놀라운 발전을 가져왔다. 로켓의 발달로 유인우주선이 달에 착륙함으로써 우주여행과 우주산업이 예견되고, 컴퓨터의 발달로 정보화 시대를 출현시켰다. 복지정책이 확충되고 의학이 발달하여 인간의 수명이 연장되고, 여성의 지위향상으로 가정생활에도 변화가 일어났다.

20세기를 마감하고 21세기에 들어서면서 인류는 이렇듯 거대한 전환기를 맞이하고 있다. 그러나 전환기의 세계에는 지역 간의 분쟁, 부족과 민족의 대립, 동유럽 · 아프리카 · 중동 지방의 미래 등 평화에 대한 불안요인이 상존하고, 남북문제와 환경문제, 인구문제, 지구온난화와 기상변화, 빈곤과 노사갈등 등 해결해야 할 문제들이 여전히 많다.

제1절 냉전과 국제정세의 변화

1. 전후처리와 국제연합

연합국의 정상들은 대전 중에 카이로 회담, 얄타 회담, 포츠담 회담 등에서 독일과 일본에 대한 처리를 비롯한 전후처리 문제를 논의했다. 그러나 전후에 미국을 비롯한 서방 측과 소련과의 견해차이가 커짐에 따라 제1차 세계대전 후와는 달리 전체적인 강화회의가 열리지 않고 패전국과의 개별적인 강화조약이, 그것도 상당한 기간을 두고 체결되었다.

그 결과 1947년 2월에 파리에서 열린 강화회의에서 이탈리아, 불가리아, 루마니아, 헝가리 등과의 강화조약이 체결되었고, 일본은 미군의 점령 아래 영토가 축소되고 전범자에 대한 재판이 추진되었으며, 1951년에 샌프란시스코에서 소련과 인도를 제외한 49개국이 모인 가운데 강화조약이 체결되었다. 독일 역시 영토의 축소, 전범자 처벌 등이 추진되는 한편 동서로 분단되어 동독은 소련이, 서독은 미국 · 영국 · 프랑스가 점령하고, 베를린은 전승 4개국의 관리하에 놓이게 되었다. 그러다가 서독에는 1949년에 본(Bonn)을 수도로 하는 민주적인 독일 연방공화국이 수립되고, 동독에는 독일 민주공화국이라는 공산정권이 세워졌다. 한편 미국, 영국, 프랑스, 소련 등 4개국의 관리하에 있던 오스트리아는 1955년 중립을 조건으로 주권을 회복했다.

대전 중에 발표된 「대서양헌장」으로 전후의 국제 협력기구에 대한 구상은 1944년 가을 워싱턴 D.C. 교외의 덤버턴-오크스(Dumbarton-Oaks)에서의 미국 · 영국 · 소련의 3개국 회의에서 초안이 잡혔다. 1945년 6월 샌프란시스코 회의에서 51개국이 여기에 서명함으로써 10월에 국제연합(United Nations, UN)이 정식으로 발족했다. UN의 주된 목적은 국제연맹과 마찬가지로 국제협조와 세계평화의 유지에 있었으며, 이러한 목적을 달성하고 추진하기 위해 UN은 사무국과 총회, 안전보장이사회, 경제사회이

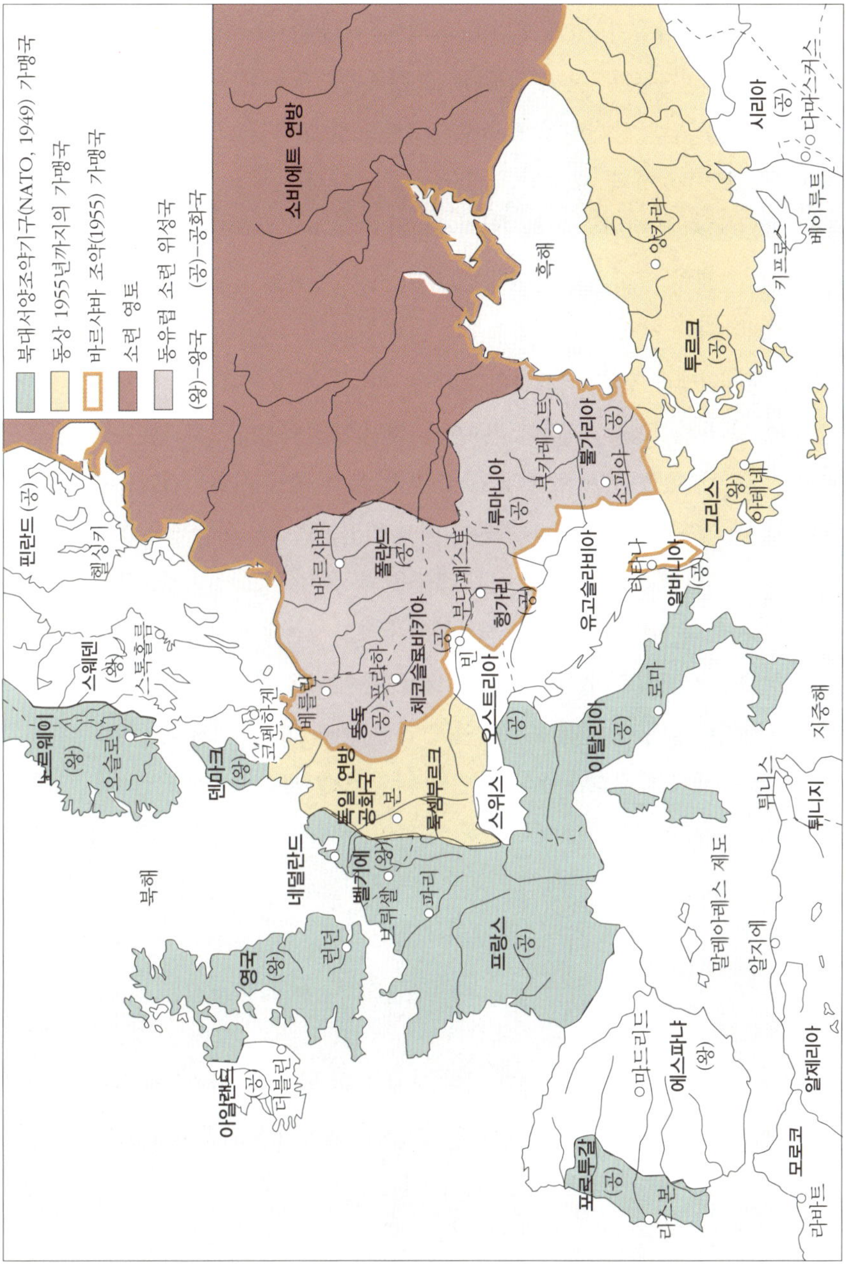

그림 16-1. 제2차 세계대전 후의 유럽

사회, 국제법정 등을 주축으로 삼고 그 산하에 유엔교육과학문화기구(UNESCO), 유엔아동기구(UNICEF), 국제노동기구(ILO), 세계보건기구(WHO) 등 여러 전문기구를 설치했다. 그중에서도 특히 국제평화유지에 중요한 역할을 담당한 것은 안전보장이사회(Security Council)로서 15개국 대표로 구성하되, 그중 미국, 소련, 영국, 프랑스, 중국 등 5개국은 상임이사국으로서 발언권이 강할 뿐만 아니라 거부권이 부여되었다. 안전보장이사회는 또한 평화유지를 위해 UN군이라는 병력을 사용할 수 있는 강력한 제재수단을 가지게 되었다.

UN은 국제연맹과 달리 국제간의 평화유지에 더욱 효율적으로 대처할 수 있었던 것이 사실이다. 그러나 전후에 나타난 냉전의 영향으로 많은 장애와 차질을 경험했을 뿐만 아니라, 1960년대로부터 1970년대에 접어들면서 아시아 및 아프리카의 신생 국가들이 대거 가입함으로써 회원국의 수가 크게 늘어난 데다, 1971년에는 종전의 중국을 대신하여 중화인민공화국이 안전보장이사회의 상임이사국으로 참가하는 등 그 성격에 변화가 생겨 한때 침체상태에 빠지기도 했다. 그러나 1990년대에 소련이 해체되고 탈냉전시대를 맞이하게 됨에 따라 UN은 인구, 자원, 환경, 보건, 식량, 빈곤 등 범세계적인 문제의 해결뿐만 아니라 여러 국지적 분쟁의 해결에도 좀 더 능동적으로 대처할 수 있게 되었다.

2. 냉전의 전개

제2차 세계대전은 세계가 일찍이 겪어 보지 못한 엄청난 피해를 인류에게 입혔다. 비전투원을 포함한 5,000만 명의 인명피해와 미화 2조 달러에 달하는 막대한 전비가 소모되었다. 런던, 베를린, 바르샤바, 스탈린그라드, 상하이, 도쿄 등 수많은 도시들이 폭격으로 폐허가 되다시피 했으며, 많은 산업시설과 철도, 교량, 항구 등이 파괴되고 기차, 자동차, 선박 등의 손실로 운송체제 또한 붕괴했다. 전쟁은 또한 이 같은 직접적 피해만이 아니라 인간의 잔인성과 야만성을 드러나게 하는 반인류적 범죄로 세계를 얼룩지게 했다. 유럽에서는 600만 명이 넘는 유대인이 나치에 의해 학살되었으며, 프랑스와 체코슬로바키아 등의 마을에서도 수많은 무고한 민간인이 살해되었다. 이처럼 막대한 참화를 인류에게 입히고 전쟁은 마침내 침략적인 전체주의 국가와 군국주의 국가의 완전한 패배로 끝났다. 그러나 그것이 인류가 희구한 항구적인 세계평화를 곧바로 가져다주지는 않았다. 전후의 국제정세는 그러한 희구와는 어긋나는 '냉전'이라는 새로운 국제적 긴장과 대립으로 치달았다.

제2차 세계대전은 제1차 세계대전보다 이데올로기적 대립의 성격이 훨씬 더 강했다. 그것은 동서의 전제적이고 군국주의적인 전체주의 국가의 침략에 대항하여 민주주의와 평화를 지키기 위한 전쟁의 성격이 뚜렷했고, 그 결과는 전체주의의 완전한 패배였다. 그러나 전쟁 도중에 또 다른 형태의 강력한 독재체제 국가인 소련이 연합국 진영의 일원으로 싸우게 되었다는 사실이 전후처리와 평화수립에 커다란 지장을 가져오고, 종전 직후부터 냉전이라는 국제적 긴장을 초래하게 되었다. 공산주의 국가인 소련은 전후에 전승국으로서 유럽과 아시아에서 영토를 확장했을 뿐 아니라 폴란드, 체코슬로바키아, 루마니아, 헝가리, 불가리아, 알바니아 등에 공산정권을 세워 위성국으로 만들고, 동독과 동베를린을 점령함으로써 거대한 세력권을 구축하고, 그 경계선에 '철의 장막'을 쳤다. 이에 서방세계는 미국을 중심으로 결속하여 대항하게 되고 그 결과 냉전이라 불리는 국제적 긴장과 대립이 나타나게 된 것이다.

1946년 그리스에서 공산주의자들의 반란이 일어나고, 소련이 투르크에 압력을 가하자 미국의 트루먼 대통령(재임 1945~1953)은 1947년 공산주의의 확대를 저지하는 '봉쇄정책'인 이른바 '트루먼 독트린(Truman Doctrine)'을 천명하고, 그리스를 원조하여 공산반란을 진압시키는 한편 투르크에도 원조를 제공했다. 이와 동시에 미국은 '마셜 계획'을 발표하여 이듬해인 1948년부터 유럽에 대해 약 120억 달러에 달하는 막대한 경제원조의 제공을 제안했다. 소련과 동유럽은 이를 거부했으나, 서유럽은 이를 받아들여 적극적인 경제부흥에 나서게 되었다.

이에 대항하여 소련은 코민포름(Cominform, 공산당정보국)을 만들어 동유럽 공산국가들의 단합을 도모하고, 1948년 2월에는 체코슬로바키아에서 반란을 일으켜 공산정권을 수립했다. 같은 해에 미국 · 영국 · 프랑스 3국이 서독의 점령지구를 통합하고 새로운 공동화폐(DM)를 발행하기로 결정하자 소련은 베를린 봉쇄를 감행하여 서독과 베를린 간의 지상교통을 차단했다. 이에 대해 미국은 공중수송으로 서베를린에 필요물자를 수송함으로써 결국 1년 후인 1949년 6월에 소련은 베를린 봉쇄를 해제할 수밖에 없었다. 이러한 소련의 도발에 대응하기 위해 서유럽은 미국을 비롯하여 영국, 프랑스, 벨기에, 네덜란드, 룩셈부르크 등 5개국과 이탈리아, 포르투갈, 캐나다, 노르웨이, 덴마크, 아이슬란드 등을 포함한 12개국으로서 북대서양 조약기구(NATO)를 결성하고(후에 투르크 · 그리스 · 서독이 참가), 서독에 민주적인 연방공화국을 수립했다. 이에 대해 소련은 동독에 공산정권을 수립하고, 동유럽의 공산국가 간의 상호경제원조회의(COMECON)를 창설하고(1949), 소련을 중심으로 1955년 바르샤바 조약기구(WTO)를 설립했다.

한편 아시아에서는 중국 본토가 마오쩌둥의 공산당 지배하에 들어가고 종전의 중화민국 정부는 타이완으로 물러나는 큰 변화가 일어났으며(1949), 1950년에는 북한이 남침하여 한국 전쟁이 일어났다. 이 전쟁은 한국에 막대한 피해를 입혔으나, 다른 한편으로는 UN의 개입을 비롯하여 자유진영의 결속을 촉진시켰다. 미국은 이를 계기로 국방력을 강화하는 한편 공산진영에 대한 적극적인 반격정책(roll back policy)으로 나아갔다. 그리하여 NATO 산하에 유럽 통합군을 창설하고 서독을 재무장시켜 이에 참가시키기로 했다. 한편 아시아에서는 소련의 반대를 무릅쓰고 대일강화조약을 체결하여(1951) 일본을 자유진영으로 끌어들이고, 오스트레일리아 · 뉴질랜드 · 필리핀 그리고 한국과 개별적으로 상호방위조약을 맺었으며, 1954년에는 동남아시아 조약기구(SEATO)를 결성했다.

3. 국제정세의 변화

냉전은 한국 전쟁을 고비로 자유진영의 결속과 방위태세의 강화로 약간 누그러지는 듯이 보였고 1953년 스탈린이 죽은 뒤 소련의 실권자가 된 흐루시초프(Khrushchev, 재임 1953~1964)는 한때 평화공존을 내걸었다. 그러나 1959년, 베를린에서 다시 양 진영 간에 위기가 조성되고 동독이 동서 베를린의 경계선에 견고한 장벽을 구축했다(1961). 특히 쿠바에서 카스트로(Castro)가 정권을 잡고 공산화된 쿠바에 소련의 미사일 기지가 설치된 것을 계기로 미국과 소련 간에 위기가 고조되었으나(1962), 소련이 양보하여 미사일 기지를 철수함으로써 위기가 해소되고 양국 간에 핵전쟁을 피하기 위한 협력관계가 서서히 조정되었다.

냉전 중심의 세계정세가 새로운 단계를 맞이하게 된 것은 1960년대 말부터 1970년대 초에 걸쳐서의 일이었다. 1970년대에 이르러 긴장된 세계정세에 해빙의 기운이 돌고 화해를 모색하는 단계로 접어들게 된 것은 오래 계속된 냉전상태에 사람들이 지치고, 공산세력의 확대를 막으려는 서방국가들의 결의와 방위태세가 강화된 탓도 있지만, 공산세계 내부의 변화와 미국의 외교정책 전환에 따른 세계정세의 변화도 그 중요한 원인이었다.

땅에 떨어진 스탈린의 머리 1956년 부다페스트의 봉기에서 헝가리인들은 독재자 스탈린 동상의 머리를 잘랐다.

공산진영에서의 중요한 변화는 소련

을 종주국으로 삼는 위성국체제에 대한 반항이 일어난 점이었다. 일찍이 티토(Tito) 영도하의 유고슬라비아는 1948년에 코민포름을 이탈하여 공산체제를 유지하면서도 독자적인 노선을 걷게 되고, 1956년에는 폴란드와 헝가리에서 소련의 지배에 대한 반란이 일어났다. 반란은 소련의 무력개입으로 곧 진압되었으나 그 후 소련 중심의 경제협력체제에서 벗어나 독자적인 노선을 걷고자 하는 경향은 더욱 강화되었으며, 1980년 폴란드에서는 소련의 간섭과 지배를 벗어날 뿐 아니라 공산체제 그 자체에도 수정을 가하려는 자유노조운동(Solidarity)이 일어났다. 한편 중국은 소련과 공산주의 이념에 관해 서로 상대방을 비난, 공격하더니 국경문제로 분쟁을 일으켜 대립하게 된 반면, 미국과의 관계가 급속하게 개선되는 경향을 보이게 되었다. 이러한 현상들은 공산세계가 다원화되고 있음을 보여 주는 것이었다.

공산세계의 다원화현상과 더불어 미국의 외교정책 또한 크게 전환했다. 1969년 대통령으로 취임한 닉슨(Nixon, 재임 1969~1974)은 이른바 '닉슨 독트린(Nixon Doctrine)'을 발표하여 미국의 외교정책의 일대 전환을 시도했다. 그 내용은 첫째, 지금까지 미국이 전담하다시피 한 자유와 평화수호의 임무를 다른 자유국가와 분담해야 하고, 둘째, 국지적인 분쟁에는 미국이 지상군의 파견과 같은 직접적인 개입을 회피하며, 셋째, 공산국가에 대해서도 강경책만이 아니라 융통성 있게 대처한다는 것이었다. 이러한 새로운 외교정책에 따라 미국은 베트남에서 철수를 시작하고, 중화인민공화국이 UN에서 옛 중국의 자리를 차지하는 것을 승인했으며, 1971년 초에는 닉슨이 직접 중국을 방문하여 세계를 놀라게 했다. 또한 1963년에는 미국 · 영국 · 소련의 3개국이 대기권 및 수중핵실험 방지조약을 맺고 미국과 소련 사이에 핵무기를 중심으로 한 전략무기의 제한에 관한 협의(SALT)가 더 진지하게 진행되기도 했다.

이리하여 1970년대에 세계는 오랜 냉전단계에서 긴장완화(détente)의 단계로 접어드는 듯이 보였다. 그러나 공산진영의 세력 확장이 완전히 사라진 것은 아니었다. 1975년에는 오래 계속된 베트남전쟁이 미군의 철수와 더불어 종결되고 베트남이 공산진영으로 들어갔을 뿐 아니라 인접한 라오스와 캄보디아마저 공산권으로 넘어감으로써 동남아시아에서의 공산세력이 증대했다. 그뿐만 아니라 1979년에는 소련이 아프가니스탄을 침공하여 미국을 비롯한 자유세계에 다시 경종을 울렸다.

4. 중동과 이집트

서아시아로부터 북아프리카에 걸친 지역은 과거 오스만투르크 제국의 땅으로 이슬람과 그 문화가 꽃피고 발전한 곳이었다. 따라서 이 광대한 지역은 이슬람이라는 종교와 아랍어라는 언어의 공통성을 가지고 있을 뿐만 아니라 풍부한 석유 자원을 가진 곳이기도 하며, 특히 수에즈 운하의 개통 이래 동서 교통의 요충지를 장악하고 있다. 그렇기 때문에 19세기 이래 영국과 프랑스 등 유럽 열강이 이 지역에 진출하고, 석유가 중요한 에너지원과 공업원료로서 각광을 받게 되자 이 지역의 중요성은 한층 더 높아졌다. 그리하여 유럽과 아메리카의 선진국의 이 지역에 대한 관심도가 더욱 높아지고 이해관계가 엉키게 되었다. 게다가 20세기에 들어와서 이 지역의 토착민이나 원주민들 사이에 팽배해진 아랍 민족주의의 열기는 이러한 선진 열강의 진출에 따른 기득권과 엉키면서 매우 복잡한 양상을 보이게 되었다. 특히 제2차 세계대전 후 이스라엘 공화국이 수립되면서 사태는 복잡성을 더하여 오늘날까지도 중동 지역은 가장 복잡하고 해결하기 어려운 문제를 안고 있는 지역으로 국제사회의 고통거리가 되어 있다.

팔레스타인은 제1차 세계대전 후 영국의 위임통치하에 있다가 1948년 그 기한이 끝나게 되자 UN은 아랍인과 유대인에게 이를 분할하는 안을 제시했다. 이스라엘(Israel)은 이를 받아들여 독립을 선언했으나 아랍 측은 이를 승인하지 않고 즉시 이스라엘을 공격했다(제1차 중동전쟁). 이로써 오늘날까지 계속되는 아랍 국가들과 이스라엘 사이의 기나긴 분쟁이 시작

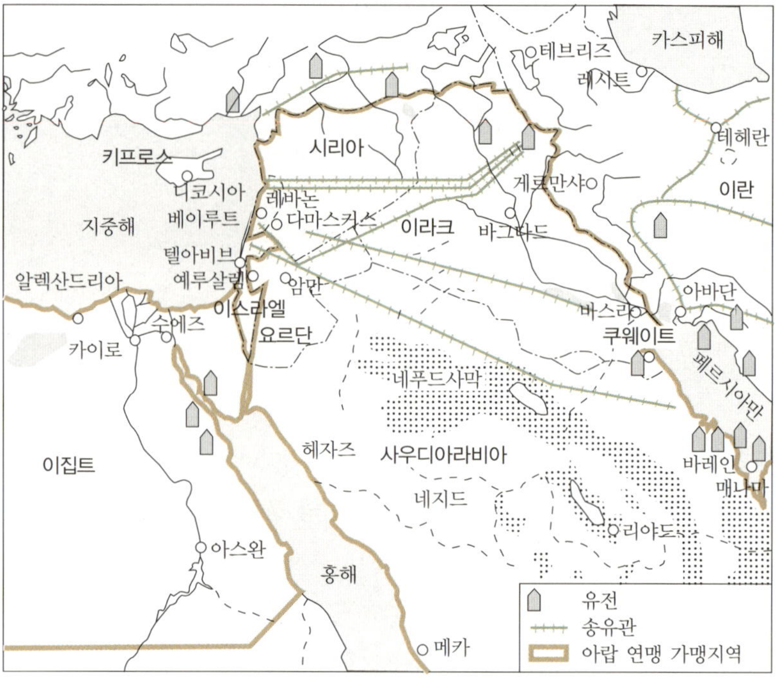

그림 16-2. 전후의 중동

된 것이다. 이스라엘의 건국과 그곳으로의 유대인 이주자의 증가, 그리고 영토의 확장 등으로 오랜 동안 그곳에 살고 있던 약 100만의 아랍인들은 팔레스타인 난민으로 인접한 아랍 국가에서 고달픈 피난민 생활을 하게 되었다.

한편 프랑스의 위임통치령이었던 레바논(Lebanon)과 시리아(Syria)는 1945년과 1946년에 각각 독립하고, 영국의 위임통치하에 있던 요르단(Jordan)도 1949년에 독립했다. 이들 새로 독립한 아랍 국가들은 1945년에 이집트, 사우디아라비아, 이라크, 예멘 등이 결성한 아랍 연맹(League of Arab States)에 가입하고, 그 후 리비아(1953), 수단(1956), 튀니지와 모로코(1958), 쿠웨이트(1961), 알제리(1962)가 이에 참가했다. 아랍 연맹 국가 중 가장 인구가 많고 이스라엘에 대해 적대적이었던 이집트는 1952년에 국왕 파루크(Farouuk)를 추방하고 다음해에 공화국을 수립했다. 신생 공화국의 강력하고 유능한 지도자로서 대통령에 취임한 군 출신의 나세르(Nasser)는 1956년에 수에즈 운하를 국유화했다. 이에 영국과 프랑스 그리고 이스라엘이 이집트를 공격했다(제2차 중동전쟁). 이집트는 전쟁에 패했으나 UN과 미국, 소련의 비난에 봉착한 영국과 프랑스는 수에즈로부터 철수하고, 나세르는 아랍 민족주의의 지도자로서의 지위를 굳히게 되었다.

아라파트

1967년에 이집트가 이스라엘의 홍해로의 출구인 에일라트(Eilat) 항구를 봉쇄하자 이스라엘이 선제공격을 가해 제3차 중동전쟁이 벌어졌다. 이스라엘은 전격적인 공격으로 아랍 국가들을 격파하고, 골란(Golan) 고원, 시나이 반도, 요르단강 서안지대 그리고 예루살렘 구시가지를 점령했으나, 그 후에도 분쟁은 그치지 않았다. 1970년에는 '팔레스타인해방기구(Palestine Liberation Organization, PLO)'가 결성되고 1973년에 아라파트(Arafat, 1929~2004)가 그 영도자로 나서 게릴라전을 전개했다. 이렇게 적대관계가 지속되는 가운데 이 해에 다시 제4차 중동전쟁이 벌어졌으나, 이번에도 이집트와 시리아가 패했다. 그러나 아랍 국가들은 석유를 정치무기로 삼아 석유 값을 한꺼번에 크게 올려 전 세계의 경제에 심각한 타격을 가했다.

1970년 나세르가 사망하자 뒤를 이은 사다트(Sadat) 대통령은 소련의 군사 고문단을 추방하여 종래의 대소련 의존정책을 버리고 미국에 접근하기 시작하여, 1979년에는 미국의 조정으로 이스라엘과 평화조약을 맺었다. 그러나 이로 말미암아 다른 아랍 국가들은 이집트와의 관계를 단절하고 사다트 대통령마저 1981년 아랍 과격분자에 의해 암살되었다. 사다트의 피살 후 대통령직을 승계한 무바라크(Mubarak)는 전임 대통령의 노선을 답습하여 이스라엘과 평화조약을 체결하고 이스라엘로부터 시나이 반도를 되돌려 받았으며, 역시 이 때문에 대부분의 아랍 국가들과의 관계가 악화되었다. 그러나 1980년대 후반부터 이들과의 외교관계를 회복했으며, 금세기에 들어온 이후에도 중동평화협상과 미국의 대테러전 해결을 위해 외교노력을 기울이고 있지만 그 성과는 미미하다.

제3차 중동전쟁인 6일전쟁의 결과 100만 명이 넘는 팔레스타인 난민이 이스라엘의 점령하에 놓이게 되었는데, 1987년 말에 요르단강 서안지구의 팔레스타인 청년들이 이스라엘군과 이스라엘 정착민에 대항하여 대규모의 폭동을 일으켰다. 이렇듯 이스라엘 건국 이래 지속된 적대관계는 PLO의 의장인 아라파트의 온건노선으로의 선회와 이스라엘에서의 온건파인 노동당의 라빈(Rabin) 총리의 집권으로 1990년대에는 한때 화해의 길로 들어서는 듯했다. 1993년 9월 이스라엘과 PLO는 워싱턴 D.C.에서 평화협정을 발표하고 1994년과 1995년에는 팔레스타인 자치협정이 체결되었다. 이 해에 라빈 총리가 극단적인 유대인 청년에게 피살된 뒤 강경파인 리쿠드(Likud)당의 네타냐후(Netanyahu) 총리가 취임한 후에도 미국의 클린턴 대통령과 후세인(Hussein, 재임 1952~1999) 요르단 국왕의 중재하에 1998년 영토평화교환협정이 조인되었다. 그러나 협정의 내용인 이스라엘군의 철군과 팔레스타인 난민의 귀환문제 등에 대한 이견으로 이후 협상은 난항을 거듭했다. 1999년에 온건파인 노동당의 바라크(Barak) 당수가 이스라엘 총리로 당선된 뒤 이듬해에 다시 평화회담이 열렸으나 역시 팔레스타인 난민귀환문제로 결렬되었으며, 2001년에 강경파인 리쿠드당 당수 샤론(Sharon)이 집권한 이후 중동평화협상은 사실상 중단상태에 들어갔다. 이리하여 팔레스타인 과격파의 폭탄테러와 이스라엘의 무자비한 보복공격이 이어지는 피의 악순환이 계속되었다. 2004년 아라파트가 사망하고 그의 후계자로 대통령으로 선출된 아바스(Abbas, 1935~)가 유화적 자세를 취하고, 이스라엘 역시 이듬해에 가자(Gaza) 지구로부터 정착민과 군대를 철수하는 한편 2006년 초에 뇌일혈로 쓰러진 샤론의 뒤를 이어 대통령이 된 올메르트(Olmert, 1945~)가 아바스와의 회담을 제의하는 등 한때 평화적 해결의 가능성이 엿보이기도 했다. 그러나 이슬람 과격파인 하마스(HAMAS)의 저항이 계속된 데다, 여름에 레바논 남부의 헤즈볼라(Hezbollah) 무장 세력과 이스라엘군 사이에 전투가 벌어짐으로써 앞으로의 전망이 오히려 더 어두워졌다.

투르크는 대전이 끝난 후 미국에 접근하여 1952년 NATO에 가입하였고, 1955년 영국 · 파키스탄 · 이란 · 이라크와 더불어 중동조약기구(Middle East Treaty Organiztion, METO, 바그다드 조약기구)에 가입함으로써 서아시아 지역의 반공진영의 일원이 되었다.[1] 그 후 1961년에 군사 쿠데타로 제2공화국이 수립되었으며, 다시 1980년에 무혈 쿠데타로 군부가 정권을 잡았으나 1983년의 총선거 결과 민정으로 복귀했다. 투르크는 걸프전을 통해 미국에 대한 접근을 강화하고, 1997년에 EU 가입을 신청했다가 거부당했지만, 2년 뒤인 1999년에는 회원국 후보자격을 획득하게 됨으로써 정식 가입을 위한 민주화 개혁조치를 적극 추진하고 있다.

1941년 이래 미국의 적극적인 지원을 받은 팔레비(Pahlevi) 왕의 통치하에 있던 이란(Iran)에서는 1979년 시아파(Shiites)의 망명지도자인 호메이니(Homeini, 1900~1989)에 의한 혁명이 일어나 왕정이 무너지고 그가 영도하는 이슬람 근본주의자의 정부가 수립되었다. 이 해에 일어난 미국대사관 인질억류사건으로 미국과 단교한 이란은 1980년 역시 미국의 지원을 받고 있던 사담 후세인(Saddam Hussein, 재임 1979~2003) 대통령의 지배하에 있던 이라크와 패권 다툼을

호메이니

1) METO는 1958년에 이라크 혁명의 발생으로 이라크가 탈퇴함에 따라 중앙조약기구(Central Treaty Organization, CENTO)로 이름이 바뀌었다.

벌였는데, 여기에 호르무즈 해협 주변의 영토분쟁이 곁들여 두 나라 사이에 전쟁이 발생했다. 전쟁은 7년 동안이나 지속되다가 1988년 UN의 중재로 휴전이 성립했다. 이듬해에 호메이니가 사망하고 그 후계자들은 미국과의 관계를 개선하려고 노력하여 화해 분위기가 조성되었으나, 2002년 미국의 부시(Bush, 재임 2001~) 대통령이 이란을 '악의 축(Axis of Evil)' 국가로 지목함에 따라 양국 관계가 다시 극도로 악화되었다.

1990년 8월 이라크의 후세인이 돌연 쿠웨이트(Kuwait)를 침공하여 이를 점령하고 군대를 사우디아라비아의 국경지대로 이동시켰다. 이에 미국은 UN을 통해 이라크의 쿠웨이트로부터의 철군을 요구했으나, 이라크가 이를 거부하자 UN의 결의에 따라 미군을 주로 한 영국, 프랑스, 시리아, 이집트, 사우디아라비아 등 20여 개국 군대로 구성된 연합군을 편성하여 이라크군을 공격하여 쿠웨이트로부터 몰아냈으며, 이라크는 UN의 정전결의를 수락할 수밖에 없었다. 걸프전(Gulf War)이라 불린 이 전쟁은 미국이 세계의 유일한 초강대국임을 보여 주었다. 그 후에도 1993년에는 조지 부시(재임 1989~1993) 미국 대통령의 암살시도로 바그다드의 이라크 정부청사가 미군의 공격을 받는가 하면, 1998년에는 이라크의 생화학무기와 미사일에 대한 UN의 무기사찰을 거부함으로써 '사막의 여우 작전(Operation Desert Fox)'이라고 불린 미군의 대규모 공격을 받았다. 이렇듯 어려움을 겪은 가운데서도 이라크 내에서의 후세인의 지배권은 오히려 더욱 강화되었다. 그는 그를 지지한 바트당을 기반으로 한 권위주의적 집권체제를 유지하는 데 성공했고, 2002년에 실시된 국민투표에서 압도적 지지로 임기 7년 연장에 성공했다.

그러나 2001년 9월 11일 뉴욕의 세계무역센터와 워싱턴의 미국 국방부 청사에 대한 대규모 테러 공격이 일어나자 부시 미국 대통령은 테러와의 전면전쟁을 선포하고, 반미 테러의 주도단체인 알카에다(al-Qaeda)의 지도자 오사마 빈 라덴(Osama bin Laden, 1957~)을 보호하고 있는 탈리반(Taliban) 정부하의 아프가니스탄에 쳐들어가 이를 무너뜨렸다. 뒤이어 부시 대통령은 2002년 초에 이란, 북한과 더불어 이라크를 '악의 축'이라고 지칭하고, 이듬해 3월에는 이라크의 대량살상무기 개발을 저지하고 후세인을 제거하기 위해 미·영 연합군이 이라크에 침공했다. 전투는 3주 만에 끝나 바그다드가 함락하고 뒤이어 후세인도 체포되었다. 그러나 UN 안전보장이사회의 결의를 얻지 못한 채 침공을 감행한 데다 대량살상무기의 존재도 입증되지 않아 국제사회에서 반전운동이 일어나고 이라크 내의 반미세력의 게릴라전이 전개되면서 사태는 혼미를 계속하고 있다.

이스라엘과 아랍 세계의 대립, 팔레스타인 난민문제, 레바논의 분쟁, 이란과 이라크의 전쟁, 이슬람 근본주의적인 강경노선의 아랍 국가들과 친미적인 온건노선의 국가들 간의 대립, 그리고 영국과 프랑스를 대신하여 전후에 진출한 미국의 이해관계와 기회 있는 대로 다시 영향력을 행사하려는 서유럽 여러 나라들과 러시아의 움직임 등이 풍부한 석유자원의 확보문제와 엉키면서 오늘날 중동 정세는 매우 착잡한 양상을 보이고 있다.

5. 아프리카의 신생 국가들

제2차 세계대전 후 반(反)제국주의와 반(反)식민주의의 거센 바람은 1950년대와 1960년대에 아프리카에도 불어 닥쳐 10여 년 사이에 유럽 열강의 식민지, 보호령 또는 위임통치령이었던 지역이 속속 독립했다. 아랍문화권에 속하는 북아프리카의 리비아(1951), 모로코(1956), 튀니지(1957), 알제리(1962) 등이 일찍이 독립을 달성하고, 사하라 사막 이남의 '검은 아프리카'에서도 1957년에 가나의 독립에 이어 1960년에는 북중부아프리카에서 나이지리아, 세네갈, 니제르, 카메룬, 콩고, 중앙아프리카 공화국, 자이르, 가봉 등을 비롯하여 17개국이 독립하여 이 해가 '아프리카의 해'로 불리게 되었다. 1963년에는 이러한 신생 아프리카 국가들이 상호협력과 유대강화를 위해 '아프리카 통일기구(Organization of African Unity, OAU)'를 결성했다. 포르투갈의 식민지였던 모잠비크와 앙골라는 포르투갈이 이들 식민지를 본국의 연장이라고 주장하면서 독립을 억제했기 때문에 독립이 늦어져 1975년에야 독립을 성취했다.

이탈리아의 식민지였다가 1951년에 독립한 사막의 나라 리비아(Libya)는 1959년에 넓은 유전이 발견되면서 경제발전이 이루어지기 시작했다. 1969년에 아랍 민족주의자인 가다피(Quaddafi, 1942~)가 영도자로 나서면서 외국의 석유회사를 국유화하고 범아랍주의(Pan-Arabism)의 지도자로 자처했다. 미국은 가다피의 테러 지원을 이유로 1981년과 1986년에 직접 리비아를 공격했고, 1988년 미국 팬암 여객기의 폭파사건을 이유로 1992년에 UN과 더불어 리비아에 대한 경제제재조치를 취했다. 그 결과 리비아의 테러 지원이 누그러졌으며, 1990년대에는 유럽 여러 나라들과의 외교관계도 회복함으로써 2003년에는 UN의 경제제재조치도 해제되었다. 게다가 이해 말에는 가다피가 대량살상무기 개발의 포기를 선언함에 따라 미국과의 관계도 개선되었다.

프랑스 식민지였다가 1956년에 독립한 모로코(Morocco)는 1975년에 에스파냐가 포기한 서부 사하라의 병합에 나서 분리 독립을 원하는 토착민 세력과 오랜 전쟁을 치렀다. 1988년 UN과 OAU의 중재로 휴전이 성립되고, 1992년에 UN 주관 아래 국민투표를 실시하기로 했으나 투표는 지연되고 있다. 역시 프랑스의 식민지였던 알제리(Algerie)는 1954년 알제리민족해방전선(Front de Libération Nationale, FLN)의 지도하에 독립투쟁을 전개한 끝에 1962년에 독립했으며, 이후 FLN이 정국을 주도해 왔다. 그러나 이에 반항하는 젊은 이슬람 근본주의자들의 단체인 이슬람구국전선(Front Islamique du Salut, FIS)이 1991년의 제1차 선거에 승리하자 군이 개입하여 제2차 선거를 저지함으로써 FIS의 집권을 막았다. 이후 군이 극단주의자들의 활동을 분쇄하는 데 나서 많은 인명이 희생된 끝에 2000년에야 FLN이 해산했으나, 아직도 일부 과격파의 반항은 계속되고 있다.

역시 프랑스의 식민지로서 1957년에 독립하여 공화국이 된 튀니지

(Tunisie)는 친서방적이며 평화애호가인 부르기바(Bourguiba, 1903~2000)의 영도하에 일당지배체제를 오랫동안 유지하면서 북아프리카에서 비교적 안정된 나라로 발전했다. 그러나 1987년 벤 알리(Ben Ali)의 무혈 쿠데타로 부르기바가 물러난 후 이슬람 근본주의가 대두하자 알리는 이들에 대한 강경책을 강화하는 한편, 부르기바의 친서방 노선 대신 아랍 국가들과의 관계를 중시하는 방향으로 나아가고 있다.

사하라 사막 이남의 넓은 지역은 서쪽의 적도지대, 중부의 초원지대 그리고 동부의 고지대 등 지리적으로 다양할 뿐만 아니라 2천이 넘는 부족과 800이 넘는 언어가 존재하는 지대이다. 유럽 열강은 이러한 다양성을 무시하고 그들의 식민지의 경계선을 그었으며, 제2차 세계대전 후 이들 식민지가 독립했을 때도 그 경계선은 그대로 유지되었다. 그 결과 서로 적대하여 싸움을 되풀이하던 부족들이 독립 후 수립된 새로운 중앙정부를 차지하려고 반목을 거듭했다. 이러한 어려움에 당면하여 아프리카의 민족주의 지도자들은 1인지배를 선호했다. 게다가 경제의 어려움으로 막대한 부채를 짊어지게 되고, 많은 사람들이 기아와 빈곤에 시달리는 상황이 지속되었다.

1936년부터 1941년까지 이탈리아에 점령된 시기를 제외하고 오랫동안 군주국가체제를 유지해 오던 에티오피아(Ethiopia)는 1974년 군장교단이 셀라시에(Sellassie, 재위 1930~1974) 황제를 축출하고 사회주의 국가를 수립했다. 그러나 유혈폭동, 반란, 극심한 기근, 대량난민 등의 문제로 시달려 온 군사정부는 1991년 에티오피아인민혁명민주전선(Ethiopian People's Revolutionary Democratic Front, EPRDF)에 의해 전복되었다. 1994년에 채택된 새 헌법에 따라 이듬해에 치러진 선거에 의해 제나위(Zenawi, 1955~)가 수상으로 취임했다. 그는 2000년에 실시된 에티오피아 최초의 다당제 선거에서 재선되었으며, 그 해 말에는 이웃 에리트레아(Eritrea)와의 국경분쟁에 관한 평화협정도 체결했다. 2005년 5월 유권자 90%가 투표에 참가한 기록적인 총선거에서도 EPRDP는 압승을 거두었으나, 야당 연합과 대학생들이 부정선거에 항의하여 들고 일어남으로써 수십

명이 사망하고 수천 명이 체포되고 수백 명이 구속되는 사태가 벌어졌다.

1963년 영국 지배로부터 독립하여 공화국이 된 케냐(Kenya)는 정치적 안정과 경제성장으로 아프리카의 모범국가가 되었다. 1978년에 독립의 아버지 조모 케냐타(Jomo Kenyatta, 1899~1978)가 사망하자 모이(Moi) 부통령이 대통령직을 승계했으며, 1982년 개헌으로 케냐아프리카민족동맹(Kenya African National Union, KANU)이 1당 독재체제를 구축했으나, 1991년에 아프리카의 민주화 추세와 미국, 영국 등의 압력에 의해 일당독재 조항을 폐지하고 이듬해에 다당제에 의한 선거를 실시한 결과 역시 모이가 승리했다. 그러나 2002년 대통령 선거에서 다민족 연합체인 전국레인보연합(National Rainbow Coalition, NARC)의 키바키(Kibaki, 1931~) 후보가 여당 후보를 누르고 승리하여 독립 후 39년 만에 정권교체가 이루어졌다.

1962년 영국 식민지에서 독립한 우간다(Uganda)는 곧 남북으로 분열되어 심한 내전을 겪고 잔혹한 독재정치에 시달렸다. 1971년에 이디 아민(Idi Amin, 1928?~2003) 군참모총장이 쿠데타로 오보테(Obote, 1931~) 대통령을 축출하고 1978년까지 공포정치를 실시하다가, 1979년 우간다민족해방전선(Uganda National Liberation Front, UNLF)이 아민을 타도하고 오보테가 다시 집권했는데, 그동안의 종족분쟁과 내전으로 대략 40만 명의 인명이 희생되었다. 1986년 반군인 국민저항운동(National Resistance Movement, NRM)이 내전에서 승리하여 NRM의 장인 무세베니(Museveni, 1944~)가 집권했으며, 그 후 1996년과 2001년에 실시된 대통령 선거에서 연이어 승리했다. 그러나 우간다에는 여러 정당이 있음에도 불구하고 1995년의 개정 헌법이 단일정당제를 채택하여 야당은 공적인 선거운동을 할 수 없게 되어 있다.

전후 영국의 신탁통치를 거쳐 1961년에 독립한 탕가니카(Tanganyika)와 1963년에 영국의 보호령에서 독립한 잔지바르섬이 1964년에 통합하여 연합공화국이 된 탄자니아(Tanzania)는 사회주의 정책을 실시하여 은행과 공장을 국유화하고 집단농장을 건설했다. 그러나 혹독한 가뭄과 집단화에 대한 농민의 반대로 1980년대 말에 사회주의 정책을 포기하고 시장경제체제로 돌아섰다. 1992년에 일당독재를 종식하는 개헌을 단행하고 1995년의 대통령 선거에서 혁명당(Chama Cha Mapinduzi, CCM) 소속인 외무장관 음카파(Mkapa, 1938~)가 현직 대통령 음위니(Mwyni)를 누르고 당선되었다. 2000년 선거에서 재선에 성공한 음카파를 뒤이어 2005년의 대통령선거에서도 혁명당의 외교관출신인 키크웨테(Kikwete, 1950~)가 압도적 다수표로 당선되었다.

서아프리카 해안의 나이지리아(Nigeria)는 1960년에 영국으로부터 독립하여 4개의 자치지역으로 구성되었는데, 1967년에 그중 일부에서 내전이 벌어졌다. 1970년에 내전은 종식되었으나 그동안 주로 기아로 200만 명이 사망했다. 1983년 쿠데타로 군부가 정권을 장악한 이래 16년 동안 군사통치가 계속되다가 1999년 새 헌법의 채택으로 대통령 선거가 치러져 오바산조(Obasanjo, 1937~)가 당선됨으로써 평화적 정권교체가 이루어졌다. 그러나 나이지리아는 풍부한 산유국임에도 불구하고 그동안의 부패와 실정으로 파탄에 빠진 정부재정을 재건하고 오랜 인종적·종교적 대립을 규합하여 경제성장의 기반을 마련하는 과업을 안고 있다.

일찍이 1957년에 독립한 가나(Ghana)는 1960년 은크루마(Nkrumah, 1909~1972)가 대통령으로 취임했다. 경제부진, 정치적 대립, 암살 등 사회적 불안이 이어지자 은크루마는 1964년 1당지배체제를 구축했으나, 2년 후 군부 쿠데타로 실각하고 그 후 빈발한 쿠데타로 독재정치가 계속되었다. 1992년 다당제 정치를 회복하는 헌법이 제정됨으로써 이 해와 1996년에 실시된 대통령 선거에서 롤링스(Rawlings, 1947~)가 연승했으나, 2000년 선거에서는 3선을 금지하는 헌법조항에 따라 쿠푸오르(Kufuor, 1938~)가 대통령으로 선출되었다.

벨기에의 식민지였던 콩고(Congo)는 1960년 콩고 공화국으로 독립했는데, 1965년 쿠데타로 정권을 탈취한 모부투(Mobutu, 1930~1997)는 국명을 자이르(Zaire) 공화국으로 개칭하고(1971), 30년 넘게 독재를 계속했다. 1997년에 르완다와 우간다의 지원을 받은 반정부동맹의 의장 카빌라(Kabila, 1939~2001)가 쿠데타에 성공하여 모부투를 축출하고 대통령에 취임한 후 국명을 다시 콩고민주공화국으로 개칭했다. 그러나 이듬해에 카빌라의 집권을 도왔던 세력이 반란을 일으켜 내란이 재발하자, 짐바브웨, 앙골라, 나미비아 등이 카빌라 대통령을 지원하는 병력을 파견하여 내란은 국제분쟁으로 발전했다. 1999년 양측 사이에 휴전협정이 성립했으나 전투는 그 후에도 계속되는 가운데 2001년에 카빌라 대통령이 경호원에 의해 살해되고 아들 조세프 카빌라가 대통령으로 선포되었다. 이듬해에 르완다와 평화협정이 체결된 후 각 정파에 의한 거국정부 수립을 골자로 한 평화협정이 체결되었다.

이전에 로디지어(Rhodesia)였던 짐바브웨(Zimbabwe)는 백인 주민들과의 오랜 게릴라전 끝에 1980년에야 독립을 달성했다. 1987년 대통령으로 취임한 무가베(Mugabe, 1924~2019)는 마르크스주의자이지만 온건한 노선을 택해 정치적 통합에 힘썼으며, 토지분배도 서서히 진행시켰다. 그 결과 짐바브웨는 아프리카의 모범적인 농업국가가 되었다. 무가베는 1990년과 1996년에 실시된 대통령 선거에서 내리 승리함으로써 장기집권에 성공했다. 그러나 2000년에 시작된 그의 토지분배정책이 백인 농민들의 국외 탈출을 초래하여 경제를 어렵게 한 데다 2002년에 실시된 대통령 선거에서의 부정시비로 정국혼란이 일어나 영연방과 EU가 제재조치를 취하고 미국이 그의 퇴진을 요구하는 등 서방국가들과의 마찰이 빚어지고 있다.

농업과 산업이 발달한 근대 국가이면서 또한 다이아몬드와 금을 비롯해 여러 귀중한 천연자원의 산지이기도 한 남아프리카 공화국에서는 전주민의 18%밖에 되지 않는 네덜란드계 보어인(Boers)과 영국인 후손인 백인이 엄격한 인종차별정책(apartheid)으로 절대다수를 점한 흑인 주민을 지배해 왔다. 이러한 인종차별은 흑인 주민의 격렬한 반항은 물론 전 세계의 강한 비난을 받아 왔으나 좀처럼 누그러지지 않았다. 그러다가 1989년 대통령으로 취임한 데클러크(de Klerk, 1936~)가 인종차별정책을 완화하고, 이듬해에 수감 중이던 흑인 지도자 넬슨 만델라(Mandela, 1918~)를 석방했다. 이어 1994년에 실시된 최초의 다인종선거에서 만델라가 승리하여 백인의 통치가 종식되고 만델라가 최초의 흑인 대통령으로 선출되었다. 만델라는 급진적 개혁보다는 화합을 통한 흑백공존사회의 건설에 주력했다. 1999년 총선거에서 집권당인 아프리카민족회의(African National Congress, ANC)는 간신히 의회 과반수를 확보했으며, 의회는 만델라의 후계자로 타보 음베키(Thabo Mbeki, 1942~)를 새 대통령으로 선출했다.

만델라

원래 독일의 식민지였다가 제1차 세계대전 후 남아프리카 공화국에 편입된 나미비아(Namibia)는 마르크스주의적인 남서아프리카인민기구(South-West Africa People's Organization, SWAPO)의 장기간에 걸친 게릴라전 끝에 1990년에 독립을 달성했으며, 다당제 선거에 의해 누조마(Nujoma, 1929~)가 대통령으로 선출되었다. 나비비아는 풍부한 광업자원 개발에 주력하는 가운데 누조마는 내리 3기를 거쳐 15년 동안 대통령직을 지켰으며, 2004년 11월 대통령선거에서 그의 추천을 받은 포밤바(Pobamba, 1935~)가 압도적 승리를 거두었다.

니미비아의 북쪽에 위치한 앙골라(Angola)는 1975년에 포르투갈로부터 독립한 이래 소련과 쿠바의 지원을 받은 마르크스주의 집단인 앙골라해방인민운동(Popular Movement for the Liberation of Angola, MPLA)과 미국의 지원을 받은 앙골라완전독립민족동맹(National Union for Total Independence of Angola, UNITA) 사이에 오랫동안 격렬한 내전이 계속되어 수십만의 인명이 희생되었다. 1991년에 쿠바군이 철수하고 정부와 UNITA 사이에 평화협정이 맺어졌으나 2년이 못 되어 내전이 재발했다. 1997년에 내전에 종지부를 찍는 거국정부가 수립되었으나 이번에도 전투가 재개되어 한때 UNITA가 우위를 점했지만, 2002년 그 지도자 사빔비(Savimbi)가 피살된 후 휴전협정이 체결되고 반군이 무장해제됨으로써 27년 동안 계속된 내전이 끝났다. 그러나 이렇듯 오래 지속된 내전으로 백만이 넘는 인명이 희생되고 400만 가량의 피난민이 생겼을 뿐만 아니라, 각종 전염병의 창궐, 극심한 빈곤과 굶주림, 심각한 실업과 무기력 등, 앙골라의 정치제도와 사회경제제도는 완전히 황폐화했다. 이런 가운데 1979년 이래 계속 대통령 직을 유지해오고 있는 MPLA파의 도스 산토스(dos Santos, 1942~)는 여전히 정상적인 민주정치를 허용하지 않은 채, 다음 대통령 선거를 2006년 또는 2007년 가을로 예고하고 있다.

이렇듯 사하라 이남의 이른바 '검은 아프리카'의 여러 신생 국가들은 그 대부분이 오랫동안 정치적 안정을 찾지 못하고, 정변과 부족 간의 전투에 시달려 왔다. 통치형태는 소수를 제외하고 일인독재이며, 대다수의 주민이 문맹에다 가난한 반면, 부유한 지배층과 관리는 부패하고 낭비가 심했다. 더욱이 독립 후에도 음으로 양으로 전식민국가의 영향력이 남아 있는 데다가, 냉전시대에는 미국과 소련의 세력이 새로 개입하여 내전상태가 지속되었으며, 탈냉전 시대에는 열강들의 무관심 속에 내전이 더욱 격화되는 양상까지 보여 왔다. 뿐만 아니라 내전과 함께 각종 전염병이 창궐하여 많은 인명을 위협하고 있는데, 그중에서도 에이즈 발생률이 매우 높아 매년 500만 명 이상이 감염되고 있고, 그 밖에 말라리아, 콜레라, 결핵 등도 심각한 문제가 되어 있다. 질병과 함께 아프리카가 안고 있는 심각한 문제는 기아 문제로서, 2002년에 극심한 가뭄피해를 입은 에티오피아를 비롯하여 수단과 소말리아, 말라위, 나비비아, 앙골라, 짐바브웨 등이 극심한 식량위기를 안고 있다.

그러나 이러한 어려움 가운데에서도 한편에서는 아프리카의 정치적, 경

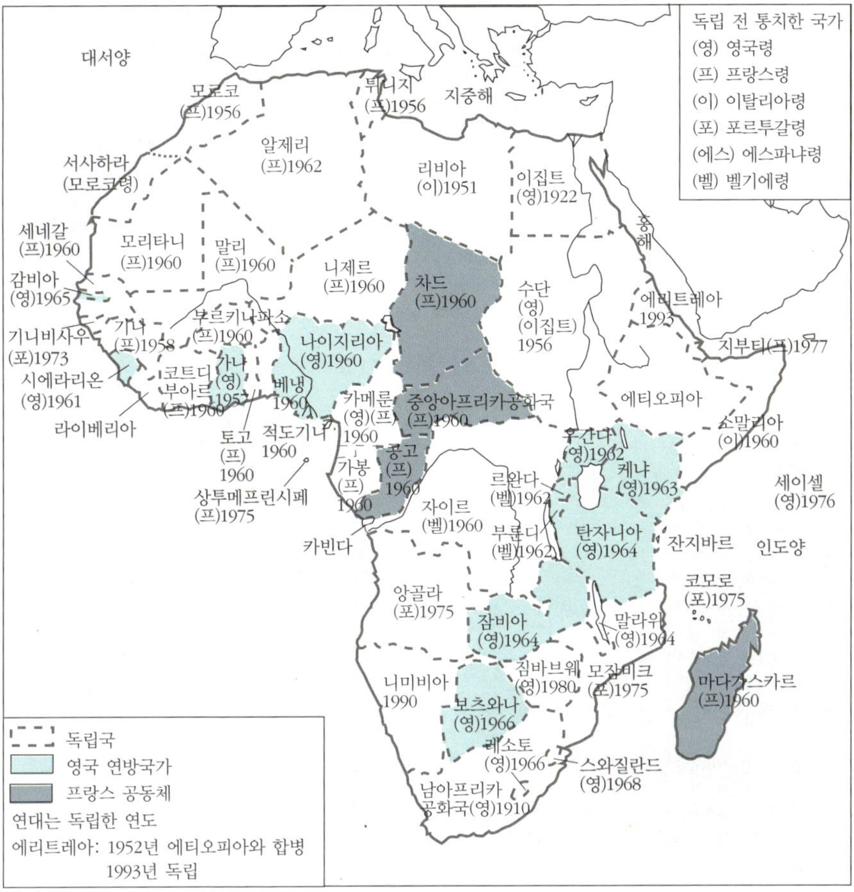

그림 16-3. 아프리카 여러 나라의 독립

제적 통합을 목표로 한 아프리카연합(African Union, AU)이 결성되는 등 경제발전과 민주정치의 실현을 위한 움직임도 점차 활발해지고 있다. 즉, 2002년 7월에 이제까지의 OAU 대신 새로 출범한 AU는 EU를 모방하여 아프리카 의회, 중앙은행, 사법재판소, 평화유지군 등을 갖추고 단일화폐도 마련할 계획을 세우고 있다. 이밖에도 2000년에는 아프리카 지역 최초의 자유무역지대인 '동남아프리카 공동시장자유무역지대(Common Market for Eastern and Southern Africa Free Trade Area, COMESA FTA)'가 이집트, 케냐, 짐바브웨, 르완다, 우간다를 비롯한 이 지역 9개국의 참여로 출범하여 참여국간의 관세 철폐와 중앙은행 창설을 기도하고 있으며, 2001년에 나이지리아, 알제리, 남아프리카 공화국 등이 중심이 되어 결성한 '아프리카 개발을 위한 새 동반자관계(The New Partnership for Africa's Development, NEPAD)'는 선진국들과의 대등한 동반자 관계의 정립을 목표로 추구하고 있다. 이러한 추세 속에 내전을 종식하고 군부의 1인독재를 지양하고 다당제 선거에 의한 평화적 정권교체로 민주적 문민정치를 실현해 가고 있는 국가들의 수도 점차 늘어나고 있다.

6. 제3세계

20세기 특히 제2차 세계대전 후의 아시아 · 아프리카 여러 나라의 각성과 민족주의의 발전, 이에 따른 반제국주의와 반식민주의의 물결은 현대사의 가장 크고 중요한 흐름의 하나라 할 수 있다. 이러한 세계사의 흐름에 따라 전후 20년간에 아시아에서 20개국, 아프리카에서 33개국, 도합 53개의 신생 독립국가가 탄생하고 1970년대 초에는 그 수가 60개국을 넘게 되었다.

이러한 신생 국가들은 과거 유럽과 미국의 식민지 내지 반(半)식민지였으며 그 대부분이 빈곤한 개발도상국가라는 점에서 공통점을 가지고 있었다. 그리하여 그들은 라틴아메리카의 여러 나라까지도 포함하여 국제정치에서는 미국과 소련 양대국 간의 냉전에 휘말려 들어가지 않고 독자적인 노선을 택하면서 경제면에서는 후진적인 남과 선진적인 북의 괴리와 경제적 격차를 줄이는 것을 목표로 삼아 왔다.

이러한 아시아와 아프리카의 신생 국가를 중심으로 한 나라들을 미국 중심의 제1세계와 소련 중심의 제2세계에 대비시켜 제3세계 또는 제3세력, 또는 그들이 비동맹을 내걸고 있기 때문에 비동맹국가라고 불려 왔다. 이

제3세계 지도자(1956) 나세르, 네루, 티토(왼쪽부터)

러한 제3세계의 태동은 1954년에 인도 · 버마 · 인도네시아 · 파키스탄 · 실론(스리랑카)의 5개국이 콜롬보(Colombo)에서 회의를 가지고 미국과 소련의 대립에 관여하지 않는 평화세력(제3세력)임을 확인하는 한편, 그 세력을 결집하기 위한 아시아-아프리카 회의를 소집한 데서 비롯되었다. 그리고 이 결정에 따라 다음해에 인도네시아의 반둥(Bandung)에서 분단국을 제외한 아시아 · 아프리카의 29개국이 회의를 열게 되었으며 이에 제3세계가 탄생하게 된 것이다.

1955년의 반둥 회의에 참가한 나라들의 국내사정이나 독립의 유래와 역사는 저마다 달랐지만 아시아 · 아프리카의 기본문제에 관해서는 공통된 태도를 취할 수 있었다. 즉 참가국들은 반식민지주의와 반인종주의, 그리고 국제연합 가입이라는 점에서 의견이 일치했고, 국제적 분쟁의 평화적 해결과 상호 간 및 세계 다른 지역과의 경제적 협력을 제창했다. 반둥 회의에서 탄생한 제3세계 또는 비동맹 국가의 수는 점차 증가하여 1957년에 열린 제2차 아시아-아프리카 회의 때는 40여 개국이 참가하고, 1973년의 제4차 비동맹국회의에는 73개국이 참가했다.

이러한 제3세계의 등장은 UN에서의 세력분포에 큰 변화를 일으키고 국제정치의 판도에도 영향을 미치게 되었다. 특히 초기의 정신과는 달리 한때 중국이나 쿠바와 같은 공산국가가 이에 파고들어 공산세력의 외곽단체 비슷한 느낌을 준 경우도 없지 않았다. 그러나 미국을 비롯한 자유진영의 선진국이 이에 영향을 미치고자 노력하게 되고 또한 비동맹국 중에 상당수가 반드시 공산주의를 환영하지는 않은 데다 국내정세가 저마다 달라 그 단결력이 점차 약화되어 갔다. 특히 냉전이 해소되고 소련권의 제2세계가 무너진 후에는 그 같은 추세가 더욱 두드러지게 되어 제3세계의 영향력은 급속히 미약해졌다.

제2절 제2차 세계대전 후의 아시아와 오세아니아

1. 전후의 동아시아

제2차 세계대전이 아시아 각국에 미친 영향은 매우 심각한 것이었다. 전쟁 중 무리한 물적·인적 동원은 이 지역의 경제를 파탄으로 몰아넣어 이의 재건은 시급한 문제였다. 제국주의 세력이 퇴조한 이후 각 민족의 독립 등, 이 지역에서의 새 질서의 수립 또한 난제였다. 그런데 전후의 이러한 새로운 도전은 희망과 좌절을 동시에 안겨 주는 과정이었다. 특히 대전 간에 급속도로 성장한 공산주의 세력은 향후 이 지역의 중요한 역사적 변수로 작용했다.

이러한 변화는 한국, 중국, 일본을 포함하는 동아시아의 경우도 예외는 아니었다. 특히, 이 지역에서는 대동아공영권(大東亞共榮圈)을 표방하던 일본 군국주의의 패배로, 그 영향하에 있던 한국, 중국 등은 독립에 이은 갈등이 기다리고 있었다. 한국은 연합국의 약속(카이로 회담과 포츠담 회담)으로 독립은 가능한 상태였으나 남북분단으로 냉전체제의 중심지가 되었다. 북한의 남침으로 한국전쟁을 겪은 뒤에도 민족분단이 장기화하여 현재에 이르고 있다.

한편 일본이 패전한 후, 중국 대륙에는 국민당 정부에 대신하여 중화인민공화국(中華人民共和國)이 성립되었다. 제2차 국공합작은 종전과 함께 사실상 파기되어 중국은 다시 내전상태에 들어갔었다. 대전 후 국공 양당이 일본의 점령구 접수를 놓고 대립이 격화되자 1946년에는 정치협상회의를 열어 문제를 해결하려 했다. 그러나 양측의 이해가 엇갈려 이 회담은 결렬되고 말았다. 이에 미국에서 마셜(G. Marshall)을 파견하여 양자의 조정을 시도했지만 이 역시 실패함으로써 중국은 본격적인 내전으로 치달았다.

대전 종결 후 중국 공산당은 옌안을 떠나 먼저 만주 지방에서 국민당군과 대결했다. 당시 국민당 정부는 1947년 1월, 새 헌법을 제정하여 난국의 수습을 꾀했으나 관료, 군인, 재벌이 부패하여 민심이 떠나고 있었다. 중국 공산당은 이를 기화로 우선 동북 지방(만주)을 점령하고 총공세를 취하여 화북 · 화중 지방으로 진격하자, 장제스의 국민당 정부는 곤경에 빠졌다. 마오쩌둥(毛澤東)은 1949년 1월, 국민당 정부에 전범의 처벌, 헌법의 폐지 등 8개항의 요구를 제시하자, 장제스가 사임하고 리쭝진(李宗仁)이 주석이 되어 협상을 벌였지만 이 역시 결렬되었다. 협상 결렬 후, 중국 공산당군은 양쯔강을 건너 총공세를 취하니 장제스의 국민당 정부는 타이완으로 옮기고, 공산당은 10월 1일 중화인민공화국의 성립을 정식으로 선포하기에 이르렀다. 이로부터 중국은 대륙의 공산정권과 타이완의 국민당 정권으로 나뉘어, 1국 2정부의 갈등구조가 형성되었다. 내전 중 중국 공산당의 핵심과제는 토지문제였다. 그들은 「중국토지법대강」을 공포하고(1947) 이에 따라 점령지에서 지주의 재산을 몰수하여 소작인과 빈민에 분배함으로써 농민의 토지사유를 제한했다. 또 산업부문에서 재벌의 독점자본을 몰수하고 민족상공업은 보호하고 경제정책의 방향을 농업국에서 공업국으로 전환하는 경제사회주의에로의 개조에 착수했다. 외교적으로 중화인민공화국은 소련과 중소우호동맹과 상호원조조약을 맺고, 동유럽 공산권 여러 나라 및

마오쩌둥

인도, 영국 등의 승인을 얻어 국제사회에 발돋움을 했다.

1953년에 제1차 5개년계획을 세워 농업의 집단화와 동시에 공업화를 추진하는 정책을 편다. 마오쩌둥은 1958년 대약진운동(大躍進運動)을 벌여, 농촌을 인민공사(人民公司)로 편제하고 대규모 농업의 집단화 운동을 벌였다. 그러나 이 사회주의 실현을 위한 실험은 수천만이 굶어죽는 등 참담한 실패로 끝나고 말았다. 이 위기를 수습하는 과정에서 류샤오지(劉少奇) 등 정부 실권파가 자본주의적 요소가 담긴 경제정책을 펴 난국을 극복했다. 정치적으로 곤경에 처한 마오쩌둥은 1965년 학자, 예술가와 류샤오지 등을 공격하는 문화대혁명(文化大革命)을 일으켜 마오 사상하의 국민적 단결을 강행하려 했다. 문화혁명이 시작된 후 동원된 홍위병(紅衛兵)이 전국을 무법의 광란으로 몰아넣자, 군이 질서유지에 나서는 등 10년에 걸친 문화혁명은 결론적으로 문화활동은 물론 정치와 경제 전반에 더할 수 없는 혼란과 침체를 안겨주었다. 1976년 마오쩌둥이 사망한 뒤 문화혁명세력인 장칭(江靑) 등 4인방이 제거되었다. 그 후 화궈펑(華國峰)을 거쳐 덩샤오핑(鄧小平)이 권력을 잡으면서(1978) 다시 자본주의적인 요소를 가미한 4대 근대화(四大近代化) 정책을 펴게 되었다.

1977년 복권한 덩샤오핑은 농업, 공업, 국방, 과학기술의 4대 근대화 정책을 들고 나와, 사회주의 시장경제의 실현이라는 개혁 · 개방시대를 연다. 이는 문화혁명과 마오쩌둥 사상에 대한 부정적 평가를 인정하는 이념상의 전환과 기왕의 폐쇄적 자력갱생정책이 바뀌어야 한다는 필요성이 가져다 준 선택이었다. 새로운 정책의 도입으로 1985년에 인민공사의 해체와 더불어 농민이 경작권을 갖는 자율적인 생산활동을 허락하고 자유시장도 부분적으로 부활시켰다. 개방정책의 일환으로 선전(深圳), 샤먼(厦門) 등에 경제특구를 설치하고 그 밖에 연안의 여러 도시를 대외 개방도시로 설정하여 외국자본 유치와 기술도입에 적극성을 보였다. 이는 과거 마오쩌둥의 평등론에 반하는 덩샤오핑의 선부론(先富論)에 근거한 정책이었다. 결과적으로 이러한 정책은 지금까지 20여 연평균 10% 내외의 경제성장 효과를 거둘 수 있게 했다. 그러나 성장의 그늘, 즉 도·농 간의 빈부 격차, 지역적 불균형 등, 중국 사회주의 시장경제가 해결해야 할 큰 과제로 남겨놓고 있다.

개혁·개방과 사회주의 일당독재의 고수라는 중국의 현 정책은 그 자체에 모순이 있다. 기왕에도 있어 왔던 지식인과 학생들의 민주화에 대한 요구가 개방정책을 계기로 더욱 거세지자, 당을 비롯한 일부 원로들이 이에 반대의 입장을 굽히지 않았다. 이러한 대립이 폭력적인 충돌로 나타난 것이 1989년 6월에 일어난 톈안먼 사태(天安門事態)였다. 이 사태는 시민과 학생의 민주화에 대한 열망을 중국 정부가 무력으로 진압한 사건으로, 중국에서의 정치적 민주화의 한계를 그대로 보여 주었다. 이 사건 후 장쩌민(江澤民) 체제가 들어섰지만 현 공산체제 고수라는 원칙은 계속되었다.

중국에 공산당 정권이 수립된 후 국제사회에서 중국을 대표하기까지에는 많은 어려움이 있었다. 중국 정부의 정통성은 타이완의 국민당 정부에 있었기 때문이다. 중화인민공화국은 1950년대에 소련을 비롯한 동유럽 사회주의 국가, 아시아 일부 신생 독립국, 영국을 비롯한 일부 서유럽 국가의 승인을 받았지만, 미국의 계속적인 견제로 국제활동에 많은 제약을 받았다. 이러한 여건에서 중국은 인도와 협력하여 1955년에 아시아·아프리카 신생 여러 나라를 아울러 제3세계를 이끄는 외교적 노력에 성공하는 성과도 거두었다. 그러나 1950년대 말, 소련이 자본주의 국가와 평화공존정책을 채택하는 것을 빌미로 중국은 소련을 수정주의자로 비판하여 등을 돌렸고 인도와도 국경분쟁이 일어나, 한때 외교적 위기를 맞았다. 이러한 위기를 극복하려는 노력을 계속하던 중, 1970년대 미국과 소련 간의 화해(détente) 분위기에 힘입어 미국 등 과거 적대 국가들과 외교관계를 수립하고 마침내 1971년 UN에서 타이완에 대신 중국의 대표권을 차지했다.

1997년에는 홍콩의 주권을 회수하고 이를 곧 마카오에도 적용하여 과거 식민지 흔적을 청산하고 1국 2체제를 실험하고 있다.

현재 중국은 후진타오(胡錦濤)를 정점으로 하는 이른바 제4세대 지도층의 집권시대로, 그들은 2002년 권력을 이양받아 21세기 중국을 이끌어 나아갈 주체세력으로 확정되었다. 이들 제4세대 지도자들은 1980년대 이후부터 추진해온 자본주의적 실용노선을 계승하여 중국의 경제발전과 안전보장을 확고히 하고 동아시아의 대국으로 국제무대에 발언권을 높여가고 있다. 그러나 이러한 발전 이면에는 성장통(痛)도 적지 않아 보인다. 유교와 마오쩌둥 사상을 오가는 이념적 편승, 빈부격차의 증대, 인권문제, 환경오염, 지역적 불균형 등은 그들이 해결해야 할 쉽지 않은 과제들이다.

한편 타이완의 국민당 정부는 대륙의 득세에 따라 명암이 엇갈릴 수밖에 없었다. 타이완에서의 국민당 정부는 부패를 척결하여 상당한 경제적 성장을 이룩했으나 국제사회에서 중국을 대표하기에는 역부족이었다. 이러한 변화 속에 타이완에서의 국민당 일당독재가 외성인(外省人) 대 타이완인이란 대결구도로 나타나 타이완인의 발언권을 높이려는 움직임이 일어난다. 1986년 민진당(民進黨)이 결성되어 국민당 일당독재를 끝내고 타이완의 독립 가능성까지 말할 수 있는 전기를 마련했다. 그러나 타이완은 중국의 일부라는 대륙의 주장이 강하고 미국 등이 타이완의 존재를 인정하는 이해관계가 맞물려 긴장이 계속될 것으로 보인다.

패전 후 일본에서는 군국주의가 붕괴되고 통치권은 맥아더의 연합군 최고사령부에 귀속되었다. 맥아더는 일본이 천황제를 유지하면서 민주정부 설립을 지향하도록 점령정책을 폈다. 점령 사령부는 치안유지법의 폐지, 부인의 참정권 인정, 노동조합 결성권 인정, 토지개혁 실시, 전범자의 처벌, 재벌 해체, 국가와 신토(神道)의 분리 등을 통해 광범한 정치 · 경제적 민주화조치를 취했다.

1947년 11월에는 과거 일본의 군국주의를 청산하고 전쟁을 부인하는 새 일본국헌법이 반포되어 일본은 역사상 처음으로 민주국가로 발돋움했다.

이 헌법은 민주주의와 평화주의를 그 기본으로 삼아 주권재민을 확인하고, 무장이나 전쟁을 할 수 없도록 규정하고 있다. 신헌법의 제정과 더불어 사법부, 지방자치, 교육 등 여러 분야에서 민주화를 향한 새로운 조치가 연속적으로 취해졌다.

일본은 전후 전쟁의 여파로 경제가 거의 파탄에 이르는 어려움이 있었으나 한국 전쟁으로 군수품조달을 통한 특수경기가 일어나 경제발전에 숨통을 틀 수 있었다. 한편 미국은 일본과 교전국 간의 조기 강화조약 방침을 세워 샌프란시스코 강화회의(1951)를 주선했다. 이를 계기로 일본은 미국을 비롯한 교전국과 속속 강화조약을 맺어 국제무대에 재등장하게 되었고 이어 미일안보조약(1952)을 맺어 미국의 핵우산 밑에 경제발전에 전념할 수 있었다. 일본은 1956년에 UN에 정식으로 가입함으로써 공식적으로 다시 국제사회에 복귀했다.

일본이 국제사회에 복귀하고 경제적으로 안정추세에 이르자, 미일공동방위체제의 위험성과 대미 정치 · 경제적 종속성을 들어 이에 반대하는 혁신정당과 대중운동이 일어나 한때 정치적 위기를 맞았다. 이러한 분위기 속에 출범한 이케다 내각(池田內閣)은(1960) 반정부적 선동을 막을 겸 소득 배가를 겨냥한 경제의 고도성장정책을 채택하여 한때 연간 15% 이상의 성장률을 기록함으로써 경제대국으로 발돋움했다. 경제의 고도성장에 힘입어 경제대국으로 성장한 일본은 국제사회의 역할분담 여론에 밀려, 아시아 여러 나라를 비롯하여 세계적으로 경제협력을 확대해 나가는 정책을 폈다.

일본은 정치적으로 다당 분립 하에 1955년 이후, 자유민주당이 계속 집권하여 비교적 안정을 유지하고 있었지만 그들 특유의 파벌정치는 민주주의 체제하에서 보기 드문 정치모형을 드러내었다. 1970년대 전반까지 영향력이 컸던 진보세력이 후반기부터 퇴조하고 경제성장에 따른 중류의식이 사회 전반에 자리 잡아, 노동조합도 투쟁보다는 실리를 추구하는 등 일본 사회의 우경화 경향이 뚜렷해져 갔다. 이에 걸맞게 일본은 1975년 포드(Ford)-미키(三木) 회담을 계기로 미국과의 공조체제를 강화하고 방위력 증강을 위한 일련의 시책을 통해 군사대국을 향한 발걸음을 재촉하였다. 걸프전 등 세계 분쟁지역에 군대를 파견해 오고 있는 것은 좋은 예일 것이다. 그뿐 아니라 1980년대에 들어, 천황제(天皇制) 이념을 노골적으로 고취함은 물론 전범을 안치한 야스쿠니 신사(靖國神社)를 각료들이 참배하는가 하면 과거 일본의 침략행위를 옹호하고 민족차별적 발언도 서슴지 않는 등 보수 · 우경화 경향이 두드러지고 있다. 일본의 이러한 경향은 한국, 중국 등 과거 피해를 입었던 국가들과 마찰을 빚기에 충분한 사안들이다.

오래 동안 순조롭게 발전하고 있던 일본호에 장애가 발생했다. 세계 제2의 경제대국에 바로 경제가 문제였다. 1985년, 미국이 달러화 안정책을 펴 일본 수출에 큰 타격을 입힌 이른바 엔다카(円高) 불황이 닥쳤다. 이를 계기로 일본은 중화학공업에서 정보 통신, 신소재, 바이오테크 등으로 전환하는 산업구조조정을 단행하고 다국적 기업의 유치, 시장개방의 확대 정책을 폈다. 그러나 이러한 전환은 고용불안의 증대, 하청 중소기업의 몰락, 외국에서 일본식 경영과의 마찰, 부동산 거품과 같은 경제적 모순을 불러와, 오늘날 일본 경제는 심각한 정체국면에 놓이게 되었다.

장기 집권을 구가하고 있던 자민당 정권도 1990년대에 접어들면서 흔들리기 시작한다. 그리하여 향후 10여 년 간에 열 번이나 내각이 바뀌는 혼란된 모습을 보였다. 부패와 비민주성에 대한 국민적 개혁요구가 강해지자 사민당(社民黨)과 연립내각을 구성하는 등 전에 없던 정치적 선택이 불가피했다. 2001년 성립된 고이즈미 내각(小泉內閣)도 그 결과물이다. 그는 탈파벌주의를 내세워 변화를 바라는 일본의 민심을 업고 작은 정부를 향한 정치개혁과 경제활성화 정책을 폈다. 그 결과 오랜 경제적 침체에서 벗어날 수 있었고 정치적 안정도 꾀할 수 있었다. 그러나 이념적으로 복고적 국가주의로 회귀하는 정책방향을 잡음으로써 한국과 중국 등 이웃나라들과의 긴장관계를 증폭시키고 있다.

2. 전후의 인도 및 동남아시아

영국의 자치령에서 1947년 성취한 인도의 독립은 인도와 파키스탄의 분리 독립의 형태를 띠었다. 이는 역사적으로 이 지역에서 힌두교와 이슬람교의 대립이 있어 왔고 영국은 이러한 종교의 대립을 분리통치의 방법으로 이용해 왔기 때문에 예상된 귀결이었다.

인도는 1950년 헌법을 제정하고 이어 의회를 소집하여 영국식 의회민주주의 국가를 지향했다. 선거를 통해 집권한 인도 국민회의파는 과거부터 독립적이었던 여러 토후국을 인도에 편입함과 동시에 언어별로 주를 편성하는 연방제도를 채택했다. 독립 후 인도는 식민지시대에 훈련된 인도의 관료조직으로 비교적 안정적인 정치발전을 할 수 있었다.

초대 수상인 네루(J. Nehru) 지도하의 인도 정부는 영토권 존중, 상호불가침, 호혜평등, 평화공존, 비동맹 등 소위 평화5원칙에 입각하여 우선 중국과 1954년 외교 관계를 맺었다. 이것을 시작으로 인도는 1955년 인도네시아의 반둥에서 비동맹회의(非同盟會議)를 주선하여 평화 5원칙의 정신에 따라 민족독립, 평화확립, 식민주의 반대의 노선을 명확히 하는 비동맹 외교를 주도했다. 그러나 1959년 중국의 티베트 점령으로 중국과 인도의 국경분쟁이 일어나고 미국과 소련의 인도에 대한 적극적인 관심으로 인도의 중립외교는 후퇴하게 되었다. 한편 인도는 국내적으로 파키스탄과 카시미르(Kashimir) 영유권 문제로 충돌하여 막대한 전비를 부담해야 하는 어려움도 겪었다.

네루는 집권 후 사회주의 실현, 정경분리, 경제5개년계획 등 일련의 정책목표를 세워 추진했으나 사회당과 공산당의 비협조는 물론, 지주와 자본가의 반대에 부딪쳐 성공을 거두지 못했다. 그 결과 국민회의파의 소작농을 위한 대지주의 토지의 분배계획도 실행에 옮기지 못했다. 공업정책의 경우 기업 활동을 허락하면서 중화학공업은 국유로 하는 사회주의적인 요소를 많이 받아들였다. 그 후의 인도 공업은 상당한 양적 팽창에도 불구하고 지

힌두 · 무슬림과
화해를 꾀하는 간디

나친 해외 원조 의존, 빈약한 기술축적 등 많은 문제점을 가지고 있었다.

1964년 네루 수상의 사망으로 인도는 독립 후 정국에 하나의 분기점을 맞았다. 인도 공산당은 경제정책의 실패, 파키스탄 문제 등을 들고 나와 인민민주주의 혁명노선을 내세워 국민회의파 정부와 대결하는 등 정치적 혼란을 빚었다. 1966년 집권한 간디(I. Gandhi) 수상은 파키스탄과의 전쟁을 통해 1971년 방글라데시의 독립을 돕고, 1974년에는 핵실험에 성공하여 인도의 국제적 지위를 높였으나 일련의 비상조치를 단행하여 지상 최대의 민주주의라고 칭하던 인도를 강권정치로 지배하기에 이르렀다. 간디 수상은 외교에서 중립노선을 포기하고 친소정책을 택해 파키스탄을 지원하는 미국, 중국 등과 대립했다.

인도는 1970년대의 경제개발로 만성적인 절대빈곤은 면했으나 빈곤은 여전히 인도가 안고 있는 문제이며, 그 밖에 시크(Shik) 분리주의, 파키스탄과의 대결 등 많은 문제를 안고 있었다. 1984년 간디 수상이 암살당한 다음 집권한 라지브(R. Rajiv)는 좌경 강권정책을 완화했으나 이렇다 할 실적을 남기지 못하던 중, 1980년대 후반부터 힌두교 원리주의가 득세하여 이후 인도 정국은 혼란에 빠져들었다. 1991년 집권한 라오(P. Rao)는 정부

주도의 경제정책을 수정하여 민간 주도의 개방정책을 택해 빈곤국에 숨통을 트게 했다.

라오정부가 개방정책을 펴, 인도의 기간산업 및 중공업 분야에 민간과 외국자본의 참여를 허락한 결과 경제적 활력을 찾았고 세계시장도 인도의 경제적 잠재성 때문에 투자에 적극적이었다. 현재, 인도의 철강산업과 IT 산업이 세계의 주목거리가 된 것은 좋은 예이다. 그러나 현재 인도의 정치는 안정적이라고 보기는 어렵다. 1990년대 중반부터 인도의 정치권력은 각 지역, 각 계층의 이익을 배려한 원심적 연합형태를 띠고 있기 때문이다. 파키스탄과의 갈등, 종교적 대립, 다양한 언어, 카스트 제도의 유제 등은 아직도 심각한 사회 갈등의 요인으로 자리잡고 있다.

1945년 8월 일본이 패전하자 동남아시아 지역에는 구 식민지세력들이 복귀를 꾀함으로써, 대전기간 중 현저히 성장한 현지 독립운동세력과의 충돌이 불가피해졌다.

네덜란드령 동인도제도는 일본군 점령하에서 명목만의 독립을 약속받았다가 대전이 끝나자 수카르노(Sukarno) 지도하에 인도네시아 공화국으로 독립을 선포했다(1945). 네덜란드가 이를 승인하지 않자, 그는 무력으로 이를 굴복시키고(1949) 반둥 회의에 참석하여 비동맹중립외교를 선언함으로써 국제적 명성을 얻었다. 수카르노가 집권 후 친공 노선을 택하자 군부가 일어나 수카르노가 실각하고 수하르토(Suharto)가 집권하게 되었다. 수하르토 정권은 친서방 노선을 택해 상당한 경제성장을 이룩했으나 장기간의 족벌 측근 독재정치로 부패가 만연하여 마침내 국민적 저항으로 막을 내린다(1998).

수하르토 실각 후, 와히드(Wahid)가 대통령으로 당선되어(1999) 거국내각을 구성하고 국민통합에 노력하는 듯했으나 곧 부패혐의로 탄핵당하고 메가와티(Megawati)가 대통령직을 승계했다. 그 후 인도네시아 정부는 빈부격차 해소, 자바섬 중심정책 탈피, 오스트레일리아와의 안보협력 등, 다각적인 개선 정책을 내놓았지만 별무효과인 속에 정정은 여전히 불안해 보인다. 경제적 측면에서 농산물의 증산에 상당한 진전이 있었지만 자급단계에 이르지 못했고 석유, 목재, 주석 등 부존자원은 많으나 아직도 식민적 유제에서 벗어나지 못하여 산업화에 직접 접목시키지 못하고 있다.

프랑스령 인도차이나에서 해방된 베트남, 캄보디아, 라오스 3국은 공동운명을 맞았다. 이 3국은 대전 직후 프랑스의 복귀정책에 공동으로 저항하여 1954년 제네바 협정으로 각각 독립국가로 승인받았다. 베트남 전쟁 당시 공산주의 혁명세력은 인도차이나를 단일 전장으로 보았고, 미국 역시 그러한 전제 아래 대응했다.

베트남은 이 지역의 중심세력이었다. 제2차 세계대전이 끝나자 호치민의 베트남독립동맹(越盟)이 중심이 되어 베트남 민주공화국의 독립을 선언했다(1945). 이에 프랑스는 잠정적으로 이를 승인했다가 옛 안남 왕을 내세워 별개의 베트남국을 세우고(1950) 곧 호치민의 베트남 공화국과 교전상태에 들어갔다. 전쟁에서 불리해진 프랑스는 제네바 협정에 의해 북위 17선을 군사분계선으로 하는 휴전안에 동의했다. 이로부터 베트남은 남북으로 분단되었다. 그러나 남부 베트남에는 곧 공산주의 세력인 남베트남해방민족전선이 결성되어 프랑스에 대신하여 개입한 미국과 싸웠다. 미국은 캄보디아와 라오스에 친미정권을 세워 북베트남을 협공했으나 결국 철수를 결정함으로써 베트남은 통일을 달성할 수 있었다(1976). 그러나 통일 후에 있었던 캄보디아 침공은 베트남의 국제적 고립을 자초했고 이는 경제적 침체로 이어졌다. 이에 베트남은 1986년부터 도이머이(Doimoi, 쇄신) 정책에 의한 개혁 · 개방정책을 펴, 미국 등 과거 적대세력과 국교를 재개하고 자본주의를 받아들여 1990년대부터 고도성장을 계속하고 있다. 2001년, 베트남은 미국과 무역협정을 맺는 등 외국투자를 적극 유치하는 동시에 제7차 5개년계획(2001~2005)을 세워 고도성장, 고용확대를 꾀함은 물론 저소득층 지원확대, 부패척결 등 사회문제의 해결도 함께 추구하고 있다. 이 기간, 베트남은 평균 7.5% 성장을 기록했고 쌀 수출국으로서의 과거 위상도 되찾을 수도 있었다.

필리핀은 동남아시아에서 가장 일찍 독립을 얻은 나라 중의 하나였다(1946). 그러나 당시 모든 경제권은 미국인이 쥐고 있었고 토지는 극소수의 지주가 차지하는 등 불합리한 문제들이 많아 평등을 요구하는 좌파적 후크당(Hukbalahap)의 활동이 확대되어 고전했다. 1965년 마르코스(Marcos)가 집권하여 계엄통치를 계속하다가 1986년 혁명에 의해 축출된 바 있다. 그 후 부패와 남부 이슬람 분리주의자들의 무력활동 등으로 정정이 불안하고 경제적 침체가 계속되고 있다. 마르코스에 대신하여 집권한 아퀴노(C. Aquino)는 국민의 지지를 업고 누적된 부패척결을 시도했으나 오히려 계속되는 쿠데타 시도에 시달려야 했다. 1999년 대통령에 당선된 라모스(F. Ramos)는 게릴라 및 회교도 분리주의자를 사면하고 공산당을 합법화하는 등 일련의 민족통합정책을 폈지만 기대에 미치지 못했다. 2001년, 시민혁명으로 현 아로요(G. Arroyo)가 대통령에 취임했으나 무기력하기는 마찬가지다. 그리하여 1960년대 아시아를 선도하던 경제도 지금은 하위 개발도상국 수준에 머물러 있다. 대농과 소작의 전근대적 관행이 주산업인 농업의 발전을 막고 공공 부분의 민영화를 통한 경제개혁을 꾀했지만 별 효과를 거두지 못했다. 현재 원자재 및 인력 수출이 그들의 주된 외화 수입원이다.

버마는 일본 치하에서 아웅 산(Aung San) 장군 주도의 반파시스트 인민자유연맹이 결성되어 1945년 9월 해방을 맞았다. 그러나 영국이 여기에 식민체제 부활을 획책하자 독립투쟁이 계속되었고, 1948년에야 완전독립을 달성할 수 있었다. 독립 후 공산당 등 정당의 분파작용과 국내 종족간의 갈등으로 군부 쿠데타를 유발하여(1962) 네윈(Ne Win)이 집권했다. 네윈은 사회주의 국가 건설을 표방하여 주요 산업기관을 국유화하고 국제적으로는 중립을 표방하는 쇄국정책으로 일관했다. 이러한 군부의 폐쇄적 독재체제에 반대하여 1990년, 아웅 산 수치(Aung San Suu Kyi)가 이끄는 야당 국민민주연합이 선거에 압승하자 군부는 그를 연금하고 군부독재를 계속하고 있다. 버마는 1989년 나라 이름을 미얀마(Myanmar)로 바꾼 바 있다.

미얀마의 군부는 무장소수종족들의 분열주의가 미얀마의 국가통합을 저해한다는 구실로 계속 집권을 고집하고 있다. 그러나 1997년 성립된 국가평화발전위원회는 과거 사회주의 노선을 탈피하여 시장경제체제를 도입하고 국가고립을 피하기 위해 ASEAN에 가입하는 등 일련의 변화를 시도하고 있다. 그럼에도 불구하고 은둔적 군부지배체제에는 아직까지 민주화 · 개방화를 위한 가시적인 변화가 없다.

타일랜드는 동남아시아 지역에서 식민예속을 면할 수 있었던 유일한 나라였지만 항상 군부의 입김이 강했다. 1991년 타이 군부는 부패를 이유로 쿠데타를 일으켜 장기집권을 꾀했다. 이에 중산층과 학생이 격렬하게 반대하고 유혈사태가 일어나자 국왕이 중재로 군부와 관료가 퇴진하고 온건 민간정부가 들어섰다. 이 민간정부는 민주주의를 존중하고 경제성장정책을 펴 안정을 찾은 것같이 보인다. 현재 타이를 이해하는 데 중요한 것은 국왕의 위치다. 현 푸미폰(Bhumibol) 국왕은 제도적으로 명목상 군주이지만 항상 국민과 정부 간에 구심적 역할을 한다. 그는 국가와 불교가 결합된 전통 속에 불교적 국왕으로서 정치적인 위기마다 해결사 구실을 하고 모두가 이에 따른다. 태국은 근대국가 형성과정에서 민족운동이 그 중심을 이루었던 여타 동남아 국가와는 달리, 국왕을 정점으로 하는 하향식 국가기능이 그 중심을 이루고 있다.

말레이시아 연방은 다른 영국 식민지가 그러했듯이 제2차 세계대전 후 입헌화 · 민주화 과정을 통해 독립했다. 과거 회교국가 전통과 마레이인, 화교, 인도인 등으로 구성된 종족적 복잡성을 극복하고 1957년 독립으로 이끈 사람은 라만(A. Rahman)이었다. 그는 독립후 1970년까지 과거 술탄의 특권을 줄이고, 싱가포르의 독립을 인정하는 등 역동적인 정책으로 국가적 안정을 유지했다. 1987년 집권하여 최근까지 권좌에 있었던 마하띠르(Mahathir) 총리는 말레이시아의 고무, 주석, 목재 등 풍부한 자원을 활용하여 경제적 근대화를 강력히 추진하고, 정치적으로도 평민수상이 되어 일반국민의 정치적 참여를 확대하는 데 주력했다.

오늘날 싱가포르를 거론할 때, 말라카 해협의 요충이란 지정학적 위치와 말레이시아 연방에서 소수민족이지만 역동적인 화교를 이끌었던 리콴유(李光耀)를 빼놓고 생각할 수 없다. 리콴유는 1954년 화교중심의 인민행동당을 결성하여 중국인을 정치세력화한 후, 1965년 말레이시아 연방으로부터 독립을 쟁취하였다. 독립 후, 1990년 은퇴할 때까지 현 인구 500만 정도의 싱가포르를 활기차고 부유한 도시국가로 만들었다. 비민주적이라는 비난에도 불구하고 '아시아적 가치'를 표방하면서 경제발전의 새로운 모델을 제시했고, 지금도 배후에서 영향력을 행사하고 있다.

3. 전후의 오세아니아

20세기 전반기까지만 하더라도 세계사의 주요무대에서 비교적 소외되어 온 남태평양 일대의 여러 나라들도 제2차 세계대전을 겪으면서 점차 그 역사적 지위가 향상하기 시작했다. 그중에서도 특히 전쟁 중 연합국으로 참전하여 미국의 대일본 전쟁을 도와 온 오스트레일리아와 뉴질랜드는 전후 일찍이 영국의 자치령에서 벗어나 완전 독립국가가 됨으로써 환태평양지역 국제질서의 일익을 담당하는 주요국가로 자리 잡게 되었다.

1901년 여섯 개의 영국 식민지가 통합하여 성립된 오스트레일리아 연방(Commonwealth of Australia)은 1942년 영국의 웨스트민스터법(Statute of Westminster)을 수락하여 완전한 자치권을 획득했으며, 1986년 오스트레일리아법(Australia Act)으로 영국으로부터 완전 독립했다. 18세기 후엽에 유럽계 백인의 이주가 시작한 이래 영국과 아일랜드계 이민이 주를 이루었으나, 제2차 세계대전이 끝난 이후에는 중동, 아시아, 라틴아메리카 등지로부터도 많은 이민을 받아들여 1970년대에는 이른바 '하얀 오스트레일리아(White Australia)' 정책이 버려졌다.

제2차 세계대전 중 주로 미국과 더불어 일본군의 침략에 맞서 싸우면서 국제적 문제들에 적극 관여해 온 오스트레일리아는 전쟁이 끝나자 미국과의 유대를 더욱 강화하여 1951년에 뉴질랜드, 미국과 앤저스(ANZUS) 조약을 체결했다. 한편 1945~1949년에 네덜란드에 대한 인도네시아의 독립투쟁을 지원하고, 1950년에는 아시아 개발도상국가들을 지원하는 콜롬보계획(Colombo Plan)을 제의하는가 하면 한국전쟁에도 참전했으며, 1964~1975년의 베트남전쟁 파병, 1991년의 걸프전과 2003년의 이라크전쟁 참가 등, 주로 아시아 · 태평양지역에서의 여러 분쟁에 적극 관여해 왔다.

1983년 이래 호크(Hawke, 1929~)와 키팅(Keating, 1944~)이 이끄는 노동당 정부에 의한 금융제도의 재조정, 오스트레일리아 달러의 변동환율제의 도입 등 적절한 경제개혁으로 아시아 경제 위기 속에서도 경제성장을 유지할 수 있었다. 1996년의 선거에서 자유 · 국민당 연합이 승리하여 수상이 된 하워드(Howard, 1939~)는 이후 1998년, 2001년, 2004년의 선거에서 내리 승리하여 4선에 성공했다. 하워드 정부는 노동시장의 부분적 재조정과 국가기업의 민영화, 간접세제도 개혁, 특히 통신 및 바이오 산업의 육성 등 경제개혁과정을 계속함으로써 비교적 안정된 경제성장을 유지하고 있다.

1840년 영국과 원주민 마오리(Maori)족 간의 조약을 통해 영국에 귀속된 뉴질랜드(New Zealand)는 그 뒤에도 1870년대 초까지 두 번에 걸친 마오리족과의 전쟁을 거쳤으며, 그 사이에 많은 마오리족이 전화와 질병으로 목숨을 잃었다. 그러나 이 동안에 목축산업이 팽창하여 19세기 말에는 양모, 육류, 유제품 등의 수출무역을 통해 선진농업국이 되었으며, 1893년 선거에서는 세계 최초로 여성에게 투표권이 주어지기도 했다.

1907년 영연방의 자치령이 되었다가 1947년에 역시 영국 웨스트민스터법을 수락하여 완전 독립했다. 같은 해에 오스트레일리아, 프랑스, 영국, 미국과 남태평양위원회(South Pacific Commission), 1951년에 ANZUS를 결성하고, 이어 1971년에 남태평양포럼(South Pacific Forum)을 설립하는 등 오스트레일리아와 더불어 아시아 태평양 지역 여러 나라들과의 유대와 협력을 넓혀 나갔다. 그러나 남태평양지역에서의 강대국의 핵무기실험으로 야기된 국민들의 반핵감정을 배경으로 1980년대 후반부터 비핵정책을 견지하면서 미국의 핵무기 탑재 군함의 뉴질랜드 항구입항을 거부한 결과 미국이 ANZUS에 규정된 상호안전보장의 의무를 유보했다.

국내정치는 우파적인 국민당과 좌파적인 노동당의 두 정당이 주도해 왔다. 1935년 이후 14년 동안 집권한 노동당 정부는 종합적인 사회보장, 대규모 공공사업계획, 주 40시간노동, 최저임금, 노동조합의 육성 등 광범한 사회경제 입법 활동을 추진해 왔는데, 1949년에 들어선 국민당 정부도 이 같은 노동당 정부의 여러 복지정책을 유지해 나갔다. 이후 국민당은 (1957~1960년과 1972~1975년의 두 짧은 기간을 제외하고) 1984년까지 오랫동안 집권했으나, 이해에 권력을 다시 잡은 노동당정부는 늘어난 외채에 대처하기 위해 급진적 개혁을 추진했다. 1990년에 다시 들어선 국민당 정부가 1996년 독일식의 혼합비례의원선출(Mixed-member proportional, MMP) 제도를 채택함에 따라 국민당이건 노동당이건 어느 당도 의회 내에서 절대다수를 차지하지 어렵게 되었다. 그리하여 1999년에 다시 집권한 노동당은 2002년의 선거에 이어 2005년 선거에서도 41%의 득표로 헬렌 클라크(Helen Clark, 1950~)를 여성 수상으로 하는 소수당 연합정부를 유지하다가 2008년 총선 결과 노동당은 국민당에 정권을 내주었다.

제2차 세계대전 이전 주로 제국주의 열강들의 지배 아래 있던 태평양상의 여러 섬들은 전쟁 중 일본군과 미군 사이의 치열한 전쟁터가 되어 많은 고난을 겪었다. 그러나 전후 이들 여러 섬들 역시 전 세계적인 탈식민지 운동의 영향을 받아 독립 국가가 되었다. 1970년에 피지(Fiji)와 통가(Tonga)가 영국에서 독립한 것을 필두로 70년대 후반에서 1990년에 이르기까지 파푸아뉴기니(Papua New Guinea), 사모아(Samoa), 솔로몬제도(Solomon Islands), 투발루(Tuvalu), 바누아투(Vanuatu), 팔라우(Palau), 미크로네시아(Micronesia), 마셜 제도(Marshall Islands), 키리바시(Kiribati), 나우루(Nauru) 등이 독립했다. 그러나 이들 신생국들 중 피지, 솔로몬 제도, 파푸아뉴기니, 나우루 등 일부 국가에서는 정치적 혼란이 일어났으며, 특히 1975년에 포르투갈에서 독립한 동티모르(East Timor)에는 바로 이웃한 인도네시아 군대가 침입하여 1999년 UN의 조정 하에 독립이 이루어지기까지 동티모르 게릴라 부대와의 사이에 싸움이 벌어지기도 했다.

제3절 전후의 유럽

1. 서유럽의 재건

제2차 세계대전으로 인한 유럽의 피해는 막심했으며, 전후의 경제상태는 비참했다. 입에 풀칠하기조차 어려웠고 물가는 앙등했다. 1946년에 영국은 역사상 처음으로 빵 배급을 실시했으며, 프랑스와 이탈리아의 생산고는 전쟁전의 절반에 불과했다. 물론 패전국 독일의 고난은 한층 더 심했다. 소련의 국경선이 서쪽으로 이동하고 이에 따라 폴란드가 동부 독일의 영토를 차지했다. 그 결과 추방된 독일 난민들이 축소된 독일 영토로 몰려들었다. 소련은 배상으로 독일 내의 공장 설비를 반출하고 철도까지 뜯어 갔으며, 1946년부터 1947년에 걸쳐 독일에는 굶주린 피난민이 들끓었다. 나머지 유럽 국가들 역시 마찬가지 어려움을 겪었다.

그러나 서유럽은 끝내 이러한 고난을 이겨내고 새로운 유럽을 건설했다. 나치의 점령과 전쟁은 낡은 생각과 옛 지도자들을 불신하게 하여, 새로운 지도자가 유럽의 재건과 변혁을 주도했다. 프랑스에서는 가톨릭계 정당에서 로베르 쉬망(Robert Schuman, 1886~1963)과 같은 새 지도자가 나오고, 서독에서는 그리스도교 민주당의 아데나워(Adenauer, 재임 1949~1963)의 장기집권이 시작되었다. 사회주의자와 공산주의자들도 나름대로 사회변혁과 경제개혁에 이바지했다. 특히 프랑스와 이탈리아에서는 전쟁 중의 레지스탕스 운동으로 유력해진 그들의 영향력이 작지 않았다.

유럽의 경제부흥을 가능케 한 첫 번째 도화선이 된 것은 무엇보다도 미국의 마셜 계획이었다. 전쟁이 끝난 후 미국은 냉전에서의 주도적 역할을 담당하고 서유럽에 대한 군사적 보호와 대규모 경제원조를 제공했다. 즉, NATO를 통해 서유럽에 미군이 주둔하고, 마셜 계획을 통해 1948년부터 5년간에 약 225억 달러에 달하는 방대한 경제원조를 제공했다. 그 결과 피폐했던 유럽 경제가 1948년부터 회복하기 시작하고, 1950년에 발발한 한국전쟁의 자극을 받아 유럽은 급속한 경제발전을 이루었다. 1963년에 서유럽은 제2차 세계대전 전의 1.5배 내지 2배의 생산고를 자랑하게 되었다.

영국에서는 종전과 더불어 보수당의 처칠이 물러나고 노동당의 애틀리(Attlee, 재임 1945~1951)가 정권을 잡아 중요산업의 국유화 등 점진적인 사회주의 정책을 펴 나가고 경제부흥에 힘을 기울였다. 1951년에 처칠이 다시 정권을 잡았으나, 노동당이 시작한 새로운 경제정책을 크게 변화시키지는 않았다. 그 후 보수당과 노동당이 번갈아 가며 정권을 담당하면서 정제발전을 꾀했으나 큰 성과를 거두지 못했다. 값싼 노동인력을 풍부하게 가지고 있던 전후의 독일, 프랑스, 이탈리아 등 서유럽 대부분의 국가들과 달리 이미 충분히 도시화된 영국에는 농촌노동력의 예비군이 없는 데다가 급속한 성장보다 공정한 분배를 강조하는 복지사회주의 정책으로 말미암아 경제발전이 지연되었다. 게다가 전후에 영국은 대부분의 식민지와 자치령이 독립하고 중동 지역에서의 석유이권을 상실했으며, 1956년에는 이집트의 수에즈 운하 국유화를 군사력으로 저지하려다 국제여론의 압력으로 이를 포기할 수밖에 없었다. 그리하여 영국은 종전의 넓은 해외 시장을 상실한 데다 낡은 산업구조와 강한 노조의 힘으로 말미암아 신기술의 도입과 산업구조의 혁신이 저지되어 '영국병'이라는 만성적인 경제적 침체에서 오랫동안 헤어나지 못했다. 그러나 1979년의 총선거에서 보수당이 승리하여 영국 최초의 여성 총리로 취임한 새처(Thatcher, 재임 1979~1990)는 정부개입의 축소, 감세의 확대, 노조활동의 억제, 국영기업의 민영화 등 이른바 신자유주의적 자본주의 시장경제로의 전환을 강력히 추진함으로써 영국병을 어느 정도 시정하는 데는 성공했으나, 1990년 보수당 내의 반란으로 총리직에서 물러났다. 그 후 보수당의 무능과 실정이 이어진 끝에 1997년의 선거에서 노동당이 승리하여 40대 초반의 블레어(Blair)가 총리로 취임했다. 그는 온건한 중도 좌파적인 이른바 '제3의 길'을 내걸고 국내외에 걸쳐 여러 개혁정책을 추진함으로써 2001년 총선거에서도 압도적 승리를 거두어 연임에 성공했으나 미국의 이라크 침공전쟁에 적극 동참함으로써 점차 이에 대한 비판의 소리가 늘어났다. 그런 가운데서도 2005년의 총선거에서 다시 승리하여 노동당으로서는 처음으로 3기 연속 집권의 기록을 세웠지만 의석은 크게 줄었으며, 그의 적극적인 이라크전 참여에 대한 비난은 여전히 잦아들지 않고 있다.

대전 중 독일의 점령하에 놓였던 프랑스는 물질적인 면에서만이 아니라 국민적인 자부심과 같은 정신적인 면에서도 큰 타격을 입었다. 전쟁 중 망명정부를 이끌고 독일에 대한 항전을 계속한 드골 장군이 전후에 귀국하여 재건에 착수했으나 곧 사임하고, 1946년에 제4공화국의 헌법이 제정되었다. 그러나 군소정당의 난립으로 정국이 안정되지 못하고 인도차이나와 알제리아의 반란은 재정에 큰 부담을 안겨 주었다. 이러한 사태는 끝내 제4공화국을 붕괴시키고, 1958년 드골 장군이 영도하는 제5공화국이 탄생했다. 드골은 새로운 헌법에서 행정부의 권한을 강화하여 정국을 안정시키고 알제리의 독립을 승인하는 한편, 경제발전과 독자적인 외교노선으로 '위대한 프랑스'의 재건에 노력했다. 그동안 프랑스의 경제발전은 장 모네(Monnet)의 주도하에 이루어졌는데, 그의 지도하에 설립된 경제계획위원회는 은행, 보험회사, 공공시설, 탄광, 자동차회사 등을 국유화했다. 그는 마셜 계획의 원조금과 국유화한 은행 자금으로 기간산업에 집중 투자하면서도 다른 한편으로는 사기업을 장려 육성하는 것도 소홀히 하지 않았다. 프랑스는 이와 같은 유연한 경제계획과 사기업의 장려정책의 혼합으로 급속한 경제발전을 성취했으며, 그 결과 1950년대와 1960년대를 통해 실업이 거의 없어지고 일반시민의 생활수준이 크게 향상했다. 11년 동안의 집권 끝에 드골이 1969년의 국민투표로 물러난 후 드골파인 국민연합의 퐁피두(Pompidou, 1911~1974)와 자유민주당의 지스카르 데스탱(Giscard d'Estaing, 재임 1974~1981)의 두 대통령을 거쳐, 1981년에 사회당의 미테랑(Mitterrand, 재임 1981~1995)이 대통령으로 당선되었다. 그러나 14년 뒤인 1995년에 공화국연합의 지도자 시라크(Chirac, 1932~)가 대통령으로 선출되었으며, 2002년의 선거에서 극우파인 국민전선의 르펜(le Pen)의 돌발적 도전을 물리치고 재선에 성공했다. 이와 같이 프랑스 역시 우파정당과 좌파정당이 번갈아 집권했으나, 양당이 모두 온건 중도적 성격을 지닌 연합정당인 데다가, 대통령과 총리가 서로 다른 정당 소속인 이른바 좌우 동거체제인 경우도 많아 극좌적이거나 극우적인 정책변화를 모두 배제하고 있다.

이탈리아에서는 1946년 왕정이 폐지되고 다음해에 공화제 헌법이 제정되어, 내각책임제가 채택되었다. 1960년대 초까지 그리스도교 민주당이 우세를 유지하였으나 1970년대에 들어서면서 경제사정의 악화로 한때 공산당의 세력이 팽창하여 그리스도교 민주당은 공산당과의 타협으로 소수당 내각을 유지했다. 1980년대에 들어서면서 사회당의 세력이 강해짐으로써 1990년대 초까지 그리스도교 민주당과 사회당 중심의 연립내각이 이어졌으나, 1992년에 발각된 재계의 증수회 사건과 정부각료들의 오직등 대규모의 스캔들로 무력해지고 기성 정당은 분열 · 해산했다. 1994년 중도우파연합인 '자유의 집 동맹'이 승리하여 베를루스코니(Berlusconi, 1936~)가 총리로 취임했으나 역시 스캔들로 물러났으며, 1996년 선거에서 '올리브나무 동맹'의 프로디(Prodi, 1939~)가 승리하여 다시 중도좌파 내각이 들어섰다. 그 후 2001년 총선거에서 재차 베를루스코가 승리하는가 하면 2004년 선거에서는 프로디가 승리하는 등 중도좌파와 중도우파가 번갈아 내각을 구성하고 있다. 전후의 이탈리아는 불법이민, 조직폭력범죄, 부패, 높은 실업률, 경제부진, 남북의 경제격차 등으로 오랫동안 어려움을 겪어 왔으나,

1980년대 중반부터 비교적 높은 성장률을 유지함으로써 경제가 어느 정도 회복하고 있다.

전후 격심한 고난을 겪는 가운데 1949년 연방공화국으로 새 출발하게 된 서독은 20년간에 걸친 아데나워 총리의 영도하에 눈부신 경제발전을 이룩하여 서유럽에서 가장 번영된 나라가 되었다. 이러한 경제발전은 주로 경제장관 에어하르트(Erhard, 1897~1977)의 지도하에 이루어졌다. 그는 나치 시대의 통제경제를 폐기하면서도 그 시대의 사회복지망을 그대로 유지한 채 독일 경제를 시장경제로 전환시켰다. 에어하르트는 먼저 화폐개혁을 단행하여 마르크화(DM)를 안정시켰으며, 식량배급과 가격통제를 폐지하여 이윤의 증대를 도모하고 기업으로 하여금 생산증가와 고용증대에 힘쓰도록 했다. 그 결과 1950년대 말의 독일은 번영하는 경제, 완전고용, 강력한 화폐, 안정된 가격의 유지로 이른바 '라인강의 기적'을 이루어냈다. 1969년 그리스도교 민주당을 대신하여 정권을 담당하게 된 사회민주당의 빌리 브란트(Brandt, 재임 1969~1974) 총리는 동독 및 소련과의 관계를 개선하면서 계속 정국의 안정과 경제발전의 지속에 노력했으며, 1972년 동서독 기본조약을 체결하고 이듬해에는 동독과 더불어 UN에 동시가입했다. 1989년 동독에서 대규모 민주화 시위 군중이 베를린 장벽으로 몰려들어 개방을 촉구하자 통제불능에 빠진 동독은 베를린 장벽의 개방을 선언하기에 이르렀으며, 이듬해 서독의 헬무트 콜(Helmut Kohl, 재임 1982~1998) 총리의 주도하에 동독의 합병으로 독일의 통일이 이루어졌다. 통일 직후에 실시된 총선거에서 대승한 콜 정권은 유로의 도입 등 유럽 통합에 크게 기여했지만 내정에서는 전후 최고의 실업률을 기록하여 1998년의 선거에서 대패하여 사민당의 게어하르트 슈뢰더(Gerhard Schröder, 1944~)가 총리에 취임했다. 그러나 슈뢰더 정부 역시 통일 후 늘어나는 재정적자와 높은 실업률 그리고 경기부진 등을 해결할 어려운 과제들을 안아 온 데다가 이라크 전쟁에 대한 강한 비판으로 미국과의 관계도 악화된 가운데, 2005년 9월에 실시된 총선거에서 그리스도교 민주당이

사죄하는 브란트 1970년 바르샤바 기념관에서 나치에 의한 유대인 희생자에게 사죄하는 서독 수상 빌리 브란트

사민당을 제치고 제1당의 자리를 차지하게 되었다. 그 결과 그리스도교 민주당의 안겔라 메르켈(Angela Merkel, 1954~)이 독일 역사상 최초의 여성 총리로 취임하게 되고, 그리스도교 민주당과 사회민중당의 연립정부가 성립함으로써 중도파 좌우를 아우르는 대연정이 발족했다.

이베리아 반도의 포르투갈과 에스파냐는 제2차 세계대전 이전에 수립된 군사독재체제가 전후에도 오랫동안 유지되어 오다가 1970년대 후반에 이르러서야 문민정부가 발족하게 되었다. 에스파냐에서는 1939년에 독재체재를 수립한 프랑코(Franco, 1892~1975) 장군이 1975년에 사망할 때까지 36년 넘어 전제정치가 계속되다가 그의 사후 왕제가 부활하고 내각책임제 정부 하에서 민주화와 경제회복이 추진되었다. 1982년의 선거에서 온건좌파인 사회노동당이 승리하여 10년 넘게 장기 집권해 오다가 1996년 선거에서 우파인 국민당의 승리로 아스나르(Aznar, 1953~) 총리가 집권했으나, 2004년 4월 선거에서 다시 사회노동당이 승리하여 자파테로(Zapatero, 1960~)가 총리로 취임했다.

포르투갈에서도 1926년에 탄생한 군사독재정권이 전후에도 유지되어 오다가 1974년 젊은 군장교들에 의한 무혈 쿠데타가 성공하고 2년 후에 민선 대통령하에서 중도좌파인 사회당의 마리오 소아레스(Mario Soares, 1924~2017) 내각이 발족했다. 그 후 중도우파인 사회민주당과 사회당이 번갈아 집권해 오면서 2002년의 선거에서에는 사회민주당이 승리하여 바로수(Barroso, 1956~)가 총리가 되었으나, 2005년에는 사회당이 승리하여 소크라테스(Socrates, 1957~)가 정권을 잡았다. 포르투갈 역시 민주화 이후 경제회복에 주력해 왔으며, 유럽 화폐 통합이 내수의 확대, 투자의 증대 등 좋은 영향을 미쳐 한동안 높은 성장률을 보였으나 21세기에 들어오면서 성장률이 EU의 평균치를 밑돌고 있다.

1937년 독립 공화국이 된 에이레는 헌법상으로는 아직도 영연방에 속해 있었으나 제2차 세계대전 중에도 중립정책을 유지하면서 완전한 독립을 추구해 온 끝에 1949년 4월 마침내 영연방에서 이탈하여 공화국으로 완전 독립하여 '아일랜드 공화국(Republic of Ireland)'이 되었으며, 1955년에 UN에, 1973년에 EU의 전신인 유럽공동체(European Community, EC)에 가입했다. 한편 그동안에도 오랜 식민지시대의 상흔이 가시지 않아 경제발전이 지연된 데다가 영국령으로 남은 북아일랜드 문제를 둘러싸고 영국과의 대립분쟁이 지속된 가운데 인플레이션과 무역수지의 악화로 많은 어려움을 겪었다. 그러나 1960년대를 지나면서 정부의 인플레이션 억제와 공공지출감축, 경제5개년계획, 적극적 외자유치, 첨단기술산업의 집중육성 등에 의해 공업화가 진전되고 하이텍 수출부문이 크게 성장했는데, 특히 1989년 노 · 사 · 정 사이에 체결된 '임금협약(Pay Pacts)'은 이 같은 고도경제성장에 기여한 바가 컸다. 그 결과 1950년대에 연 1% 정도에 불과하던 경제성장률이 1960년대에는 4.5%, 1995~2001년 사이에는 평균 9%에 달했으며, 그 이후에도 연 5%선을 계속 유지함으로써, 오늘날 아일랜드는

1인당 국민소득이 유럽 여러나라 중 최상위급을 차지하는 잘사는 나라가 되었다. 정치적으로도 1990년 이래 메리 로빈슨(Robinson)과 메리 매컬리스(McAleese)의 두 여성 대통령 아래 공화당, 노동당, 진보민주당 등에 의한 연립정부가 교체하면서 영국과의 관계도 점차 개선되는 한편, EU에 대해서도 적극 참여하고 있다.

노르웨이, 스웨덴, 덴마크 등 북유럽 3국과 벨기에, 네덜란드, 룩셈부르크의 베네룩스 3국은 전후 냉전체제가 나타나면서 종전의 비동맹 중립정책 대신 서유럽 자유진영에 기울어졌다. 입헌군주제하에서 책임내각제를 택하고 있는 이 나라들 역시 중도좌파 정당과 중도우파 정당의 집권이 교체하는 가운데에서도 경제성장과 함께 복지사회 건설에 주력하여 유럽 내의 모범적 복지국가로 성장했다. 그러나 세기의 전환기를 전후하여 이들 나라에서도 우파정당의 우세현상이 나타나고 있다.

1917년 러시아로부터 독립한 이래 2차 세계대전 중에도 소련의 침입에 맞서 자유를 끝내 지켜낸 핀란드는 전후 반세기 동안에 놀라운 변화를 이루어 냈다. 즉, 농업과 임업을 주로 한 종래의 경제 대신 각종 근대적 기술산업이 크게 발전했으며, 1인당 국민소득도 서유럽 각국에 겨눌 만한 수준에 이르렀고, 1999년에는 북유럽 여러 나라에 앞서 유로(euro) 화폐제도에 가담했다. 특히 여성의 사회활동이 활발하여 2000년에 선출된 여성 대통령 할로넨(Halonen, 1943~)은 2006년에 재선에 성공했다.

이와 같이 서유럽은 전후에 경제적으로 기적과도 같은 부흥을 성취했을 뿐 아니라 정치적으로도 크게 발전했다. 프랑스, 서독, 이탈리아에서 공화국이 재건되고, 베네룩스 3국과 북유럽 3국에서는 입헌군주제가 복고했다. 이 모든 국가에서 민주적 정부가 뿌리를 내리고 발전했으며, 서독에서는 미국이나 영국에서와 같은 양당제가 발전하고, 프랑스와 이탈리아에서는 다당제였으나 중도노선의 사회주의 정당과 그리스도교 민주당이 정치를 주도했다.

2. 유럽의 통합

전후에 동유럽이 공산권으로 편입되고 철의 장막이 내려짐에 따라 서유럽 자유진영에서는 종래의 좁은 국민국가의 테두리를 넘어서 유럽을 통합하려는 움직임이 나타났다. 그러한 움직임의 밑바닥에는 제1·2차 세계대전의 근본원인이 협소한 민족주의였다는 반성과 함께 미국과 소련 같은 초강대국에 비해 유럽의 개별 국가들의 힘이 매우 미약하여 미국과 소련 양국에 의해 유럽이 분단되어 냉전의 싸움터가 되었다는 인식이 깔려 있었다. 게다가 유럽이 통합하여 미국과 소련에 맞설 수 있는 강대국이 됨으로써 스스로의 운명을 결정하고 국제무대에서의 발언권을 회복할 수 있으리라는 기대감도 통합의 촉진제로 작용했다.

통합운동은 마셜 계획의 원조금을 효율적으로 운영하기 위해 1948년 창설된 유럽경제협력기구(Organization for European Economic Cooperation, OEEC)의 발족으로 구체화하기 시작했는데, 이 기구는 1961년에 경제협력개발기구(Organization for Economic Cooperation and Development, OECD)로 개편되었다. 이와 더불어 1948년에 유럽의 정치적 통합을 위해 유럽의회(Council of Europe)가 창설되었으나 영국을 비롯한 여러 나라들의 부정적 태도로 별다른 진전을 보지 못했다.

이렇듯 통합에 대한 정치적 접근이 실패하자 경제적 통합의 길이 모색되었다. 그리하여 1950년 프랑스의 쉬망(Schuman)의 제안에 따라 유럽석탄철강공동체(European Coal and Steel Community, ECSC)가 프랑스, 서독, 이탈리아, 벨기에, 네덜란드, 룩셈부르크 등 6개국의 참가로 발족했다. 그 결과 이 6개국 간에 무관세로 석탄과 철강이 유통하게 되었다. ECSC의 6개국은 1957년에 로마 조약으로 유럽경제공동체(European Economic Community, EEC)를 새로 출범시켰는데, EEC는 회원국 간의 관세를 철폐하고 자본과 노동의 자유로운 이동을 가능케 함으로써 거대한 자유무역지대를 형성하려는 것으로서 유럽 공동시장(Common Market)이라고 불리기도 했다. EEC는 프랑스의 드골 대통령이 영국의 가입을 거부하여 한때 좌절을 겪기도 했지만, 그 후 더욱 넓은 통합을 위해 유럽공동체(European Community, EC)로 발전하고, 회원국도 새로 영국, 아일랜드, 덴마크, 그리스, 에스파냐, 포르투갈 등이 참가하여 12개국으로 늘어났다. 1991년 EC의 지도자들은 네덜란드의 마스트리히트(Maastricht)에서 회합하여 통화의 단일화, 공동방위와 공동외교정책의 추구 등에 합의했으며, 1993년에 EC는 유럽연합(European Union, EU)으로 확대 강화되어 진정한 유럽 통합을 위해 새로운 출발을 하게 되었다. 1995년에 오스트리아, 핀란드, 스웨덴이 새로 가입하여 회원국은 15개국이 되었고, 2004년에 다시 키프로스, 체코, 에스토니아, 헝가리, 라트비아, 리투아니아, 몰타, 폴란드, 슬로바키아, 슬로베니아 등 10개국의 가입으로 회원국은 25개국으로 늘어났으며, 불가리아와 루마니아 그리고 투르크도 조만간 가입할 것으로 예상되고 있다. 한편 EU의 공식화폐인 유로(euro)가 2002년 1월 1일부터 정식 통용되기 시작함으로써 달러화에 대항할 기축통화가 등장하게 되었다. 다만 영국, 덴마크, 스웨덴 등 3국은 아직 유로화의 채택을 유보하고 있다. 한편 2004년 10월 EU 25개 회원국 정상들에 의해서 유럽연합헌법에 관한 협정이 서명되었으며, 이에 대한 회원국들의 비준절차가 진행되었다. 그러나 2005년 여름에 프랑스와 네덜란드가 비준을 거부한 데다 영국을 비롯하여 덴마크, 포르투갈 등 몇몇 나라들이 비준을 위한 국민투표를 무기연기하는 바람에 헌법의 발효에 대한 전망이 불투명해지고 있다.

3. 소련의 해체와 동유럽의 변혁

소련은 제2차 세계대전 중 독일군의 공격으로 막심한 피해를 입었다. 한때 자국의 유럽 지역 대부분을 점령당했고, 2,700만 명이라는 유례없는 인명피해를 입었다. 소련군은 개전 초부터 1944년 6월 노르망디 상륙작전이 시작될 때까지 막강한 독일군을 상대하여 거의 자력으로 이를 물리쳤다. 이러한 소련 인민의 영웅적인 노력과 희생에 의해 '위대한 조국해방전쟁'을 승리로 이끈 스탈린은 전후에 다시 강압적인 독재정치로 돌아가 공산당 지배를 한층 더 강화하고, 제4차와 제5차에 걸친 5개년계획으로 경제 부흥에 힘쓰는 한편, 동유럽과 발칸 방면에 여러 공산정권을 세워 이를 소련의 위성국가로 만들었다. 1953년에 이렇듯 독재와 강압정치를 계속해 오던 스탈린이 사망하자, 말렌코프(Malenkov)에 이어 불가닌(Bulganin)이 흐루시초프와 더불어 집단지도체제를 택했으나, 얼마 안 가서 흐루시초프가 단독으로 실권을 장악했다.

흐루시초프는 1956년 제20차 공산당 대회에서 스탈린의 개인숭배와 무자비한 당원숙청을 공격하고 이른바 탈스탈린화(de-Stalinization)를 추구했다. 경제 면에서도 이제까지의 중공업과 군수산업 위주에서 소비재 생산과 농업에도 주력하는 방향으로 나아가고 노동자에 대한 통제도 완화했다. 그 결과 1960년대에 들어와서는 이제까지의 낮은 생활수준이 상당히 향상되었다. 탈스탈린화는 소련의 외교정책에도 변화를 가져와, 흐루시초프는 평화공존의 구호를 내걸고, 1956년에 유고슬라비아의 티토와 화해했으며, 1959년에는 미국을 방문하여 아이젠하워 미국 대통령과도 회담함으로써 잠시나마 냉전이 완화되는 모습을 보이기도 했다.

한편 탈스탈린화는 소련의 억압적인 지배에 대한 동유럽 위성국가들의 반항 움직임을 불러일으켰다. 1956년 폴란드에서는 노동자들이 폭동을 일으켜 스탈린주의적인 당지도부를 축출하고 1949년에 숙청되었던 고물카(Gomulka)를 복귀시켰다. 같은 해에 헝가리에서는 학생들과 노동자들이 소련군의 철수, 1당지배의 폐지, 자유선거와 표현의 자유 등을 요구하여 봉기했으나, 소련의 무력개입으로 진압되었다. 동독에서도 서독으로 탈출하려는 사람들의 수가 늘어나자, 1961년 동독 정부는 동서 베를린 사이에 장벽을 구축하여 냉전 완화의 한계를 드러냈다. 게다가 이 무렵 소련은 중국과의 관계가 악화된 데다가, 쿠바에 미사일 기지를 설치하려던 기도도 실패했다. 이러한 대외정책의 실패로 흐루시초프의 세력은 급격하게 쇠퇴했으며, 소련의 생활수준을 서유럽의 수준으로 향상시키겠다는 그의 장담도 실현가능성이 없었다. 결국 1964년 흐루시초프는 실각하고 좀 더 투철한 공산주의자인 브레즈네프(Brezhnev, 재임 1964~1982)가 등장했다.

브레즈네프는 공산당의 결속과 독재권을 굳히고 동유럽에 대한 통제도 강화했다. 그럼에도 불구하고 동유럽에서의 민족주의적 자주권에 대한 열망은 사라지지 않아, 1968년 초 체코슬로바키아에서는 스탈린주의자가 추방되고 1950년대에 숙청되었던 둡체크(Dubček, 1921~1992)가 집권하여 개혁을 시도했다. 그는 검열을 완화하여 표현의 자유를 허용하고 중앙의 관료주의적 계획경제 대신 노동조합과 관리자의 자주적인 경영에 맡기려 했다. 그러나 이러한 그의 '인간의 얼굴을 가진 사회주의'로의 개혁은 강경파에 큰 위협이었고 주변 위성국가들에 미칠 영향도 염려스러웠다. 이에 브레즈네프는 8월에 소련군을 중심으로 한 바르샤바 조약기구군을 동원해 체코슬로바키아를 점령하고 둡체크와 그의 동조자들을 체포해 소련으로 연행하고 개혁 이전의 상태로 복귀시켰다. 이래서 '프라하의 봄'은 어이없이 짓밟히고 말았다.

체코 사태 이후 소련에서는 스탈린 체제로의 복귀현상이 뚜렷해졌다. 그러면서도 1인독재 대신 집단지도체제가 도입되고 무자비한 공포정치도 완화되었으며, 미국과의 직접적인 충돌을 회피하는 평화공존정책이 추구되었다. 1972년에는 소련을 방문한 닉슨 대통령과 제1차 전략무기제한협정(SALT I)이 체결되고, 이듬해에는 브레즈네프가 미국을 방문하여 정상회담을 여는 등 미국과 소련 간에 데탕트 체제가 자리 잡게 되었다. 데탕트는 서방세계와의 경제관계의 개선에 의해 더욱 보강되었다. 1970년 소련은 서독과 교역협정에 조인했으며, 1973년에는 미국과도 무역협력협정을 맺었다. 그 결과 1970년대의 소련은 비교적 높은 경제성장률을 유지하면서 사회가 안정되고 일반민의 생활수준도 상당히 향상되었다. 그러나 경제의 질적 발전보다 양적 발전에 치중한 소련 경제는 이내 성장의 한계를 드러

짓밟힌 프라하의 봄 1968년 8월 소련군 탱크가 인간적 사회주의를 건설하려는 체고슬로바키아의 프라하에 진입하고 있다.

내 1969년에 7%를 넘던 공업성장률이 1979년에는 3.4%로 떨어졌다. 게다가 1979년 소련의 아프가니스탄 침공으로 미국과의 관계가 다시 악화되고, 경제성장은 더욱 둔화되는 가운데 정부지도층의 부패현상까지 나타나 브레즈네프의 지도력은 눈에 띄게 약화되었다. 1982년 당 중앙위원회는 브레즈네프 대신 KGB 출신의 안드로포프(Andropov)를 새 당서기장으로 선출했다.

1968년 '프라하의 봄'이 무참하게 짓밟힌 뒤 동유럽은 여전히 소련의 통제 아래 묶여 왔으나, 브레즈네프의 지도력이 약화되면서 그러한 통제에서 벗어나려는 움직임이 나타났는데, 그것은 특히 폴란드의 자유노조운동에서 두드러진 모습을 나타냈다. 폴란드는 1956년의 봉기에서 소련식 집단농장제를 포기하고 가톨릭 교회의 기능을 유지하는 권리를 획득했으며, 서유럽 특히 서독에서 자본과 기술을 들여오기도 했다. 그러나 관료주의적인 정부의 무능과 세계적인 경기후퇴로 1970년대 후반부터 경제가 악화했다. 그리하여 노동자, 지식인, 그리고 가톨릭 교회가 불온한 기세를 보이기 시작했는데, 특히 1979년 폴란드 출신의 교황 바오로 2세의 폴란드 방문은 폴란드 국민을 크게 고무했다.

바웬사 1989년 자유노조연대 선거에서 연설하는 바웬사

1980년 8월 육류가격의 앙등에 대한 산발적인 항의시위는 그단스크의 조선소에서의 대규모 파업으로 발전하고, 발트해 연안의 다른 노동자들이 이에 가세했다. 이들은 자유노조 결성권, 파업권, 표현의 자유, 정치범 석방, 경제개혁 등 혁명적 요구를 제시하고 18일간 조선소를 점거했다. 이에 정부도 양보하여 그단스크 협정이 맺어지고, 조선소의 전기기술자인 바웬사(Walesa, 1944~)를 지도자로 자유노조연대가 결성되었다. 1981년 전국적 규모로 확대된 자유노조연대원은 950만 명을 헤아리게 되고, 이러한 전국적 규모의 파업위협은 자유노조의 큰 힘이 되었으나, 바웬사는 공산당의 정치권력 자체에는 도전하지 않았다. 그러나 이 같은 바웬사의 온건 노선은 강경파의 반대를 불러일으키게 되어 연대의 단결이 무너졌다. 이에 당 서기장인 야르젤스키(Jarzelski) 장군은 자유노조가 경제붕괴를 촉진시키는 것을 막고, 특히 소련군의 진주를 방지하기 위해 1981년 말 계엄령을 선포하고 자유노조운동의 지도자 체포에 나섰다. 이로써 자유노조운동은 좌절되었으며 야르젤스키는 공산당 지배의 정상화를 추진했다. 그러나 자유노조운동에 표출된 바와 같은 동유럽 공산국가의 자주노선 추구와 자유에 대한 갈망은 마침내 1980년대 말의 동유럽 공산체제의 붕괴로 이어지게 마련이었다.

소련에서는 1982년에 브레즈네프가 사망하고 연로한 안드로포프와 그 뒤를 이은 체르넨코(Chernenko)가 각각 1, 2년을 넘기지 못하고 연이어 사망하면서 1985년에 54세의 고르바초프(Gorbachev, 1931~)가 등장했다. 그는 1986년 글라스노스치(glasnosti, 개방) 정책으로 표현의 자유를 허용하고 페레스트로이카로 불린 혁신적 정책으로 경제주체들의 자주적 결정과 활동을 가능하게 했다. 그는 또한 '신사고' 노선에 따라 적극적 외교에 나서 1987년 12월 미국을 방문해 레이건 대통령과 만나 중거리핵전력협정(Intermediate-Range Nuclear Forces Treaty)에 조인했으며, 이듬해에 동유럽 공산당의 독자노선을 인정한 데 이어 1989년에는 동유럽 국가들의 개혁에 대한 불간섭을 선언했다. 국내에서도 1990년 초에 공산당독재를 폐기하고 대통령제의 도입을 결의함에 따라 고르바초프는 소련 역사상 최초의 대통령으로 선출되었으며, 이해 11월에 당중앙위원회는 마르크스-레닌주의의 포기를 공식선언했다.

이렇게 개혁 바람이 부는 가운데 소련 내의 공화국들과 소수민족들의 자립과 독립을 요구하는 소리가 높아지고, 시장경제로의 이행과정에서 야기된 경제난으로 사회가 혼란의 조짐을 보이자 1991년 8월에 공산당 강경파에 의한 쿠데타가 일어났다. 그러나 러시아 공화국의 대통령 옐친(Yeltsin, 재임 1991~1999)의 강경한 조치로 쿠데타는 3일 만에 실패로 끝나고, 이를 계기로 고르바초프의 권력기반이 약화된 반면 옐친의 힘은 강해졌다. 1991년 12월 소련 내 각 공화국의 독립이 인정되고 이들 11개 공화국으로 구성된 독립공화국연합(CIS)이 출범함에 따라 고르바초프는 연방대통령의 자리에서 물러나고 마침내 소비에트 연방은 70여 년에 걸친 그 역사의 막을 내렸다.

소련의 국제적 지위를 이어받고 새로 구성된 독립공화국연합을 주도한 러시아연방의 대통령 옐친은 민주화와 시장경제화를 위해 대담한 개혁을 시도했으나, 구소련 시대부터 물려받은 외채부담과 가격자유화 조치에 따른 극심한 인플레이션 등으로 경제가 악화한 데다 강경파 공산당의 반대로 여러 어려움을 겪다가 결국 1999년 그의 제2차 임기를 마치지 못한 채 사임했다. 그 후 2000년의 선거에서 당선된 푸틴(Putin, 1952~) 대통령은 시장경제화의 노선을 추진함과 동시에 혼란한 정국을 수습하기 위해 권력체제를 강화하여 정치적 안정을 이루어내고, 석유가격의 앙등에 힘입어 경제도 호전되어 2004년 3월 선거에서는 70%를 넘는 압도적 지지로 재선에 성공했다. 외교 면에서는 세계 초대강국으로 부상한 미국의 영향력에 대해서 제동을 걸면서도 한편으로 유연한 자세로 실리외교를 추진하고 있다. 그러나 아직도 경제구조에 관한 근본적 개혁은 이루어지지 않고 있으며, 러시아연방으로부터의 독립을 격렬하게 요구하고 있는 체첸(Chechen)문제는 그가 당면한 최대의 난제가 되어 있다. 그동안 체첸과는 두 차례에 걸친 무력충돌이 일어난 데다, 2002년에는 모스크바 극장에서의 체첸 무력단체에 의한 대규모 인질사건을 강경 진압하면서 수백 명의 희생자를 냈으며, 2004년 9월에 북오세티아 공화국의 한 학교에서 일어난 체첸 테러리스트의 인질사건의 진압과정에서도 1천 명이 넘는 희생자를 냄으로써 국내외 비난의 대상이 되고 있다.

1950년대 중엽에서 1980년대 초까지 폴란드, 헝가리, 체코슬로바키아 등 동유럽 국가들에 의한 자주노선과 민주화를 요구한 운동은 그때마다 소련의 개입으로 좌절되었다. 그러나 1988년 고르바초프가 브레즈네프의 강압정책을 폐기하고 위성국의 자결권을 인정하자 동유럽의 모든 위성국에서 자주노선 추구와 민주화운동의 물결이 동시에 분출하고 1989년부터 1990년에 걸쳐 동유럽의 공산주의 체제는 일제히 무너졌다.

폴란드에서는 1988년부터 다시 자유노조운동이 활발해지고 1989년에는 공산당 정부와의 사이에 제한된 범위에서나마 자유선거의 실시가 합의되었다. 그리하여 1989년 6월에 실시된 국회의원 선거에서 자유노조가 승리하여 공산당이 제2당으로 전락했다. 대통령으로는 야르젤스키가 의회에서 추대되었으나 내각은 비공산계의 연립내각이 성립했다. 1990년 공산당은 프롤레타리아 독재를 포기했으며, 야르젤스키가 사임함에 따라 11월에 실시된 선거에서 자유노조 지도자 바웬사가 제2차 결선투표에서 대통령으로 선출되었다. 그러나 그 과정에서 자유노조는 분열했으며, 이듬해의 총선거에서는 수많은 정당이 난립해 바웬사파는 6위에 머물렀다. 그동안 정부의 충격적인 경제개혁 프로그램이 실시되었음에도 불구하고 낮은 경제성장률과 높은 실업률을 극복하지 못해 1993년의 총선거에서는 구공산당인 민주좌파동맹과 농민당이 대승했다. 그 후 1995년 대통령 선거와 1997년의 총선거, 그리고 2000년 대통령 선거와 2001년 총선거, 다시 2005년의 대통령 선거를 거치면서 민주좌파동맹과 농민당 등 신좌파와 연대파 정당, 자유동맹, 법과정의당 등 중도우파가 번갈아 가면서 정권을 잡으면서 민주정치가 이어지는 가운데, 1999년에 NATO에 가입하고 2004년에는 EU에 가입했다.

헝가리는 1956년의 봉기가 소련의 군사개입으로 좌절한 후 1968년에 카다르(Kadar)의 주도하에 생활수준의 향상을 위해 어느 정도의 경제자유화를 추구하는 이른바 '굴라쉬 공산주의(goulash communism)'가 추진되었으나 별다른 성과를 거두지는 못했다. 그러나 동유럽 공산권에서 가장 활발한 개혁을 추진해 온 헝가리는 1980년대 후반에 들어서면서 개혁의 열기가 부활하고 1987년에 민주화를 추진하려는 '민주포럼'이 결성되었다. 1989년에는 공산당이 해체하여 사회당으로 변신하고, 다당제 선거와 시장경제를 도입했으며, 국명을 인민공화국에서 공화국으로 바꾸었다. 같은 해 5월에 헝가리 정부는 오스트리아와의 국경에 설치된 철조망과 경비시설을 철거하고 이어 헝가리에 들어온 동독 시민의 출국을 허용함으로써 많은 동독 시민들의 서방으로의 탈출을 가능하게 했다. 1990년 4월에 실시된 총선거에서 사회당이 승리했으나 제2당인 민주포럼과 연립정부를 구성하기로 합의하고 동유럽권에서 처음으로 좌우파의 대연립정부가 출범했다. 1998년 선거에서 민주포럼 중심의 보수계 연립정부가 들어섰으나, 2002년 선거에서는 다시 사회당과 자유민주연맹의 중도좌파연합이 정권을 잡았다. 헝가리 역시 1999년 NATO에 가입하고 2004년에 EU의 일원이 되었다.

헝가리가 동독 시민에게 탈출로를 열어준 조치는 동독 정권과 시민에게 큰 영향을 미쳤다. 1976년 이래 장기집권하고 있던 호네커(Honecker, 1912~1994) 서기장이 1989년 10월에 은퇴를 발표한 뒤에도 동요는 멈추지 않고 반체제의 기세가 높아 갔으며, 대규모의 군중시위가 벌어졌다. 드디어 이해 11월에 동독 정부는 베를린 장벽을 개방하기에 이르렀고, 1990년 3월의 총선거의 결과 공산당의 후신인 사회민주당이 참패했다. 이 해 10월 3일 동독은 완전히 서독에 흡수되어 독일 통일이 이루어졌다.

제2차 세계대전에서 추축국 진영에 가담했다가 패전 후 소련의 영향하에서 인민공화국이 된 불가리아에서는 1954년 이래 지프코프(Zhivkov)의 1인 독재가 계속되어 오다가, 1989년 11월 민주화 시위의 전국적 확산으로 지프코프가 사임하여 공산당 독재체제가 끝나고 민주정치와 시장경제를 향한 길이 열렸다. 1990년 초에 열린 공산당대회는 당의 권력독점을 포기하고 자유선거의 실시와 사회당으로의 당명변경을 결의했다. 그리하여 6월에 실시된 의회 선거에서는 구공산당인 사회당이 승리했으나, 1991년 신헌법하에서 치러진 선거에서는 비공산계열의 민주세력동맹이 승리했다. 이후 불가리아에서는 사회당과 민주세력동맹이 번갈아 집권하면서 민주정치와 시장경제를 발전시켜 오고 있으며, 2004년 NATO에 가맹한 이후 EU 가맹의 길도 추구하고 있다.

1968년의 '프라하의 봄'이 유린당한 후 체코슬로바키아에서는 1977년에 '헌장 77(Charta 77)'이라는 지식인 중심의 인권단체의 결성 등이 있었으나 민주화운동은 침체에서 벗어나지 못하다가 1989년 동유럽권의 개혁 바람 속에서 민주화운동이 다시 불붙기 시작했다. 1968년의 봉기의 지도자 둡체크가 돌아오고 민주화를 요구하는 시민들의 시위가 커지면서 민주화를 위한 '시민포럼(Civic Forum)'이 결성되었다. 이러한 개혁바람 속에서 공산당은 헌법을 개정하여 당의 지도적 역할을 포기하고 민주화 세력과 연립내각을 형성함으로써 이른바 '벨벳혁명(Velvet Revolution)'이라는 평화적인 혁신으로 공산당 독재를 종식시켰다. 이리하여 1990년 6월에 치러진 자유선거에서 시민포럼이 승리하여 중도 우파연립정부가 들어섰으며 1993년에는 역시 평화적인 방법으로 슬로바키아의 분리독립이 이루어지고 하벨(Havel) 전 연방대통령이 초대 대통령으로 선출되었다. 이후 체코에서도 좌파인 사회민주당과 중도우파의 시민민주동맹이 교대하여 정권을 잡으면서 고물가와 높은 실업률을 잡고 경제성장을 이루는 데 힘쓰고 있으며, 2004년 슬로바키아와 함께 EU에 가입했다.

불가리아와 함께 제2차 세계대전에서 독일 측에 가담한 루마니아는 전후 소련군의 점령하에 1947년 공산주의 인민공화국이 되었으며, 특히 1965년에 집권한 차우셰스쿠(Ceausescu, 1918~1989)의 가혹한 독재정치가 오랫동안 지속되었다. 1989년 12월 지방 도시에서의 주민들의 반항을 계기로 독재자에 대한 누적된 불만이 폭발하여 군중들이 대통령 관저에 진입하고 도망친 차우셰스쿠를 체포하여 처형했다. 1990년에 실시된 선거에서 반항운동을 주도한 구국전선(Frontul Salvärii Nationale) 평의회 의장인 일리에스쿠(Iliescu)가 대통령으로 선출되었다. 1993년 사회민주당으로 당명을 바꾼 구국전선파는 1996년 선거에서 중도우파인 야당연합에 패배하여 정권을 내주었으나 2000년 선거에서 다시 일리에스쿠가 대통령으로 선출되었다. 그러나 2004년 대통령선거에서 또다시 중도우파인 정의진실동맹(Justice and Truth Alliance)의 바세스쿠(Basescu)가 극적인 승리를 거두었으며, 루마니아 역시 이 해에 EU 회원국이 되었다.

공산국가이면서도 소련권에 속하지 않고 독자노선을 유지해 온 유고슬라비아는 수많은 인종을 포함한 다민족국가이자, 종교도 로마 가톨릭교, 그리스 정교, 이슬람의 3대 종교가 혼재한 나라였다. 그래도 제2차 세계대전 때 레지스탕스 운동의 영웅 티토(Tito, 1892~1980)의 생존시에는 그의 강력한 영도하에 통일이 유지되어 왔으나, 1980년 그의 사후 연방체제가 흔들리기 시작했다. 1990년대 초에 슬로베니아, 크로아티아, 마케도니아, 보스니아-헤르체고비나 등 네 지역이 분리 독립하고, 세르비아와 몬테네그로가 신유고슬라비아 공화국 연방을 구성했다. 1992년 극단적 민족주의자인 밀로셰비치(Milosevic, 1941~2006) 세르비아 대통령이 인접국들 내의 세르비아인들을 '대세르비아(Greater Serbia)'에 통합하려고 시도하면서 인종 간의 분쟁이 격화되고 특히 보스니아에서 '인종청소'라는 표현이 사용될 정도로 참혹한 내전이 계속되다가 1995년 말 UN과 NATO의 개입과 중재로 겨우 내전이 종식되었다. 그러나 1998년부터 다시 밀로셰비치가 세르비아의 코소보(Kosovo) 자치주에 거주하는 알바니아계 주민들을 대량 추방함에 NATO 공군의 대대적인 폭격을 받고 이어 NATO, 러시아 등 국제평화유지군의 감시하에 유엔 코소보위원회가 코소보의 행정을 담당하게 되었다. 그 뒤 2000년 가을에 실시된 연방선거에서 밀로셰비치가 밀려나고 민주파인 코슈투니차(Kostunica)가 대통령으로 선출되었으며, 2001년 밀로셰비치가 체포되어 국제형사재판에 회부되었다. 2003년 2월 신유고슬라비아 연방을 해체하고 느슨한 형태의 국가연합인 세르비아와 몬테네그로로 국명을 바꾸었다가, 2006년에는 서로 완전히 분리 독립했으며, 그동안 오랜 내전으로 피폐한 경제를 회복하고 EU를 비롯한 국제사회에 대한 접근과 참여를 위해 노력하고 있다.

제2차 세계대전 때 독일의 지배 아래 들어갔던 그리스는 전후에 일찍이 NATO에 가입하여 동유럽에서는 유일하게 서방세계의 일원이 되었으나 공산 게릴라와의 내전으로 국정불안이 계속되었다. 1967년 군사 쿠데타로 군사정부가 집권했으나 1974년 민정이 복귀하고 1981년에 EU의 전신인 EC에 가입했다. 이 해 10월 실시된 총선거에서 범그리스사회주의운동(Panellinio Socialistiko Kinima, PASOK)이 승리해 그리스 최초의 좌파정권이 들어선 후 1990년대 초에 잠시 중도우파인 신민주주의당(Nea Dhimokratia, ND)에게 정권을 넘겨주었으나, 1993년의 선거에서 다시 승리하여 2004년 3월까지 장기집권하면서 인플레이션 억제와 경제성장에 주력하는 한편 키프로스 문제를 둘러싼 투르크와의 갈등을 해결했다. 1995년에 PASOK의 지지에 의해 대통령으로 선출된 스테파노풀로스(Stephanopoulos)가 2000년 재선되었으나, 2004년 3월에 실시된 총선거에서는 오랜만에 신민주주의당이 승리하여 카라말리스(Karamalis) 내각이 들어섰다.

4. 북아메리카: 미국과 캐나다

제2차 세계대전 후 미국은 전에 없는 번영기를 맞이했다. 실업이 줄어들고 개인소득이 늘어났으며, 경제성장이 지속되었다. 1945년 로우즈벨트 대통령의 사망으로 대통령직을 승계한 트루먼 대통령은 이른바 페어딜(Fair Deal) 정책으로 사회보장제도를 확충하고 시민권의 강화에 주력했다. 1961년에 취임한 케네디(Kennedy, 재임 1961~1963) 대통령은 뉴 프론티어(New Frontier) 정책을 내걸고 미국에 새로운 활력을 불어넣으려고 시도했다. 그는 쿠바에 미사일 기지를 설치하려는 소련의 기도를 좌절시키고, 미국 사회의 어려운 과제의 하나인 인종문제의 해결에도 착수했으나 암살로 성과를 거두지 못했다. 케네디의 뒤를 이은 존슨(Johnson, 재임 1963~1969) 대통령은 공직을 비롯한 모든 직업에서의 차별을 폐기하는 시민권법(Civil Rights Act)과 흑인의 투표권을 보장하는 투표권법(Voting Rights Act)을 제정하여 인종문제 해결에 크게 기여했다. 이와 더불어 존슨은 전 국민을 대상으로 하는 빈곤퇴치계획을 실시하여 미국도 복지국가의 모습을 갖추게 되었다.

그러나 베트남 전쟁에 대한 그의 본격적 개입은 미국을 깊은 수렁 속으로 빠져들게 했다. 여론이 반전으로 기울어 반전 데모와 항의가 잇따랐다. 게다가 1968년에는 흑인 지도자인 킹(King, 1929~1968) 목사와 케네디 대통령의 동생 로버트 케네디의 암살 사건이 일어나 미국의 정치와 도덕성에 큰 상처를 입혔다. 이에 1969년 공화당 대통령으로 취임한 닉슨(Nixon, 재임 1969~1974)은 아시아 지역에서의 분쟁을 해결하는 데 대한 미국의 역할을 축소하고 동맹국의 참여를 강조하는 이른바 닉슨 독트린을 내세우고 베트남으로부터 미군을 철수시켰으며, 또한 타이완 대신 중국의 UN 가입을 승인하고 1972년에는 직접 중국을 방문하여 중국과의 국교를 정상화했다. 그리하여 닉슨은 재선에 성공했으나, 1972년의 선거 때 민주당 본부에 도청장치가 설치되었던 것이 뒤늦게 발각되고, 이에 관한 그의 거짓말

마틴 루터 킹 목사
앨라배머의 몽고메리에서 제임스 포어맨과 함께 있는 킹 목사(왼쪽)

이 드러난 워터게이트(Watergate) 사건으로 1974년 중도 사임할 수밖에 없었다. 게다가 유가(油價) 파동에 따른 에너지 부족에 물가앙등과 실업증가가 겹쳐 1970년대 후반에 미국은 침체상태에 빠졌다. 강력한 미국의 재건과 군사력 강화를 부르짖은 레이건(Reagan, 재임 1981~1988) 대통령 시대에 경기는 약간 호전되었으나, 누증되는 재정적자는 다음 부시(Bush, 재임 1989~1993) 대통령 시대에도 심각한 부담이 되었다. 1990년 이라크의 쿠웨이트 침공을 물리치기 위한 페르시아만 전쟁(Gulf War)에서 미군 주도의 다국적군이 신속한 승리를 거두어 부시의 인기가 한때 크게 올랐으나, 그의 재임 중 경제성장의 둔화와 실업률의 증대, 재정적자와 대외채무의 누증 등 경제정책의 실패로 1992년 선거에서 민주당의 클린턴(Clinton, 재임 1993~2001) 후보에게 패배했다. 클린턴 대통령은 방대한 무역적자와 재정적자의 해소 등 국내 문제의 해결에 주력하는 한편 통상외교에서 강경자세를 견지함으로써 그의 임기 중 미국 경제는 대호황을 누렸다. 1996년 재선에 성공한 클린턴은 1998년 백악관 여직원 르윈스키와의 추문으로 하원에서 탄핵안이 가결되었으나 상원 재판부에서의 부결로 중도 해임을 면했다.

2000년에 실시된 대통령 선거에서는 공화당의 부시 후보와 민주당의 고어(Gore) 후보가 접전을 벌였는데, 플로리다주의 개표와 관련하여 양측이 제기한 소송이 1개월 이상 계속된 끝에 연방대법원의 판결로 부시의 당선이 확정되었다. 어렵사리 대통령에 당선된 부시는 2001년 1월에 취임한 후 방위력 강화를 통한 강력한 미국 건설과 감세를 통한 경기부양, 교육 및 사회보장제도의 개혁 등을 정책과제로 내걸었다. 그러나 그 해 9월 11일의 알카에다의 테러를 계기로 부시 대통령은 '테러와의 전쟁'을 국정의 최우선과제로 설정하고, 그 해 말의 아프간 전쟁에 뒤이어 2003년에는 이라크 침공을 감행하여 후세인을 체포했다. 그러나 침공이 UN 안보이사회의 승인을 얻지 못한 채 독일, 프랑스 등의 반대를 무릅쓰고 감행된 데다가 침공의 이유로 내세운 이라크의 대량살상무기의 존재가 확인되지 않고 있다. 더욱이 많은 민간인이 희생되고 미군의 이라크 포로학대 사실이 드러나면서 이라크 내의 반항세력의 저항이 계속되고 있고, 전쟁을 반대하는 국제여론도 만만치 않아 미국이 베트남전쟁과 같은 또 하나의 수렁에 빠져들지나 않을지 우려하는 소리도 없지 않다.

1931년에 영국의 자치령에서 독립하여 영국 연방의 일원이 된 캐나다는 형식상 영국의 엘리자베스 여왕이 국가원수인 입헌군주국이지만 사실상으로는 의원내각제 하에서 총리가 실권을 장악한 주권국가로서 1949년 연방제 국가가 되었다. 그 후 자유당과 진보보수당(Progressive Conservatives)이 번갈아가며 집권해 왔으며, 1993년 6월의 총선거에서 진보보수당의 킴 캠벌(Kim Campbell)이 사상 최초의 여성 총리가 되었으나, 10월 선거에서 패배하여 자유당의 크레티앵(Chrétien) 당수가 총리로 취임했다. 자유당은 1997년과 2001년의 선거에서도 승리하여 3기 연속으로 정권을 담당하고 있는데, 2003년 말 크레티앵이 은퇴하고 마르탱(Martin)이 뒤를 이었다. 캐나다는 미국과의 군사적, 경제적 협조관계가 긴밀하여 미국 자본의 투자가 많고, 1994년 미국, 멕시코와 더불어 북미자유무역협정(NAFTA)을 맺고 있으며, 선진 산업국가로서 G7의 일원으로 높은 국제적 지위를 누리고 있다. 그러나 1960년대부터 프랑스어를 사용하는 주민이 다수를 차지하는 퀘벡(Quebec)에서 분리독립운동이 일어나면서 이것은 캐나다 내정을 뒤흔드는 최대문제로 부상했는데, 1980년에 실시된 주민투표에서 분리 독립은 적은 표차로 부결되었고, 1995년의 주민투표에서도 근소한 차로 부결되었다. 게다가 1998년에 대법원이 연방정부의 동의 없는 분리 독립을 인정하지 않은 데 이어 2000년에 의회가 연방정부에게 퀘벡의 독립을 거부할 권한을 부여하는 법안을 승인함으로써 퀘벡의 독립이 쉽게 이루어지지는 않을 것 같다. 그러나 분리주의자들은 여전히 강력한 지지기반을 유지하고 있어 이 문제는 언제든지 다시 현안으로 떠오를 수 있을 것으로 보인다.

5. 라틴아메리카

대개 19세기 전반기에 에스파냐와 포르투갈을 주로 한 유럽의 식민국가로부터 독립한 중남미, 즉 라틴아메리카의 여러 나라들은 그동안 1세기가 넘게 심한 정치·경제적 불안정에 시달려 왔다. 주민들의 인종적 구성이 초기 입식자의 후손, 이후 유럽으로부터의 백인 이민, 원주민의 후손, 백인과 원주민의 혼혈인, 그리고 흑인 등 복잡하고 다양하며, 그 대다수가 가난하고 문맹이었다. 라틴아메리카는 산업적으로도 주로 식료품과 원료를 미국과 유럽에 수출하는 대신 이들 지역에서 공업제품을 수입하고 자본을 도입했다. 이러한 경제구조에서는 대지주가 가장 큰 이득을 얻고 그 사회적, 정치적 세력이 증대했다. 이들 대지주를 비롯한 상류지배층은 호화로운 생활을 영위하면서 대다수 민중의 빈곤에는 무관심하여 이를 시정하려는 책임감을 느끼지 않았다. 그들은 그들의 재산과 안락한 생활을 보장해 주는 체제에 만족하고 이를 개혁하고 시정하려는 움직임에 반대했다. 그리하여 사회불안이 조성되고 급진적인 사회주의 운동이 일어나는 한편, 독재정권이 들어서서는 부패하고, 쿠데타가 일어나 군부독재가 교체하는 악순환이 거듭되고, 독재자와 군부의 빈번한 정권싸움으로 정치가 안정되지 않고, 빈부의 격차가 심하며 미국을 비롯한 외국자본의 유입이 늘어남으로써 경제적으로 뒤쳐지고 자립의 기반이 취약했다.

그러나 1930년대에 들어서면서 라틴아메리카의 일부 국가들, 특히 크고 좀더 유력한 국가들에서는 변화가 일어나기 시작했다. 1930년대의 세계공황으로 유럽과 미국의 구매력이 크게 감소하고 관세가 인상되어 라틴아메리카의 생산품 수출이 타격을 받고 공업제품의 구매가 어렵게 된 결과 일부 주요 국가에서 경제적 자립을 지향하는 경제적 민족주의가 일어나게 된 것이다. 이러한 경제적 민족주의는 제2차 세계대전이 끝난 뒤 1950년대에 멕시코와 브라질 등에서 상당한 성과를 거두고 아르헨티나와 칠레 등을 자극했다. 그리하여 브라질, 아르헨티나, 칠레는 국내 소비자의 수요를 대체적으로 충족시킬 수 있을 정도로 경공업생산이 발달하고, 멕시코와 브라질은 중공업 건설에도 착수했다.

멕시코에서는 1876년부터 35년 동안이나 지속된 디아스(Diaz, 1830~1915)의 독재정치가 1910년의 혁명으로 무너진 뒤에도 국내 동란은 1934년에 카르데나스(Cardenas, 1895~1970)가 대통령으로 취임할 때까지 계속되었다. 가난한 토착민 출신의 카르데나스는 대영지를 소농에게 분할하거나 토착민에게 반환하고, 외국 자본을 억제하여 멕시코 기업가들의 소규모 공장 설립을 지원하는 한편, 산업노동자에 대한 배려도 잊지 않았으며, 1938년에는 미국과 영국의 석유회사의 국유화를 단행했다. 1940년 그의 뒤를 이은 대통령들도 산업화 추진에 주력한 결과 멕시코 경제는 급속하게 성장하여 1970년대에는 호황을 누렸다. 그러나 1980년대에 주요 수출품인 원유의 가격하락으로 경제가 침체하고 막대한 외채로 위기를 맞았으나 1988년 살리나스(Salinas, 1948~) 대통령의 취임 이후 경제는 서서히 부흥하기 시작했으며, 1992년에 미국, 캐나다와 NAFTA를 체결했다. 1994년

멕시코 농민들의 반항 (1932-1934)
억압정치에 반항하는 멕시코 농민들(Jose Clemente Orozco의 그림)

말 페소화가의 폭락으로 다시 심각한 경제위기를 맞았으나 통화긴축과 재정적자축소 정책과 국제통화기금(International Monetary Fund, IMF)의 구제금융으로 위기를 극복했다. 2000년 7월의 대통령 선거에서 야당인 국민행동당(Partido Acción Nacional, PAN)의 폭스(Fox, 1942~) 후보가 승리하여 1929년 이래 71년 동안 계속되어 온 제도혁명당(Partido Revolucionario Institucional, PRI)의 일당지배가 끝났다. 그러나 폭스가 공약으로 내새웠던 민주주의의 강화, 안정적 경제성장, 소득격차의 시정 등은 쉽사리 실현되지 않은 데다가 의회와의 대립까지 빚어지게 되었다. 그리하여 2006년 7월에 치러진 대통령 선거에서는 국민행동당의 칼데론(Calderon) 후보가 야당인 민주혁명당(Partido Revolucion Democratia, PRD)의 오브라도르(Obrador) 후보에게 근소한 차이로 승리했으나, 선거부정에 대한 시비가 일어나고 있다.

남아메리카의 대국 브라질(Brazil)에서는 1889년 왕정이 몰락한 후 좌우익의 대립과 지역 간의 적대관계로 경제가 쇠퇴했으나, 1930년에 군사반란으로 정권을 잡은 바르가스(Vargas, 1883~1954)는 기업가를 적극 지원하는 한편, 노동시간 단축, 연금, 의료보험 등 사회입법에도 주력했다. 1945년 쿠데타로 한동안 실각했다가 1950년에 재집권한 뒤에도 그의 근대화 작업은 계속되었다. 그 뒤 1954년의 선거에서 대통령이 된 쿠비체크(Kubitschek, 1902~1976)는 황무지에 새로운 수도 브라질리아(Brazilia)를 건설하고 공업발전에 주력했다. 그리하여 브라질은 라틴아메리카에서 가장 산업화한 나라가 되었으나, 1964년 쿠데타로 군사정권이 들어서면서 검열이 강화되고 정치적 압제가 가해졌다. 1985년에 군사정권은 자유선거와 민간정부로의 정권이양을 표명했으며, 1989년의 선거로 29년 만에 콜로르(Collor)가 대통령에 당선되었으나 부패 스캔들로 사임하고 1994년의 대통령 선거에서 브라질 사회민주당(Partido da Social Democracia Brasileira, PSDB)의 카르도조(Cardoso, 1931~)가 당선되었다. 1998년의 선거에서 재선에 성공한 카르도조는 정부구조조정, 사회보장제도의 개혁, 만성적인 인플레이션의 진정 등으로 평가를 받았으나, 1999년부터 재연된 경제위기와 공직자의 잇따른 추문으로 정부여당의 인기가 계속 떨어져, 2002년의 선거에서는 중도좌파인 노동자당(Partido dos Trabalhadores, PT)의 다실바(Da Silva, 1945~)가 대통령으로 당선되었다. 다실바는 국내외 투자자들과 중산층의 불안을 줄이기 위해 카르도조 정부의 경제정책을 대체로 유지하겠다고 공약했다. 브라질은 거대한 국토와 풍부한 자원과 노동력을 지닌 남아메리카의 주요 경제국가로서 반세기 이상에 걸친 군부의 간섭을 극복했으나 극심한 빈부격차, 남북의 지역차, 만성적인 인플레이션, 막대한 외채 등 아직도 이겨내야 할 난제들을 안고 있다.

에스파냐와 이탈리아계 백인주민이 절대 다수를 차지하고 있는 아르헨티나(Argentina)는 1816년에 에스파냐로부터 독립한 이래 풍부한 지하자원과 인력, 발달된 농업, 다양한 산업 등으로 아메리카의 부국으로 꼽혀 왔으나, 보수와 진보, 문민과 군부 사이의 대립으로 오랫동안 정치적 혼란을 겪었다. 제2차 세계대전 후 페론(Peron, 1895~1974)의 군사독재와 그 후의 군사정권이 35년 넘게 계속되다가 1982년 포클랜드(Falkland) 전쟁에서 패한 후 군사정권이 무너지고 민정이 회복되었다. 1989년의 대통령 선거에서 승리한 정의당(Partido Justicialista, 페론당)의 메넴(Menem, 1930~2021)은 연 3,000%에 달한 인플레이션을 진정시키고 국영기업의 민영화를 추진하는 한편 군부의 영향력을 줄임으로써 민주정의 확립에 주력했으나, 정부의 부패로 비판을 받아 1999년의 선거에서는 중도파 야당인 급진당(Unión Cívica Radical, UCR)의 델라루아(de la Rúa, 1937~2019)가 대통령에 당선되었다. 델라루아는 기업 위주의 정책으로 경제 활성화와 고용증대를 추구했으나 날로 심각해져 가는 경제위기와 상·하원을 장악한 야당의 비협조로 2001년 말 사임했으며, 2003년 5월에 다시 정의당의 키르치네르(Kirchner, 1950~)가 대통령에 당선되었다. 그 사이 아르헨티나는 막대한 외채, 자본의 국외 도피, 재정적자 등 심각한 경제위기를 겪었으며, 한때는 예금동결조치와 디폴트(채무불이행) 상태에까지 빠져들었지만, IMF의 구제금융으로 위기를 넘기고 점차 경제안정을 되찾아 2003년에는 8%의 경제성장을 이루었다.

1816년 에스파냐로부터의 독립을 선언한 칠레(Chile)는 아르헨티나와 마찬가지로 유럽계 백인이 주민의 절대 다수를 차지하고 있으며, 1932년 이후 민주적인 정권교체가 이어졌다. 1970년의 선거에서 대통령으로 당선된 아옌데(Allende, 1908~1973)는 대대적인 농지개혁, 미국계 동광산의 국유화 등 급진적 사회주의 정책을 추진했다. 그러나 그의 정책은 부유층의 반감을 사 좌우대립을 격화시키고 경제후퇴를 가져왔으며, 1973년에 쿠데타를 일으킨 군부와 경찰과의 전투 중에 사망했다. 군사 쿠데타로 정권을 장악한 피노체트(Pinochet)는 민간주도의 시장경제로 정책을 전환하여 얼마 동안 경제성장을 이루었으나, 포악한 군사독재자로 인권을 탄압하고 고문과 학살을 자행했다. 1989년의 선거에서 대통령으로 당선된 중도 좌파 17정당연합의 아일윈(Aylwin)이 발족시킨 '진실과 화해를 위한 위원회(Rettig Commission)'의 조사보고에 의하면 1973년부터 1990년까지의 피노체트의 집권기간 중 3천 명 이상이 살해되거나 실종되었다. 그러나 1993년의 선거에 이어 2000년의 선거에서 중도·좌파정당연합이 승리함으로써 칠레는 정치개혁과 경제개혁에 주력한 결과 세기 전환기의 서너 해를 제외하고는 꾸준히 안정된 경제성장을 이어오고 있다. 한편 2000년에 취임한 민주주의정당연합(Concertacion de Partidos por la Democracia)의 라고스(Lagos, 1938~) 대통령이 피노체트를 재판에 회부한데 대하여 대법원이 기소중지를 명령하는 등 단죄를 미루고 있는 가운데 2006년 초에 역시 온건한 사회주의자인 바첼레트(Bachelet, 1951~)가 칠레 최초의 여성 대통령으로 취임하여 중도 좌파적 개혁노선을 따르고 있다.

칼리브의 가장 큰 섬나라 쿠바(Cuba)는 1898년 미국-에스파냐 전쟁에서 미국의 승리로 독립했으나 실질적으로는 미국의 보호령이었다. 1933년 정권을 장악한 바티스타(Batista, 1901~1973)의 치하에서 쿠바는 사탕생산과 관광사업으로 번영하고 있었으나 부정부패가 만연하고 빈부의 격차가 심했다. 1959년 좌익 게릴라 지도자인 카스트로(Castro, 1926~2016)는 마르크스주의 혁명가 체게바라(Che Guevara, 1928~1967)와 함께 게릴라전을 전개해 바티스타 정권을 타도하고 공산주의 정부를 수립했다. 카스트로는 1961년 사회주의 노선을 선언하고 토지개혁, 미국인 재산의 접수, 사기업의 국유화를 추진하며 소련에 접근했다. 이를 좌시할 수 없는 미국은 그해에 쿠바 망명자들을 이용하여 쿠바 침공을 시도했으나 실패했다〔코치노스만(Cochinos) 사건〕. 그러나 1962년 소련이 쿠바에 미사일 기지를 건설하자 미국의 케네디 대통령은 쿠바에 대한 해상봉쇄를 단행하여 소련으로 하여금 미사일을 철거하게 했다. 카스트로는 1965년 사회주의 통일당을 공산당으로 개편하여 일당지배를 강화하고 1976년에는 국가평의회의장으로 선출되어 국가원수로서 당과 군과 정부의 전권을 독점했다. 그 후 오늘날까지 장기 집권을 계속하고 있는 카스트로는 한편으로 비동맹운동과 라틴아메리카, 아프리카 등의 좌익운동지원에도 주력했다. 그러나 1990년 소련의 붕괴로 냉전체제가 무너지고 경제적 어려움이 더해지면서 제한적인 개방을 추진하여 라틴아메리카 여러 나라와의 국교를 늘려 가고 미국과의 관계개선에도 눈을 돌리게 되었다. 그래서 2002년부터는 소규모나마 미국과의 교역도 시작되었으며, 미국이 아프가니스탄에서 체포한 알카에다 포로들을 쿠바에 있는 관타나모(Guantanamo) 미군 기지에 이송하는 것에 대해서도 반대하지 않겠다는 의사를 표명했다.

1950년대 초반부터 민주정치가 정착되고, 경제적으로도 비교적 건실한 체제를 유지해 온 코스타리카(Costa Rica) 공화국을 제외하고 중부아메리카의 여러 작은 나라들은 대체로 19세기 동안에 독립한 이후 군부독재, 잦은 쿠데타와 반쿠데타, 좌우의 대립, 만성적인 부패 등으로 오랫동안 정치적 안정을 이룩하지 못했다. 게다가 이 지역에서의 좌익세력의 확대를 방지하려는 미국의 군사적 개입과 경제적 압력에 대한 각국의 민족주의적 또는 사회주의적 반항운동에 의해서도 혼란은 더욱 심화되었다. 1980년대에 들어오면서 그중 일부 나라에서는 주로 좌파세력에 의한 정권교체가 이루어졌으나, 냉전체제가 끝나간 1990년대 이후, 특히 21세기에 들어서면서 중도적 또는 자유주의적 세력의 주도하에 민주정의 기틀이 잡혀 가는 모습도 나타내고 있다.

1941년 중앙아메리카연방(Central American Federation)에서 분리독립한 엘 살바도르(El Salvador)는 오랫동안 군사독재에 시달려 오다가 1980년에 민간정부가 수립되었다. 그러나 곧 우익 정부와 좌익 게릴라 조직 사이에 내전이 벌어졌으며, 1992년에야 양자간에 평화협정이 체결되어 7만 5,000명의 사망자를 낸 내전이 끝났다. 그 후 1999년 대통령선거에서 우익의 민족주의공화동맹(Alianza Republicanan Nacionalista, ARENA)의 플로레스(Flores, 1959~)가 승리한 데 이어 2004년 선거에서도 같은 우파인 사카(Saca, 1965~)가 대통령으로 선출되었다.

1821년 에스파냐에서 독립한 니카라과(Nicaragua) 역시 내전에 휩싸이다가 20세기 초에 미국의 군사개입으로 20년 동안 미군의 점령하에 있었다. 1936년에 국가경비대사령관인 소모사(Somoza, 1896~1956)가 쿠데타로 정권을 장악한 후 43년 동안 그와 두 아들의 족벌독재정치가 지속된 끝에 1979년 산디니스타 민족해방전선(Frente Sandinista de Liberación Nacional, FSLN)이라는 좌익 게릴라 조직이 소모사 일족을 타도하고 좌익 정권을 수립했다. 이에 미국의 레이건 정부는 1981년 우익의 반정부집단인 콘트라(Conntras)를 적극 지원하여 내전상태에 들어갔다. 이러한 외부의 압력에 직면한 산디니스타 정부는 콘트라와의 협상에 나서 1990년 자유선거를 실시하기로 합의함으로써 내전이 종결되었고, 이어 치러진 대통령 선거에서 야당국민연합(Union Naciónal Opositora, UNO)의 차모로(Chamorro, 1929~)가 당선되었으며, 그 후 1996년과 2001년의 선거에서도 우파자유연합의 라카요(Lacayo, 1946~)와 볼라노스(Bolanos, 1928~)가 연이어 대통령으로 당선되었다.

1830년 대콜롬비아(Grand Colombia)에서 분리 독립한 베네수엘라(Venezuela)에서는 100여 년 동안 군부 쿠데타가 빈발해 오다가 1958년에 군정이 타도된 후 민주행동당(Acción Democrática, AD)과 그리스도교 사회당(Partido Socialcristiano, 또는 COPEI) 사이에 평화적 정권교체가 정착되어 1998년까지 안정된 정국이 유지되었다. 1998년의 대통령 선거에서 당선된 차베스(Chavez, 1954~2013)는 철저한 정치개혁과 부패척결, 사회보장과 인권옹호 등 좌파정책을 추진함으로써 국내외의 압력과 반대에 직면하여 한때 전격 사임했으나 지지세력의 노력으로 이틀 만에 대통령으로 복귀했다.

역시 1830년에 대콜롬비아에서 분리 독립한 에콰도르(Ecuador)는 그 후 160년 동안 끊임없는 폭동과 혁명으로 58번의 정권교체를 겪었으나 1979년부터 대체로 민정이 유지되어 왔다. 2002년에 실시된 대통령 선거에서 좌파적인 구티에레스(Gutierrez)가 당선되었으나 당선 후 그는 보수적 경제정책으로 기운 데다가 대법원과의 충돌로 여론의 지탄을 받은 끝에, 2005년 4월 국회의 결의에 의해 파면되고, 부통령 팔라치오(Palacio)가 대통령이 되었다.

고대 잉카 문명의 중심지에 위치한 페루(Peru)는 에스파냐에서 독립한 이후 영토문제로 칠레, 에콰도르 등과의 전쟁으로 군부의 영향력이 강해 군부 쿠데타가 빈번했다. 1980년에 민정이 복귀했으나, 테러의 만연과 경제난으로 시달려 오다가 1990년의 대통령 선거에서 일본계의 후지모리(Fujimori, 1938~)가 당선되었다. 후지모리는 인플레이션의 억제, 좌익 게릴라 활동의 진압에 어느 정도 성공했으나, 의회를 해산하고 사법부를 통제하는 등 전제정치로 나아간 데다 국내경제의 후퇴가 겹쳐 지지기반이 급락하여 2000년에 대통령직에서 쫓겨났다. 2001년 선거에서 '페루의 가능성(Peru Possible)'의 톨레도(Toledo)가 대통령으로 당선됨으로써 페루 역사상 처음으로 원주민 대통령이 탄생했다. 그러나 정부의 빈곤대책, 전력공사의 민영화를 둘러싼 대규모 데모의 발생으로 비상사태가 선포되는 등 정치적 혼란이 계속된 끝에, 2006년 여름에 속칭 아프라당(APRA)인 아메리카인민혁명동맹(American Popular Revolutionary Alliance)에 속한 가르시아(Garcia, 1949~)가 재차 대통령으로 선출됨으로써(그는 1980년 후반에 대통령직을 맡은 바 있었다) 페루는 모처럼 개혁의 길에 들어설 것으로 보인다.

한편 먼로주의의 선언 이래 라틴아메리카에 대한 지도적 지위의 수립과 유지에 노력해 온 미국은 1948년에 범(汎)아메리카 국가기구(Organization of American States, OAS)를 설치하여 그 지위를 더욱 강화하는 데 주력했다. 최근에는 쿠바를 제외한 아메리카 전 지역의 34개 나라로 아메리카 자유무역지역(Free Trade Area of the Americas, FTAA)을 형성하려는 구상까지 제시되고 있다. 라틴아메리카 여러 나라는 이 같은 미국의 주도적 지위를 어느 정도 인정해 왔지만, 반드시 추종만을 일삼지는 않아 1993년에는 브라질, 아르헨티나, 파라과이, 우루과이 등 네 나라가 남아메리카 공동시장(Mercado Común del Sur, MERCOSUR)을 결성했으며, 브라질은 이를 중심으로 하는 자유무역지역을 구축하려고 시도하고 있다.

제4절 전후 유럽 사회와 문화

1. 전환기

20세기에 접어들면서 유럽에서는 '현대문명의 위기'라는 말이 자주 들먹거려지고 심지어는 '서유럽의 몰락'을 예언하는 소리까지 들려왔다. 이러한 위기의식은 제1차 세계대전 후, 특히 1930년대에 접어들면서 더욱더 심각해졌다. 그것은 세계대전이라는 예상치 못한 대전쟁을 경험하고 19세기적인 생활양상이 급격하게 달라진 데다 경제면에서도 세계공황이라는 전례 없는 재앙을 맞아 경제의 토대가 뿌리째 흔들리게 되고, 또한 파시즘을 비롯한 전체주의가 대두하는 등 전 세계에 걸친 역사적 변화의 상황에서 유래하는 것이었다. 그러나 그러한 상황들은 몰락이나 해체의 징조라기보다 한 시대가 끝나고 새로운 시대가 시작되는 전환기의 징조로 볼 수 있으며, 그런 의미에서 20세기는 전 세계적인 규모의 거대한 전환기라고 할 수 있을 것이다. 특히 유럽의 경우 20세기는 19세기에 성숙한 근대 사회가 새로운 단계로의 발전을 위한 탐색과 모색이 추진된 전환기라 할 것이다. 비서유럽 세계의 경우에도 지난 세기는 그 내용은 저마다 다르고 다양하지만 유럽보다 오히려 더 큰 전환과 시련을 겪은 시기라 할 수 있다.

20세기는 문화면에서도 각 분야에서 전환기의 모습을 보여 준 시기였다. 서유럽의 경우 새로운 것의 모색과 이를 위한 실험이 다방면에 걸쳐 추진되었으며, 비서유럽 세계의 경우 민족문화 내지 전통문화와 주체의식의 확인을 토대로 새로운 문화의 창조와 발전을 위한 노력이 경주되었다. 따라서 20세기의 세계문화는 외관상 혼란과 무질서가 지배한 듯이 보이기도 하지만 그것은 동서를 막론하고 새로운 문화를 창조하기 위한 것이지 결코 몰락과 해체의 징조는 아니었다 할 것이며, 현대 문화의 구체적인 양상도 이러한 시각에서 이해해야 할 것이다.

2. 자연과학과 기술

아인슈타인

20세기 전반기에 N. 보어(Bohr)의 상보성원리, W. 하이젠베르크(Heisenberg)의 불확실성 원리, E. 슈뢰딩어(Schrödinger)의 양자파동방정식 등에 의해 정립된 양자역학과 A. 아인슈타인(Einstein)의 상대성 이론은 뉴턴 이래의 과학이론에 일대변혁을 일으켰다. 그리고 이 같은 변혁과 함께 이제까지 서로 분리되어 있던 순수 '이론' 과학과 '실용적' 기술이 세계대전을 겪으면서 서로 결합하여 과학자와 기술자의 협동이 시작되었다. 특히 제2차 세계대전은 이러한 협동이 시작된 결정적 계기가 되었다. 여러 대학의 과학자들이 전쟁수행을 지원하기 위한 연구계획에 참여했다. 영국 과학자들은 1935년 왓슨-와트(Watson-Watt)와 티자드(Tizard)가 공동개발한 레이더 장치를 개량 발전시켜 대전 중에 독일 공군에 대한 방어에 큰 효과를 거두었다. 레이더의 개량에 필요한 초단파 송신기술 또한 개발되었는데, 이 기술은 전후에 장거리전화, 텔레비전, 위성통신 등 전기통신 분야에서 그 위력을 발휘했다. 제트 항공기와 컴퓨터도 전쟁 중에 개발되었다. 1903년에 미국의 라이트(Wright) 형제에 의해 발명된 비행기는 1930년대 중반에 처음으로 제트 엔진이 조립되었는데, 전쟁 중에 고속으로 비행하는 제트 전투기가 개발되었다. 컴퓨터 역시 이 같은 고속 비행기와 이를 공격하는 방공탄 사이의 복잡한 수학적 관계를 계산하거나 핵무기 개발과 암호 해독 등을 위해 개발되었는데, 전후에 광통신, 무선통신, 위성통신 등 통신기술과 결합되면서 20세기 후반의 정보통신혁명을 주도하게 되었다. 1930년대에 독일에서 시작된 군사용 로켓의 연구는 전쟁 중에 V-2 개발로 그 절정을 이루었으며, 전후 탄도 미사일의 개발과 더불어 소련의 스푸트니크호의 발사성공을 계기로 한 미국과 소련 간의 우주개발경쟁을 촉진하여 우주항공과학을 발전시켰다.

그중에서도 전쟁수행을 위해 과학자들이 가장 대규모적이며 조직적으로 동원된 것은 원자폭탄의 개발을 위한 미국의 맨해튼 계획(Manhattan Project)이었다. 1942년에 시작된 이 계획은 2년 후 뉴멕시코의 황무지에 세워진 로스 앨러모스(Los Alamos) 연구소에서 핵물리학자인 오펜하이머(Oppenheimer, 1904~1967)의 주도 아래 약 3,000명에 달하는 미국과 유럽의 일류 과학기술자들에 의해 집중적으로 추진되었다. 그 결과 1945년 7월에 최초의 원자탄 실험에 성공하고, 8월에 두 개의 원자탄이 히로시마와 나가사키에 투하되었으며, 그 가공할 파괴력에 놀란 일본은 곧 무조건 항복했다. 그러나 비전투원을 포함한 무차별적인 대량살상을 자아낸 원자탄의 사용에 대해서는 전후에 비판의 소리가 일어났으며, 특히 원자탄보다 훨씬 더 큰 파괴력을 지닌 수소폭탄이 개발되자 비판의 소리는 더욱 거세어졌다. 이러한 핵무기 개발에 참여하는 과학자와 기술자들의 윤리적 문제도 제기되었다. 한편으로 발전이나 동력원으로서 원자력의 평화적 이용도 활발하게 진행되어 왔지만, 이 또한 핵폐기물의 처리 등 심각한 환경오염의 우려 때문에 찬반의 견해가 엇갈리고 있다.

오펜하이머

전쟁 중 정부나 군부 주도로 진행된 이 같은 연구는 대부분 그 내용과 규모가 엄청나게 크고 막대한 연구비가 소요된 이른바 거대과학(Big Science)에 의해서 추진되었다. 즉, 과거에는 개인이나 작은 집단에 의해서 수행되던 연구가 수십, 수백, 심지어 수천 명의 과학자들이 팀을 구성하여 서로 협동해서 연구하는 방식으로 추진되었다. 특히 전후 냉전체제가 심화되면서 정부, 군부, 대학, 연구소, 산업체 등이 상호 연결하여 추진하는 대규모 거대과학이 세계 각지에 나타나게 되어, 군사적 목적의 연구가 성행했다. 제트 폭격기는 로켓(미사일)으로 발전했으며, 로켓의 발달은 인공위성과 우주로켓의 발사를 가능하게 했다. 전후 미국과 소련은 서로 경쟁적으로 이 방면에 힘을 기울여 이른바 우주경쟁이 일어났다. 1957년에 소련이 처음으로 인공위성을 궤도에 올려놓자, 1962년에 미국은 우주비행사를 쏘아올리고, 1969년에는 아폴로 계획(Apollo Project)으로 달 착륙에 성공했다. 그 후 군사시설의 탐지, 기상상황의 파악 등 각종 탐색과 위성통신과 방송중계 등을 위해 수많은 인공위성이 지구 주위를 돌게 되었으며, 우주탐험을 위한 우주선의 우주세계를 향한 비행이 시도되고 있다.

그동안 거대과학을 주도해 온 것은 주로 미국이었다. 특히 미국의 로렌스-버클리연구소(Lawrence-Berkeley Laboratory)의 거대한 입자가속기 개발과 이를 이용한 원자탄 개발은 거대과학의 보편화에 선구적 구실을 했다. 전후에 이 연구소의 가속기의 효능이 커짐에 따라 무기 개발을 위한 핵물리학 이외에 방사성 물질을 이용하는 방사생물학, 방사화학, 방사의학과 같은 분야가 새로 생겨났다. 한편 전후에 스위스의 제네바에 설치된 유럽 핵연구소(European Council for Nuclear Research, CERN)라는 거대한 가속기연구소는 미국의 연구소와 달리 실용적인 문제보다는 순수기초연구에 중점을 둠으로써 1960~1970년대에 기초과학분야에서 여러 훌륭한 업적을 나타냈다.

20세기에 이루어진 이와 같은 과학과 기술의 발달은 대량생산을 촉진시키고 사회를 산업사회로부터 산업후사회(post-industrial society)로 발전시키는 한편, 컴퓨터와 같은 인조두뇌의 일상생활에의 응용, 인간노동을 대신하는 로봇의 발전 등은 인간생활의 기계화와 생산의 자동화를 촉진시키고 있다. 또 광통신, 무선통신, 위성통신으로 대변되는 통신혁명과 컴퓨터 시스템의 결합으로 이루어진 컴퓨터 통신망, 즉 인터넷의 출현은 현대사회를 정보화사회로 급변시키고 있다. 한편 왓슨(Watson, 1928~)과 크리크(Crick, 1916~2004)에 의해 그 구조가 밝혀진 DNA에 대한 연구에서 비롯

제임스 왓슨과 해리 크리크

된 분자생물학의 발전과 이에 따른 의학의 발달은 난치병의 퇴치를 가능케 하여 인간수명을 연장시키고 있으며, 이에 수반된 유전공학의 발전은 동물의 복제를 가능하게 했으며 심지어는 인간의 복제 가능성에 대한 논란을 야기하고 있다. 과학과 기술의 경이적인 발달은 인간생활을 한없이 편리하고 풍요롭게 만들고 있으나, 다른 한편으로는 이를 위한 자원의 남용이나 과학기술의 성과에 대한 과신은 인간을 기계와 정보의 노예로 만들 가능성도 없지 않으며, 인간성의 파괴와 같은 심각한 윤리적 문제까지도 제기되고 있다.

3. 현대 사회의 변화

과학과 기술의 비약적 발전은 서방세계에 심대한 영향을 미쳤다. 새로운 생산품의 창조와 공업과 농업상의 광범한 개량된 생산방법은 급속한 경제성장과 생활수준의 향상을 초래했다. 특히 서유럽과 북아메리카의 경제적 번영과 결합된 과학기술의 진보는 전후에 새로운 사회를 만들어 냈는데, 그것은 기술관료적이며, 풍요로운 소비사회이자 복지국가를 지향하는 이른바 산업후사회이다.

1945년 이후 유럽 사회는 좀더 역동적이며 민주적인 사회가 되었으며,

과거의 계급 간의 간극이 완화되었다. 20세기 초까지만 해도 중산계급의 핵심은 독립적인 중소기업 소유자이거나 변호사나 의사 등 전문직업인이었는데, 1945년 이후 미국과 유럽에서는 이들 대신에 정부의 중견관료와 대기업의 관리자와 전문기술자들이 새로운 중산층의 핵심이 되었다. 일반적으로 이들은 과거의 좌우 이데올로기 논쟁에는 거의 무관심했으며, 어느 체제에서나 필수적인 테크노크라트로서의 구실을 다했다. 하층계급구조도 더 유연해지고 개방적으로 되었다. 농민의 수가 급격하게 줄어든 한편, 급속한 기술변화로 산업노동자의 수가 정체 또는 감소하는 대신 화이트칼라와 서비스업 종사자의 수가 급속하게 늘어났다. 이들은 산업노동자보다는 오히려 새로운 중산계급에 가까웠다.

제2차 세계대전 후의 사회보장제도의 개혁 또한 계급 간의 갈등을 완화하는 데 기여했다. 1911년 영국 자유당의 로이드 조지(Lloyd George, 1863~1945)의 주도로 제정된 국민보험법(National Insurance Act)이 근대적 복지국가로 나아가는 최초의 이정표였는데, 이러한 사회보장제도는 대전후 더욱 확충되고 확대되었다. 전쟁 중인 1942년에 작성된 '베버리지 보고서(Beveridge Report)'에 입각하여 영국 정부는 1946년에 더욱 확충정비된 국민보험법과 함께 국민의료제도(National Health Service)를 마련했다. 여기에 국가지원의 공공주택(Council House)의 건설, 노령연금의 증액, 의무교육 연한의 연장, 가족수당의 지급 등이 추가됨으로써 영국인의 대다수는 '요람에서 무덤까지'의 생활보장을 받게 되었다. 그 후 유럽 대부분의 나라들이 복지국가의 건설에 주력하게 되었는데, 그중에서도 스웨덴, 노르웨이, 덴마크 등 북유럽 나라들과 서독 등 부유한 나라들에서의 성과가 특히 눈에 띄었다.

사회보장제도의 개혁과 확충은 사회적 · 경제적 평등을 촉진하고 생활수준의 격차를 축소하는 한편 국가의 개입에 의한 부의 재분배를 초래했다. 게다가 표준화된 소비재의 대량생산이 또한 사회의 평준화에 이바지했다. 1945년 이후 주식인 빵과 감자 소비가 줄어들고 육류, 생선, 유제품 등의 소비가 늘어났으며, 값싸고 질 좋은 식료품의 획득이 서방 선진국에서는 거의 보편적으로 달성되었다. 한편 이러한 변화와 진보는 새로운 문제를 자아내기도 했다. 이제 식품의 부족이 문제가 아니라 과식과 비만이 문제가 되고, 이에 따라 식이요법이 유행하고 다이어트 식품이 쏟아져 나왔다.

풍부한 식료품과 더불어 전후에 주목되는 현상은 자동차와 가전제품의 보급이다. 자동차의 급속한 보급은 미국에서 먼저 일어났으나 곧 유럽에도 전파되었으며, 1948년에 500만 대였던 서유럽의 자동차 보유대수가 1965년에는 4,400만 대로 증가하여, 중산계급은 물론 비교적 높은 임금을 받는 노동자들까지도 자동차를 소유하게 되었다. 자동차와 함께 냉장고, 전기세탁기, 진공청소기, 텔레비전, 스테레오 등이 거의 모든 가정에 보급되었다. 또 다른 주목할 현상은 레저와 레크리에이션의 유행이다. 1970년대에 노동시간이 주당 40시간으로 줄어들고 수입이 증가함에 따라 여가활용을 위한 레저 산업이 크게 발달했다. 축구경기를 비롯한 각종 운동경기와 경마에 사람들이 모여들고, 박물관과 미술관, 음악회와 전람회에 모이는 사람들의 수도 크게 늘어났다. 그중에서도 가장 큰 레저 산업은 관광여행으로서 대전 전까지는 주로 귀족들의 여가활동이었던 것이 대전 후에는 중산계급과 노동자들도 온천장, 해수욕장, 스키장 등을 찾을 수 있게 되었으며, 1960년대 이후에는 단체관광으로 국내외 관광에 참가하게 되었다.

이와 같이 1945년 이후 약 20년 동안의 유럽 사회는 경제적 진보, 소비사회의 성장, 더욱 민주적인 계급구조 등으로 사회긴장이 완화되고 이데올로기의 갈등이 감소했다. 그러나 1960년대 말부터 이러한 상황에 대한 비판과 불만이 대두하고, 사회적 갈등이 다시 불붙기 시작했는데, 여기에 불을 붙인 것이 1968년 프랑스의 학생운동이었다. 제2차 세계대전 전 서유럽의 고등교육은 소수 엘리트층에 한정되어 있었으며, 그 교과과정은 문학, 법률, 의학, 순수과학 등 전통적인 분야가 주류였다. 전후 이 같은 고등교육제도는 극적으로 변했다. 대학생수가 급증하여 1960년에 전전의 3배가 되고 그 후 1970년까지 계속 증가했다. 프랑스에서는 전전에 중등교육을 마친 젊은이의 4.5%가 대학에 들어갔으나 1965년에는 14%로 증가하여 중산층은 물론 하층계급 출신에게도 대학의 문이 개방되었다. 이와 동시에 교과과정도 변화하여 컴퓨터로부터 경영학에 이르기까지 여러 종류의 새로운 실용적 분야가 첨가되었다. 그러나 이러한 고등교육의 급속한 팽창은 새로운 문제를 야기했다. 강의실은 초만원이 되고 교수와의 개별적 접촉은 거의 불가능해졌으며, 실용적 과목은 학생들이 원하는 만큼 늘지 않았다. 그 결과 대학에 대한 불만이 쌓인 데다 이 시대 특유의 청년문화의 등장으로 구세대의 권위에 대한 도전과 교수 및 대학 관리자와의 갈등이 발생하고, 1960년대 미국의 대규모 학생운동의 뒤를 이어 1960년대 말부터 1970년대 초에 걸쳐 이러한 불만과 갈등이 폭발했다.

1968년 파리 근교의 낭테르(Nanterre) 대학에서 교과과정 변화와 대학운영에의 참여를 요구하면서 일어난 학생소요는 곧 소르본(Sorbonne)으로 옮겨 그 규모가 확대되면서 경찰과 격심한 충돌이 거듭되었다. 급기야 학생들의 지원요청에 호응하여 노동자들이 파업에 들어가고 그것이 전국에 확산되어 드골의 제5공화정을 붕괴 직전까지 몰고 갔다. 드골이 군대를 동원하여 이를 진압하고 개혁을 약속함으로써 결국 대학생들의 혁명운동은 좌절되고 말았다. 그러나 그것은 한 시대의 종말을 알리는 일대 사건이었다. 그것은 대학운영방식에 대한 불만의 토로를 넘어서서, 서유럽 문명의 부도덕성과 안일함에 대한 반항이었고, 베트남 전쟁과 관련하여 제국주의적 전쟁에 대한 반대이자, 체제순응적인 전문기술자들과 관료들의 안일한 실용주의(Pragmatism)가 지배하는 사회에 대한 항의였다.

제2차 세계대전 후 1960년대와 1970년대에 크게 진전된 또 하나의 발전은 여성해방이었다. 전후의 교육혁명의 혜택을 입어 여성은 전에 없이 좋은 교육을 받고, 이전에는 폐쇄되었던 직종에 진출했다. 기혼여성도 임신이나 자녀 양육에만 매달리지 않게 되고 가정 밖에서의 취업이 늘어났다. 여성은 남성과 더욱 평등해지고 독립적인 존재가 되었다. 산업혁명 전 혼인은 일반적으로 만혼이었고, 혼인 후 자녀들의 사망률이 높아 그 수가 그다지 많지 않았던 것과 달리, 산업혁명 후에는 전보다 일찍 혼인하고 자녀의 생존율도 높아져 인구가 늘어났다. 20세기, 특히 제2차 세계대전 후 이러한 추세는 계속되어 혼인연령은 더욱 낮아지고 자녀도 더욱 빨리 가지게 되었으나 선호하는 자녀수는 2명으로 줄어들었다. 이에 따라 1960년대에 많은 유럽 국가에서는 인구증가가 정지되거나 감소했다. 이와 같은 조혼과 작은 가족규모는 여성해방을 획기적으로 촉진시켰다. 여성의 모성으로서의 기간이 짧아지고 그 역할이 줄어들었으며, 여성의 평균수명이 크게 늘어났다. 임신이 30세 이전에 끝나기 때문에 여성들이 자기 자신의 생활을 누릴 수 있는 기간도 크게 늘어났다. 이래서 종전의 남성지배적인 세계에서 벗어나 여성의 독자적인 삶의 영역이 크게 열리게 되었다.

산업혁명 전 일반여성은 혼인 전이나 후에 농사와 가내공업에 종사하고 대가족을 유지 관리하는 등 생산적인 사회구성원이었다. 산업혁명 후에는 젊은 여성은 임금노동자로 일하고, 가난한 여자는 혼인하면 가정 밖에서의 노동은 중지했으나 집안에서 자녀를 양육하며 부업에 종사하고, 중산계급의 여성은 집 밖에서의 노동을 거의 하지 않게 되었다. 그러나 20세기, 특히 세계대전 후에는 미혼여성은 물론 기혼여성들도 집 밖에서 직장을 갖는 수가 늘어났으며 남자와 평등하게 성공적인 직무를 수행하고 있으며, 이와 더불어 보수의 차별, 직종과 승진 등의 차별대우도 급속하게 사라지는 추세를 보이고 있다. 한편 이러한 여성의 평등과 해방의 진전과 더불어 이혼율이 증대하고, 혼인율이 저하하는 동시에 혼인연령이 다시 올라가고 있으며 미혼상태에서 동거하는 남녀의 수가 늘고 있다.

4. 사회과학과 사상

20세기의 사회과학과 사상의 발전에서 주목되는 것은 인간의 비합리성의 강조와 반지성적인 경향이며, 그 대표적인 것이 프로이트(Freud)의 정신분석이다. 그의 정신분석은 인간의 의식 속 깊이 감추어져 있는 잠재의식 또는 무의식의 세계까지 파고들어 인간의식과 심리의 새로운 영역을 개척했으며 심리학과 정신의학뿐만 아니라 사회학, 인류학 등 사회과학 분야와 철학, 도덕, 예술, 문학 등 인간 연구의 여러 분야에 큰 영향을 미치고 있다.

경제학에서는 영국의 케인즈(Keynes, 1883~1946)가 장기적 불황에 대처하는 데 불완전고용균형에 근거하여 적극적인 정부개입과 단기적 정책처방을 주장함으로써 1930년대의 세계적 공황상태의 해결에 이바지했다. 이에 대해 오스트리아의 하이예크(Hayek, 1899~1992)는 완전고용균형을 전제로 자유방임과 장기적 정책처방을 주장함으로써 이른바 신자유주의(Neo-Liberalism) 이념의 정립에 기여했다. 제2차 세계대전 후에는 개발도상국의 경제발전을 중심으로 근대화론과 경제성장론이 활발하게 논의되고, 제3세계에 대한 관심이 높아지면서 종속이론이 등장했는데, 그 골자는 세계경제에서 중심부인 선진국의 발전이 주변부인 후진지역에 대한 수탈과 착취에 의해서 이루어진다는 것이다.

사회학에서는 독일의 막스 베버(Max Weber, 1864~1920)가 사실을 분석하는 데 추상적인 이념형을 이용하는 방법론을 제시하여 주목을 끌었으며, 20세기 후반에는 이른바 '제3의 길'을 주장한 영국의 기든스(Giddens, 1938~)와 미시와 거시, 주체와 구조의 통합이라는 방법론을 발전시키고 자본주의 사회의 모순에 반대하는 실천적 지식인인 프랑스의 부르디외(Bourdieu, 1930~2002)가 대표적인 사회학자로 꼽히고 있다. 한편 프랑스의 레비-스트로스(Lévi-Strauss, 1908~2009)는 소쉬르(Saussure, 1857~1913)의 구조주의 언어학을 배우면서 미개사회에 대한 연구를 통해 구조주의 인류학을 제창함으로써 구조주의 시대의 막을 올렸다. 이러한 가운데 푸코(Foucault, 1926~1984), 라캉(Lacan, 1901~1981), 바르트(Barthes, 1915~1980) 등에 의해 구조 또는 체계를 기본개념으로 하는 구조론적 탐구가 활발하게 전개되었다.

케인즈

프로이트

레비-스트로스

20세기의 철학과 사회사상은 비관과 실의에 젖어 있었으며 그러한 가운데서 새로운 인간성의 탐구와 회복이 모색되었다. 그런 움직임의 대표적인 것의 하나가 실존주의(existentialism)이다. 딜타이(Dilthey, 1833~1911)나 니체(Nietzsche, 1844~1900) 등의 '생의 철학'이나 후설(Husserl, 1859~1938)의 현상학의 계보를 잇는 실존주의 사상은 독일의 하이데거(Heidegger, 1889~1946)와 야스퍼스(Jaspers, 1883~1969), 프랑스의 사르트르(Sartre, 1905~1980) 등이 인간 존재를 다른 사물의 존재와 구분하여 '실존(existence)'이라 규정하고 이를 자유의 핵심으로 보면서 인간 자신의 결단을 중시했다. 이러한 실존주의 철학은 이후 아도르노(Adorno, 1903~1969), 마르쿠제(Marcuse, 1898~1979), 하버마스(Habermas, 1929~) 등 이른바 프랑크푸르트 학파의 비판론자들과 카뮈(Camus, 1913~1960)와 같은 실존주의 작가들에게 영향을 미쳤으며, 이들은 현실의 모순과 부조리 속에서 절망과 좌절을 극복하고 삶의 참뜻을 찾으려 노력했다.

이렇듯 반지성주의(anti-intellectualism)가 20세기 철학사상과 사회사상의 중요한 특징이기는 하지만, 그렇다고 합리주의와 지성존중의 경향이나 논리의 엄밀성과 명료한 철학적 개념에 대한 요구가 완전히 사라진 것은 아니며, 그것은 서양 사상의 흐름의 밑바닥에 여전히 깔려 있다. 그러한 의미에서 미국의 듀이(Dewey, 1859~1952)의 실용주의나 영국의 러슬(Russell, 1872~1970)의 논리실증주의와 비트겐슈타인(Wittgenstein,

사르트르

카뮈

푸코

1889~1951)의 분석철학이 주목된다.

역사학에서도 변화가 일어나, 독일의 슈펭글러(Spengler)는 서유럽의 몰락을 예언하고 영국의 토인비(Toynbee, 1889~1959)는 유럽 문명의 위기를 주장하는 등 문명론을 전개했다. 제2차 세계대전 후에는 프랑스의 르페브르(Lefebvre, 1874~1959), 소불(Soboul, 1913~1982), 영국의 힐(Hill, 1912~2003), E.P. 톰슨(Thompson, 1924~1993), 홉스봄(Hobsbawm, 1917~2012) 그리고 이탈리아의 그람시(Gramsci, 1891~1937) 등과 같은 네오마르크스주의 역사가 다시 활발해지는가 하면, 독일에서는 벨러(Wehler, 1931~2014)와 코카(Kocka, 1941~) 등의 사회구조사, 프랑스에서는 페브르(Febvre, 1878~1956), 블로크(Bloch, 1868~1944), 브로델(Braudel, 1902~1985) 등의 아날(Annal) 학파의 역사와 같이 정치사 중심을 벗어나 사회구조나 경제구조를 파고드는 거대역사가 유행했다. 그러나 1960년대에 들어서면서 포스트모더니즘(Postmodernism)의 영향으로 이러한 거시사(Makrogeschichte) 대신 사생활의 역사, 신문화사 등 미시사(Mikrogeschichte)가 늘어나고 있다.

포스트모더니즘은 1960년대에 처음 예술과 문학에 관한 하나의 문화운동으로 시작되었다. 그것은 1968년 프랑스에서 일어난 학생운동을 계기로 하여 미국과 프랑스를 중심으로 일어난 여성운동, 반전운동, 흑인민권운동 등의 여러 사회운동과 전위예술, 그리고 푸코의 구조주의 사상이나 데리다

(Derrida, 1930~2004)와 라캉 등의 해체론에서 비롯되었으며, 인간의 이성에 대한 믿음을 강조한 근대(현대)의 합리주의 사고를 거부하고 인간의 감성과 비합리적 본성에 눈을 돌렸다. 포스트모더니즘은 이렇듯 처음 문화운동으로 시작되었으나, 곧 정치, 경제, 사회, 종교, 철학, 사회사상, 역사 등 사회의 모든 분야에 걸쳐 일대 이념적 변혁을 가져오는 하나의 시대사상이 되고 있다.

5. 문학과 예술

양차 대전을 경험하고 현대 문명의 위기가 논의되고 인간성의 상실이 문제가 된 20세기의 문학은 이러한 시대의 흐름과 상황을 충실하게 반영하는 한편, 진지하게 새로운 인간성을 모색하고 사회나 정치 문제에도 큰 관심을 보였다. 영국의 시인 T.S. 엘리엇(Eliot, 1888~1965)과 아일랜드 출신의 작가 제임스 조이스(Joyce, 1882~1941), 프랑스의 폴 발레리(Paul Valéry, 1871~1945), 로맹 롤랑(Romain Rolland, 1866~1944), 생-텍쥐페리(Saint-Exupéry, 1900~1944), 앙드레 지드(André Gide, 1869~1951) 그리고 독일의 토마스 만(Thomas Mann, 1875~1955) 등이 20세기 전반기의 대표적 문인들이다. 프랑스의 사르트르, 보부아르(Beauvoir, 1908~1986), 카뮈 등 실존주의 작가들 또한 부조리 속의 인간과 그것을 극복하려는 인간상을 묘사했으며, 프라하 태생의 카프카(Kafka, 1883~1924)도 소외된 현대인의 절망, 불안 등을 리얼하게 그려냈다. 나치 지배에 반항한 독일의 대표적 시인이자 극작가인 브레히트(Brecht, 1898~1956)는 사회를 개혁하려는 그의 사회주의적 의도와 극예술이 완전히 융화된 서사극(반연극)을 시도했으며, 하인리히 뵐(Böll, 1917~1985)과 귄터 그라스(Günter Grass, 1927~2015)는 히틀러 치하 독일의 침울한 상황과 전후 서독의 물질주의와 도덕적 타락에 대한 비판의 글을 썼다. 미국적 상황과 정신을 그

스타인벡

고리키

브레히트

리면서 그것을 보편적인 것으로 승화시킨 작가로 스타인벡(Steinbeck, 1902~1968), 헤밍웨이(Hemingway, 1899~1961), 포크너(Faulkner, 1897~1962) 등이 주목되며, 고리키(Gorikii, 1868~1936)와 숄로호프(Sholokhov, 1905~1984), 파스테르나크(Pasternak, 1890~1960) 등 구소련 작가들은 혁명 전후의 러시아 사회의 명암을 그렸다.

그러나 전쟁의 참화를 직접 겪지 않은 세대들의 작품활동이 진전됨에 따라 심각한 철학적 탐구를 비웃으면서 풍자와 해학, 관능을 위주로 하는 문학의 새로운 물결(nouvelle vague, 또는 nouveau roman)이 일어났는데, 극작가 새뮤얼 베켓(Beckett, 1906~1989)이나 프랑수아즈 사강(Sagan, 1935~)의 작품들이 그 보기들이다. 한편 1960년대 이후 대두한 포스트모더니즘에 대한 철학적 논의는 주로 유럽에서 전개되었지만, 실제 작품활동은 아메리카대륙, 특히 남아메리카에서 활발했으며, 그 보기로는 아르헨티나의 시인이자 소설가인 보르헤스(Borges, 1899~1986)와 콜롬비아의 작가 가르시아 마르케스(Garcia Marquez, 1927~2014)의 작품들이 거론된다.

20세기 초의 약 20년 동안 유럽 각지에서는 과격하고 혁신적인 새로운 미술운동이 활발하게 전개되었다. 프랑스에서는 강력한 원색과 대담한 필치로 주관을 강하게 표현하는 야수파(Fauvism)와 엄격한 조형적 규율을 앞세우는 입체파(Cubism)의 미술이 발전했는데, 마티스(Matisse, 1869~1955), 브라크(Braque, 1882~1963), 피카소(Picasso, 1881~1973)

등이 그 대표적 화가들이다. 독일에서는 내부생명의 표현을 목표로 삼는 주관적인 표현주의(Expressionism) 미술이 나타났으며, 그 대표적 화가는 '다리파(Die Brücke)'의 키르히너(Kirchner, 1880~1938)와 '청기사파(Der blaue Reiter)'의 칸딘스키(Kandinskii, 1866~1944)이다.

제1차 세계대전을 전후하여 전개된 미술활동으로 구체적 대상의 재현이 아닌 색채, 선, 형태 등의 추상적 요소로 작품을 구성하는 추상미술(Abstract Art)은 프랑스, 독일, 네덜란드 등의 여러 화가들에 의해서 추진되었는데, 엄격한 기하학적 구성을 추구한 몬드리안(Mondrian, 1872~1944)의 '차가운 추상'과 직관을 근거로 하는 칸딘스키의 '뜨거운 추상' 등 다양하게 전개되었다. 그중에서도 피카소는 야수파, 입체파, 추상미술 등 여러 미술방식을 두루 거치면서 자신의 독특한 미술방식을 추구해 옴으로써 20세기의 대표적 미술가로 지목되고 있으며, 러시아 출신의 유대인 화가 샤갈(Chagall, 1887~1985) 또한 야수파, 입체파 등의 영향을 받으면서도 환상적인 색채로 그 자신의 독창적이고 신비스러운 작품세계를 만들어 냄으로써 '색채의 마술사'로 불리고 있다.

한편 현대 문명의 모순 자체에 항거하고 기존의 모든 가치체계를 파괴하려는 과격한 반예술적이며 반도덕적 성격을 띤 다다이즘(dadaism)은 한동안 유럽 전역과 미국으로까지 파급되었는데, 그 무대가 프랑스로 옮겨지자 곧 초현실주의(Surrealism) 운동 안에 흡수되었다. 초현실주의 미술은 꿈이나 내면세계와 같이 이제까지 미지의 영역에 속해 있던 무의식세계를 순수한 상태로 표현하기 위해 자동기술법(automatism)과 같은 기법을 창출했다. 그 대표적 화가로는 독일의 M. 에른스트(Ernst, 1891~1976)와 에스파냐 출신의 S. 달리(Dali, 1904~1989)가 꼽힌다.

1950년대에 들어서면서 다다의 반예술적 정신을 이어받고 초현실주의의 자동기술법을 이용하여 전전과는 판이한 새로운 추상표현주의(Abstract Expressionism) 미술이 나타났는데, 프랑스의 앵포르멜(Informel)과 미국의 액션페인팅(Action painting) 등이 그 보기들이다. 1960년대에는 특히

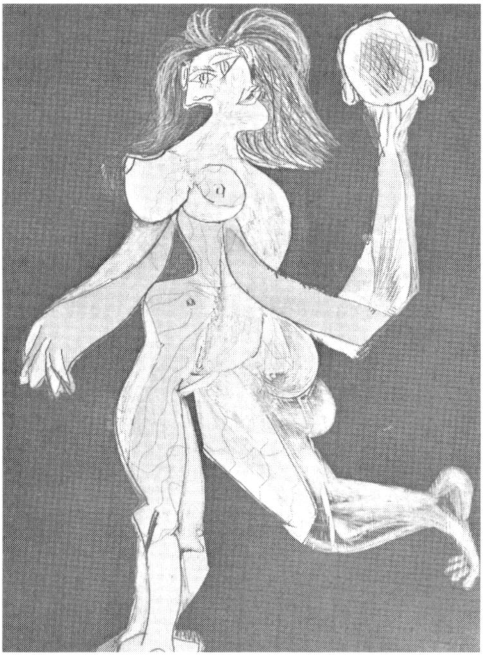

피카소

〈댄서〉 피카소의 그림

미국의 현대 미술이 활기를 띠었는데, 초반에는 광고와 매스매디어의 시각 이미지를 화면에 도입하는 팝 아트(Pop Art)와 시각적 착각의 효과를 추구하는 옵 아트(Op Art)가 전개되었다. 후반에는 다시 선명한 색과 분명한 기하학적 형태를 위주로 한 새로운 추상화가 등장했다. 한편 프랑스에서는 추상표현주의를 거부하고 다시 현실에 눈을 돌리는 신현실주의(Noubeau realisme) 미술이 나타났다. 조각 분야에서는 루마니아의 브랑쿠시(Brancusi, 1876~1957)가 그의 순수한 형태로서 추상조각의 창시자로 인정되고 있으며, 영국의 추상조각가 헨리 무어(Moore, 1898~1986)는 육중한 양감의 인체조각으로 역시 구상조각의 거장으로 꼽히고 있다.

현대 음악도 미술의 경우와 마찬가지로 전통적인 음악에 대한 반응을 그 특징으로 삼고 있다. 20세기 초부터 제1차 세계대전까지는 더욱 개성화된 후기 낭만주의 음악으로 프랑스의 작곡가 드뷔시(Debussy, 1852~1918)의 인상주의, 러시아 태생의 세계적 음악가 스트라빈스키

스트라빈스키

(Stravinsky, 1882~1971), 헝가리 출신의 민속음악가 바르토크(Bartók, 1881~1945), 러시아의 프로코피에프(Prokofiev, 1891~1953) 등의 원시주의(Primitivism) 음악이 나타났다. 1918년부터 1945년까지의 사이에는 낭만주의 음악에 대한 반동으로 이탈리아의 부소니(Busoni, 1866~1924), 독일의 힌데미트(Hindemith, 1895~1963), 소련의 쇼스타코비치(Shostakovich, 1906~1975) 등에 의한 신고전주의(Neo-classicism) 음악이 나타난 한편, 오스트리아 출신의 쇤베르크(Schönberg, 1903~1990)를 중심으로 무조(無調), 불협화음, 격정적 연주 등을 특징으로 하는 표현주의(Expressionism) 음악이 등장했다. 쇤베르크는 또한 12음주의(Dodacaphonism) 음악을 창시했는데, 그것은 한 옥타브 안에 있는 반음을 포함한 12개의 음을 모두 독립시켜 새로운 음의 표현을 시도한 것이다. 한편 핀란드의 시벨리우스(Sibelius, 1865~1957)는 모국의 민족음악의 특징을 살린 위대한 교향곡의 작곡가로서 독자적인 음악세계를 개척했다. 이 밖에 이 시기에는 춤음악, 영화음악, 라디오음악, 종교음악과 같은 실용음악, 흑인음악에서 유래한 미국의 재즈음악이 발달하기도 했다.

제2차 세계대전의 끝남과 더불어 음악가들은 또다시 종전까지의 음악 전통을 부인하고 새로운 음악 표현방법을 모색하고 나섰다. 1950년 이후에는 쇤베르크의 12음기법에 이어 음의 높이, 길이, 강도, 음색, 음량, 그 밖의 음악의 모든 요소들을 고도의 수학적 조직에 의해 완전히 통제하려는 음렬음악(Serial Music), 소음, 악기소리, 새소리와 같은 구체적인 음향을 녹음하여 편집하고 조작하여 새로운 소리를 만들어 내는 구체음악(Concrete Music 또는 Tape-recording Music), 전자음향 발전기로 만들어진 소리를 녹음, 편집하여 얻은 소재로 구성되는 전자음악(Electronic Music), 악기나 음향의 선택, 음의 높이나 강약이 작곡가의 의도에 따라 결정되지 않고, 동전이나 주사위를 던져서 결정되고, 연주자가 작곡가의 의도를 자유롭게 해석하여 즉흥적으로 연주하는 우연음악(Chance Music) 등 다양한 전위음악(Avant-garde Music)이 활발하게 전개되었다. 그러나 1960년대에 들어서면서 선율, 리듬, 음정, 강세 등 음의 개별적 요소를 강조하는 음렬음악과는 대조적으로 이러한 요소들에서 해방된 '음향' 자체를 중시하는 음향작곡(Sound composition)을 선호하는 경향이 나타났다. 뒤이어 1970년대에 일어난 최소음악(Minimal Music)은 예술가의 주관적 의도를 축소시키고 명확하게 구분된 최소의 단순한 재료만을 사용하되 이것들을 많이 반복했다. 1950~1960년대의 아방가르드 음악을 거부하면서, 이해하기 쉽고 듣기 좋은 음악을 쓰려는 이러한 시도는 20세기 이전의 옛 전통적 양식을 통해 작품과 청중 사이의 괴리를 허물고 상호간의 의사소통을 중시했는데, 이것은 엘리트 문화와 대중문화 사이의 간극을 무너뜨리려는 포스트모더니즘 사상의 표현이라 할 수 있다.

연표

연표 I (B.C. 3500~A.D. 750)

서양(고대 오리엔트 포함)	동양	문화
*B.C. 3000 메소포타미아 남부에 도시국가 성립		
*B.C. 2850 이집트 고왕국 시대(~*2050)		*B.C. 2600 이집트에 피라미드 시대(~*2200)
*B.C. 2050 이집트 중왕국 시대(~*1670)		*B.C. 2600 에게 문명 일어남(청동기 문화)
*B.C. 2000 아카이아인 · 이오니아인 그리스에 정착	*B.C. 2000 아리아인, 서북인도에 침입	*B.C. 2500 인더스 문명의 성립
*B.C. 1830 고바빌로니아 왕국 성립(~729)		*B.C. 2500 황하 문명의 일어남
*B.C. 1700 헤브라이인 팔레스타인에 이주		*B.C. 2200 동아시아에 채도 문화
*B.C. 1670 힉소스의 이집트 지배(~*1570)		*B.C. 1700 『함무라비 법전』 완성
*B.C. 1570 이집트 신왕국 시대(~*252)	*B.C. 1500 부족국가 은의 발전	*B.C. 1700 동아시아에 흑도 문화
*B.C. 1400 히타이트 소아시아에서 극성기	*B.C. 1300 은 왕조 안양 천도(~*1120)	*B.C. 1600 크레타 문명의 전성기
*B.C. 1230 헤브라이인의 '출애굽'		*B.C. 1400 은의 청동기시대 갑골문자 창시
*B.C. 1200 트로야 전쟁		*B.C. 1400 미케네 문명의 전성기
히타이트 왕국 멸망	*B.C. 1050 주 왕조 성립(~256)	*B.C. 1230 모세의 십계 제정
도리아인 그리스에 침입	*B.C. 1100 아리아인, 갠지스강 유역에 진출	
*B.C. 1080 페니키아 식민 도시의 번영		
*B.C. 960 헤브라이에 솔로몬 왕 즉위	*B.C. 800 아리아인의 도시국가 · 계급제도(카스트 제도) 성립	*B.C. 1000 『리그 베다』 성립(~*800)
B.C. 922 헤브라이, 이스라엘 유다의 두 왕국으로 분열		*B.C. 850 호메로스의 『일리아드』 · 『오딧세이』
*B.C. 753 로마 건국(전설)	B.C. 770 주의 동천(동주)	*B.C. 800 브라만교 성립
*B.C. 670 앗시리아, 오리엔트 통일	춘추시대(~403)	B.C. 766 제1회 올림피아 경기
B.C. 625 신바빌로니아 왕국 독립		*B.C. 700 우파니샤드 철학 성립(~*600)
B.C. 612 앗시리아, 멸망		B.C. 565 석가 탄생(~486, 일설에는 466~386)
B.C. 525 페르시아 오리엔트 통일		*B.C. 550 공자 탄생(~479)
B.C. 522 다리우스 1세 즉위(~486)		
B.C. 509 로마의 공화정 시작		
B.C. 508 아테네의 클레이스테네스 정치개혁		
B.C. 497 페르시아 전쟁(~479)	*B.C. 500 마가다 왕국 융성	*B.C. 500 『베다』 성립
B.C. 480 살라미스 해전		*B.C. 450 12표법 성립
B.C. 461 페리클레스의 시대(~429) · 아테네의 극성기		*B.C. 432 파르테논 신전 완성

*표는 추정 연대

B.C. 431 펠로폰네소스 전쟁(404)
B.C. 334 알렉산드로스 대왕 동방원정
B.C. 330 페르시아 멸망
B.C. 323 알렉산드로스 대왕 죽음, 제국 분열
*B.C. 270 로마, 이탈리아 반도 지배
B.C. 264 제1차 포에니 전쟁(~241)
B.C. 218 제2차 포에니 전쟁(~201)
B.C. 146 카르타고 멸망
B.C. 133 그락쿠스 형제의 개혁운동(~121)
B.C. 73 스파르타쿠스의 반란(~71)
B.C. 60 제1회 삼두정치 개시
B.C. 58 카이사르, 갈리아 정복(~51)
B.C. 44 카이사르 암살됨
B.C. 31 악티움 해전
B.C. 27 아우구스투스제 즉위(~A.D. 4) 로마에 제정 성립

*A.D. 30 예수 그리스도 사형
54 네로의 치세(~68)
96 5현제 시대(~180)
98 트라야누스제의 치세(~27)

226 사산조 페르시아 성립(~642)
235 군인황제 시대(~284)
284 디오클레티아누스제 즉위(~305)
285 로마 분국 통치, 전제군주정 개시
306 콘스탄티누스 황제의 치세(~337)
313 밀라노 칙령(그리스도교의 공인)
330 콘스탄티노플로 천도
375 게르만족 대이동 시작

B.C. 403 전국시대(~221)
B.C. 322 마우리아 왕조 성립(~184)
B.C. 268 아소카 왕의 치세(~232)
*B.C. 248 파르티아 왕국 성립(~AD 228)
B.C. 221 진의 시황제 중국 통일
B.C. 206 진 멸망
B.C. 202 전한 성립(~A.D. 8)
*B.C. 140 대월지국 성립(~A.D. 45)
B.C. 139 장건, 대월지국에 감
B.C. 108 한 4군 설치
B.C. 60 전한 서역 도호부 설치
*B.C. 37 고구려 건국(~A.D. 668)
*B.C. 28 안드라조 북인도 통일(~236)

A.D. 8 왕망 신을 세움(~23)
25 후한 성립(~220)
45 쿠산 왕조 성립
74 후한 반초, 서역을 정토
140 카니슈카 왕의 치세(~*170)
184 황건적의 난(~191)
220 중국, 3국 시대(~280)

265 서진 성립(~316)

300 8왕의 난(~306)
313 고구려, 낙랑 병합
316 5호 16국 시대(~439)
317 동진 성립(~420)
320 인도에 굽타 왕조 성립(~499)

*B.C. 430 헤로도토스, 『역사』
*B.C. 420 투키디데스, 『역사』
B.C. 399 소크라테스, 옥사(470~)
*B.C. 387 플라톤, 학원을 염
B.C. 335 아리스토텔레스, 학원염

*B.C. 250 아소카 왕, 실론에 불교 전파

B.C. 196 로제타스톤 새김

B.C. 141 중국 연호의 시작, '건원'
B.C. 136 무제, 오경박사를 둠〔유교의 국교화〕
B.C. 97 사마천, 『사기』

*B.C. 4 예수 그리스도 탄생(~A.D. 30)
*A.D. 2 불교 중국에 전래(일설에는 A.D. 67)
* 82 반고, 『한서』
* 98 타키투스, 『게르마니아』
* 100 플루타르크, 『영웅전』
* 105 채륜, 제지법 발명

* 220 『신약성서』 완성

325 니케아 공의회

서양(고대 오리엔트 포함)	동양	문화
392 그리스도교, 로마 국교화	380 찬드라굽타 2세의 치세(~ * 414)	366 뚠황, 천불동 개굴(일설 352)
395 로마 제국, 동서로 분열		* 400 『마하바라타』·『라마야나』 성립
	420 송조 성립〔남조〕	
449 앵글로-색슨족, 잉글랜드에 침입	439 북위, 화북 통일〔북조〕(~534)	426 아우구스티누스, 『신국』
476 서로마 제국 멸망	* 450 에프탈인의 활약	
486 프랑크 왕국 성립		* 500 힌두교 성립
527 유스티니아누스 황제 즉위(~565)		529 베네딕트 교단 성립
590 그레고리우스 1세 교황 됨(~604)	552 돌궐 제국 성립(~744)	534 『유스티니아누스 법전』(로마법대전) 완성
	589 수(隋) 성립(~618)	* 571 무함마드 탄생(~623)
	606 인도, 하르샤 왕의 치세(~647)	
	618 당(唐) 성립(~907)	610 이슬람교 성립
622 헤지라(이슬람교 기원 원년)		
	624 당, 균전법을 시행	
	626 당 태종의 치세〔정관의 치〕 시작	
	646 일본, 다이카 개신	646 현장, 『대당서역기』
661 우마이야조 성립(~750)		652 『오경정의』
678 피핀, 프랑크의 실권을 장악	676 신라, 삼국 통일(~929)	
	698 발해 성립(~926)	691 의정, 『남해귀기내법전』
	710 일본, 나라 천도	
711 이슬람교도, 서고트 왕국을 멸망시킴	712 당 현종의 치세(개원의 치)	
732 투르, 프와티에 싸움		726 동로마 황제 레오 3세 교황 성상예배를 금지
	750 위구르, 내몽골 통일	

연표 II (750~1550)

서양	동양	문화
750 아바스 왕조 성립(~1258)		751 당에서 이슬람에 제지법 전해짐
751 카롤링 왕조 성립(~987)	755 안사의 난(~763)	
756 코르도바에 후우마이야 왕조 성립(이슬람 제국 동서로 분열)	780 당, 양세법 실시	781 대진경교유행중국비 건립
800 카를 대제 대관		*806 백거이, 「장한가」
829 잉글랜드 왕국 통일		
843 베르됭 조약		
862 노브고로드 공국 성립		
870 메르센 조약	875 황소의 난(~884)	
909 이집트에 파티마 왕조 성립(~1171)	907 5대 10국 시대(~960)	910 클뤼니 수도원 창립
911 노르망디 공국 성립	916 요(거란) 일어남(~1125)	
936 오토 1세 즉위(~973)	936 고려, 후삼국을 통일(~1392)	
962 신성로마 제국 성립(~1806)	960 (북)송 일어남	
987 카페 왕조 성립(~1328)	*962 아프가니스탄에 가즈니 왕조 일어남	
	1001 가즈니조 인도 침입	*1000 중국, 나침반 · 화약 발명
1037 셀주크투르크 성립(~1157)		
*1054 그리스 · 로마 양 교회 완전 분리	1038 서하 일어남(~1227)	
1055 셀주크투르크 군, 바그다드 입성		
1066 노르만의 잉글랜드 정복	1069 송, 왕안석의 신법 실시	
1073 그레고리우스 7세, 교황이 됨		1084 사마광, 『자치통감』
1077 카노사의 굴욕		
1096 제1회 십자군(~1099)	1115 금, 건국(~1234)	
	1125 금, 요를 멸함	
	1127 금, 북송을 무너뜨림 남송의 부흥(~1279)	
1189 제3회 십자군(~1198)	1161 금, 송에 침입	*1150 파리 대학 창립
1198 인노켄티우스 3세, 교황이 됨(~1216)	1193 구르조, 북인도 통일	*1170 옥스퍼드 대학 창립

서양	동양	문화
1194 셀주크 제국의 분열		
1202 제4회 십자군(~1204)	1206 칭기즈칸 즉위(몽골 제국 성립)	*1204 〈니벨룽엔의 노래〉
1215 대헌장의 성립		1210 프란체스코 교단 성립
	1219 칭기즈칸의 서정(~1225)	1215 도미니크 교단 성립
1230 독일 기사단의 동방식민활동 개시	1236 바투의 서정(~1242)	1226 케임브리지 대학 창립
		1234 고려, 최초의 금속활자 발명
		1236 고려, 팔만대장경 조판 착수
1241 한자 동맹 성립	1241 발시타트 싸움	
1243 킵차크한국 성립(~1395)		
	1258 몽골군, 서남아시아 정복 아바스조를 멸함 일한국 성립(~1392)	
1254 독일 대공위 시대(~1273)		
1265 시몽 드 몽포르의 의회 소집	1260 쿠빌라이칸 즉위(~1294)	1267 토마스 아퀴나스, 『신학대전』
	1271 원 제국 성립(~1368)	
	1274 원군, 일본 원정	
1291 스위스 독립운동의 시작	1281 원군, 재차 일본 원정	
1295 모범의회		1299 마르코 폴로, 『동방견문록』
1299 오스만 투르크 건국(~1922)		
1302 삼부회 소집		
1309 교황의 바빌론 유수(~1377)		1318 단테, 『신곡』
1328 발루아 왕조 성립		
1337 백년전쟁(~1453)		
1347 전 유럽에 페스트 유행(~1351)		
1356 황금문서		1353 보카치오, 『데카메론』
1358 자크리 농민반란		1355 모로코의 이븐 바투타, 『여행기』
1378 교황 분립(~1417)	1368 명 성립(~1644)	1378 아라비아의 이븐 하르둔, 『세계사』
1381 와트 타일러의 농민반란	1369 티무르 제국 성립(~1500)	*1380 위클리프, 성서의 영역 완성
	1381 명, 이갑제 실시	
	1392 조선 왕조 건국(~1910)	1400 초서, 『캔터베리 이야기』
	1402 명, 영락제 즉위(~1424)	
	1405 정화, 남해에 원정(~1433)	

1405 오스만 투르크 재흥		
	1407 영락제, 북정(~24)	
1429 잔 다르크, 오를레앙성 구출		*1445 구텐베르크, 활판인쇄술
	1449 오이라트의 활약	
1453 동로마 제국 멸망		
1455 장미전쟁(~1485)		
1479 에스파냐 왕국 성립		
1480 킵차크한국 멸망, 모스크바 공국 자립		
1485 영국 튜더 왕조 성립(~1603)		
1488 디아스, 희망봉 발견		
1492 콜럼버스, 아메리카 탐험		1494 나관중, 『삼국지연의』
1498 바스코 다 가마, 인도 항로 개척		1498 레오나르도 다 빈치, 〈최후의 만찬〉
		1508 미켈란젤로, 시스티나 예배당 벽화 착수
1510 포르투갈인, 고아를 점령		1509 에라스무스, 『우신예찬』
1517 루터의 종교개혁운동 시작		*1508 시내암, 『수호전』
1519 마젤란의 세계일주		1509 『대명회전』 편찬
1520 오스만투르크 슐레이만 1세의 치세(~1566)		1515 라파엘로, 〈작은 걸상의 성모〉
1521 코르테스, 멕시코 정복		1520 토머스 모어, 『유토피아』
1524 독일 농민전쟁(~1525)	1526 무굴 제국 성립(~1858)	1520 루터, 「그리스도교도의 자유」
1533 피사로, 잉카 제국 정복	1531 명, 일조편법 시행	1532 마키아벨리, 『군주론』(간행)
이반 3세 즉위(~1584)		1536 칼뱅, 제네바에서 종교개혁
1534 헨리 4세, 「수장법」 발표		
1540 예수회 공인		1543 코페르니쿠스(1474~) 죽음
1541 칼뱅의 종교개혁		
1545 트렌트 공의회(~1563)		

연표 III (1550~1875)

서양	동양	문화
1555 아우크스부르크의 종교화의		
1558 엘리자베스 1세 즉위(~1603)	1556 인도, 악바르 대제 즉위(~1605)	
1562 위그노 전쟁(~1598)		
1571 레판토의 해전		*1570 오승은, 『서유기』
	1573 일본, 무로마치 막부 멸망	
		1582 교황 그레고리우스 13세, 역법 개정
1581 네덜란드 독립선언		1588 몽테뉴, 『수상록』
1588 에스파냐 무적함대 참패		
1598 낭트 칙령	1592 조선, 임진왜란	
1600 영국 동인도회사 설립(~1858)		
1602 네덜란드 동인도회사 설립(~1799)		1603 셰익스피어, 『햄릿』
1613 러시아, 로마노프 왕조 성립(~1617)	1616 후금(청) 일어남	1609 갈릴레이, 천체망원경 발명
1618 30년전쟁(~1648)		1615 세르반테스, 『돈키호테』
		1625 그로티우스, 『전쟁과 평화의 법』
1628 권리청원	1631 명, 이자성의 난	1632 타지마할의 영조(~1653)
	1636 조선, 병자호란	1635 프랑스-아케데미 창립
		1636 데카르트, 『방법론서설』
1640 퓨리턴 혁명(~1649)	1639 에도 막부의 쇄국령	1638 하버드 대학 창립
1648 베스트팔렌 조약 체결	1644 명 멸망, 청의 중국 지배	
1651 크롬웰의 항해법		
1652 네덜란드-영국 전쟁(~1674)		
1660 영국, 왕정 복고		
1661 루이 14세 친정(~1715)	1661 정성공, 타이완서 반란	1667 밀튼, 『실락원』
1686 영국 캘커타 건설	청의 강희제 즉위(~1722)	1669 파스칼, 『팡세』
1688 명예혁명	1673 청, 삼번의 난(~1681)	1676 그리니치 천문대 설립
1689 권리장전 1689 네르친스크 조약	1674 마라타 동맹 성립	1687 뉴턴, 만유인력의 법칙
표트르 1세 즉위(~1725)		1690 로크, 『인간오성론』·『정부론』

1700	북방전쟁(~1721)	1697	청, 몽골 평정	1690	『대청회전』
1701	에스파냐 왕위계승전쟁(~1714)				
	프로이센 왕국 성립			1710	베르사유 궁전 완성
1713	위트레흐트 조약			1716	『강희자전』 완성
1714	하노버 왕조 성립(~1902)	1720	청, 티베트 점령	1719	디포우, 『로빈슨 크루소』
1727	캬흐타 조약	1723	청, 그리스도교 금지	1729	『고금도서 집성』 편찬
1740	프리드리히 2세 즉위(~1786)	1735	청, 건륭제 즉위	1733	존 케이, 플라잉셔틀 발명
	오스트리아 왕위계승전쟁(~1748)			1748	몽테스키외, 『법의 정신』
		1747	청, 선교사의 국내 거주 금지	1750	프랭클린, 피뢰침 발명
1756	7년전쟁(~1763)			1751	프랑스 백과전서 간행
		1757	플라시 전투	1753	브리튼 박물관 창립
			청, 준가르 평정(~1758)	1758	케네, 『경제표』
1763	파리 조약	1766	청, 미얀마 평정(~1769)	1762	루소, 『사회계약론』·『에밀』
1772	폴란드 제1차 분할			1764	하그리브스, 방적기 발명
1775	미국, 독립전쟁(~1783)			1769	와트, 증기기관 완성
1776	미국, 독립선언			1776	애덤 스미스, 『국부론』
		1782	사이암, 방콕 왕조 성립	1779	크럼프턴, 뮬 방적기 발명
1787	미국, 헌법제정회의			1781	칸트, 『순수이성비판』
1789	프랑스 혁명(~1795)			1782	『사고전서』 완성
1793	자코뱅당 독재의 공포정치(~1794)			1785	카트라이트, 역직기 발명
		1796	청, 백련교도의 난(~1805)	1793	미터법 제정
		1802	롼푸잉의 안남 통일	1796	제너, 종두법 발명
1804	나폴레옹, 프랑스 황제에 즉위			1804	『나폴레옹 법전』
1805	트러팰거의 해전				
1806	라인 동맹 성립, 신성로마 제국 멸망,			1807	풀턴, 기선 발명
	대륙봉쇄 개시			1810	베를린 대학 창립
1812	나폴레옹, 러시아 원정	1811	한국, 홍경래의 난	1810	헤겔, 『법의 철학』
1814	빈 회의(~1815)			1814	스티븐슨, 증기기관차 발명
1815	신성동맹 성립	1815	청, 아편 수입을 엄금		
1821	그리스 독립전쟁				
1823	먼로주의 선언				
1830	프랑스, 7월혁명				

서양	동양	문화
1830 벨기에 독립		1831 패러디, 전자유도현상 발견
1832 영국, 제1차 선거법 개정		괴테, 『파우스트』 완성
1834 독일, 관세동맹 성립		1835 모스, 전신기 발명
1837 빅토리아 여왕 즉위(~1901)		1842 콩트, 『실증철학강의』
	1840 아편전쟁(~1842)	마이어, 에너지 보존의 법칙 발견
1848 2월혁명	1842 청, 난징 조약	1848 마르크스, 「공산당선언」 발표
	1850 청, 태평천국의 난(~1864)	밀, 『경제학원리』
1852 나폴레옹 3세 즉위(~1870)		
1853 크림 전쟁(~1856)	1854 미일화친조약	
	1856 애로호 사건(~1860)	
1857 세포이의 반란		
	1858 청, 아이훈 조약	1859 다윈, 『종의 기원』
1861 이탈리아 왕국 성립(~1946)	1860 청, 베이징 조약	
남북전쟁(~1865)	1862 청, 동치중흥(~1874)	
1861 러시아, 농노해방	1864 조선, 대원군·집권(~1874)	1865 멘델, 유전의 법칙 발표
1864 제1인터내셔널 결성		1866 도스토예프스키, 『죄와 벌』
1866 프로이센-오스트리아 전쟁	1868 일본, 메이지 유신	지멘스, 발전기 발명
	사이앰, 라마 5세 즉위(~1910)	1867 마르크스, 『자본론』 제1권
1869 수에즈 운하 개통		노벨, 다이너마이트 발명
1870 프로이센-프랑스 전쟁(~1871)		1869 톨스토이, 『전쟁과 평화』 완성
1871 독일 제국 성립	1871 중일수호조약	
1875 영국, 수에즈 운하를 매수		

연표 IV (1875~1960)

서양	동양	문화
		1876 오토, 내연기관 발명
	1876 조선, 강화도조약	벨, 전화기 발명
1877 러시아-투르크 전쟁(~1878)		1879 입센, 『인형의 집』
빅토리아 여왕, 인도 황제 즉위: 인도 제국 성립		
1878 베를린 회의		1879 에디슨, 탄소 전구 발명
1882 4국동맹	1882 한미수호조약	지멘스, 전차 발명
	1884 조선, 갑신정변	1881 파스퇴르, 광견병 예방법 발견
1884 청-프랑스 전쟁(~1885)		1882 코흐, 결핵균 발견
1888 빌헬름 2세 즉위(~1918)	1894 조선, 동학혁명	1883 모파상, 『여자의 일생』
1894 프랑스-러시아 동맹	청일전쟁	다이믈러, 자동차 발명
	1895 청, 삼국간섭	1895 뢴트겐, X-선 발견
		마르코니, 무선전신 발명
1898 파쇼다 사건	1898 청, 무술정변	1896 제1회 근대 올림픽 개최
1899 남아프리카 전쟁(~1902)	필리핀, 미국령이 됨	1898 퀴리 부처, 라듐 발견
1900 의화단 사건(~1902)		1899 안양갑골문자 발굴
1902 영일동맹 성립		1901 노벨상 제정
1904 영국-프랑스 협상		1903 라이트 형제, 비행기 발명
1904 러일전쟁(~1905)		1904 로댕, 〈생각하는 사람〉
1907 3국협상		1905 아인슈타인, 특수상대성이론 발표
	1910 일본, 한국 강점	청, 과거제 폐지
1913 제2차 발칸전쟁	1911 청, 신해혁명	1911 아문젠, 남극 탐험
1914 제1차 세계대전(~1918)	1912 청 멸망, 중화민국 성립	1912 로맹 롤랑, 『장 크리스토프』 완성
	1915 일본, 중국에 21개조 요구	1913 보어, 원자 모형의 이론 완성
1917 러시아 혁명(3 · 11월)		1915 중국, 신문화운동 일어남
1919 제3인터내셔널(코민테른)	1919 조선, 3 · 1운동	
베르사유 조약		
독일 공화국 성립		
「바이마르 헌법」 발표	1919 중국, 5 · 30 운동	

서양		동양		문화	
		1919	중국국민당 결성		
1920	국제연맹 성립			1920	앙소채도 발굴
1921	워싱턴 회의	1921	중국공산당 성립	1921	루쉰, 『아Q정전』
1922	이탈리아, 파시스트 정권 성립		인도 국민회의와 불복종운동		
	소비에트 사회주의 공화국 연방 성립				
1924	영국, 노동당 내각 성립	1924	중국, 제1차 국공합작	1924	칼 멧트와 게랑, BCG 접종 발명
1925	로카르노 조약	1925	중국, 5 · 30사건		
1928	파리 부전조약	1926	중국, 국민당의 북벌(~1928)		
	소련, 제1차 5개년계획 실시	1927	중국, 국민정부 성립	*1927	미국에 발성 영화 출현
1929	세계공황 일어남	1928	장제스, 국민정부 주석 취임(~1948)	1928	플레밍, 페니실린 발견
1930	런던 회의				
1933	독일, 나치스 정권 성립	1931	만주사변	1930	곽말약, 중국 고대사 연구
	미국, 뉴딜 정책 시작	1932	만주국 성립	1931	펄벅, 『대지』
	독일, 국제연맹 탈퇴	1933	일본, 국제연맹 탈퇴	1932	차드윅, 중성자 발견
1936	이탈리아, 에티오피아 병합				코크롭트와 울른, 원자핵의 인공변환에 성공
	에스파냐 내란(~1939)				
	소련, 「스탈린 헌법」 발표				
1937	독일 · 이탈리아 · 일본 방공협정	1937	중일전쟁 시작(~1945)		
1938	독일, 오스트리아 병합				
1939	제2차 세계대전(~1945)				
1940	독일 · 이탈리아 · 일본 3국 군사동맹				
1941	독일 · 소련 개전				
	「대서양헌장」	1941	태평양 전쟁(~1945)		
				1943	왁스만, 스트렙토마이신 발견
1945	아랍 연맹 성립			1944	최초의 컴퓨터 완성
1945	독일 항복	1945	히로시마에 원자폭탄 투하		
	포츠담 선언		일본, 항복		
	국제연합 성립				

	1946 인도, 영국으로부터 독립 승인받음	
1947 마셜 플랜 발표	1947 인도연방, 파키스탄 영국 자치령이 됨	
	1948 미얀마 공화국 성립 대한민국 성립	1948 UNESCO 창설 루이센코, 유전학설 승인
1948 이스라엘 공화국 성립 제1차 중동전쟁		
1949 북대서양 조약기구 성립	1949 중국 공산당 정권 수립	
	1950 인도 공화국 성립	
1950 중소우호동맹 상호원조조약		
	1950 한국전쟁(~1953)	
	1951 대일 강화회의(샌프란시스코 평화조약)	1952 미국, 수소폭탄 실험에 성공
	1953 한국 전쟁 휴전협정 성립	1953 크리크, 왓슨 DNA 구조 밝힘
1954 파리 협정	1954 제네바 극동 평화회의 동남아시아 집단방위조약기구 성립 인도차이나 휴전협정 성립	1954 소련, 원자력발전 개시
1955 제1회 아시아 · 아프리카 회의 동유럽 우호협력 상호원조 조약 미국 · 영국 · 프랑스 · 소련 4거두 회담	1955 베트남 공화국 성립	1955 원자력 평화이용 국제회의
1956 스탈린 비판 일어남 이집트, 수에즈 운하 국유화 선언 폴란드, 헝가리에 반소련 폭동	1956 파키스탄 공화국 성립	1956 국제원자력기구 성립
1956 제2차 중동전쟁		1957 소련, 최초의 인공위성 발사
1958 아랍 연합공화국 성립 아랍 연방 성립(동년 붕괴) 프랑스, 드골 정권 성립 소련, 흐루시초프 수상이 됨		1958 콘버그, DNA의 효소적 합성
1960 미국, 케네디 대통령에 당선	1960 한국, 4 · 19의거	

연표 V (1960~2005)

서양		동양		문화	
		1961	한국, 5·16 군사쿠데타	1961	유리 가가린, 최초의 우주여행
1962	쿠바 봉쇄				
1963	미국, 케네디 암살				
1964	소련, 코시긴 수상에 취임	1966	인도네시아, 수카르노 사임		
	영국, 윌슨 수상에 취임		인도, 간디 수상 취임		
			중국, 문화대혁명		
1967	제3차 중동전쟁			1967	바나드, 심장이식수술 성공
1967	유럽 공동체 발족			1968	중국, 수폭실험
1968	프랑스, 5월혁명			1969	아폴로 우주선 달 왕복
1969	미국, 닉슨 대통령 취임	1969	호치민 사망		
1969	중국-소련 국경분쟁				
1970	아랍 연합-이스라엘 정전			1970	LSI(대규모집적회로) 개발
1970	나세르 사망	1970	방글라데시 독립		중국, 인공위성 발사
	영국, 히스내각 성립	1971	중공, UN 가입	1971	마이크로 프로세서 개발(미 인텔회사)
1973	제4차 중동전쟁				
1973	미국, 닉슨 대통령 사임	1973	베트남, 평화조약 조인	1973	석유위기
1975	영국, 새처 수상 취임	1975	베트남 전쟁 끝남		
	프랑코 사망	1976	중국, 마오쩌둥 사망	1976	바이킹호 화성 연착륙
1977	미국, 카터 대통령 취임	1977	인도, 데사이 수상 취임		
	소련, 신헌법 발표	1978	중국, 신헌법 제정	1978	소련, 금성12호 금성 연착륙
1979	이란 혁명				
1979	중국 미국과 국교 회합				
1979	소련군 아프가니스탄 침공	1979	베트남 캄보디아 전쟁		
			한국, 박정희 대통령 사망		
		1980	한국, 광주민주화운동		
1981	미국, 레이건 대통령 취임	1981	한국, 전두환 대통령 취임		
1981	이란-이라크 전쟁 시작				

1982	프랑스, 미테랑 대통령 취임			1982	미국, 우주연락선 발사
1983	소련, 브레즈네프 사망	1984	랑군 폭탄테러사건		
1985	레이건 대통령 재선			1985	세계 최초의 인공혜성 발사
	아프리카, 한발과 기근				
1986	소련, 고르바초프 서기장 취임				
1987	고르바초프 서기장 레이건 대통령과 회담	1987	필리핀, 마르코스 정권 붕괴, 아키노 대통령 취임	1987	소련, 체르노빌 원자로 사고
1988	프랑스, 미테랑 대통령 재선				
1988	이란-이라크 전쟁 정전				
	소련, 아프가니스탄에서 철군				
1989	미국, 부시 대통령 취임	1989	중국, 텐안먼 사건		
	폴란드에서 '연대' 승리		장쩌민 공산당 총서기로 선출됨		
	베를린 장벽 개방				
	불가리아, 루마니아, 체코슬로바키아에서 공산당 정권 붕괴				
1990	동서독 통일				
	폴란드, 바웬사 대통령 취임				
1991	걸프 전쟁				
1991	옐친 러시아 대통령 취임	1991	라자브 간디 총리, 폭탄테러로 사망		
	소련 해체, CIS로 개편				
		1992	한국, 김영삼 대통령 취임		
			필리핀, 라모스 대통령 취임		
1993	미국, 클린턴 대통령 취임				
	EU 발족				
1994	남아프리카 공화국, 만델라 대통령 취임				
1995	프랑스, 시라크 대통령 취임				
1997	영국, 블레어 총리 취임	1997	중국, 덩샤오핑 사망	1997	스웨덴, 원자력 발전소 폐쇄방침 발표
			홍콩, 중국에 반환됨		
1998	독일, 슈뢰더 총리 취임	1998	한국, 김대중 대통령 취임	1998	영국, 복제양 '돌리' 출산
	코소보 사건		필리핀, 에스트라다 대통령 당선		
2000	러시아, 푸틴 대통령 취임		인도네시아, 수하르트 대통령 퇴진		
	미국, 부시 대통령 취임	2000	타이완, 천수이볜 총통 취임		
	뉴욕 무역센터에 대한 테러				
2001	영국, 블레어 총리 재임	2001	일본, 고이즈미 총리 취임	2001	독일, 원자력발전소 폐쇄협정 체결

서양	동양	문화
2002 프랑스, 시라크 대통령 당선	2002 중국, 후진타오 지도부 출범	
2003 EU 유로화 통용 시작	2003 한국, 노무현 대통령 취임	
2003 미국, 이라크 침공		
2004 푸틴 재선		
2005 미국, 부시 대통령 재임		
영국, 블레어 총리 3선	2008 한국, 이명박 대통령 취임	
2009 미국, 오바마 대통령 취임	2013 한국, 박근혜 대통령 취임 (2016.12 대통령 탄핵안 가결)	
2017 미국, 트럼프 대통령 취임	2017 한국, 문재인 대통령 취임	

찾아보기

ㄱ

ㄷ

ㄹ

ㅇ

ㅋ

ㅍ

민석홍(閔錫泓)

서울대학교 문리대 사학과 졸업
서울대학교(문학박사)
서울대학교 인문대 교수
대한민국 학술원 회원
저서: 『서양근대사연구』, 『서양사개론』

나종일(羅鍾一)

서울대학교 문리대 사학과 졸업
미국 펜실베이니아대학(석사)
서울대학교(문학박사)
전남대학교 문리대 조교수
서울대학교 인문대 교수
현재: 서울대학교 명예교수
저서: 『영국근대사연구』, 『세계사를 보는 시각과 방법』, 『영국의 역사』(공저)

윤세철(尹世哲)

서울대학교 사범대 졸업
미국 노스웨스턴대학(철학박사)
홍익대학교 교수
서울대학교 사범대 교수
저서: 『역사교육론』(공저)

제2개정판
세계문화사

초　판 1쇄 발행　1988년 10월 20일
개정판 1쇄 발행　2005년 9월 15일
제2개정판 1쇄 발행　2006년 9월 5일
제2개정판 17쇄 발행　2024년 2월 28일

지은이　민석홍 · 나종일 · 윤세철

펴낸곳　서울대학교출판문화원
주소　08826 서울 관악구 관악로 1
도서주문　02-889-4424, 02-880-7995
홈페이지　www.snupress.com
페이스북　@snupress1947
인스타그램　@snupress
이메일　snubook@snu.ac.kr
출판등록　제15-3호

ISBN 978-89-521-0545-5 03900